自動車事故の過失認定

富松 茂大 著

立花書房

本書は時々・情勢の必要に応じ，内容を変更・追加等する場合があります。

はしがき

　過失運転致死傷事件の捜査において問題となるのは，まず，その事故を起こしたのは誰か（事故を起こしたのはどの車両か，その車両を運転していたのは誰か）の判断，つまり犯人性の認定である。犯人性に問題がない場合に，次に問題となるのが，事故状況の認定である。そして，事故状況が解明されたのち，最後に問題となるのが，運転者に過失があったか否か，つまり過失の認定の問題である。

　犯人性の認定，事故状況の解明，過失の認定，いずれをとってみても重要な問題であり，困難な作業であることに変わりはない。もっとも，犯人性が問題となる事件は，困難さの割にはさほど多くはない（もちろん，これが特定できない限り，何も始まらないので，最重要の課題であるが）。

　事故状況の解明が難しい事件は，一方当事者が死亡した事件に多いが，生存している場合でも，双方の言い分が対立し目撃者や客観証拠がないものもよくみられ（いわゆる青々主張等），これはかなり多く，同様に難しい。

　事故状況が解明されれば多くの場合，過失の判断は容易である。しかしながら，信頼の原則の適用が考えられるような態様の事故を始めとして，過失の有無の判断が難しい事件もある。そして，この過失の有無の判断は，過失概念が故意概念と違ってかなり漠然としているため困難を伴うことも多い。

　事故状況の解明が完全でない場合には，過失の判断は，更に難しい作業となる。それにもかかわらず，交通事故の捜査を担当している警察官，検察官は，最善を尽くして，これらの困難を克服してゆかねばならない。

人身自動車事故の数は，極めて膨大に上っており，その数は年々減少しているとはいっても，死者数をみても，年間4000人以上に上っているのであって，その数は，殺人事件よりも多く，依然として社会の重要問題である。上記死亡者の数字は，事故後24時間以内に死亡した人の数であって，その後に死亡した事故をとってみれば，更に膨大な数になる。社会経済及び国民にとって，その損失，影響は，極めて大きく，交通捜査に従事する者の責任は，極めて重大といわなければならない。

　本書は，交通捜査に携わる者が克服すべき問題の，過失の認定について説明することを主眼としたものである（加えて捜査についても触れた）。もちろん，この作業が困難なものであることは既に述べたとおりであるが，毎日多くの人身交通事件の決裁を担当している者にとっては，日々解決を迫られている切実な問題でもある。

　加えて本書は，私が新任検事のとき以来自ら交通捜査に携わり，ここ数年は決裁官として人身交通事故の捜査，公判に携わってきた間に培ってきた経験と，その間，過失の認定の判断に当たって考えてきた問題意識や見解等を整理して，現場の交通警察官や検察官に，実務的な考え方の方向性を示すことを意図したものである。

　その中で，浅学菲才であるにもかかわらず，総論等において，過失の理論的な問題にも触れたのであるが，新旧過失論の理解と交通整理，この関係における予見可能性及び回避可能性の位置付け，さらに，予見可能性の判断基準，信頼の原則の位置付け，道路交通法上の義務と過失犯における注意義務の関係は，私にとっては極めて難しい問題であった。
　素朴な疑問を大事にして考えを進め，その自分の考えを分かりやすく説明したつもりであるが，執筆しながら考えていったものも少なくないため，考究不足で理論的に不十分なものも多い。
　読者の御叱正をいただければ幸いである。

ところで，平成26年5月20日，「自動車の運転により人を死傷させる行為等の処罰に関する法律」が施行された。同法は，悪質な運転行為による死傷事件を的確に捉えて重く処罰すべきであるという国民の意思によって，従来の自動車運転過失致死傷罪（現過失運転致死傷罪），危険運転致死傷罪に加えて，危険運転致死傷罪の拡充，過失運転致死傷アルコール等影響発覚免脱罪の新設，無免許運転によるこれらの罪の加重を行ったものである。

　自動車による死傷事故は，前記のとおり，国民生活に極めて重大な影響を与えているのであるが，平成14年の危険運転致死傷罪の新設以来，度重なる改正は，いずれも，自動車事故の被害者や遺族等を中心とする国民世論の盛り上がりが契機となっているのであり，このことを認識するにつけ，自動車による死傷事故事件の捜査処理を行う我々の責任の重大さに，ひしと思い至るのである。したがって，新法は，我々実務家の手で，的確に運用してゆかねばならないと思う。そして，本書が，少しでもその一助になればと願うばかりである。

　なお，本書は，久保哲男著『自動車事故の過失認定——実務と判例』（立花書房，1972）の構成及びその一部を引き継いだものであるが，判例等の一部を除き，全面的に稿を改めたものであり，意見にわたる箇所は全て私の見解である。
　また，私は現在現職の検察官として職務を遂行しているものであるが，本書の見解は，法務・検察の方針とは無関係であり，私の個人的見解にすぎないことをお断りしておく。

　最後に，本書の交通鑑識・交通捜査の技術的な面については，警察庁広域技能指導官で神奈川県警察宮前警察署交通課長の松野満氏に指導して頂いた。ここに記して感謝を申し上げたい。加えて，立花書房出版部の馬場野武部長及び菊島一氏にも大変お世話になったことについて感謝を申し上げる次第である。

　平成27年1月

著者しるす

凡　例

【法令表記】
略称は，括弧内では，以下のように表記する。
　　　道路交通法　　　　　　法
　　　道路交通法施行規則　　規
　　　道路交通法施行令　　　令

【判例集等略語】

刑抄録	大審院刑事判決抄録
刑　録	大審院刑事判決録
刑　集	大審院刑事判例集
刑　集	最高裁判所刑事判例集
裁判集刑	最高裁判所裁判集刑事
高　刑	高等裁判所刑事判例集
高刑特	高等裁判所刑事裁判特報
判　特	高等裁判所刑事判決特報
高検速報	高等裁判所刑事裁判速報（各高等検察庁編）
東高時報	東京高等裁判所判決時報
下　刑	下級裁判所刑事裁判例集
一審刑集	第一審刑事裁判例集
刑　月	刑事裁判月報
裁　時	裁判所時報

【主要文献略語】

〈個人・共編著〉

依田・よくわかる	依田隆文＝木村昇一『よくわかる　交通事故・事件捜査～過失認定と実況見分～［現場見取図付］』（立花書房，2012）
井上・過失犯	井上正治『過失犯の構造』（有斐閣，1958）
片岡・過失	片岡聰『過失の認定』（東京法令出版，改訂増補版，1990）

片岡・信頼の原則	片岡聰『最高裁判例にあらわれた信頼の原則』(東京法令出版, 1975)
土本・過失犯	土本武司『過失犯の研究：現代的課題の理論と実務』(成文堂, 1986)
中野・刑事法	中野次雄『刑事法と裁判の諸問題』(成文堂, 1987)
西田・総論	西田典之『刑法総論』(有斐閣, 第2版, 2010)
西田・各論	西田典之『刑法各論』(有斐閣, 第6版, 2012)
西原・信頼の原則	西原春夫『交通事故と信頼の原則』(成文堂, 1980)
西原・総論	西原春夫『刑法総論』(成文堂, 1977)
野下・道交法	道路交通執務研究会／編著, 野下文生／原著『執務資料道路交通法解説』(東京法令出版, 16訂版, 2013)
平野・総論Ⅰ	平野龍一『刑法総論Ⅰ』(有斐閣, 1976)
藤木・総論	藤木英雄『刑法講義総論』(弘文堂, 1983)
古川・刑事過失論	古川伸彦『刑事過失論序説』(成文堂, 2007)
不破・刑事責任	不破武夫『刑事責任論』(清水弘文堂書房, 1968)
前田・総論	前田雅英『刑法総論講義』(東京大学出版会, 第5版, 2011)
牧野・総論	牧野英一『刑法総論』(有斐閣, 1948年)
山口・総論	山口厚『刑法総論』(有斐閣, 第2版, 2007)
山崎・解析	山崎俊一『交通事故解析の基礎と応用』(東京法令出版, 2009)
山崎・わかりやすい	山崎俊一『交通事故事件捜査におけるわかりやすい実況見分のポイント』(東京法令出版, 2003)
山中・総論	山中敬一『刑法総論』(成文堂, 第2版, 2008)
山中・総論Ⅱ	山中敬一『刑法総論Ⅱ』(成文堂, 1999)
山中・因果関係	山中敬一『刑法における因果関係と帰属』(成文堂, 1983)

〈注釈書〉

宮崎・注解	宮崎清文『注解道路交通法』(立花書房, 全訂新版, 1981)
道交法事典・(上)	東京地方検察庁交通部研究会 編『道路交通法事典上巻 1条－75条』(東京法令出版, 三訂版, 1988)

〈講座・判例集〉

井上・実証的研究	井上正治「過失の実証的研究」『法学理論篇 128 法律学体系 第二部』（日本評論社，1950）
大塚・過失犯	大塚仁「過失犯における注意義務」日本刑法学会編『刑法講座第 3 巻（責任）』（有斐閣，1974）
樋口・刑事過失	樋口亮介「刑事過失と信頼の原則の系譜的考察とその現代的意義」東京大学法科大学院ローレビュー vol. 4（商事法務，2009）

〈記念論文集〉

神山・信頼の原則	神山敏雄「信頼の原則の限界に関する一考察」西原春夫先生古希記念論文集『第 2 巻』（成文堂，1998）
平野・過失問題	平野龍一「過失についての二，三の問題」井上正治博士還暦祝賀『刑事法学の諸相（下）』（有斐閣，1983）
前田・信頼の原則	前田雅英「予見可能性と信頼の原則」神山敏雄先生古稀祝賀論文集『第 1 巻（過失犯論・不作為犯論・共犯論）』（成文堂，2006）

【雑誌類略称】

警　論	警察学論集
警　研	警察研究
現　刑	現代刑事法
裁判例	大審院裁判例（法律新聞別冊）
司　研	司法研修所論集
ジュリ	ジュリスト
新　聞	法律新聞
判　時	判例時報
判　タ	判例タイムズ
ひろば	法律のひろば
法　時	法律時報

目 次

はしがき
凡 例

第1章 総　論

第1　序　論
1　過失とは………………………………………………………………………1
2　過失の構造（意義）…………………………………………………………2
　(1)　過失の前提である注意義務の内容……………………………………2
　(2)　過失犯の体系的位置付け（新旧過失論争）…………………………5
　(3)　新旧過失論争と実務……………………………………………………12
　(4)　過失運転致死傷罪における注意義務の根拠…………………………18
　(5)　道路交通法（取締法規）上の義務と過失運転致死傷罪における
　　　注意義務の関係…………………………………………………………19
　(6)　予見可能性の有無及び判断……………………………………………25
　(7)　回避可能性の有無及び判断……………………………………………32
　(8)　重過失……………………………………………………………………34
　(9)　過失をどう捉えるかということは解釈論である……………………36

第2　信頼の原則
1　信頼の原則の意義……………………………………………………………38
2　信頼の原則の生成経緯………………………………………………………38

3　自動車事故に関する信頼の原則の最高裁判例……………………40
　　　(1)　信頼の原則の適用を肯定した最高裁判例……………………40
　　　(2)　信頼の原則の適用を否定した最高裁判例……………………58
　　　(3)　信頼の原則の適用を肯定した最高裁判例の意義・問題点
　　　　　（先例としての価値）等………………………………………62
　　　(4)　信頼の原則の適用を否定した最高裁判例の意義・問題点
　　　　　（先例としての価値）等………………………………………71
　　4　信頼の原則の適用範囲……………………………………………77
　　　(1)　信頼の原則の適用範囲に関する問題状況……………………77
　　　(2)　信頼の原則の適用範囲についての検討………………………78
　　5　信頼の原則の体系上の位置付け…………………………………83
　　　(1)　学説の状況………………………………………………………83
　　　(2)　判例の立場………………………………………………………84
　　　(3)　私　見……………………………………………………………85
　　6　判例の理解及び今後の動向………………………………………88
　　　(1)　最高裁が信頼の原則を導入した背景…………………………88
　　　(2)　信頼の原則の現状………………………………………………90
　　　(3)　信頼の原則の今後………………………………………………94
　　7　信頼の原則に関する実務上の留意点……………………………95

第3　過失の競合

　　1　過失競合論と直近過失論の対立……………………………………97
　　2　過失競合論（過失併存説）が正当…………………………………97

第4　捜査実務上の留意点

　　1　捜査の目的………………………………………………………… 100
　　2　事故の痕跡の収集と現場の実況見分調書の重要性…………… 100
　　3　被疑者及び被害者，目撃者の取調べ及び事故状況に関する
　　　実況見分………………………………………………………………101
　　　(1)　実況見分…………………………………………………………102
　　　(2)　供述調書の作成…………………………………………………103
　　　(3)　現場の重要性……………………………………………………104
　　　(4)　現場の交通実態の把握…………………………………………104
　　4　交通鑑識等科学的捜査の重要性………………………………… 105

5 警察と検察の連携……………………………………………………… 105
 (1) 十分な連絡協調の必要性 ………………………………………… 105
 (2) 検察官の在り方 …………………………………………………… 106
 (3) 交通警察官の在り方 ……………………………………………… 108
 (4) 検・警の連携・協調が十分であれば怖いものなし …………… 109
6 交通事故鑑定…………………………………………………………… 109
 (1) 交通事故鑑定の意義 ……………………………………………… 109
 (2) 鑑定人選別の重要性 ……………………………………………… 110
 (3) 自動車工学の進歩のフォローの重要性 ………………………… 111
 (4) 文系捜査官の無知の弊害 ………………………………………… 111

第2章 各 論

はじめに ··· 113

第1 発車前の車体検査等の義務
1 道路運送車両法及び道路交通法における車両等の安全確保義務… 114
 (1) 道路運送車両法上の義務 ·· 114
 (2) 道路交通法上の義務 ·· 116
2 過失運転致死傷罪(業務上過失致死傷罪も含む)における
注意義務 ··· 116
 (1) 基本的視点 ··· 116
 (2) 整備不良による事故の予見可能性 ····························· 117
 (3) 構造上の欠陥があった場合 ····································· 119
3 実務例 ··· 119
4 捜査上の留意事項 ·· 120
5 判 例 ··· 122
 (1) 積極判例 ·· 122
 (2) 消極判例 ·· 126

第2 発進時の注意義務
1 道路交通法上の義務 ··· 131
2 過失運転致死傷罪における注意義務 ··························· 131
 (1) 発進時の事故の類型 ·· 131
 (2) 自動車運転者の基本的義務 ···································· 131
 (3) 死 角 ·· 132
 (4) 発進時に運転者が負う注意義務の具体的内容 ·············· 133
3 実務例 ··· 135
4 捜査上の留意事項 ·· 136
5 判 例 ··· 138
 (1) 積極判例 ·· 138
 (2) 消極判例 ·· 141
 (3) 停止後左折発進した事例で,死角にいた被害者と衝突させた事例 … 144

第3　進行時の注意義務

- 1　前方注視義務 …………………………………………………………… 145
  - (1)　前方注視義務の意義 ………………………………………………… 145
  - (2)　前方注視義務の内容 ………………………………………………… 148
  - (3)　捜査上の留意事項 …………………………………………………… 148
  - (4)　判　例 ………………………………………………………………… 151
- 2　速度調節義務 …………………………………………………………… 158
  - (1)　速度規制の必要性 …………………………………………………… 158
  - (2)　道路交通法上の義務 ………………………………………………… 159
  - (3)　過失運転致死傷罪における注意義務 ……………………………… 162
  - (4)　車両の徐行・停止義務 ……………………………………………… 165
  - (5)　速度算定の方法 ……………………………………………………… 166
  - (6)　捜査上の留意事項 …………………………………………………… 182
  - (7)　ハイドロプレーニング現象について ……………………………… 182
  - (8)　高速度類型の危険運転致死傷罪との関係 ………………………… 183
  - (9)　判　例 ………………………………………………………………… 185
- 3　歩行者・自転車の側方通過の際の注意義務 ………………………… 188
  - (1)　間隔保持義務 ………………………………………………………… 188
  - (2)　警音器吹鳴義務 ……………………………………………………… 191
  - (3)　判例（歩行者の側方を通過する際の事故）……………………… 194
  - (4)　判例（自転車を追越す際の事故）………………………………… 201
  - (5)　判例（自転車を追抜く際の事故）………………………………… 207
- 4　信号の遵守義務 ………………………………………………………… 213
  - (1)　信号遵守義務総説 …………………………………………………… 213
  - (2)　道路交通法における信号遵守義務の内容 ………………………… 213
  - (3)　過失運転致死傷罪における信号遵守義務 ………………………… 217
  - (4)　実務例 ………………………………………………………………… 230
  - (5)　捜査上の留意事項 …………………………………………………… 235
  - (6)　判　例 ………………………………………………………………… 236
- 5　点灯・消灯義務 ………………………………………………………… 240
  - (1)　道路交通法上の義務 ………………………………………………… 241
  - (2)　過失運転致死傷罪における注意義務 ……………………………… 243
  - (3)　実務例 ………………………………………………………………… 244
  - (4)　捜査上の留意事項 …………………………………………………… 247
  - (5)　判　例 ………………………………………………………………… 248

第4 交差点を通行する際の注意義務

1. 総　説 …………………………………………………… 249
2. 交差点とは ……………………………………………… 249
3. 通行順位の遵守義務 …………………………………… 251
   (1) 道路交通法上の義務 ……………………………… 252
   (2) 通行順位の遵守義務と過失運転致死傷罪における過失 … 256
   (3) 実務例 ……………………………………………… 260
   (4) 捜査上の留意事項 ………………………………… 262
   (5) 判　例 ……………………………………………… 263
4. 見通しのきかない（悪い）交差点における注意義務 … 266
   (1) 道路交通法上の義務 ……………………………… 266
   (2) 過失運転致死傷罪における注意義務 …………… 270
   (3) 捜査上の留意事項 ………………………………… 271
   (4) 実務例 ……………………………………………… 272
   (5) 判　例 ……………………………………………… 275
5. 左折時の注意義務 ……………………………………… 281
   (1) 道路交通法上の義務 ……………………………… 281
   (2) 左折と過失運転致死傷罪における注意義務 …… 283
   (3) 実務例 ……………………………………………… 298
   (4) 捜査上の留意事項 ………………………………… 301
   (5) 判　例 ……………………………………………… 302
6. 右折時の注意義務 ……………………………………… 305
   (1) 道路交通法上の義務 ……………………………… 305
   (2) 過失運転致死傷罪における注意義務 …………… 306
   (3) 実務例 ……………………………………………… 319
   (4) 捜査上の留意事項 ………………………………… 321
   (5) 判　例 ……………………………………………… 323

第5 追従時の注意義務

1. 道路交通法上の義務 …………………………………… 331
   (1) 車間距離の保持 …………………………………… 331
   (2) 車間距離保持義務の例外 ………………………… 332
2. 過失運転致死傷罪における注意義務 ………………… 332
3. 実務例 …………………………………………………… 334
4. 捜査上の留意事項 ……………………………………… 337

(1) 事故状況の解明 …………………………………………… 337
　　(2) 受傷状況に関する捜査 …………………………………… 338
　　(3) 他の注意義務違反と競合する場合に留意 ……………… 343
　5　判　　例 …………………………………………………… 344
　　(1) 積極判例 …………………………………………………… 344
　　(2) 消極判例 …………………………………………………… 346

第6　追越し・追抜き時の注意義務
　1　追越し時の注意義務 ………………………………………… 347
　　(1) 追越しの意味 ……………………………………………… 347
　　(2) 道路交通法上の義務 ……………………………………… 348
　　(3) 過失運転致死傷罪における注意義務 …………………… 349
　　(4) 実務例 ……………………………………………………… 358
　　(5) 捜査上の留意事項 ………………………………………… 361
　　(6) 判　　例 …………………………………………………… 362
　2　追抜き時の義務 ……………………………………………… 369
　　(1) 道路交通法上の義務 ……………………………………… 369
　　(2) 過失運転致死傷罪における注意義務 …………………… 370
　　(3) 実務例 ……………………………………………………… 371
　　(4) 捜査上の留意事項 ………………………………………… 373
　　(5) 判　　例 …………………………………………………… 373

第7　すれ違い時の注意義務
　1　道路交通法上の義務 ………………………………………… 381
　2　過失運転致死傷罪における注意義務 ……………………… 381
　3　実務例 ………………………………………………………… 382
　4　捜査上の留意事項 …………………………………………… 384
　5　判　　例 ……………………………………………………… 386
　　(1) 積極判例 …………………………………………………… 386
　　(2) 消極判例 …………………………………………………… 389

第8　停車している車両などの側方通過時の注意義務
　1　道路交通法上の義務 ………………………………………… 394
　　(1) 乗客の乗降のために停車中の路面電車の側方を通過する際の
　　　　停止義務 …………………………………………………… 394

(2) 横断歩道等の手前で停止している車両の側方を通過する際の
　　　　 一時停止義務………………………………………………………… 394
　　2　過失運転致死傷罪における注意義務……………………………………… 395
　　3　実務例………………………………………………………………………… 396
　　4　捜査上の留意事項…………………………………………………………… 397
　　5　判　例………………………………………………………………………… 400
　　　(1) 積極判例……………………………………………………………… 400
　　　(2) 消極判例……………………………………………………………… 402

第9　横断歩行者及び自転車の保護義務

　　1　横断歩道における歩行者の保護義務……………………………………… 405
　　　(1) 道路交通法上の義務………………………………………………… 405
　　　(2) 過失運転致死傷罪における注意義務……………………………… 408
　　　(3) 実務例………………………………………………………………… 411
　　　(4) 捜査上の留意事項…………………………………………………… 415
　　　(5) 判　例………………………………………………………………… 415
　　2　その他の場所における歩行者保護義務…………………………………… 421
　　　(1) 道路交通法上の義務………………………………………………… 421
　　　(2) 過失運転致死傷罪における注意義務……………………………… 422
　　　(3) 実務例………………………………………………………………… 423
　　　(4) 捜査上の留意事項…………………………………………………… 424
　　　(5) 判　例………………………………………………………………… 425
　　3　横断歩道及び自転車横断帯を走行中の自転車の保護義務……………… 428
　　　(1) 道路交通法上の義務………………………………………………… 428
　　　(2) 過失運転致死傷罪における注意義務……………………………… 430
　　　(3) 実務例………………………………………………………………… 434
　　　(4) 捜査上の留意事項…………………………………………………… 435
　　　(5) 判　例………………………………………………………………… 436

第10　道路外に出入りする場合，横断，転回時の注意義務

　　1　道路外に出入りする場合の注意義務……………………………………… 438
　　　(1) 道路交通法上の義務………………………………………………… 438
　　　(2) 過失運転致死傷罪における注意義務……………………………… 440
　　　(3) 実務例………………………………………………………………… 442
　　　(4) 捜査上の留意事項…………………………………………………… 444

(5) 判　例 …………………………………………………………… 445
　2　道路を横断する際の注意義務 ……………………………………… 446
　　(1) 道路交通法上の義務 ………………………………………… 446
　　(2) 過失運転致死傷罪における注意義務 ……………………… 447
　　(3) 実務例 ………………………………………………………… 447
　　(4) 捜査上の留意事項 …………………………………………… 448
　3　道路を転回する場合の注意義務 …………………………………… 448
　　(1) 転回の意義 …………………………………………………… 448
　　(2) 道路交通法上の義務 ………………………………………… 449
　　(3) 過失運転致死傷罪における注意義務 ……………………… 449
　　(4) 実務例 ………………………………………………………… 451
　　(5) 捜査上の留意事項 …………………………………………… 453
　　(6) 判　例 ………………………………………………………… 454

第11　停車・駐車時の注意義務
　1　停車・駐車の意義 …………………………………………………… 460
　2　道路交通法上の義務 ………………………………………………… 461
　　(1) 停車及び駐車を禁止する場所 ……………………………… 461
　　(2) 駐車を禁止する場所 ………………………………………… 462
　　(3) 高齢運転者等標章自動車の停車又は駐車の特例 ………… 462
　　(4) 停車の方法 …………………………………………………… 463
　　(5) 駐車の方法 …………………………………………………… 463
　　(6) 路側帯への駐停車 …………………………………………… 463
　　(7) 停車又は駐車の方法の指定 ………………………………… 464
　　(8) 運転者のドア開扉等の際の安全確認義務 ………………… 464
　　(9) 同乗者のドア開扉等に対する措置 ………………………… 464
　　(10) 停止状態保持義務 …………………………………………… 464
　　(11) 高速自動車国道等における停車及び駐車の禁止 ………… 464
　　(12) 夜間駐停車する際の措置義務 ……………………………… 465

　3　過失運転致死傷罪における注意義務 ……………………………… 466
　　(1) ①車両が駐停車のため停止した直後に当該駐停車行為自体が
　　　　 原因となって発生する場合 ………………………………… 466
　　(2) ②駐停車後の運転者や同乗者の付随的行為が原因となって
　　　　 発生する場合 ………………………………………………… 467

(3) ③駐車後，大分時間が経過して，駐車車両が事故の原因となって
　　　　発生する場合 ………………………………………………………… 470
　4　実務例 ……………………………………………………………………… 484
　5　捜査上の留意事項 ………………………………………………………… 488
　　(1) 車両が駐停車のため停止した直後に停車行為自体が原因となって
　　　　発生した事故 ………………………………………………………… 488
　　(2) ドア開扉による事故 ………………………………………………… 488
　　(3) 駐停車後，大分時間が経過して，駐車車両が事故の原因となって
　　　　発生する事故 ………………………………………………………… 489
　6　判　　例 ………………………………………………………………… 491
　　(1) 積極判例 ……………………………………………………………… 491
　　(2) 消極判例 ……………………………………………………………… 493

第12　後退時の注意義務

　1　後退の意義 ……………………………………………………………… 496
　2　道路交通法上の義務 …………………………………………………… 496
　　(1) 正常な交通を阻害する場合の後退の禁止 ………………………… 496
　　(2) 後退禁止部分での後退の禁止 ……………………………………… 496
　　(3) 高速道路等での後退の禁止 ………………………………………… 496
　　(4) 後退の合図継続義務 ………………………………………………… 497
　3　過失運転致死傷罪における注意義務 ………………………………… 497
　4　実務例 …………………………………………………………………… 498
　5　捜査上の留意事項 ……………………………………………………… 502
　6　判　　例 ………………………………………………………………… 505
　　(1) 積極判例 ……………………………………………………………… 505
　　(2) 消極判例 ……………………………………………………………… 512

第13　踏切通過時の注意義務

　1　踏切の意義 ……………………………………………………………… 515
　2　道路交通法上の義務 …………………………………………………… 517
　　(1) 踏切直前における一時停止及び安全確認義務 …………………… 517
　　(2) 遮断機が閉じている間等における立入禁止義務 ………………… 517
　　(3) 踏切において運転不能となった場合の措置義務 ………………… 517
　　(4) 踏切及びその付近のおける追越し禁止 …………………………… 517
　　(5) 踏切付近における駐・停車禁止 …………………………………… 517

(6) 踏切で停止するおそれがある場合の進入禁止 ………………… 518
　3　過失運転致死傷罪における注意義務………………………………… 518
　　　(1) 踏切における列車との衝突事故の場合 ……………………… 518
　　　(2)　踏切を通過する際の歩行者や自転車，他の車両等との衝突事故の場合 …………………………………………………………………… 519
　4　実務例……………………………………………………………… 520
　5　捜査上の留意事項………………………………………………… 522
　6　判　例…………………………………………………………… 523
　　　(1) 積極判例 …………………………………………………… 523
　　　(2) 消極判例 …………………………………………………… 528

第14　狭い道路等，その他危険な場所等を進行する場合の注意義務

　1　狭い道路等危険な場所……………………………………………… 530
　2　道路交通法上の義務………………………………………………… 530
　　　(1) 追越しを禁止する場所 …………………………………… 530
　　　(2) 徐行すべき場所 …………………………………………… 530
　　　(3) 停止及び駐車を禁止する場所 …………………………… 531
　　　(4) 警音器吹鳴義務 …………………………………………… 531
　3　過失運転致死傷罪における注意義務……………………………… 531
　　　(1) 狭い道路 …………………………………………………… 531
　　　(2) その他の危険な場所 ……………………………………… 532
　4　実務例……………………………………………………………… 533
　5　捜査上の留意事項………………………………………………… 536
　6　判　例…………………………………………………………… 538
　　　(1) 狭い道路を通過するとき ………………………………… 538
　　　(2) その他危険な道路を通過するとき ……………………… 540
　　　(3) 学校，幼稚園の構内，バス停留所付近を通過するとき … 542
　　　(4) 滑走しやすい道路を通過するとき ……………………… 543
　　　(5) その他 ……………………………………………………… 545

第15　乗客の乗車・積荷の積載に関する注意義務

　1　道路交通法上の義務………………………………………………… 547
　　　(1) 乗車者及び積載貨物の転落若しくは飛散を防ぐため必要な措置 …… 547
　　　(2) 乗車者に対する危険防止のための措置 ………………… 547

(3) 乗車又は積載の方法 ……………………………………………… 548
　　　(4) 運転者の視野又は操作の妨げとなるような乗車又は積載の方法の
　　　　 禁止 …………………………………………………………………… 548
　　　(5) 乗車又は積載の方法の特例① ………………………………… 549
　　　(6) 乗車又は積載の方法の特例② ………………………………… 549
　　　(7) 車両の乗車又は積載の制限及び特例 ………………………… 549
　　　(8) 貨物車両の乗車又は積載の制限の特例 ……………………… 549
　　　(9) 乗車・積載等についての警察官の応急措置命令 …………… 550
　　2 過失運転致死傷罪における注意義務 …………………………… 550
　　　(1) 乗車している者及び積載している物の転落防止義務 ……… 550
　　　(2) 貨物自動車の積載物の転落防止義務 ………………………… 550
　　3 実務例 …………………………………………………………………… 552
　　4 捜査上の留意事項 ……………………………………………………… 554
　　5 判　例 …………………………………………………………………… 555
　　　(1) 積極判例 ……………………………………………………………… 555
　　　(2) 消極判例 ……………………………………………………………… 557

第16　牽引時の注意義務

　　1 道路交通法上の義務 …………………………………………………… 558
　　　(1) 牽引するための構造及び装置を有する自動車以外の牽引制限 ……… 558
　　　(2) 故障その他やむを得ない理由によって牽引する場合の牽引方法 …… 559
　　　(3) 牽引できる車両の台数等 ………………………………………… 559
　　　(4) 牽引の危険防止についての警察官の措置命令 ……………… 560
　　　(5) 都道府県規則による規制 ………………………………………… 560
　　　(6) 牽引免許 ……………………………………………………………… 560
　　　(7) 重被牽引車を牽引する牽引自動車の通行区分の特例 …… 560
　　2 過失運転致死傷罪における注意義務 …………………………… 560
　　3 実務例 …………………………………………………………………… 561
　　4 捜査上の留意事項 ……………………………………………………… 564
　　5 判　例 …………………………………………………………………… 565

第17　故障車運転時の注意義務

　　1 道路交通法上の義務 …………………………………………………… 567
　　　(1) 整備不良車両の運転の禁止 ……………………………………… 567
　　　(2) その他 ………………………………………………………………… 567

2　過失運転致死傷罪における注意義務·················· 567
　　　(1)　制動が効かない等制御ができないような故障が車両にある場合 ····· 567
　　　(2)　故障があったとしても運転を制御できる程度のものである場合 ····· 568
　　　(3)　ブレーキが効きにくい故障の場合 ····················· 568
　　　(4)　故障の認識と過失 ····························· 568
　　3　実務例··· 569
　　4　捜査上の留意事項································· 572
　　5　判　例··· 574
　　　(1)　積極判例 ································· 574
　　　(2)　消極判例 ································· 579

第18　緊急自動車・消防用車両の運転時の注意義務

　　1　緊急自動車··· 584
　　　(1)　消防用自動車・救急用自動車 ····················· 584
　　　(2)　消防用自動車・救急用自動車以外 ················· 584
　　2　道路交通法上の義務······························· 586
　　　(1)　緊急自動車を運転する際の要件 ··················· 586
　　　(2)　緊急自動車の通行方法など ······················· 586
　　　(3)　緊急自動車の優先 ······························· 587
　　　(4)　緊急自動車等の特例 ····························· 587
　　　(5)　消防用車両の優先 ······························· 588
　　3　過失運転致死傷罪における注意義務·················· 589
　　　(1)　緊急自動車に対する道路交通法上の義務の免除と
　　　　　過失運転致死傷罪における注意義務との関係 ········· 589
　　　(2)　信頼の原則との関係等 ··························· 590
　　4　実務例··· 590
　　5　捜査上の留意事項································· 592
　　6　判　例··· 592
　　　(1)　積極判例 ································· 592
　　　(2)　消極判例 ································· 594
　　　(3)　その他（緊急自動車と衝突した他の車両運転者の過失が問題と
　　　　　なった事例）······························· 596

第19　飲酒・酒気帯び・酒酔い運転者の注意義務

　　1　道路交通法上の義務······························· 597

(1) 酒気帯び運転等の禁止 …………………………………… 597
　　　(2) 車両提供罪 ……………………………………………… 598
　　　(3) 酒類提供罪 ……………………………………………… 598
　　　(4) 同乗罪 …………………………………………………… 598
　　2 過失運転致死傷罪における注意義務 ………………………… 599
　　　(1) 過失運転致死傷罪と危険運転致死傷罪の関係 ………… 599
　　　(2) 過失運転致死傷罪 ……………………………………… 604
　　3 実務例 …………………………………………………………… 605
　　4 捜査上の留意事項 ……………………………………………… 607
　　　(1) アルコール摂取の裏付け及び事故時の体内保有アルコール度数の
　　　　　算出 ……………………………………………………… 607
　　　(2) 酩酊状態の認定の在り方 ……………………………… 608
　　5 判　　例 ………………………………………………………… 609
　　　(1) 積極判例 ………………………………………………… 609
　　　(2) 消極判例 ………………………………………………… 611

第20 過労・病気・薬物の影響下にある運転者の注意義務

　　1 道路交通法上の義務 …………………………………………… 612
　　　(1) 過労運転等の禁止 ……………………………………… 612
　　　(2) 過労運転等の禁止違反に対する罰則 ………………… 612
　　2 過失運転致死傷罪における注意義務 ………………………… 613
　　3 危険運転致死傷罪 ……………………………………………… 613
　　　(1) 過労運転に関する危険運転致死傷罪の種類 ………… 613
　　　(2) 薬物による過労運転と危険運転致死傷罪 …………… 615
　　　(3) 3条2項の危険運転致死傷罪と過失運転致死傷罪 …… 615
　　4 実務例 …………………………………………………………… 619
　　5 捜査上の留意事項 ……………………………………………… 621
　　　(1) 過労・病気・薬物の影響の有無及びその程度等の特定 … 621
　　　(2) 特に, 睡眠時無呼吸症候群について ………………… 622
　　6 判　　例 ………………………………………………………… 624

判例索引 ……………………………………………………………………… 637
著者紹介等 …………………………………………………………………… 649

第1章 総 論

第1 序 論

1 過失とは

　人身事故を起こした車両の運転者が特定されている状況では，当該交通事故の運転者に「過失」があるか，それが，交通警察官及び検察官の最大の関心事である。その前提として，事故状況を解明しなければならないが，ときとして，事故状況を完全には解明できていない中，過失の有無の判断をしなければならないことも少なくない。被害者が死亡し，目撃者もおらず，被疑者が必ずしも真実を語っていないような場合である。しかし，事故状況が明らかになったとしても，過失の有無が直ちに判断できるわけではない。事故状況をあますところなく解明できている場合はむしろ例外といってよいくらいである上，解明できていたとしても，被害者側にも落ち度がある場合や，そもそも不可抗力として，誰が運転していても事故を防げなかったのではないかと考えられるような場合もあるからである。過失運転致死傷事件に無罪が多い理由は，まさに，そこにある。そのような中で，ぎりぎりの判断を迫られる「過失」とは何か？それが総論の問題である。

　もっとも，「過失犯」という具体的な犯罪があるのではない。人身自動車事故の場合でいうと，通常は，事故を起こした被疑者の行為が，自動車の運転により人を死傷させる行為等の処罰に関する法律5条の過失運転致死傷罪（同法の制定前は，「自動車運転過失致死傷罪」と呼ばれていた）に該当するか否か，という形で，過失の認定が行われることになる。つまり，被疑者の行為が，同罪の規定している「自動車の運転上必要な注意を怠り，よって人を死傷させた」

場合に当たるか否かの判断，これが，「過失」の認定ということであり，出発点なのである[1]。

つまり，この「(自動車の運転上)必要な注意を怠」ることが過失とされているのである。

ところで，「必要な注意を怠」ることは，「注意義務に違反する」ことであるとされる[2]。つまり，注意義務違反が過失なのである[3]。

2 過失の構造（意義）

(1) 過失の前提である注意義務の内容

　ア　それでは，過失判断の前提となる「注意義務」とは何か。過失は，刑罰を科すための前提条件であり，それを科すことによって，道義的責任

---

1) 人身自動車事故の中には，いわゆるドア開扉事故のように刑法211条前段の業務上過失致死傷罪として扱われるものもある。同罪の成否が問題になる場合は，「業務上必要な注意を怠り，よって人を死傷させた」場合に当たるか否かの判断，ということになる。

　なお，平成19年6月11日までは，人身自動車事故は上記業務上過失致死傷罪として扱われてきた。しかし，自動車運転過失致死傷罪が設けられたことにより，自動車運転上必要な注意義務を怠って人を死傷させた場合は，同罪で処罰されることになり，人身自動車事故のうち，自動車運転上の注意義務を行った場合でない上記ドア開扉事故のような一部のみ，従来どおり業務上過失致死傷罪として処罰されることになった。そして，この点は，平成25年度の刑法改正された（自動車運転過失致死傷罪が，過失運転致死傷罪となって，自動車の運転により人を死傷させる行為等の処罰に関する法律の新設により，同法に移された）後も同様である。

　もっとも，ドア開扉事故であっても，過失運転致死傷罪が成立する場合のあることは，後記「第2章各論　第11停車・駐車時の注意義務の項（460頁）参照（「自動車運転上必要な注意」を怠ったといえる場合である）。また，運転者以外がドア開扉事故を起こした場合は，運転者に過失が認められる場合を除き，自動車運転性も業務性も認められないので，過失致死傷罪（刑法210条，209条），又は重過失致死傷罪（同法211条後段）で処罰することになるのは，それまでと変わらない。

2) 「注意」とは，一般には，「気をつけること。気をくばること。留意。用心。警戒」とされる（新村出編『広辞苑』1661頁（岩波書店，第四版，1996））が，要するに心理的な「意思の緊張」を意味する。しかし，刑法における「注意」は，それを怠ることによって，人の死傷等の結果（例えば，過失往来危険罪では，「往来の危険」という結果）を生じさせるものでなければならず，刑事責任を課す前提となるものであるから，非難可能性がなければならないので，単に心理的に意思の緊張を欠いたものとしたのでは足りないことになる。そこで，ここにいう「注意」とは，結果を生じさせたことを非難するための「注意義務」であるとされ，その「注意義務」に違反することが過失とされるのである。

3) 刑法上「過失」という用語は，重失火罪（刑法117条の2後段），過失往来危険罪（同法129条1項），過失傷害罪（同法209条1項），過失致死罪（同法210条），重過失致死傷罪（同法211条後段）に用いられているが，これらの罪で用いられている過失は，上記「注意義務違反」と同じものとされており（同法211条を含む罪の章は，「第28章　過失傷害の罪」である），同一の構造を持つものと理解されている。

を追及するとともに結果を防止することを意図しているのであるから，漠然と意思の緊張を欠いて結果を発生させたというだけでは，「注意義務」違反として過失の責任を問うことはできない。処罰を正当化する限定原理が，更に必要なのである。そして，現在，「注意義務」とは，「結果予見義務」（単に「予見義務」ということもある）と「結果回避義務」（単に「回避義務」ということもある）の2つによって構成されるものとされている[4]。

すなわち，過失＝注意義務違反が認められるのは，この義務に違反する場合であり，結果予見義務と結果回避義務に違反することが必要とされるのである。つまり，結果予見義務を怠った（ため結果回避義務を怠った）場合，及び結果予見義務は尽くしたが結果回避義務を怠ったために結果を生じさせた場合に，過失が認められることになる。

したがって，過失運転致死傷罪が成立するためには，自動車運転上必要とされる結果予見義務に違反するか，自動車運転上必要な結果回避義

---

[4] 我が国で，注意義務を，結果予見義務と結果回避義務であると最初に指摘したのは，井上正治教授である（井上・過失犯52頁，81頁，西原春夫「過失犯の構造」中山研一ほか編『現代刑法講座第3巻（過失から罪数まで）』7頁参照（成文堂，1978））。牧野英一『刑法総論』307頁（有斐閣，1948年）は，「過失は，一方において，犯意が犯罪事実の認識を意味するのに対しその不知を意味するのであるが，また，他方において，これを不可抗力と区別せねばならぬ。換言すれば，犯罪事実を認識すべく且つ認識し得たのにかかわらずこれを認識しなかったという点に本質がある」とし，小野清一郎『新訂刑法講義』171頁（有斐閣，1954）は「私は刑法における過失は次の如き要素からなるものと解する。①犯罪構成事実の認識，其の認容又は違法性の意識を欠くこと。②<u>行為者が相当の注意をしたなら，犯罪構成事実を認識し，且つ行為の違法性を意識することによって，その行為をしないことができたであろうという場合であること</u>。③犯罪構成事実の認識，其の認容又は違法性の意識を欠くこと。」としているように，現在のような分析的な視点は見られない。前者は，過失を犯罪事実の認識のある犯意（故意）と区別し，他方不可抗力の場合を過失から除く，という観点から過失を捉えている。後者は，アンダーライン部分のように，結果予見可能性と結果回避可能性を述べるもののようにも考えられるが，「行為をしないこと」と述べ，「結果を防ぐこと（回避すること）」と述べているわけではないことからすると，結果回避義務を過失の要件としているのではないと考えられる。山岡萬之助『刑法原理』182頁（清水書店，1927）は「過失トハ避ケ得ベキ犯罪事実ノ不知ナリ。換言セバ行為者ガ行為ニ際シ予見シ得ベク若クハ予見セザル可カラザル事実ヲ不注意ニ因リ予見セザル場合ニ於テ成立ス」としている。

現在では，学説上も異論なく認められている（西田・総論257頁，山口・総論124頁，山中・総論369頁，前田・総論343頁等）。

判例で，明示的にこれを述べたのは，弥彦神社事件における最決昭和42年5月25日刑集21巻4号584頁であるが，既に戦前でも，これを前提にして判断したと考えられる判例も存した（大判大正8年2月15日刑録25輯157頁，刑抄録79巻10185頁，大判大正14年10月21日刑集4巻616頁等参照）。

務に違反していることが必要になってくるわけである[5]。

　しかし,「法は不可能を強いない」ので,結果の予見可能性がない場合には,もはや結果予見義務を課すことはできない。また,同じく,結果を回避することができない場合にも結果回避義務を課すことはできない。すなわち,結果予見可能性がない場合,あるいは結果予見可能性があったとしても結果回避可能性がない場合には,たとえ,その行為から結果が発生したとしても(行為と結果の間に因果関係が認められたとしても),注意義務違反行為は認められず,過失犯としての責任を問うことはできないのである。

　例えば,自動車を運転しているとき,対向車が何の前触れもなく,すれ違う直前に自車線に進出してきて正面衝突した場合,自分の車線を走行していた車両の運転者は,対向車が自車線に進出してくることは予見できないため,予見義務違反は成立せず,したがって過失責任を問われることはない。また,自動車を指定制限速度の時速50キロメートルの速度で運転していたところ,約15メートル右前方の道路右端から,人が道路を右から左に横断を始め自車直前を横切ろうとするのを発見して,急制動したが,人に衝突させて死亡させてしまったという場合,道路を横切ろうとする人を発見した時点で,結果,つまり,自車がこのまま進行すれば,横断している人と衝突することになることは予見可能であるが,その時点では,いかに強くブレーキを踏んで制動をかけたとしても衝突を避けることはできない[6]ので,予見可能性は認められ結果を予見してはいるものの,結果回避可能性がないため,結果回避義務の存在が否定されるので,注意義務違反は存在せず,過失運転致死罪に問われることはない。

　イ　不可抗力について

　なお,この点に関して,「不可抗力」ということがいわれることがある[7]。

---

5)　もっとも,「自動車運転上必要な注意を怠っ」ただけでは,過失運転致死傷罪の責任を負わされることはない。すなわち,注意義務に違反したとしても,その注意義務違反行為と結果との間に,その注意義務を怠ったから人の死傷の結果が生じたという関係,つまり因果関係がなければならない。

6)　山崎・わかりやすい36頁によると,約12.5メートルが制動距離である(乾燥路面)。反応時間を通常の0.75秒として,空走距離(10.4メートル)を加えると,停止距離は22.9メートルである。なお,停止距離＝空走距離＋制動距離である。

そこでいわれる不可抗力とは，結果が発生したとしても客観的な意味でも（因果関係がないことが明らかな場合とか回避可能性や予見可能性がないことが明らかな場合），主観的な意味（明らかに行為者を非難できない場合）でも過失がないことが明らかな場合で，そもそも，過失犯の成否を論じるまでもないような場合を意味するものとして考えられているようである。しかしながら，過失犯の成否を考える際に，過失の成否とは別に，わざわざ，これが不可抗力によって生じたか否かを別に考える必要はない（それは，過失を論じるまでもない事案か，過失を論じる必要のある事案かを区別するものであるが，二度手間にすぎない）ので，分析概念としては，現在においては，廃れたものといってよいであろう[7]。

(2) 過失犯の体系的位置付け（新旧過失論争）

ところで，講学上，過失の意義やその構造に関し，伝統的過失論（旧過失論）と新過失論の対立がある。

これは，犯罪論の体系に過失をどう位置付けるかの争いであり，専ら責任形式として位置付ける見解と，責任のみならず構成要件及び違法論にも位置付ける見解の対立である。前者は，旧過失論という見解（現在では「伝統的過失論」といわれることが多い。本書では，「伝統的過失論」と呼ぶ）であり，後者が新過失論といわれる見解である。

伝統的過失論は，そもそも，過失を「故意の可能性」と捉え，故意犯とのアナロジーで説明しようとするものである。すなわち，故意犯は，犯罪事実を認識していながらあえて犯行に及ぶものであるが，過失犯は，犯罪事実を認識できるのに，不注意によって犯罪事実を認識せず，行為に及んで結果を発生させたものであり，構成要件及び違法性は故意犯と同じで，責任において，異なるにすぎないとする見解である[8]。これは，フォイエ

---

7) 泉二新熊『日本刑法論上巻（総論）』499頁（有斐閣, 1933），牧野・前掲，安西温「自動車交通犯罪」『現代実務法律講座』123頁以下（青林書院新社, 1968）等。過失の構造が十分に究明されていなかったときに，そもそも過失犯から除くべきものを選別するという限定機能を持たせようとしていた過渡的な概念と考えられ，既にその役割は終えているものと思われる。

8) 平野・総論Ⅰ194頁，西田・総論261頁，山口・総論204頁，前田雅英『刑法総論講義』262頁（東京大学出版会, 第4版, 2006）等。

ルバッハ以来の伝統的規範責任論に基づく考えであるが、故意犯との関係で簡明に過失犯を説明するもので、広く受け入れられてきた考えである。そして、上記の理解から、過失犯の本質は、結果（犯罪事実）の認識可能性（予見可能性）にあるということになる。

伝統的過失論は、人が自動車を運転して事故を起こし人の死亡の結果を生じさせた場合、殺人罪及び過失運転致死罪（傷害致死罪等も同様であるが、ここでは単純化するため省く）等の構成要件に該当し、同様の違法性を有するが、責任の形式で、両者が区別され、故意がある場合には殺人罪が成立し、過失にとどまる場合には過失運転致死罪が成立するとするものである。

他方、後者すなわち新過失論は（その中にも様々な見解に分かれているが）、過失は責任の形式において故意犯と異なるだけでなく、構成要件及び違法性のレベルでも故意犯とは異なり、結果回避義務を怠った行為が（違法行為類型である）構成要件に該当し、違法とする見解である。仮に、結果が生じたとしても、行為者が当該事情の下で、客観的に要求される結果回避義務を果たしていた場合には、違法行為類型としての構成要件にも該当せず、違法ではないので、過失責任を問われるべきではないとするのである[9]。その中にも、責任の段階で改めて注意義務違反を問う見解と、もはや

---

[9] 論者によっては、新過失論を、本文のように「回避義務違反行為」（幕田、前田）とは説明せず、(結果回避に関する)「基準行為からの逸脱」と説明する論者もいる（山口・総論202頁。西田・総論は、社会生活上一般に要求される結果回避行為＝基準行為の懈怠とする説としている（西田・総論258頁）。

新過失論は、結果回避義務違反を重視し、これに違反する行為が過失犯の違法行為類型を規定した構成要件に該当し、違法な行為であるとするのであるが、その中には、結果回避義務違反そのものではなく、前方注視義務や動静注視義務（これらは、ビンディングの「危険な状態における用心深い態度」、「熟慮判断義務」に当たるものである）のように、結果回避義務そのものではない義務違反をも、基準行為からの逸脱、すなわち客観的な落ち度として、結果回避義務違反行為とともに外部的行為義務違反としている。

しかし、過失の本質を結果回避義務に置くのであれば、純粋に結果回避義務に違反する行為だけを構成要件該当行為として捉えれば足りるのであり、それに直接には属さない前方注視義務や動静注視義務をこれに含ませるのは理論的に一貫しないと考える。もっとも、過失犯を行為義務違反と捉えるのであれば、当然、前方注視行為を怠ったり、動静注視義務を怠った場合には、行為義務違反として過失の構成要件に該当するとすることは可能と思われるが、その場合、「結果回避」義務違反が過失の本質であるとする考えとそぐわないであろう。動静注視義務や前方注視義務は、それを尽くすことにより、結果の予見が可能となるという意味では、むしろ予見可能性及び結果予見義務を導く義務と考えられるからである（この点は、後述16頁本文及び注25）参照）。

責任の段階では，注意義務違反は論じる余地はなく，落ち度なく行動することができたのに結果を避けることができなかったかどうかという非難可能性を論じれば足りるという見解[10]に分かれている。

新過失論は，結果回避義務違反行為を重視するものである。ドイツのエンギッシュらの過失論の影響を受け，戦後自動車事故が急増し業務上過失致死傷罪（当時）で処罰される者の数が激増したことを背景にして，現代社会における過失犯処罰の在り方に問題を投げ掛け，従来，ともすれば，結果責任とも思えるような過酷な注意義務を課して処罰されていたのを見直そうとした考え方であり，現代社会に適合した過失犯処罰の限界を画する役割を果たしたという面で，意義を有している。しかし，伝統的過失論と呼ばれる考え方も，構成要件該当性の判断において，「実質的で許されない危険」を備えた行為のみが構成要件に該当する行為である（実行行為）として，処罰の範囲を限定すべきであるとするに至っており（新しい旧過失論（修正旧過失論）ともいわれる。平野等）[11]，結論的には，両者の差はないといってよいとされている（西田・総論260頁）。

犯罪論の体系の問題として考えるとき，故意犯であり，過失犯でもあるという事態はあり得ないので，故意犯と過失犯は，どこかで線が引かれて区別されるものであるから，統一的に理解するのが当然のようにも考えら

---

10) この説は，過失の本質を結果回避義務と捉え，これを尽くした場合には，構成要件には該当せず，しかも，違法でもなく，責任も負わないとする（藤木英雄『過失犯－新旧過失論争－』24頁（学陽書房，1984）等）。しかし，結果回避義務違反（構成要件に該当し違法である）が認められる場合に，責任のレベルにおいて，何を検討することになるのかはやや曖昧である。木村亀二「過失犯の構造」滝川先生還暦記念『現代刑法学の課題（下）』589頁（有斐閣，1955），西原・総論172頁，415頁等は，もはや責任では過失を論じない。藤木・前掲は，「落度なく行動することができたのにもかかわらず落度ある行為をし，結果を避けることができなかった，という点は，責任，非難可能性の問題である」とした上，「行為者が，外形的には落ち度のある行為をしたと認められた場合であっても，当該行為者にとって，落度なく行動することが不可能であると認められる場合には，落度ある行為をしたことについて，非難の可能性がなく，刑事上の責任を問うことはできない」とし，その例として，注意能力，落度なく行動する能力がそもそも欠けている場合や，注意能力を発揮できない事情がある場合を挙げていることからすると，回避可能性とは別の観点から責任を検討するという考え方のようである。もっとも，落ち度ある行為をしたことについて非難可能性がある，ということは，回避可能性があるのに，これを尽くさなかったということも含まれると思われるので，結果回避義務違反を責任のレベルでも検討することになるのと変わらないようにも思われるが，その表現からは，構成要件該当性及び違法性のレベルで検討される客観的な結果回避義務違反の有無ではなく，行為者個人における個人的な回避能力及び回避可能性を検討するという考え方であると思われる。なお，井上・過失犯81頁以下は，予見可能性を責任の問題とする。

れ，故意犯のアナロジーで過失犯を説明するのが，一見，極めて簡明であり，説明として分かりやすい[12]。しかしながら，伝統的過失論は，予見可能性を過失犯の本質とするものであるところ，実は，この「予見可能性」という概念は，極めて漠然としていて，その有無を判断する明確な基準を提供するものでなかった。そのため，実務の人身交通事件で，結果責任ともいわれかねない厳格な責任が問われていたことに対しての有効な歯止めを行うことができなかった[13]。そこに，新過失論が提唱され，過酷な結果責任ともいえる過失犯処罰の問題を明らかにし，結果回避義務を尽くしていた場合には，過失責任を負わないとしたのである。しかし，伝統的過失論も，新過失論の指摘を機会に更に深化し，前記のとおり，単に予見可能性が認められるだけで，過失責任が肯定されるわけでなく，「実質的で許されない危険」を備えた行為のみが構成要件に該当する行為である（実行行為）として，処罰の範囲を限定すべきであるとする考えが提唱されるに至ったのである。

このように，新過失論も修正伝統的過失論も，過失犯の成立範囲を合理的な範囲に限定しようとする考えではあるが，では，その範囲をどのように限定するのかという観点からすると，実のところ，いずれも，明確な基

---

11) もっとも，「実質的で許されない危険」の有無を判断するときに，行為者の主観を判断資料に組み入れるのは妥当ではないと考える。それを考慮しなくても，不都合は生じないからである。例えば，平野教授が挙げる，「信号交差点で交差道路から進入してくる自転車が，その対面信号が赤であるのを，雪がかかるのを避けるために帽子を目深にかぶって下を向いて信号に気付かずに進行してきて青信号で進入してきた車両と衝突した」という事例（平野・過失問題299頁）でいうと，自転車乗りがそのような状況で進行してきたこと自体が，危険性を示すことであり，それを行為者が認識していたかどうかは，危険性の判断に影響しないと考えられるからである。

12) しかし，故意犯と過失犯を統一的に構成要件理論の中で位置付け，しかも，過失犯を故意犯のアナロジーで説明しようとするのは，かなり難しく，解のない方程式を無理に解こうとしているのではないかとの疑問もないわけではなかろう。また，現行刑法の解釈として，上記解釈が必然だとすること自体に問題がないわけでもないと思われる。樋口・刑事過失172頁は，「過失犯を故意犯のアナロジーとして説明するという思考枠組みの無自覚な受容こそが，過失犯をめぐる議論を偏狭なものとしている」と述べているのは注目される。

13) 自動車事故の場合は，当初，自動車が余り普及せず，かつ，交通ルールも普及せず，歩行者等にとって危険な乗り物であった当初から，継続的に自動車運転者の責任が問われ続けたわけであるが，次第に自動車が普及し，社会生活に不可欠の乗り物として定着し，道路も次第に整備され，交通ルールも少しずつ普及してきたという客観的な状況の変化にもかかわらず，検察官及び裁判官の判断思考における慣性や判例等の拘束性という自縛が責任の過酷さをもたらした可能性もあり，伝統的過失論の予見可能性概念の漠然性のみがその原因ではないと思われる。

準を提示し得ているわけではなく，課題は残っていると考えられる。

なお，伝統的過失論は，違法性の本質は，法益の侵害という結果無価値にあるとする結果無価値論に基づいており，新過失論は，違法性の本質は，法益侵害のみでなく社会的に相当でない行為による法益侵害にあるとする行為無価値論に基づいている。

私見では，違法性の本質等の理論的な観点，及び犯罪体系論の目的である恣意的な刑法の適用を避けようとする人権保障機能を重視する観点からすれば，修正伝統的過失論が正当と思われる。もっとも，両者の差は概念的な違いであって実務的には余り意味はないので，深入りは避けることとするが，あえて述べれば，まず，①過失は故意と対立するものであり，過失でもなく故意でもないその中間領域は存在しないこと，また，故意が認められると同時に過失も認められるということはないのであるから，故意が責任の条件である以上，これに対立する過失も責任の条件となることは疑いがないことと考える。そして，②故意犯について，構成要件理論として，構成要件，違法性，責任を，それぞれ各別に検討する以上，過失についても同様に考えることが自然であり，当然と考える。その意味で，責任において過失を全く検討しない新過失論は，理論的に整合的でないと思われる[14]。次に，③新過失論のうち，責任においても過失を検討する見解は，構成要件該当性の段階で過失判断を行い，さらに，違法性及び責任の各段階で，過失を議論することになる。新過失論者の中には，構成要件の段階では客観的注意義務違反の有無を判断するところ，その前提として，客観的な結果予見可能性を必要とし，責任の段階では，主観的な結果予見可能性が認められることが必要だとするものもある（団藤重光『刑法綱要総論』

---

14) 古川・刑事過失論141頁は，新過失論が，構成要件レベルにおいて，一般人を標準とした客観的注意義務違反を要求し，さらに，責任のレベルにおいて，行為者を標準とした主観的注意義務違反を要求する（団藤）のは，構成要件レベルでは，「判断の基礎」も「判断の基準」も客観的な注意義務違反を構成要件要素とし，責任のレベルでは，「判断の基礎」も「判断の基準」も主観的な注意義務違反を責任要素とするもので，本来，折衷できないものを折衷するもので不当と批判している。他方，責任のレベルでは過失を論じない危惧感説は，上記新過失論の折衷説の問題を，解消するもので，理論的には完成された説とするが，構成要件要素としての客観的注意義務違反も，同じ注意義務違反行為であっても，結果に応じて異なる構成要件が用意されている以上，法益との関連を否定することはできないので，厳密には責任要素としての結果予見可能性を否定することはできないので，解釈論としては貫徹できないとする（古川・刑事過失論171頁～174頁）。

319頁（創文社，改訂版，1982）等）。しかし，それならば，責任の段階で主観的な結果予見可能性を論じれば足りるので，それ以上に構成要件の段階で（客観的とはいえ）予見可能性を論じるのは余り意味がない上，最終的には主観的な予見可能性によって責任を限定するのであるが，結論の妥当性が図られるか疑問がある（処罰すべき者を不可罰にしてしまう）。また，新過失論は，本来の構成要件理論における分析的思考により人権保障機能を維持しようとする観点からすると好ましいものではなく，犯罪体系論の本来の目的，すなわち構成要件理論の人権保障機能を否定することになりかねないと考えられるからである。そして，その根本の原因は，行為無価値を重視することに根差していることにあるのである[15]。

なお，新過失論が過失犯の本質を結果回避義務違反と捉えることは，過失犯を不作為犯と同様に考えることになるが（それゆえに，過失行為が，構成要件該当性及び違法性のレベルでも論じられることになる），過失作為犯は，不作為犯ではなく作為犯なのであって，故意犯でも結果回避義務違反は存在するのであるが，あえてそれを遵守せず，結果惹起に向けた行為を意図的に行うことから，結果回避義務違反は特に論じる余地がないために，着目されることがないというにすぎない[16]。また，伝統的過失論では，故意犯と過失犯を統一的に理解できる。すなわち，過失犯における実行行為の存在も，これを結果発生の実質的で許されない危険を有する行為と理解すること（それは，故意犯における実行行為と同じものである）で，説明することが可能だからである。

ところで，修正伝統的過失論の立場からすれば，予見義務違反や結果回避義務違反行為は，行為の実質的危険性を示すものである（予見義務を怠ることは行為の危険性を増すことは明らかである。回避義務を怠ることはいうまでも

---

15) 井上祐司『行為無価値と過失犯論』44頁（成文堂，1977）は，「新過失論の前提とする法益較量の思想は基本的人権の尊重と調和しない側面があるし，具体的過失の認定にとって必ずしも有用な概念用具ではない。即ち，（イ）法益の危殆－法益較量，つまり「構成要件－違法」という形で過失犯を構成するとき，そこには本来の過失犯の実態とは無縁な，行政法上の違法評価や，経営学ないし行政学的な諸考慮が，無媒介に過失論の理論構造の中に取り入れられることになる。（ロ）右の構成は，過失犯の一部をベルサリ・イン・レ・イリキタの法理で構成した封建的な刑事過失論に親近性を示すものである。」と述べている。

16) 平野・総論Ⅰ194頁，平野・過失問題292頁。

ない)ので,実行行為として掲げるのは当然としても,責任の段階では何を論じるのであろうか。主観的予見可能性の有無を論じるのは当然のことである。しかし,それだけでは,過失を注意義務違反と捉え,注意義務を結果予見義務と結果回避義務からなるものとし,かつ,過失を責任要素とする以上,結果予見義務に対応する主観的予見可能性のほかに,結果回避義務違反に対応する非難可能性としての主観的要素を考えなければ理論的に一貫しないであろう。実質的にも,回避義務を尽くさなかったことを非難できるのは,回避義務を履行しようとする主観的可能性の有無である。客観的に回避可能性がなければ,回避義務は生じないが,主観的に回避が可能であると認識できなければ(客観的に見ても行為者にとって回避は不可能と認識せざるを得ない状況であれば),非難できないであろう[17]。したがって,責任の段階においては,主観的予見可能性に加えて,**回避可能性についての主観的な認識可能性**をも判断すべきことになる[18]。

　現在では,むしろ,この新しい伝統的過失論の方が有力のようである。

---

17) 山中・総論Ⅱ598頁は,責任としての過失に主観的な予見可能性だけでなく,「結果回避意思形成可能性」を措定しているのが参考になる。

18) もっとも,近時,過失について,新旧過失論と離れて,あるいはこれを一歩進めて過失処罰を根拠づけようとする見解(樋口・刑事過失,古川・刑事過失論)が現れている。
　前者は,過失犯を故意犯のアナロジーとして説明することを拒否し,英米法の不法行為法の過失論,すなわち,危険防止が過失犯処罰の根拠であるとして,具体的な状況下において,誰が危険防止を期待されるのか(あるいは危険防止義務を免除されるのか)を,個別の事案ごとに規範的観点から判断しようとする見解である。確かに,現行刑法において,過失犯は,「過失によって」あるいは,「必要な注意を怠り」と規定されているだけであって,故意犯とのアナロジーで説明することが必然とされているわけではない上,予見可能性という頼りない概念によって過失を判断する新旧過失論より,判断基準が明確になる可能性があるという点で,魅力的な考えであるが,この考えでは,過失判断が事後的にカズイスティックに決せられることになると思われるところ,行為の予測可能性を重視する罪刑法定主義上問題があるように思われる。
　後者は,過失犯を故意犯とのアナロジーで説明する考えであるが,修正伝統的過失論を継承しつつ,従来同見解が,結果の予見可能性を中心に過失犯の処罰根拠を説明していたのを,「法は不可能を強いない」,「法は不必要を強いない」という2つのメルクマールを用いて,構成要件の段階で,行為者の「主観的な危険の認識可能性を備えた」実質的で許されない危険行為性の有無を判断し,責任の段階では,行為者の「主観的な結果の予見可能性」を判断することによって,従来の伝統的過失論の理論的な問題性を克服するとともに,過失犯の処罰範囲及び処罰根拠を確定しようとする考え方である。結果無価値論を前提にしつつ,ドイツの代替行為論や危険増加論をも取り入れ,これとも整合的に過失を説明しようとするもので,理論的に最も進んだ見解のように思われ,実務的にも結果回避可能性の具体的な判断基準を示すものであり,有用な見解と思われる。もっとも,構成要件の段階で判断される前述の「危険の認識(予見)可能性」と責任の段階で判断される「結果の認識(予見)可能性」は,同じことなのではないかという疑問は残る。同書は,危険の認識はあって

(3) 新旧過失論争と実務

　それでは，過失が結果予見義務と結果回避義務の違反であるとすることと，新旧過失論は，どのような関係があるのだろうか。

　いずれの見解であっても，過失が結果予見義務（及び結果の予見可能性）と結果回避義務（及び回避可能性）の双方からなるとすることに変わりはない。一般的には，結果予見義務を重視するのが伝統的過失論であり，結果回避義務を重視するのが，新過失論である，とされる（危惧感説は，新過失論の中でも，法益に関連した予見可能性を否定し，何らかの法益を侵害する危惧感で足りる，とする点で，予見可能性を否定する見解であるが，ここでは別論とする）。どちらを中心に位置付けて過失の構造を理解するか否かで差が生じるのである。

　しかしながら，実務家の立場からすると，新旧過失論争は全くといってよいほど意味がない。というのは，人身自動車事故の捜査を行い，起訴不起訴を判断し，あるいは公判を遂行し，あるいは判決を下すに当たって，重要なのは，過失が認められるか否か（有罪になるか否か），という判断基準であって，過失の犯罪体系論上の位置付けではないからである。前述したように，筆者は，伝統的過失論の立場に立つものであるが，実務の処理に何の違和感も感じないし，支障が生じたこともない[19]。

　実務において問題となるのは，目の前にある事件（人身自動車事故）の被疑者・被告人に証拠上過失が認められるか否かである。より，直截的にいうのであれば，検察官の立場からいえば，公訴を提起した場合に有罪に

も結果（危険の現実化）の予見はない場合があるとして，これをてこに，危険の認識（予見）のない場合も，「危険は予見可能であるが，結果の現実化は予見可能ではない」ということがあり得るとするのであるが，危険とは，そもそも，結果が発生する可能性のある場合のことであるので，（認識（予見）がない場合において）危険が予見可能であるということは，結果発生（の可能性）が予見可能であるということと同じことになると思われる（認識していたその対象の異同と，（認識していないが）認識の可能性の対象の異同は，異なるものであり，「可能性」の判断である以上，両者（「危険の予見可能性」と「結果現実化の予見可能性」）は区別できないと思われる）。

19) 筆者は，大学時代，平野龍一教授の講義を受けて刑法学を学ぶとともに司法試験の刑法の科目も総論に関しては同教授の『刑法総論Ⅰ，Ⅱ』（有斐閣）を基本書にして受験した者である。刑法の人権保障機能を重視する観点及び理論的にすっきりと洗練されていることなどから犯罪体系論に関しては，同教授の見解を妥当と考えてきたものであり，過失の構造論に関しても伝統的過失論が正当と考えてきた。しかし，実務家になった後，この見解を執るからといって事件処理が左右されたことはなかった。

なし得るか否かである。そして，その場合，過失をどう捉えるかということと，証拠上それを認定する証拠があるかということの2つが，意味を持つ。新旧過失論は，前者の過失をどう捉えるかということに関連を持つものではあるが，前述した危惧感説（講学上の通説ではないし，判例上[20]も否定されている）を除けば，この見解の違いは結果的に差をもたらす議論ではなく，過失の構造論及び体系的位置付けに関する観念的な議論にすぎないからである。実務で重要なのは，その過失に該当するか否かの判断基準であるが，伝統的過失論であろうが，新過失論であろうが，前述したとおり，この基準を提供するものではないのである。後者の証拠上の問題に関しては，この対立は何ら影響がない。

ところで，我々検察官が，日常，起案している起訴状における過失運転致死傷罪の公訴事実はどのようなものであろうか。次に，その例を掲げる。

① 被告人は，平成○年○月○日午前○時○分頃，普通乗用自動車を運転し，東京都○○区○○1丁目○番地先の路上を，○○方面から○○方面に向かい時速約40キロメートルで直進するに当たり，前方左右を注視し，進路の安全を確認しながら進行すべき自動車運転上の注意義務があるのにこれを怠り，同乗者と雑談して前方を十分注視しないで進行した過失により，折から，前車に従い進路前方に停止したV（当時○○歳）運転の普通乗用自動車を自車前方約10メートルの地点に初めて認め，急制動の措置を講じるも及ばず，同車に自車を衝突させ，よって，同人に加療約1か月を要する○○等の傷害を負わせたものである。

② 被告人は，平成○年○月○日午前○時○分頃，普通乗用自動車を運転し，○○県○○市○○町1丁目○番地先の交通整理の行われていない交差点を○○方面から○○方面に向かい時速約35キロメートルで直進するに当たり，同交差点手前には一時停止の道路標識が設置されており左右の見通しも困難であったから，同交差点手前で一時停止するとともに，左右道路から進行してくる車両の有無・安全を確認しながら進行すべき自動車運転上の注意義務があるのにこれを怠り，交通閑散に気を許し，

---

20) 札幌高判昭和51年3月18日高刑29巻1号78頁（北大電気メス事件）

一時停止せず，かつ左右道路から進行してくる車両の有無及び安全を確認せず，漫然前記速度のまま同交差点に進入した過失により，折から，右道路から進行してきたV（当時○○歳）運転の普通貨物自動車を至近距離に発見し，制動のいとまもなく，同車前部に自車右側部を衝突させ，その衝撃により，同人に加療約286日間を要する脳挫傷等の傷害を負わせたものである。

さて，この両公訴事実は，証拠がそろっていることを前提とすれば，判決でもそのまま「罪となるべき事実」（刑訴法335条1項）として認められることになる。では，この公訴事実（ないし罪となるべき事実）は，新旧過失論のいずれの理論と関連付けられるのだろうか。

学説の多くは，判例は新過失論に立脚していると考えているようである[21]。というのは，これらの公訴事実は，自動車の運転者に，外形的行為義務を課しており，それを懈怠した（落ち度ある行為をした）ことを過失と捉えているとみられるからである。

しかしながら，新過失論が唱えられたのは，昭和30年代に入ってからである。しかるに，実務の犯罪事実（公訴事実及び罪となるべき事実）の捉え方は，用語等についての変遷はあるものの，戦前から，基本的に確立していたのである[22]。したがって，実務が新過失論の影響によって築かれた

---

21) 樋口・刑事過失175頁，土本・過失犯16頁，幕田英雄『捜査実例中心刑法総論解説』202頁（東京法令出版，2009）等

22) 例えば，大判昭和14年5月23日刑集18巻283頁は「被告人は医師であって自動車の運転免許を受け往診に際し自ら自家用自動車を運転していたものであるが，昭和13年6月上旬頃連日多忙のため睡眠不足を来たし疲労甚だしく之を回復するいとまもなかった折柄，同月10日某小学校に於いて約4時間に亘り約130名の児童の身体検査をなしたる後，自家用自動三輪車を操縦して帰途についた。ところが○○郵便局の南方の道路で小松某の依頼に応じ山本某及び岡村某の両名を自己の自動車後部座席に同乗せしめ，その際右客席から取出した洋傘を運転席に置いたまま発車したが，該道路は幅約9尺で左側は山に接し右側は断崖に臨んでいるため僅かに操縦を誤っても事故を惹起する虞のある危険区域であった。斯様な個所を他人を同乗せしめている自動車を運転する者は特別の注意を払い把手を維持し前方の注視を怠らざるは勿論，万一運転の妨害となるべき物が運転室に在った場合には一旦停車した上，之を他の安全な個所に置き換えた後運転を継続し転落の危険を防止しなければならぬ注意義務があるに拘わらず，被告人は前記のように疲労していた際であるのに周到の注意を欠き発車後数間進行した際運転台に置いてあった洋傘を後部客席の同乗者岡村某に手渡そうとして右手を把手から離して洋傘を持ち単に左手のみで把手を握ったまま前方を注視することなく右後方を振り向いたため，運転を誤り自動車を崖下に転落せしめ，因って山本某を死に致した」と認定しているが，現在の実務と同じスタイルである。

ということはできず，それとは無関係に発展してきたものと考えざるを得ない[23]。

それでは，実務の注意義務の捉え方は，伝統的過失論と新過失論のいずれと整合的といえるのであろうか。

実務における注意義務の構成の仕方が，前記のように，外的行為義務違反を中心に捉え，その懈怠を過失と捉えていることからすると，新過失論の考え方で説明する方が，説明しやすいとはいえるであろう。新過失論は，一定の客観的結果回避義務を懈怠する行為が構成要件に該当する行為であり，それが過失の本質とするのであるから，実務の過失の公訴事実の記載は，まさにそれに沿うもののようにみえる。他方，伝統的過失論は，過失行為と結果の間に因果関係さえあれば，後は，責任レベルにおける予見可能性の有無によって過失の存否が認定される，という考え方であるが，この思考のどこからも，一定の行為義務を果たすべきであって，それを怠ることが過失である，という公訴事実は出てこないように思われるからである。しかしながら，厳密にいうと，実務の公訴事実における行為義務の懈怠が，常に「結果回避義務」の懈怠として記述されているわけではないことに留意する必要がある。

例えば，前記①の事例（13頁）では，そこでいう注意義務（行為義務）とされているのは，「前方左右を注視し，進路の安全を確認しながら進行すべき」注意義務である。しかし，この義務を尽くしていたとしても，直接，結果回避にはつながるものではない。結果を回避するためには，前方左右の注視義務を果たした上で，注視したことによって見えた状況及び予想（予見）される状況に応じて，ブレーキをかけたり，ハンドル操作を行うなどして初めて結果を防ぐことができるのである。つまり，①の事例における注意義務は，結果を予見するための注意義務であり，それに対する懈怠を過失と捉えているわけである。

---

23) この点に関して，実務の犯罪事実の捉え方は，英米法の影響下に発達したものと論じる説もある（樋口・刑事過失）。この説の当否は手元の資料が不足しているため何ともいえないが，外国法の影響がなくとも，自分の頭で考えることのできる実務家が，当時既に存在していたのではないであろうか。判例理論が全て外国法の影響でないと構成し得ないとする前提自体には，実務家として納得できず，にわかには賛同し難い。

また、前記②の事例（13頁）も、「同交差点手前で一時停止する」義務を掲示しているところ、一時停止をすれば事故を防げた可能性があるので、その意味では、結果回避義務と捉えることは可能であろう。しかしながら、同事例では、これに加えて「左右道路から進行してくる車両の有無・安全を確認しながら進行すべき」注意義務を課しているところ、これは、①の**事例**同様結果を予見するための注意義務といえるのである。そもそも、一時停止する義務も実は、この結果を予見するための前提として必要とされる義務なのである。このように、いずれも結果予見義務を注意義務違反に掲げていることからすれば、実務は、予見義務を中心とする伝統的過失論に沿うものということもできるのである。

　もっとも、新過失論が結果回避義務を重視するという場合の「結果回避義務」というのは、上で述べた結果を直接回避するための義務（予見義務と対比される意味での結果回避義務）ではなく、結果を防ぐための外的行為義務を意味している[24]。したがって、予見するための行為義務もここでいう広い意味での結果回避義務に当たるわけである。そのため、①②いずれの事例も（他の事例でも）、全て外形的行為義務違反として過失を表現していることから、実務は新過失論に沿っていると主張するのであるが、その外的行為義務を、よく分析してみると、狭い意味での結果回避義務と限らず、予見するための行為義務も含まれている（というより、こちらの方が重視されている）ので、実務が、新過失論に沿っているという考えは正しくないと思われる[25]。

---

24) 井上・過失55頁以下。西田・総論258頁は、新過失論を「基準行為説」（過失とは、社会生活上一般に要求される結果回避行為＝基準行為の懈怠であるとする説）としているのを参照。

25) 注意義務には結果予見義務と結果回避義務があるとされるが、結果予見義務については、結果予見可能な場合に結果を予見すべき義務としか説明がなされていないのが一般である。つまり、結果予見義務という概念が設定されてはいるが、予見可能であるのに予見をしなかったことが結果予見義務違反ということであり、要は、結果予見可能性の有無に尽きるのである（まして、結果予見義務としての外形的行為義務も想定されていない）井上正治「過失の実証的研究」『法学理論篇 128 法律学体系 第二部』24頁（日本評論社、1950）、土本・過失犯14頁、山口・総論124頁等）。しかしながら、本文でも述べたように、前方注視義務や動静注視義務等の情報収集のための義務は、最終的にはそれを尽くすことによって結果を回避することにつながる義務ではあるが、回避行為そのものではない。これらの義務を尽くすことによって得られるのは、結果の予見を可能とするための情報である。前方を注視していたとすれば、また、動静を注視していたとすれば、結果を予見できることが多いであろうが、判断ミスによって結果を予見しないこともある。それにもかかわらず、こ

ただ，行為義務違反を実行行為と捉えない伝統的過失論の立場からすれば，実務の表現がそぐわないのは明らかである。そこで，伝統的過失論に即して，②の事例の公訴事実を記載するとすれば，下記のようになるであろう。

被告人は，平成〇年〇月〇日午前〇時〇分頃，普通乗用自動車を運転し，〇〇県〇〇市〇〇町1丁目〇番地先の交通整理の行われていない交差点を〇〇方面から〇〇方面に向かい時速約35キロメートルで直進するに当たり，<u>同交差点手前には一時停止の道路標識が設置されており左右の見通しも困難であったから，同交差点手前で一時停止せず，左右道路から進行してくる車両の有無・安全を確認しないで進行する場合は左右道路から同交差点に進行してくる車両の発見が遅れ，これと衝突する危険があったのに</u>，交通閑散に気を許し，自動車運転上の注意義務を怠って，衝突することはないものと軽信し，一時停止せず，かつ左右道路から進行してくる車両の有無及び安全を確認せず，漫然前記速度のまま同交差点に進入した過失により，折から，右道路から進行してきたV（当時〇〇歳）運転の普通貨物自動車を至近距離に至るまで発見せず，発見後制動のいとまもなく，同車

れを結果回避義務というのは，言葉の上から問題があると思われる。予見するために必要な外的行為義務は，結果予見義務に含まれると考えるべきであり，そうすることに何の不都合もないと考える（後掲（61頁）**信頼の原則否定判例**④最決平成16年7月13日刑集58巻5号360頁の原審東京高判平成11年12月27日高刑58巻5号466頁は，動静注視義務を予見可能性を根拠づけるものとしているのを参照）。

　外的行為義務を，全て結果回避義務として捉える新過失論の淵源は，古く，フランクなどが，過失における不注意の本体を，内的行為ではなく外的行為に本質を求めたことにある。新過失論は，結果回避に向けた外的行為義務違反が過失の本質であり，内的行為である結果を予見すること，結果を予見するために意思の緊張・集中を行う予見義務は過失非難の本質ではないとするのである（井上・実証的研究59頁）。ここでは，結果を予見するための意思の緊張，集中は内的行為であるとされている。しかし，意思の緊張，集中を行って目を動かして視線を前方左右に向ける行為は，外的行為ということになると思われる。では，目を動かさないで，じっと相手の動静を注視しているのは，外的行為ではなく内的行為なのだろうか。意思の緊張・集中も内的ではあっても行為であるし，上記限界事例もあるので，内的行為と外的行為と分けることはできないと思われる。意思の緊張・集中に当然伴う外的行為は，むしろ意思の緊張，集中に奉仕し，結果の予見を可能にするための行為として，純然たる結果回避行為と区別すべきではないかと考える（中野次雄「いわゆる段階的過失について」『刑事法と裁判の諸問題』61頁（成文堂，1987）は，「前方不注視は，運転者が認識すべきものを認識しなかったということにかかわる責任要素として過失を示すものにすぎ（ない）」と述べているのを参照）。

　なお，伝統的過失論の立場であっても，結果予見行為義務を設定することに何ら不都合はない。前方注視を行えば結果が予見可能であるのにこれを怠って運転することは，結果の発生を招く危険な行為であるから，実行行為性を根拠づけることになるからである（西田・総論261頁参照）。

前部に自車右側部を衝突させ、その衝撃により、同人に加療約286日間を要する脳挫傷等の傷害を負わせたものである。

　結果予見義務を怠り、結果回避義務を怠る行為が、実質的で許されない結果発生の具体的な危険を生じさせるものであることは疑いないであろう。したがって、修正伝統的過失論の立場でも、結果予見義務を怠る行為と結果回避義務を怠る行為を、実行行為として掲げることは問題はないし、当然である。修正伝統的過失論の立場からすれば、実務の公訴事実の記載の在り方は、注意義務を怠った実行行為の危険性を、怠った注意義務を記載することによって、いわば裏から表現したものにすぎないと理解できるので、矛盾するものではない。

　なお、公訴事実の記載は、簡潔さでは、実務の記載方法の方が優れており、訴因の明示という点でも問題はないので、記載方法を改める必要はない。

(4) **過失運転致死傷罪における注意義務の根拠**

　過失犯の注意義務の根拠は、条理である。その他、法令、慣習、契約、狭い生活関係等が挙げられることがある[26]。しかしながら、これら根拠とされるものが、当然に刑法上の過失になるわけではなく、これらを参照しつつ条理によって注意義務（予見義務と回避義務）が課されることになるので、**根拠としては条理しかない**というべきである（不破武夫『刑事責任論』184頁（清水弘文堂書房、1968）参照）。法令に関しては、取締法規によって結果や危険を防止するための様々な義務が定められているのが通常であるが、それらも直ちに刑法上の注意義務になるわけではない。条理を介して、その具体的状況に応じて、取締法規に定められた義務やその他その状況を取り巻く慣習等の事実関係の中から刑法上の注意義務が確定されることになるのである。

---

[26] 大判大正3年4月24日刑録20輯619頁、大判大正7年4月10日刑録24輯317頁、大判大正14年2月25日刑集4巻125頁、最決昭和37年12月28日刑集16巻12号1752頁等、植松正『刑法概論Ⅰ総論』303頁（頸草書房、再訂、1974）、大塚・過失犯146頁、青柳文雄『刑法通論第1（総論）』303頁（泉文堂、1965）、大判昭和11年5月12日刑集15巻617頁、大判昭和14年11月27日刑集18巻544頁、他西原・総論177頁、川端博『刑法総論講義』198頁（成文堂、第2版、2006）等参照。

(5) 道路交通法（取締法規）上の義務と過失運転致死傷罪における注意義務の関係
　ア　両者の区別の必要性
　　過失運転致死傷罪についていうと，取締法規なかんずく道路交通法が道路における自動車運転上の各種義務を定めているが，これが直ちに過失運転致死傷罪の注意義務になるわけではない[27]。道路交通法は，1条で，「この法律は，道路における危険を防止し，その他交通の安全と円滑を図り，及び道路の交通に起因する障害の防止に資することを目的とする」と定めており，同法上の義務は，この行政目的を実現するための義務として定められたものである。したがって，個人の生命，身体を保護しようとする過失運転致死傷罪と目的が異なっている。したがって，そもそもの目的が違うので，義務が重なるということもない。
　　もっとも，道路交通法の「道路における危険」及び「交通の安全」は，個人の生命・身体の安全にもつながることである。道路における危険を防止するための義務を果たせば，危険の結果である人の死傷を防ぐことができることになる。また，「交通の安全」を確保するための義務も同様である。そもそも，道路における危険を防止し，交通の安全を図るのも，究極には人の生命・身体を保護するためでもある（それだけでなく，財産の保護や交通の円滑を図るという目的もあるので，ある程度相対化されている）。その意味で，道路交通法は，生命・身体の安全を間接的に保護するものであり，その違反行為は，生命・身体の安全に対する危険犯（抽象的危険犯）ということができよう。
　　しかしながら，生命・身体の安全そのものを保護法益としている刑法の過失運転致死傷罪と質を異にしているのであるから，道路交通法上の義務違反が，直ちに過失運転致死傷罪における過失になるわけではない。例えていえば，道路交通法は，道路における車両運転者等の交通関

---

[27] 大判昭和11年5月12日刑集15巻617頁，大判昭和14年11月27日刑集18巻544頁，東京高判昭和32年3月26日高刑特4巻7号162頁，東京高判昭和43年2月28日東高時報19巻2号30頁，東京高判昭和44年10月20日高刑22巻5号771頁，その他運転者に道路交通法違反行為があった場合にも，信頼の原則によって過失を否定した**判例②⑧⑬⑭⑮**等（後記41頁以下）も同様のものと位置付けられると考える。

与者に対して，一定の型を守らせることにより，間接的に事故の防止を図ろうとするものである。過失運転致死傷罪は，事故を惹起し，人を死傷させた直接の注意義務違反の責任を問うものである。それは，結果の予見可能性と回避可能性の判断をすることによって，判断されるところ，結果が予見可能であり，回避可能性が認められるから，責任を負うのであり，そういう意味で実質的な判断である。しかるに，道路交通法上の義務は，それとは無関係な型，つまり形式を遵守しなかったこと自体を処罰しようとするものであるので，刑法上の過失に直結しないことは明らかであろう。したがって，道路交通法上の義務違反があり，それと結果との間に条件関係があったとしても，目的が異なるので，原則としては過失に直結することはないのである[28]。

しかしながら，実務においては，往々にして，道路交通法上の義務違反があり，それを遵守しておれば結果を防げたという関係があるだけで，過失運転致死傷罪における注意義務違反もあった（過失がある）と判断しがちであるが，理論的には誤りであって正当ではない[29]。もっとも，

---

28) 統一的違法論はとらない。法律として同じ効力を有し，同じ主体（国民）が定めた法律上の義務であるから，統一的に理解すべしという意見もあり得るが，国民の意思が両者を区別する趣旨であると解釈することは可能であり，実際に道路交通法は，その目的に沿って解釈すべきであるので，道路交通法（「道路交通取締法」）以前から存在していた刑法と統一的に解する必要はないと考える。

29) 片岡・過失149頁参照。もっとも，大塚・過失犯146頁は，「注意義務は，いかなる根拠にもとづいて定められるべきであろうか。まず，法令自体によって明示される場合も少ない。」として，「道路交通法，道路運送法，道路運送車両法などに含まれる刑罰法規の構成要件のごときは，それぞれの取締目的に応じた行為義務を定めているが，通常，それらは，同時に，刑法における（業務上）過失致死傷罪などの注意義務をも基礎づけているものと解される」としているが，その趣旨がこれらの義務が無条件で刑法上の注意義務になるとしているのであれば反対である（もっとも，大塚仁『刑法概説』204頁（有斐閣，第4版，2008年）は，「注意義務は，法令の規定によって示されていることもある。たとえば，交通事犯に対する特別法としての道路交通法の罰則などに関しては，取締の対象としての行為についての注意義務が定められているのが一般であるが，それらは，同時に，間接的にではあるが，刑法における自動車運転過失致死傷（211条2項）（現過失運転致死傷罪。筆者注）等の注意義務としても意味を持つことが少なくない」としてややトーンを変えている）。西田・総論260頁は，これでは過失運転致死傷罪は，道路交通法の義務の違反行為の結果的加重犯になってしまうと懸念しているが，正当な批判である。

高木典雄「自動車による業務上（重）過失致死傷事件における過失の認定について」司法研究報告書第21輯 第2号8，9頁（1970）は，「業務上（重）過失致死傷犯における注意義務は，当該事故発生当時の具体的事情のもとにおける具体的注意義務の中にもとめられなければならないのに比し，これら取締規定は，おおむね抽象的危険に対処する一般的作為・不作為義務を定めているにすぎないから，むしろ完全には一致しないのが通例である」としつつ，「これら道路交通法上の作為・不作為義務は，多かれ少なかれ全て業務上（重）過失致死傷犯における注意義務を考察する場合の

後述のとおり，一定の場合に道路交通法上の義務が刑法上の過失における注意義務とされることはある[30]。

手がかりを与えているものであって，この意味において，前者の各規定は後者の注意義務の根拠をなしている」とする。しかしながら，「手がかりを与えている（から）……根拠をなしている」ということの意味は曖昧である。他方で，道路交通法等の取締規定を遵守している場合に過失責任を問われることがあり得るかについては，道路交通関係の法規が逐年整備され，かつ道路交通法70条が，「車両等の運転者は，当該車両等のハンドル，ブレーキその他の装置を確実に操作し，かつ，道路，交通及び当該車両等の状況に応じ，他人に危害を及ぼさないような速度と方法で運転しなければならない」と規定していることから，「これらの取締法規を遵守していながら，なおかつ自動車運転者が業務上（重）過失致死傷罪の責任を問われることがあるとすれば，それは極めて例外的な場合といわなければならない」として，否定的な見解である。

[30] 藤木英雄『注釈刑法(5)』134頁（有斐閣，1969）は，「道交法の定める遵守事項に違反したときは，それが，事故の原因をなしていると認められるとき，すなわち，当該違反行為がなければ事故は発生しなかったであろうと認められる限りにおいて，当該違反がそのまま注意義務を構成することがある」としているが，その後の文脈からすれば，形式的な因果関係があれば過失の注意義務を構成するとしているのではないと考えられる。
　西原春夫「交通規則違反と過失の関係」判タ262号35頁以下（1970）は，この問題を総括的に論じた論文である。交通規則違反が過失にならないケースには，⑦交通規則違反が事故の発生に対して条件関係に立たない場合（免許証不携帯と事故の場合等），④交通法規違反に引き続いて事故が起こったが，両者の間に一応断絶があり，違反とは別の局面で事故が生じた場合（左折方法違反と左折後の対向車との事故に関する東京地判昭和45年9月4日判タ255号306頁の事例等），⑦交通規則違反がなくても事故が起こり得た場合（速度違反，多少の前方不注視，追い越し禁止違反等と被害者の行動が余りにも異常であったために生じた事故，酒酔い運転と事故に関する新潟地糸魚川支判昭和43年7月18日判タ232号232頁，東京高判昭和45年5月25日判タ255号290頁の事例等），㋷交通規則違反が事故の発生に対して条件関係に立つが，（Ⅰ）行為者の違反が他の交通関与者にとり既成事実となり，他の関与者がその違反を考慮に入れて行動していると考えることが相当な場合（交通整理の行われていない後続追抜原動機付自転車との衝突事故に関する最判昭和42年10月13日刑集21巻8号1097頁，後掲信頼の原則肯定判例②（41頁）等），（Ⅱ）自己に違反があろうとなかろうと，および相手方の適切な行動を信頼するのが相当と判断される状況がある場合とし，結局，①交通規則違反が事故の発生に対して条件関係をなさない場合（⑦④⑦）と②過失の内容をなさない（事故の発生に対して相当因果関係をなさない）場合（㋷）に分かれるところ，②には，さらに，a 道路交通法上の義務と刑法上の義務の機能の相違から説明できるものと，b 信頼の原則の適用等により過失の内容をなさないものの2つがあるとしている。
　上記②のa 道路交通法上の義務と刑法上の義務の機能の相違から説明する点は，本文の意見と同じで正鵠を得ているが，それは，一部の道路交通法上の義務だけでなく，全ての道路交通法の義務と刑法上の義務が異なっているとみるべきであって，これを分類した上記全ての場合に当てはめ，ただし，条理によって，道路交通法上の義務が刑法上（自動車の運転により人を死傷させる行為等の処罰に関する法律も含む）の義務になる場合があると考える本文の考え方の方が，すっきりすると考える。
　なお，この点について，道路交通法違反が過失運転致死傷罪における過失になるか否かの判断を，ドイツのロクシンに由来する危険増加論と規範の保護目的論を基準として行うべきだという見解（構成要件該当性結果に対する事前的な行為の危険性を判断し（危険創出関連），創出された危険が，事後的に，結果に実現したと判断されたとき（危険実現関連），初めて行為に結果が帰属されるとする見解もある（山中・因果関係49頁以下，山中敬一『刑法総論Ⅰ』269頁以下，359頁以下（成文堂，2008）。その援用として，東京高判昭和45年5月6日高刑23巻2号374頁，福岡高那覇支判昭和61年2月6日判時1184号158頁を挙げる）。結論的な判断は私見と変わらないと考えるが，規

イ　道路交通における事実たる実態としての道路交通法上の義務

　　ところで，現在の道路交通においては，運転免許試験や交通教育等により，大多数の国民はおおむね道路交通法にのっとって行動している状況にあるので（もちろん，完璧にではないことは周知のとおり），実態として道路においてはおおむね道路交通法が通用している状況下にあるといってよいと思われる（この点は交通関与者の意識としてもそうである）。そうだとすると，そこにおいては，個人の生命・身体を保護しようとする過失運転致死傷罪の注意義務を確定するに当たり，実態として存在する交通の現実という事実関係（道路交通法上の義務が事実として遵守され，通用しているという実態及び交通関与者もこれを前提にして行動しているという実態）を抜きにすることはできないのは当然である。そこで，条理によって注意義務が確定される際，事実として存在している交通実態を前提に，過失運転致死傷罪の注意義務が認定されることになる。例えば，一定の場面において，通行のルールが道路交通法上決められ，実態的にもそれが遵守されている状況下においては，そのルールを破ることは，他の交通関与者の予測を裏切ることになり，予測に従って通行している者との間で接触等の事故が発生する危険性が高まることになるところ，この意味において，当該実態が過失判断の前提事実にならざるを得ないのである。この点は，判例上確立されている信頼の原則を理解する上での重要な視点になるものと考えられる。

ウ　道路交通における当為としての道路交通法上の義務の存在の事実

　　しかし，事実としての実態を前提とするだけであれば，道路交通法上の義務が遵守されていない実態がある場合には，道路交通法上の義務と関係なくその実態が過失判断の前提とされてしまう。

　　しかしながら，交通規則はそのほとんどが，刑罰によって担保される仕組みとなっており，そのこと（道路交通法の義務＝一定の行為が当為と

範の保護目的を考えるのであれば，そもそも，道路交通法上の義務と，（刑法上の）過失運転致死傷罪における義務を同視すること自体避けるべきであり，また，この考えによっても，規範の保護目的の解釈いかんによっては，常に道路交通法上の義務が過失になる可能性がある（道路交通法の目的が交通の安全を確保し，交通の危険を除くことにあるのであるから，その可能性は高い。）上，危険が実現したかどうか必ずしも明確ではないと考えられる。

して要求されていること）も事実として存在しているのであるから，道路交通法上の義務が存在しているということを無視することはできないであろう。といっても，道路交通法における当該義務の遵守を要求する程度には様々なものがある（交通の危険防止や交通の安全確保だけでなく交通の円滑，交通の障害の防止を主眼とした義務もある）し，実態が道路交通法上の義務と乖離している場合に，どちらを前提とするのか問題となることも生じてこよう。

　この点に関しては，私見では，予見可能性の判断の前提として考える場合には，事実として通用している実態の方が観念的な道路交通法上の義務よりも優先して前提とされるべきと考える。しかしながら，その義務の存在は，他方で，交通関与者を義務に従わせようとする力を持っている以上，他の交通関与者は，相手が道路交通法上の義務を遵守すること，あるいは道路交通法上の義務があるので，反面それに対応して自己の行動を決定する可能性があるということを，認識できるし，認識可能といわなければならない。そのような意味で，道路交通法上の義務の存在は，過失判断の前提として考慮に入れなければならないことなのである。

エ　以上を踏まえて，ではそれ以外に，どのような場合に道路交通法上の義務違反が過失運転致死傷罪における注意義務違反として認定されることになるのか。

　この点については，個別の事案ごとに判断されるのは当然であるが，前述したように，過失運転致死傷罪（過失犯一般も）における注意義務の根拠は，前述したとおり条理にあるので，条理によって決せられるというほかない。しかしながら，そもそも過失運転致死傷罪における注意義務と道路交通法上の義務は別個のものであるから，両者が，道路交通法上の義務だからということで当然に過失運転致死傷罪における過失（義務違反）となることはあり得ない。両者が一致することがあるとすれば，前記のとおり，道路交通法の通行方法が普及しているという現実（実態）と道路交通法が強く実現を要求している義務が存在している2つの事実を基に，条理によって注意義務を判断した結果，過失運転致死

傷罪上においても結果を回避するために道路交通法上の義務（と同じ義務）を過失運転致死傷罪においても義務として課すべきであると判断された場合である。そして，過失運転致死傷罪における過失が，結果予見義務と結果回避義務からなり，その前提として，結果予見可能性と結果回避可能性の存在が必要であることからすれば，結果の予見可能性が認められ，かつ当該義務を履行することによって結果を回避できるにもかかわらず，これを行わないことが過失になるわけであるので，結局，道路交通法上の義務違反が過失運転致死傷罪における過失になるのは，前記交通の実態と道路交通法上の重要な義務の存在を前提に，当該（道路交通法上の義務の）違反行為により結果が発生することについての予見が可能な（具体的な危険の認められる）場合であり，当該義務を遵守することによって結果を回避できる場合ということになる。

　この観点からいえば，特段の事情のない限り，信号機により交通整理の行われている交通頻繁な交差点において，赤色信号を無視又は看過して進行する行為は，過失運転致死傷罪における過失になることがほとんどであろう。また，道路交通法38条1項の義務の存在を前提として，歩行者及び自転車に対しては，道路交通法上強い保護が与えられているのであるから，歩行者と自転車がその保護を前提として，横断歩道や自転車横断帯を通行することも十分予見可能であり，ひとたび衝突すれば重大な結果を生じることは十分に予見可能であるから，過失運転致死傷罪においても，車両に対し，横断歩道の手前に接近した際には，同法38条1項と同様，その横断歩道の進路左右部分を横断し，又は横断しようとする歩行者のないであろうことが明らかな場合を除き，横断歩道の直前で一時停止ができるように減速徐行する義務があるとするのが確立した判例（東京高判昭和42年2月10日東高時報18巻2号26頁，東京高判昭和45年11月26日東高時報21巻11号408頁，判タ263号355頁等）となっているのも，理解することができる。

オ　道路交通法上の義務を遵守していた場合と過失

　道路交通法上の義務と過失運転致死傷罪における注意義務が異なるとすると，道路交通法上の義務を遵守していた場合にも，過失運転致死傷

罪における過失が認められることもあることになる。

　例えば，青色信号に従って交差点に進入しようとしたとしても，進路前方の停止距離の範囲の先に歩行者が歩いているのを確認したときには，制動等の措置を講じて事故を防ぐ義務があるのを考えれば，明らかであろう。

　しかしながら，自分が交通法規を遵守していて事故が起きた場合は，相手方が交通法規に従わないケースが多いところ，過失の認定は，道路交通法上の規則が通用している交通実態を事実判断の前提として考えざるを得ないので，予見可能性の判断において，これが否定されることが少なくないと考えられる。信頼の原則はまさに，この場合なのである。

(6)　予見可能性の有無及び判断

　ア　予見可能性の問題性

　　理論的に，結果発生の予見可能性が必要だとしても，問題はその判断基準である。予見という「未来の事象」に対する「可能性」の判断であるから，二重の意味で不確実さが生まれる。その判断であるので，明確さを欠くことはある意味当然のことと考えられる。しかしながら，そのことのゆえに，我々実務家は，悩まされ続けているのである。

　　判例及び通説では，一般的抽象的予見可能性では足りず，具体的な予見可能性が必要とされている（西田・総論266頁，大阪高判昭和45年6月16日刑月2巻6号643頁，大阪高判昭和51年5月25日刑月8巻4・5号253頁，危惧感説を否定した札幌高判昭和51年3月18日高刑29巻1号78頁，判時820号36頁，判タ336号172頁参照）。

　　また，因果関係の予見については，詳細な因果の流れについての認識は必要でなく，因果関係の基本的部分ないし重要な部分についての認識があれば足りるとするのが判例・通説（東京高判昭和53年9月21日刑月10巻9・10号1191頁，福岡高判昭和57年9月6日高刑35巻2号85頁，東京地判昭和58年6月1日判時1095号27頁，大阪地判昭和60年4月17日刑月17巻3・4号314頁，東京高判平成2年4月24日判時1350号156頁，大阪高判平成3年3月22日判タ824号83頁，山中・総論Ⅱ599頁，山口厚「予

見可能性の意義(3)」別冊ジュリスト刑法判例百選Ⅰ（第6版）107頁（有斐閣，2008），前田雅英「予見可能性と信頼の原則」神山敏雄先生古稀祝賀論文集『第1巻（過失犯論・不作為犯論・共犯論）』73頁（成文堂，2006））。

　しかしながら，それ以上に，明確な判断基準を提示した見解は見当たらない（むしろ，基準という意味では，危惧感説の方が明確である）。そのため，具体的な事例で判断が分かれることもまれではない。例えば，弥彦神社事件では，一審と，控訴審及び上告審で予見可能性の判断が分かれた（一審は予見可能性を否定）し，森永ヒ素ミルク事件では，一審と控訴審及び上告審で判断が分かれた（一審は予見可能性を否定），神戸フグ中毒死事件でも，一審と控訴審で判断が分かれた（一審は予見可能性を認めた）。これらの判例は評釈者の間でも意見は分かれているのである。予見可能性の判断は，現実には，個別の事件ごとに，個別に事故当時の事故現場における予見可能性を判断してゆくほかはないわけであるが，判断に迷うこと度々である。

イ　予見可能性の判断基準試論

　判断基準が不明確であるのはやはり問題であり，可能な限り明確な判断基準を設定すべきと考える。以下は，私の試論である。

㋐　判断の基準

　まず，留意すべきことは，その判断基準は，客観的なものである必要があるということである。すなわち，通常の一般人を基準として，一般人がその具体的現場に置かれた際の予見可能性を判断するということである。もちろん，行為者の能力が一般人の能力を上回って一般人が予見可能でなくとも予見可能であれば，これを基準にして予見可能性が判断される。

㋑　具体的予見可能性

　次に考慮すべきなのは，一般的抽象的な予見可能性ではなく，その時間，その現場における具体的予見可能性ということである。したがって，事故時の現場の状況を前提に判断しなければならない。

㋒　判断の対象

　その場合，客観的に存在していた全ての事情を総合して判断される。

(エ)　結果発生の可能性との関係

　　ところで，予見可能性は，結果が起きることについての「予見」の可能性であり，結果が「起きる」可能性ではない。両者は異なる概念である。結果が起きる可能性は，ある程度，客観的に判断し得るであろう。しかしながら，予見可能性は，あくまでも行為者にとっての予見可能性であるから，それと同じではない。にもかかわらず，結果が起きることの客観的可能性は，通常，人間の予見の可能性に反映するのが一般的と思われる。したがって，客観的な結果発生（結果の発生に必然的に結び付く事態の発生も含む）の可能性が高いということは，予見可能性を肯定するのにプラスに働く事情である。しかしながら，前述したように，両者は概念的に異なるのであって，仮に客観的には結果が起きる可能性が百パーセントであっても，人がそれを予見可能だとはいえない場合も考えられるから，客観的な結果発生の可能性を検討した上，行為者において，主観的にも客観的結果発生の可能性を認識可能であったか（予見可能性があったか）を，改めて検討しなければならない。もっとも，客観的に結果の発生する可能性があると認められる場合には，行為者の方でそれを認識できなかったことの反証を行うべきであろう。

(オ)　事実上の予見可能性と過失判断の前提としての法的な予見可能性

　　さて，裁判の現実においては，予見可能性は，最終的には，「ある」か「ない」かの二者択一で判断をされるのであるが，その判断過程を実態としてみれば，二者択一ではなく，結果発生の可能性同様，程度のあるものとして考えられている。すなわち，裁判官は，事実的判断として，予見可能性の程度の微弱なものを，構成要件である法的な予見可能性に対する当てはめの判断として，行為者にとって予見可能性はなかったと認定しているのであって，思考の中では，程度のあるものとして考えているのである。したがって，最終的に「ある」か「ない」かで判断される法的な予見可能性そのものも，実は程度概念であり，法的な予見可能性は，どこでこれに線を引くかの問題なのである。

(カ) 結果の大小と予見可能性

　ところで，従来，結果発生の予見可能性の有無を考えるとき，結果の大小は考慮されていなかった（と思われる）。車両の衝突の予見可能性があれば，結果の重大性がどうであろうとも，予見可能性の有無の判断に差はないと考えられていた（と思われる）。結果の重大性は，その予見可能性が肯定された後に，単に量刑の事情としてのみ考慮されてきたのである。しかしながら，この判断は，考慮すべき重要なものを無視している。

　ところで，その前に，「事故（衝突等）」の予見可能性は，厳密にいえば，結果つまり「人の死傷」の予見可能性とは異なるものであり，事故の予見可能性をそのまま結果の予見可能性と結び付けることはできない（事実上両者が結び付くことがほとんどであるとしても）ことは，認識しておく必要がある。この点は，従来の思考はほとんどが，衝突の予見可能性＝結果の予見可能性と短絡されているように見受けられる。衝突すれば人の死傷がほとんど必然的に生じることから，やむを得ないと考えるが，本来理論上は区別すべきだということを踏まえておく必要があろう。

　それを前提とした上で，本来の予見の対象である結果の大小によって，予見可能性の判断基準も異なるというべきではなかろうか。

　例えば，人が幅1メートルの小路を歩いているとしよう。これが，地面の歩道を歩いている場合と，地上100メートルの高さにある建築現場の柵のない幅1メートルの通路を歩く場合とで，歩く人間の注意の仕方は，全く異なるであろう（高所であるがゆえに，風が強い等の事情がなかったとしても）。それは，万一，歩道あるいは通路から外れた場合，前者は何でもないが，後者は死ぬことに直結するからである。建築現場の通路の高さが5メートルであったとしても，歩き方は異なるであろう。それは，やはり落下した場合には，けがをするからであるが，100メートル上空の建築現場の通路を歩く場合と注意の仕方は異なっているはずである。これは，自分が死んだり，けがをしたくないから当然の対応であり，予想される結果の重大性の程度によって注

意の仕方を変えるのは，人間の普遍的な行動原理である。そうだとすれば，他人がけがをする可能性がある場合にも，その結果の大小に応じて，そのような可能性を生じさせる行為を行う者に課す注意義務の程度も変わってくるのは当然のことと思われる。自分が被害を受ける場合に，その結果の大小によって注意の仕方を変えるのである以上，他人が被害を受ける場合においても，その結果の大小によって注意の仕方を変えるべく要求するのは許されてしかるべきだからである。つまり，過失犯において，危険（結果）の大小とそれを防ぐための義務の大きさは比例するのであり，それは，法に内在する条理上当然の原理といえる。この理は，例えば，道路交通法においては，事故が発生した場合に結果の重大さを左右する車両の大きさ等によって免許要件を異にしていること，すなわち，車両の大きさによって免許取得の要件を加重している免許法制にも表れているし，その他，鉄道，航空，原子力発電を始めとした事故が起きた場合に重大な結果を生じるあらゆる分野に貫徹されていることをみても明らかである。自動車事故の場合，結果発生の予見可能性を事故の発生（車両の接触等）自体と捉えると，この原理が見えにくくなるが，人の死傷，けがの重大性の程度と捉えれば，十分認識できるであろう。

　さて，ここで，先ほど，予見可能性は「ある」か「ない」かではなく，実は連続した程度概念であり，法的な予見可能性は，どこでこれに線を引くかの問題であると述べたが，事実上の予見可能性の程度が低くとも，発生する結果が重大なものであると予想（予見）できるときは，法的な予見可能性は認められるべきである。というのは，後述するように，予見可能性は，回避義務の前提となるから意味があるのであって，そのこと自体に意味があるものではない。回避義務の前提となる概念である以上，回避行為の必要性を根拠づける（動機づける）ものである必要があるところ，事実上の予見可能性がある場合には，仮にその程度が低くとも結果が重大なものであると予見できる場合には，結果を防ぐための回避行為が，条理によって要求されることになると考えられるからである。

したがって，行為者に，僅かでも結果が発生する可能性があると認識できる場合で，それが一旦発生すると極めて重大な結果をもたらすことが確実であるような場合には，（法的な）予見可能性が認められるべきであり，自動車事故の場合でいえば，大型自動車と人や自転車との衝突や高速度で走行している車両同士の衝突の場合等，一旦事故が発生すれば，取り返しのつかない人の死の結果の発生が予見される場合には，事実上の予見可能性が微弱であったとしても，（法的）予見可能性は肯定されるべきである[31]。その意味で，左折大型貨物自動車と直進自転車の死亡事故について，信頼の原則を適用し，大型貨物自動車の運転者の過失を否定した最判昭和46年6月25日刑集25巻4号655頁は不当である（同判決には他にも不当な点があるが）。

(キ) 予見の難易と予見行為の難易

なお，予見の難易と予見行為の難易は，理論的には異なる概念である。しかしながら，予見するための行為（予見行為）を行うことが困難であれば，予見も当然難しくなるといえる。反面，予見行為を行うことが容易であれば，予見も容易になるといえる（もちろん，予見行為を行っても予見が容易でない場合もあり得るが，その場合は，そもそも，予見行為の義務が認められない場合である）。例えば，運転者が前方注視や動静注視を行うことによって，予見が可能となるのであれば，予見可能性は肯定されるになろう。しかしながら，仮に前方注視及び動静注視すること自体が具体的な状況下で困難であるとすれば，これを尽くした場合に予見が可能になるからといって，予見可能性があるとはいえないであろう。逆に，前方注視したり動静を注視することが，その場の状況下において，極めて容易であり，これを尽くせば結果の予

---

31) 藤木英雄『刑法講義総論』242頁（弘文堂，1983）は「万一にも生じうべき事態が，人の生命・健康にとり返しのつかない害を及ぼすものであるときには，ごくわずかな可能性が予想されるにとどまるときでも，最大限の防止措置，すなわちその行為をしてはならない注意義務が負わされる」としている。この考えは，危惧感説を前提にしているものであるが，危惧感説をとらなくとも，成り立ち得る説と考える。

なお，本文のように考える場合には，結果の重大性の程度と（事実上の予見）可能性の程度の相関関係で，予見可能性の有無を判断するという考えもあり得よう。

また，拙著「自動車事故の供述調書作成の実務」103頁注115）参照。

見が可能となるのであれば，予見可能性は肯定されるというべきであろう。「行為の容易さは，その行為を義務付けることを可能にする」というべきである。したがって，行為者にとって容易な前方注視や動静注視等の予見行為を行うことによって予見が可能となる状況であれば，予見可能性は認められるといわざるを得ない（後掲東京地判平成22年11月1日公刊物未登載に関する批判（91頁）参照）。

(ク) 予見可能性の判断基準

予見可能性は，予見していなかった場合に，予見が可能であったとして，過失を肯定するための要件，つまり，予見しなかった者に対して，事後的に，(事前に) 予見が可能であったからとして，責任を負わせるための条件である。したがって，意思責任の観点からいえば，例外である。そして，それゆえに，過失犯を処罰するという特別の規定がある場合にのみ処罰されるわけであるが，この特別の規定により処罰する場合であっても，予見可能性は，結果責任を押し付けるための道具であってはならず，合理的に画される必要がある。

この予見可能性を考える際に考慮すべきは，過失犯処罰の目的である。法が特別の規定によって過失犯を処罰しようとするのは，結果を防ぐためである。したがって，予見可能性の有無も，この結果を防ぐという観点から逆に考えてゆく必要がある。

過失犯が処罰されるのは，当該具体的な事情の下で，結果の予見が可能であったのであるから，予見し，結果の発生を防ごうと行動すべきであったのに，これを予見せず，(あるいは予見したとしても) 結果回避行動を行わなかったために，結果を発生させたからである。いずれにしても，結果を防ぐためには，結果回避行為を行って，結果の発生を防ぐ必要があるわけであるが，ここでは，予見可能性は結果回避義務を発生させるための前提条件なのである。そして，前記のとおり，事実上の予見可能性が程度のあるものであり，法的判断としての予見可能性は，この事実上の予見可能性を前提として，そのどこかに線引きをしてあるなしが決せられるものであることを前提とすれば，法的判断としての予見可能性は，結果回避行為の前提となるものであるか

ら，結果回避行為の動機づけになるべき程度の，その場に置かれた通常の一般人の，現実的な，（事実上の）予見可能性ということになると考えられる。それで初めて，人は結果回避行為を行う必要性を認識することになるからである[32]。そして，その程度に達しない予見可能性しかない場合には，誰も結果回避行為を行う必要があると認識しないのであるから，結果回避行為を行わなかったからといって，非難することはできないからである。結果を防ぐのが過失犯を処罰しようとする法の趣旨であり，期待であり，その限度で処罰するという限定原理を法自身が内包していると考えられる以上，当然のことと考える。

また，この視点を加えることで，政策的な考慮が混入しがちで不明確な信頼の原則といわれる法理を，きちんと予見可能性という過失理論の中に位置付けることができると考える。

もっとも，実際には，行為者は結果回避行為を行わなかったために事故が発生したのであるが，このことから，逆に判断して，現実的な予見可能性がなかったと判断することは許されない。

(7) 回避可能性の有無及び判断

従来，回避可能性の判断基準については，余り議論がなされていなかった。しかしながら，予見可能性の問題と同様，重要であることはいうまでもない。その有無によって過失の有無が決せられるからである[33]。

回避可能か否かが不明な場合には，処罰する前提がない（回避可能性があるから回避義務が課されるのであり，回避不可能であれば回避義務は課せられず，したがって，その違反ということもない）ので，処罰はできない。

---

[32] 大谷實『刑法講義総論』187頁（成文堂，新版第4版，2012）は「過失における予見可能性は，客観的注意義務違反として必要になるものであるから，結果回避義務を動機づける程度の『高度の予見可能性』又は『具体的予見可能性』が必要になると解すべきである」としており，私見と同様のアプローチをしているが，「したがって，『何かが起きるかもしれない』といった不特定的な抽象的予見可能性では足りず，『人を死なすかもしれない』という程度の構成要件該当性上特定できる具体性は必要である。したがって，『未知の危険』とか『社会生活上経験のない危険』については，予見可能性は否定される」と述べており，結論は私見と異なっている。

なお，予見可能性の程度を，結果回避行為の動機づけになり得るか，という観点から判断した裁判例として温泉施設シエスタ爆発致死傷事件一審判決（東京地判平成25年5月29日公刊物未登載参照）。

しかしながら，回避可能性にも程度があるので，問題は，どの程度の蓋然性があればこれを肯定できるかである。もっとも，100パーセント確実に回避可能でなければ，回避可能性があるといえないという見解もあり得ようが，これは貫徹され得ない。というのは，回避可能性の判断は，仮定的な判断であるため，不確定要素が多く，100パーセント確実という立証が不可能なことが少なくないことから，これを要求すると不可罰とされる事態が多く発生し，結果の妥当性を欠くことになるからである。

そこで，その程度問題であるが，「結果を回避しえないことが確実でない限り，処罰してよい」として，少しでも回避可能性が認められる以上，過失（回避可能性）は肯定されるとするドイツのロクシンに由来する危険増加論も有力に主張されている（山中・因果関係301頁以下等，古川・刑事過失論336頁参照）[34]が，我が国の判例は，結果回避が合理的な疑いを超える程度に確実である場合に初めて回避可能性を肯定する立場と考えられる（真正不作為犯である保護責任遺棄致死事件について致死の責任を肯定した最決平成元年12月15日刑集43巻13号879頁，判時1337号49頁，判タ718号77頁参照）。「合理的な疑いを超える程度に確実」とは，同判例の表現によれば「十中八九結果回避が確実」という程度の蓋然性をいう。

理論的には，いずれも成り立ち得る判断であると思われるが，回避可能性の有無は，現実には結果が発生している以上，仮定的な判断であり，不確実性を有しているといわざるを得ない。したがって，少しでも回避可能性が認められるというだけで責任を肯定するとすれば，責任を負わされた者は，処罰に対して不当性を感じるのではなかろうか。刑罰の納得性という観点からは，判例の立場が妥当と考える。

---

33) 回避可能性は，科学的にかなり正確に判断が可能であろうが，回避が可能であると，客観的に，つまり一般通常人にとって認識できる状況になければ，非難できないのは前述（11頁参照）したとおりである。

34) 危険増加論は，被疑者の行為が合義務的行為を行った場合より危険を増加させたとき（合義務行為を行えば少しでも回避可能性があると認められる場合）は，ほぼ確実に結果を回避できる場合ではなくても，責任を負わせることが可能とする理論である。
　過失犯処罰を，危険の増加という観点から合理的な範囲において結果回避の動機づけにしようとするもので，魅力的な見解であるが，本文に述べる問題があると思われる。

(8) **重過失**

ア 重大な過失（刑法211条後段，117条の2後段参照）を重過失という。重過失致死傷罪は，単純過失によって人を死傷させた場合よりも，重く処罰される（業務上過失致死傷罪と法定刑が同じ）。

イ 重過失は，判例上，「高度の注意義務に違反する場合，言い換えれば，僅かの注意を払えば事実を認識することができ，結果の発生を回避できたという場合であったにかかわらず，かかる注意義務を行ったことにより事故が惹起された場合」とされている（東京高判昭和39年3月18日東高時報15巻3号40頁，福岡高判昭和55年6月12日高検速報1273号，東京高判昭和57年8月10日刑月14巻7・8号603頁等）。

自動車を運転していて，重大な過失によって人を死傷させた場合は，過失運転致死傷罪が成立し，重過失致死傷罪は成立しない。自動車に絡んだ人身事故で，過失運転致死傷罪が成立しない場合には，業務性が認められるときは業務上過失致死傷罪が成立し，業務性も認められないときは，重過失か軽過失かによって，重過失致死傷罪か過失致死傷罪（刑法211条後段，210条，209条）のいずれかが成立する。

実務的に多い重過失致死傷罪は，自転車による人身事故である。

ウ かつて自動車の事故で重過失が認められたものは，無免許運転中に，8歳の少女が下を向いて対面歩行してくるのを約17メートル前方に認めながら，警笛を吹鳴せず，減速もしないで進行した結果，至近距離で自車進路前に進み出た同女を跳ね飛ばして死亡させた事案（前掲東京高判昭和39年3月18日），飲酒して酩酊し正常な運転のできないおそれのある者が自動車の運転を開始すること（大阪高判昭和34年3月3日高検速報昭和34年2号）等がある。

自転車の事故で重過失が認められたものは，①往来の激しい下り坂の国道左端を，前方約3メートルしか確認できない雨降りの晩，前照灯が壊れていたため荷台に乗っていた弟に懐中電灯を持たせて前を照らし，時速約30キロメートルで自転車を運転して道路左側を歩行中の歩行者に追突させて負傷させた事故（仙台高判昭和44年9月18日高検速報昭和44年16号），②雨交じりの闇夜で，付近に街灯等の照明もない道を，前

照灯もつけずに走行したために歩行者と衝突させて負傷させた事故（高松高判昭和44年11月27日高検速報340号），③自転車を運転し，黄色信号で交差点に進入したものの，24.3メートル前方の交差点出口の横断歩道を，歩行者が青信号になって横断し始めることは僅かの注意を払えば気付くことであり，歩行者らの動静を十分注視していれば衝突の危険を容易に避けられたにもかかわらず，漫然うつむいて進行を続けて歩行者に気付かず衝突させて転倒させた事故（福岡高判昭和55年6月12日高検速報1273号），④けんけん乗り（自転車の左側ペダルに左足を載せて右足で地面をけって進む乗り方）で，時速約10キロメートルで進行中，赤信号を見落として，青信号で歩行していた歩行者に衝突させて転倒させた事故（東京高判昭和57年8月10日刑月14巻7・8号603頁），⑤歩道を，右手に日傘を目深にかざして左手だけで運転中，進路前方の歩行者に気付かず衝突させた事例（鎌倉簡裁平成20年6月26日公刊物未登載），⑥交通整理の行われていない交差点を一時停止の道路標識を無視して，徐行もせずに飛び出して歩行者と衝突した事例等である。

　要は，僅かの注意で結果を認識できる場合と，普通の注意で結果を認識できる場合で回避義務の懈怠が著しい場合，の2つが含まれているものと考えられる。

エ　過失致傷罪は親告罪であるので，告訴がなければ訴追できないが，重過失傷害罪は，親告罪ではないので，告訴がなくても訴追が可能である点で異なる。

　実務的には，この差は大きく，重過失傷害罪で送致されたものの，告訴がないために，過失致傷罪の告訴期間が過ぎていて起訴できなかったというケースも少なくない。重過失傷害罪で起訴したが，重過失が認定されなかったため，告訴がなく，公訴棄却された事例がある。そのため，単純過失か重過失かは，深刻な問題になる。重過失傷害罪で起訴する場合には，過失傷害に認定落ちしたときのことを慮って，あらかじめ被害者から告訴状を得ておくことが賢明である。ここでも自転車による事故で問題になることが多い。その他，ドア開扉で，「自動車運転上」の注意義務といえない場合の自動車による事故も問題となる。

(9) 過失をどう捉えるかということは解釈論である

ア　なお，念頭に置かなければならないのは，過失をどう捉えるかということは解釈論だということである。あくまでも，過失犯を設けた実定法である刑法等の条文の解釈として，過失はいかにあるべきかということを考えなければならないということである。これは，当然のことである。日本国憲法の三権分立の根本原則（特に憲法41条）から逸脱することはできないからである。本書が論じる過失は，主に自動車の運転により人を死傷させる行為等の処罰に関する法律5条の過失運転致死傷罪における過失であるところ，その条文の解釈であるということを常に意識しておかなければならない（もっとも，改正前における自動車運転過失致死傷罪は，過失運転致死傷罪と全く同じものである。平成19年の改正までは業務上過失致死傷罪でそれぞれ処罰されていたが，怠った義務が「業務上必要な注意（義務）」と「自動車運転上必要な注意（義務）」であるという点で，内容的にも若干ずれることになったが，注意義務違反という本質においては同じものとされている上，刑法上の過失犯における過失は共通のものと理解されているので，統一的に考究されることは当然であるが，そうであったとしても，解釈論の限界を超えることは許されない）。

イ　過失運転致死傷罪という過失犯が成立するかどうかは，この条文の構成要件に該当するか否かを判断するということである。それは，共謀共同正犯の成立範囲を考えるとき，あくまでも刑法60条の「共同して犯罪を実行した」という条文に該当するか否かを検討するのと同様である。しかしながら，共謀共同正犯の場合は，形式的に実行行為を行わなかったとしても実質的には実行行為を行ったと評価できる関与を行っているか，すなわち，「共同して犯罪を実行した」と評価できるかという観点から成立範囲を画するものであって，かなり判断の手掛かりがあるといえる（特に練馬事件における最判昭和33年5月28日刑集12巻8号1718頁の「共同実行」に関する定義[35]は，判断基準としての価値は高いと考える）のに対し，過失の場合は，怠るべき注意義務とは何か，「共同実行」の解釈以上に，遥かに条文上の明確を欠く，むしろ，一般条項に等しいものである。したがって，練馬事件最高裁判決のように，成立条件を簡潔

に言い表せるものではなく，それゆえに，一言で過失を定義した判例もなく，判断基準をどうするかということはかなり難しい，ということになる。過失犯を不作為犯と同様に考えて，過失の構成要件は開かれた構成要件であるといわれることがあるが，それゆえに，成立範囲が不明確であるということではなく，そもそも条文自体，一義的に明らかでないため，過失の捉え方に極めて多様な考え方があり得，それゆえに，犯罪の成立範囲を画するのが難しいのである。

　ウ　しかし，そのことは，過失犯に実務家がどのような内容でも盛り込むことができるというものではない。過失という本来意識しないことを主要素とする行為形態を処罰する罪であるので，行為者の予測可能性という意味では故意犯ほどの影響はないであろうが，市民の行為予測性に全く影響しないわけではなく，本質的な意味においては，故意犯と同様の明確な基準が必要というべきである。また，過失犯を処罰するか否かは，それを処罰することによって保護される被害者の利益にも影響を与えることであるので，不可罰にすれば被疑者・被告人の利益は守られるというだけで，正当化し得るものではないということも念頭に置く必要があるのではないだろうか。その意味では，被害者あるいは潜在的な被害者の予測可能性の観点も念頭に置く必要があると考える。

　したがって，過失の内容にどういうものを盛り込むかということは，あくまでも解釈論であってその枠を超えてはならないという基本的視点は常に持っておく必要がある（刑法学上の過失論争が，解釈論であるということを意識させないため，とかく，実務において，過失の有無を検討する際に，この視点を意識することがほとんどないと思われる）。よって，成文法主義をとる我が憲法体制においては，この解釈の枠を超えて，判例による立法作用とみなされるようなことは，決して許されるものではないと考える。

35）「共謀共同正犯が成立するためには，2人以上の者が，特定の犯罪を行うため，共同意思の下に一体となって互に他人の行為を利用し，各人の意思を実行に移すことを内容とする謀議をなし，よって犯罪を実行した事実が認められなければならない。したがって右のような関係において共謀に参加した事実が認められる以上，直接実行行為に関与しない者でも，他人の行為をいわば自己の手段として犯罪を行ったという意味において，その間刑責の成立に差異を生ずると解すべき理由はない。」

第2　信頼の原則

1　信頼の原則の意義

　過失運転致死傷事件を処理する場合，信頼の原則は，必ず頭に入れておかなければならない法理である。

　信頼の原則とは，「行為者がある行為をなすにあたって，被害者あるいは第三者が適切な行動をするのを信頼するのが相当な場合には，たとえその被害者あるいは第三者の不適切な行動によって結果が発生したとしても，それに対しては責任を負わない」とする原則をいう（西原・信頼の原則14頁）。この信頼の原則は，既に我が判例上確固とした法理として定着しているとされる[36]。

　信頼の原則は，判例上確立したものではあるが，過失を否定する法理であるから，その内容，射程距離を明確にし，過失の法理の中にどのように位置付けるかを明らかにしなければならない。そうでなければ，過失の内容自体が不明確になってしまうであろうし，また，無自覚に受容すると，恣意的な濫用が行われる危険性が大きいからである。

2　信頼の原則の生成経緯

　信頼の原則は，1930年代，ドイツの交通事故の判例の中で誕生した法理であり，昭和30年代に研究者（西原春夫，藤木英雄）によって我が国に紹介されて下級審裁判所の判決に採用され，昭和41年6月14日，最高裁判所によって判例（最判昭和41年6月14日刑集20巻5号449頁）としても採用され，自動車事故に関

---

[36]　もっとも，近年は，信頼の原則を根拠に過失を否定する事例は少なくなっている。それは，検察実務が，これまで積み重ねられた信頼の原則の判例を前提とした処理を行うようになったから，とされているようである。もちろんそれもあるが，それだけではなく，信頼の原則に潜む問題点も，その背景にあるように思われる（後記5(3)（85頁）参照）。

しては，同年 12 月 20 日（最判昭和 41 年 12 月 20 日刑集 20 巻 10 号 1212 頁）採用されるに至ったものである（西原・信頼の原則 8 頁，土本・過失犯 49 頁，山中敬一「信頼の原則」日本刑法学会編『刑法講座第 3 巻』71 頁（有斐閣，1963），片岡聰『最高裁判例にあらわれた信頼の原則』（東京法令出版，1975）等参照）[37]）。

我が国で信頼の原則が判例上の法理として定着するに至った歴史的背景としては，戦後，高度経済成長に伴い自動車保有数が飛躍的に伸び，交通事故が頻発するようになっていた中，判例上，自動車運転手に極めて厳格な，結果責任ともいわれかねない責任が問われていたことに対するアンチテーゼとして，自動車運転者の責任を限定する原理として主張され，定着していったものとされている（西原・信頼の原則 4 頁以下等）。そして，新旧過失論争も，信頼の原則の体系上の位置付けをめぐって，展開されていったという側面もある。

なお，判例上，法理が確立していった背景として，道路事情の向上，交通ルールの社会への浸透がその社会的条件として確立してきていたことがあるとされている（西原・信頼の原則 9 頁）[38]）。

---

37) もっとも，樋口・刑事過失は，信頼の原則は，明治期にアメリカ法の影響下我が国の判例（大審院判例）によって既に導入されていた（大判大正 3 年 3 月 11 日刑録 20 輯 278 頁）ものの，昭和 41 年の上記最高裁判例を始めとする昭和 30 年代以降，我が国の裁判例で導入された信頼の原則は，系譜的には異なるドイツの信頼の原則及びこれを基に発展してきた新過失論の影響下にある法理であり，思考の枠組みにおいても異なっているとしている。

38) これは仮説であるが，以前，自動車の保有者が少なかった時代には，事故による過失責任の追及は，自動車を運転しない者にとっては他人事であったであろう（バールは，「実際生活において危険にさらされること少なき多数の職業裁判官は，過失事件に関してとかく過酷になりやすい傾向がある。蓋し，あとになってから，いかなる程度まで予見し得たか，または予見せねばならなかったか，を確定することはしばしばたやすいことであるが故である」旨述べているとのことである（不破・刑事責任 186，187 頁参照）が，自動車の保有者が増え，誰もが自動車を運転するようになると，他人事ではなくなる。そして，裁判官等法律運用にかかわる者が自らも自動車を運転するようになると，その責任の過酷さは，切実なものになって，その責任を緩和するという方向へ向く契機もあったのではないだろうか。加藤一郎「自動車事故と欠格事由」ジュリ 350 号 12 頁（1966）は，上野動物園長及び現職判事の死亡事故による辞職を紹介した上で，「いまの日本の交通事情の下で，十分な注意を払いながらも加害者の立場に立つことがないとは，誰が保障できよう。……そして，そのために，有為な人材がその職を失うことがあるとすれば，その人にとって不幸であるばかりでなく，社会的にも損失であるから，人身事故の刑事裁判にあたって，たんに人身事故なるがゆえに厳罰を科することなく，具体的事情を十分に考慮し，場合によって無罪にするのを惜しまないことである。」と述べているのは，これを側面から裏付けるもののように思われる。

しかしながら，当時においてすら，現在よりもはるかに業務上過失致死傷罪の刑は軽かったのであり（法定刑自体が軽かったこともあるが），現在の危険運転致死傷罪や過失運転致死傷罪の立法や改正経緯等在り方をみると，議論の方向性は異なるが（当時は犯罪の成否についての議論であり，刑罰についての議論ではなかった），隔世の感は否めない。

「信頼の原則」に上記のような意義があり，歴史的に果たした役割は肯定せざるを得ないものの，信頼の原則の法理は，そもそも，いかなる根拠によって正当化し得るのか，また，正当化し得るとしても基準は不明確であり，これが多用される危険性があるのではないか，その体系論上の位置付けをどうするのか，など問題もある。最高裁が信頼の原則を認めた判例を，紹介した後，これらの点について，検討する。

ところで，信頼の原則は，上記のとおり，ドイツで自動車による交通事故に関して生成していったものであり，我が国でも多くは自動車事故において確立してきた法理である。しかしながら，自動車事故にのみ適用される法理ではなく，過失犯一般に適用される法理であるという点は，忘れてはならない。我が国で最初に信頼の原則が最高裁によって認められたのが，鉄道駅員の業務上過失致死事件であったことが何よりもそのことを示している（前掲最判昭和41年6月14日）。

3 自動車事故に関する信頼の原則の最高裁判例

(1) 信頼の原則の適用を肯定した最高裁判例

自動車事故に関して，信頼の原則を認め，被告人の過失を否定した最高裁判例は，次の17件である。

① 最判昭和41年12月20日刑集20巻10号1212頁，裁判集刑161号613頁，裁時464号14頁，判時467号16頁，判タ200号139頁

（事故概要：右折車両と右方からの直進車両との事故）

被告人が小型トラックを運転して，交通整理の行われてない交差点を右折しようとしたところ，右折開始後車両の先端部分が交差道路の中央線を越えた付近でエンストを起こして停止したが，間もなくエンジンがかかったので，左側方の安全を確認し，時速約5キロメートルの速度で右折を再開したとき，右側の交差道路からVが運転する第二種原動機付自転車が進行してくるのを約5メートルの距離に接近して初めて気付き，直ちに急停止したが及ばず，センターラインを越えて自車の前面に

進出してきた同原動機付自転車に衝突させ，転倒させてＶにけがを負わせた。

（判決要旨）

　自動車運転者としては，特別な事情のない限り，右側方からくる他の車両が交通法規を守り自車との衝突を回避するために適切な行動に出ることを信頼して運転すれば足りるのであって，本件Ｖの車両のように，あえて交通法規に違反し，自車の前面を突破しようとする車両のあり得ることまでも予想して右側方に対する安全を確認し，もって事故の発生を未然に防止すべき業務上の注意義務はない。

② 最判昭和42年10月13日刑集21巻8号1097頁，裁判集刑164号729頁，裁時487号2頁，判時499号20頁，判タ211号210頁

（事故概要：右折車両と後進直進車両との事故）

　被告人が第一種原動機付自転車を運転し，幅員約10メートルの道路を南進し，進路の右側の幅員約2メートルの小路に入るため，中央線より若干左側を右折の合図をしながら時速約20キロメートルで南進し右折を始めたものの，その際，右後方を瞥見しただけであったため，右後方約15メートルないし17.5メートルを時速約60キロメートルないし70キロメートルの高速度で第二種原動機付自転車を運転して被告人車を追い抜こうとしていたＶ（当時20歳）を発見せず，中央線を越えて斜めに約2メートル進行した地点で，Ｖ運転の原動機付自転車の左側に被告人の原動機付自転車の右側ペダルに接触させて転倒させ，Ｖを死亡させた。

（判決要旨）

　被告人のように，センターラインの若干左側から，右折の合図をしながら右折を始めようとする原動機付自転車の運転者としては，後方からくる他の車両の運転者が，交通法規を守り，速度を落として自車の右折を待って進行する等，安全な速度と方法で進行するであろうことを信頼して運転すれば足り，本件Ｖのように，あえて交通法規に反して，高速度で，センターラインの右側にはみ出してまで自車を追い越そうとする

車両のあり得ることまでも予想して，右後方に対する安全を確認し，もって事故の発生を未然に防止するべき業務上の注意義務はないものと解するのが相当である（なお，本件当時の道路交通法34条3項によると，第一種原動機付自転車は，右折するときは，あらかじめその前からできる限り道路の左端に寄り，かつ，交差点の左側端に沿って徐行しなければならなかったのにかかわらず，被告人は，第一種原動機付自転車を運転して，センターラインの若干左側からそのまま右折を開始したのであるから，これが同条項に違反し，同121条1項5号の罪を構成するものであることはいうまでもないが，このことは，右注意義務とは関係のないことである）。

③　最判昭和43年7月16日裁判集刑168号535頁，判時524号80頁

（事故の概要：駅前広場のロータリーの左側を徐行して右折しようとする車両と，同ロータリーの右側を徐行せず通過して同方向に右折しようとした車両同士の衝突事故）

　　被告人は，軽四輪貨物自動車を運転して，川口駅東口前広場に接する交通規制の行われていない変形十字交差点を，大宮方面から進入し，そのほぼ中心に設置されているロータリーの左側を時速約5，6キロメートルで進行して善光寺方面に右折しようとしたところ，左方に通ずる道路から進行してきた自動車に気を取られ，右方東京方面に対する注視を欠いたまま徐行程度の速度で進行を続け，ロータリーを通過し終わった頃，被告人車の後方からロータリーの右側を進行してきて，被告人と同様善光寺方面に右折しようとしたものの交差点出口の横断歩道上に歩行者を認めたため，急遽，東京方面に進路を変えて，被告人車の前面を時速40キロメートルを超える速度で進行してきたV運転の普通貨物自動車に，ブレーキをかけるも及ばず自車を衝突させ，Vに傷害を負わせた。

（判決要旨）

　　被告人がロータリーの左側を低速で進行し，東京方面に向かう道路から善光寺新道方面に通ずる道路に向かって既に右折していることが一見して明らかであるから，他の車両等は，その進行を妨げてはならないのであって（道路交通法35条，37条参照），停止又は徐行して被告人の車

が通過し終わるのを待って進行すべきものである。まして，右Ｖのように，ロータリーの右側，すなわち大宮方面から東京方面に通ずる道路の右側部分を進行して，被告人の車の直前を横切って進行するようなことは，通常予想することもできない無謀な運転方法というほかない。したがって，前示のような速度と態様で右折している被告人としては，特別な事情のない限り，右側方から来る他の車両が交通法規を守り自車との衝突を回避するため適切な行動に出ることを信頼して運転すれば足りるのであって，前記Ｖの車両のように交通法規に違反し時速40キロメートルを超える速度でロータリーの右側を進行して自車の前面を突破しようとする車両のあり得ることまでも予想して右方に対する安全を確認し，もって事故の発生を未然に防止すべき業務上の注意義務はない。

④ 最判昭和43年12月17日刑集22巻13号1525頁
（事故概要：見通しの悪い交差点における徐行車と一停無視，不徐行車の事故）

被告人は，軽四輪乗用自動車を運転して，幅員7.3メートルの南北道路（「徐行」のペイント表示あり）を，南方に向け進行し，幅員10.4メートルの東西道路（一時停止の道路標識，停止線，「止まれ」のペイント表示あり）が交差する交差点を通過しようとしたが，同交差点の交通整理は行われておらず，しかも左右の見通しがきかない交差点であるため，同交差点の入口側端線の12.3メートル手前で時速約20キロメートルから同10キロメートルに減速して進行し，自車運転席が交差点の1.6メートル手前で，右方を見たところ，右方道路の手前側に沿って，同道路の停止線から約5.3メートルの位置に駐車車両1台を認めたが，他に車両等を認めなかったので，その後は右方を見ることなく，左側に注意しながらそのまま交差点に進入したところ，右方東西道路から一時停止の道路標識を無視して時速30キロメートル以上の速度で進行したきたＸ運転の普通乗用自動車に気付かず，同車の前部と自車の右側前部が衝突し，自車が逸走して，南北道路で作業中のＶ（46歳）に接触させて，傷害を負わせた。

（判決要旨）

他方の道路の交差点の入口に一時停止の道路標識及び停止線の表示の

ある交差点に進入しようとする自動車運転者としては，その停止線付近に交差点に入ろうとする車両等が存在しないことを確かめた後，速やかに交差点に進入すれば足り，本件Aのように，あえて交通法規に違反して，高速度で，交差点を突破しようとする車両のあり得ることまでも予想して，他方の道路に対する安全を確認し，もって事故の発生を未然に防止すべき注意義務はないものと解するのが相当。

⑤ 最判昭和43年12月24日裁判集刑169号905頁，判時544号89頁，判タ230号254頁

（事故概要：信号交差点における青信号車両と赤信号無視車両の事故）

　被告人は，普通乗用自動車を運転し，信号機によって交通整理の行われている交差点に差し掛かった際，対面信号が赤だったので，停止線で一旦停車し，間もなく信号が青になったので発車したが，発車直後右方から進行してきたVの運転する第二種原動機付自転車を至近距離で発見し急停車の措置を執るも及ばず，自車を同人に衝突させ，傷害を負わせた（Vが赤信号を無視して交差点に突入したか，又は少なくとも交差点に入った直後信号が赤に変わったのに，これを無視し，若しくは気付かずに，かなりの速度で衝突地点に達したものである公算が高いと認定されている）。

（判決要旨）

　自動車運転者としては，特別な事情のない限り，そのような（赤信号を無視して交差点に進入するような－筆者注）交通法規無視の車両のあり得ることまでも予想すべき注意義務がないものと解すべきことは，いわゆる信頼の原則に関する当小法廷の昭和41年12月20日判決が判示しているとおりである。そして，原判決は，他に何ら特別な事情に当たる事実を認定していないにかかわらず，被告人に右義務があることを前提として被告人の過失を認めているのであるから，原判決には，法令の解釈の誤り，審理不尽又は重大は事実誤認疑いがある（破棄差戻し）。

⑥ 最判昭和45年3月31日刑集24巻3号92頁，裁判集刑175号573頁，判時589号83頁，判タ247号269頁

（事故概要：交差点における左折車と後進直進自動二輪車二輪車との衝突事故）

　被告人は，普通貨物自動車を運転して，本件交差点に差し掛かり，同

交差点の約 30 メートル手前から左折の合図をして徐行したが，左折進入しようとする道路が狭く，鋭角をなしていることから，道路左端に車両を寄せることが困難なため，自車の左側端との間に 2 メートル余の間隔を置いて進行し，同交差点の手前で赤信号によって瞬時停止した後，信号が青になるや，後写鏡を見ただけで左折南進を開始したところ，後方から西進してきて左側を直進しようとした V 運転の自動二輪車を自車左側面に接触させ，転倒させて V を死亡させた。

(判決要旨)

　本件のように，技術的に道路左端に寄って進行することが困難なため，他の車両が事故の車両と道路左端との中間に入り込むおそれがある場合にも，道路交通法規所定の左折の合図をし，かつ，できる限り道路の左側によって徐行をし，さらに後写鏡を見て後続車両の有無を確認した上，左折を開始すれば足り，それ以上に，例えば，車両の右側にある運転席を離れて車体の左側に寄り，その側窓から首を出す等して左後方のいわゆる死角にある他車両の有無を確認するまでの義務があるとは解せられないから，前記各判例（東京高判昭和 38 年 7 月 17 日，大阪高判昭和 38 年 4 月 10 日）は，なお維持すべきものであって，これを変更する必要はない[39]。

⑦　最判昭和 45 年 9 月 24 日刑集 24 巻 10 号 1380 頁，裁判集刑 177 号 1116 頁，判時 606 号 95 頁，判夕 253 号 231 頁

（事故概要：右折自動二輪車と後続直進原動機付自転車との事故）

　被告人は，自動二輪車を運転し，交通整理の行われていない丁字路交差点を進行中，丁字路を右折するに当たり，後続していた K 運転の車両との安全を確認せず，道路の左側を進行し，交差点直近において初めて

---

[39] 海老原震一「交差点で左折しようとする自動車運転者の後続車両に対する注意義務の限度」最高裁判例解説刑事篇昭和 45 年度 283 頁 (1973) は，本判決は，明示の判断はなされていないが，判決引用の大阪高判は信頼の原則を適用した判例であることから，本判決も信頼の原則が暗黙に適用された 1 つの判例としている。
　なお，本判決には，①大森政輔「自動車の死角と業務上過失責任（3）」判時 876 号 3 頁以下 (1978)，②佐野昭一「交差点で左折しようとする自動車運転者の後続車両に対する注意義務の限界」判夕 263 号 102 頁以下 (1971)，③西原春夫「左折車両の運転者の後方注意義務」判夕 271 号 74 頁以下 (1972) 等の有力な反対意見がある（詳細は，後述 64 頁参照）。

右折のウィンカーを点滅し，かつ交差点の約8メートル手前において時速約25キロメートルで右折進行したところ，後方から進行してきたK（当時18歳）運転の原動機付自転車に自車を衝突させて双方転倒し，自車に乗っていたWを死亡させ，Kに傷害を負わせた。

（判決要旨）

右折しようとする車両の運転者は，そのときの道路及び交通の状態その他の具体的な状況に応じた適切な右折準備態勢に入った後は，特段の事情（道路，交通の状況に鑑み，後進車の運転者において必ずしも適切な対応措置を執るものとは成し難いとか，違法異常な運転をする者の存在を認めたとか）がない限り，後進車があっても，その運転者において，前掲のごとき交通法規の諸規定に従い，追突等の事故を回避するよう正しい運転をするであろうことを期待して運転すれば足り，それ以上に，違法異常な運転をする者のあり得ることまでを予想して周到な後方安全確認をなすべき注意義務はないと解するのが相当である[40]。

⑧ 最判昭和45年11月17日刑集24巻12号1622頁，裁判集刑177号313頁，判時616号106頁，判タ256号185頁

（事故概要：見通しの良い交差点における明らかに広い道路を進行していた普通貨物自動車と狭路から一時停止せず交差点に進入してきた自動二輪車の衝突事故）

被告人は，普通貨物自動車を運転して，時速50ないし60キロメートルで進行中，交通整理の行われていない丁字路交差点を通過しようとしたが，その前方約200メートルのところで，同道路が左に曲がっていたことから，道路を対角線上に進行し右側から徐々に左に移りながら進行していたところ，同交差点の手前約37.5メートルの地点で，交差道路の同交差点入口の手前約7.6メートルの地点を，時速25ないし30キロメートルの速度で交差点に向かってくるVの自動二輪車を発見したの

---

[40] 無罪にした一審判決と有罪にした控訴審判決の間には，前提事実の認定の違い（一審判決は後進車の衝突時の速度を時速80キロメートルと認定し，被告人が右後方確認時の双方の距離は特段認定せず，他方控訴審判決は速度については，特段認定せず，左後方確認時の被告人車と後進車の距離を約10メートルと認定している）があるが，最高裁は，事実認定の当否には言及せず，被告人車が適切な右折方法をとって右折を開始したことだけをもって，上記判断をしたものである。

で，Vに向けて警音器を吹鳴したが，Vは被告人の車両に気付かない様子であったものの，被告人は，Vが，交差点手前で，一旦停止して自車に進路を譲ってくれるものと考えてそのまま進行したところ，停止しないで交差点に進入して被告人車の進路前で右折し始めたVの自動二輪車と衝突し，Vを死亡させた。

(判決要旨)

　交差する道路（優先道路を除く）の幅員より明らかに広い幅員の道路から，交通整理の行われていない交差点に入ろうとする自動車運転者としては，その時点において，自己が道路交通法17条3項に違反して道路の中央から右の部分を通行していたとしても，右の交差する道路から交差点に入ろうとする車両等が交差点の入口で徐行し，かつ，自車の進行を妨げないように一時停止するなどの措置に出るであろうことを信頼して交差点に入れば足り，本件Vのように，あえて交通法規に違反して，交差点に入り，自車の前で右折する車両のあり得ることまでも予想して，減速徐行するなどの注意義務はないものと解するのが相当である。

　なお，被告人が，当時道路交通法17条3項に違反して道路の中央から右の部分を通行していたという道路交通法違反とVの死の間には条件的な因果関係はあるが，Vが一旦停止して被告人に進路を譲るべきものであったのであるから，被告人が道路の中央から右の部分をそのままの速度で進行したからといって，衝突死傷の結果が発生するおそれはなかったのであり，したがって，また，これを認識すべき注意義務もなかったので，過失があるとはいえない。

　また，被告人がVをみた際，その態度などから被告人の車両の前方で右折するかもしれないと思われるような特別の事情が看取された場合には，被告人としてもこれに対応する措置を執る義務があることはいうまでもないが，本件は，晴天無風の日の昼間の，しかも見通しの良い場所でのことであり，右のような特別の事情の認むべきものは存在しない。前記のとおり，Vは被告人の車両に気付かない様子であったのも，Vが下を向くような形で進行していたというだけのことであって，特別の事情に当たらない。

⑨ 最判昭和45年12月22日裁判集刑178号1109頁，判タ261号265頁

（事故概要：見通しの良い交差点における明らかな広路直進車両と狭い交差道路から進入した車両との事故）

　被告人は，夜間，普通乗用自動車を運転して，幅員9.6メートルの国道を時速約80キロメートルで進行中，幅員約3メートルの農道が交差する交通整理が行われていない交差点に差し掛かり，これを通過しようとしたところ，右交差点手前約72メートルの地点で，交差道路右方の交差点手前40メートル余の地点を，点灯した単車のVを発見したものの，交差点までの距離関係からみて交差点における車両の衝突の危険が予測されたが，Vが交差点の入口で一時停止をし，自己を優先させてくれるものと考えて，時速80キロメートルのまま進行を続けたところ，停止せず一瞬先に交差点に先に進入してきたVの単車と自車前部が衝突してVを死亡させた。

（判決要旨）

　被害者が交差点に入ろうとした当時，被告人の車両は，道路交通法35条3項の「同時に当該交差点に入ろうとしている車両」であり，同法36条3項にいう「当該交差点に入ろうとする車両等」であった。そうすると，被害者としては，同法36条2項により国道の入口で徐行し，かつ，同法35条3項及び同法36条3項により被告人の車両の進行を妨げないように一時停止するなどの措置に出なければならなかったものといわざるを得ない。したがって，被告人が，被害者が国道の入口で一時停止をし，自己を優先させてくれるものと思ったのは，当然のことであり，これを不注意であるといえない。もっとも，道路交通法35条1項が同法36条3項に優先する規定であることは，道路における危険を防止し，交通の安全を図ろうとする道路交通法の目的からいって当然のことであるが，被告人が，被害者が国道の入口で一時停止をし，自己を優先させてくれるものと思ったのは自動車運転者として当然のことであったのであるから，被告人が交差点に入る直前に被害者が同法35条3項，36条3項の規定に違反して一瞬先に突然交差点に進入してきたために，

被告人が同法35条1項により被害者の進行を妨げてはならないことになったとしても，その一事をもって被告人が右のように思ったことを軽率であるということはできないし，被害者が交差点に進入したのは，衝突の直前であったのであるから，これをつかまえて被告人に不注意があったともいえない。

以上の次第で，被告人が，当時，道路交通法68条に違反して時速80キロメートルの速度で車両を運転していたことは，右の結論に影響を及ぼすものではない。もちろん，被告人の右道路交通法違反と被害者との死亡との間には条件的な因果関係はあるが，このような因果関係があるからといって，直ちに過失があるということができない。

要するに，交差する左方の道路で，しかも，交差する道路（優先道路を除く）の幅員より明らかに広い幅員の道路から，交通整理の行われていない交差点に入ろうとする自動車運転者としては，その時点において，自己が道路交通法68条に違反して時速80キロメートルで運転していたとしても，交差する右方の道路から交差点に入ろうとする車両等が交差点の入口で徐行し，かつ，自車の進行を妨げないように一時停止するなどの措置に出るであろうことを信頼して交差点に入れば足り，本件被害者のように，あえて交通法規に違反して，交差点に入り，無謀にも自車の前を横切る車両のあり得ることまでも予想して，減速徐行するなどの注意義務はないものと解するのが相当である。

⑩ 最判昭和46年6月25日刑集25巻4号655頁，裁判集刑180号849頁，判時639号68頁，判夕265号97頁
（事故概要：左折大型貨物自動車と直進自転車の衝突事故）

被告人は，大型貨物自動車を運転し，幅員11メートルの下り勾配の国道を時速約40キロメートルで直進中，本件T字型交差点を左折するに当たり，交差点手前約35メートル付近で自車左側を併進中のV（当時18歳）運転の自転車を追い抜き，交差点手前約29メートル手前の地点で左折の合図を行い，途中時速を約20キロメートルに減じ，交差点手前約6メートル付近で，Vの自転車に一瞥を与えたものの，既に自車直後付近まで近接している同車の進行状況に対する注視を欠いたまま，

時速約10キロメートルで左折しようとした。他方，Vは，被告人車両が左折を開始したため，急ブレーキをかけて減速し，左折してこれとの衝突を回避しようとしたが，交差点手前側端から約1メートル左折したところにあった道路の深さ20センチメートルの穴に前輪を落として横転したが，被告人は同車の動静に全く気付かず，同交差点上において，左後車輪でVの頭部を轢過して死亡させた。

(判決要旨)

　交差点で左折しようとする車両の運転者は，そのときの道路及び交通の状態その他具体的状況に応じた適切な左折準備態勢に入った後は，特別な事情がない限り，後進車があっても，その運転者が交通法規を守り追突等の事故を回避するよう適切な行動に出ることを信頼して運転すれば足り，それ以上に，あえて法規に違反し自車の左方を強引に突破しようとする車両のあり得ることまでも予想した上での周到な後方安全確認をなすべき注意義務はないものと解するのが相当であり，後進車が足踏自転車であってもこれを例外とすべき理由はない（破棄差戻し）[41]。

⑪　最判昭和46年10月14日刑集25巻7号817頁，裁判集刑181巻727頁，判時650号22頁，判タ271号277頁

(事故概要：交差点における右折車両と後方から進行してきた車両との事故)

　被告人が陸橋に接続する幅員9.6メートルの取付道路を下降し，この取付道路がその両側にこれと並行して走る幅員各6.2メートルの各市街路と合わして幅員22.7メートルの水平道路となった陸橋出口より2.1メートル前進した地点で，取付道路北側の市街路に進入するため180度右折しようとした（あらかじめ陸橋出口70〜80メートルの地点で右折の合図をし，時速約20キロメートルに減速して進行）ところ，後方から進行してきたV運転の小型四輪貨物自動車と衝突した。

(判決要旨)

　しかして，およそ右折しようとする車両の運転者は，そのときの道路及び交通の状態その他の具体的状況に応じた適切な右折準備態勢に入っ

---

[41]　本件については，有力な反対論がある（大森政輔「自動車の死角と業務上過失責任（2）」判時875号8頁以下（1978），西原春夫「左折車両の運転者の後方注意義務」判タ271号74頁以下（1972））。

た後は，特段の事情がない限り，後続車があっても，その運転者において交通法規に従い追突等の事故を回避するよう正しい運転をするであろうことを信頼して運転すれば足り，それ以上に周到な後方の安全確認を尽くして後続車の追突を避けるよう配慮すべき注意義務はないものと解するのが相当である[42]。

⑫ 最判昭和47年4月7日裁判集刑184号15頁,判時665号98頁,判タ276号261頁

(事故概要：交差点における右折車両と対向直進自動二輪車との衝突事故)

　被告人は，普通乗用自動車を運転し，交通整理の行われていない交差点を右折するに当たり，右折の合図をし，一時停止して前車の通過後約70～80メートル前方にV車を発見したが，距離がまだあると思って交差点の中心の直近内側に寄らないで小回りに時速約3キロメートルで右折進行したところ，時速約50キロメートルで対向進行してきたV運転の自動二輪車全部に自車の右前部を衝突させ，同人を路上に転倒させ，傷害を負わせた。

(判決要旨)

　車両が交差点に進入し，交差道路へ右折するため一時停止している場合，対向直進車との距離がなお70メートル以上もあるときは，対向車が異常な高速を出している等の特別な事情がない限り，右折車の運転者は，対向車の運転者が交差点進入に当たり前方を注視し，法規に従って速度を調節する等正常な運転をすることを期待し得るのであり，そうであるとすれば，右折車が対向車の到達前に右折し終わることは通常容易なことと認められるから，仮に被告人が同様の判断をもって右折を開始したとしても，これを直ちに軽率な行為として非難し，対向車との安全確認を怠ったものと断定することはできないものといわなければならない。

　また，原判決の判示によれば，被告人は右折開始直後道路中央線より約1メートル対向車線上に自車を進出させたときV車が約24.9メート

---

[42] 本件は，業務上過失致死傷罪ではなく，道路交通法70条，119条2項，同条1項9号の過失による安全運転義務違反罪の成否が問題となった事例。

ルの距離に迫ったのを認めて停止したというのであり，その際被告人車の右方（北方）の道路部分には，なお幅員4メートル以上の余裕があり，他に何らの障害物もなく，交差点に進入するときのV車の速度は時速約50キロメートル以上であるというのであるが，もしそうであるとすれば，被告人車が約1メートル中央線を越えたとしても，Vにおいて，急制動の措置を執るなり，僅かに左転把をしさえすれば，容易に衝突を回避できたはずであり，被告人としてもVがそのような適切な措置を講ずるであろうことを期待し得る状況にあったというべきであるから，原判決判示のように，被告人が自車を対向車線上に約1メートル進出させたことをもって本件事故の原因となる過失に当たるものと解するのも相当でない[43]。

⑬ **最判昭和47年11月16日刑集26巻9号538頁，判時689号117頁，判タ286号308頁**
（事故概要：交差点を右折する車両と後続直進車両との衝突事故）

　被告人は，普通乗用自動車を運転し，県道を時速約50キロメートルで進行中，前方の見通しが良く，対向車のまれな右県道と町道の交差する交差点を右折するために，同交差点の中心から約29メートル手前で右折の合図をし，かつ速度を約30キロメートルに減速し，約18メートル進行した上，交差点入口手前約6メートルの地点から右折を開始したところ，後方から，県道右側部分に出て被告人車両の後続車を追い抜いてきたV運転の自動二輪車に気付かず，同交差点入口手前約3メートルの地点で，自車の右前フェンダーミラーをV車両のハンドル左側に接触させて転倒させ，同人を死亡させた。

（判決要旨）

　右折しようとする車両の運転者は，そのときの道路及び交通の状況その他具体的状況に応じた適切な右折準備態勢に入った後は，特段の事情

---

[43] 本判決については，そもそも前提となる事実の認定及び経験則，信頼の原則いずれの観点から見ても問題があるとする有力な批判がある（佐野昭一「1．対向直進車との距離が70メートル以上ある場合と右折車運転者の安全確認義務　2．自車を対向斜線上に約1メートル進出させたことが事故原因として過失にあたらないとされた事例」判タ279号103頁以下（1972））。

がない限り，後続車があっても，その運転者が交通法規を守り追突等の事故を回避するよう適切な行動に出ることを期待して運転すれば足り，あえて法規に違反し，高速度で，中央線の右側にはみ出して自車の右側を強引に追い越そうとする車両のあり得ることまでも予想して周到な後方安全確認をなすべき注意義務はないと解するのが相当である（最判昭和 42 年 10 月 13 日刑集 21 巻 8 号 1097 頁，最判昭和 45 年 9 月 24 日刑集 24 巻 10 号 1380 頁）。

　これを本件についてみると，被告人は，法に従い右折の合図をした上，右折を開始したものであって，少なくとも当時の道路及び交通の状態等具体的状況に応じた適切な右折準備態勢に入ったことがうかがえる。もっとも，被告人が本件交差点手前約 6 メートルの地点から右折を開始している点は，本件当時施行の道路交通法 34 条 2 項に違反するとしても，本件事故現場の道路及び交通状況の下では，被告人の右折方法に誤りがあるからといって，右規定に従った右折方法による場合に比し，直ちに対向車線内で後続車との衝突の危険が一層増大するものとは認め難いから，被告人が V の無謀な異常運転による追越し車両のあることまでを予期し，又は容易に予期し得た等の特段の事情がない限り，被告人に，より周到な後方安全確認義務があったものとは成し難く，また，このような右折方法を目して直ちに本件事故発生の原因たる被告人の過失と即断し難いというべきである。

⑭　**最判昭和 48 年 3 月 22 日刑集 27 巻 2 号 240 頁**
（事故概要：交通整理の行われていない交差点北方道路から，作業現場の作業員の出した停止の旗を無視して同交差点に進入した V 車両と，東方から進入した被告人車両との衝突事故）

　被告人は，土砂を積載した大型貨物自動車を運転して時速約 50 キロメートルで進行し，交通整理の行われていない右方（北方）道路への見通しのきかない交差点の手前に差し掛かり，直進しようとして同一速度で同交差点に進入しようとしたところ，同交差点の手前約 4.7 メートルの地点において，右側道路の北方にある Z 組作業現場から，土砂を積載するため同交差点左方（南方）道路方面へ向け，Z 組作業員 H 女の赤旗

による停止の合図を無視して時速約25キロメートルで同交差点に進入してきたV（当時55歳）の運転する大型貨物自動車を右前方約19.3メートルの距離に発見し，急停車の措置を執るとともに，ハンドルを左に切ったが間に合わず，同車の前部に自車の右前部を衝突させ，Vに傷害を負わせた。

(判決要旨)

　H女による交通規制が，道路交通法42条にいう交通整理に当たらないことは，原判決の判示するとおりであるが，H女が北方から本件交差点に進入する車両に対し赤旗により停止の合図をしていたもの以上，東方から同交差点に進入する車両の運転者としては，北方から進行してくる車両の運転者がH女の停止の合図に従うことを信頼して良いのであって，北方から進行してくる車両の運転者が右H女の停止の合図を無視し同交差点に進入してくるとまでを予想して徐行しなければならない業務上の注意義務はないものと解するのが相当である。

⑮　最判昭和48年5月22日刑集27巻5号1077頁，裁判集刑189号19頁，裁時621号1頁，判時702号111頁，判タ297号344頁

(事故概要：見通しのきかない交差点における黄色の点滅信号（被告人）と赤色の点滅信号に従って交差点に進入した車両同士の衝突事故)

　被告人は，大型貨物自動車を運転し，時速約50キロメートルで国道を進行中，県道と交わる信号機の設置された交差点の手前に差し掛かったが，同交差点は左右の見通しがきかず，県道上の交通に対面する信号機は赤色の灯火の点滅を表示し，国道上の交通に対面する信号機は黄色の灯火の点滅を表示していたが，被告人は，早朝で交通閑散であることに気を許して同一速度で同交差点に進入しようとしたところ，交差点中央から南方約10メートルの地点に達した際，右方県道上を時速約60キロメートルで同交差点に向かって進行するV運転の普通乗用自動車を右斜め前方15メートルの地点に初めて発見し，急制動をかけたが間に合わず，右交差点中央付近で，自車前部を右普通乗用自動車の左側部に衝突させ，その衝撃により同車同乗者1名を死亡させ，V及び他の同乗者

3 名に傷害を負わせた。
(判決要旨)
　本件被告人のように，自車と対面する信号機が黄色の灯火の点滅を表示しており，交差道路上の交通に対面する信号機が赤色の灯火の点滅を表示している交差点に進入しようとする自動車運転者としては，特段の事情がない本件では，交差道路から交差点に接近してくる車両があっても，その運転者において右信号に従い一時停止及びこれに伴う事故回避のための適切な行動をするものとして信頼して運転すれば足り，それ以上に，本件Yのように，あえて法規に違反して一時停止をすることなく高速度で交差点を突破しようとする車両のあり得ることまで予想した周到な安全確認をすべき業務上の注意義務を負うものでなく，当時被告人が道路交通法42条所定の徐行義務を懈怠していたとしても，それはこのことに影響を及ぼさないと解するのが相当である。

⑯　最判昭和48年9月27日裁判集刑190号391頁，判時715号112頁
(事故概要：見通しの悪い交差点で，いずれも黄色の点滅信号のとき，明らかに広い道路を，徐行せず時速約55キロメートルで進入しようとした被告人車両が，交差道路から最徐行して交差点に進入しようとしていた車両を後方からこれを追い越して進入してきた自動二輪車との衝突事故)
　被告人は，普通貨物自動車を運転して，幅員約10.05メートルの道路を，同道路と幅員約4.8メートルの道路が交わる見通しの悪い交差点を，時速約60キロメートルで進行してきて直進するに当たり，交差点4隅に設置された信号機は，いずれも黄色の灯火の点滅信号を表示していたので，時速約55キロメートルに減速して同交差点に差し掛かったところ，交差道路の東側から同交差点を横断しようとして進出してきたI運転の自動二輪車が被告人車両の通過するのを待つため，同交差点東寄りを最徐行しているのを認めたので，そのまま本件交差点を直進しようとしたところ，I車両の後方からV運転の自動二輪車が交差点入口に姿を現わし，I車両を追い越して西進しようとするのを認めたが，そのとき被告人車との距離が約23メートルの距離に迫っていたため，被告人は直ち

に左転把して急制動の措置を講じたが，及ばず，V車両と衝突し，Vを死亡させた。

(判決要旨)

　本件交差点における交通法令上の規制の関係をみると，車道幅員約10.05メートルの南北道路が全幅員約4.8メートルの東西道路に比してはるかに広いものであることは，本件交差点における見通しの良し悪しと場所の明暗にかかわりなく，両道路を進行する車両の運転者にとって容易に識別可能な状況にあったと認められるから，被告人車両の進行した南北道路は，また，道路交通法の前記条項にいう「明らかに幅員の広いもの」に当たるものであり，したがって，狭路を西進してきた本件事故の相手方Vの側においては，同法36条2項，3項，42条により，本件交差点入口において徐行し，かつ，まさに交差点に入ろうとしていた被告人車両の進行を妨げてはならない義務を負う一方，被告人としては本件交差点手前において徐行すべき同法42条の義務を免れるという相互関係にあったものであり，(中略)特別に，南北道路を北進して本件交差点に差し掛かる一般の運転者又は被告人をして，右V車のような無謀運転車両が突如本件交差点へ進入してくることを具体的に予測させるような事情はなかったことも明らかである。

　以上を総合してみれば，本件の具体的状況においては，被告人が時速約55キロメートルの速度を維持したまま交差点を通過することにより惹起される交通上の具体的な危険性は，ほとんどなかったものといわなければならない。したがって，このような場合，被告人に対し，黄色の灯火の点滅信号によって徐行又は相当の減速の措置を執ることまでは要求されるものではないと解されるから，被告人の側に交通上の具体的な危険を発生させる交通法規違反はなかったというべきであるし，また刑法的評価においても，被告人が，自らは交通法規にしたがった上で，前記のような無謀運転車両がその進路を妨害して突如現れることはないであろうとの期待の下に自車を進行させたことは，相当として許されるべきであり，あえて，いつでも停止避譲できる程度に徐行若しくは減速して交差点入口に接近すべき業務上の注意義務を負うものではなかったと

解するのが相当である。

⑰　最判昭和48年12月25日裁判集刑190号1021頁，判時726号107頁，判タ304号262頁
(事故概要：見通しの悪い交差点における一時停止直進車両と時速約50キロメートルの不徐行車との出会い頭の衝突事故)

　被告人は，普通乗用自動車を運転し，交通整理の行われていない，左右の見通しの困難な交差点を直進するに当たり，一時停止の道路標識に従い交差点手前の一時停止線上で一時停止したが，左方道路の交通の安全を確認しないで時速約10キロメートルで交差点に進入したところ，左方道路を時速約50キロメートルで交差点に向かい進行してきたA運転の普通貨物自動車を左方約37メートルに発見したが，とき既に遅く，進退に窮して，そのまま交差点を通過しようとして通過しきれず，自車にA車を衝突させ，よって自車に同乗していたBに傷害を負わせた。
(判決要旨)
　原判決は，Aが少なくとも制限速度である時速40キロメートルを守り，被告人車を発見すると同時に急制動をしていたならば，本件事故の発生をみなかったという点で，本件事故の主たる因子はAの過失に当たるにしても，被告人も左方道路の交通の安全を確認せずに交差点に入った過失は否定できない，というのである。(中略)
　しかし，進んで，被告人にも過失があったかどうかを検討してみると，本件のように交通整理の行われていない，見通しの悪い交差点で，交差する双方の道路の幅員がほぼ等しいような場合において，一時停止の標識に従って停止線で一時停止した車両が発進しようとする際には，自動車運転者としては，特別な事情がない限り，これと交差する道路から交差点に進入しようとする他の車両が交通法規を守り，交差点で徐行することを信頼して運転すれば足りるのであって，本件A車のように，あえて交通法規に違反し，高速度で交差点に進入しようとする車両のあり得ることまでも予想してこれと交差する道路の交通の安全を確認し，もって事故の発生を未然に防止すべき業務上の注意義務はないものと解するのが相当である。

(2) 信頼の原則の適用を否定した最高裁判例

信頼の原則を否定した最高裁判例には，次の4件がある。

① 最決昭和45年7月28日裁判集刑177号413頁，判時605号97頁，判タ252号227頁

(事故概要：バス停に対向停車中のバスの側方を通過する車両とバスの後方から飛び出した乗客の幼児の衝突事故)

被告人は，普通貨物自動車を運転して，時速約50キロメートルで進行中，前方約134メートルの道路右側にあるバス停に，対向してきたバスが停車したのを認めたが，速度を約45キロメートルに減速しただけでそのまま進行したところ，バスの発車直後，これとすれ違った瞬間，そのバスから降りてバスのすぐ後ろから道路を右から左に横断しようとして小走りに出てきた4歳の幼女を，前方約3.25メートルの地点で発見し，急制動したが及ばず，同女に自車を衝突させ，死亡させた。

(決定要旨)

被告人がバスを下車した被害者の姿を衝突の直前まで発見していなかったことが認められるし，また，幼児の飛び出しを予見し得べき具体的状況が存在したことを認めるに足りる証拠もないのであるから，原審が，被害者が4歳の幼児であることを理由にして，信頼の原則の適用を否定したのは，正当ではない。しかし，本件事故現場付近の道路及び交通の状況からみて，バスを下車した人がその直後において道路を横断しようとすることがあり得るのを予見することが，客観的に見て，不可能ではなかったものと認められるのであるから，仮に，被告人が右のような交通秩序に従わない者はいないであろうという信頼を持っていたとしても，その信頼は，右の具体的事情から見て，客観的に相当であるとはいえないというべきである。したがって，信頼の原則の適用を否定した原判断は，結論において，相当である。

② 最決昭和49年4月6日刑集28巻3号52頁, 裁判集刑192号229頁, 判時744号27頁, 判タ311号259頁
（事故概要：交差点における左折車両と後続直進車両との衝突事故）

被告人は, 普通貨物自動車を運転し, 時速約35キロメートルで進行し, 交通整理の行われていない交差点を左折するに当たり, 同交差点の手前約30メートルの地点で車内鏡によって後方を確認したところ, 左斜後方約20メートルの地点を同方向に向けて進行中のV運転の自動二輪車を発見したので, 交差点手前約22メートル付近で左折の合図をし徐々に速度を落としたが, 道路左側に寄らず歩道と自車との間に約1.7メートルの間隔を置いたまま進行したにもかかわらず, 対向車が交差点を右折するのに気を奪われて左斜め後方より自車に接近し自車左側を直進しようとしてきたV運転の自動二輪車を確認しないまま時速約10キロメートルで左折進行したところ, V運転の自動二輪車に自車左前部を接触させ, さらに同車を同交差点向かい側の左側歩道上に逸走させ, 歩行者1名に衝突させ, Vと同歩行者に, それぞれ傷害を負わせた。

（決定要旨）

右判例（昭和46年6月25日刑集25巻4号655頁）（筆者注-信頼の原則の適用を肯定した判例⑩（49頁））は,「交差点で左折しようとする車両の運転者は, その時の道路及び交通の状況その他の具体的状況に応じた適切な左折準備態勢に入ったのちは, 特別な事情のないかぎり, 後進車があっても, その運転者が交通法規を守り追突等の事故を回避するよう適切な行動に出ることを信頼して運転すれば足り, それ以上に, あえて法規に違反し自車の左方を強引に突破しようとする車両のありうることまでも予想した上での周到な後方安全確認をなすべき注意義務はないものと解するのが相当である」と判示しており, 後進車の運転者において自車の左方を突破することが交通法規に違反するような場合についての判例であることが明らかであるが, 本件は, 後に判示するとおり, 後進車の運転者において自車の左方を追い抜くことが交通法規に違反するものとは認められない場合である。

思うに，右判例は，交差点の手前約35メートル又は約60メートルで自転車を追い抜いた上，交差点の手前約29メートルで左折の合図をし，同約6メートルで左折せんとしたものであって，特別な事情のない限り道交法（昭和46年法律第98号による改正前のもの。以下同じ。）34条5項が優先的に適用ないし類推されると認められる場合である。

　原判決が，右の事実を前提とし，被告人が左斜後方に後進車のあることを発見したときの両者の進路，間隔及び速度等を考慮するときは，被告人車が前記のように左方に進路を変更すると後進車の進路を塞ぎ同車との衝突は避けられない関係にあったことが明らかであるから，被告人車は従来の進路を変更してはならない場合に当たり，また，車道左側から約1.7メートルの間隔があり，かつ，前記のような進路を高速で被告人車を追い抜く可能性のある後進車を認めた被告人としては，左折の合図をしただけでは足りず，後進車の動静に十分注意し，追い抜きを待って道路左側に寄るなどの業務上（当時）の注意義務があるのに，被告人は右の注意義務を怠り，後進車の動静に注意を払うことなく左折を開始し，そのため本件衝突事故を惹起したものであると判断しているのである。すなわち本件は，道交法26条2項が優先的に適用される場合であって，自車の進路を左側に変更して後進車の進路を妨害することは許されないものといわざるを得ない。そうとすれば前記のような状況下で後進車の動静に注意を払うことなく左折を開始した被告人に注意義務の違反があることは明らかである。原判決は，これと同旨であって，正当である[44]。

44）「旧道路交通法34条5項」
　　左折又は右折しようとする車両が，前各項の規定により，それぞれ道路の左側，中央又は右側端に寄ろうとして手又は方向指示器による合図をしたときは，その後方にある車両は，当該合図をした車両の進行を妨げてはならない。
　「旧道路交通法26条2項」
　　車両は，進路を変更した場合にその変更した進路と同一の進路を後方から進行してくる車両等との間に当該車両が急に停止したときにおいても後車がこれに追突するのを避けることができるため必要な距離を保つことができないこととなるときは，進路を変更してはならない。

③ 最決昭和52年12月7日刑集31巻7号1041頁，判時875号123頁，判タ359号305頁

（事故概要：信号交差点における右折車両と対向直進車両の衝突事故）

　被告人は，タクシーを運転し，信号機によって交通整理の行われている交差点を右折しようとして，信号に従って同交差点に進入し，対向直進車両の通過を待つため同交差点で一旦一時停止した後，対向直進車両がきたので左方を見たところ，約53メートル左方に同交差点に向かって進行中の対向車両を認めたが，同車の通過に先立って右折することできるものと判断し，低速度で発進進行したところ，同車が指定最高速度（時速40キロメートル）を時速10ないし20キロメートル超過する時速50ないし60キロメートルの速度で進行してきたため，被告人車と衝突し，被告人車の乗客に傷害を負わせた。

（決定要旨）

　被告人には直進対向車が指定最高速度を時速10ないし20キロメートル程度超過して走行していることを予測した上で，右折の際の安全を確認すべき注意義務があるとした原判断は，相当である[45]。

④ 最決平成16年7月13日刑集58巻5号360頁，裁判集刑285号613頁，裁時1367号22頁，判時1877号152頁，判タ1167号146頁

（事故概要：時差式信号交差点における右折車両と対向直進車両との衝突事故）

　被告人は，普通乗用自動車を運転し，時差式信号機により交通整理の行われている交差点手前の片側二車線の中央線よりの車線を進行し

---

45) 原審（札幌高裁）は，「右折車両の運転者は，対向直進車が常に制限速度を遵守しているものと信頼することはできないのであって，道路交通の実態からして，同車が制限速度をある程度超えて走行しているとの可能性は，計算に入れておかなければならないのである。……制限速度が時速40キロメートルないし55キロメートル，あるいは時速60キロメートル程度の速度で走行することが稀な事態ではないことは，時速25キロメートル未満の速度超過が反則行為とされていることに徴しても，明らかであり，これを予測することが可能であるといわなければならない。したがって，被告人は，K車（対向直進車のこと。筆者注）を発見したとき，同車が右の程度の速度で走行している可能性もあることを計算に入れたうえで，同車の接近に先だって自車が右折進行しうるか否かを判断しなければならなかったのである」と判示している。

てきて，同交差点を右折するに当たり，時速約40キロメートルに減速し，対面信号が黄色表示に変わったのを交差点入口の停止線の手前約26.6メートルの地点で認めるとともに，自車の前輪が同停止線を通過した付近で，前方約54.3メートルの地点にV運転の自動二輪車が対向直進してくるのを一瞬認めたものの，自車の対面信号が赤色に変わった（停止線を越えた辺り）ことからV車の対面信号も赤色に変わっており，時差式信号機であることを認識していたため，V車は同信号に従って停止するものと考え，さらに時速約20ないし30キロメートルに減速したものの，それ以上同車の動静を注視せず，同速度で右折したところ，対面信号が青色信号で時速約70ないし80キロメートルで直進してきていたV車が被告人車との衝突を避けるため急制動の措置を執ったものの，転倒・滑走し，V及び自動二輪車を自車左側部に衝突させ，Vを死亡させた。

（決定要旨）

被告人はV車が本件交差点に進入してくると予見することが可能であり，その動静を注視すべき注意義務を負うとした原判断は正当である。自動車運転者が，本件のような交差点を右折進行するに当たり，自己の対面する信号機の表示を根拠として，対向車両の対面信号の表示を判断し，それに基づき対向車両の運転者がこれに従って運転すると信頼することは許されないものというべきである。

(3) 信頼の原則の適用を肯定した最高裁判例の意義・問題点（先例としての価値）等

ア 肯定判例①最判昭和41年12月20日について

本判決は，自動車事故に初めて信頼の原則を適用したものとして画期的判決と評されており，過失を否定した結論について，当時批判的な見解はほとんどなかったようである（検察関係者でも同様であることにつき安西温「業務上過失犯」研修235号112頁参照(1968)）。しかしながら，昭和46年6月2日の法律第98号による道路交通法の改正（施行同年12月1日）によって，交差点における先入主義（先に交差点に入った車両の進

行を妨げてはならないとする同法35条1項及び直進車及び左折車は，交差点で既に右折している車両の進行を妨げてはならないとする同37条2項）が撤廃された今日においては，本件における信頼の前提となる交通法規がなくなったので，信頼の原則の適用はないと考える。もちろん，現在であっても，本件V車両のように，中央線を越えた通行が許されないのは改正前と同様であるが，同法37条（改正後。改正前の37条1項と同旨）により右折車である被告人車の方が直進車である被害者の車両の進行を妨害していることになると思われるので，妨害された被害車両が衝突を避けるために中央線を越えて進行することは予見可能というべきであり（本判例の控訴審判決参照），過失は認められると考える（信頼の相当性を欠くとして，あるいはクリーンハンズの原則から，信頼の原則の適用が排除されると説明する立場もあり得よう）。

イ　肯定判例②最判昭和42年10月13日について

　本判決は，被告人に，右折方法の違反（当時の道路交通法34条3項では，原動機付自転車は，右折するときは，あらかじめその前からできる限り道路の左側に寄り，かつ，交差点の側端に沿って徐行しなければならないとされていた）があり，この違反がなければ本件事故は発生しなかったと考えられる（条件関係がある）にもかかわらず，被告人が右折を始めたとき，後続車は十数メートル後方にいたのでその右折を認識し得たこと，後続車は，当時の道路交通法34条4項により，右折を始めた車両の後方にある車両はその進行を妨げてはならないこと，さらに，センターライン右側にはみ出して進行することは許されない（法17条4項）こと，センターラインの左側部分が約5メートルもあったことなどから，後続車において，法規に従い速度を落として被告人の右折を待って進行する等することが可能であったとして，被告人の右折方法の違反を過失の注意義務違反と認めなかったものである。

　道路交通法の義務違反は，過失犯における注意義務とは別個のものであるから，道路交通法違反があったからといって，それが過失に直結するわけでないことは既に述べたとおりである。そして，同違反行為に結果発生の具体的予見可能性が認められる場合，つまり道路交通法上の義

務違反が具体的な危険性を生じさせた場合に始めて，過失運転致死傷罪（当時の業務上過失致死傷罪）における注意義務違反と認められるものであるので，本件の事実関係に即していえば，判決が述べているとおりの状況であるから，後続車において，被告人車が右折することは認識できていたのであり，これに沿って，自らの運転（それは同時に自らが交通法規に従った運転でもある）を行えば何ら危険はなかったにもかかわらず，自ら危険を作出して事故に至ったのであるから，判決の結論は正当である。

本判決は，その意味で先例としての価値を有していると考える。

ウ　肯定判例③最判昭和43年7月16日について

本判決は，交通整理の行われていない交差点における先入主義が撤廃された今日においては，交差点内におけるロータリーの通行方法の在り方の問題もあることなどを併せ考えれば，信頼の原則を認めた判例としての先例の価値は乏しいと考える。

エ　肯定判例④最判昭和43年12月17日について

先例としての価値は有している。なお，本判決は，検察官が「信頼の原則は，もともと，具体的に相手方の車両を視認した場合に，その後の行動を信頼してよいという原則である」と主張したのを排斥し，視認していない場合においても信頼の原則を認めた事例としての意味も有している。

オ　肯定判例⑤最判昭和43年12月24日について

先例としての価値は有している。

カ　肯定判例⑥最判昭和45年3月31日について

本判決には，前記（45頁注39））のとおり，有力な反対意見がある。すなわち，

①左折車両の死角進入前捕捉義務を尽くしていた場合には，被害車両を発見できた可能性があること，及び瞬時でも一時停止をすれば，直進車両が接近し，「速度又は方向を急に変更しなければならないこととなる場合」（法34条6項）には，左折車両の優先権がなくなり，逆に道路交通法26条の2第2項により進路変更が禁止されることを根拠とする

もの（大森），②左折は，道路右端に寄る右折の場合（進行に影響を与えるのは車両のみであること，後続車が交差点で対向車線に出て追い越すのは違法であること）と異なり，左への寄り方が十分でないと，二輪車や自転車等の並進を許し，左折合図をしただけでは，その合図が了解されるとは限らず，左折車両のフェンダーミラー等による後方確認も十分をはいえず危険であること，進路が重なる後続車は別として，後方を進行していたとしても，進路が重なっていない車両（進路を変えないで直進する車両）については，道路交通法34条6項の適用はなく（進路が重なっている場合には，前車の速度が後車のそれと同速以上の場合にのみ適用される，すなわち，合図を後車と同速以上のうちにし，かつ，同速以上で進路変更すべきである），合図だけでは左折できず，進路を譲らなければならないことを根拠にするもの（佐野），③後続車が追い抜きできないほど左折車両が十分左に寄っていない場合には，直進車が左折意図に気付かず，気付いたとしても自己を優先直進させてくれると誤信する場合があるところ，刑法上の義務として，左後方の安全確認義務があることを根拠とするもの（西原）である。これらの反論は排他的でなく，いずれの批判ももっともであり，本判例には，先例としての価値はないと考えられる。

　業務上過失致死傷罪（現過失運転致死傷罪）における過失は，結果発生の予見可能性と回避可能性があれば認められるのであり，もちろん，その前提として，道路交通法上の義務の存在や現実の交通実態も考慮されるものであるが，本件事例においては，信号で瞬時停止した上，左に約2メートルもの側方間隔を空けて左折するのであるから，後方から追い上げた自動二輪車等がその左側方を追い抜く危険性は十分に予見可能であるのであるから，過失は肯定された事案であったと考える。本判決は，信頼の原則に気を奪われ，具体的妥当性を軽視した不当な判決といわざるを得ない（「第2章各論　第4・5左折時の注意義務(2)ア」283頁参照）。

キ　**肯定判例⑦最判昭和45年9月24日について**
　被告人を無罪にした一審判決と，有罪にした控訴審判決の間には，後進車の速度及び被告人車が右後方を確認した時点での被告人車と後進車の距離についての認定事実が異なるところ，控訴審認定のとおり，被告

人が右後方を確認した時点における後進車の位置が10メートル位後方であったのであれば，後方確認時に気付いていたと思われるので，危険を察知でき，適切な右折方法を採ったというだけで，過失を否定したのは相当とはいえないであろう。もっとも，本件は後進車の速度が時速約80キロメートルであった可能性も否定できず，その意味では，全く不当な判決ということはできない。

ク　肯定判例⑧最判昭和45年11月17日について

本判決は，前記肯定判例②（41頁）とともに，加害車両に道路交通法違反があっても信頼の原則が適用された事例として先例的価値があるとされている（香城敏麿「行為者の交通法規違反と信頼の原則」警研54巻11号77頁（1983））ものである。道路交通法の義務と過失運転致死傷罪の注意義務は異なる概念であるから，前者の義務違反があり，これと結果との因果関係があるからといって，過失運転致死傷罪の注意義務違反が認められることにはならないのは当然であり，その意味で，被告人車両が道路の左側を通行していなかったことを過失として認めなかった本判例の見解は正当と考えられる。しかし，見通しの良い交差点であり，被害車両の動静を注視していれば，警音器を吹鳴したにもかかわらず，下を向いたままで，速度を減じようとしていないことから，被告人車に気付いておらず，そのまま交差点に進入してくることの予見は可能であったと思われるので，過失を肯定し得る事案であったと考えられる（信頼の原則にいう「特別の事情」の認められる事案ともいえる）ので，判旨には反対である。

ケ　肯定判例⑨最判昭和45年12月22日について

本件当時の交差点における先入主義の規定（法35条1項）は，現在廃止されているが，広路優先規定，左方優先規定は残っているので，基本的には，本件の判例は現在でも生きているといわざるを得ないものの，広路優先から，被告人車両に信頼の原則の適用を認めたのには，問題があると思われる。というのは，現場は見通しの良い交差点であるところ，被告人車両が法定速度を超える時速約80キロメートルで走行していたことから，被害者が判断を誤り，交差点では衝突する危険はないと判断

して，交差点に進入した可能性があるが，被害者がそのように自車の速度を見誤って交差点に進入してくる可能性を被告人は認識できたと考えられるからである。そして，これを前提に，被告人が被害車両の動静を注視していれば，交差点に近づくに従い，その可能性を認識できたと考えられるが，その動静注視義務は容易に果たすことが可能だったと考えられるからである。自らが交通法規に従っていない以上，これを前提に相手が行動する可能性については，十分に認識可能である。つまり，自らの道路交通法違反と結果が条件関係にあることから，過失が認められるのではなく，自らの道路交通法違反が相手の行動に反映して，その結果の予見が可能となると考えられるからである。その意味で，本判決の判断は相当ではないと考える（反対：荒石利雄「加害者の制限速度違反と信頼の原則の適用」判タ282号71頁以下（1972））。

コ　肯定判例⑩最判昭和46年6月25日について

　本判決にも，有力な反対がある（大森政輔「自動車の死角と業務上過失責任（2）」判時875号8頁以下（1978））。その理由は，①左折合図をした左折車であっても，道路交通法26条2項（現行26条の2第2項）によって，後進車の「速度又は方向を急に変更させることとなるおそれ」がないときに限られるところ，本事例においては，左折合図した時点ではそのおそれはなかったものの，その後被告人車が速度を減じて左折開始する時点では，速度が逆転して（本件道路は下り坂であった），被害自転車の速度又は方向を急に変更させるおそれのある場合に該当していたと考えられること，②左方道路は鋭角に接しているため，被告人の大型貨物自動車が左折開始前に，左側方にかなりの間隔を有していたと考えられるところ，このような場合に側方を進行する自転車等が日常的にみられる上，交通法規に精通しているとみなされない自転車運転者に，合図だけで避譲してくれると信頼することはできないこと，である。

　正鵠を得た批判であり，信頼の原則は予見可能性のない場合にほかならないとする私見からも，結果発生の具体的予見可能性の認められる事例であるので，本判決の先例としての価値はないと考えられる（「第2章各論　第4・5左折時の注意義務(2)ア」283頁参照）。

サ　肯定判例⑪最判昭和46年10月14日について

　　本判決は、業務上過失致死傷の事例ではなく、過失による道路交通法70条の安全運転義務違反（同法119条2項、同1項9号）の成否が問題となった事例であり、もとより、刑法211条の過失の成否が問題となったものではない点で特殊である。業務上過失致死傷事件についても先例としての価値を有するとするのが一般的と思われるが、道路交通法上の義務と、業務上過失致死傷罪（現過失運転致死傷罪）の義務は異なるものであるから、先例としての価値は、限定的に考えるべきだと考える。

シ　肯定判例⑫最判昭和47年4月7日について

　　本判決にも、有力な反対意見がある（佐野昭一「1．対向直進車との距離が70メートル以上ある場合と右折車運転者の安全確認義務　2．自車を対向車線上に約1メートル進出させたことが事故原因としての過失にあたらないとされた事例」判タ279号103頁以下（1972））。その趣旨は、①被告人車の右折開始時のV車両との距離は約70～80メートルではなく、約41メートルであること、②対向直進車両に、対向右折車の動静を注視する義務はないこと、③Vとしては、むしろ被告人車が右折を継続すると期待して、自車がそのまま直進してゆけるものと考えることがむしろ自然であること、である。

　　いずれの理由ももっともであり、本事例に信頼の原則を適用して過失を否定したのは不当である。よって、本判決の先例としての価値は乏しいと考えられる（詳細は、「第2章各論　第4・6右折時の注意義務(2)イ」308頁参照）。

ス　肯定判例⑬最判昭和47年11月16日について

　　本判決も、被告人車に交通違反（右折方法の違反）があったとしても、信頼の原則が適用されるとした事例である。そもそも、道路交通法上の義務違反が直ちに過失運転致死傷罪における注意義務違反にならないことからすれば、当然のことである。本件は、後続車の追越し行為が予見不可能であったから、過失が否定されるのは当然の事例であったと考えられる。

セ　肯定判例⑭最判昭和 48 年 3 月 22 日について

　　本判決は，交通関与者が私人の行っている交通整理に従うことを信頼して通行することを認めた事例である。もっとも，私人の交通整理一般に対するものではなく，本件は，私人が旗によってV車両に停止を指示していたのは，交差道路から車両が進行してきていること（衝突の危険があること）を伝えるためであることが明らかであるから，その指示に従わずに交差点に進入してくることはないと考えられる場合（それゆえに，あえて信頼の原則を持ち出すまでもなく，予見可能性がなかったとして過失を否定することで足りる事案であった）であり，その限りにおいての判断ということである。

　　本判決の過失を否定した結論には異論はないが，私人の交通整理は，道路交通法上の交通整理ではなく，道路交通法によってその遵守が強制されるわけではない（罰則もない）。むしろ，本件交差点は，見通しの悪い交差点であるから，被告人には，徐行義務があった（法 42 条 1 号）。したがって，時速約 20 キロメートルで本件交差点を進行した被告人には，道交法違反があることになる。もちろん，道路交通法違反と業務上過失致死傷罪（現過失運転致死傷罪）の過失は別のものであるから，道路交通法違反があったとしても，過失が認められることにはならないのは当然である。そして，本件は，私人の旗による交通整理という事実を介して，交差道路からの進入車両に対しこれに従うことが期待できることを根拠に，道路交通法の徐行義務と結果の因果関係を否定したものと考えることができる [46]。

ソ　肯定判例⑮最判昭和 48 年 5 月 22 日について

　　本判決には，天野武一裁判官の反対意見がある。すなわち，「注意義務とは，結局のところ結果を回避する義務であり，究極的には条理に基づいて決定されるべきものであるが，本件における被告人の結果回避義務違反の程度が相手方に比して格段に軽いとみてしかるべきであるからといって，これを全く解除して無に帰さしめてよいいわれはなく，かよ

---

[46]　あるいは，道路交通法の徐行義務と区別された刑法上の（回避義務である）徐行義務を免除したものと説明することも可能と思われる。

うな一方的な判断は，情緒に偏して理論的でない。（中略）信頼の原則は，双方に責任がある場合における帰責の分配に関する一種の基準なのであるから，（中略）この原則をもって有か無かそのいずれかを選択するほかない基準であるとするよりは，危険の分配すなわち責任分配の程度の問題としてこれを評価するところに，現実に適応した至当な解決があるというべきである」というのである。被告人に過失を肯定すべきであるとする意見には賛成である。そして，注意義務が条理に基づいて決定されるとする考えは正しいが，それにもかかわらず，道路交通法上の義務をそのまま，過失の注意義務として認定しようとする考えは，妥当を欠くと思う。本件は，未明の極めて交通閑散である時間帯（午前4時20分頃）であることから，交差道路からの車両は存在しないと軽信した車両同士の衝突事故であり，Vは，見通しの悪い本件交差点に，赤点滅信号を無視して，時速約60キロメートルで進入し，被告人は黄色点滅信号を無視して，時速約50キロメートルで進入したために衝突したものである。交差道路の車両には，赤点滅信号に従って一時停止する道路交通法上の義務があるとしても，交通閑散に気を許して，徐行せず時速約50キロメートルで交差点に進入しようとする車両（被告人車）があるのであるから，同様に，徐行せずに，赤点滅信号を無視して交差点に進入してくる車両の存在は予見可能であるといわざるを得ないので，その意味で，被告人には，徐行する等適宜速度を調節した上で，交差道路からの車両に留意しながら，交差点に進入する義務があったと考えるべきである。

タ　肯定判例⑯最判昭和48年9月27日について

　本事例は，昭和46年の道路交通法改正前の事例であり，当時は，広路通行車両には，見通しの悪い交差点における徐行義務（法42条）は，適用されないと解されていた（最判昭和43年7月16日刑集22巻7号813頁，判時530号84頁，判タ225号159頁，最判昭和43年11月15日刑集24巻12号1615頁，判時541号84頁）。しかし，同年の道路交通法改正により，優先道路についてのみ徐行義務を解除したことから，反対解釈として，広路通行車両には，徐行義務が課せられているという解釈が判例になっ

た（最決昭和 63 年 4 月 28 日刑集 42 巻 4 号 793 頁，判時 1277 号 164 頁，判タ 665 号 149 頁）ので，先例としての価値には疑問もある。しかしながら，自ら道路交通法違反をした者にも信頼の原則の適用を認める最高裁の立場からすると，現在においても意義を有していると見る余地もあろう。

チ　肯定判例⑰最判昭和 48 年 12 月 25 日について

　　交差点における一時停止は，そのことだけに意味があるのではなく，一時停止することによって，更に左右の交通の安全を確認する前提として意味があるのである。したがって，一時停止したものの，左方道路の安全確認が十分でなく，交差点に進入後左方約 37 メートルの地点に初めて被害車両を発見したという発見遅滞はあるといわざるを得ない。しかしながら，被告人車両が交差点に進入したことは，被害車両も約 37 メートルよりも離れた前の地点で発見していたわけであるので，なおかつ，本来見通しの悪い交差点であり，交差する双方の道路の幅員がほぼ等しい交差点であり，徐行のため減速すると考えられるのであるから，そのような交差道路から進行してくる V 車両が，減速もせず，時速約 50 キロメートルもの高速度で交差点に進入してくることは，予見不可能と考えられる。その意味で，判決の結論には賛成であり，先例としての価値はあると考えられる。

(4) 信頼の原則の適用を否定した最高裁判例の意義・問題点（先例としての価値）等

ア　否定判例①最決昭和 45 年 7 月 28 日について

　　本決定は，幼児が相手の事故について，信頼の原則の適用を否定した事例であるが，相手が幼児だからという理由で，信頼の原則の適用を否定したのではなく，「信頼の原則にいう行為者が交通秩序に従わない者はいないであろうという信頼が保護されるのは，信頼が客観的に相当である場合である」ことを前提として，本件の場合には，現場付近の道路及び交通の状況からして，バスを下車した人がその直後において道路を横断しようとすることがあり得るのを予見することは客観的に見て不可能ではなかったことから，上記相当性がないとして適用を否定したもの

である。

本決定は客観的な予見可能性が認められる旨述べているので、わざわざ、信頼の原則云々の言辞は不要であったと考えられるが、信頼の原則の適用を主張する上告趣意に答えることで、はしなくも、信頼の原則が客観的な予見可能性の有無の問題であることを示した事例といえる。

イ　否定判例②最決昭和49年4月6日について

本決定は、肯定判例⑥及び⑩と同様、交差点における左折車と左側方の直進車との衝突事故であるが、前2つと異なり、信頼の原則の適用を否定したものである。すなわち、本事例は、被告人車は、一時停止を伴わない左折車両であり、その左側の側方間隔約1.7メートル、交差点手前30メートルで、自車左後方約20メートル後点にVの自動二輪車発見し、交差点手前約22メートルで、左折合図を行い、交差点入口付近で時速10キロメートルで左折開始したところ、時速約55キロメートルで直進してきた自動二輪車と衝突したという事例について、後進車に対する動静注視義務違反の過失を認めた。

本決定と信頼の原則を適用した上記2つの**判例⑥及び⑩**の事例との違いについて、本決定の事例は後進車の運転者において左折車の左方を通行することが交通法規に違反するとは認められない場合であり、上記2つの**判例⑥及び⑩**の事例は、後進車において左折車の左方を追い抜くことが交通法規に違反する場合で、事案を異にするとして、両者に矛盾はないとされている（香城敏麿「左折車両の運転者の後方注意義務」最高裁判所判例解説刑事篇昭和49年度61頁（1977））。すなわち、ここで、左側を追い抜くことが交通法規に違反するか否かの違いとされるのは、両者の進路、間隔、速度等の具体的状況から、左折するための進路変更が、急停車しても後進車との衝突を避けることができるための必要な距離（いわゆる追従距離）を保てるか否かということであり、上記**判例⑥及び⑩**は、これを保てる状況にあったので、左折のための進路変更は許され、他方後進車が左方を通行することは、左折進行を妨げてはならないとする道路交通法34条5項に違反することになる[47]が、上記信頼の原則の適用否定**判例②**の場合は、「被告人車が左方に進路を変更すると後進車の進

路を塞ぎ同車との衝突は避けられない関係にあった」ため進路を変更してはならない場合であるから，事案が異なるというのである。しかし，上記**判例⑩**については，被告人車両が左折を開始する時点では，速度が逆転していて，被害自転車の速度又は方向を急に変更させるおそれのある場合に該当していたと考えられる事案なので，十分な説明ではない。

　いずれにしても，最高裁の考えは，交差点における左折車と左側方の直進車の事故について，信頼の原則の適用の有無を，道路交通法に従った適切な左折を行っているか否かで決しようとする（道路交通法に従った適切な左折を行っていることで，直進車の適切な行動に対する信頼の根拠が与えられるが，そうでなければ，信頼の根拠は与えられない）ものである。

　しかしながら，左折車両と左側直進車との事故は，それ自体，少なくなく，しかも，左側直進車が自動二輪車や原動機付自転車，自転車であることから，重大な結果を招くことが少なくない。それだけでなく，左折車にとって，左後方の安全確認は，死角も広いこと等もあって他の安全確認より困難であることが多い。さらに，左折合図した地点及びその際の双方の位置，双方の速度，進路変更開始地点，その際の双方の位置や速度，左折車の道変更直前の道路左側端との距離等の状況によって，

47）　昭和46年改正前後の道路交通法の規定
「改正前」
26条2項
　車両は，進路を変更した場合にその変更した進路と同一の進路を後方から進行してくる車両等（以下この項において「後車」という。）との間に当該車両が急に停止したときにおいても後車がこれに追突するのを避けることができるため必要な距離を保つことができないこととなるときは，進路を変更してはならない。
34条5項
　左折又は右折しようとする車両が，前各項の規定により，それぞれ道路の左側，中央又は右側端に寄ろうとして手又は方向指示器による合図をしたときは，その後方にある車両は，当該合図をした車両の進行を妨げてはならない。
「改正後」
26条の2第2項
　車両は，進路を変更した場合にその変更した後の進路と同一の進路を後方から進行してくる車両等の速度又は方向を急に変更させることとなるおそれがあるときは，進路を変更してはならない。
34条5項
　左折又は右折しようとする車両が，前各項の規定により，それぞれ道路の左側端，中央又は右側端に寄ろうとして手又は方向指示器による合図をした場合においては，その後方にある車両は，その速度又は方向を急に変更しなければならないこととなる場合を除き，当該合図をした車両の進路の変更を妨げてはならない。

事故発生の危険性は大いに異なってくるのであり，これを，左折車両が道路交通法に従った適切な左折をしていたか否かだけで決するのは適当ではないと思われる。そもそも，前述したように，注意義務の判断は，条理に基づいて実質的に判断すべきであり，道路交通法の義務の遵守の有無は，過失判断の際に，前提事実としては考慮されることはあっても，それが直接過失の有無に直結するものではないからである。

すなわち，左折車が道路交通法に従った適切な左折方法を採っている場合には，直進車にも，先行車が左折することを認識して，速度を減じて徐行した左側方からの追い抜きを思いとどまるか，右側を追い抜くことが期待されることになるであろう。しかしながら，交差点の形状や左折車の車長等から，道路左端との間に相当の間隔を残したままでなければ左折できないときでも，道路交通法上は「できるかぎり」道路左端によればよい（法34条1項）ため，例えば，道路左側端との間に2メートルもの間隔を残した左折でも適法な左折といえ，左折車の運転手は，左側方の直進車が自車の左側を追い抜くことはないものと信頼して運転しさえすれば足りることになってしまう（前記肯定判例⑥は，まさにこれである）。しかし，左側方の直進車の運転手は，側方間隔が広い場合には自車に進路を譲ってくれるものと考えて，そのまま直進することが少なくない。特に，大型車の場合は，左折の前に，一旦進路を右に変えた後に，左折することも少なくないが，これを，直進車の自己に進路を譲ってくれようとする動きと誤信するケースも多い。このような場合に，信頼の原則を適用したのでは，重大な結果が生じるのは明らかである。

もっとも，このような場合は，特別な事情の存在からくる義務が課されるので，問題はないとする趣旨の考えもある（香城・前掲67頁）が，そのこと自体，信頼の原則の否定であろう。したがって，交差点左折車と左側方直進車両との事故についての，信頼の原則の適用に関する最高裁の考え方には賛成できない（「第2章各論　第4・5左折時の注意義務(2)ア」283頁参照）。

ウ　否定判例③最決昭和52年12月7日について

対向直進車両が，指定最高速度を10キロないし20キロメートル超過

していることを予見することは十分可能であるので，信頼の原則の適用を否定したのは，当然のことである。

エ　否定判例④最決平成 16 年 7 月 13 日について

同決定については，これを肯定する見解が多数（古川・刑事過失論 216 頁，深町晋也「信頼の原則について」神山敏雄先生古稀記念祝賀論文集『第 1 巻（過失犯論・不作為犯論・共犯論』129 頁（成文堂，2006），前田・信頼の原則 81 頁，法時 77 巻 4 号 103 頁等）であり，私見も同様である。

ところで，本件の第一審である横浜地方裁判所横須賀支部は，「クリアランス時間としての全赤信号は，交差点に滞留している右折車両等が次の現示が始まるまでに交差点を出ることができるようにするためのものであるから」「全赤信号の場合の右折車の運転手の注意義務としては直進車がその位置・速度等からして交差点（略）に進入してくるものと認められる場合（認めるべきであった場合を含む）等特段の事情があるときを除いては，右折しても過失はない」とした上，被告人において，Ｖ車両が交差点に進入してくるものと認められる場合及び認めるべきであった等特段の事情は認められないとして，被告人に無罪を言い渡した。

これに対して，控訴審は，全赤状態について，「道路交通法の趣旨に照らせば，青色から黄色信号に続く全赤信号の場合に右折車に優先通行権が与えられているわけではなく，黄色に続く全赤信号のクリアランス時間は，直進車であれ，右左折車であれ，交差点内外にある車両等を安全に交差点外に停止ないし排出するためのものであるから，右折するにあたっては，やはり対向直進車や右折方向の交通の安全を確認しなければならない」とした上，「右折を開始するまでには，Ｖ車も本件交差点に更に接近しており，その動静に少しく注意していさえすれば，Ｖ車が本件交差点に進入することが予測できる状況にあったことは容易に推認できる」として，「制動等の避譲行為をとることにより事故を回避することができたことも明らか」として被告人の過失責任を認めた。

そして，最高裁は，「被告人はＶ車が本件交差点に進入してくると予見することが可能であり，その動静を注視すべき注意義務を負うとした原判断は，相当」とし，「自動車運転者が，本件のような交差点を右折

進行するに当たり，自己の対面する信号機の表示を根拠として，対向車両の対面信号の表示を判断し，それに基づき対向車両の運転者がこれに従って運転すると信頼することは許されない」として，被告人の上告を棄却したものである。

　全赤信号は，クリアランスのために導入されたものであるとしても，道路交通法における赤色信号の意味は，それ以前と変わっていないのであるから，全赤信号状態における交通関与者の義務を，交差点から出ようとする車両を優先して判断することは妥当ではなく，この点は控訴審判決が妥当である。

　ところで，第一審判決も控訴審判決も，被告人の認識（時差式信号であることを認識していなかった）を前提に，本件を通常の信号交差点であることを前提として，過失判断を行っている。しかしながら，本件は時差式信号機交差点であり，V車の対面信号は，事故時に至るまで青色を表示していたという本件の本質的な事実関係を全く無視している。確かに，本件交差点においては，時差式信号である旨の表示はなされていなかったが，そのことを認識していない交通関与者がいたとしても，同人が信号表示に忠実に従えば，事故は発生しないのであるから，被告人のように黄色信号で停止線手前で停止できるにかかわらず，かつ，停止線を僅かに越えた地点で対面信号機が赤色に変化したにもかかわらず，同信号を無視して（後掲高松高判平成18年10月24日（216頁）参照）右折進行して事故を惹起させたわけで，本件事故は一方的に被告人の行為によって発生したものといえる。もちろん，道路交通法違反が過失に直結するわけではなく，業務上過失致死罪（現過失運転致死罪）が成立するためには，予見可能性が必要であるところ，この点を考慮したとしても，時差式信号機は全国に普及していたこと，被告人は，本件交差点が時差式信号機であることを知らなかったが，本時差式信号機は昭和47年から設置されていたこと，対面信号が赤色に変化した時点で，前方約54.3メートルの地点にV車両を前方に認識していたのであり，同車の動静を確認していれば，その速度，及び速度を減じようとしていないこと，から，交差点手前で停止する意図のないことが認識可能であった上，動静

を注視することは十分容易であった（容易は義務を根拠づける）と考えられることから（前記「第1章総論　第1・2過失の構造（意義）(6)イ（キ）」30頁参照），（時差式信号機であること及びV車両が停止せず進行してくることの）予見可能性は肯定できるので，過失は肯定し得ると考える。

　なお，最高裁は，予見可能性が肯定されるとしながら，更に付け加えて，「自己の対面する信号機の表示を根拠として，対向車両の対面信号の表示を判断し，それに基づき対向車両の運転者がこれに従って運転することを信頼することは許されない」と判示したのであるが，これは，現認していない対向車線の対面信号の表示を判断し，対向車両がこれに従うと信頼することは許されないとする，信頼の原則の適用範囲を画する法理を示したものとされている（大野勝則「時差式信号機の設置された交差点での右折進行と対向直進車両の運転についての信頼の原則」最高裁判所判例解説刑事篇平成16年度312頁（2007））。過失を肯定した判決の結論は賛成であるが，信頼の原則は，予見可能性の有無の問題にすぎず，その有無は，単に対面信号の信号表示だけでなく，現場のその他の具体的状況等を総合して実質的に判断されるものであるから，このような一般的な法命題の形で示すことは妥当でないと考える。

4　信頼の原則の適用範囲

(1)　信頼の原則の適用範囲に関する問題状況

　信頼の原則の適用範囲に関しては，次の点が問題とされている。

　すなわち，①適用される事故の相手方，すなわち，a車両対車両の事故に限る（すなわち対歩行者事故には適用がない）とすべきか，b歩行者だけでなく対自転車事故に対しても適用がないとすべきか，c対歩行者の事故にも適用されるとして，全ての歩行者に対して適用すべきか，②交差点事故に限るか，③信頼の原則が適用される場合であっても，前方注視義務や動静注視義務は免除されるべきではないとすべきか，④加害車両運転者に交通違反がある場合等社会的に非難される事情がある場合には，禁反言の原則から信頼の原則は適用されないとすべきか，ということである。

①適用される事故の相手方の問題（上記a～cの問題）に関しては，aについては，対車両事故に限るべきとする考えと（土本・過失犯79頁，片岡・信頼の原則40頁等）と対歩行者事故にも適用されるとする説がある。後者の中にも，幼児，児童，高齢者，酩酊者，身体障害者には原則として，適用がないとする説（西原・信頼の原則330頁以下，神山敏雄「信頼の原則の限界に関する一考察」西原春夫先生古希記念論文集『第2巻』51頁（成文堂，1998）がある。また，対車両事故の中でも，対軽車両事故は除くべきとする説もある（土本・過失犯・前掲。酩酊者が自動車運転の場合に適用がないとするのは，神山・前掲）。

②交差点事故に限るか，という点に関しては，これを肯定する説がある（片岡・信頼の原則・前掲，土本・過失犯・前掲）。

③信頼の原則によって，加害車両運転者のどのような義務が解除されるのか（信頼の原則によっても解除されない義務があるか）の問題に関しては，前方注視義務と動静注視義務は否定されないという説がある（片岡・信頼の原則51頁，土本・過失犯78頁）。

④加害車両の運転者に交通違反がある場合に，信頼の原則の適用を否定すべきか否かに関しては，一般的にこれを肯定するものが多いが，どのような違反がある場合に，適用が排除されるかの基準に関しては，様々な考えがある。

(2) 信頼の原則の適用範囲についての検討

ア 信頼の相手方の範囲

上記①適用される事故の相手方の問題に関し，信頼の原則は，歩行者には原則として適用すべきではないという説（西原・信頼の原則60頁以下，片岡・信頼の原則40頁）が理由とするのは，車両の運転者は，運転免許取得のために法令の教育を受け，法令試験の合格が不可欠の条件とされ，しかも交通秩序に従わないと危険であるがゆえにそれへの関心が深く，それへの習熟の機会に恵まれているのに対し，歩行者はそうではないからということである（西原・信頼の原則60頁）。

しかし，そうであるなら，運転免許を持った歩行者であれば期待して

よいということになろう。運転者にとって，当該歩行者が運転免許を持っている歩行者かどうか不明なので，免許を有していないものとして行動しなければならない。その意味で，一般的には運転免許を持っていない歩行者として扱われるというのであれば，運転免許を有していると想定される歩行者であり，実際にも運転免許を有していた歩行者であったのであれば，その信頼は許容されることになるだろう。しかも，現在，運転免許を有している国民は8186万人（平成25年度）に上る状況を考えれば，歩行者だからといって，信頼の原則が適用できないとすることは理論的に貫徹できない。

　歩行者のうち，泥酔者，幼児及び高齢者については，信頼の原則を適用すべきではないという考えもある。泥酔者及び幼児については異論はないとしても，高齢者については，免許を持っていない人はまれであり（免許を返納した者が増えているとはいっても，それらの人もかつては運転免許を有していたのであるから，交通規則や交通の危険性に対する認識は有しているのが一般であろう），上記理由から，高齢者を排除することはできないであろう。

　そもそも，信頼の原則を，予見可能性がない場合と捉える本書の考え（後記87頁参照）からすれば，信頼の対象によって，適用の有無が決せられることはあり得ない。相手方に対する信頼によって結果発生に対する予見可能性が否定される場合には，過失が否定されるのは当然のことである。したがって，歩行者の場合には適用がないとする説や，歩行者のうち幼児や泥酔者，高齢者の場合には適用がないとする説は，不当である。したがって，また，対自転車事故には適用がないとする見解も妥当ではない。そして，最高裁判例が対自転車事故に，高裁判例が対歩行者事故に信頼の原則を適用しているのは，理論的に妥当である。しかし，だからといって，幼児や泥酔者，高齢者の場合にも常に信頼の原則が適用されるというわけでないことは，当然のことである。

　要は，相手に対する信頼によって予見可能性が認められるか否かにかかっており，歩行者の特性によって，信頼ができず予見可能性が認められる場合には，過失は認められるのである。

イ　交差点事故に限られるか

　次に，信頼の原則は，原則として「交差点事故」に適用されるべきであるとする見解（片岡・信頼の原則30頁，土本・過失犯77頁参照）については，確かに，最高裁判例で信頼の原則が認められた事例は，ほとんどが交差点事故であるが，それは，他者の適切な行為を信頼することで事故が防げるケースの多くが，交差点における場合であることが多かったというだけのことであり，これも前記と同様の理由から，これに限るべきでない。

ウ　信頼の原則によって免除される注意義務

　信頼の原則を認めた最高裁判例においては，徐行義務，一時停止義務，右側及び右後方の安全確認義務，左右道路の安全確認義務，減速義務，速度遵守義務，対向車に対する安全確認義務，後続車両との安全確認義務等が信頼の原則を適用によって免除され，過失が否定されている。ここでは，確かに前方注視義務及び動静注視義務は見当たらない（対向車に対する安全確認義務は前方注視義務の一種といえなくもないが）。

　実質的に見れば，前方注視義務や動静注視義務を尽くしていたとすれば事故を防ぐことができた場合，仮に相手方に信頼を裏切る重大な交通違反があったとしても，過失を否定すべきではないという事例は，確かに存在すると思われる。

　しかしながら，問題は，その理由付けである。「前方注視義務及び動静注視義務は，あらゆる運転上の注意義務の中で最も基本的なものであり，他の注視義務に先立って，又はそれとともに常に必要とされるものである」という理由付け（土本・過失犯78頁）があるが，実はこれは説明になっていない（問いに問いをもって答えるに等しい）。信頼の原則を予見可能性のない場合の1つとして説明する立場からすれば，予見可能性が否定される以上，義務を課す前提が欠けるので，前方注視義務も動静注視義務の否定されることはあり得ることになる。その意味では，信頼の原則によって免除されない義務は，理論上はないといってもよいかもしれない。しかしながら，予見可能性について前述したとおり「行為の容易さは，その行為を義務付けることを可能にする」ので，行為者に

とって容易な予見行為を行うことで予見が可能となる状況であれば，予見可能性は認められるというべきである。加えて，前方注視義務及び動静注視義務は，結果を予見するための内的な注意義務である意思の緊張，集中と同質のものであるから，これを免除するというのは，純粋に内的な意思の緊張と集中すら免除することになりかねない。したがって，容易である（容易でない場合は除かれる）前方注視や動静注視を行うことによって，予見が可能となる場合であれば，予見可能性は肯定されることになる。それは，内的な意思の緊張と集中を保つためにも，必要なことである。そういう意味で，容易な前方注視義務や動静注視義務は，信頼の原則によっても免除されていないことの根拠が示されるのである。

エ　行為者の交通法規違反と信頼の原則の適用の有無（信頼の相当性の有無）

　　行為者に交通法規違反があった場合にも，信頼の原則の適用が認められるのか，ということが議論されている。これが問題とされるのは，信頼の原則は，行為者において相手方の交通法規の遵守を期待した場合に，信頼した行為者の過失を否定する原則として認められるものであるから，行為者に交通法規違反がある場合には，同原則の適用は認められないのではないか，という点がクローズアップされるからである[48]。信頼の原則は，前述のように，「被害者あるいは第三者が適切な行動をするのを<u>信頼するのが相当</u>な場合」に認められる原則であるから，どのような場合に「信頼の相当性」があるかという観点から議論される問題の1つである。

　　行為者の交通違反の程度に関していうと，交通違反が全くない場合にのみ信頼の原則が適用されるという考えは見当たらない。この点についての主な考え方としては，①行為者の交通法規違反が事故発生の可能性を刑法上無視し得ない程度に増加させたか否かで区別する説（小田健司「判例にあらわれた『信頼の原則』—最近（最高三小昭和41・12・20判決以降）

---

48)　というより，信頼の原則を認めたドイツの判例自体が，「<u>みずから交通秩序に従って行動している交通関与者は</u>，原則として，他の交通関与者も現行の交通法規を守るであろうことを期待してさしつかえない」として，交通秩序に従うことを信頼の原則適用の要件としている（西原・信頼の原則174頁等参照）関係上，むしろ当然のことかもしれない。

の判例を中心として」判タ 220 号 83 頁以下 (1968))，②行為者の交通法規違反が他の交通関与者にとって既成事実となり，行為者において他の関与者がその違反を考慮に入れて行動していると考えることが相当な場合であるか否か，あるいは，行為者の違反の有無にかかわらず行為者においておよそ相手方の適切な行動を信頼するのが相当な場合であるか否かによって区別するとする説（西原・信頼の原則 128 頁），③行為者に交通法規違反があっても，行為者の相手方に対する通行上の優位が失われず，かつ事故発生の危険性の程度は著しく低い場合か否かで区別する説（片岡・信頼の原則 112 頁，香城敏麿「行為者の交通法規違反と信頼の原則」警研 54 巻 11 号 77 頁 (1983))，④事故の発生に無関係な交通法規違反や自動車の運転自体に伴う危険性と関係のない交通法規違反を犯している場合以外は適用されないとする説（土本・過失犯 83 頁），⑤クリーンハンズの原則から行為者自身に重大な違反がある場合には，信頼の原則は適用すべきでないという説[49] などがあるが，いずれにしても，行為者が交通法規違反をしていても信頼の原則の適用はあり得るとするのが通説である。

　最高裁判所は，前記のとおり，行為者に交通法規違反があったとしても信頼の原則は適用されるとしている（前記肯定判例②⑧⑬⑭⑮）。もっとも，最高裁判例の事例は，いずれも，行為者に重大な交通法規違反があったとはいえない場合であるが，重大な違反があった場合に，どうするかはまだ，不明といえよう。

　しかしながら，信頼の原則を結果の予見可能性のない場合と位置付ける本書の立場からすれば，被害者が重大な交通法規違反を行ったか否かは，信頼の原則を適用するか否かには，基本的には関係がない。もっとも，行為者が重大な交通法規違反をしていることが，予見可能性の判断に影響を与える場合もある。すなわち，相手方が，行為者の（重大な交通法規違反に当たる）運転行為を前提として，これを判断要素に入れて（相手方も交通法規違反の）行動すると考えられる場合である。その場合は，

---

[49] 名古屋高判昭和 61 年 4 月 8 日刑月 18 巻 4 号 227 頁（「信頼の原則の適用を排除するクリーンハンド（判決文）の法則に照らし自明の理」等）。

当然のことながら，行為者の交通法規違反行為は，行為者の予見可能性の判断に影響を与えることになり，その意味で，考慮される。すなわち，行為者は自分が交通法規違反をしていることは認識しているのであるから，通常ならば交通法規に従った行動をとると思われるにもかかわらず，相手方が，自己の交通法規違反を認識し，これに応じて交通法規に違反して行動することが予測し得る場合には，行為者において予見可能性がないとはいえないであろう[50]。しかし，それは，クリーンハンズの原則とは何ら関係がないことである。自らが交通法規を破っている場合に，他人の交通法規に従った行動を行うであろうと信頼して行動することは許されないという考えは，一見公平のように見えるが，実は感情論にすぎない。

5　信頼の原則の体系上の位置付け

(1)　学説の状況

信頼の原則の体系上の位置付けに関しては，大きく分けて，①予見可能性を否定する原理とする説（平野・総論Ⅰ198頁参照，西田・総論274頁，前田・総論268頁，曽根威彦『刑法総論』195頁（弘文堂，第3版，2000）等），②予見可能性とは別の，予見可能な場合についてもさらに注意義務の範囲を限定する規範的基準とする説（板倉宏「過失犯の研究(4)　過失犯における注意義務の体系的地位と構造－下－」警論20巻6号89頁（1967）等），③予見可能性のある事情の下で結果回避義務を制限する基準とする説（藤木・総論244頁等）に分かれている。そして，予見可能性を否定する考えの中には，予見可能性を多義的に捉え，④事実的自然的予見可能性が認められるものの中から刑法的な予見可能性を選び出すための原理であるとする説がある（西原春夫「交通事故と信頼の原則」23頁（成文堂，1969））。

---

[50]　前田・信頼の原則69頁以下，塩谷毅「信頼の原則に関する序論的考察」神山敏雄先生古稀祝賀論文集『第1巻（過失犯論・不作為犯論・共犯論）』87頁以下（成文堂，2006）もほぼ同旨。

(2) 判例の立場

　最高裁判所が上記①説に立っているのでないことは，明らかである。というのは，最高裁は，多く，「本件Ｖの車両のように，あえて交通法規に違反し，自車の前面を突破しようとする車両のありうることまでも予想して右側方に対する安全を確認し，もって事故の発生を未然に防止すべき業務上の注意義務はないものと解するのが相当」という論理を使って被告人の過失を否定しているが，これは予見可能性が認められる前提に，予見する義務がない旨の判示を行っていると考えられるからである。予見可能性がないという趣旨であれば，その旨「……車両のありうることは予想できない（予見できない）」と述べればよいだけであるのに，そうしていないこと，また，原審が明確に予見可能性を認めているにもかかわらず，これを否定せず，「……車両のありうることまでも予想（して……）すべき義務はない」として予見義務とその後の回避義務がない旨述べているからである。また，「信頼して運転すれば足り」とは述べているが，行為者が実際に信頼したか否かは全く問うておらず，客観的に信頼できる状況であったか否かだけで判断していることからすれば，信頼したがゆえの行為者の相手方の行為に対する予見ということも問題としない立場と考えられるからである。例えば，自動車事故に初めて信頼の原則を適用した上記**肯定判例**①最判昭和41年12月20日は，過失を認めた控訴審判決が，「右側方から来る車両において，……道路の中央線を越え，右側部分にはみ出して進行する措置に出るおそれのあることは予想しえられないことはない」と判示したのを，予想できるか否かを問うことなく，「特別の事情のない限り，右側方からくる他の車両が交通法規を守り自車との衝突を回避するため適切な行動に出ることを信頼して運転すれば足り（る）」と述べた上で，（本件Ｖの車両のように，あえて交通法規に違反し，自車の前面を突破しようとする車両のあり得ることまでも）「予想……すべき注意義務はない」としている。また，信頼の原則の適用を否定した**判例**④最決平成16年7月13日が，「Ａ車（対向直進車両－著者注）が本件交差点に進入してくると予見することが可能である」と判示するだけでなく，これに加えて，「自己の対面する信号機の表示を根拠として，対向車両の対面信号の表示を判断し，それに

基づき対向車両の運転者がこれに従って運転すると信頼することは許されない」と述べていることからしても，最高裁は，信頼の原則は，予見可能性（予見義務）とは別の，特別に注意義務を否定する原理と考えているとしか考えられないのである。

　また，信頼の原則の適用を否定した上記**判例**①最決昭和45年7月28日は，「被告人が右のような交通秩序に従わない者はいないであろうという信頼をもっていたとしても，その信頼は，右の具体的交通事情から見て，客観的に相当であるとはいえない」として，信頼の原則の適用を否定しているところ，これは，信頼の原則の「相当性」（「特別の事情」の判断もこれに入る）という一種の政策判断の余地を残しているわけであり，予見可能性の有無の判断とは全く異なる判断の仕方と考えられるからである。

　しかしながら，信頼の原則は，過失を否定する原理である以上，やはり過失の構造論との関係で，体系的に位置付けられる必要があると考える[51]。特に，弥彦神社事件で，最高裁は，過失の成否を，結果予見義務（予見可能性を前提）と結果回避義務（回避可能性を前提）の違反があったか否かで判断する旨明示しているのであるから，これとの関係は明確にする必要があるはずである。仮に，自動車事故については，弥彦神社事件で述べた過失の一般論と異なって，信頼の原則という注意義務を解除する特別の要件を定立した，というのだとすれば，いずれも同じ刑法211条の成否の問題であるので，要件を区別して考えるのは論理的に矛盾するからである。

(3)　**私　見**

　ア　そもそも，過失を否定する特別の法理とする見解は，1つの政策的判断として唱えられているものであるが，その内容に関しては，前記のとおり，種々議論があって必ずしも一致していない。信頼の原則は，その

---

[51]　神山・信頼の原則46頁は反対（「信頼の原則は，伝統的な過失犯の成立要件の下では責任が追及され得るような交通事故であっても，過失犯の成立を否定する特別の役割を果たすものでなければ意味がない。なぜならば，過失犯の本来の成立要件の1つでも欠けるような事例については，過失犯の一般理論によって無罪にすればよいからである」としている）。しかしながら，そのような特別の要件を判例で定立し得るのか。それを合理的に根拠づけ得ないときは，憲法上の問題にもなるのではないかと考える。

適用がない場合には，過失が肯定され，刑罰を科されなくなる原則であるため被告人に不利益を与えるものではない，という面はあると思われるが，事後に，相当性の有無で刑罰の有無が決せられ（そこに信頼の原則の意義があるとするのが西原・信頼の原則218頁である），しかも，あれこれと判断基準が分立しているのは，それ自体，法理の内容すなわち，基準が不明確であることを示すものであり，罪刑法定主義上においても問題を有していると考える。このように信頼の原則は，極めて大きな問題を有しており，判例による立法作用とも考えられ，成文法主義をとる我が憲法体制とも矛盾するとの疑問の念を禁じ得ないのである。

　よって，過失を否定する特別の原理とする前述の②説には問題がある。

イ　前述の③の予見可能性のある事情の下で結果回避義務を制限する基準とする説は，行為無価値を前提として，許された危険の法理から導き出される原則であるとするのであるが，行為無価値論自体に問題があるだけでなく，許された危険の法理は，社会的有用性を根拠に，法益侵害の結果が生じたとしても一定の範囲で責任を否定しようとする法理であるところ，自動車運転の社会的有用性が認められるのは当然としても，自動車運転の社会的有用性は抽象的な利益にすぎず両者はレベルを異にしている（本来的に比較できるものでない）ので，それが，相手方に適切な行動が期待できるからといって，具体的な違法な結果をもたらした行為者を免責することは不当である。要するに，③説には論理の飛躍があるといわざるを得ず（古川・刑事過失論236頁参照），採用できない。

ウ　そこで，前述の①説と④説であるが，いずれも予見可能性を否定する原理とする点で共通している。④説は，事実的自然的予見可能性の存在が認められる場合に，刑法上の予見可能性が否定されるものとするのである（西原・信頼の原則91頁参照）が，「事実の問題として」予見可能性が認められる以上，刑法上も予見可能性が認められるべきと考えられるので理論的には問題もあると思われる（西原・信頼の原則91頁は，それゆえに，信頼の原則という特別の原理の存在意義があるとするのであるが）が，要は，「事実的自然的予見可能性が認められる」ということの意味の問題に帰着すると思われる。この説においては，一般的抽象的予見可能性

を，事実的自然的予見可能性と表現していると考えられ（西原・信頼の原則219頁参照），①説と②説は予見可能性の説明の仕方が異なるだけであり，実質的には同じと考えてよいと思う。すなわち，過失が肯定されるためには，予見可能性が必要であるところ，これは，法的な要件であり，その意味で法的予見可能性なのであって，①説の述べる予見可能性も，実は法的予見可能性を述べていると考えられるからである。

エ　そもそも，信頼の原則は，前記のとおり，「行為者がある行為をなすにあたって，被害者あるいは第三者が適切な行動をするのを信頼するのが相当な場合には，たとえその被害者あるいは第三者の不適切な行動によって結果が発生したとしても，それに対しては責任を負わない」という原則である。もっとも，「信頼」というキーワードを用いているが，行為者が現実に他者の行為を信頼したことまでも必要とされるわけではない（信頼の原則の適用を肯定した判例④最判昭和43年12月17日の上告審における検察官の弁論（64頁参照）のように異論はあるが，判例の立場でも信頼できる客観的な状況が必要であることは明らかである）。しかしながら，信頼の原則において，「信頼」という言葉が，キーワードになっているのは，「信頼」（判例上「期待」という言葉が使われることもあるが，これも同様である）がこの原則の本質的な要素であるためである。とすれば，他者を「信頼（期待）」するということは何を意味するのか考えなければならないであろう。そして，それは，必然的に，「他者が適切な行為をとることへの信頼（期待）」であり，それ（他者の適切な行為）が予測されるということに他ならないのではなかろうか。その場合，実際に信頼することは必要でないが，信頼できる客観的状況が必要であるわけであるので，信頼の原則とは，結局，他者の適切な行為が予測されるために，その反面，客観的に不適切な行為が予測できない，つまり予見が不可能な場合ということなのである。したがって，信頼の原則は，体系論上は，予見義務を否定する原理ということになると考える。

　この点は，信頼の原則の適用の限界を論じる際に限界の事例として挙げるほとんどの事例が，相手方の行動の予見可能性に関連付けて論じられる場合であることからも明らかではないだろうか。

にもかかわらず，信頼の原則が予見可能性を否定する原理ではなく，特別に責任を否定する原理であるとする説が有力に唱えられるのは，予見可能性を，事実的自然的予見可能性と同義に考え，信頼の原則を適用して責任を否定しようとする事例においては，上記事実的自然的予見可能性は肯定されると判断しているからにほかならない（背景に，従来事実的自然的予見可能性を肯定して過失を認めてきた裁判実務や判例との整合性を保とうとする意識もあるであろう）。

　しかしながら，上記ウ（86頁）で述べたように，事実的自然的予見可能性なるものも，その実，一般的な抽象的予見可能性にすぎず（例えば，信号に従って交差点を通行している場合に，交差道路から赤信号を無視して交差点に進入してくる車両のあり得ることは，抽象的には予見可能である。ただこれは，事実的自然的予見可能性であろうが，具体的にその交差点でそのような車両があり得ることを予見可能とはいえないであろう），過失の要件である法的予見可能性とは異なるものである。法的予見可能性は具体的な予見可能性でなければならない。この点は，予見可能性について，前記「第1章総論　第1・2過失の構造（意義）(6)イ(オ)」（27頁）で述べたように，そもそも（事実的自然的）予見可能性は，程度のあるものであり，裁判官の思考の中では，可能性の低いものから高いものまで想定した上で，どこで，線を引くかという形で，事実認定の問題として，予見可能性の有無の判断を行っているものであるところ，最終的に認定されている予見可能性は，実は，一般的抽象的な事実的自然的予見可能性ではなく，蓋然性の高い具体的な法的予見可能性であり，信頼の原則も，その意味で，法的予見可能性を否定するものにほかならないのである。

　そして，この観点からすれば，あえて信頼の原則を持ち出す必要もないということになる。

6　判例の理解及び今後の動向

(1)　最高裁が信頼の原則を導入した背景

　しかしながら，判例は，前記のとおり，予見可能性とは異なる特別の要

件として，信頼の原則を位置付けてきていると考えざるを得ない。

　ただ，この点は，実は，割り引いて考える必要がある。というのは，それまで，最高裁判所は，現在では予見可能性が否定されるような事例でも厳格に予見可能性が否定できないとして過失を認めていたからである。

　例えば，最決昭和 34 年 2 月 6 日刑集 13 巻 1 号 66 頁は，優先道路を進行中の被告人が交通整理の行われていない交差点に差し掛かり，交差道路の交差点入口に停止車両があったので，自車に避譲しているものと考えて，そのまま進行したところ，同車の陰からブレーキの効かない自転車が飛び出してこれと衝突してけがを負わせた事故について，「およそ，自動車の運転者たるものは，いかなる場合においても，他との衝突を避けるにつき，そのなし得べき最善の措置を講ずべき業務上の義務があるものであって（大判昭和 9 年 7 月 12 日刑集 13 巻 1025 頁），道路交通取締法が安全交通の建前上，その第 17 条，第 18 条において，車馬又は軌道車の通行順位を一応定めているからといって，これがため，先行順位の運転者に対し，運転上必要な注意義務を免除し，警音器吹鳴，一時停車，徐行等をなすべき義務がないとしたものと解すべきではなく……信号機の設置されていない交差点においては，たとえ一応車馬等の通行順位が定められていたとしても，前後左右の道路から，同時に交差点に進入してくる車馬，通行人等があり得る訳である上に……前示自動車の陰にいるため，被告人の車が進行して来たことに気付かないものもあるかもしれない状況にあったことが認められるので……被告人において，これらの者に自己の車の存在を知らせるため，警音器を吹鳴し，又は，同交差点に進入してくる車馬，通行人等との衝突を避けるため，いつでも急停車をなし得る程度に徐行するか，ないしは，一時停止して，同交差点に進入して来る車馬，通行人等のないことを確認してから進行する等事故を未然に防止するに必要な措置をとっていたならば，本件事故を回避することができた」として，責任を認めた原審判決（東京高判昭和 33 年 9 月 25 日）を，「仮令被害者に法規の不遵守等の過失があっても，被告人も交叉点に進入する際に守るべき前方注視，一時停車，徐行等の注意義務を守らなかったために傷害の結果を発生せしめた場合には業務上過失傷害の責任を免れるものではない」として，是認している。

これは，とりもなおさず，最高裁判所が，同事例において，交差道路から優先道路を進行している自車の直前を横切る車両の存在の予見可能性を認めたことを意味する。そうだとすると，このような事例で，被告人の過失を否定するには，予見可能性がないとして責任を否定することはできず，他の法理で否定するしかなかったため，当時有力に唱えられていた信頼の原則に依拠するほかなかった，というのが実情なのではないか（同様の事例で，信頼の原則を認めた最高裁判例はないが，同様の信頼の原則を適用して過失を否定した高裁判例には，大阪高判昭和42年12月7日下刑9巻12号1497頁，判時522号94頁，判タ218号276頁，東京高判昭和45年5月6日高刑23巻2号374頁，東高時報21巻5号167頁，判タ253号234頁がある。予見可能性がないとして過失を否定したものとして，大阪高判昭和43年10月28日高検速報昭和44年2号がある）。

　また，これに加えて，信頼の原則の適用**肯定判例**①（40頁）のように，原審が事実認定の問題として，予見可能性を認め，それを前提に過失を肯定している以上，上告審の法律審性の制約も加わり，予見可能性を否定することによって過失を否定する論理を使えなかったこともあると思われる。そこで，自動車運転者の責任を軽減するためには，当時，学説で盛んに主張されていた信頼の原則を導入するしかなかったのが実情だったのではないかと推測されるのである。

(2) **信頼の原則の現状**

ア　しかしながら，信頼の原則が定着してくると，下級審の判決では，野放図に信頼の原則を適用して，過失を否定するものが出てきて，弊害も目立ってきた（そのこと自体，信頼の原則の基準の不明確さを示すものであるが）。

　ところで，今日，信頼の原則を適用する判決が少なくなっているとの指摘がある（大野勝則「判解」最高裁判所判例解説刑事篇平成16年度325頁参照（2007））が，実務において，検察官が起訴を絞るようになり，信頼の原則の歴史的使命が果たされた今日においては，前記のとおり，様々な問題を抱える信頼の原則を適用して過失を否定するのではなく，信頼

の原則を適用することなく，理論的に精緻に，他の論理（予見可能性の否定，回避可能性の否定等）を根拠にして，過失を否定する裁判例や判例が増えてきているのではないかと考えられる。

イ　例えば，最高裁は，平成15年1月24日裁判集283号241頁，判時1806号157頁，判タ1110号134頁において，前記信頼の原則の**適用肯定判例⑮**最判昭和48年5月22日（54頁）とほぼ同様の事例について，信頼の原則を適用せず，被告人が交差点手前で時速約10ないし15キロメートルに減速して交差道路の確認していれば事故を防ぐことが可能であったかについて証明がなされていないこと（回避可能性の否定）を理由に，有罪とした1，2審判決を破棄して無罪を言い渡した。同事例に関しては，昭和48年判決と被害車両が赤色点滅信号を無視して交差点に進入してきたものであることは共通している。違うのは，昭和48年判決では，被告人が徐行していれば，時速約60キロメートルで交差点に進入しようとしている被害者車両を発見して事故を防ぐことが可能であったとみられる事案であるところ，平成15年判決の事例では，被告人車が時速約10ないし15キロメートルに減速していれば，被害者車両を発見することは可能であるが，同車が時速約70キロメートルの高速で進入してこようとしていることを認識して危険を察知し，急制動することで衝突を回避できたかどうかが不明であるという点である。しかしながら，後者については，仮に回避が可能でないとしても，それを判断する以前に，昭和48年判決同様，赤色点滅信号を無視して，時速約70キロメートルもの高速で見通しの悪い交差点に進入しようとする車両のあることまで予想した周到な安全確認義務はない旨判示することで足りたと思われるにもかかわらず，これをしなかったのである。

ウ　また，東京地判平成22年11月1日公刊物未登載も，この点に関して参考になる裁判例である。これは，東京都新宿区内の信号によって交通整理の行われている交差点を，右折しようとする被告人運転の普通貨物自動車が，片側3車線の右折専用レーンの先頭で停止した後，対面信号が青色右折可の信号に変わったのを見て発進し右折しようとしたところ，対向車線の第三車両通行帯を，赤信号を無視して対向直進してきた

自動二輪車と衝突して同車の運転者が死亡したという事故について，被告人の過失を否定したものである。

検察官は，赤信号無視の原動機付自転車に自車を衝突させた普通乗用自動車運転者の過失を信頼の原則を適用して否定した前記**判例**⑤最判昭和43年12月24日（44頁）の存在を十分認識した上で起訴したのである。その背景には次のような特別の事情があった。すなわち，1つは，相手方車両が，上記最高裁判例の事例では交差道路を進行してきた車両であったのに対して，本件は対向車両であること，もう1つは，同事例の場合，対向自動二輪車が信号を無視して交差点に進入しようとしているのは，交差道路から進行してきた前記**判例**⑤の車両の場合と異なり，前方を注視することで容易に発見できる状況にあったことである。すなわち，被告人車両が発進した時点では，対向車線の第二車両通行帯には，タクシーが信号が黄色から赤に変化するのに従い減速して停止線で停止しようとしており（対向車線の第一車両通行帯の先頭には，ハザードランプをつけて停止中の普通貨物自動車があった），右折専用レーンで停止していた被告人は同タクシーの停止を見届けてから発進し，時速約15キロメートルで右折を始めたのであるが，本件においては，同タクシーに搭載されていたドライブレコーダーによって，事故状況は克明に録画されており，被害者の自動二輪車が，その対面信号が赤になった2秒後に停止線を越えて交差点に進入し，その後，右折を開始していた被告人車両と衝突したことが明らかであり，被害者の自動二輪車が本件交差点に進入してくる状況は，被告人車両が対向車線を注意しておれば，十分に発見可能と思われる状況にあったのである。

しかしながら，判決は，検察官の主張を排斥して被告人の過失を否定した。すなわち，①被告人が右折待ちで停止中，対面信号機の表示のほか，対向車線からの対向車の状況や自己の進行方向である右方道路等の状況を注視すべきものと考えられ，対面信号機が右折可の矢印信号に変わった直後にも信号の変わり目に無理をして直進する車両が少なくないことからすれば，対向車線を注視して，無理に進行してくる車両の有無を確認すべき注意義務があるとしたものの，②右折発進後については，<u>交差</u>

<u>点右方出口の横断歩道を渡り終えていない人ないし自転車の有無，さらに右方道路に入った後の駐停車車両の有無等の道路の状況を把握しなければならず，一方で，対向車線を進行してくる自動車については，既に対面信号が赤色を表示している以上，これを無視して交差点に進入することはないものと考えるのが通常であり，これは許されるものというべきであるから</u>，基本的には右方道路の方向を注視する義務があり，対向車線への注視義務はかなりの程度軽減されるとし，具体的に課せられる注意義務は，更に道路状況により微妙に変化するとして，本件交差点の右方道路が片側一車線である上，狭く 90 度より大きい角度に曲がる道路で被告人にとって見にくかったこと，他方，対向車線は，上記のとおり，タクシーが第二車線で信号に従って停止したことなどから，対向車線上を注視する義務はなかったとしたのである。その上で，遡って，右折発進前において，赤信号を無視して交差点に進入してくる被害車両の存在を認識することが可能であったかを検討しているのであるが，検察官が，被告人は，発進させた際，前方約 58 メートルの地点を対向進行してくるＶ車両を発見することが可能であったとして，予見可能性の存在を主張したのに対して，判決は，その地点で発見したとしても，ほぼ正面を走行してくる車両の速度を把握することは，他の方向へも安全確認することもあり容易ではないこと，Ｖ車両がその地点で制動すれば，交差点手前では停止できないとしても，（発見可能地点で制動をかけ始めていたと仮定すれば）横断歩道を越えない地点で停止することは可能であるから，Ｖ車両が停止せず交差点に進入してくることは予想し難いとして予見可能性を否定したのである[52]。

同判決は，右折開始後の義務として，「対向車線を進行してくる自動車については，既に対面信号が赤色を表示している以上，これを無視して交差点に進入することはないものと考えるのが通常であり，これは許

---

[52] 検察官の主張の根底には，前方を注視していれば容易に被害車両が赤信号にもかかわらず速度を緩めないで進行してきていることが認識可能であるという判断があると考えられるが，判決は，前記理由から，予見可能性を否定したのであるところ，前提として，容易に予見できる場合には，予見可能性は認められるという判断（前記「第１章総論　第１・２過失の構造（意義）⑹イ⑺」31 頁参照）があるものと考えられる。

されるものというべきであるから，基本的には右方道路の方向を注視する義務があり，対向車線への注視義務はかなりの程度軽減される」としたのであるが，アンダーライン部分は，信頼の原則を認めたものと考えられる。そして，これまでの信頼の原則の適用に関する諸判例を前提にすれば，既に対面信号が赤色を表示している以上，これを無視して交差点に進入することはないものと考えるのが通常であるから，右折開始前であっても，そう信頼することは許されるというべきであり，具体的な予見可能性を論じるまでもないと考えられる。にもかかわらず，本判決は，これに安易に頼らず，予見可能性の問題として別に検討した上で結論を導いていると考えられるのである[53]。

(3) 信頼の原則の今後

信頼の原則は，裁判実務に定着してきたとされてはいるが，既に信頼の原則に関する最高裁判例について触れたように，それ自体問題のある判例も多く，既に，先例としての価値をなくしたものも少なくない上，最高裁判所自身が，信頼の原則の適用に慎重になっている状況がうかがえる。

そして，私見からすると，本来，一般に理解されている信頼の原則は，過失犯の構造論の中に，論理的に位置付けることは困難であり，これはいわば判例による立法であって，基準の不明確性等問題を多く抱えている上，その実，予見可能性の問題にすぎないとすれば，事案の解決に当たってこの原則を持ち出す必要はなく，既に，その歴史的使命は終えたと考えられる。近年信頼の原則を適用する判決が少なくなってきているのは，そのことを示しているものと考える[54]。

もっとも，前述のように，予見可能性自体に問題点が全くないわけでは

---

[53] もっとも，これは，被告人が前方を注視していれば，容易に被害車両が赤信号にもかかわらず直進してくることを認識し得たという事実関係があったため，安易に信頼の原則を適用するだけでは，過失を否定する理由として説明が困難であったからと思われる。そこで，予見可能性の観点から，右折開始前の予見可能性を否定したのであるが，「予見可能性の否定」を持ち出したことは，はしなくも，信頼の原則がその実，予見可能性の問題にすぎないことを示すものといえる。

[54] 松原芳博「過失犯と結果回避可能性」判例セレクト2003 27頁（2004），斎野彦弥「特別論文　結果回避可能性—最近の最高裁判例を契機として（上）（中）」現刑6巻4号55頁（2004），6巻7号62頁（2004）。

ないのであり，そのことは留意しておく必要があると思われる。結局，信頼の原則は，他の交通関与者に対する信頼（ないし期待）から予見可能性を欠くことがあることを認識させ，そのような場合の予見可能性を否定することの説明概念として，まだ，意義を有しているということだと思われる。

7　信頼の原則に関する実務上の留意点

　現実の裁判実務においては，信頼の原則の適用といおうと予見可能性が否定されるといおうと，過失判断において，これまで多数の裁判において，事例判断が積み重なり，運転者の過失が否定されてきている。そして，ある程度の目安的な判断はできるようになってきている。もちろん，最高裁判例でも不当なものもあるし，高裁判例や下級審の裁判例の中でも不当なものも少なくない。立証上の問題やその他の理由から，検察官が控訴や上告をしなかったため確定したものも少なくないので，先例としての価値に疑問のあるものも多いのである。

　しかしながら，過去の無罪事例や過失を否定した判例は，少なくとも，そこに過失認定上の問題があることを示しているわけであり，かつ，裁判官が，これら過去の判例や裁判例も参考にしつつ判決を下したものであるから，検察官としては，可能な限り，過去の，信頼の原則を適用し，あるいは，予見可能性がないとして無罪にした事例を把握した上で過失判断を行うことが必要である。主任検察官はもとより，決裁官も同様である。また，日常的に比較的軽微な過失運転致死傷事件の捜査処理を行う検察官事務取扱検察事務官も同様である。

　しかし，その際，先例にとらわれて，無罪事例があるからという理由だけで類似の事例を不起訴にするというのは問題である。先例の事実関係を十分に把握した上で，手持ちの事件との事実関係上の違いを的確に判断した上で，主体的に過失の有無を判断して処理しなければならない。特に最近は，ドライブレコーダーや，防犯カメラ等のデジタル映像によって，事故状況がかなり正確に解明できることが増えている。従来の判例や裁判例は，事実認定にかなり不明

確な部分を残した上での，推論的な事実認定によって過失判断を行ったものがほとんどであると思われる。しかし，現在においては，これらの客観的な証拠によって，運転者の見通し状況や車両の速度もかなり正確に解明できるようになっている。裁判官が，事実認定に不明な部分を残した状況で被告人の過失を肯定するのには心理的な抵抗感があるため，消極的になる傾向があると思われるが，事故状況が明確になれば心理的な抵抗も減少すると思われるので，その意味からも，これまでの先例にとらわれた処理は行うべきではないと考える。

　軽微な事例についてまで，厳格に刑事責任を追及する必要はない（自動車の運転により人を死傷させる行為等の処罰に関する法律5条ただし書）が，他方，重大な結果を生じさせた事故に関しては，上記観点から，的確な捜査及び判断を行って，裁判所の判断を仰ぐべきと考える。

第3　過失の競合

1　過失競合論と直近過失論の対立

　事故を起こした被疑者に複数の注意義務違反があり，そのいずれかを遵守していれば事故を防げていたという場合に，そのいずれもが過失と捉えられるのか，1つの事故の直近の過失のみが過失として捉えられるのか，という問題がある。
　いわゆる過失競合論（過失併存説）と直近過失論（段階的過失論又は直近過失一個説）の対立である。
　過失競合論は，事故に原因を与えた過失が複数ある場合は，そのいずれもが過失と評価できるとする考え方であり，直近過失論は，過失は事故直近の過失のみを捉えるべきであり，それ以外の過失は情状事実にすぎないという考え方である。厳密にいうと，直近過失論は，事故という結果から，その原因となった落ち度を，因果の系列を遡って探求してゆき，その探求の過程で，最初に事故の原因と認められた落ち度，すなわち因果の系列上事故に直近の落ち度のみが過失であるという考えである（吉丸真「刑事交通事件の処理について」司研60号64頁（1977））。
　裁判実務は，過失競合論で運用されている。
　もっとも，直近過失論は，理論的に明晰であり，複数の注意義務違反があった場合に，過失をどう捉えるべきか判断する場合，分析の視点を与えてくれることから，極めて魅力的な考えである。しかしながら，何が直近の過失かは明瞭でないことがある。

2　過失競合論（過失併存説）が正当

　例えば，住宅密集地で，前方注視義務を怠り，道路横断中の被害者の発見が

遅れて事故を惹起したとき，被疑者が速度違反を犯していた（制限速度20キロメートルのところ時速30キロメートルで走行）としよう。この場合，被害者の発見可能地点を特定した上で，実際の速度時速30キロメートルで走行していた場合でも，その地点で制動措置を執っていれば事故が防げたような場合は，前方注視義務違反を過失と捉え，制動措置を執ったとしても事故は防げなかったが，もし制限速度を遵守していた場合には，事故が防げたという場合であれば，制限速度違反を過失と捉える，という考え方がある（若原正樹「進行中の事故」荒木友雄編『刑事訴訟実務大系第5巻交通事故』415頁（青林書院，1990））。

　しかし，この事例の場合，発見遅滞の過失は，時速30キロメートルで走行していて，発見すれば事故が防げたと考えられる地点（停止地点）まで発見しなかったという落ち度であるが，その地点ではまだ，時速30キロメートルで走行していたわけである。したがって，その地点で直ちに減速していれば（急制動を行えば），事故は防げていたわけであるので，その地点で減速しなかった過失も同時に存在することになるはずである。結局，前記のような考えは便宜的な整理にすぎず，直近過失論で過失が明確になるわけではない。

　また，大阪高判昭和60年4月10日高刑38巻1号90頁，判タ564号269頁は，夜間前照灯を下向きにして制限速度30キロメートルの道路を約40キロメートル超過する時速約70キロメートルで走行中，16.7メートル前方になって初めて横断中の歩行者を認めて急制動の措置を講じたが被害者に衝突させて死亡させたという事案において，前照灯の照射距離は約33.5メートルであり，時速約70キロメートルの停止距離が約40メートル前後であることから，前方注視義務違反（発見遅滞）は過失にはならないとの被告人の控訴趣意に対し，その理由に一理あるとしながらも，被告人が発見可能地点である前方約33.5メートルの地点に被害者を発見して直ちに急制動の措置を講じていれば，その間に生ずべき急激な減速及びその結果としての大幅な衝撃緩和を考慮すると，被害の結果は現実のそれより軽いものとなり，少なくとも被害者の死という最悪の事態を回避することができた蓋然性の存在は否定できないとして，制限速度違反のみならず，前方注視義務違反も過失となる旨判示したのである。回避可能性の蓋然性の判断についてはともかく，この判決は，1つの結果に対して，2つの注意義務違反が同時に競合して寄与する場合もあることを示す端的な例と

いえ，この点でも直近過失論は，貫徹しえないのである。

　また，直近過失論には，次のような問題がある。まず，なぜ，過失が1つでなければならないのかその理論的な根拠はないということである[55]。次に，どの過失が直近過失か不明な場合，証明不十分で無罪としなければならないであろうが，それは不都合ではないか。もし，その場合，いずれをも過失と認定するというのであれば，直近過失論の自己否定であろう。さらに，直近過失のみを過失と捉える場合，訴因が，事故の状況を的確に反映しない非常に分かりづらいものになってしまう場合があり得る。その場合，事情として，先行過失を記載すればよいということになるとしても，記載しなくてもよいのであるから，分かりづらい訴因がそのまま通用することになるわけである。最後に，訴因として掲げた過失が認められない場合は，訴因変更手続を経なければならないが，先行する過失も訴因の過失として提示している過失競合論（過失併存説）の立場からすれば，訴因変更手続を経なくて済むので，実務的にも便宜である。

　したがって，直近過失論は，採用し得ないと考える[56]。もっとも，分析的に考えて過失を明晰に判断する思考的枠組みを提示したという点で，直近過失論の功績はあったといえるのである。

---

55) 直近過失一個説の中には，過失犯の実行行為を故意犯と同様,「実質的で許されない危険」あるいは結果発生の「現実的危険」（ないし「直接の危険」）を有する行為と捉えることを前提とし，そのような危険を有している行為は，直近の過失行為であるとする見解がある（中野・刑事法55頁以下）。この見解では，例えば，前方注視義務違反と速度義務違反が競合した事故について，行為としては目的物に向けて高速で自動車を走らせたという1個の行為しかないので，そもそも過失競合の問題ではないとするのであるが，過失の個数の捉え方が異なっているので，ここでいう直近過失一個説に含めるのは相当でないと思われる。

56) 過失併存説が妥当であるといっても，結果と因果関係を有する過失の全てを，過失として掲示しなければならないわけではないことに留意する必要がある。なお，実務では，道路交通法違反を伴っている場合に，道路交通法違反（追越し禁止区域における追越し，一方通行路における逆走等）をも，前方不注視等の過失と併せて記載することが多い。これらを一概に不当ということはできないが，道路交通法違反は，直ちに，刑法上の過失とはならないことに留意する必要がある（19頁以下参照）。

第4　捜査実務上の留意点

1　捜査の目的

　過失運転致死傷事件の捜査の目的は，犯人が分かっていることを前提とすれば，事故状況を解明することである（もちろん，事故状況を解明することで，事故車が判明して，犯人が判明する場合もある）。そして，事故状況が解明できれば，過失の判断に関して，本章の第3までで述べた考え方によって，過失の有無を判断することになる。過失の有無の判断は，前記のとおり，難しい作業ではあるが，事故状況が解明されれば，その大部分は，判断が可能である。したがって，捜査としては，事故状況の解明が先決となる。

2　事故の痕跡の収集と現場の実況見分調書の重要性

　ところで，自動車事故は，車両同士の衝突であれ，車両と人の衝突であれ，あるいは衝突のない驚愕転倒事故であれ，物理現象である。したがって，物理法則（主に力学）によって，事故状況を解明することが可能である。そのためには，物理現象によって残った現場における痕跡を収集することが不可欠の作業となる。この場合「現場」というのは，事故現場の道路あるいはその付近だけでなく，事故車両に残され，あるいは印象された痕跡も含むし，被害者の身体や衣服に残され，あるいは印象された痕跡，負傷状況も含まれる。これらの客観証拠を漏れなく収集し，証拠化することが最初の作業になる。そして，物理法則から遡って，事故状況を再現することで，解明するのである。しかし，現場における上記痕跡等の収集が不十分な場合には，事故状況は解明できない。それゆえに，上記事故の痕跡を収集することが最も重要な捜査事項となるのである。これら事故の痕跡は，事故直後に収集しないと，すぐに散逸し劣化してしまう。後日収集しようとしてもできないことが多い。即ち，初動の十分さが

事故解析の死命を決すると言っても過言ではない。このことは、交通捜査を担う警察官に強く訴えておきたい。

もっとも、最近は、ドライブレコーダー、EDR（イベント・データ・レコーダー）、TAAMS（交通事故自動記録装置）、街頭やコンビニエンスストアなどに設置された防犯カメラの映像によって、事故状況が解明できる場合がかなり増えている。事故の状況そのものが撮影されている場合には、他の捜査が不要になるくらい決定的な証拠価値を有することもある。そうでなかったとしても、速度等の重要な事実が判明することもまれではない。したがって、このような防犯カメラの映像の有無を明らかにすることも、現在では、基本的かつ不可欠の捜査事項になっている。しかしながら、大多数の事故は、映像が残っていないので、上記の基本的な捜査が重要であるのはいうまでもない。

したがって、これら現場の痕跡等の見分、収集は重要であり、そのことを正確に記録した実況見分調書が重要になる。

しかしながら、実際の捜査においては、この基本的なことがなされていないことも少なくないのである。プロの捜査官としての矜持を忘れてはならないと思う。

この場合、現場に残っている痕跡を記録するのは当然であるが、中には、痕跡のないことを記載することが必要になる場合もある[57]。

3　被疑者及び被害者、目撃者の取調べ及び事故状況に関する実況見分

客観的な現場等における痕跡などの収集から、事故状況が明らかになった場合、被疑者の運転状況に関する供述やその際の認識、運転操作の動機等に関する供述がなくても、その他の証拠から、過失を認定できる場合も少なくはないが、それだけで事故状況を解明することは、ほとんどの場合不可能である。したがって、前記の現場の見分を前提として、被疑者、被害者及び目撃者の事故

---

57)　例えば、砂利道における轢過事故において引きずり痕（ズリ痕）がなかった場合には、被害者の倒れていた地点が衝突地点となるので、「引きずり痕なし」という見分結果の記載は重要である。この場合、写真があるから、大丈夫と考えることは危険である。捜査官の明確な判断を記録する意味は高い。その記載がなかったために、消極判決に至った事例として横浜地判平成20年3月10日公刊物未登載がある（控訴審は東京高判平成20年9月17日東高時報59巻1〜12号79頁、判タ1286号345頁）。

状況に関する現場における指示説明が必要になってくるのである。

(1) 実況見分

　　被疑者及び被害者あるいは事故の目撃者に対して，事故現場において，事故状況に関する指示説明を求めて，これを証拠として残すのが事故状況に関する実況見分である。事故直後の現場の痕跡等の客観的状況を見分官の五官の作用によって収集・証拠化した実況見分と一体のものとして作成する場合も多い。事故当事者に事故状況を指示説明させた部分は，基本的には供述証拠としての本質を有しているが，事故現場に即して，被疑者等が，事故の記憶に基づき，事故状況を説明したものであるので，その証拠価値は高いものがある。もっとも，そのためには，十分に記憶を喚起させた上で，指示した内容を正確に記録する必要がある。ただ，当事者の記憶といっても，どこまで正確に記憶しているか問題もある。心理的な動揺もあって，十分記憶を喚起できない場合もあろう。したがって，見分官は，これらの事情も十分考慮しながら，見分を実施すべきである。なお，当事者の記憶といっても，人や車の交通の物理的な挙動から不合理な指示説明は，記憶に正確なものでないと考えられるので，その旨指摘して，十分な記憶喚起を促すべきである。

　　近時，3Dレーザースキャナーという装置が開発され，交通事故の実況見分にも使われるようになってきた（愛知県警などで既に導入されている）。これは，対象物にレーザーを照射してその対象物の空間位置情報（距離と方向）を取得する[58]装置である。短時間に見分を行える上，見分の結果も正確であり，また，計測図に現場のデジタル写真を貼り付けることにより，現場の立体画像を再現することができる。さらに，アニメーション化して，事故状況を再現することも可能になる。

---

[58] 空間位置情報を取得する手法には，3つの方法がある。1は，三角法方式といわれるもので，ストライプレーザー光を対象物に交差させて照射し，その反射光をセンサーで取得し三角法を使って，対象物からスキャナーまでの距離を計測する方法，2は，飛行時間型（タイム・オブ・フライト方式）といわれるもので，レーザー光を照射してから対象物に反射してくるまでの時間を計測して距離を算出する方法，3は，位相差方式（フェイズシフト方式）といわれるもので，複数に変調させたレーザー光を照射し，対象物に当たって戻ってきた拡散反射成分の位相差により，対象物との距離を求める方法である（FARO Technologies Inc. ホームページ参照）。

今後は，その立体的なアニメーションを被疑者や被害者，目撃者に見せることによって，より事故状況についての記憶を喚起できる可能性があるので，事故状況に関する見分を行う際に，現場で説明を受けるだけでなく，アニメーションを見せて記憶喚起を行うことも考えられるであろう。

(2)　供述調書の作成
　事故前の運転状況や事故時の運転操作状況，事故状況，事故の原因等についての被疑者や被害者，目撃者等の記憶を供述の形で証拠化するのが供述調書である。
　供述調書の在り方に関しては，拙著「自動車事故の供述調書作成の実務―取調べの基本と応用―」（立花書房，2016）でも述べたことであるが，過失判断の前提となる事実関係を中心に録取していくことになる。前提事項である①運転車両，②心身の状況，③同乗者の有無，④積載物，⑤天候と天候に関する道路状況等を押さえるのは当然のこととして，事故状況に関する⑥運転目的と運転経路，運転時間，⑦道路状況と進行状況等，⑧被疑車両の走行速度，⑨他車両の有無及び走行速度，⑩事故状況（事故直前の事故に至る経緯から，事故に至るまでの状況）及び事故直後の状況，⑪被害者の受傷状況，⑫過失の有無及び内容に関する被疑者の認識を録取することになるが，過失判断に最も重要なものは，⑦ないし⑩の事項である。⑫も重要でないわけではないが，過失を否定されて無罪になった多くの判例や裁判例では，供述調書で過失を認めていたとしても，余り証拠価値を認められていないのが実情である。というのは，被疑者が過失を認めていたとしても，それが，評価にかかわるものであるため，具体的な事実関係の裏付けがない場合には，宙に浮いたものとなり，信用性が担保されていないからである。もっとも，事実の裏付けが十分になされていて，事故当時の具体的な供述が述べられた上で，具体的な過失の認識が述べられている場合にまで，裁判でその価値を認めないとすれば，それは行き過ぎである。
　取調べにおいては，事故状況を具体的に聴取することが何よりも重要なことであり，それを行っていれば，後は，過失を認める供述を得ていなくとも，おのずから過失の有無は明白である。したがって，取調官は，常に

このことを留意しておくべきである。それを怠り，過失の有無について，被疑者の取調べにおいて，押し問答を繰り返して，過失を認めさせるような取調べを行うことがあれば，論外である。

(3)　現場の重要性

　事故は，事故現場で起きている。記録の中の出来事ではない。現実の現場で起きた事実である。したがって，実況見分調書が幾ら正確に記載されていたとしても，現場の状況を完全に復元できているわけではないため，それだけで事故状況を正確に把握できるわけではない。現場の写真が写真撮影報告書に添付されていたとしても同様で，限界があることは認識しておくべきである。しかるに，被疑者はまさに現場で事故を起こしたのであるから，現場を知っている。そこが通り慣れた道なら尚更である。弁護人も，交通事故の事件を受任した場合，現場に赴くことは鉄則となっている。1人，検察官のみが現場に行かず，現場の状況を知らないで，記録のみで現場を把握して過失の有無を判断しているのが実情といってよい。もちろん，事件数が多いため，全ての現場に赴くことは不可能である。

　しかしながら，事故は現場で起きていること，書面上の記録だけでは，十全には事故状況を把握できないことを念頭に置き，事故状況に疑問のある事件や過失判断に問題のある事件に関しては，必ず現場に赴いて，自らの目で現場を見て把握し，事故状況を正確に把握するように努めるべきである。

(4)　現場の交通実態の把握

　なお，それに関連して，現場の交通実態の把握も重要である。夜間の事故の現場を，昼間見に行ったのでは価値は半減である。否，ほとんどないといってもよい。昼間の事故では昼間に，夜間の事故では夜間に現場に行くべきである。その中でも，できれば，同じ時間帯に行くのが望ましい。交通量や車両等の走行速度等の状況が分かり，事故時の状況をより正確に推認できるからである。

　事故当時の現場の交通実態の立証いかんによって，結論が明瞭に左右されたという事例は少ないものの，多くの判例分析を通じていえるのは，注

意義務を課す前提の事実として，交通実態に言及されていないものはほとんどないということである。それは，結局は過失判断に影響を与える事実といわざるを得ないので，この点の立証にも意を用いる必要がある。

4　交通鑑識等科学的捜査の重要性

　交通事故は物理的現象であり，事故状況が解明できれば過失判断は極めて容易になるので，科学捜査が最も必要となる事件である。人身交通事故において過失の有無が公判で争われるのは，事故状況をめぐってであることがほとんどであり，鑑識ないし鑑定が事件の帰趨を決する事例が多いのは，その証左である。したがって，従来から，交通鑑識及び交通事故工学の重要性は指摘されてきたのであるが，その重要性は，現在でも変わるところはない。むしろ，その重要性は，より増したというべきかもしれない。

　したがって，交通事故捜査を行う警察官や検察官は，この基本的認識を念頭に置いて，捜査を行うべきであり，日頃から，交通鑑識や交通事故工学の知識の修得に意を用いるべきである。検察官は，その知識が不足していることが多いので，交通鑑識の警察官[59]や科学捜査研究所の交通工学・物理科の技術吏員から必要な知識を補充し，あるいはアドバイスを得て補う必要がある。

5　警察と検察の連携

(1)　十分な連絡協調の必要性

　　警察と検察は，車の両輪であり，両者の連携が十分に行われて初めて，国民のための刑事司法が実現できる。このことは，当然のことなのである

---

[59]　現在，警察には，警察庁指定の広域技能指導官と各都道府県警察が指定する技能指導官が存在している。交通の分野においては，交通鑑識技能において極めて優れた警察官が指定されている。警察庁指定の広域技能指導官は，現在（平成30年5月時点），全国に16名（内訳　宮城県警1名，警視庁5名，神奈川県警1名，埼玉県警1名，千葉県警1名，新潟県警1名，京都府警1名，大阪府警2名，兵庫県警2名，福岡県警1名）しか存在していない。彼らは，本来所属している都道府県警察の交通鑑識の業務に加えて，各県警の依頼によって，都道府県警察の枠を超えて鑑識技術の指導やアドバイスを行っているが，検察官に対しても，有益な助言を行ってくれている。このような交通鑑識に長けた警察官が増加することを強く望みたい。

が，基本的に組織は別であり，警察官と検察官は，普段からフェイスツーフェイスの接触がなく，送致記録を通しての連絡関係であることから，それ以上の双方の意思疎通及び情報交換が乏しくなってしまいがちである。それでも，双方が意識して，直接会って意見交換を行ったり，緊密に電話連絡等を行って意思疎通を行えば，ある程度補え，それなりの連携もとれ，成果も上げ得るのであるが，それが十分に行われていないことが多いように思われる。

しかし，そのために，本来起訴されて刑事罰を受けなければならなかった者が罪を免れ，その陰で，被害者や遺族が苦しみに耐えてゆかねばならないとしたら，被害者等やひいては国民にとって，これほど不幸なことはない。また，双方の意思疎通がうまくゆかなかったために，逆に，本来過失がないにもかかわらず，結果が発生したというだけで，起訴され，公判の苦痛を受け続けなければならなかったとすれば，これも許されるものではない。警察官も検察官も，お互いに十分連絡協調を行うことが，国民から負託された責務であることを深く肝に銘じておくべきである。

(2) **検察官の在り方**

検察官は，公訴提起の可否を決し，公訴提起した事件の公訴維持（有罪の獲得）が職責である。公訴の提起に当たっては，公訴維持を目的とするため，微妙な事件においては，消極的な意見を持ってしまいがちである。しかし，それだけで不起訴にするのでは，国民が検察官に付託した職責を果たしたとはいえないことは当然である。可能な限り，捜査の手を尽くして，それでも，過失があると判断できないときに始めて，不起訴にするのである。

ただ，問題は，果たして捜査の手を尽くして，十分に情報を収集した上で，的確な判断をしているかどうかということである。検察官は，どの分野の事件も扱うのが通常で，交通分野に精通している者はまれであり，勢い交通に関する知識が乏しい者も少なくない。他方，交通事故捜査の警察官は，基本的にその分野に精通している者がほとんどであるし，交通鑑識の知識も基本的に備えている。死亡事故等の重大な事故では，本部の交通鑑識官が捜査に関与していることも多い。

したがって，検察官は謙虚に，自らの知識と経験だけで安易な処分をすることなく，交通警察官から，記録にあること以外の情報や証拠関係，交通分野の専門的な知識や情報，判断も十分に聴取した上で，最終的な判断を行う必要がある。

この点で，印象に残っている事件がある。それは，砂利敷きの駐車場で，駐車していた車両が発進した直後に，車両の直前にいた幼児を発見しないまま，轢過して死亡させたという自動車運転過失致死事件（現過失運転致死事件）である。被告人は車高の高い車両（オフロード車）に乗り込んで，すぐには発進せず，4分ほど経過した後に，車を発進させて被害幼児を轢過した。この事件では，被害幼児が衝突時にどこにいたか否かが争点となったのであるが，検察官は，被害者が倒れていた地点で轢過した旨主張していたところ，それが認定できないとされ，轢過地点が不明であるため被害幼児が車両直前にいた可能性が否定できず，結局，通常の周囲の安全確認を行ったとしても被害幼児を発見でき結果を回避できたとの立証がないとして，裁判所が無罪を言い渡したのである。

その大きな根拠は，現場における引きずり痕の有無についての判断であった。すなわち，事故直後の現場の実況見分調書は同意され，証拠採用されていたのであるが，同実況見分調書には被害幼児が倒れていた地点に引きずり痕についての記載はなされていなかった。検察官は，その記載がない以上，被害幼児は引きずられておらず，倒れていた場所で轢過されたものであると主張していたのであるが，裁判所は，同見分調書には，引きずり痕があったとの記載はないが，なかったとも記載はなく，警察官が地面の引きずり痕の有無を詳細に見分したかどうか不明であるとして，検察官の主張を排斥したのである。

この事件は，私が決裁官として着任する前に起訴された事件であったが，無罪判決が出た後，私は，今後の参考になる事案と考えて，送致署の本事件を担当した交通係長ら警察官を招いて検察官との合同の検討会を開催したのであった。同検討会において，同係長は，「砂利道における人の轢過事故において，引きずり痕の有無を明らかにするのは，交通警察官なら誰でもわきまえている捜査のイロハであり，必ずその点の見分は行う。本事

件もその見分を行った結果，引きずり痕がなかったため，実況見分調書には，引きずり痕を記載しなかったもので，記載をしていない以上，引きずり痕がなかったのは証拠上明らかである。見分警察官は，当然そのことを理解してもらえると考えて記載しなかったのである。もっとも，裁判官がこのような判断をすることがわかっていれば，引きずり痕がなかった旨記載しておけばよかった。その点は，反省すべきことである」旨説明した。

もし，検察官が，捜査警察官と意思疎通を十分に行っていて，警察官捜査の実態と見識をきちんと認識していたとすれば，見分警察官の証人請求を行うことになったはずであり，見分警察官の証言によって現場に引きずり痕のなかったことは立証でき，無罪判決を受けることはなかったであろう。無罪判決は残念でたまらない（判決後交通工学の鑑定を行って控訴したが，控訴審における証拠制限を根拠にあっさり棄却されて確定してしまった）。この事件では，起訴検察官が警察との意思疎通を極めて軽視し，問題点を的確に把握して公判検察官に引き継いでいなかったため，公判検察官も見分警察官の証人請求に思い至らなかったものであった。この事例だけでも，検察官が警察と意思疎通を十全に行うことの重要性は明らかと思われる。

検察官は，謙虚に，警察の意見にも耳を傾け，意思疎通を密にし，十分情報交換を行って，決して独善に陥ることのないようにして，事件処理を遂げなければならないと考える。

(3) 交通警察官の在り方

他方で，多くの警察官は，公判を知らない。捜査の目的は，公判に耐える証拠の収集とその証拠化である。公判に耐えるというのは，その証拠を裁判官（及び裁判員）に理解し，納得し，信用してもらう，ということである。公判に至って初めて警察捜査の真価が問われるのである。送致して警察官の役目が終わるわけでは決してない。もっとも，プロ意識の高い警察官や否認公判の支援業務を行っている本部交通総務課及び交通捜査課の警察官，法廷に証人として出廷することの多い交通鑑識の警察官には，公判を見据えた捜査を常に意識した綿密な捜査を行う者が多く，中には下手な検察官よりも優れた警察官も少なくない。しかし，全体としてみれば，その数は

少ないので，警察官には，常に公判（裁判官や裁判員）を意識した捜査を行ってほしいと考える。そして，公判の推移も気にかけていてほしいものである。

(4) 検・警の連携・協調が十分であれば怖いものなし

私は，勤務地で，警察官を交えた事例検討会を実施しているが，それは，1つには，前記のとおり，警察官の持っている知識，情報を吸収するとともに，警察官に公判維持を目指している検察官の問題意識や公判活動の実態や裁判官の思考等を伝える等して，公判に対する意識を高めてもらいたいからである。あるいは，勉強会というような企画でなくとも，日常的に判決が出た後，検察官が個別に，公判の経緯を送致署の担当者に伝えてフィードバックすることもあってよいと思われる。警察の組織力と捜査能力，検察官の証拠判断能力，捜査・公判遂行能力が，両者の緊密な連携の下で十二分に発揮されれば，取調べの可視化等，捜査を取り巻く環境が厳しさを増したとしても，何ら怖いものはないと信じている。

6 交通事故鑑定

(1) 交通事故鑑定の意義

先に，4で交通鑑識等科学的知識及び捜査の重要性を指摘した。そこで述べたように，実際の事件で過失の有無の帰趨を決めるのは交通事故鑑定であることが多い。そこで，交通事故鑑定について，特に述べることとする。

鑑定とは，「特別の知識経験に属する法則またはその法則を具体的事実に適用して得た判断の報告」をいうが，交通事故鑑定においても，この定義に当てはまるものは全て鑑定に当たる。すなわち，交通鑑識官が行う鑑識活動によって得られた知見も，それが「特別の知識経験に属する法則」によって得られた「具体的事実に関する判断」であれば，鑑定（実質的意味における）である。交通鑑識の結果は，全てがそれに当たるとは言えないであろうが（例えば，車両等の破片の存在や車両同士や車両と人との突合せで，誰にでも明白に判断可能なもの），誰にでも明白には判断できないもの（例えば，車の挙動等について特別の経験や知識に基づかなければ判断できない事

故状況の解析等）についての判断は，鑑定である。

(2) 鑑定人選別の重要性

ア　交通事故が発生すると警察官が鑑識活動を行うが，簡単に事故状況の判断ができる場合は，事故当事者の実況見分を行うだけで済む（事故当事者の取調べと供述調書作成も行われる）。しかし，事故状況の判断が難しい場合は，更に鑑定を行うことになる。その場合，鑑識能力の優れた鑑識官が速度鑑定を行うこともあるが，多くは，各都道府県警察に置かれている科学捜査研究所（通称「科捜研」）の物理科の技官が鑑定を行う。ときには，警察庁の付属機関である科学警察研究所（通称「科警研」）の研究職員が鑑定を行うこともあるが，稀である[60]。

イ　科学捜査研究所の技官による鑑定

多くの交通事故状況の判断に問題のある事件においては，警察において科捜研の技官に鑑定を依頼している。ただ，彼らも，交通事故の現場鑑識の経験が交通鑑識官ほど多くはないため，場数を踏んだ交通鑑識官にとっては自明のことも判断の基礎に入れないこともあり，踏み込みの少ない不完全な鑑定結果にとどまることも少なくないようである。

科捜研の技官が鑑定できない場合は，科警研の研究職員のほか，交通鑑定に優れた鑑定人に鑑定を依頼することになる。

ウ　その他の鑑定人

交通事故の鑑定人として捜査及び公判段階で立ち現れる者には，大学等の研究者，一般社団法人日本自動車研究所（Japan Automobile Research Institute　通称JARI）の研究者及びその勤務経験者などが代表的な者であるが，被告人側が依頼する鑑定人の中には，物理の知識があるだけで自称交通鑑定人として交通事故鑑定を行って鑑定書を裁判に提

---

60) なお，科警研の研究職員は，国家公務員試験1種試験合格者から採用されるものであり，それなりに優秀な人材を集めているが，博士論文を作成し，研究者としてのキャリアアップを目指す意識が強く，そのためか交通事故事件の解明に必要な鑑定を行うことに必ずしも積極的ではないという評価を，現場の警察官から聞くことがある。多数に上る交通事故の鑑定を一々引き受けてはいられないというのは当然であるが，可能な限りその優秀な能力を現場のために活用していただきたいものである。

出する者もいる。

エ　現在の交通事故鑑定で問題なのは，(民事，刑事を問わず) 最後に述べたような質の悪い鑑定人が無責任な鑑定書を提出し，裁判を混乱に陥らせていることである。もっとも，かつて信頼できる鑑定を行っていた者が，所属していた組織を離れるや鑑定料収入を得るために客観的な立場を離れ，依頼者に都合のよい鑑定書を作成するケースも少なくない。したがって，鑑定人の人選は慎重に行うべきである。この点は，検察あるいは裁判所において，広く交通事故事件における交通鑑定人の鑑定情報を収集し，依頼する際の参考にし，誤った鑑定によって判決に過誤が生じないような手立てを講じる必要があるように思う。

　もっとも，現実の鑑定の信用性は，必ずしも鑑定人の信用性そのものではないことは留意しておく必要がある。鑑定ミスは誰にでも起き得ることだからである。したがって，鑑定の信頼性に関しては，盲目の信頼を抱いて (逆に盲目の不信を抱いて) 判断するのではなく，物理法則等の科学法則及び合理性の観点から冷静に判断しなければならない。

(3)　自動車工学の進歩のフォローの重要性

　ところで，現在は，自動運転車 (実験車段階であるが) が公道を走るほど自動車工学の進歩は華々しい。自動運転はデジタル技術の粋であるAI (Artificial Intelligence) の搭載によって可能となったものである。AIが活用される分野以外でも自動車工学技術は常に進歩し，自動車の進化は著しい。したがって，交通事故鑑定を行う鑑定人は，最新の自動車工学の知識を有していることが必要である。これまで鑑定人として実績を積んだ者であったとしても，その基礎となる知識が古いままであった場合，最新の技術で製造された車両による事故を鑑定する際に誤った鑑定を行ってしまう危険性があるので，この点は鑑定人を選択する際に留意しておかなければならない[61]。

(4)　文系捜査官の無知の弊害

　警察官も検察官もそのほとんどは文系の人間であって，例えば速度鑑定

で必要となる力学の知識も有していない。この点は、裁判官も同様である[62]。したがって、鑑定人の鑑定が間違っていると、その問題に気付くことなく誤った判断をしてしまうおそれがある。これに、依頼者の意向を受けて客観的な物理法則を無視し、捻じ曲げ、あるいは恣意的に適用する鑑定人の鑑定が出された場合は、審理を混乱させ、裁判も長期化してしまう。

精神鑑定の場合は、精神科医という資格によって選別されるためそれなりに質は保たれているが、交通事故鑑定はそうではない。私的鑑定も多数に上っているところ、その鑑定人の資格を制限することはできないであろうが、このような問題があることは認識しておくべきである。したがって、杜撰な鑑定のために本来責任を負うべき者が責任を逃れ、また責任を負うべきでないものが責任を負うことがあってはならず、そのためにも、警察官や検察官は（もちろん裁判官も）基本的な力学の知識を習得しておくべきである。特に交通事故鑑定で最もポピュラーで中心となる速度鑑定の場合、基本的には高校物理（力学）の知識で十分であり、その知識の習得は難しくはないので、個人的に勉強することで習得可能であるが、組織的に研修を行うことも考えるべきであろう。

61) 筆者は、自動車専用道路で、トレーラをけん引したトラクタが、前方不注意によって道路工事中の工事車に気付くのが遅れ、これに衝突させて2人の作業員を死亡させたという過失運転致死傷事件で、トラクタの運転者が制動をかけた地点（発見地点を推認するのに必要になる）が問題となった事件を担当したことがある。裁判中に鑑定人が採用されて鑑定を行い、鑑定人尋問も行った。現場には、トラクタ前輪のシングルタイヤのタイヤ痕と左右等間隔に印象されたダブルタイヤのタイヤ痕が残されていたところ、鑑定人は、上記スリップ痕を、ABS装置（176頁注84）参照）の作動によるものと判断した。これに対して、同トラクタのメーカーの技術者は、これはABS装置によるトラクタの後輪のダブルタイヤのタイヤ痕ではなくトレーラのダブルタイヤによるタイヤ痕であると判断した。鑑定人の上記判断の根拠は、トラクタ等の大型貨物自動車のABS装置は性能がよくないため十分には作動せずスリップ痕を印象させるものとの見込みが前提にあり、したがって、同スリップ痕を同装置の作動によって生じたものと鑑定したのであるが、上記メーカーの技術者は、現在トラクタのABS装置は極めて進歩していて、ABS装置による制動痕はほとんど印象されないこと、それは製造段階の実験でも確認されたことである旨証言した上、上記タイヤ痕は、トレーラが制動をかけられたことによって、ジャンプしたために生じたものであると証言したのである。両者の上記判断の違いは事件の帰趨を決するものでは必ずしもなかったが、筆者には本件鑑定人が30年以上前に日本自動車研究所を退職した人物であったため、最新の自動車の装置の進歩に関する知識が伴っていなかったことで、上記判断に至ったものと推察された。

62) 自動車の衝突は力学で説明が可能な物理現象であるにもかかわらず、それに基づいて交通事故解析を行った鑑定を、力学的に説明も付かない理屈で排斥した千葉地判平成25年7月27日公刊物未搭載参照（本書627頁注138）で引用したもの）。

第2章 各 論

はじめに

　本書の各論は，事故態様別に過失運転致死傷罪（業務上過失致死傷罪も含む）の過失の認定上の留意事項を述べてゆくものであるが，総論で述べたとおり道路交通法上の義務と過失運転致死傷罪における注意義務は本来別個のものであるので，それぞれの態様別に，道路交通法上どのような規制がなされ，義務が課せられているかを説明し，これと明確に区別しつつ，過失運転致死傷罪上どのような注意義務違反が過失となるかを説明することにした。両者は本来別のものであるところ，実務上混淆ないし同一視した状態で扱われていることに常に違和感を感じていたものであるが，このように截然と区別することによって，理論上も思考上もすっきり明確にできると考えたためでもある。その後で，実務における実際の処理例（無罪になった等問題のあったものを除く），捜査上の留意点，判例を掲げて執務の参考に供することにした。
　本書は，道路交通法の解説書ではないが，上記のとおり，道路交通法上の義務と過失運転致死傷罪における注意義務を区別するため，過失運転致死傷罪における過失の判断を行うに当たり，（信頼の原則についての判例の理解のためにも）道路交通法の理解は不可欠と考えられたことから，同法を比較的詳細に説明したものであり，同法の理解のためにも参考にしていただければと思っている。

第1　発車前の車体検査等の義務

1　道路運送車両法及び道路交通法における車両等の安全確保義務

(1)　道路運送車両法上の義務

　ア　自動車は乗り物としてその本来の用途に使用する場合，基本的に危険な機械であるから，的確な運転操作を行って安全に使用するための前提として，構造，装置そのものが技術的に安全なものであると同時に，機能的にも安全なものでなければならない。

　そのため，道路運送車両法は，第1に，道路運送車両の構造及び装置についての保安基準を設け，運輸省令で定める保安基準（「道路運送車両の保安基準」（昭和26年国土交通省令第67号））に適合するものでなければ運行の用に供してはならないとしている（自動車につき同法40条，41条，原動機付自転車につき44条，軽車両につき45条）[63]。

　第2に，上記の保安基準で確保された機能を常に維持している必要があることから，第一義的には，車両の使用者による点検と整備に期待し，使用者に対して点検整備の義務（同法47条），走行距離等の状況等から判断される適切な時期に点検を行う等の日常点検整備の義務（同法47条の2）及び定期点検整備義務（同法48条）を課した（罰則はない。自主的整備の原則。点検基準については，「自動車点検基準」（昭和26年運輸省告示第70号）が定められている）。

　そして，第3に，この自主的整備によって自動車の機能の正常さが確保されているか否かを，後見的に国が確認する制度として，車両検査制度を設け（同法第5章），この検査を受け，有効な自動車検査証の交付を

---

[63]　道路運送車両の運行に伴って発生する公害の防止のための基準も含まれているが，この点は，説明を省略する。なお，保安基準は，さらに，道路運送車両の保安基準の細則を定める告示（平成14年国土交通省告示第619号）によって詳細に定められている。

受けているものでなければ，運行の用に供してはならない（同法58条1項）として，自動車の安全性を確保することにした。

イ　罰　則

　道路運送車両法は，保安基準に適合していない自動車を運行の用に供した場合の罰則規定は設けていないが，①自動車の検査を受けないで運行の用に供した場合，及び②車検証の交付を受けている自動車等について，自動車又はその部分の改造，装置の取付け又は取り外し，その他これに類する行為で，保安基準に適合しないことになる行為をした場合を，それぞれ処罰することとしている（同法108条1号，58条1項，99条の2。6月以下の懲役又は30万円以下の罰金）。

ウ　点検・整備制度，車検制度及びその際に行われる整備によって，車両の整備不良が回復，改善され，整備不良車による交通事故の件数は必然的に減ることになる。警察の統計によると，事故原因が整備不良によるものは，下記表のとおりである。

年	18	19	20	21	22	23	24	25	26	27	28	29
件数	140	138	111	102	95	85	80	64	66	55	64	60

　＊　警察庁交通局「平成29年中の交通事故の発生状況」（平成30年2月15日）による。

　原動機付自転車以上の人身交通事故の総件数が，平成25年で，約60万件であるので，その割合は，0.01パーセントと極めて僅かである。

　事故に直結するような装置の不良とは，タイヤの不良，制動装置の不良，フロントガラス等の不良，車輪の不良，ハンドル等かじ取り装置の不良，灯火の不良が代表的なものである。また，整備不良による死亡事故に関しては貨物自動車なかんずく中型・大型貨物自動車の事故が多いようである（（財）交通事故総合分析センター「交通事故データからみた自動車の点検整備に関する調査分析報告書（平成19年度）」参照）。

(2) 道路交通法上の義務

　自動車の装置が保安基準に適合しないため交通の危険を生じさせ，又は他人に迷惑を及ぼすおそれのある車両等を運転し，又は運転させた場合は，道路交通法（法62条，119条1項5号，同条2項，軽車両につき120条1項8号の2，同条2項，123条）によって処罰される。

　「装置が保安基準に適合しない」とは，装置がその正常な機能を発揮し得る状態に保たれていないことをいう。装置には，法規によって強制的に設置が義務付けられているもの（強制装置）と備えることができることとされているもの（任意装置）があるが，強制装置のことを意味する（最判昭和37年6月14日刑集16巻7号1245頁）。

　「交通の危険を生じさせるおそれがある」とは，車両等の装置がないか，装置はあるが調整されていない等の状況にある車両等を運転することにより，交通の抽象的危険が予想される場合をいい，具体的危険の発生は必要ないとされている（道交法事典・(上) 684頁等）。

2　過失運転致死傷罪（業務上過失致死傷罪も含む）における注意義務

(1) 基本的視点

　車両の運転者は，車両等の運転中に，整備不良により車両等の安全性を欠くことによって人を死傷させることがないよう，常に車両の点検整備を行い，安全性を確保しておく義務がある。この義務を怠って安全性を欠いた自動車を運転し，その安全性の欠如が原因となる事故を惹起し人を死傷させた場合は，安全性の欠如した自動車は運転することを避けるべきであるから，安全性を欠いていることについての認識可能性がある以上，過失運転致死傷罪が成立する[64]。

　また，点検整備をしていたとしても，実際に運転を開始した際，あるい

---

64) 運転する者と点検・整備する者が異なっている場合に，点検・整備の責任を有する者がその義務を怠って運転者に運転させて，その点検・整備を怠ったことが原因で運転者が不備を発見できず，その不備が原因で事故が惹起された場合には，点検整備の責任を有する者に，業務上過失致死傷罪が成立する。

は運転中に，車両等の装置に異常を来し，それを認識した場合には，運転を中止する義務がある。にもかかわらず運転を継続して装置の異常を直接の原因とする事故を惹起して人を死傷させた場合には，過失運転致死傷罪が成立する。

　なお，上記いずれの場合においても，運転を継続する場合には，その装置の不具合に応じて，事故を防ぐことが可能なように，速度を落とし，あるいは停止したり，前方左右の注視を十分に行って的確にハンドル操作を行う等の措置に出ることが必要になるところ，この注意義務を怠って事故を惹起して人を死傷させた場合には，同注意義務違反を過失とする過失運転致死傷罪が成立する。これに加えて，点検整備の義務を有する者による点検整備義務違反による業務上過失致死傷罪や運転者による運転避止義務ないし運転中止義務違反による過失運転致死傷罪が成立するか否かに関しては，因果関係を欠くとして否定される場合が多いと思われる。

(2) 整備不良による事故の予見可能性

　整備不良による装置の機能の不良は，プロのドライバーや車両の整備業者は別として，一般の運転者の場合は，それに気付かなかったり，気付いていたとしても，それがどの装置の不良なのか，その状態で運転を継続することが可能なのか，不良状態が更に悪化してコントロールが不能になるのかどうか，装置の不良のために車両の走行にどのような異常を来すのか，そのためにどのような対処を行えばよいのか等を理解できないこともあると考えられる。すなわち，予見可能性の問題である。過失運転致死傷罪が成立するためには，結果の予見可能性がなければならないからである。しかしながら，車両等を運転する者は，自らの便宜，利益のために自らの意思で車両等を運転し乗り出すものであり，整備不良による事故は，運転者がそれを運転して乗り出さないことで容易に防げるものであること，日常的に車両の機能の点検を行うべきであり，乗り出す際にも各装置の機能を確認し，不具合があれば，原因を確認して整備すればよく，それは容易であること（自らが乗ろうとしている車両であるから，乗ることを止めて点検整備すればよいだけである）等を考えれば，運転する者の責任は重大であり，

機能の不良に気付いているか，気付いていないとしても機能の不良に気付き得る事情があった場合には，上記いずれの場合であっても，結果に対する予見可能性は認められるというべきである。このことは，仮に運転者が日曜ドライバーで，自動車のメカニックに詳しくなかったとしても同じと考えられる。

例えば，一定の期間点検も整備もせず，あるいは無車検の車両を運転したり，ブレーキやタイヤ及び車輪，ハンドル等，車両の速度やコントロールに関係する装置に異常を感じたりした場合には，どの装置が異常であり，その異常が運転操作に具体的にどのような影響を与えるのかまで認識できなくとも，運転によってコントロールができなくなる可能性は認識しているといえるので，そのため，事故を避け得ず人を死傷させる可能性も認識可能と考えられるからである。

もっとも，どの程度の点検をなすべきかに関しては，後掲札幌高判昭和41年9月10日高刑19巻5号592頁）（126頁）は，「道路運送車両法47条に基づき，『自動車を運行する者』に対し『1日1回，その運行を開始する前において』要求される仕業点検についての技術上の基準が一応の参考となり，少なくともこれを上廻る義務を課すことは自動車運転者に対し，余りに多くを望むものと言わざるを得ない」としているのが参考になろう[65]。

上記点検を行って異常がなく，運転開始直後にも装置に何の異常も感じなかったものの，運転中突然ハンドルやブレーキが故障したような場合には，予見可能性がない場合が多いであろう。しかし，運転の途中から装置に異常の兆候があってそれを認識していた場合には，予見可能性が認められよう。また，装置に異常の兆候がなくとも，運転開始前に上記点検を行っていれば装置の異常を発見できたという場合にも，過失は認められるであろう（前者は，運転中止義務等の過失，後者は運転開始前の運転避止義務違反，

---

[65] 平成19年の道路運送車両法の改正により，運転前の点検義務は，自動車運送事業の用に供する自動車，車両総重量8トン以上の自動車，有償旅客運送のように供する自動車等を除いて免除され，走行距離，運行時の状況等から判断した適切な時期に，目視等により点検しなければならないこととされた（同法47条，同条の2）が，点検の程度に関しては，やはり「自動車点検基準」（昭和26年運輸省令第70号）が目安になるであろう。

後述の「第17　故障車運転時の注意義務」567頁参照）。

(3)　構造上の欠陥があった場合

　車両に構造上の欠陥があり，これが原因で事故が惹起され人が死傷した場合には，メーカーの責任者に，業務上過失致死傷罪が成立することになる。販売した自動車に構造的な欠陥があることを認識し，あるいは認識し得たのに，これを回収して修理せず放置し，同構造的な欠陥が原因となって死傷事故が発生した場合も同様である（後掲判例⑨「三菱自動車欠陥トラクタによる横浜母子3人死傷事件」125頁参照）。

3　実務例

① 　発進に先立って自ら自動車制動装置各部などを点検してその異常がないことを確かめるなどの自動車運転上の注意義務があるのにこれを怠り，当時，マスターシリンダーに取り付けてあったゴム管に亀裂を生じ，そこからオイルが漏れてフットブレーキが効かなくなっているのに気付かず，同制動装置に異常がないものと軽信して漫然時速約20キロメートルで発進した過失。

② 　自動車右前車輪ステアリングロッドの皿押えバネ止めナットの安全ピンがなくなっているのに気付いていたのに，発車に際し自ら自動車の走行装置，操舵装置各部を点検して整備し，危険の発生を未然に防止すべき自動車運転上の注意義務があるのにこれを怠り，単に助手に右取付けを指示したのに自らその取付けの有無を確かめず，右助手が指示どおり取付けをしたものと軽信して漫然発進した過失。

③ 　発進に先立ってステアリングナットなどの各部を点検してその異常のないことを確かめてから発進するなど事故の発生を未然に防止すべき自動車運転上の注意義務があるのにこれを怠り，方向転換に必要なステアリングロッドをステアリングアームに接続するために設けられたステアリングナットの離脱することを防ぐために施してある留針が損壊腐蝕などの故障により，運転中にステアリングナットが離脱するおそれがあるかどうか

ついて十分検査することなく発進した過失。

④　発進に先立ってハンドル，ブレーキなど車体各部を点検して，その異常のないことを確かめ，異常を発見したときは修理をしてその機能を回復したのち発車するなど危険の発生を未然に防止すべき自動車運転上の注意義務があるのにこれを怠り，右自動車はハンドルの遊びが大きく，とっさの場合，容易かつ確実な操作ができなかったのにかかわらず，それに気付かないで発進した過失。

⑤　発車に先だってドアのロックなど車体各部を点検して異常のないことを確認するなど危険の発生を未然に防止すべき自動車運転上の注意義務があるのにこれを怠り，前夜何者かによって後部座席右ドアのロックが壊されているのに気付かず発車し，時速約30キロメートルで進行した過失。

⑥　被告人は，○○に本店を置き，一般貨物自動車運送事業等を目的とする○○会社の従業員として大型貨物自動車の運行等の業務に従事していたものであるが，○○頃，○○所在の同社○○営業所から同社の業務用車両である大型貨物自動車の運行を開始するに当たり，道路運送車両法及び自動車点検基準に関する国土交通省令所定の日常点検基準に従い，目視，触診及び点検ハンマー等により車軸のホイールハブに車輪のディスクホイールを取り付けるホイールナットの締付けの緩みの有無等の日常点検を実施していなかったため，その装置が同法所定の同保安基準に適合していない可能性があったのであるから，同車両の運転は厳に差し控えるべき自動車運転上の注意義務があるのにこれを怠り，同車後前軸左輪ダブルタイヤのディスクホイールを車軸のホイールハブに取り付けているホイールナットの締付けが緩んだままである同車を漫然発進させた過失。

4　捜査上の留意事項

①　事故状況の解明
　　事故状況の解明は，当該事故が装置の故障等が原因であることをあぶりだすものであるので，その意味でも，極めて重要である。

②　車両等の装置の故障の有無，故障の部位，故障の時期，故障の原因

まず，車両の装置にどのような故障ないし不具合があったかを確定することが重要である。これは，車両の見分によって明らかになる。鑑定が必要になる場合もある。自動車整備業者や自動車メーカーの協力が必要になる場合もあろう。もちろん，その前提として，故障や不具合が原因で事故であると的確に見抜くことが重要である。そして，その可能性があると考えられた場合には，車両を押収し，保存しておくことが不可欠である。安易に，運転操作のミスと断定して，車両を被疑者に反して，その後の検証や鑑定を不可能にすることのないように留意しなければならない。

そして，故障等がいつ生じたのかを確定しなければならない。装置の故障ないし不具合と操縦の不自由さは関連しているので，運転状況とも照らし合わせて，確定する必要がある。もちろん，運転者の供述だけでなく，車両等の客観的な走行状況や軌跡とも照らし併せて確定する必要がある。

走行中に故障ないし不具合が生じた場合は，何らかの異変（何かに乗り上げた等外部的な事情や無理な運転操作等）が事前にあった可能性もあるので，被疑者（運転者）の供述とも照らし合わせて，故障の生じた時期や原因を確定することも重要である。

③ 故障に気付いた時期・地点，故障の前兆の有無，前兆を認識した時期・地点，その後の運転状況

その後の運転の不適切が事故の直接的な原因であることもあるので，この点も留意して詳細に聴取する。

④ 事故が故障だけによって生じるとは限らず，運転操作の不適切さが競合して事故に至る場合もあり得るので，運転操作の不適切さ，その前提としてどのように運転操作を行うのが事故を防ぐに当たって適切だったのかの解明

⑤ 運転開始前における点検，整備の有無，その状況，車検時の車両の整備状況等の解明

⑥ 事故後の車両の修理状況，修理の際の車両の状況

⑦ 構造上の欠陥の有無

欠陥車の問題は，昭和44年の春から夏にかけて大きな社会問題になり，これを契機に同年6月リコール制度が始まった（同年9月に運輸省令で制度

化，平成6年7月に道路運送車両法上の法律上も制度として確立した（同法63条の2以下））。したがって，その後は，自動車の構造上の欠陥により人が死傷したという事例は少ないが，ないわけではない。最近では，三菱自動車によるリコール隠しが発生し，現実に車両の構造的な欠陥により死傷事故が発生したのは記憶に新しいところであるから，欠陥車であるとの弁解が出た場合に，それがなかったと決めつけることはできない。したがって，構造上の欠陥の有無についても捜査しなければならない。その場合は，メーカーの協力を得る必要もあるであろうし，専門家による鑑定が必要になる場合もあろう。同車種の事故統計も欠陥の有無の判断に役立つであろう。リコール歴の裏付けも必要である。メーカーの協力は得られれば良いが，利害が対立しているためメーカーの判断を鵜呑みにはできない点は踏まえておくべきである（後掲判例⑨「三菱自動車欠陥トラクタによる横浜母子3人死傷事件」125頁参照）。

　構造上の欠陥で事故が惹起された場合には，構造上の欠陥の生じた原因，その責任者の特定等かなり大がかりな捜査が必要になるが，捜査態勢，捜査方針等を入念に計画した上で，毅然として遂行する必要がある。

　なお，構造上の欠陥の原因としては主に次の3つに分類されよう。

　ア　設計上のミス
　イ　設計上のミスはないが，部品製作過程において設計どおり製作しなかったか，設計どおりの材料を使って製作しなかったミス
　ウ　設計，部品製作過程にミスはないが，組立て又は調整の過程において生じたミス

5　判　例

(1) 積極判例
　① 大判昭和6年4月8日新聞3318号15頁
　　　定期運転の期間を超えて，さらに長距離に運転する場合には，その際，改めて車体点検の義務がある。

② 大判昭和8年6月2日刑集12巻642頁

　車体などの点検の結果，機械装置などに故障の箇所を発見したときは，修理した後に運転すべきである。

③ 名古屋高金沢支判昭和27年2月4日判特30号70頁

　被告人運転車両が走行中，右前輪のスプリングが突如として折損し，これがため，左前輪が約10度，右前車輪が約8度内外の角度をもって，針路をやや左斜め前方に転ずるに至ったとの認定し得るところ，およそ運転者たる者は，自己の操縦する自動車進路について常に周到なる注意を払い，もし自動二輪車が自己の予期しない方向に進行するようなことがあれば，直ちにハンドルを把って進路を修正すべきであることはもちろん，ハンドルの操縦が意の如くならないときは，直ちに急停車の措置を執り，もって事故の発生を未然に防止すべき業務上の注意義務を負担していることはいうまでもない。

④ 福岡高判昭和30年12月28日高刑特2巻追録1355頁

　橋に差し掛かる手前約42メートルの地点で，突然荷台後部の下部辺りに金属性の異常音を聞いて，エンジンから後部車輪に動力を伝導する装置部分の故障を直感し，かつ，フットブレーキの操作だけでは必ずしもこれ（加速の停止）を期待できなかったのであるから，直ちに急停車するか，あるいは少なくとも右折する直前に一応停車して故障の箇所を点検整備し，災害を未然に防止すべき業務上の注意義務がある。

⑤ 東京地判昭和37年1月12日判時287号34頁

　右自動車は運転当初よりハンドルの遊びが大きく，とっさの場合，容易かつ確実な操作ができないことを知っていたのであるから，このような場合，自動車運転者としては，ハンドルの遊びを修理し機能の回復を待って運転するか，又は運転にさいしては速度を極度に減じ，危急の場合直ちに急停車して事故の発生を未然に防止すべき業務上の注意義務がある。

⑥ 東京高判昭和44年12月9日高検速報1778号

　本件車両のブレーキ関係における整備状況とブレーキの故障に関して所論の如く会社内における車両整備工場の係員側にも手落ちのあったこ

とは本件記録上認めざるを得ないが、被告人が右車両の専属運転手となって以来ブレーキ関係における整備上の欠陥を薄々感じておりながら十分徹底した車体検査を工場の整備係員らに対して特に要求することなくブレーキオイルに異常な減少があったにかかわらず黙って自らこれを補給し、ブレーキを一度に2回以上踏む等姑息な方法で漫然車両の運転に従事していたこと及び被告人が右運転に従事していた当時において会社は他に予備トラックを所有しており、被告人の本件車両についての徹底的検査ないし予備車使用の要求を拒み、整備不良の車両を敢えて使用させたというが如き特段の事情が存したとは認められず、むしろ始業前の車両の整備点検は当該運転手の責任であり、運転手の申出を俟って整備係員が整備する建前であったことが明らかであるから、たとい被告人が右車両のブレーキ系統内部における故障を具体的に察知し得なかったにせよ、少なくとも同人として右車両の制動効果の不良なること及びブレーキオイルに異常な減少のあることを自覚しながら、本件事故当日仕業点検をしないでこれを運転し、かつ本件事故発生直前における車両の運転上の措置につき前記の如き注意義務（整備不良の点を十分考慮に入れて横断歩道の手前で確実に停止できるようにあらかじめ最徐行の措置を執って歩行者との衝突等の事故を防止すべき義務）の懈怠があった（漫然と時速40キロメートルで進行し、歩行中の園児らに約14メートルに接近して初めて急制動しようとしてブレーキの効果なく園児らの集団に突入した）ものと認められる以上、過失責任を免れることはできない。

⑦　前橋地判昭和50年1月31日刑月7巻1号60頁

約1か月前から中古車展示場に置かれ、十分な整備もされなかった普通乗用自動車の右後輪だけをスペアータイヤに交換して運転中、先行車を追い越すために加速した際、同タイヤがパンクして自車を滑走させ、対向してきた原動機付自転車と衝突した事故につき、一般に現在販売される自動車は、現在の激しい交通情勢において、ある程度の高速でハンドルを切らなければならない突発的現象にも対処できる構造と機能を持っているはずであり、判示事実のような道路及び交通状況の下に、判示のような運転をしたとしても、タイヤがパンクすることまでは予測で

きないものというべきである。しかしながら，本件自動車がいわゆる下取りされたもので，約1か月前から中古車展示場に置かれていたもので，車の整備はなされておらず，仕業点検の際に，右後輪の空気圧が少なかったので，スペアータイヤと交換しているのでありこの時点で左後輪も若干空気圧が少なかったことも当然予想できたはずであるから，競争中の車がなすようないわゆるサードギアにして追い越し，急に左にハンドルを切り，さらに右カーブを回ろうとするような左後輪に強い圧力のかかる運転をすればパンクもあり得るかもしれないことを予見可能であったというべきである。そして左後輪がパンクすれば，対向車との衝突が起こり得ることは当然予見し得るところであり，本件自動車を用いて判示のような状況の下における追越しは回避すべき注意義務が存在した。

⑧ **東京高判昭和 51 年 5 月 27 日高検速報 2165 号**

　大型貨物自動車を運転し，高速道路を走行中，ブレーキの効きが悪かったので一旦停車してブレーキオイル等の点検をした後，再び走行した際，制動装置の故障のためにブレーキが効かなくなり，料金所で停車中の前車に追突した事故につき，被告人は談合坂サービスエリアを過ぎた辺りで被告人車の制動装置が故障し，その機能が不良になったことに気付いて道路左側端に停車した際，ブレーキオイルの漏れの有無を点検してこれに異常が認められなかったとしても，制動装置の機能の不良，すなわち故障は十分認識しており，特に本件のように相当な重量を有する大型車両を高速道路で運転する場合，制動装置の故障がいかに危険なものであるかは周知のことであるから，自動車運転者としては，右故障を修理した後でなければ運転を継続してはならない義務がある。

⑨ **最決平成 24 年 2 月 8 日刑集 66 巻 4 号 200 頁（三菱自動車欠陥トラクタによる横浜母子 3 人死傷事件）**

　平成14年1月10日，走行中の三菱自動車製のトラクタのタイヤホイール等と車輪を結合するフロントホイール（Dハブ）が輪切り状に破損し，左前輪がタイヤホイール，ブレーキドラムごと脱落し，歩道上にいた母子3人に衝突して母親を死亡させ，2名の乳幼児に傷害を負わせた事故につき，同事故に先立つ平成11年6月に発生したDハブの輪切り破損

による脱輪事故（G社バス事故）の当時，同社製自動車の品質保証部門である同車市場品質部において同事故の処理に当たった同部長A及び同部ボディ・シャシー担当グループ長Bが，リコール等の改善措置を何ら行わずにDハブ装置車両の運行を放置し，Dハブの強度不足に起因して本件事故を生じさせたとして業務上過失致死傷罪に問われたのに対し，G社バス事故当時，三菱自動車製のDハブに強度不足のおそれが客観的に認められる状況にあったことは明らかであり，同社において情報を一手に把握し，品質管理部門の判断でハブの輪切り破損事故の情報を秘匿情報として管理していたことなどの事実を指摘し，同社でリコール等の改善措置に関する業務を担当する者には，刑事上の義務として，Dハブの輪切り破損事故の更なる発生を防止するため，リコール等改善措置の実施のために必要な措置を執るべき業務上の注意義務がある。

(2) 消極判例

① 札幌高判昭和41年9月10日高刑19巻5号592頁

自動車販売会社の店用車に準ずるものとして管理使用していた車両に，サイドブレーキの故障（ロットのターンバックルピンが外れているため左右後輪とも全く制動機能を欠いていた）及びフットブレーキの故障（左後輪のホイールシリンダーのブレーキパイプ取付ユニオン嵌合部の絞付が不完全なため，ブレーキオイルが流出し，事故当時にはマスターシリンダー内にほとんど残存せず，オイル中に空気の混入が多くなって全く制動能力が失われている状態）のある普通乗用自動車を運転中，交差点左から進出してきた車両との衝突を避けるため制動をかけようとしたがフットブレーキが効かず右転把して衝突を避けようとして，歩行者2名と衝突させて死傷させた事故につき，⑦道路運送車両法47条の自動車を運行する者の仕業点検義務と自動車運転者の運転開始に際しての業務上の注意義務は同じものではなく，道路運送車両法上の仕業点検義務を負う者が被告人以外にあり，その者によって同法上の仕業点検が行われたとしても被告人の運転を開始するに際しての業務上の注意義務が解除されるものではない。④サイドブレーキの故障は，サイドブレーキの機能に鑑み，主

ブレーキたるフットブレーキの作用さえ正常である限り，サイドブレーキの故障による事故発生の危険はほとんど考えられないので，故障を知り得たとしてもそれだけで走行中における事故発生の危険を予見すべきであったとはいえない。㋒フットブレーキの故障は，運転開始時にはいまだ顕在化するに至らず，ブレーキペダルを踏むことによる通常の点検方法によっては発見し得なかったものと認められる。㋓自動車運転者としては，道路運送車両法所定の仕業点検義務を負うか否かにかかわらず，運転開始に先立ち，車体の内外を点検して交通の安全に支障を来すような故障ないし不良箇所の発見に努め，危険のないことを確認した上で運転を行い，もって車体の故障ないしは整備不良に基づく事故発生を未然に防止すべき業務上の注意義務を負うことは当然であるが（道路交通法62条参照），その点検については，故障ないし不良箇所の存在を予見させるような特段の事情のない限り，社会通念上通常これらの箇所を発見するために必要と考えられる方法，程度によってこれを行えば足りる。㋔そして，その方法，程度としては，道路運送車両法47条に基づき，「自動車を運行する者」に対し「一日一回,その運行を開始する前において」要求される仕業点検についての技術上の基準が一応の参考となり，少なくともこれを上回る義務を課すことは自動車の運転者に対し，余りに多くを望むものといわざるを得ない。㋕被告人としては，故障箇所を発見するために通常必要と考えられる方法による点検は行ったのであるが，本件故障の性質上，その方法によってはこれを発見し得なかったものと認められる。㋖問題は，前使用者からの申し送りや車体の外部的点検等によってブレーキオイル漏れのあることを容易に予見できるような特段の事情が存したか否かにあるが，これも認められず，㋗そうだとすれば，被告人が運転開始に際しサイドブレーキの点検を怠り，その故障を発見し得なかったのであるから，フットブレーキの点検については一層の慎重な配慮を廻らせることが要請されることを考慮に入れて見ても，なおかつ，被告人に対し社会通念上通常必要と考えられる程度を超えて特別の点検方法を用い，本件ブレーキパイプ嵌合部の締付け不良箇所を発見すべきであったとし，これを怠って本件車両の運転を開始したことを

もって業務上の注意義務に違反したものとなすを得ない。

② **東京地判昭和46年3月18日判時629号101頁，判タ263号280頁**

　　フットブレーキのマスターシリンダー内のチェックバルブが破損し，ブレーキペダルの踏込が少なくなっており，かつサイドブレーキが調整不良のため効きが悪くなっている自動車を運転して時速約40キロメートルで進行中，約50メートル前方に横断歩道を認め歩行者が横断しようとしているのを発見したため，時速約20キロメートルに減速し，先行車に続いて停止するため同車の10メートル後方に迫ったときブレーキペダルを踏んだところ，ブレーキが効かず，そのまま追突すれば前車と追突して前車を横断歩道に突っ込ませることになると判断して，右にハンドル転把して電柱に衝突させて停止しようとしたが，右側からの横断歩行者がありこれを避けるため左側にハンドル転把して横断歩道を通過して対面して停車している車両に衝突して停止させようとした（この間サイドブレーキも引いている）が，同横断歩道上を左から右に向けて横断歩行中の歩行者4名に衝突させて1名を死亡させ，3人に重軽傷を負わせた事故につき，それまで効いていたブレーキが急に効かなくなった原因は，N自動車販売サービス部技術課長の事故検討書により，フットブレーキのマスターシリンダーのチェックバルブラバーが破損して2つに割れ，移動してマスターシリンダーとブレーキパイプの接続部かブレーキパイプとパイプコネクターの接続部かのいずれかに詰まり，油圧がホイールシリンダーに全く送られない状態となり，ブレーキの踏込も不可能になったと認定できる。検察官は，このようなブレーキの故障を当日朝の仕業点検によって発見すべきであったというが，本件のようなブレーキの故障は稀有の現象というべきであり，マスターシリンダーを分解する等の方法によらなければチェックバルブラバーが老化して破損寸前の状態にあることを発見することは不可能であるから，通常の運転者に対し，仕業点検時に右のような故障を発見すべきことを要求することはできない。また，本件サイドブレーキは，そのレバーの引き代が調整の良好なものより長く，ストッパーに当たるまで前部に引かなければ

ならないが，一杯に引けば制動能力があり，時速20キロメートルの場合，6メートル～6.2メートルで停止すると認められ，被告人がフットブレーキの異常を発見した地点から衝突地点まで約19メートルの距離があったから，サイドブレーキを早期に確実に操作することにより事故を防止することは理論上は不可能ではなかったことになる。しかし，この点を被告人の過失といえるかについては，引き代が長かったにせよ，確実に操作していれば制動能力は十分あったのであるから，調整不良を知りながら運転を開始したことをもって事故の直接の原因とすることはできないのみならず，それまで異常なく作動していたフットブレーキが突如として効かなくなり，サイドブレーキの制動効果だけでは前車との追突が避けられない状態に置かれた運転者に対し，ハンドル操作によって危険を回避しようと努力する傍ら，サイドブレーキを早期にかつ確実に操作して事故の発生を防止すべきであったと要求することはいささか酷に過ぎるというべきである。まして異常を発見してから衝突までの時間は3秒半に満たない僅かの間に，冷静着実にサイドブレーキを操作して衝突地点前に停止させるべきであったということを通常の運転者に期待することはできない。

③　大阪高判昭和49年7月25日判タ316号273頁

　　普通貨物自動車を運転し，時速約40キロメートルで進行中，信号待ちの先行車を認めてブレーキをかけたが，ブレーキの一時的な故障で制動できず，先行車に追突した事故につき，本件事故後当日に右普通貨物自動車のブレーキの点検を自動車整備修理業者Oに依頼していること，その2週間後にさらに自動車修理業者Fにブレーキマスター及びハイドロマスターの点検修理を依頼していること，自動車のフットブレーキが突然一時的に機能を失うことは稀有の現象ではあるが，あり得ないことではなく，被告人車の場合，ブレーキオイルにごみが混在し，マスターシリンダー内に右のごみがひっかかってそのため，一時的に油圧がホイールシリンダーに送られるのを障害されたのが原因ではないかと考えられること，そして右のひっかかっていたごみが，自然にとれると再びブレーキの機能が回復されるものであること，右のようなブレーキの故

障を運転開始前の仕業点検によって発見することは不可能であることがそれぞれ認められること，追突した際の路面上にはブレーキ制動によるスリップ痕が存していないことからすると，ブレーキが一時的に故障している状態に陥っており，被告人がブレーキの故障に気付いたときには，前車に20〜30メートルの距離に迫っていたので，右に転把して衝突を回避しようとしたが及ばず追突するに至ったもので，ブレーキの故障は，全く予見不可能なものであったというべきである。

第2　発進時の注意義務

1　道路交通法上の義務

　道路交通法は，発進時の義務については，特段規定を置いていないが，同法70条の安全運転義務が課されていることに変わりはない。

2　過失運転致死傷罪における注意義務

(1)　発進時の事故の類型

　　発進時の事故の多くは，歩行者，なかんずく幼児，児童，高齢者との接触事故である。車椅子に乗った人との衝突もある。発進して前進する場合が多いが，もちろん，後退の場合も少なくない。また，走行中，信号等により停止した後に発進した際に歩行者や自転車等と衝突する事故も多い。
　　さらに，近年は，オートマチック車の普及に伴って，ブレーキペダルの踏み方の緩みによる発進で先行車両に追突する事故が多く発生しているほか，ブレーキとアクセルの踏み間違いによる暴走発進事故も増えている。
　　特に後者は，高齢者によるものが多い。

(2)　自動車運転者の基本的義務

　　自動車は現代の社会生活に不可欠な機械装置ではあるが，鉄等の硬性の資材で製造されたものであって重量があり，かつ馬力もある上，我々の日常生活の周辺で利用されるものであるから，その運転いかんによって人の死傷の結果を生じさせやすく極めて危険なものである。
　　したがって，自動車の運転者は，これを運転する場合には，進路の安全を確認した上で，事故の発生を未然に防止する基本的な注意義務があるのは当然のことである。そして，そのためには，進路はもちろんのこと，前

方左右，場合によっては，後方左右の状況を注視した上で，進路内における危険の有無を判断し，もし，人や他の車両等と衝突の可能性があるのであれば，これを回避するための措置を講じなければならない。これは，発進時においても変わることはない。

(3) 死　角

　　発進時によく問題になるのは，発進時被害者が死角内にいた場合の安全確認義務が具体的にどの程度要求されるのかということである。
　　死角は，運転者にとって，その範囲内にいる人や車を認識できない範囲であるが，だからといって運転者の責任を否定する根拠になるものではなく，むしろ，運転者の注意義務を発生させる根拠となるものである。というのは，自動車に死角の存在することは当然のことであり，自動車の運転手が前記のような事故防止の義務を負う以上，死角の存在を前提として，更なる安全確認の義務が必要になるからである。したがって，自動車の運転者は，目視で確認できる範囲はもちろんのこと，死角内に人や車がいないか確認する義務がある。
　　周囲に人がいないのを確認して，乗車して直ちに発進する場合は，事故が起きることはないが，確認しないで乗車して発進する場合や乗車前に確認しても乗車後すぐに発進するのではなくしばらくたってから発進する場合には，人や車が接近してきている可能性があるので，十分に周囲の安全を確認してから発進しなければならない。乗車してから発進するまでの時間が長いほど，安全確認の必要性は増し，乗車してからは，死角が必ずあるので，死角内に人や車が存在しないことを確認した上で，発進する必要がある。もっとも，この安全確認義務は，発進する場所の状況によって変わってくる。発進する場所が，人や車の存在する余地のない場所であれば，安全確認義務は否定されることになるであろうし，逆に通行人の多い雑踏で発進する場合には，確認義務は厳重なものが要求されるであろう。
　　なお，死角が問題になるのは，発進時に限ることではないが，発進時には特に問題となることが多いので，ここで，死角の問題全般について触れることとする。

自動車には，運転者が後写鏡等で確認しても見えない部分が存在する。これが死角である。死角との関係で事故を防止するためには，次の3つの義務があるとされる（大森政輔「自動車の死角と業務上過失責任(1)」判時873号8頁以下）。

① 死角進入前捕捉義務
　死角に人や車が入ってくる前に，死角周辺を注視して，捕捉すべき義務である。

② 死角追出義務
　①の死角進入前捕捉義務を尽くしておらず，死角内に人や車が入っているかどうか不明なときに，死角内からあり得べき人や車を追い出すための措置（警音等により退避を促したり，あるいは減速するなどして死角内から人や車をいなくさせる措置）を執るべき義務である。

③ 死角消除義務
　自らのぞき込んだり，運転助手等に指示して死角内に人や車がいるかどうか，いるとして，その位置や動静等を確認する義務である。
　自動車の発進時には，乗車前の安全確認の状況，その場所の状況，当該車両の死角の状況等により①～③の全ての義務が問題となり得る。もっとも，②は発進時には，追い出す手段が限られているであろうが，警音器を鳴らして人等を退避させることが考えられる。

(4) **発進時に運転者が負う注意義務の具体的内容**
　以上を前提にして，改めて発進時に運転者が負う注意義務を類型別に整理すると，次のようになる（ブレーキとアクセルを間違わないように確実に操作する義務は当然のことであるので除く）。

① 発進前の自動車周囲の安全確認義務
　自動車を発進する場合には，乗車する前に，自動車の周囲に人や車がいないか確認する義務がある（高松高判昭和30年11月21日高刑特2巻追録1299頁）。

② 発進時の安全確認義務
　自動車を発進させるときは，死角外の視認できる範囲において，進路

の前方左右に人や車がいないか注視し，安全を確認して発進させる義務があるのは，当然である。案外，この義務を懈怠したために起こった事故も少なくない。そして，被害者が死角内にいたか死角外にいたかで，過失の認定の難易が異なってくる。すなわち，死角外にいた場合には，当然，視認できる位置にいたことになるので，特段の事情のない限り，安全確認義務を怠ったと認定される。

したがって，実際の裁判においては，被害者が死角内にいたか否かが争点になることが少なくない。

しかしながら，死角内にいたとしても，死角内に人や車がいるかどうか安全確認する義務は基本的には存在していることは前記のとおりである。そして，特別，死角内に人がいることが想定し得ないような場所等を除けば，過失は肯定されるであろう。

乗車して時間が経過した後に発進する場合には，死角内に人や車が入っている可能性が高まっているわけであるので，サイドミラー等を介して，運転席から見える範囲の安全を確認するだけでは十分ではなく，前記のとおり，死角追出し，及び死角消除の各義務を尽くして，死角内に人や車がいないことを確認した上で，発進する必要がある。そのためには，自ら下車して死角内の安全を確認しなければならない場合もある。

人家の密集した市街地の道路で，2分ないし5分駐車した後に発進・進行する際，前方の死角内にいた幼児と衝突した事故について，車内からの安全確認のみに頼ることなく，進んで自ら下車して死角内を確認した上で，発進すべき義務があるとした判例（名古屋高金沢支判昭和37年5月8日下刑4巻5・6号353頁）がある。

ただし，死角内に歩行者等が存在することについて認識可能性がない場合には過失が否定されることにつき，後掲の消極判例参照。

③　後退時の安全確認義務

自動車を後退させるときも，基本的には前進発進させる場合と変わるところはない。しかし，後退する場合は，前進する場合よりも，一層視認できる範囲が狭くなるので，前進時よりも安全確認を厳重に行う必要がある。後退する際，運転席から後方を見通し得ないときは，自ら降車

して後方に危険のないことを確認した上，後退を開始すべき義務があるとしたものとした判例（大判昭和14年11月27日刑集18巻544頁，東京高判昭和54年11月15日東高時報30巻11号166頁等）がある（詳細は，「第12　後退時の注意義務」496頁参照）。

3　実務例

① 大型貨物自動車を運転し，○○先道路右端に駐車し，積荷作業をした後，H方面に向かい発進するに当たり，自車には運転席からアンダーミラー等で視認できない死角が存在するのであるから，乗車直前に自車周囲を回り込んで見渡すなどして自車前後左右の歩行者の有無及びその安全を確認してから乗車して発進すべき自動車運転上の注意義務があるのにこれを怠り，交通閑散に気を許して自車周囲に歩行者はいないと軽信し，自車周囲を見渡すなどせず，自車の前後左右の歩行者の有無及びその安全確認不十分のまま，漫然乗車して発進し，時速約7ないし8キロメートルに加速して進行した過失により，折から自車直前の道路を自車と同方向に向かい手押し車を押して歩行していたM（当時82歳）に気付かず，自車左前部を同人に衝突させて同人を路上に転倒させるなどし，よって，同人に骨盤骨折等の傷害を負わせ，死亡させた。
② 普通乗用自動車を運転中，○○先道路を○○方面から○○方面に向かい進行中，進路前方を左方から右方に向かい数人の生徒児童が横断しているのを認め，その通過を待つため一時停止した後発進するに当たり前方左右を注視し，自車の直前の他の横断歩行者の有無及びその安全を確認してから発進すべき自動車運転上の注意義務があるのにこれを怠り，他の横断歩行者はいないものと軽信し，自車直前の他の横断歩行者の有無及びその安全確認不十分のまま時速約10キロメートルで発進，進行した過失。
③ 普通乗用自動車を運転し，○○先の路外施設である駐車場に一旦駐車させた後，○○方面に向かい発進させるに当たり，発進5分くらい前には，同駐車場の自車前方約11メートル付近で，幼児数人がしゃがみこんで遊んでいるのを認めたのであるから，同幼児らが自車の前方に移動して同様

遊んでいることも予想されたのであるから，降車して自車前方の同幼児らの有無及びその安全を確認した上で，発進すべき自動車運転上の注意義務があるのにこれを怠り，既に同幼児らは同駐車場から退去したものと軽信し，降車して自車前方の同幼児らの有無及びその安全確認不十分のまま漫然時速約15キロメートルで発進した過失。

④ 交通整理の行われていない交差点に若干進入した後一時停止し，対向直進車両の通過を待って右折進行するに当たり，前方左右を注視し，横断歩行者等の有無及びその安全を確認しながら進行すべき自動車運転上の注意義務があるのにこれを怠り，先を急ぐ余り，横断歩行者等の有無及びその安全確認不十分のまま漫然時速約20キロメートルで発進右折した過失。

⑤ 信号機により交通整理の行われている交差点手前で，対面信号機の赤色信号表示に従ってＴ（当時45歳）運転普通乗用自動車に引き続いてその後方約2メートルの地点に停車し同信号機が青色信号表示に変わった後発進するに当たり，同車の動静を注視し，その安全を確認しながら発進すべき自動車運転上の注意義務があるのにこれを怠り，同車の先行車両が発進したことから，前記Ｔ運転車両も発進したものと速断し，その動静を注視せず，同車がいまだ停止中であるのに気付かないまま漫然時速約10キロメートルで発進した過失。

4 捜査上の留意事項

① 事故状況の解明

　発進時の事故に関しても，事故状況の解明が最も重要な捜査事項である。発進時の事故でいえば，衝突地点の特定と，発進地点の特定がまず，重要である。

　現場の見分を丁寧に行い，被疑者，被害者，目撃者の指示説明による見分を行う。また，被害者を轢過した事案では，道路に引きずった跡（引きずり痕。通称「ズリ痕」）があるか否か（あれば，最初に印象された地点が轢過地点になる）[66]，道路への繊維片の付着状況，車両の払拭痕や損壊箇所，及び車体底部の払拭痕[67]等を見分するとともに，被害者の着衣の損傷状況，

身体の損傷状況等も明らかにした上で，衝突地点や衝突経緯，轢過経緯，被疑車両の停止位置[68]等を明らかにする。
②　乗車してから発進する間の周囲の交通状況に関する裏付け
③　運転席からの視野，死角の範囲の解明

死角に関しては，平面的，立体的な死角の範囲を確定し，それを，実況見分調書上に図示する。また，死角の範囲（逆にいえば，目視できる範囲を示すことでもある）は，車両の移動により変化するので，その変化も分かるようにするのが良い（位置ごとの図を複数作成する）。
④　被害者の事故発生直前の行動の裏付け
⑤　被害者が死角内に立ち入る可能性とそれを運転者が知り得る可能性に関する捜査

事故発生場所の平素・同時間における周辺の人や車の状況，被疑者の同場所の駐停車及び運転の経験の事実の有無等

---

66)　道路に引きずった跡（引きずり痕）があるか否かを見分して，**なかった場合**には，実況見分調書には，**なかった**旨明示しなければならない。この点の明示がなかったために，砂利敷きの駐車場における発進直後の幼児轢過事件について，引きずった跡（引きずり痕）がなかったにもかかわらず，実況見分調書にその旨記載されていなかったことから，その見分が十分になされていないと誤解されて，衝突地点が不明として，無罪になった事例として，前記総論で触れた横浜地判平成20年3月10日公刊物未登載（101頁注57）参照）がある。交通警察官にとっては，引きずり痕の有無は当然の関心事であり，実況見分調書にその旨の記載がないということは，引きずり痕がなかったことを示すものと考えられるが，裁判官にはそれが伝わっているとは限らないので，ない旨の記載をする必要がある。写真でも明らかにしておくことも重要である。

67)　また，車体底部の払拭痕等の見分に当たっては，被疑車両の運搬は，レッカー車を用いて慎重に行った上，徹底した見分を行う必要がある。これらの配慮が十分でなかったために，犯人性（事故車両性）を否定されて無罪を被った事例もある（釧路地判平成23年3月24日公刊物未登載，札幌高判平成23年11月10日公刊物未登載）。

68)　事故直後の被害者の転倒していた地点，態勢の認定も正確に行う必要がある。そのためには，当事者の記憶の新しいときに，見分を行って特定しておくことが重要である。

5 判例

(1) 積極判例

ア 死角に関するもの

① 名古屋高金沢支判昭和26年11月7日高刑4巻追録3頁

乗合自動車の運転者が停車して乗客を昇降せしめて発車する際，幼児が停車中に運転台から死角をなしている車体前方バンパーに歩み寄る危険のある街路上においては，特に前方の死角圏内に配慮し，幼児等の立入りその他の危険を厳戒するため同乗の車掌を下車せしめ，見やすい箇所において右圏内を監視せしめつつ，そのうえ，発進信号により発車すべき義務がある。

② 福岡高判昭和30年2月14日高刑特2巻6号127頁

乗合自動車の運転者は停留所発車に際し，車掌の発車合図に従うをもって足りるとせず，自身又は車掌を督励して車体の前後左右に人影の有無を確かめ，もし車体付近に人影を発見したときはこれを安全地帯に退避させた上，発車すべき義務がある。

③ 福岡高判昭和30年6月14日高刑特2巻13号651頁

停車中前方から小児が接近してくるのを認めたが，その姿を見失った後発進する自動車の運転者は，死角の安全を確認する義務がある。

④ 高松高判昭和30年11月21日高刑特2巻追録1299頁

自動車の運転者が，発進に当たり，自車の前面の死角内の障害物の有無についての調べを怠り，幼児が同自動車の前照灯をいじっていたのに気付かずそのまま発車することは業務上の注意義務に違反する。

⑤ 広島高松江支判昭和32年1月14日高検速報昭和32年1号

乗合自動車の運転者は，自動車の発進に際し，自己の不知の間に死角圏内に立ち入っている幼児等のあることを慮って同乗の車掌をして十分に危険のないことを確認せしめ，もって事故の発生を未然に防止すべき注意義務がある。

第2　発進時の注意義務　*139*

⑥　名古屋高金沢支判昭和37年5月8日下刑4巻5・6号353頁（前掲134頁）

自動車の発進に際し，その自動車の前部下端付近の死角圏内にいた幼児に気付かず，これを轢いた事故につき業務上過失責任を認めた事例。

⑦　東京高判昭和40年10月27日高刑18巻6号698頁，東高時報16巻9・10号248頁，判タ187号170頁

一般歩行者等の立入りを禁止した工事現場の区域内で，大型クレーン車を後退させて，一般歩行者と衝突した事故について，具体的状況は保安設備の施されていることに専ら頼って，立ち入る者の存在を全く考慮外に置き得る実情ではなかったのみならず，工事関係者がその区域内を往来することは当然予想しなければならないのであるから，いやしくも人身の安全確保のために万全を尽くすべき当然の責務を負う車両の運転者としては，後退運転を開始するに当たっては車両の周辺の状況を十分に見届け安全を確認した上，不断の注意を用いつつ，でき得れば補助者の誘導を求める等万全を期して運転を継続すべき業務上の注意義務があるとして，運転者の過失を認めた事例。

⑧　大阪地判昭和46年12月9日判タ272号331頁

小型自動車を運転し，積載していた土砂を埋立地内に下すために同所を後退していた際，同所内にいた児童と衝突した事故について，後退するに当たっては，時間的，場所的関係から後方に人がいようとは到底考えられない状況にあるなら格別，そうでない限り，助手等がいなく単独で運転する自動車運転者としては，一旦車外に出て車の後方を巡回し，障害の有無を確かめた上で後退すべき注意義務があるとして，過失を認めた事例。

⑨　東京高判昭和53年4月12日刑月10巻4・5号728頁

大型貨物自動車を幅員約3.2メートルの道路をほぼ横に遮断する状態で停車して約5分たった後，後退して土砂を下す作業がしやすいように車体の方向を変えるため，一旦前進ししようとして発進させた際，左方から自車の前部を迂回して通り過ぎようとした自転車と衝突させ

て転倒させて自転車の荷台に乗っていた子供を轢過して死亡させた事故につき，被告人が停車中，道路左方からの車両や通行人の有無に全く注意を払っていなかったことなどから，発進させる際には，自車の死角内の通行人などの有無を確認すべき注意義務，始動させる前に自ら運転席から身を乗り出すなどして車両の左前方や左側の死角部分を直接見たり，クラクションを吹鳴した後しばらくの間発進を差し控えるなどの措置を講じる注意義務があるとして，過失を認めた事例。

⑩ 東京高判昭和54年11月15日東高時報30巻11号166頁

普通貨物自動車を運転し，道路の左側に一旦停止した後，対向車線を斜めに横断して右後方にある待避所に向かって後退する際，後方から進行してきた自動二輪車に衝突させた事故について，被告人が運転開始直前に下車して，後方の道路状況を見聞していたとすれば，被害車の近接するのを発見することができて適宜の対応措置を執り得たことなどから，過失を肯定した事例。

イ 死角に関しないもの

⑪ 福岡高判昭和29年11月19日高刑特1巻11号484頁

多数の積み残し客を残して発車しようとする乗合自動車の運転者は，積み残し客を安全な場所に避難せしめるべき注意義務がある。

⑫ 最決昭和32年6月8日裁判集刑119号419頁

自動車の運転者は，発進に際し，車体の付近に人影を発見したときは，これを安全地帯に退避せしめた上，発車すべき注意義務がある。

⑬ 札幌地室蘭支判昭和33年5月29日一審刑集1巻5号819頁

被告人は，道路上に停車して約4分間右Ⅰと雑談したのち発車したのであるが，同所は伊達町の国鉄伊達駅に通ずる街路であり，この街路の両側には商店並びに一般住宅が密集し人家の多い地域で，通行人も比較的多く幼児なども街路上又はその近辺に立ち出たり，路上に停車した自動車などの付近にきて，好奇心などから自動車の車体付近に近寄るおそれの十分ある場所であるから，このような場所に停車した後，そこを出発する際，自動車の運転者としては，出発前に自動車の前後左右を注視点検し，自車の周囲に近寄り，又は遊戯などしている

幼児などの有無を確認してから発進するなど，事故の発生を未然に防止すべき注意義務がある。

⑭　東京高判昭和44年3月25日高検速報1711号

バスの運転席に正常に腰掛けて前部ガラスの中央上部外側に取り付けてあったアンダーミラーにより車体前方を注視すれば，前方左側半分の死角は全くなくなるのであるから，この注意義務を怠って発車した被告人には前方左側の安全確認義務を尽くさない過失がある。

⑮　東京高判昭和54年8月14日刑月11巻7・8号780頁

バスを運転し，赤信号に従って交差点に入り入口の停止線手前で前車に約2メートルの間隔をおいて一時停止し，対面信号が青色に変わって前車に続いて発進した際，その直前を横断した幼児（2歳）に気付かず前部中央部分を衝突させて傷害を負わせた事故につき，発車前に，自車の右方及び前方の安全を確認していれば肉眼によって被害者の姿を認め得たと考えられること，発進に際し，サイドミラーだけでなく，アンダーミラーを注視すれば被害者に対する死角をなくして被害車を確実に把握できたこと，本件被害者のような子供の横断があり得ることは十分予想できたなどとして過失を認めた事例。

(2) 消極判例

ア　死角に関するもの

①　東京高判昭和31年2月21日高刑特3巻7号292頁

自動車の運転者が，交通頻繁な街路上に停車中の自動車を右斜め前方に向け発進するに当たっては，前方並びに左右を注視するはもちろん，後写鏡又は肉眼をもって右側後方を注視する義務があるが，右側の窓から頭部又は身体を乗り出し衝突の危険がないことまで確認すべき義務はない。

②　仙台地登米支判昭和35年6月17日下刑2巻5・6号900頁

死角である荷台後部付近に，幼児がすがりついているのに気付かず，後退運転して死亡させた小型4輪貨物自動車の運転者には，右死角内の幼児の存否を確認して発進するまでの注意義務はない。

③　大野簡判昭和36年11月30日下刑3巻11・12号1119頁

　　　自動車の運転者は，発進に際し，自車の周囲の状況を見分し，自動車の周辺にある人や物に対する安全を確認する注意義務があるが，死角圏内に人が進入したことを予想し得ない場合には，死角圏内の安全を確認すべき義務はない。

④　米子簡判昭和38年9月2日下刑5巻9・10号851頁

　　　自動車の運転者は，発進に際し，車の周囲の安全を確認し，車の周囲にある人や物に触れないよう注意すべき義務があるが，僅か約20秒の停車時間内に運転者の視界を越えて人が死角内に立ち入ることを予想し，死角の安全を確認すべき義務はない。

⑤　神戸地判昭和40年8月24日下刑7巻8号1706頁

　　　2分ないし4分間停車後発進するに際しては，死角内のマンホールで作業が開始されることの予見可能性がないから，自動車運転者はフロントガラスに顔を近づけ死角内の被害者を確認すべき注意義務はない。

⑥　新潟地新発田支判昭和42年5月31日下刑9巻5号733頁

　　　横断歩道の手前で，一時停止した後発進する自動車の運転者につき，死角になっている自車と前者の間を横切ろうとした歩行者と衝突した事故について，このような違法で危険の高い行為に出る歩行者や軽車両は極めてまれであり，一般にはそのようなことをしないのが通例であるから，特別な事情のない限り，後から追い付いた車両が交通法規を守り右のような違法で危険な行動に出ないことを信頼して行動すれば足りるとして，信頼の原則を適用して，死角内の安全確認義務を否定した事例。

⑦　福岡高判昭和42年6月28日高検速報1011号

　　　乗合自動車の運転者は，発車前に前方及び左右側後方に自動車に近づき又は接触している者がないかを確かめて発車し，安全を図る注意義務はあるが，特別の事情のない限り，常に左右側後方に注意して自動車の車体の下に転び込む幼児等がないかを注意する義務はない。

⑧　東京地判昭和44年3月11日刑月1巻3号247頁

　　車両の渋滞により停止，発進を繰り返しつつ進行し，交通整理が行われていない交差点に入って停止した際，同交差点内を通って横断しようと自車の死角内を歩行して車体左前部付近に達していた歩行者に気付かず，前車に続いて発進したためこれを轢過した場合には，自動車運転者に過失を認めることができない。

⑨　横浜地判平成20年3月10日公刊物未登載（前掲「第1章総論第4捜査実務上の留意点」101頁注57）参照）

イ　死角に関しないもの

⑩　熊本簡判昭和35年1月22日下刑2巻1号96頁

　　交差点で停止信号により停車したのち発進する場合，自動車運転者及び助手は特別の事情のない限り，後方を確認する義務はない。

⑪　大阪高判昭和44年10月24日判タ242号320頁

　　交差点手前で赤信号で停止している被告人運転の自動車の前方に1台，右側に3列以上の車両が共に信号待ちしていて，これらが青信号によって一斉に発進し，右方から進行してきた原動機付自転車に自車を衝突させた場合には，被告人に右方安全確認義務を怠った過失が認められない。

⑫　岡山地判昭和47年2月24日判タ278号298頁

　　バスの運転者が，乗客を降ろした後左方バックミラー，アンダーミラーを見て右方バックミラーを見て安全確認して発進したが，同車左前部に入り込んでいた幼児（4歳）に気付かず，左後輪で轢過して死亡させた事故について，再度安全ミラーで同車直前部の安全確認をしておけば，被害者を発見でき，本件事故を未然に防止できたとしながらも，「本件事故現場近辺に小学校，幼稚園，保育所等はなく，日頃から閑散としていた場所で，乗客も少なく，当日も停車の前後を通じて人影を認めず，降客が1名あったのみで乗り客はなく，……発進にかかるまでに，……特に時間を要したことが認められない本件事案においては，その間にアンダーミラーによってしか確認し得ない同車前面に，……人が入ってくる可能性は極めてとぼしく，それを予想しな

かったとしても，それを非難することは酷に過ぎる」として過失を否定した事例。

(3) 停止後左折発進した事例で，死角にいた被害者と衝突させた事例

　ア　この事例では，大型貨物自動車と自動二輪車，自転車及び歩行者の事故が多く，死亡等重大な結果が生じているケースが少なくないのが特徴である。

　イ　積極判例

　　東京高判昭和46年2月8日高刑24巻1号84頁，東京高判昭和50年4月2日刑月7巻4号473頁，東京高判昭和51年11月15日判時849号126頁，福岡高判昭和52年4月26日判時868号107頁，東京高判昭和56年5月13日判時1013号7頁等多数に上り，一時停止中に死角内に歩行者や軽車両が進入する可能性があるので，進入前に捕捉する義務がある，あるいは死角に入る前の歩行者を認めている場合には，死角内の安全確認を行うべき義務があるとして，過失を認めたものである。

　ウ　消極判例

　　信頼の原則を認めた**判例⑥**最判昭和45年3月31日刑集24巻3号92頁があるが，総論の信頼の原則の項（45及び64頁）で述べたとおり批判が多く（①大森政輔「自動車の死角と業務上過失責任(3)」判時876号3頁以下（1978），②佐野昭一「交差点で左折しようとする自動車運転者の後続車両に対する注意義務の限界」判タ263号102頁以下（1971），③西原春夫「左折車両の運転者の後方注意義務」判タ271号74頁以下（1972），木村元昭「発進時の事故」荒木友雄編『刑事裁判実務大系第5巻交通事故』390頁（青林書院，1990）等の有力な反対意見がある），判例としての価値は乏しいというべきである。

第3　進行時の注意義務

進行時において，自動車運転者に課せられる注意義務としては，①前方注視義務，②減速徐行等速度調節義務，③ハンドルブレーキ等の確実な運転操作義務，④警音器の吹鳴義務，が問題となる。

1　前方注視義務

(1)　前方注視義務の意義

ア　条理上当然の義務であり，かつ，最も基本的な注意義務である。

　自動車の運転者は，運転中絶えず前方を注視し，不測の事態に対しても，直ちに回避措置が執れるように警戒しながら進行しなければならない。

　前方注視義務とはいえ，前方だけにとどまるものではなく，正確には前方左右の注視義務である。前方に進行する以上，進路上である前方の注視をして，安全確認をする必要があるのは当然のことであるが，進路前方に進行してくる可能性のある人や車両の有無も確認しなければならないので，当然，その可能性のある範囲で，左右を注視しその安全を確認しなければならないわけである。

　もっとも，前方注視義務は，それを尽くしただけでは，事故を回避することはできない。前方を注視し，危険（結果の予見可能性のあること）を把握した上で，危険を回避する必要を察知するための義務，いわば情報収集義務である（「第1章総論　第1・2過失の構造（意義）(2)過失犯の体系的位置付け（新旧過失論争）」6頁注9），15頁〜16頁本文及び16頁注25）参照）。すなわち，前方注視を行っていれば，道路の状況や車両，歩行者，自転車等交通の状況が分かり，どのような危険があり得，それを避けるためには，どのような運転をしなければならないか，あるいは何に留意

しなければならないかを判断するための情報を収集することができる。

なお，前方注視義務を尽くしていたとしても，事故を回避することができないという場合もある。例えば，物陰から人が飛び出してきたような場合である。そのような場合には，前方注視義務違反はないが，あらかじめ事故を回避できるような措置を講じておくことが可能であったということであれば，その措置を講じなかったことが過失となる。また，例えば，夜間前照灯を点灯して走行しているとき，前照灯の照射範囲で幾ら前方注視義務を尽くしていて前方に人や車を発見と同時に制動したとしても，いわゆる停止距離内であるため，事故を回避できないというような場合には，前方注視義務は尽くしているので，この点の過失はないが，発見と同時に制動していれば，直前で停止でき事故を防ぐことができるように速度に減じていれば，防ぐことが可能であるので，そのような速度に減じていなかったことが過失になる。

夜間でなくとも，視野の狭い道路を進行する場合，あるいは雨や霧などで前方注視が困難な場合には，人や車を発見と同時に制動して衝突を防ぐことができる速度に減速して走行する義務があるわけである。

逆に，前方注視義務は尽くしていなかったが，尽くしていたとしても，事故を防ぐことができなかった場合には，回避可能性がない（前方不注視と結果との因果関係を欠くとする考えもある）ので，過失責任はない。もっとも，実際の事故では，前方注視義務を尽くしていたとしても事故を防ぐことができたか否かの判断が難しいので，簡単ではない。この点は，特に，被害車両の走行状況，被害者の歩行状況が不明の場合には，特に問題となり，難しい判断を迫られる。明らかに，被疑車両の運転者が脇見等の前方注視義務を怠っていたことを認めている場合には，悩ましい判断となる。不起訴にしたケースもあるし，起訴して無罪となった事例もある（東京高判平成25年3月14日公刊物未登載）[69]。

---

[69] 夜間，普通乗用自動車を運転し時速約50キロメートルで進行中，助手席に置いたバッグに脇見して，進路前方を進行中の自転車に気付かず自車前部に衝突させて転倒させ自転車運転者を死亡させたという事故につき，過失を認めた原審判決（さいたま地熊谷支判平成24年8月28日公刊物未登載）を破棄し，無罪を言い渡した。その理由は，被害自転車との衝突地点は車道中央であるところ，被害自転車が原判決のように車道中央を一貫して進行していたことには疑問があるとともに衝突前

この点については，総論で述べたように（33頁），「結果回避が合理的な疑いを超える程度に確実である場合に初めて回避可能性が認められる」とするのが判例と考えられるので，この基準で判断することになろう。

イ　動静注視義務

前方注視義務の一種として，動静注視義務がある。これは，前方左右（とき左右後方，又は後方）に人や車を発見しているときに，その人や車が自車の進路前方に出てきたり，あるいは先行車を運転している場合，速度を急に減じて後続車と自車と衝突するようなことがないか等その動静を注視する義務である。これも，条理上当然の義務である。また，この義務も，それ自体で事故を回避するための義務ではなく，情報収集義務であり，動静を注視して不測の事態に備えるための義務である。

なお，前方路上に物体を認めた場合には，同物体が人である可能性が否定できない（予見可能性は原則として肯定されるであろう）上，その物体の付近に人が転倒している可能性もある（これも原則として予見可能であろう）ので，同物体が人か否かを中止して確認する義務があり，人であった場合にその手前で停止できるように速度を調節する（減速する）義務がある（後述「2 速度調節義務」158頁参照）。

のいずれかの時点において，被告人が脇見していた間に，道路脇から車道中央に進出した可能性がないとも言い切れず，結局，被告人が脇見せずに前方注視を尽くし急制動ないし急把の措置を執ったとしても本件事故を回避できなかった可能性がある，というにある。しかしながら，被告人車両は被害自転車の真後ろから衝突していること，被告人は事故当初から，約6秒間脇見していて被害者に気付かず衝突した旨自白していたところ，事故の2日後には，追突地点の約20メートル手前の左角から道路の左前方に何か出てきたが動物か何かだろうと思って前方をよく見ないで脇見した旨一部供述を変更したものの，助手席のバッグに脇見して事故を惹起した旨認めていたこと，前照灯を点灯して進行中の自動車の直前に被害自転車が進出してくることは考え難いこと等から，本件は被告人が前方注視義務を尽くしていれば避け得た事故であることは明らかであると考えられるにもかかわらず，本控訴審判決（東京高判平成25年3月14日）は，被告人の「約20メートル左前方に獣のようなものが見え，動きが素早かったので道路を横切ると思ってアクセルからペダルを離したがブレーキをかけずに進行したところ，その獣のようなものが突然道路中央に進出してきて，急ブレーキをかけると自分が危険になると思いブレーキをかけずそのまま衝突した。獣のようなものを認めた後は脇見はしていない」旨供述するに至ったこと等から，被告人が脇見していた間に，道路脇から車道中央に進出した可能性があるとし，回避可能性の観点から過失を否定したものである。被告人の公判供述は全く信用できないというべきで，判決の認定は極めて不当と考えるが，同様に回避可能性を否定することで過失を否定する判決が増えていることは留意する必要があり，そのことを視野に入れた裏付け捜査が重要になってきているといえる。

(2) 前方注視義務の内容
　ア　前方注視義務の具体例
　　　前方注視義務は，進路前方左右を注視する義務であるから，後退する場合は，その進路である後退先の前方（車両の向きからすると後方）左右を注視することである。
　　　また，夜間，雨，霧等で前方左右の視界が良くないときには，普通以上の一層の注視義務が課せられることになる。
　　　日光によって幻惑されたり，視野がきかなくなったときには，そのまま進行すれば人や車の発見が困難になるので，前方注意を行う前提として，進行自体を止めて停止するか，徐行ないし，最徐行が必要となることもある。
　イ　前方注視義務違反の態様
　　　前方注視義務違反で態様の著しいのは，脇見である。脇見とは，「本来見るべき方向を見ないでよそを見ること」のことである（新村出編『広辞苑』2753頁（岩波書店，第四版，1996））が，ここにおいては，本来運転者が見るべき前方左右でない，それ以外の場所等を見て，前方左右の注視を怠ることである。助手席の者を向いての会話や，カーナビ，車載テレビ，通行人や車両その他道路脇の物等に視線を向けた場合が多い。時速40キロメートルで進行していたとしても，1秒で11.1メートル進行するのであるから，1秒の脇見でも危険性は大きい。まして2秒では22.2メートルも進行しているので尚更である。
　　　脇見は事故に結び付きやすく，また重大な結果を惹起させる危険が高いので，その責任は重い。

(3) 捜査上の留意事項
　ア　事故状況の解明
　　① 衝突地点の特定
　　　　これが，最も重要なことである。衝突地点が不明であれば，過失判断が困難になりかねない。
　　　　現場の見分を詳細に行い，道路上の痕跡（ガウジ痕，スリップ痕）

等のタイヤ痕，車両の部品や被害者の着衣，靴や装身具，身体の一部等散乱状況の正確な位置の特定を行う。

見分時までに，事故直後の現場の状況が保存されていればよいが，現実には事故後救急車等による救助活動によって，事故直後の状況から，被害者，被害者車両，被疑者車両が移動されたりすることが多いので，事故当事者及び目撃者等から，事故直後のそれらの停止位置を確認した上で，特定する。

その上で，被疑者，被害者及び目撃者から，衝突地点の指示説明を受けて特定する。

ドライブレコーダーの映像があれば，その解析が必要なのは当然である。防犯カメラの映像についても同様である。

② 事故状況の確定

被疑者について，相手の発見地点，走行速度[70]，制動地点，ハンドル転把地点，前方注視を怠った地点（脇見の地点等）

被害者について，走行速度[70]，衝突地点，進行（歩行方向）[71]，進行

---

[70] 被疑車両及び被害車両の速度

車両の速度は，過失の有無及び過失の内容を決める上で，不可欠の事項である。争いがある場合には，速度鑑定によって決することになるが，その前提として，スリップ痕，横滑り痕（コーナリング痕），被疑車両や被害車両，被害者の停止位置，転倒位置の特定と計測が必要となる。また，場合によっては，現場道路の摩擦係数の実測値が必要となることもある。いわゆるバリア換算では，車両の保存と変形量の計測は不可欠である。しかし，常に速度鑑定ができるわけではなく，事故当事者や目撃者の供述で特定するほかない場合も多いが，その場合は，特段の事情のない限り，被疑者の供述が前提とされることが多い。

衝突の相手が自転車の場合も，その速度の特定に困難を感じることが多く，一般的な速度（交通資料における）を前提として判断することもある。

[71] 歩行者の歩行方向の特定

歩行者が道路を横断していて事故に遭遇した場合，歩行者が左右のいずれから横断しようとしていたのかは，発見可能地点を判断する上で，極めて重要である。被疑車両が，衝突前に歩行者を発見していた場合は，それが分かるが，発見しないで衝突した場合や，発見したとしても衝突直前で，被害者が立ち止まったような場合には，分からないことも多い。その場合，被害者は死亡したり，重傷で聴取できない場合や聴取できたとしても事故の衝撃で事故の記憶が残っていない場合には，深刻である。目撃者がいたとしても，左右のいずれから横断しようとしていたか分からないことも少なくない（断定的に供述していても，思い込んでいて間違いということもある）。

このような場合は，まず，被疑車両と被害者の衝突状況の解析が重要となる。被害者の負傷状況（左右か，前後か等），着衣の損傷状況，被疑車両の衝突痕等からの衝突部位の特定，車両における被害者の着衣，皮膚片等の付着状況，被害者の転倒場所，衝突地点からの転倒方向，所持品等の散乱場所，及びその方向等を鑑識作業によって明らかにすることで可能となるので，これを欠かしてはならない。また，付近の防犯ビデオの捜査，事故前の被害者の行動を家族等からの裏付け，被害者の所持品（買

場所(歩行場所),被疑車両に気付いた地点,その後の進行状況(歩行状況)

を指示説明させ,あるいは聴取する。

③ 道路状況

道路の広狭,交通規制状況(横断禁止等),道路に視界を遮るものの障害物の存在,交通の繁閑等を明らかにする。

イ 発見可能地点の特定

夜間の事故の場合,前照灯を点灯して走行していても,昼間と違い見通しは悪いので,どの地点から,被害者の動きが発見できるかの視認状況の検証[72)73)]は必須である。その場合,事故当時と同じ条件(同じ明度,同じ色の着衣,同じ体格)で行う必要がある。

交差点の左右道路や障害物の陰から被害者が出てきて衝突した場合は,被害者が交差点(障害物の陰)のどの辺りに位置したときに,被疑車両から発見可能かを検証することになるが,被疑車両,被害者の双方が動いているので,特定の地点における被疑車両からだけの視認状況を明らかにするのでは不十分であり,複数の被疑車両の地点からの視認状況を確認しておくべきである。特に,被害者の速度(自転車や車両の場合は特に)が不明の場合は,複数の速度を仮定して,視認状況を確認することが必要になってこよう。

物の事実)を明らかにすることも必要である。
　相手が自転車の場合は,自転車の損傷部位と車両の損傷部位の突き合わせを行って衝突時の双方の姿勢を特定する。自転車の被疑車両のボンネット等への印象状況等も重要になる。

72) なお,視認実験は,車を止めて行うのが一般であるが,現実の事故においては,走行中の視認であり,動体視力が必要となるので,上記視認状況の検証だけで発見できたとすることにならないことに留意を要する。前掲最判平成15年1月24日裁判集刑283号241頁等は,「当時は夜間であったから,たとえ相手方車両を視認したとしても,その速度を一瞬のうちに把握するのは困難であったと考えられる」と述べて,視認実験の結果をそのまま採用することをしなかったのは,その例である(他に大阪高判昭和60年4月10日高刑38巻1号90頁,判タ654号269頁等)。
　もっとも,一般的な動体視力の基準を提示して,認識できる地点を立証したという事例は,見当たらないが,いかに立証するかは今後の課題である。

73) 視認状況の見分に,被害者を立会人として立たせることがよく行われているが,これは,被疑者が正直に視認可能地点を指示する場合には,証拠価値は高いが,被疑者という立場があるので,真実性には懸念があることを念頭に置いておくべきであり,被疑者と同じ視力をもった中立的な第三者を立会人にした見分を行う必要がある場合もある。

ウ 前方不注視の具体的状況

被疑者から，前方注視状況に関する供述を得る。なお，被疑者が，前方不注視を認めていても，調書上，往々して，「考え事をしていた」程度の理由しか録取されておらず，考え事の具体的な内容については，録取どころか聴取されてもいないことが少なくない。これでは，公判になって撤回されるのを防ぐことができない。その具体的な内容は聴取録取する必要がある。そしてそれを裏付けることにより，盤石なものとなり，前方不注視の過失が認定されることになる。

(4) 判 例

ア 積極判例

① 大判昭和2年1月31日刑集6巻18頁

自動車の運転手が自動車を操縦するに当たっては，常にその進路の前方を警戒し，仮にも自動車の運転に伴い生ずることのあるべき危険を未然に防止するため細心の注意を要することは，その業務上当然の義務である。

② 大判昭和8年10月7日刑集12巻1975頁

殊に都会で夜間大雷雨のため暗黒となり，僅かに同車の前照灯によってその前方左右とも約2間の地点を見通し得るにすぎないような交通上大なる不安のある状況の下においては，いつその進路を横断しようとする者があるかも分からないので，これを考慮して一層の注意を払い，あらかじめその速力を低減し，このような通行人を目撃したときは直ちに急停車の措置を執り，これに自動車を接触衝突させることなく停車できる程度に速力を調節し，制動に留意して操縦し，もって事故の発生を未然に防止するに必要な注意をなすべき義務があることは条理上当然である。

③ 大判昭和10年2月14日刑集14巻96頁

折から降雪が激しく，特に前面の風雨除けに雨雪が吹き付け前方の見通しが困難になったので，運転者としては進路の前方を警戒すべきはもちろん，見通しのきかなくなるに従い，随時前面風雨除けに吹き

付ける雨雪を除去し，あるいはその速力を減じ，臨機に自動車を停車させて危害を未然に防止し得るよう注意をなすべき業務上の注意義務がある。

④　広島高判昭和 30 年 11 月 30 日高検速報昭和 30 年 4 号

　　被害者が酔余道路上に寝込んでいたことは重大な過失であるが，いやしくも自動車運転者がその寝姿を障害物として目撃した以上，その轢断を避けるため万全の措置を講ずべき義務がある。

⑤　東京高判昭和 31 年 1 月 17 日東高時報 7 巻 1 号 13 頁

　　被告人が郵便逓送用貨物自動車を運転して時速約 12 キロメートルで幅員約 8 メートルの道路の左側から 2.4 メートルないし 2.6 メートルの地点を進行中，前方の十字路に気を奪われ，進路左側に注意を払っていなかったため，道路左側人家から 2 年 3 月の幼児がヨチヨチと道路に向かって歩き出したのに気付かず，幼児と接触する寸前にこれを発見し急停車したが間に合わなかった事実が認められる以上被告人が注意さえしておればこの事故を避ける余裕があり，もっと早く急停車の措置を講じ得たに相違なかったのであるから，これを有罪と認定した原判決は正しい。

⑥　東京高判昭和 33 年 1 月 18 日高刑 11 巻 1 号 6 頁

　　幅員 4.2 メートルの狭隘な道路が 90 度近くの鋭い角度で曲がり，反対方向より来る自動車等を見通し得ない場所を通過する普通乗用自動車運転者は，警音器を吹鳴するはもちろんいつでも停止し得るよう徐行する義務がある。

⑦　神戸地判昭和 34 年 1 月 26 日下刑 1 巻 1 号 129 頁

　　運転者席の前方荷台に貨物を積載して運搬する特殊作業用自動車の運転者は，前方を十分注視し得るよう積荷の状態を変えるか，又は自分の位置や姿勢を動かして前方を注視警戒し，危険の発生を未然に防止すべき義務がある。

⑧　長崎地判昭和 34 年 4 月 7 日下刑 1 巻 4 号 962 頁

　　自動車運転者たる者は，当時闇夜で風雨中のため，雨に濡れ，左右のウインドからは見通しがほとんどきかないのであり，前方も僅かに

ウインドウ・クリーナーの活動により見通し得る程度であるばかりでなく，対面歩行中の右Ｙは風雨を避けるため，洋傘を前方に傾けているため前方の視野を有しない者であるから，直ちに警音器を吹鳴して右歩行者に自動車が近づいていることを警告してこれを知らせるとともに，速度を十分低下させ，右歩行者が完全に避譲し，あるいは自己の運転する自動車のハンドルを右に切るなどの安全な措置を講じ，事故を未然に防止して運転する業務上の注意義務がある。

⑨　東京高判昭和37年6月20日東高時報13巻6号175号

　　被告人が早期に本件被害者の所在を発見せず，しかもその後の同人の行動に全く気付かないで，衝突の直前に至って初めて被害者に気付いたことは，当時の状況に鑑み，被告人が自動車運転者としての前方注視義務を尽くしていなかったことを優に裏書するものといわなければならない。そして原判決がいうように自動車の運転者に対し，起訴状に記載されたような業務上の注意義務を要求することが，高速車たる自動車の機能を失わしめることになるからといって，そのために自動車運転者の被告人に進路の前方に対する注視義務までゆるがせにすることを容認することは到底できないところであって，被告人にかかる義務を要求することは法律上当然のことと断ぜざるを得ないのである。以上を要するに本件事故の発生が被告人の前方注視義務を怠った不注意に起因する以上，被告人がその過失による本件刑事責任を免れ得ないことはもちろんである。

⑩　東京地判昭和39年6月15日判タ164号195号

　　自動車の運転者は進路前方の歩道上に自転車が車道を向いているのを発見した場合，自動車の車体が自転車の前方を通過してしまうまで自転車に注目を続け，その動静に対する警戒を続けながら自動車を進行すべき注意義務がある。

⑪　仙台高判昭和41年7月28日高検速報昭和41年14号

　　本件事故は，被告人の前方に横たわる障害物の確認が遅かったため，急制動の措置が遅れ，功を奏さなかったものであり，被告人が前方注視義務を怠らなかったならば，少なくとも二十数メートル以前に被害

者を発見し，右側に避けるなり，あるいは急停車により，本件事故発生を防止し得たものと認められるのであって，本件事故は被告人の前方注視義務の違反によるものと認めざるを得ないのである。被害者が泥酔して普通には予想されない進路上に横たわっていたことは，量刑上斟酌されることは格別，これがため被告人の過失を否定することはできない。

⑫　東京高判昭和42年4月3日東高時報18巻4号1209頁

　　自動車の運転者は，前照灯の照射能力の範囲を考え，適宜減速して進行すべき注意義務がある。

⑬　高松高判昭和42年8月3日高検速報315号

　　物の識別の困難な夜間に，自動車を運転する者としては，前方に障害物を発見した場合，当然速度を落とし，その障害物が何であるか，殊にそれが人間ではないかを確かめるべき業務上の注意義務がある。

⑭　大阪高判昭和42年10月7日高刑20巻5号628頁，下刑9巻10号1239頁，判時505号72頁，判タ211号216頁

　　普通乗用自動車を運転し，信号に従って進行し，停車して乗降客を取り扱い中の市電左側を時速約20キロメートルで進行した際，信号を無視して自車の前方を小走りで横断しようとした歩行者と衝突した事故につき，自動車運転者としては，このような場合，どれほど無鉄砲な信号違反の歩行者が市電の後方から飛び出しても，事故の発生を完全に防止するに足りる措置を講ずべき必要はなく，信号違反の歩行者側の自己防衛手段とあいまって，事故の発生を防止し得る程度の措置を講ずれば足りるものと解するのが相当である。

⑮　福岡高判昭和44年8月14日高刑22巻4号560頁

　　進路上に正体不明の障害物を発見したような場合においては，その実体が何であるかを確かめ，その確認結果によって直ちにこれとの接触や衝突を回避できるような処置を講じ得るような態勢をとって進行すべき業務上の注意義務がある。

⑯　仙台高秋田支判昭和44年12月16日高検速報昭和45年1号

　　後続の自動車運転者としては，先行自動車が急に方向転換して避け

た進路前方に正体不明の障害物を発見したならば，それが何物であるか速やかに実態を確認すべきことはいうまでもないが，もし確認すべきいとまのないときには，まずハンドルを切る等適宜の措置によりこれとの衝突，接触を回避して事故の発生を未然に防止すべき業務上の注意義務があるものといわなければならない。

⑰ 大阪高判昭和60年4月10日高刑38巻1号90頁，判タ564号269頁

夜間，制限速度時速30キロメートルの幅員6.2メートルの道路を前照灯を下向きにして，時速約70キロメートルで走行し，脇見をして，前方を横断していたVを約16.7メートルに迫って発見し，急制動の措置を講じ左転把するも及ばずVに衝突して死亡させた事故につき，高速走行中の被告人にとって，前照灯の照射範囲（照射距離約33.5メートル）外の歩行者を発見することは不可能若しくは著しく困難であり，制動距離が40メートル前後であることからすると，被告人が前方注視を十分尽くし，前照灯の照射距離に入るや否や発見して急制動の措置を執ったとしても衝突は回避し得なかったと考えられるので，過失は高速運転のみで，前方注視義務違反は事故との因果関係を否定されるとの主張にも一理あるが，もし被告人が約33.5メートルの地点意被害者を発見して直ちに急制動の措置を執ったとすれば，被告人車は現実に制動のかかった状態で約17.8メートル進行した後に被害者に衝突したはずであり，被害の結果は現実のそれより軽いものとなり，少なくとも被害者の死（特に事故現場における即死）という最悪の事態を回避することができた蓋然性の存在は否定できず，前方注視義務違反も過失を構成する。

イ 消極判例

① 大阪地判昭和41年2月4日判タ192号195頁

普通貨物自動車を運転し，横断が禁止された国道を走行中，自車左前方に一時停止中の大型貨物自動車を追い越そうとした際，同車の前方を左方から右方に小走りに横断中の歩行者と衝突させてけがをさせた事故について，横断歩道も近くにあり，この場所での横断は禁止さ

れているのであるから，この車列の間を縫って横断を試みる歩行者は，ないものと一応信頼してよいはずである。したがって，起訴状に書かれているように「右停車せる自動車前方より何時通行人が進路に飛び出すやも知れぬことを予想」せよと命ずるのは，この場合運転者に過酷な義務付けをするものと考えるが，運転者としての前方注視義務がある関係上，当然発見すべきときに発見して，遅滞なく停車の措置を執るべきであるのにそれを怠った過失があったか否かということになる。本件では，被告人が前方注視を怠っていて，被害者の発見が遅れ，又は，被害者を発見しながら制動装置に遅怠があって，これと接触したという点を認めるに足りる証拠はない。

② 岡山地判昭和46年2月1日判時643号101頁，判夕260号278頁

　自動車を運転し，片側4車線の第4車線を進行し，横断歩道の手前の停止線前で，信号に従って先行車に続いて停止後，信号が変わり発進進行した際，自車と併進する左側方車両の間隙を縫って横断歩道上に出てきた歩行者に左前バックミラーに衝突させてけがをさせた事故について，横断歩道の直前など，歩行者の出現が予想されるような具体的事情の存しない限り，同一線上あるいは側方車線上を進行する先行者に視界を遮られ，左斜め前方への見通しが不可能なまま走行し続けたからといって，前方左右に対する注意義務違反があったとは解せられない。むしろ，被告人は，先行車の運転者を信頼し，左側の歩道から進入してくるかもしれない横断歩行者の発見，これに対する警告義務を先行車に委ね，先行車が警音器を吹鳴し，又は徐行し，あるいは方向を転ずるなど，危険の発生を予知し得るような措置に出た場合に，これに即応して臨機の措置を執り得るよう先行車の動静を絶えず注視するをもって足り，それ以上に更に進んで，先行車に視界を遮られて左斜め前方の見通しが不可能となれば，直ちに減速徐行して先行車との間隔を十分にとり，左斜め前方に対する注視を容易にした上横断歩行者の早期発見に努めるがごとき義務があったとすることは到底できない。被告人において，先行車の動静を見落としたため臨機の措

置が執り得なかったと認められる形跡はないので，被告人に前方左右の注視義務があったとは認められない。

③　東京高判昭和46年11月12日東高時報22巻11号310頁，判タ276号373頁

　　自動車を運転し，先行車をその右側に出て追い越す際，進路前方を小走りで横断しようとした歩行者と衝突した事故につき，追越しを差し控えるべき業務上の注意義務に違反したというに足りないのはもちろん，先行車の前方の交通の安全を確認しつつ進行すべき注意義務を怠った過失があったとは認められない。

④　東京地判昭和47年3月18日判タ275号308頁

　　普通貨物自動車を運転し，歩行者の横断が禁止された区域の道路を指定最高速度を超える速度で進行中，同乗者との会話等をして前方注視せず，進路前方の横断歩行者の存否を確認していなかったとしても，歩行者が2本の横断歩道のうちどれかを利用するのであって，これを利用しないでガードレールをまたいで，かつ，歩行者横断禁止を無視して，横断歩道以外の部分で車道を横切る者はないであろうと信頼していれば足りる。したがって，本件の場合被告人にはその運転する自動車の進路前方を横切る歩行者の存在を予見すべき義務はないのであり，したがって，（進路前方の車両に対する関係ではともかく）かかる歩行者に対する関係では前方注視義務も指定最高速度遵守義務もない。

⑤　東京地判昭和47年7月18日判タ282号317頁

　　前照灯の光に幻惑されて前方注視が困難な状態になったので，徐行若しくは一時停止して進路の安全を確認した上で進行すべき業務上の注意義務があるか否かは，運転者が幻惑されず通常の運転状況下において前方を注視しさえしていれば事故発生の予見が可能であり，結果の回避も可能であったことが必要であり，それが確定されない限り過失行為ありということはできないし，右の前方注視が困難なまま運転を継続したという不注意な行為と結果発生について刑法上の因果関係を認めることもできない。

⑥ 名古屋地判平成3年1月18日判時1376号142頁

　　普通貨物自動車を運転し，駐車場から歩道を横断して車道に出ようとして，歩道直前で一時停止した後に発進した際，一旦，自車の前を左方から右方に歩いていき，その後引き返してきた歩行者と衝突した事案で，自動車運転者としては，歩行者の通過後も長い間停止していたという事情（その間に停止中の自動車に対する歩行者の注意が薄らいだり，歩行者が前を向いて歩いていても衝突を避けられないほど近くに接近している可能性がある）等がない限り，歩行者の側で自車の動静に注意を払ってくれることを信頼して運転することが許されると解すべきであり，結局，通過した歩行者が引き返してこないことまでも確認する義務はないというべきである，として無罪とした事例。

⑦ 東京高判平成25年3月14日公刊物未登載（前掲146頁）

　　夜間，時速約50キロメートルで進行中，助手席に置いたバッグに脇見して，自車前方を進行中のＶ運転の自転車に全く気付かず，衝突させてＶをボンネットに跳ね上げて路上に転倒させて死亡させた事故につき，被害者の走行状況が不明であり，道路脇から車道中央に進出した可能性を否定できず，その場合には，脇見をせず前方注視を尽くし，急制動ないし急転把等の措置を執ったとしても事故を回避し得なかった可能性がある。

2　速度調節義務

(1) 速度規制の必要性

　　自動車は，運送機関として，高速度で移動できることが，そのメリットの最大のものである。そして，それによって，個人，企業，社会，国家の便益も大いに高まっている。また，人間には，生存本能から他人よりも先に食糧に到着するために先急ぎの衝動が備わっているとする見解もある（松永勝也編『交通事故防止の人間科学』18頁（ナカニシヤ出版，第2版，2006）参照）。そのため，車両の速度は高くなる傾向がある。しかし，速度が高まれば，衝突したときの衝撃は高まる（$E = 1/2 MV^2$）[74]。したがっ

て，衝突したときの結果も速度が高いほど重い。また，速度が高いほど事故発生までの時間が短くなり，回避措置も講じ難くなる。そこで，その結果を防止するために，速度を制限する必要が生じてくる。そして，道路交通法は，22条で，速度を制限することとしたのである。

(2) 道路交通法上の義務

ア 車両は，道路標識等によりその最高速度が指定されている道路においては，その最高速度を，その他の道路においては，政令で定める最高速度を超える速度で進行してはならない（法22条1項）。

路面電車又はトロリーバスは，軌道法14条の規定に基づく命令で定める最高速度を超えない範囲内で道路標識等によりその最高速度が指定されている道路においてはその最高速度を，その他の道路においては当該命令で定める最高速度を超える速度で進行してはならない（法22条2項）。

イ 指定制限速度

(ｱ) 「道路標識等」とは，標識令（「道路標識，区画線及び道路標示に関する命令」（平成26年内閣府・国土交通省令第4号））に定める規制標識「最高速度」(323)，「特定の種類の車両の最高速度」(323の2)，及び規制表示「「最高速度」を表示するもの」(105)である。

まず，道路には設計速度が設定されている（道路構造令）ため，最高速度は設計速度と同じかそれ以下の速度となる。従来は，昭和54年に出された警察庁通達「規制速度算出要領」により，都市規模，地域区分別に定められた「規制速度算出表」に規定されている「車線数」，「歩道の有無」，「中央分離帯の有無」，「1キロメートル内の交差点の数」，「民家の連檐度」，「視距」，「勾配」等の各項目ごとに割り振られた速度数を合算する（1の位は四捨五入）ことによって決められてい

---

74) 危険認知速度（運転者が危険を認識した時点における速度）が高いほど，事故死亡率が高い。具体的には，時速10キロメートルないし時速40キロ未満の場合，いずれも1パーセント未満であるのに対し，40キロメートルないし50キロメートル未満の場合が，1.96％，50キロメートルないし60キロメートル未満の場合が3.93％，60キロメートルないし70キロメートル未満の場合が8.19％，70キロメートルないし80キロメートル未満の場合は14.93％，80キロメートル以上は31.22％である（警察庁「平成25年中の交通事故の発生状況」（平成26年2月27日）35頁）。

たが，規制緩和により，平成23年2月4日上記通達は廃止され，以後は，都道府県公安委員会が，道路の設計速度，道路構造，自動車の実勢速度，交通量，交通事故の発生状況，交通安全施設等の整備状況，沿道環境等の諸条件を総合的に勘案して個別に決定することになった。

　(イ)　都道府県公安委員会の定める最高速度

　都道府県公安委員会は，道路における危険を防止し，その他交通の安全と円滑を図り，又は交通公害その他道路に起因する障害を防止するため必要があると認めるときは道路標識などを設置して，区域又は道路の区間を指定し，その区域内の道路，又はその道路の区間を通行する車両について，政令で定める最高速度と異なる最高速度を定めることができる（法4条2項。なお，道路標識，区画線及び道路標示に関する命令4条2項参照（公安委員会の設置する道路標識を定める））。

　「区域を指定し」というのは，例えば，「東京都中央区全域」又は「東大阪市一円」というような指定を，「道路の区間を指定し」というのは「〇〇市〇〇町1の2の3先より××市××町1の1の1先に至る間の1級国道」というような指定をすることをいい，共に道路標識などを設置して行われなければならない。

ウ　車両の最高速度

　最高速度というのは，その車両が機能的に出し得る最高の速度をいうのではなく，走行中における最高の速度をいうのであって，運転中はいかなる場合でも超えてはならない速度である。

　トロリーバス以外の車両の最高速度は，高速自動車国道の本線車道と高速自動車国道の本線車道以外の道路とに区分して，次のように定められている。

　(ア)　高速自動車国道の本線車道以外の道路における車両の最高速度

　車両（トロリーバスを除く）が，高速自動車国道の本線車道（令27条により最低速度を定めない本線車道を除く）以外の道路を通行する場合の最高速度は，次のように定められている。

　①　緊急自動車　　　　　80キロメートル毎時（令12条3項）

② 自動車　　　　　　　60キロメートル毎時（令11条）
③ 原動機付自転車　　　30キロメートル毎時（令11条）

(イ) 高速自動車国道の本線車道における自動車の最高速度

　自動車が高速自動車国道（令27条の3により最低速度を定めない本線車道を除く）を通行する場合の最高速度は，次のように定められている。

① 大型自動車，中型自動車，普通自動車（3輪のもの並びに牽引するための構造及び装置を有し，かつ，牽引されるための構造及び装置を有する車両を牽引するものを除く），大型自動二輪車，普通自動二輪車
　100キロメートル毎時（令27条1項1号）

② ①に掲げる自動車以外の自動車
　80キロメートル毎時（同項2号）

③ 緊急自動車
　100キロメートル毎時（同条2項）

エ　最高速度の特例

(ア) 自動車（総排気量0.125リットル以下の自動2輪車（規則5条の3）を除く）が，他の車両を牽引して道路を通行する場合（牽引専用車を除く）の最高速度は，上記(ア)の最高速度の規定にかかわらず，次のように定められている。

① 車両総重量が2,000キログラム以下の車両をその3倍以上の車両総重量の自動車で牽引する場合
　40キロメートル毎時（令12条1項1号）

② 前号に掲げる場合以外の場合
　30キロメートル毎時（同項2号）

(イ) 総排気量が0.125リットル以下の自動二輪車又は原動機付自転車が他の車両を牽引して道路を通行する場合
　25キロメートル毎時（令12条2項）

オ　路面電車及びトロリーバスの最高速度（法22条2項）。

① 路面電車
　軌道運転規則53条（軌道法14条による委任）は
　動力制動機を備えた路面電車は　　40キロメートル毎時

　　　　　その他のものは　　　　　　　　25キロメートル毎時
と定めている。
　②　無軌条電車運転規則46条（軌道法31条による委任）は
　　　　　トロリーバスは　60キロメートル毎時
を超えてはならないとしている。
カ　車両の最低速度
　　自動車は，道路標識などによりその最低速度が指定されている道路（高速自動車国道の本線車道を除く）においては，法令の規定により速度を減ずる場合及び危険を防止するためやむを得ない場合を除き，その最低速度に達しない速度で進行してはならない（法23条）。
　　「最低速度」というのは，それを下回る速度で通行することを許されない最低速度をいうのであって，疾走中の速度が瞬間的にでもそれを下回ってはならないことをいう。
　　高速自動車国道の本線車道においては，法令の規定によって速度を減じる場合及び危険防止のためやむを得ない場合を除いて，最低速度は時速50キロメートルと定められている（法75条の4，令27条の3）。

(3)　過失運転致死傷罪における注意義務
　ア　自動車の運転者は，道路交通法22条に規定された指定制限速度又は最高速度を遵守しなければならず，これに違反した場合には，道路交通法違反の責任を負う（法118条1項1号）。
　　しかし，これに違反して事故を惹起させて人を死傷させたからといって，直ちに過失運転致死傷罪の過失になるわけではない。指定制限速度あるいは最高速度を遵守することで事故を回避できたとしても（道路交通法違反と事故との条件関係が認められたとしても），だからといって，速度違反が直ちに過失運転致死傷罪の過失になるわけではない。というのは，過失運転致死傷罪は，法に定められた速度を超過したとい違反という形式的な行為を罰則の担保をもって禁止しようとする道路交通法違反と異なり，客観的かつ具体的に結果が予見可能で，実質的に危険な行為を防遏しようとするものだからである。

したがって，そのような（制限速度を超えた）高速度で走行することで，（事故を惹起して）人の死傷を招来させることについて予見可能性が認められる場合でなければならない。その場合，速度違反との条件関係（速度違反がなければ事故を回避できたという関係）が認められることは前提ではあるが，それだけでは意味がなく，人の死傷についての予見可能性が必要なのである。

　例えば，走行中の道路において，幼児等の歩行者が道路に飛び出してくる等事故発生についての具体的な予見可能性が必要であり，その場合に，（制限速度を超えた）高速度で運転しているために，制動して事故を防げないことについての予見可能性が必要なのである[75]。もっとも，そのような予見可能性が認められる場合には，制限速度以下で走行している場合にも，減速徐行義務がある場合が多いと考えられる（制限速度以下で走行しているからといって免責されることはない[76]）ので，結局，「速度違反」が過失運転致死傷罪の過失になる場合というのは，限定されてくると思われる。したがって，多くの場合は，道路交通法上の速度遵守義務違反ではなく，速度調節義務違反を，過失運転致死傷罪の過失として考えるべきことになる。

　イ　しかしながら，速度調節義務違反だけが過失となる場合は，むしろ少なく，他の前方不注視等の義務違反と併せて注意義務違反として過失を構成する場合が多い。

　　前方注視義務違反が過失になる場合は，（早期に発見できるのに遅れて）発見したときには，もはや当該速度を前提とした停止距離で停止できず衝突が避けられなかったからであるが，この場合，仮に速度が低ければ（停止距離が短ければ），発見遅滞であって結果を発生させることはない

---

[75] 生活道路では，制限速度が時速30キロメートルあるいは時速20キロメートルと指定されていることが多い。それは，沿道環境等を考慮して定められているのであるから，幼児や老人，その他住民等の歩行者や自転車等の存在や出現が一般的に予想されることを示すものといえ，予見可能性は肯定しやすいであろう。

[76] 片岡・過失160頁以下は，「現に，横断歩行者の存在が認識されたとか，あるいは，自車の進路上に横断歩行者の立ち入ることが予測されるような「特段の事情」のない限り」，「交通法規によって許容される最高制限速度までは速度を上げて進行することを是認せざるを得ない」としているところ，実質的には同旨と思われる。

ため，速度違反も過失と捉えられる可能性があるからである。

　もっとも，前方注視できる距離が限られている場合は，速度調節義務違反が過失になる。例えば，夜間，前照灯の照射範囲が限られている場合は，前照灯で照射した範囲を注視して人や他の車両を発見できる地点で急制動をかけたとしても停止できる距離にいなければ事故を防ぐことはできないので，当然同距離以下の距離が停止距離になるような速度で進行すべき義務があることになる。前照灯が故障して無灯火で運転する場合や，運転者の視力が劣っている場合，眼鏡着用が義務付けられているのに眼鏡をせずに運転しているような場合も同様である。

　また，自動車事故が重篤な結果をもたらすのは，高速度で走行していたがためであることが多いので，速度の調節義務を怠り，高速度で走行している場合は，そうでない場合に比して重い注意義務が課されるべきである（予見可能性が肯定されやすい）（「第1章総論　第1・2(6)予見可能性の有無及び判断イ予見可能性の判断基準試論(カ)結果の大小と予見可能性」28頁参照）。

　なお，速度（衝突の衝撃）が致傷の結果に影響を与える蓋然性を前提に過失判断を行ったものとして大阪高判昭和60年4月10日高刑38巻1号90頁，判タ564号269頁（前掲155頁）参照（前方注視義務を怠らず，発見可能地点で急制動を行っていれば衝突の衝撃が緩和され被害結果が現実のそれよりも軽いものになった蓋然性がある場合は，高速運転に加えて前方注視義務違反も過失になるとした）。

ウ　降雨時や積雪，路面の凍結等，路面が滑りやすい場合には，それに応じた速度で走行しなければ，滑走し，また，ハンドルブレーキも効かず，事故を惹起しやすい。したがって，このような場合には，タイヤのトラクションが効き，ブレーキやハンドルが十分に効くような速度で走行することが必要となり，そのような速度に調節することが注意義務となる（急ハンドルを避ける注意義務もあり得る）。後述のハイドロプレーニング現象が生じる場合（182頁）も，そのような場合である。

エ　最低速度と追突

　高速道路における最低速度制限は，専ら追突事故防止のために設けら

れたのであるが，最低速度制限を遵守せず低速で走行していた車両に他の車両が追突して人が死傷したとしても，これは道路交通法上の義務違反であるから，最低制限速度を遵守しなかったことが直ちに過失運転致死傷罪の過失になるわけではない。また，追突車両運転者の前方注視義務違反が伴うことが多いので，最低速度を遵守しなかった車両運転者に過失が認められるかに関しては，予見可能性及び因果関係の認定において，問題が生じることが少なくない。この点は，駐停車禁止場所に駐停車した車両に他の車両が衝突した場合とほぼ同様の問題になる（「第2章各論　第11停車・駐車時の注意義務」460頁参照）。

(4) 車両の徐行・停止義務

　速度調節義務は，道路の状況等によって徐行や最徐行，あるいはその究極の場合として停止すべき義務に至る。

ア　道路交通法上の義務

　道路交通法は，定型的に徐行や停止すべき場合を定めている（徐行につき，法9条，18条2項，25条1項，同2項，34条1項，同2項，同3項，同4項，同5項，36条3項，38条1項，39条2項，42条，一時停止につき，33条1項，38条1項，同2項，40条1項，41条の2第1項，43条）。

　これらは，徐行ないし一時停止しなければ事故が発生しやすい場合を定型的に定めて，徐行や一時停止を義務付けているものであるが，これに違反したことが直ちに，過失運転致死傷罪の過失になるわけではない（片岡・過失152頁以下）し，道路交通法で定められた場所と場合以外でも，徐行や一時停止をしなかったことが，条理上，過失運転致死傷罪の過失になることがあるのは当然である。

　「徐行」とは，道路交通法上「車両等が直ちに停止することができるような速度」と定義されている（法2条20号）。これは，具体的な数字で示されるものではなく，道路の広狭，路面の状況，交通の多少，運転している車両の性能その他諸般の事情を総合して速やかに停止できる程度の速力以下で走行することをいう（田川簡判昭和36年11月30日下刑3巻11・12号126頁（事案は道路交通取締法下の事案であるが，判決時施行さ

れていた道路交通法における「徐行」についても同様の意義としている。根拠として，具体的に速度を規定すれば，道路交通法の目的である「交通の円滑」を阻害する事態が発生するの防ぐ趣旨とする)，道路交通法上の徐行に関する札幌高判昭和37年9月6日高検速報48号，道路交通取締法時代の「徐行」に関する東京高判昭和33年4月22日高刑11巻3号120頁も同旨)。

　一般的には，時速10キロ程度までの速度とされることが多いようである（東京高判昭和48年7月10日刑月5巻7号1084頁等）が，過失運転致死傷罪における速度調整義務の1つとして課される徐行は，道路交通法上の徐行と同様（というよりそれ以上に），当該道路の状況，交通の状況等を総合して判断されることになるところ，具体的な事故発生の予見可能性に応じて，より実質的に判断されることになるべきものである。したがって，時速10キロ程度に減速しただけでは，不十分とされる場合もあり得る。時速10キロメートルで走行していたとしても，反応時間は，通常0.7秒程度とされているので，それだけで，1.94メートル進む(空走距離)。制動距離を加えれば，2.5メートルになる。道路状況によっては，危険を感じて2.5メートル進行したのでは，事故を防げないような場合もあり得る（見通しが極めて悪く交通頻繁な交差点等）ので，そのような場合には，時速10キロメートルで走行していたとしても，事故を回避すべき義務としての徐行には当たらないわけである。したがって，それ以下の速度で進行しなければならない。最徐行が必要な場合も当然あり得ることになる(大阪高判昭和49年11月18日高検速報昭和49年9号，東京高判昭和53年11月11日高検速報2320号)。

(5) **速度算定の方法**

　速度調節義務違反が，過失運転致死傷罪における注意義務として認定されるためには，前提として，事故時の被疑車両の速度が明らかになっていなければならない。しかしながら，道路交通法違反として速度違反を検挙する場合と異なり，客観的な計器で速度を測定していることはほとんどないので，その立証が難しいことが多い。被疑者の自白その他被害者目撃者等の供述で確定する場合もまれではない。しかし，その場合であっても，

可能な限り，その自白や供述の信用性を裏付ける客観的な証拠を収集すべきことはいうまでもない。

　捜査として心掛けることは，まず，供述に頼ることなく，客観的な速度の立証を行うことである。

　交通事故の速度を客観的に立証する方法としては，次のようなものがある。

① エネルギー保存則，運動量保存則から速度を算定する方法
② スリップ痕から速度を算定する方法
③ 横滑り痕から速度を算定する方法
④ 歩行者が跳ね飛ばされた距離から算定する方法
⑤ ドライブレコーダーの情報から速度を算定する方法
⑥ イベント・データ・レコーダー（EDR）の情報から速度を算定する方法
⑦ 運行記録計（タコグラフ）から速度を算定する方法

などの方法がある。以下，これらについて，概略を説明する。これらの基本は，検察官も理解しておくことが望ましい。

ア　エネルギー保存則及び運動量保存則から速度を算定する方法

　　エネルギー保存則とは，車両が衝突前に持っていた運動エネルギーは，衝突中に車両の変形に要したエネルギーと衝突後に両車両が移動等によって費消したエネルギーに等しいという法則である。車両の変形に要したエネルギーは，バリア衝突実験（固定壁衝突実験）で作成されたエネルギー吸収分布図を用いて，算出される[77]。

---

77) なお，正面衝突や追突の場合は，これによってバリア換算速度を算出することができる。バリア換算速度とは，（一財）日本自動車研究所が，コンクリート固定壁（バリア）に様々な速度（特定されている）で自動車を衝突させる実験を行って（かつ車両の型ごとに複数の車両の衝突実験を行って）得た車両の変形量から，変形に要するエネルギー量を算出し，これを運動エネルギーに換算し，その運動エネルギー量を用いて，逆に，個別の事故における車両の変形量から速度（バリア換算速度）を求めるものである。

　すなわち，上記固定壁への衝突実験の結果から，車体の変形によって吸収される運動エネルギー量を，車体の格子ごとに，エネルギー吸収分布図にまとめ，これに事故車両の車体変形図を重ね，変形している部分がエネルギー吸収分布図の各格子に占める面積割合から吸収された各格子の部分の変形に要した運動エネルギー量を求め，そのエネルギー量を合算して，吸収された総運動エネルギー量を求めた上，これを，運動エネルギーの方程式 $E = 1／2 mV^2$ に当てはめて，速度（バリア換算速度 V_b）を算出するものである。

そして，これに，衝突後の移動に要した運動エネルギー量等も算出した上で，エネルギー保存則及び運動量保存則の連立方程式を解いて，衝突時の速度を算出するのである[78]。

エネルギー保存則とは，車両の衝突でいうと，2つの車両が衝突直前に持っていた運動エネルギーは，衝突後，停止するまでに失ったエネルギーと等しいとう法則である（山崎・解析83頁）。これは，

$$1/2 m_A v_A{}^2 + 1/2 m_B v_B{}^2$$
$$= E_A + E_B + 1/2 m_A v_{slip\,A}{}^2 + 1/2 m_B v_{slip\,B}{}^2$$

m_A, m_B：A車及びB車の質量

v_A, v_B：A車及びB車の衝突直前の速度

E_A, E_B：A車及びB車の変形による吸収エネルギー

$v_{slip\,A}$, $v_{slip\,B}$：A車及びB車の衝突直後の飛び出し速度

で表される（山崎・解析83頁）。

また，運動量保存則とは，2つの物体（m_1とm_2，いずれも質量を示す。）が衝突して，速度が変化（$v_1 \to v_1{}'$，$v_2 \to v_2{}'$）したとしても，2つの物体の運動量の総和は等しいという法則である。それは，次の関係で表される。

$$m_1 v_1 + m_2 v_2 = m_1 v_1{}' + m_2 v_2{}' \quad \cdots\cdots\cdots ①$$

もっとも，これは，一次元衝突の場合である。一次元衝突は，正面衝突や追突の事故のように，一直線上で車両が衝突する場合である。交差点での出会い頭の衝突事故のように，衝突した車両や人が角度をもって（直角又は斜めに）衝突した場合は，二次元衝突といい，次の式で表され

ただし，大型，中型車両のエネルギー吸収分布図は存在しない。固定壁衝突実験によるデータ収集は，車両を潰して行わなければならないところ，大型車両，中型車両の価格が高額なため実験が行われていないからである。

もっとも，バリア換算速度は，衝突事故により生じた車体変形を，それと等価な車体変形を生じるコンクリート壁（バリア）との衝突に置き換えたときの速度であるから，事故が，固定壁と同様の物に衝突したものである場合にはこれで換算した速度が衝突時の車両の速度になるものの，車両同士の正面衝突の場合にしても，追突の場合にしても，変形に要した運動エネルギー量は分かるが，それで直ちに，双方の車両の速度が換算できるわけではない。

[78] 動いている物体はエネルギーを有している。このエネルギーは運動エネルギーといわれ，運動エネルギー（E）はE＝$1/2 mv^2$（m：質量，v：速度）で表される。運動量は，運動の勢いであり，運動量（P）は，P＝mvで表される。

る。

$$m_1v_1\cos\beta_1 + m_2v_2\cos\beta_1 = m_1v_1{}'\cos\alpha_1 + m_2v_2{}'\cos\alpha_2 \cdots ②$$

$$m_1v_1\sin\beta_1 + m_2v_2\sin\beta_2 = m_1v_1{}'\sin\alpha_1 + m_2v_2{}'\sin\alpha_2 \cdots ③$$

　β_1, β_2：物体m_1, m_2の衝突角度

　α_1, α_2：物体m_1, m_2の飛出し角度

　二次元衝突の場合は，平面的に解析する必要があるため，X軸，Y軸を定めて，運動量保則を考える。運動量保存則は，X座標上においてもY軸上においても成り立つので，それぞれの座標上における運動量保存則を適用したのが式②（X座標）③（Y座標）である。

　なお，一次元衝突は，二次元衝突の場合の，衝突角度β_1, β_2及び飛出し角度α_1, α_2がいずれも0になる場合の特殊な衝突である（$\cos\beta_1$, $\cos\beta_2$, $1\cos\alpha_1$, $\cos\alpha_2$は，いずれも1になり，式①になる（式③は全てが0になる））。

　衝突速度の算定は，運動量保存則とエネルギー保存則の連立方程式を解いて求める方法のみならず，運動量保存則の2つの連立方程式を解いて求める方法もある。

　この方法で速度を算定するためには，次の事項を実況見分等によって明らかにしていなければならない。

　変形量の計測・算出，車両の移動距離（衝突地点及び停止位置の特定及びその間の距離），スリップ痕がある場合にはその状況及び長さ，車両重量，車長，車幅，路面とタイヤの摩擦係数，衝突角度，飛び出し角度である。

　二輪車に関しては，変形量を投影測定することは困難であるので，ホイールベース縮小量から四輪車のバリア換算速度に相当する有効衝突速度を求める方法によって，速度を算定することになる。実験により，ホイールベースの縮小量と有効衝突速度の関係が一次関数として示されるので,その式によって，衝突速度が算出される（山崎・わかりやすい97頁）。なお，有効衝突速度というのは，変形量をもたらす速度のことであり，

正面衝突の場合は，双方の衝突直前の速度を合算したものの１／２が有効衝突速度であり，追突の場合は，追突車の追突直前の速度から，被追突車の速度を引いた速度が有効衝突速度になる。

　二次元衝突における速度鑑定が問題となったものとして，筆者が担当した次の交差点における出会い頭の衝突死亡を紹介する。

事故の概要

　これは，ある年の春，北陸のある地方で発生した事故である。早朝，赴任先に戻る夫を空港に送ろうとして，妻が夫を助手席に乗せ，普通乗用自動車（以下「被害者車両」という）を運転して，田園に民家の散居する閑散な片側一車線の直線道路を東進していた。そして，本件交差点に進入したところ，右方道路から北に向けて進行してきた大型セミトレーラ（以下「被告人車両」という）と衝突し，北方に向けて飛ばされ一回転して停止したが，その衝撃によって運転席の妻は即死し，助手席に乗車していた夫は重体で救急車で搬送された病院で間もなく死亡した。他方，被告人車両は，進路を北東に変えて最終的には北東角の田んぼに落下して突っ込んで止まった。

　死亡した夫婦側の規制速度は時速50キロメートル，同トレーラの進行道路の規制速度は時速40キロメートルであるが，同交差点には信号機が設置されており，当時の信号表示は被告人車両側は赤色点滅であり，被害者車両側は黄色点滅であった。また，同交差点の南西角には民家とその敷地内の樹木の枝等が存在し，双方とも見通しは悪かった。早朝の時間（午前5時ころ）であったため，目撃者はいなかった。

　現場痕跡としては，被告人車両の進行経路上には進行方向に向かって衝突地点の手前にシングルタイヤの制動痕と次いでダブルタイヤの制動痕，衝突地点後方にもダブルタイヤの制動痕が印象されていたが，被害者車両の衝突前の進路上にはタイヤ痕は一切印象されていなかった（衝突後はタイヤ痕が印象されていた）。

問題点

　110番通報を受けて警察が臨場して見分を行った。通常大型セミトレーラはタコグラフ（運行記録計）が備わっており，運行記録がチャー

ト紙に記録され，時間とその都度の速度が記録されているため，これを収集することで同トレーラの速度が判明する（急激に速度が減じて０になることで一時停止したことは明確に記録される）が，本件トレーラの運行記録計にはチャート紙が備わっておらず，警察が運転手（以下「被告人」という）に確認したところ，被告人は取り付けるのを忘れてきたと述べた。被告人の事故状況についての説明は，「交差点入口の手前の地点に設けられた一時停止線で一時停止した後，発進したところ，左（東）から被害車両が70～80キロメートルくらいの猛スピードで進入してきたのを発見したので，急ブレーキをかけるとともに右にハンドル転把したが衝突を避けることはできなかった。その後自車は北東角の田んぼに落ちそうだったので，低速で落下して運転席だけが落下するのを避けるため，加速して田んぼに飛び込んだ」というもので，事故の責任は被害車両にあるという主張であった。

　なお，一審判決後の捜査によって，被疑者が事故直後にタコグラフのチャート紙を抜き取って道路わきの水路に捨てたことが判明したのであるが，当初警察には分からなかった。しかし，目撃者もおらず，被告人の一方的な主張にすぎず，現場の状況等から考えて，被告人車両が早朝の交通閑散を良いことに，敢えて一時停止せず交差点に進入したことで発生した事故である可能性が否定できないことなどから，これを明らかにするために，両車両の衝突時の速度鑑定を行う必要が生じた。

鑑定上の問題点及び公判の経過

(1)　鑑定上の問題点

　本件の事故態様を解明し，被告人の過失の有無を明らかにするため，鑑定によって本件で求めるべき速度は，被告人車両である大型セミトレーラと被害車両である普通乗用自動車の衝突速度である。

　通常の出会い頭の衝突事故の場合，両車両の飛出し速度が判明すれば（②③式のv_1'は，被告人車両の飛出し速度，v_2'が被害車両の飛出し速度になる），現場痕跡から求める飛出し角度と併せて，運動量保存則の上記②③の式に当てはめることで両車両の衝突速度を求めることができる。すなわち，他のm_1とm_2は，両者の質量（重量）であり，a_1は，

被告人車両の飛出し角度，a_2 は被害車両の飛出し角度であり，これらは車検証の記載と計測及び現場の痕跡による解析で明らかすることができる。また，被告人車両の飛出し速度である v_1' と被害者車両の飛出し速度 v_2' は，通常は，衝突地点と停止地点の距離を計測し，適切な路面の摩擦係数を用いることで算定することができる[79]。したがって，後は未知数である両車両の衝突速度（被害者車両 v_1 と被告人車両 v_2）を，連立方程式で解いて求めればよい。

ところが，本件では，被告人が衝突後加速したと述べていたことから，被告人車両の飛出し速度の算定が不可能という問題があった。つまり，未知数が3つで，方程式は2つしか作れないため未知数の数字を求めることができないのである。

そこで，警察が依頼した科捜研の技官は，被告人車両の飛出し速度が不明なため（未知数が3つで，方程式が2つしかないことから）両車両の衝突速度は正確に算定することはできない旨の鑑定を行った（もっとも，その鑑定書の中で，被害者車両の飛出し速度は時速約50キロメートルと算定した上，このことから被告人車両の衝突速度は少なくとも時速約50キロメートル以上であったという判断もなされていた[80]）。

そこで，検察官は，より正確な両車両の衝突速度を算定しようと考え

---

[79] 一般に，加速度を a とすると，停止していた物が，t 時間後に達した距離 l は，
$$l = 1/2 \cdot a t^2$$
で表される。この場合，t 時間後の速度は at である。
ある速度で運動していた物が一定時間後に停止した場合は，この逆を考えればよいわけである。したがって，上記の加速係数が，「減速」係数となり，これは摩擦係数Fに相当する。したがって，衝突地点と停止地点の距離を求めて，摩擦係数 μ を求めれば，停止するまでの時間 t が求められる。そこで，t 時間前の速度は，$\mu g t$ となる（g は重力加速度）。

[80] その理由は，本件がほぼ直角の衝突であり，被害者車両の飛出し角度もこれに近かったことから，被害者車両が直角で（座標軸を想定しX軸上に沿って），時速50キロメートルの速度で飛び出したとすると，その速度は，衝突によって被告人車両から得た速度以外に考えられないからである（ベクトルによる分析）。
したがって，被告人車両である大型セミトレーラの衝突時の速度である衝突速度が時速約50キロメートル以上であることに加え，衝突地点前に被告人車両のシングルのタイヤ痕とダブルのタイヤ痕が印象されており，被告人車両のトラクタ部の前輪はシングルタイヤであるが，トレーラ部はいずれもダブルタイヤであることから，衝突前に被告人が制動していたことも明らかであり，被告人が被害者車両を発見して制動をかけたことが明らかで，したがって，その時点での速度は前記速度以上の速度であったこと，さらに，停止線付近で一時停止した場合最大に加速してもその速度には達しえないことから，被告人が一時停止しなかったことは明らかといえたのであった。

て鑑定人に速度鑑定を依頼した。その結果，同鑑定人は，「一体化理論」を用いて，すなわち，出会頭の衝突事故の場合両車両は同一速度で一体化して飛出したと考えてよいとして，被告人車両の飛出し速度を被害者車両の飛出し速度（同鑑定人の算定によれば，時速約48.8キロメートル～51.4キロメートル）と同一とみなし[81]，（未知数が２つに減ったため）運動量保存則を用い，被告人車両の衝突速度を，時速52キロメートル～55.9キロメートル，被害者車両のそれを，時速50.5キロメートル～54.3キロメートルと算定した。そこで，この鑑定を基に検察官は，被告人が赤色点滅信号に従った一時停止義務を怠るとともに，左前方の安全確認義務を怠ったとして，自動車運転過失致死の事実で公判請求した。

(2) 公判経過

被告人は，公判においても，自分は一時停止したこと，事故の原因は，時速70～80キロメートルもの高速で交差点に進入してきた被害者車両にあることを主張し過失を否認したことから，検察官は鑑定人尋問を請求し尋問を行った。鑑定人は，上記一体化理論を証言したのであるが，何故（なにゆえ），一体化理論が使えるのかについて理論的な説明は行うことができなかった（要は，専門家である自分の経験等から一体化したと考えてよい，とする結論の押し売りであった）ため，裁判官は，同鑑定の信用性を否定し，被告人車両の衝突速度が明らかにならない以上，一時停止を怠った事実を認めることができないとして，無罪の判決を下した[82]。

そこで，検察官は控訴するとともに別の鑑定人に鑑定を依頼した。同

---

81) 一体化理論は，一次元衝突，すなわち正面衝突事故や追突事故の場合には妥当するが，二次元衝突には妥当しない。また，衝突した２つの物体が，物理的にも合体した場合は，当然一体化理論は使えるが，そうでない場合は理論的には説明がつかない。

82) 同鑑定人尋問においても，同鑑定人の理論による鑑定結果を証言するだけでなく，科捜研技官の鑑定にあったように，被害者車両の飛出し速度と同車両の飛出し角度がほぼ直角であったことから，被告人車両の衝突速度がそれ以上であったことは明らかであるので，その点を併せて証言していれば，一体化理論に信用が置けなくともおそらく無罪にはならなかったであろうが，その点の言及がなされていなかった。

また，一体化理論を用いて鑑定を行った鑑定の信用性を否定した一審裁判官の判断も，力学の知識のない者としてはやむを得なかったであろう。鑑定の理論的な合理性を説明せず，「経験豊富な鑑定人の私の判断では両車両は一体化したと考えてよい」程度の証言を受け入れるわけにはゆかなかったと考えられるからである。

鑑定人は，被告人車両の飛出し速度という未知数を1つ消すために，新たにエネルギー保存則を使うこととした。すなわち，エネルギー保存則は前記（168頁参照）のものであり，ここでも，両車両の衝突速度及び飛出し速度が必要になるわけであるが，この式を使うことにより，方程式を増やし，3つにし，3つの未知数（被告人車両の飛出し速度及び両車両の衝突速度）を求めることを可能にしようとしたのである。

　もっとも，この式を使うためには，両車両の衝突によるエネルギーの吸収量を測定しなければならない。被害者車両は普通乗用自動車であり，既に存在する普通乗用自動車のエネルギー吸収分布図によって求めることができるが，被告人車両である大型セミトレーラ等の大型貨物自動車のエネルギー吸収分布図は存在していない。そこで，鑑定人は，過去に勤務していた日本自動車研究所時代のエネルギー吸収分布図を作成するための中型貨物自動車や普通乗用自動車の固定壁衝突実験を行った経験やそれ以外の各種衝突実験，交通事故鑑定等の経験を基に，被告人車両の凹損状態を，最低でも生じると考えられる固定壁への衝突速度として時速15キロメートルを想定した（実際にはそれより速い速度である可能性が高いものの被告人に有利にその速度を想定することとした）。そして，これを前提にして，方程式を作り，同鑑定人の算定した被害者車両の飛出し速度時速約53.8キロメートル等を代入し，3つの連立方程式を解いて，被告人車両の衝突速度は，時速約55.8キロメートル，被害者車両のそれが，時速約45.2キロメートルと算定した[83]。

　高裁において，同鑑定人の証人尋問が行われ，上記鑑定経過等を証言したところ，鑑定書が採用され，高裁は，同鑑定の信用性を肯定し，被告人の一時停止したとの主張を排斥し，公訴事実記載のとおりの過失を認めて，被告人に対し，懲役2年4月の実刑判決を言い渡した（被告人

---

[83] 仮に，被告人車両の損傷を固定壁衝突実験の時速30キロメートルで生じるものとした場合の被告人車両の衝突速度は，時速約70キロメートル，被害者車両の衝突速度は時速約55キロメートルになる（裁判では，鑑定人にこの点についても証言してもらった。鑑定結果を法廷に顕出するだけでは必ずしも十分でないことに思いを致すべきである。）。なお，同鑑定の計算等の詳細は，鑑定人自身の「事例に学ぶ　交通事故事件捜査⑨・大型セミトレーラが一時停止線を無視して起きた出会い頭事故」（捜査研究No. 804（2017.12.5（山崎俊一））に詳しいので参照されたい。

が上告するも，上告は棄却され確定）。

(3) 総　括

　本件は，被告人が信号表示に従わず，一時停止せず高速で交差点に進入して起きた事故であったが，被告人が運行記録計のチャート紙を事故直後警察官が臨場する前に捨てて罪証隠滅を図って一時停止した旨申告し，事故の原因は被害者車両の高速度運転にあると責任転嫁した上，<u>衝突後加速したと供述したため</u>，鑑定の困難さが生じ，捜査・公判が難航することになったのであるが，科捜研技官の被告人車両の衝突速度は時速50キロメートル以上であった旨の副次的鑑定結果を根拠に立証することも十分に考えられた。しかし，より正確な衝突速度を出そうとして前記問題鑑定に遭遇してしまったことから，混迷を更に深めることになったのである。しかしながら，控訴後の補充捜査により，被告人から本件事故後運行記録系のチャート紙を捨てた旨告白を受けたとする参考人の供述が得られたことに加え，一方の大型車両の飛出し速度が不明な場合でエネルギー吸収分布図がなくとも，経験的な速度を想定してエネルギー保存則を用いることで方程式を増やし，真相を明らかにし得たものである。<u>本件は，この鑑定人の工夫により，2台の車の衝突事故で一方の車両の飛出し速度が不明な場合であっても衝突した2台の車両の衝突速度を求めるという手法があり得ることを示した点で，交通事故鑑定に新たな1頁を加えたものと評価できる事件といえる。</u>

　もっとも，初動捜査で，本来備わっているはずのチャート紙が備わっていなかったことに疑問を抱き捜査段階で勤務先の運送会社の裏付けを行っていれば，同車は運転手の出発前にチャート紙の装着を点検しており，その点検結果も記録していた上，これまで被告人がチャート紙をつけ忘れた記録もなかったことが判明していた筈であり（無罪判決後の勤務先運送会社に対する捜査で明らかになった），被告人を追及できたのに，これがなされていなかったこと，捜査・公判に従事した検察官が，必ずしも十分な速度鑑定に関する知識を有しておらず，<u>一審段階の鑑定人任せの姿勢で尋問を行ったこと</u>，そもそも同鑑定人の鑑定が杜撰であったことなどが複合して問題を生じさせたものであり，交通事故事件の捜査・

公判を考える上で（反省材料として）参考になる事件でもあった。

イ　スリップ痕から速度を算定する方法

自動車のスリップ痕から制動初速度（時速）を算出することができる。その式は，

$$V = 3.6 \times \sqrt{2\mu g L} \quad (m/s)$$

V：制動初速度，μ：摩擦係数，g：重力加速度，L：スリップ痕の長さ

である。（山崎・わかりやすい60頁照）

もっとも，近年は，ABS[84]の搭載された車両がほとんどであるので，スリップ痕が明瞭に印象されるケースは少なくなってきている。しかし，薄いスリップ痕が印象されているので，見分を綿密に行う必要がある（山崎・わかりやすい60頁）。また，湿潤路面はスリップ痕がほとんど見えないが，路面の汚れをタイヤが擦り取るので，路面が乾燥した後に，その部分が白く見えることになり，路面を保存し，乾燥してから見分する必要がある（山崎・わかりやすい61頁。なお，平成17年に発生したサレジオ学園生徒に対する危険運転致死傷事件（横浜地判平成18年7月13日，控訴審東京高判平成19年7月19日，上告審最決平成20年9月8日）は，神奈川県警がこれを実施した例である）。

車両の衝突地点が特定される場合には，停止地点までの移動距離（直線距離）を測定して，上記式（L）に当てはめることによって，衝突後直後の速度を算出することができる（山崎・わかりやすい65頁）。

ウ　（転動）横滑り痕から速度を算定する方法

（転動）横滑り痕は，コーナーリング痕ともいわれる。これを計測して横滑り痕が印象された際の速度（限界旋回速度）を算出することができる。

コーナーリング痕の弦の長さと，弧の最も弦から遠いところの距離を

---

84) アンチロックブレーキシステム。急ブレーキをかけた場合車輪がロック（回転が止まること）するのを防ぐことにより，車両の進行方向の安定性を保ち，また，ハンドル操作で障害物を回避できる可能性を高める装置。ホイールに取り付けられたセンサーがロックを感知すると，その情報をコンピューターが感知し，ブレーキの油圧を調整してロックを防ぐ。

測り，弧の描く円の半径を求めれば，次の式によって速度を算出することができる。

$$mV^2 / r = \mu W \quad \therefore V = \sqrt{\frac{r \times \mu W}{m}} \quad (m / s)$$

W：mg，g：重力加速度，r：半径，V：速度

なお，半径を求める式は，

$r = D^2 / 8H + H / 2$

D：弦の長さ，H：弦と孤の最長の高さ

である（山崎・わかりやすい29頁）。

この場合の，留意事項は，横滑り痕か否かをきちんと見分けることである。横滑り痕は，縦滑痕と異なり，車の進行方向に斜めの縦じまの痕跡が印象されている。

それは，遠心力による横力が働き車輪の転動方向と異なる方向に車両が進行してゆくからである。

横滑り痕は，ラジアルタイヤでしか印象されないが，現在では，ほとんどのタイヤがラジアルタイヤである。

エ　歩行者が投げ飛ばされた距離から速度を算定する方法

　歩行者が投げ飛ばされた距離から車両の衝突速度を算出することができる。タイヤ痕（スリップ痕）がある事故の場合は，前記のとおり，スリップ痕から制動時の速度を算出することができるが，スリップ痕がない場合（運転者がブレーキ操作を行っていない場合）は算定できないので，この方法が役に立つ。次の式によって算出される。

$X = 0.1 V^2 \rightarrow V = \sqrt{10X} \quad (m / s)$

X：転倒距離（最終的に停止した地点），V：衝突速度

ただし，これは，体重75キログラム，身長175センチメートルの人間を前提としたもので，実験によって求められた近似式である。

子供（体重22.5キログラム，身長126センチメートル）であれば，

$X = 1 / 7.5 V^2 \quad V = \sqrt{7.5 X}$

とされている（山崎・解析146頁。これも実験で求めた近似式である）。

また，これで算出されるのは衝突速度であり，制動をかける前の速度

ではないので,制動をかける前の速度を出すには,スリップ痕を基に計算して,速度を加味することになる。

制動をかける前に衝突したのであれば,この式で算出されたものが走行速度になる。歩行者が投げ飛ばされた距離から,速度を算出するものであるから,衝突地点の特定が何よりも重要となる。これが特定されて初めて,投げ飛ばされた距離が測定されるからである。

なお,ボンネットを有する車両のフロントガラスの破損状態から,経験則的に次のように速度が推定されるといわれている。

① フロントガラスが割れていない→時速40キロメートル以下
② ひび割れ程度に割れている→時速50キロメートル以下
③ 蜘蛛の巣状の割れ＋ガラスのくぼみ→時速60キロメートル以下
④ 蜘蛛の巣状の割れ＋ガラスの陥没→時速60キロメートル以上

オ　ドライブレコーダー・EDR等のデジタルデータから速度を算定する方法

㋐　ドライブレコーダー

近年,ドライブレコーダー搭載の車両が増加している。バスやタクシー,トラックをはじめとする営業用自動車やレンタカーにも導入され,その数は増加している。自家用自動車にも普及し始めており,その数が増加している（平成22年4月現在で約42万台。なお,個人用は平成21年3月段階で約13万4000台（国土交通省）。運転監視装置というより運転者を事故の責任から守る安全装置という認識が普及してきたからである。

ドライブレコーダーには,様々なものがあるが,映像,加速度（上下,左右,前後）,運転速度等（他にブレーキ,方向指示,時刻,緯度経度等も記録されるものもある）の情報がデジタルデータで記録されている。記録のタイミングで,常時記録型,トリガ型[85],トリガ＋常時記録型[86]に分かれている。

---

[85] 強い加速度が加わったときに前後数十秒が記録される形式。急ブレーキをかけた場合や,衝突した場合などに記録される。

[86] 常時記録しているが,衝突等の場面の前後だけを抜き出すことのできるもの。

ドライブレコーダーは，装置そのものの目的が，事故時等の運転状況を可視化することにあるので，そのデータに記録されている速度データは，速度算定に決定的に重要である。もっとも，そのデータを鵜呑みにするのではなく，その正確性は，検証しておく必要がある。

(イ)　EDR

　EDR は，イベント・データ・レコーダー（Event Date Recorder）の略である。EDR は，「エアバッグの展開を伴う衝突等の事象の前後の時間において，車両速度等の車両状態にかかる計測データを時系列で記録装置又は機能」と定義されている（「J－EDR の技術要件」（国土交通省））。導入された当初は，エアバッグが正しく作動しなかったことで負傷したなどとして PL 法（製造物責任）による責任を問われないように，エアバッグが正しく作動したことを証明する手段として搭載を始めたものであり，アメリカで始まり，日本でも搭載されるようになった。当初ユーザーには秘匿していたが，アメリカで，プライバシー訴訟が起こされたことを契機に，米運輸省高速道路交通安全局は，2011 年モデルから，EDR 登載車にはその旨明記することとした。

　日本でも，2008 年 3 月国土交通省が乗用車及び車両総重量 3.5 トン以下の貨物車に搭載する EDR の技術要件を定め，その搭載の有無や記録可能なデータ要素の例が取扱説明書に記載されることになっている（前出 J－EDR の技術要件）。

　EDR で記録されるデータには，事故発生前数秒間の速度，エンジン回転数，アクセルの状態，ブレーキの状態，シートベルト装着の有無，エアバッグの展開までの時間等である。

　EDR の速度情報は，精度が高く，科学警察研究所が実験を行ったところ，EDR のプラス誤差は 2 キロメートル毎時であったという報告もある。なお，EDR には，それぞれの装置で定められた上限の速度があり，それ以上の速度が出ていたとしても上限の速度以上の速度は記録されないので，留意を要する。

　EDR の解析は，警察においては，科学警察研究所だけが行う体制となっている。また，メーカーの協力を得て解析を行うことが可能で

あるのはいうまでもないが，メーカーは協力に消極的であることが多い。また，車両の欠陥が主張されている場合には，客観性に疑問を抱かれる可能性もあるので，留意が必要である。

　EDRは，エアバッグが作動しない低衝撃の場合には記録が残らないため，歩行者事故等の場合では記録が残らない場合がある。また，エアバッグの作動に直結しているため，進行方向（縦方向）の加速度は記録するが，横方向加速度の記録はされない。

(ウ)　防犯カメラ等

　街角や店舗に設置されている防犯カメラが増えている。そして，それらに，事故当事者の車両が記録されていることが少なくない。そして，これを利用して，事故車両の速度を算出することも増えている。

　また，警察が主要な交差点に設置している交通事故自動記録装置（TAAMS − Traffic Accident Auto Memory System）の映像によって算出する場合もあるが，こちらは，予算が限られているため，さほど増えているわけではない。

　いずれにしても，映像に残っている事故状況から，自動車の速度を割り出すものである。これらの映像には，時間が記録されているので，その間の自動車の走行距離を実測して速度を算出する。この場合，距離はもちろん記録されていないので，現場で正確に距離を計測することが肝要である。多くの場合，カメラの映像で計測する地点が特定されることはまれであるので，計測の状況が，実際の映像と同じになる位置かどうかを，事故の映像と照らし合わせながら確認した上で，計測する必要がある。この正確性を確保すること及び正確性をいかに分かりやすく立証するかが，この方法による速度算出のポイントである。

(エ)　運行記録計（タコグラフ）

　運行記録計は，道路運送車両法によって，設置が義務付けられている（同法41条20号，同法施行令6条。設置すべき車種については，「道路運送車両の保安基準」48条の2で，貨物の運送の用に供する普通自動車であって，車両総重量が8トン以上又は最大積載量が5トン以上のもの，及びこれを牽引する牽引自動車とされている）。

運行記録計（タコグラフ）は，運行管理者が，車両に記録された車両の速度や運転時間を分析することで，速度超過や無理な長時間運転の予防や労務管理を行えるようにするための装置であり，運転者としても，エンジン回転数の記録が残ることから，自分の運転を客観的に捉えるための参考にもなる。

　平成10年以降，デジタルタコグラフが普及し，近年は，ドライブレコーダーと連携させて運転記録と車内外の映像や音声を同時に記録できる機種も登場しているようである。

　前掲の交差点における大型セミトレーラと乗用車に出会い頭の死亡事故では，トレーラの運転手が同車に備え付けていたチャート紙を抜き取って捨てた事案である。

　ハイドロプレーニング現象を理由に大型バスの運転者の過失を否定した後掲大阪高判昭和51年5月25日判決（187頁）は，運行記録計で速度を算定したものである。

カ　供述等による特定

　以上のように客観的に速度を算定することが不可能な場合は，供述で速度を特定するほかないことになる。深刻な争いのある事件以外は，ほとんど，事故当事者の供述によって速度が認定されている。もちろん，これには，事故状況に関する実況見分調書の裏付けが存在するのであるが，それには，事故現場の状況，車両の損傷状況，その他の事故直後の状況，事故状況に対する事故当事者や目撃者の供述等の情報を基にした事故状況に対する交通警察官の事故の実態に対する洞察力と事故当事者の誠実性が反映しているため，基本的に信用できるものとなっている。

　しかしながら，この供述の信頼性には限界がある。供述する者の速度感覚がどの程度か，及びその誠実さ（被疑者はおおむね実際の速度よりも少ない速度を供述する傾向がある）等によって信頼性は異なってくる。交通警察官の事故に対する洞察力も，当事者の供述（指示説明及び現場供述）を，左右することはできない。したがって，当事者の速度に関する供述は，結論だけを聴取するのではなく，その速度であると感じた根拠も必ず聴取して，供述調書に録取する必要がある。

また，前記の方法で客観的な速度の算定が可能であっても，被疑者や被害者，目撃者等に対しては，当然，事故車両の速度についての供述を求める必要がある。客観的な方法で求めた速度が補強される場合もあるし，矛盾する場合もある。後者の場合は，客観的な方法で求めた速度の方が信用性が高いといえる（速度算出の基礎となった資料の正確性に問題がある場合は別）。

　さらに，客観的な速度を算定することができないとしても，可能な限り，客観的な速度の推認資料は得ておく必要があると思われる。実際の事故時の速度に直結するわけではないが，事故現場の事故と同時刻における車両の走行状況は，速度認定の参考資料となるので，計測しておく価値はあると思われる。

(6) 捜査上の留意事項

　前述したように，速度調節義務違反だけが事故の過失になる場合はむしろ少ない。前方注視義務違反などの情報収集義務違反とあいまって事故が発生することが多いので，これら他の注意義務違反を捜査することも念頭に置いて捜査すべきことになる。速度調節義務違反に関していえば，実際にどの程度の速度で走行したかが重要になってくるので，前述の方法で速度を算定するための根拠となる現場における痕跡等を収集したり，検証して特定することが重要であり，それに尽きる。

　なお，速度を算定するためには，タイヤと路面の摩擦係数（ここでは，以下「摩擦係数」という）が重要になってくる。摩擦係数は，様々な文献に紹介されているが，それらは，実験によって求められた数値であり，実際の摩擦係数は，道路の状況，タイヤの摩耗状況等により異なってくるので，実際の事故車両で，事故現場で測定することも必要となることもある（いわゆるサレジオ学園生徒に対する危険運転致死傷事件（前掲176頁）は，神奈川県警が摩擦係数を実車を用いて現場で実測した事例である）。

(7) ハイドロプレーニング現象について

　ハイドロプレーニング現象とは，路面とタイヤとの間に水の層が入り込

み，そのためタイヤと路面との間の力の伝達（トラクション）が弱められる現象をいう。

　水膜が厚い場合，速度が増してくると，タイヤの接地前端の水の入り込んだ領域が大きくなり，最後には，接地面全域に水膜が入り込みタイヤが完全に水の上に浮いてしまう。そのため，トラクションが効かず，ハンドルもブレーキも効かない，極めて危険な状態になる。完全ハイドロプレーニング現象が起きるのは，タイヤの状態（摩耗状態），路面の状態等で異なるが，時速 80 キロメートル以上で起こりやすくなるということである（山崎・わかりやすい 47 頁）。

　ハイドロプレーニング現象によって事故が発生したとされる事例として，大阪高判昭和 51 年 5 月 25 日刑月 8 巻 4・5 号 253 頁，判時 827 号 123 頁，判タ 341 号 147 頁がある（無罪（後掲 187 頁））。

(8)　高速度類型の危険運転致死傷罪との関係
　ア　高速度類型の危険運転致死傷罪（自動車の運転により人を死傷させる行為等の処罰に関する法律 2 条 2 号）が成立する場合には，過失運転致死傷罪は成立しないので，いかなる場合に高速度類型の危険運転致死傷罪が成立するか理解しておくことが必要である。
　イ　同危険運転致死傷罪が成立するためには，「その進行を制御することが困難な高速度で自動車を走行させること」が必要である。
　　「進行を制御することが困難な高速度」とは，速度が速すぎるため，道路の状況に応じて進行することが困難な状況となる速度のことである。言い換えると，そのような速度で走行すれば，ハンドルやブレーキ操作等の僅かなミスによって自車を進路から逸脱させて事故を生じさせるような速度のことである。例えば，道路がアイスバーン状態にある，急カーブである，幅員が狭い等の道路の状況，車の性能，過積載である等の車の状況で，僅かな操作ミスによって自車を進路から逸脱させるような速度である（西田・各論 52 頁，川端 博ほか「刑事立法の動向《緊急特別座談会》「危険運転致死傷罪を新設する刑法の一部改正をめぐって」」現刑 36 号 4 号 85 頁以下（2002））。急カーブを，その限界旋回速度で走行して

いた場合でも，ハンドルやブレーキの僅かの操作ミスによって進路を逸走させかねないので，危険運転致死傷罪は成立すると考える（これを認めた判例として，京都地判平成28年5月25日2016WLJPCA05256008，東京高判平成22年12月10日2010WLJPCA12106004などがある）。

　直線道路でも，起伏が大きかったり凸凹の大きい道路を高速度で走行すれば，車両に対する衝撃が大きくなり，そのために車体が傾いたり，ハンドル操作をミスして進路を逸走する危険が大きいところ，そのような道路を高速度で走行したために，ハンドル操作を誤って車両を逸走させたりして人を死傷させた場合には，本類型の危険運転致死傷罪が成立する（中央が隆起した橋上の道路を，時速90キロメートルを相当超える速度で走行したために，車がジャンプし，着地した際に運転制御を失って車両を暴走させ，ガードレールと電柱に衝突させて同乗者を死傷させた事故につき，危険運転致死傷罪の成立を認めた東京高判平成22年9月28日判タ1352号252頁参照）。

　もっとも，危険運転致死傷罪は，故意犯であるから，危険運転行為についての認識，本類型でいえば，進行を制御することが困難な高速度で自車を走行させていることについての認識がなければならない。前述したように，「進行を制御することが困難な高速度」とは，速度が速すぎるため道路の状況に応じて進行することが困難な状況となる速度のことであるから，ここにおける認識も，「道路の状況に応じて進行することが困難な高速度であること」の認識を要することになる。そこで，直線道路で高速度を出して走行中，同道路の起伏が大きく，そのため衝撃によってハンドル操作を誤って自車を進路から逸脱させて人を死傷させたとしても，行為者において，当該道路にそのような起伏があることについての認識がなかった場合には，高速度運転の危険性の認識が認められないため，危険運転致死傷罪は成立しない。また，急カーブで高速走行したため，限界旋回速度を超えて自車を逸走させた場合も，同カーブがそのような急カーブであることの認識を欠いていた場合には，同じく危険運転の故意を欠くので，本罪は成立しない。したがって，その場合には，過失運転致死傷罪が成立するにとどまる。

なお，限界旋回速度が時速約95キロメートルであるカーブを，時速約100キロメートルで走行していて，曲がりきれずに自車を暴走させ道路右側の街路灯等に激突させて同乗者を死亡させた事故で，本件カーブは被告人が何度も通ったカーブであり，被告人はカーブの限界速度は時速80キロメートル位と思っていたため本件カーブを通過する際には適宜減速するつもりであったが，スピードメーターなどに気をとられて本件カーブに近づいていたことを直前に気付いてブレーキをかけたものの間に合わなかった事故につき，認識としては，客観的に速度が速すぎるため道路の状況に応じて車両を進行させることが困難であると判断されるような高速度で走行していることの認識で足り，その速度が進行制御が困難な高速度と判断されることの認識までは要しないとして，危険運転致死罪の成立を認めたものとして函館地判平成14年9月17日判時1818号176頁，判タ1108号297頁）があるが，本件事故の本質は，被告人がカーブに近づいていたことに気付いていなかったという過失にあるので，危険運転致死罪を認めた判断には疑問がある。

(9) 判　例
　ア　積極判例
　　① 岐阜地大垣支判昭和33年1月31日一審刑集1巻1号147頁
　　　　自動車運転者としてはこれらの状況を考慮し，所定の制限速度を厳守するのはもとより，細心の注意を払いつつ進行し，危害の予防に努めなければならない業務上の注意義務があるのにもかかわらず，試運転の興味にかられてこれを怠り，右制限速度を超えた時速約50キロメートルで進行した結果，傷害を負わせたのであるから，業務上過失傷害の責任がある。
　　② 横浜地判昭和45年5月21日公刊物未登載
　　　　被告人が普通乗用自動車を運転して進行するに当たっては，法定に定められた最高速度（60キロメートル毎時）を守り，進路の安全を確認して進行すべき業務上の注意義務がある。

③ 広島高判昭和44年2月13日高検速報昭和44年1号

被告人としては少なくとも制限速度を遵守し，進路前方に人車を発見したときは速やかに急停車して事故の発生を未然に防止すべき業務上の注意義務があるものというべきである。しかるに被告人は制限速度時速30キロメートルをはるかに超える時速約70キロメートルの速度で自動車を運転して進行していたもので，被告人が右制限速度を遵守して進行していれば，被害者の異常な状態を発見して直ちに急制動の措置を講ずることにより，本件事故を回避し得たものであることは原判決の説示するとおりであるから，本件事故は被告人が制限速度を遵守せず，時速70キロメートルの高速で進行した過失により発生したものといわざるを得ない。

④ 大阪高判昭和47年5月12日高検速報昭和47年29号

普通乗用自動車を運転し，激しい降雨中にアスファルト道路を時速約70キロメートルで走行中，対向自動二輪車を認めて急制動をかけた際，自車の後部が左側に大きく振られハンドルをとられて右斜め前方に滑走させ，自車を同車と衝突させて運転者を死亡させた事故につき，当時激しい降雨でアスファルト道路上に雨水が流れる状況下において，高速でしかもタイヤが相当摩耗した状態で自車を走行させ制動措置を執るときは，車輪が滑走することのあることは自動車運転者として常識であるから，このような場合，自動車運転者としては適当な速度に落とすとともに，急激な制動措置をすることを避け，事故の発生を未然に防止すべき注意義務があったことはもちろんである。

イ 消極判例

① 大阪高判昭和45年2月26日判時608号173頁

大型貨物自動車の運転者が，高速道路を走行中，車両がローリングしたため安全な場所に停止しようとしてエンジンブレーキ等により179メートルかけて徐々に時速約60キロメートルから時速約20キロメートルにまで減速した上，左方の路肩に寄って停車しようとしたところ，後続車の普通貨物自動車が追突し，その運転者が死亡したという事故につき，高速道路において，高速走行中の自動車が故障その他

車両の異状により，正常な運転が不可能となった場合，運転者としては自他の安全を確保するため，まず車両を安全かつ速やかに停止させることを心掛けるべきであり，しかも高速道路の特殊性，殊に交通の円滑を確保し，あるいは後続車の追突などの事故発生を防止する見地から，できるだけ，速やかに走行車線から路肩部分へ避譲するなど，走行車線を走行する他車に危険を与えることがないように措置すべき義務のあることは論を俟たない。しかし，右措置を執るべき要請もそれが可能であることを前提とすることはいうまでもなく，被告人が，フットブレーキで「乗客に不快感を与えない程度にブレーキ捜査をした場合」の速度にまで減速するには52メートルの距離でできたとしても，ローリングの原因が分からなかった被告人としては，当時これを知る由もなく，走行装置の重大な欠陥の発生を危惧している被告人に対し，安全速度に至るまで路肩に乗り入れるための転把を要求することは，積荷や道路などの諸条件をも加味すれば，自車に危険を招くおそれのある措置を強いるものといわなければならず，一方既に制動灯により，後続車に対し減速あるいは停止を予告していることもあり，後続車の前方注視及び車間距離不保持の励行により追突等の事故発生の防止は十分可能であったわけであるから，被告人に対し，安全速度に至る前に路肩に乗り入れるための転把を要求すべきものとは考えられない。

② 大阪高判昭和51年5月25日刑月8巻4・5号253頁，判時827号123頁，判夕341号147頁（前掲181頁）

激しい降雨中，バスを運転して高速道路を時速約95.6キロメートルで走行中，左後部が突如左に振られ横滑りを始め，ハンドル操作をして車体を立て直そうとしたが果たせず，蛇行運転を続けた上，進路右側の中央分離帯に乗り上げて横転させ，乗客1名を死亡させるなどした事故につき，上記横滑りの原因を，鑑定によってハイドロプレーニング現象によるものとの判断を行った上，当時，自動車運転者としては，湿潤路面を高速走行する場合であっても，急ハンドル，急ブレーキ，急加速のいずれをもせずに，単純に直線道路をほぼ均一の速度で

直進するだけの状況下で，通常の自動車運転の際にはほとんど影響力を無視してよいような小さな外乱により横滑りを生じさせ，しかもハンドル操作によって進路を立て直させることができないほどの極度の摩擦力の低下した状態，すなわち極度に滑りやすい状態が生じ得ることを認識することはできなかったとして，減速義務を否定した事例。

3　歩行者・自転車の側方通過の際の注意義務

(1)　間隔保持義務
ア　道路交通法上の義務

歩行者及び自転車の側方[87]を通過する際には，歩行者及び自転車と十分な間隔をとらずにその側方を通過しようとすると，歩行者及び自転車が左右にふらついたり進路を変えたりしたために衝突して死傷の結果が生じることが少なくないのは周知の事実である。しかも，歩行者は，硬性の金属等で作られたボディに守られた自動車内にいる運転者等の乗員と異なり，保護されていないので，自動車と衝突した場合には，一方的に傷つき，しかも自動車との衝突に加えてアスファルト等の固い路面と衝突することによって重篤な傷害を負い，ひいて死亡することも少なくない（結果の重大性）。したがって，特に歩行者の安全には特に配慮する必要がある。

道路交通法18条2項が，車両は，歩道と車道の区別のない道路を通行している歩行者その他の場合で歩行者の側方を通過するときは，歩行者との間に安全な間隔を保ち，又は徐行しなければならないとしているのは，そのためである。ここでいう「安全な間隔」とは，車両の速度との関係で一概にはいえないものの，おおむね1メートル以上とされる（道交法事典・（上）172頁，野下・道交法202頁）。なお，ここでは，安全な間隔を保持しない場合には，その場で停止できる程度の徐行を行ってお

---

[87]　「側方」とは，歩行者のそばを示すものである。左右の側に限られない。しかし，背後からその左右を通過する場合は，歩行者が自動車の接近に気付かないことが多いので，より注意を要することはいうまでもない。

ればよいとして，速度と保持する間隔が相関することになっていることに留意すべきである。

安全な側方間隔は，さらに，歩行者が酩酊している場合や幼児，児童の場合，視覚障害者や聴覚障害者の場合には，更に注意が必要であり，側方間隔を広くとるか，速度を減じその動静に留意し不意の進路上への進出に備える必要がある。

イ　過失運転致死傷罪における注意義務

　上記の間隔保持義務に違反すれば道路交通法違反になるのは当然であるが，そのため事故が起きて，歩行者が死傷した場合，安全な側方間隔をとるべき注意義務を怠ったとして，過失が認められることが多いであろう。しかし，総論で述べたように，直結するわけではない。例えば，道路交通法上通常安全と考えられる側方間隔を保持していたとしても，具体的状況から歩行者や自転車がふらついたり，進路を変えることが予想できる場合には過失が肯定されるであろうし，道路交通法上通常安全と考えられる側方間隔を保持していなくとも，具体的状況（例えば歩行者が自車と対面していて自車の存在及び進行を認識しているような場合等）から歩行者や自転車がふらついたり，進路を変えることが予想できず事故の予見可能性が認められない場合である。

　なお，道路交通法18条2項はキープレフト（左側通行）の例外として設けられているので，同規定は，歩道や路側帯を横断する車両には適用されないとされる（野下・道交法202頁）が，もとより道路交通法上の義務であるのでやむを得ないことであるものの，歩行者の特性は，歩行者がどこを歩行していようと変わらないので，その側方を通過する車両は，予見可能性が認められ場合には，歩行者がふらついたりしたとしても結果を回避し得るような間隔を保ってその側方を通過するか，そうでなければ，その手前で停止できるような速度で進行する義務があり，それを怠って衝突等させて死傷させた場合には，過失運転致死傷罪の責任を負うことになる。

　自転車も，車両と衝突する場合は，最初に自転車の車体が自動車と衝突することがあったとしても，保護するものがない生身の身体であって，

傷つきやすさは歩行者と変わらず，また，転倒する際の危険（打撃の強さ）は歩行者以上ともいえるので，やはり歩行者同様その安全には配慮する必要がある。

自転車に対しては，道路交通法上，その側方を通過する際の側方間隔保持義務は定められていないが，上記のとおり，歩行者と同様生身の身体であって，結果も重大となることが多いこと[88]，道路がほとんど舗装されている近年の道路事情からすれば，自転車がふらつくことは少なくなってきているとはいえ，自転車自体不安定な乗り物であるので，程度はともかく左右にふらつくのは当然であり，このことを前提としなければならない。そして，この点は，道路が舗装されていなければふらつきの程度は大きくなるし，舗装されていても，側溝の上や段差のある歩道敷き付近を走行していたり，砂利道，積雪した道や凍結した道を走行している場合には，これらの道路事情の影響により，ふらつきや転倒・滑走の危険も増える。また，上り坂であれば，ペダルを踏む足に力がかかるため，ふらつきの程度も高くなる。さらに，自転車は機械による走行ではなく，人力による走行であるので，心理的身体的な影響を受けやすい。したがって，間隔が狭ければ心理的影響を受けやすく，危険を察知して心理的動揺から車を避けようとしてかえってふらつきを大きくしたりする可能性も生じる（上記の道路事情の悪い場所であれば尚更心理的な影響を強く受ける）し，車（大型自動車なら尚更）の風圧によりふらつきを増加させることもある。したがって，安全な側方間隔を保持しなければならず，その保つべき側方間隔は，これら具体的な状況により，変わってくるのである。そして，その安全な側方間隔を保持すべき義務を怠って事故を起こして人を死傷させた場合には，特別の事情のない限り，過失運転致死傷罪が成立することになる。

また，対歩行者，対自転車を問わず，具体的な状況に応じた必要な側方間隔を保持できないときは，徐行又は最徐行，あるいは，停止して側

88）平成29年中の死亡事故は歩行者36.5%，自転車13.0%，重傷者は，歩行者24.0%，自転車22.3%，軽傷者は，歩行者7.8%，自転車14.8%である（警察庁交通局「平成29年中の交通事故の発生状況」（平成30年2月15日）9頁）。

方通過自体の断念をしなければならない場合もあると考えられる。

(2) 警音器吹鳴義務

ア　背後から歩行者や自転車の側方を通過しようとするとき（追越しや追抜きを行うとき）は，歩行者や自転車が背後から自動車が接近していることに気が付かず，左右に方向を変えたりして接触する可能性がある。したがって，警音器を吹鳴させて自動車の接近を知らせれば，歩行者や自転車に，追抜きや追越しをしようとしている車両との接触につながる行動を控えさせることにつながって，事故を回避することが可能となることがある。そこで，警音器吹鳴義務を果たさずに事故を惹起させた場合，その注意義務違反が過失になる場合が生じる。しかしながら，警音器吹鳴義務は，それだけで，事故を防げたかどうか不明であることが多い上，他に速度を減速させたり，適当な側方間隔を保って通過することで初めて事故を防げたといえる場合が少なくないことなどから，それだけが事故の過失とされることは少ないと考えられる。

イ　道路交通法上の義務

ところで，道路交通法54条2項は，「車両等の運転者は，法令の規定により警音器を鳴らさなければならないこととされている場合を除き，警音器を鳴らしてはならない。ただし，危険を防止するためやむを得ないときは，この限りでない。」としている。これに違反した場合には，罰則が科せられる（法121条1項6号（2万円以下の罰金又は科料））。

これは，警音器吹鳴義務が道路における危険防止に有効である反面，その騒音が他の交通や付近住民に不快感を与えることになることから，危険防止のためにやむを得ない場合を除いて，吹鳴を禁止したものである。

なお，法令の規定により警音器を鳴らさなければならない場合とは，次の3つである。

① 道路交通法54条1項

Ⅰ　左右の見通しのきかない交差点，見通しのきかない道路の曲がり

角又は見通しのきかない上り坂の頂上で道路標識等により指定された場所を通行しようとするとき

Ⅱ　山地部の道路その他曲折が多い道路について道路標識等により指定された区間における左右の見通しのきかない交差点，見通しのきかない道路の曲がり角又は見通しのきかない上り坂の頂上を通行しようとするとき

② 　旅客自動車運送事業運輸規則50条2項2号

一般乗合旅客自動車運送事業者，一般貸切旅客自動車運送事業者及び特定旅客自動車運送事業者（乗車定員11人以上）の運転者は，発車の直前に安全の確認ができた場合を除き警音器を吹鳴しなければならない。

①の場合は，いずれも道路標識によって指定されている場所又は区間の上記各地点を通行する場合である。

「危険を防止するためやむを得ないとき」とは，「単に安全確保という消極的な事情があるにすぎない場合でなく，具体的な危険が存在し，その危険の防止のためやむをえない場合をいう」（大阪高判昭和37年9月13日判夕192号201頁，東京地判昭和38年5月9日判夕192号189頁）。

ウ　過失運転致死傷罪における注意義務

しかしながら，やむを得ない場合かどうかは一義的に明瞭ではないと考えられる上，むやみな吹鳴は罰則を科せられる（罰金2万円）ことになっているので，一般的に警音器の吹鳴に対する萎縮効果があるといわざるを得ない。したがって，その点で，警音器吹鳴義務違反を事故の過失とすることについては，慎重にならざるを得ないであろう（やむを得ない場合以外での警音器吹鳴に刑罰を科すことにしたことで萎縮効果を生み，警音器吹鳴をしないケースが増え，防げる事故が防げていない可能性があると思われる。条文の規定の在り方が妥当を欠くのではあるまいか。「危険を防止するため相当と認められるときは，この限りでない」でよいと思われる）。

この点で，いわき簡判昭和43年1月12日下刑10巻1号93頁，判夕220号107頁は，2メートルの間隔を保持して先行自転車を追い抜こうとしたところ，右折を開始した自転車と衝突した事故について，「現場

は公安委員会によって指定された警音器を吹鳴すべき場所ではなく（道路交通法54条1項参照），また同条2項ただし書の「危険を防止するためやむを得ないとき」というのは単に安全確保という消極的な理由に過ぎない場合ではなくて，危険が現実，具体的に認められるような状況下でその危険を防止するためやむを得ないときというほどの意味であるが，本件におけるように単に交差点付近で先行自転車に接近しこれを追い抜く場合に，状況の如何を問わず常に必ず警音器を吹鳴すべき義務ありとは右法の趣旨からみて到底考え得ないのであり，さらに具体的諸事情を考慮し，そのような状況のもとで危険が具体的に認められる場合にのみ警音器吹鳴義務があるものと考えるべきところ，本件においては，自転車に乗車していたVは高校生であり，自転車には後写鏡も設置され，本件の道路の交通はかなり頻繁であること，しかしVは後方を見るとか右折の合図をするなど進路変更，右折などのきざしを何らみせることなく交差点の手前側端付近まで直進していたこと，被告人は自転車との車間間隔を約2メートル置いて進行しており，当時反対方向からの交通もなかったから交差点附近で追い抜く場合にもこの車間間隔を保つことができたと推測できることなどの事情に鑑み，警音器を吹鳴すべき危険な状況であったとは認めがたく，本件の具体的場合においては，自動車運転者として警音器を吹鳴すべき義務は存しないものと考えられる」としているのが参考になろう（同旨奈良地葛城支判昭和46年8月10日刑月3巻8号1104頁）。

　すなわち，相手方が車両の存在に気付かないため危険な行動をとることが具体的に予見できる状況にあり，警音器を吹鳴すれば相手方が自車の存在に気付き，そのことで相手方の危険な行動を回避し，ほぼ確実に事故を防ぐことができる場合には，過失運転致死傷罪の注意義務として警音器吹鳴義務が肯定されることになろう。

　もっとも，最近は両耳にイヤフォンを着けて音楽などを聴きながら歩いている歩行者や自転車に乗っている者も少なくなく，警音器を吹鳴しても相手方が気付くとは限らないので，動静を注視した上で，重ねて吹鳴をするか，減速，進路変更その他の措置に出ることも必要になる場合

もあると考えられる。

(3) 判例（歩行者の側方を通過する際の事故）
　ア　積極判例
　　① 東京高判昭和34年4月8日東高時報10巻4号234頁，下刑1巻4号886頁

　　　被告人は，トラックの後方にて，一旦停車していること，酩酊した人が道路に向けてしゃがんでいるのを認めたので，車を進めるためにその間隔を目測しており，かつ人の歩く位の速さで徐行したこと，両輪がその人のそばを通過するとき運転台の窓から顔をのぞかせてその間隔を目測したことは前記認定のとおりであるから，被告人はそのトラックにつき一応の注意を払ったものということができる。しかしながら，貨物自動車殊に車体が大きく，積載量の高い大型貨物自動車を運転する者は，小型車両を運転する者に比し，より以上に道路の広狭，道路上の現状等に特段の注意をなすべきであって，いやしくもその運転によって他に不測の損害を及ぼすが如きのないよう，交通の安全を図るため常に特別に慎重なる注意をしなければならないことは論を俟たないところ，被告人の運転したトラックは，前記の如く車体が巨大にして積載量が5トンという大型貨物自動車で，しかもその後輪はいわゆるダブルタイヤであるから，障害物のない広い道路なら格別，前記の如く停車中のトラックと酩酊して道路に背を向けてしゃがんでいる人との間のように間隔の十分にない狭い場所を通り抜ける本件の如き場合には，単に徐行し前輪の通過のみに注意するだけでなく，車の側面・後方をも注意して（窓から顔を出すか，後写鏡を見るかその方法のいかんを問わない）車体に接触するものなきや否や，あるいは，後輪も通過するや否やにつき深甚の注意をなし，その危険あるときは直ちに停車の措置を執り得るよう危険の発生を未然に防止する手段を講じなければならない業務上の注意義務があることは多言を要しない。人が，その者が酩酊していることを認めた以上，そのしゃがんでいる者に対し特に警笛を鳴らして注意を喚起し避譲せしめるか，あるいは

場合により被告人自ら又は同乗のSをして下車の上道路傍など安全な場所に退避せしめる等の手段を講じ，何らの危険なきことを十分確認した後進行することこそ，大型貨物自動車を運転する被告人の本件の如き場合において特にとるべき注意義務というべきである。

② 東京高判昭和42年9月21日高刑20巻4号553頁，東高時報18巻9号258頁，判時508号76頁，判タ216号210頁

普通乗用自動車を運転し，進路前方左側に自車に背を向けて遊んでいる児童を認め，時速約25キロメートルに減速して同児童の側方を通過しようとした際，右斜め前方に駆け出した同児童と衝突した事故について，「この原則（信頼の原則）が適用されるためには，何よりもまず，その前提として，行為者たる被告人にとって，信頼されるべき他の交通関係者たる本件被害者の危険回避措置を期待し得る状況がなければならなかったにもかかわらず，本件においては，何らそのような状況は見当たらず，よしんば所論のように本件被害者が，かねて学校ないし家庭で，道路交通の安全に関する特別の教育をほどこされ，あるいは道路における通行や遊戯につき再三の注意を受けていたとしても，また，これまでに本件事故現場付近路上で，交通の妨害に亘る挙動に出で，運転手などから叱責されるようなことがあったとしても，本件当時，これらの事実を未だ覚知する由もなかった被告人としては，世情よく「子供を見たら赤信号と思え。」といわれているのに，本件被害者が，それゆえに道路の交通秩序を守り，自動車の交通による危険の有無をよく理解して行動する能力があるものと考え，本件事故回避の措置に出るべきものと期待し得るはずもなかった」として，警音器吹鳴義務及び減速徐行義務違反を認めて過失を認めた事例。

③ 仙台高判昭和46年12月6日高検速報昭和46年27号

普通乗用自動車を運転し，道路左側に佇立していた歩行者を認めて警報機を一回吹鳴した上で，その側方を通過しようとした際，突然，車道を横断してきた同歩行者と衝突して死亡させた事故について，混雑する車両の流れの間に挟まれて，右安全地帯の延長上に佇立していたと認められる比較的老年の同人としては，たとい被告人の車両が接

近していることを察知したとしても，右のような状況下においては，進退に迷ってろうばいし，南側軌道上の車両間を縫って北側に横切ることのあり得ることを予見し得る状況にあったというべきである。したがって，被告人としては，被害者発見時において直ちに減速徐行し，同人の動静を十分注視し，交通の安全を確認して運行すべき業務上の注意義務があったといわなければならないとした事例。

④　大阪高判昭和50年6月20日高検速報昭和50年17号

　　普通乗用自動車を運転し，深夜，道路を右から左に横断しようとして中央線付近で佇立している歩行者を認め，時速約50ないし60キロメートルでその側方を通過しようとした際，進路前方に進出した同歩行者と衝突した事故につき，時刻が2月の深更午前1時過ぎであり，一般に通行人は少ないにしても，そのころの通行人には酒に酔った者がいるかもしれないことは合理的に予想されるところであり，被害者が北西方すなわち被告人の方向を向いていたことは認められるものの，同人は既に中央線を北に越えていることから，道路を北ないし北西に横断するつもりであったことが当然考えられるのであって，さらに被告人車の速度と被害者までの距離等に照らすと，このような場合，自動車運転者としては，被害者の動静を注視することはもとより，そのためにも自車の速度を直ちに制限時速内に減速し徐行すべき注意義務があるというべきであって，所論引用の裁判例は本件と事案を異にし適切でない。弁護人は，本件では被害者が突然進路前方に飛び出してくるような不測の事情も認められなかったというが，それは直ちに減速徐行し，被害者の動静を十分注視した後に初めていい得ることである。そして，警音器の吹鳴は，道路交通法54条2項本文により法令の規定による場合を除いて禁止されているけれども，同条ただし書によって危険防止のためにやむを得ない場合はその限りでないとされているのであり，本件のような場合は，まさしく右ただし書の場合に当たるというべきであって，減速徐行に加え，警音器を吹鳴して被害者に自車の接近を知らせ警告すべき注意義務があるものとしなければならない。

⑤ 高松高判昭和51年3月30日高検速報400号

　　自動車の運転者は，道路端ないし進路の前方近辺に歩行者又は佇立者があるからといって，いかなる場合でも，その者が突然進路上に飛び出してくるかもしれないという万一の事態を予想して，常に減速徐行すべき注意義務があるといえないことは当然であるが，本件のごとく，自動車の進路に背を向けて佇立している通行人に接近するときは，その者が不用意に歩行を開始し，あるいは，自動車の接近に気付いて不測の行動に出ることがあるから，警音器を吹鳴して警告を与え，通行人が接近する車両の動きに対応して適切な自衛避譲の手段に出る十分な用意を調えていると認められる場合はともかく，それが明らかでない以上，佇立者の姿勢態度に注意し，いつでもその挙動如何によって停車できる程度の速度まで減速徐行した上進行し，佇立者の軽率な行動に直面しても適宜これに対処する措置を講じ得るだけの余裕の下にそれとの接近を図り，もって事故の発生を回避すべき業務上の注意義務があるものといわなければならない。

イ　消極判例

① 国東簡判昭和33年4月11日一審刑集1巻4号535頁

　　自動三輪車を運転し，進路前方の橋上右側を遊びながら歩行してくる登校中の児童10名程度を認め，警音器を吹鳴した上，時速約20キロメートルに減速して，児童らの側方を通過しようとした際，突然，進路前方に飛び出してきた児童1名と衝突した事故について，「およそ自動車を運転するものは，道路交通取締法などの法規に定める基準に従って運転すれば足りるものではなく，進路前方にある人畜，物体の位置，挙動などを考えてこれに危害を及ぼすことのないように，前方を注視し，具体的事情に応じ減速するとか自動車の進行を警告するため警笛を鳴らすとか，その他臨機の措置をとるべき義務があることは言うまでもないことである。しかし予見し得ない者に対しその位置又は挙動を注視するとか，それが為めに必要の程度を越えて警笛を鳴らすとか言うようなことは，運転者の遵守し得る注意義務の範囲を越えたものと謂わなければならない。……被害者は前示事故の直前には，

同行者のH, M等と「影踏み」と称する遊びをしながら登校していて，前示被告人が事故直前に認めた学童の集団から離れて，被告人が小型四輪車と離合する前に右塩谷橋の西側（被告人の進行方向に向かって右側）欄干に立てかけてあった「わらたば」の中に「おに」の目からのがれるために体を隠していたものであってこのことを被告人が予知することは困難であったことが認められる」として過失を否定した事例。

② 名古屋高判昭和34年3月16日高刑2巻4号270頁

普通乗用自動車を運転し，進路前方の交差点左端で幼児を同伴した通行人が佇立しているのを認めたものの，同通行人が，先行車である小型自動三輪車の後方に被告人車両が進行してきているのに気付かず，同三輪車の通過した直後幼児に渡れと命じたため，飛び出した同幼児に衝突させて傷害を負わせた事故につき，「かかる場合，自動車の運転者としては，たとえ，Fとその同伴者であるVらが，自己の進路前方の国道左端に立っているのを発見したとしても，この2人は，被告人の自動車の来るのを知って，これが通過するのを待機しているものであり，また国道を横断することがあっても，FはVを連れたまま自動車の通過後に横断するものであることを期待して，自己の運転を継続するのが通常であって，この場合のVのごとき幼児を同伴するおとなが，自動車の進路直前で，その同伴する幼児の手を放し，自分よりもさきに，幼児をして，ひとりでかけ出させて，国道を横断させるような無謀なかつ危険な挙に出ることは，おそらくないものと信頼することは，けだし当然のことである」などとして過失を否定した事例。

③ 東京地判昭和46年2月18日判タ263号361頁

普通貨物自動車を運転し，横断歩道の直前で一時停止して右折進行中，横断歩行中の児童らが自車に気付き一旦後退してしゃがみこんだのを認め，時速約5キロメートルに減速してその側方を通過した際，突然立ち上がって進路前方に飛び出してきた同児童と衝突した事故につき，「学童等がしばしば不規則な行動をして遊びまわるようなことは予想されるようなところ（例えば路地等の裏通りとか，広場付近，あ

るいは団地内の道路等）とは全く異なる場所であること，被害者らが当時9歳の小学生で，しかも下校途中であったこと（幼児ではなく，また，交通規則等の遵守を期待できる通常の通行人と目し得る者であって，一見して交通秩序や危険にまったく無関心な路上遊技者といえるような状態にある者とは認められない）を考えると，前記弁解事実のような状況下における通常の自動車運転者に，しゃがんでいる被害者が本件においてとったような突飛な行動に出るかもしれないことまでも事前に予想すべきであるとすることは難きを強いることになるというほかなく，これを予見すべきであるとして構成されている検察官主張の注意義務（筆者注，警音器吹鳴義務）はこれを認めることはできない」として過失を否定した事例。

④ **大阪高判昭和47年7月26日高刑25巻3号352頁，判タ282号159頁**

　自動車運転者が車両の往来が比較的に少ないとはいえ，地方の幹線道路で幅員の比較的に広い国道を通行する場合，進路の道路左側端付近の路側帯上を自車と同方向に歩く歩行者を認めても，その横を通過する際の間隔がある程度離れていて通常危険を感じさせるものでないと認められるときは，その歩行者がいかなる行動に出るか予測の困難な幼児であれば格別，しからざる限り，その者が自衛本能から自ら自動車と衝突するような危険を避けるため適切な行動をとるであろうと信頼して運転すれば足り，横断歩道又は直近でない箇所において被告人の車の進行を無視し，突然しかもその側面に飛び出すようなことがあることまで予測して事故防止を講じなければならない注意義務を負うものとは解せられないのである。道路左端を歩いているVの右横を通ったとしてもその際の同人との間隔はなお約2メートル近くあったもので，被告人が道路左側端（路側帯）を歩行中のVが右後方を振り返って前方に進んでいくのを見て，同人がそのまま前方に歩いてゆくものと信じたのは，その段階では当然のことであり，その後のVの動静については十分注意を払っていないが，同人が駐車車両の右斜め後方に出てきたのを認めていたとしても，同人は東を向いて被告人の方

には後ろ姿を見せていたのであるから，何人が見ても同人が駐車車両の右横を通行していくものと信じるのは当然であり，かつ，被告人の車がA点の横を通過しても，なお約2メートルの間隔があって危険を感じさせるものはなかったのであるから，被告人が前方には注意しながらもVの後の動静について十分の注意を払わなかったとしても，被告人がそのままの速度で進行したことにつき不注意があったということはできない。

⑤　東京高判昭和55年9月2日刑月12巻9号823頁，判タ428号194頁，同441号150頁

　　動くことのない障害物が自車の進行車線の前方にあった場合ならともかく，このような障害物が自車の進行車線の前方にある場合，これに接近するまで，気付かなかったとしても，これを目して直ちに前方不注視の過失があったということはできない。まして，本件事故現場付近の道路は，前述したとおり，最高速度が時速50キロメートルと指定された片側4車線の広い道路である上，本件衝突地点の極く近い場所には歩道橋が設置されて，横断禁止の規制がなされているところであり，本件当時は深夜でもあったことから，車道内に歩行者が立ち入るようなことは極めてまれなことであるのに，本件におけるVは，その述べるところによると，タクシーを待つため，わざわざ歩道から第三車線のしかも第四車線寄りの深い地点まで進出して，同所に立ち止まっていたというのであるから，このこと自体，一般には考えられない極めて異常な行動であるといわざるを得ない。しかも，Vの佇立していたという位置は，前記のように第三車線内の第四車線寄りという中央分離帯に近い場所であるが，仮に，第二車線を進行していた運転者が手前40メートルぐらいに接近した際，佇立したままの人の姿を発見したとしても，その後同人のとるであろう行動としては，車両の接近に伴い，難を避けるため，佇立していた付近の車線を分ける白線上にとどまるか，あるいは中央分離帯に移動するのであろうと予想するのが通常であって，特別の事情のない限り，その反対側に駆け出てくるであろうことまで予測せよというのは難きを強いるものである

から，第二車線を進行する運転者に対し，直ちに，減速徐行など義務が生ずるとまではいえない。

(4) 判例（自転車を追越す際の事故）
　ア　積極判例
　　① 福岡高判昭和31年12月18日高検速報654号
　　　　自動車の運転者が幅員6.3メートルの橋梁上において，自車の前方を同一方向に進行中の自転車を追い越そうとするときは警笛を鳴らして十分避譲させた上前進し，かつ，同人らの心にひどい不安，動揺を生ぜしめない程度に広い間隔を保ち，また緩急に応じて直ちに急停車をなし得るよう極度に速力を減じて進行すべき義務がある。
　　② 東京高判昭和33年3月5日高刑特5巻3号81頁
　　　　自動車運転者が先行する自転車を追い越す際には，警音器を吹鳴して注意を喚起することはもちろん，その者に余り接近して進行するときは，自転車搭乗者が自動車の迫力による風圧震動や過度の精神的緊張などにより平衡を失い倒れかかって接触することもあるから，自動車運転者たるものはかかる事態の発生せぬよう十分な間隔を保持して進行すべき義務がある。
　　③ 広島高松江支判昭和33年3月10日高刑特5巻3号90頁
　　　　自動車の運転者が自車の前方に自転車の進行を認めたときは，自転車搭乗者が往々自動車の進行してくるのを知らないで不用意に急に方向を転じ，自動車進路の前面に出て初めてその進行を知り，あわてて自転車の操縦を誤り転倒する危険があるから，このような場合自動車運転者は常に警音器，掛声その他の合図をして，自転車搭乗者に警告する義務がある。
　　④ 名古屋高金沢支判昭和33年5月15日高刑11巻7号369頁
　　　　積雪のある道路を同一方向に進行する自転車を追い越そうとする場合，バス運転者としては自転車の方向転換は任意であり，かつ自転車搭乗者が積雪及び敷砂利のためその操縦を誤り，又は転倒するおそれあることなどを考慮し，警笛の吹鳴又は呼び掛け等追越しの合図をし

てこれを了知させ，できる限り，自転車搭乗者を左側に待避させて，絶えずその動静及び道路の前後左右を注視し，自動車を安全に進出させ得ることを確認した上，可及的に道路の右側へ避譲するか，若しくはバスを随時停車させ，又は安全な箇所に避譲し得るよう適度に減速の上，徐行する等適切な措置を講ずる義務がある。

⑤ 東京高判昭和33年12月23日東高時報9巻13号327頁

自動車の運転者が先行する原動機付自転車と自転車の中間を追い越そうとする場合には，原動機付自転車が自転車を完全に追い越すのを確認して後，まず自転車を，次いで原動機付自転車を，それぞれこれらとの間に十分な間隔を保って追い越すか，あるいは右両車の間隔を測り，警笛を吹鳴して注意を喚起しつつ絶えずその動静に注意を払い，いかなる事態が生じてもこれに対応し得るよう速度を調節して両車に接近し，両車がそれぞれ左右に避譲し安全に通過し得る程度の間隔を確認して後追い越す等事故の発生を未然に防止すべき業務上の注意義務がある。

⑥ 名古屋高金沢支判昭和34年1月29日下刑1巻1号11頁

自動車運転者が，中学校に通ずる三叉路入口付近において，同一方向に進行中の児童の搭乗した自転車を追い越す場合には，児童が中学校の方へ右折するかも知れず，また中学校の方から少年，児童が道路付近に出てくることが予想されるから，人や車との接触を避けるため，前方を注視し，児童の挙動やその付近の状況に周到な注意を払い，必要に応じて警音器を吹鳴し，付近に所在する人の注意を喚起するとともに，状況のいかんに応じ，いつでも急停車し得るよう減速徐行すべき義務がある。

⑦ 仙台高判昭和34年6月30日高検速報昭和34年11号

前方をよろめきながら操縦進行していく自転車運転者は，たとえ自動車に接触しなくても自転車の動揺や自転車搭乗者のろうばいなどの心理的動揺により自転車の操縦を誤らせ又は転倒して事故を惹起する危険があるから，このような場合単に警笛を吹鳴するだけでなく，いつでも停車し得るよう最徐行しながら相手方の姿勢に不断の注意を払

い，自転車搭乗者と十分な間隔を保持して退行すべく，もしその場の状況上右のような間隔を保持できないときは，自転車搭乗者に呼び掛けて自転車から降りて待避させるなど事故の発生を未然に防止すべき義務がある。

⑧ 高松高判昭和38年6月19日高検速報237号

　　バスの運転手が幅員約5メートルの橋上で，橋の欄干と左把手の間に約50センチの間隔しかない同方に進行中の自転車を自転車の右把手と約42センチの至近距離に迫って，時速15キロメートルで追越しをかけたため，自転車の運転手が恐怖ろうばいのあまり，やむなく下車したことによって発生した死亡事故につき，自動車の運転者が自転車を背後から追い越す場合には，自動車の速度とそれとの間隔のいかんによっては，自転車の運転者があわてろうばいし，自転車の把手操作を誤ることがあるのは経験上明らかであり，殊に自転車の後部荷台に幼児を乗車させている場合には，その危険発生の蓋然性がより高度であるから，被告人としては，自己の運転するバスをできる限り右側に寄せ，自転車との間隔を十分保持し，運転手の動静を仔細に注意し，臨機の措置を講じ得るよう減速して交通の安全を確保しながら追い越すべき業務上の注意義務がある。

⑨ 大阪高判昭和39年11月30日高検速報昭和40年2号

　　大型貨物自動車を運転して同一方向に進行する自転車のすぐそばを追い越すような場合においては，右貨物自動車の運転者は不測の事態に備え十分速度を落とし，できるだけ自転車との間に安全な間隔を保って追越しを図る必要のあることはもちろん，その傍を車の前部が通過した場合でも，自車の車体全部が安全に該自転車の追越しを終わるまでは，バックミラーその他によって同自転車の位置，動静などを注視しつつ進行し，万一該自転車が何らかの理由で操縦の安定を失った場合においても直ちに急停止の措置をとり得るよう万全の措置を講じて進行すべき義務がある。

⑩ 東京高判昭和40年1月18日高検速報1314号

　　大型貨物自動車を運転して対向車とすれ違う際，自車左斜前方に自

転車に乗った老人が併進している場合，その道路が非舗装の砂利道で敷石が置いてあり，かつ，傾斜している地形的悪条件，大型貨物の接近による心理的重圧のための精神的動揺から自車の進行方向の前方に転倒するような事態も起こり得ることは自動車運転者として当然予想し得べきものであり，また対向車に注意を奪われ，自然左方に対する注意がおろそかになりがちであるから，かかる場合は同人の動静を注視し，不測の事故の発生を免れることができる程度に減速徐行すべき注意義務がある。

⑪ 広島高判昭和41年12月12日高検速報107号

自動車運転者は，前方の見通しのきく範囲の狭い道路の曲がり角付近において，道路の中央より右側部分に出て他の自動車を追い越すなどのことを避け，もって対向自動車との接触事故を防止すべき業務上の注意業務がある。

⑫ 大阪地判昭和42年11月21日判タ221号270頁

先行自動車を追い越す場合には，あらかじめ警音器を鳴らして自転車操縦者を警戒避譲させて安全にその側方を通過できるよう動静注視に意を用い，間隔に留意しつつ速度を調節すべき注意義務がある。

⑬ 高松高判昭和42年12月22日下刑9巻12号1517頁

被害者が，不安定な状態で自転車を片手運転しており，しかも，前記のような坂道を登っていたのであるから，よろけたり，蛇行したりして，他の近接して走行する車両の進行を妨げ，接触事故を起こしたりする危険性が十分推認でき，現に蛇行するなど不安定な走行状態がみられたのである上，被告人が本件事故現場に至る以前に自車を道路中央に寄せていても，そのまま進行すると被害者を追い越す際の被害者との間隔は約1メートルしかないことになるのであるから，追い越す以前に警音器を吹鳴し，被害者に後続車のあることを知らしめ，道路左側にできるだけ避譲させるなどして，安全な状態で追越しができるような態勢をとらしめるとともに，自らも減速徐行し，被害者の走行状態に注意して臨機の措置を執り得るよう注意すべき業務上の注意義務がある。

⑭　東京高判昭和44年4月28日高検速報1722号
　　大型貨物自動車の運転者が同方向に進行する自転車の右側直近を通過して追い越すときは，自車の一部が自転車に接触するか，接触しないとしても大型自動車の直近通過によるあおり又はそれに対する恐怖心より自転車搭乗者を転倒させ経過するおそれがあるから追越しを一時中止し，自転車が安全な位置に行き，これと十分間隔を保って追い越し得る状態になってから追越しを開始し，事故を未然に防止する注意義務がある。

イ　消極判例
①　広島高判昭和32年1月16日高刑特4巻1～3号1頁
　　自動車の運転者が前方を進行する自転車を追い越すに際しては，警笛を吹鳴して先行自転車を避譲せしめ，自動車との接触を避け事故を未然に防止すべき注意義務があることはもちろんであるが，特に自動車に接触する危険を認めるべき状況がない限り，自転車搭乗者の下車待避のないとき一時追越しを見合わせるべき義務はない。

②　行橋簡判昭和33年6月21日一審刑集1巻6号938頁
　　自動車運転者が先行する自動三輪車並びにこれに追従する自転車を追い越す場合，警音器を1回吹鳴したところ，自動三輪車が追い越し承認の合図として道路の左端に避譲の上徐行し，これに追従する自転車もこれにならい避譲したときは，さらに警笛を反覆吹鳴しあるいは徐行すべき義務はない。

③　福島地郡山支判昭和34年7月29日下刑1巻7号1711頁
　　自動車運転者が先行する自転車を追い越そうとする場合，自転車搭乗者が自動車の接近に気付き自ら道路の片側に避譲したときは，改めて警笛を吹鳴して注意を与えこれを避譲させる必要はない。

④　金沢地判昭和41年12月16日判時485号73頁
　　自動車運転者が，自転車を追い越すに際しては，自動車運転者が，合理的な間隔をおき，かつ警笛吹鳴・徐行等の措置を執りながら，慎重に追越しをする態度をとった以上は，接触による事故防止の責任者主として自転車運転者の側にあるというべきである。……被告人がV

の運転する自転車を追い越すまでの措置は，速度は約30キロメートルの比較的低速であること，進行位置は道路中央に敷設された市電車軌道の進行方向に向かって一番左側の軌道上に，被告人の自動車のほぼ中央線があること，自転車に対して警笛を吹鳴して警告を与えていること，Ⅴの自転車を追い越すに際しては，若干ブレーキをかけて減速しながら自転車の右側に出て，自動車の左側面と自転車のハンドルの右端の間に約1メートルの間隔をおいていること，さらに鑑定書によると，本件普通貨物自動車（全長5.6メートル）が自転車の側方1メートルの間隔をおき，時速30キロメートルで通過する場合における自転車に対する空気力学的影響は皆無であること，すなわち，自動車の速度による風圧のために自転車が倒れることはあり得ないことが認められる。してみると，被告人の本件における措置には，何ら事故原因となるべき過失の責むべきものは認められず，専ら追越し後における自転車運転者たるⅤの運転方法が，本件事故の原因となったものというべきである。

⑤　いわき簡判昭和43年4月26日下刑10巻4号404頁

　　交差点で先行自転車を追い越そうとしたところ右自転車がたまたま右折したためこれと衝突した自動二輪車の運転者に過失を認めることは困難である。

⑥　最判昭和44年5月2日判時554号94頁

　　自動車運転者に，対向車との衝突を避けるため，自己が追い越しつつある自転車に危険を及ぼすような方法で避譲すべき業務上の注意義務はない。

⑦　最判昭和44年4月25日判タ234号183頁

　　自転車を追い越しつつある自動車運転者は，対向車の異常な行動に備えて避譲すべき義務はない。

(5) 判例（自転車を追抜く際の事故）
  ア　積極判例
    ① 福岡高判昭和30年3月2日高刑特2巻6号145頁
      事故現場の道路の幅員は約8.5メートルであり，荷車に積まれたままの材木が約2メートル路上に突き出しており，反対側路上には1台のトラックが停車中であったから，中間の道路の幅員は僅か約4メートルに過ぎず，その間を幅約2.3メートルの被告人のトラックが通過しようというのである。また当時左側方には被告人と同一方向に向け進行中の足踏式二輪自転車があり，その進路に当たって前示材木が突き出していた状況にあったのであるから，被告人において後方から足踏式二輪自転車を追い抜くにおいては，右の足踏式二輪自転車にいかなる事故を発生せしむるか計り難いことは当然予見し得ることであり，かかる場合，自動車運転者としては，一応停車し，足踏式二輪自転車の通過を待ってのち発車すべき業務上の注意義務がある。
    ② 東京高判昭和40年1月18日公刊物未登載
      大型貨物自動車を運転し，時速約25キロメートルで対向車とすれ違う際，自車左斜め前方に足踏式二輪自転車に乗った老人が並進している場合，その道路が非舗装の砂利道で敷石が置いてあり，かつ，傾斜している地形的悪条件と，大型貨物自動車の接近による心理的重圧のための精神的動揺などから，自車の進路前方に転倒するような事態も起こり得ることは，自動車運転者として当然予想し得べきものであり，また対向車に注意を奪われ自然左方に対する注意がおろそかになりがちであるから，かかる場合は同人の動静を注視し，不測の事故の発生を免れることができる程度に減速徐行すべき業務上の注意義務があるのにこれを怠った結果，自ら転倒した被害者を轢過死させたものであるから，その責任を免れない。
    ③ 東京高判昭和40年3月23日高検速報1338号
      第1ないし第3の車両通行区分帯が設けられている道路の第1通行区分帯を進行中，交通整理の行われていない交差点内で同一方向に進行している自転車を追い抜く場合，その自転車が本来使用すべきでな

い第2通行区分帯を進行しており，それが通行区分を誤っているものでなく，第1通行区分帯を走行する車両間の距離などから道路の横断しやすい状況にあるときには，同自転車が横断のため不用意に右折し自車の進路に入ってくることは当然予見し得べきであるから，警音器の吹鳴，徐行等を行い安全を確認すべき義務がある。

④　東京高判昭和40年11月29日高検速報431号

自動車の運転者が同一方向に先行する自転車を追い抜くに当たっては，先行車との間隔を保つべきであり，自車のあおりによって先行車の運転を誤らしめるようなおそれのあるすれすれの至近地点を通過すべきではない。

⑤　東京高判昭和41年5月23日東高時報17巻5号76頁

進路前方に工事用バリケードが設けられてあり，他の自動車が自車の直近右側を追い越そうとしている場合において，自車の直近左側を進行中の原動機付自転車を追い抜こうとする場合，およそ自動車運転者としては，本件自転車がバリケードを避けるべく進路を右側にとり本件自動車に接近する危険性があるのみならず，前記のようにバリケードのため車道が狭くなっているところへ3車が同時に進行するような状態になることは当然予想されるところであり，かつ，右側の追越車が追越し後，対向都電を避けるべく左側に寄って本件自動車の進路上に出てくるかもしれない危険性もあるのであるから，警音器を鳴らすとともに，直ちに徐行の措置を講じた上，バックミラー等により絶えず本件自動車の動静に注意しつつ，これとの安全な横間隔の保持に留意し，安全を確認して進行すべき注意義務があるのは当然といわなければならない。

⑥　高松高判昭和42年12月22日下刑9巻12号1517頁，判タ220号109頁，同223号246頁

被害車は，1.8パーセントの登り勾配の幅員約8メートルのコンクリート舗装道路を，後部荷台に衣類などを包んだ風呂敷包み2個を縛り付けた自転車にハイヒールで乗車し，左手で日傘をさし，右手でハンドルを握りながら道路の左側から1.7メートルの付近を進行し，多

少身体が揺れたり，蛇行するなどの不安定な状態がみられたところ，大型貨物自動車を運転していた被告人が時速約50キロメートルで道路端から約2.8メートルの地点を走行して追い抜こうとしていた中，前方4メートルの地点に迫ったとき，自転車が急にハンドルを右に切り，道路中央部に進出してきたので，左に急転把し衝突を避けようとしたが間に合わず，自転車に乗っていた女性を衝突させ死亡させた事故につき，そのまま進行すると被害者を追い越す際の被害者との間隔は約1メートルしかないことになるのであるから，追い越す以前に警音器を吹鳴し，被害者に後続車のあることを知らしめ，道路左側にできるだけ避譲させるなどして，安全な状態で追越しができるような態勢をとらしめるとともに，自らも減速徐行し，被害者の走行状態に注意して臨機の措置を執り得るよう注意すべき業務上の義務がある。

⑦ 大阪高判昭和43年4月26日高検速報昭和43年25号

自動車運転者は，自転車の発見とともに警音器を十分吹鳴して警告を与え，橋の手前で避譲させた上で自車が先に橋を進行するか，狭い橋上での追い抜きを差し控えて自転車が橋上を通過し，幅員の広い道路に出た後にこれを追い抜くようにし，あえて橋上での追い抜きをするにおいては，自転車に接触しないようその動静に注意し，交通の安全を確認して進行すべき注意義務がある。

⑧ 仙台高秋田支判昭和46年6月1日高検速報昭和46年13号

一般に先行する自転車等を追い抜く場合（追越しを含む），自転車の構造上の不安定をも考慮に入れ，これと接触することのないよう安全な速度と方法によって追い抜くべき注意義務のあることもとよりであるが，右の安全な速度と方法の内容は，道路の幅員・先行車及び追抜車の速度・先行車の避譲の有無及び程度・対向車及び駐停車両の存否等具体的な状況により決すべく，一義的に確定すべきものではないところ，前記認定の被告人車の場合のように道路左端から1メートルないし1.2メートル程度右側のところを進行中，道路左側端より0.8メートル程度右側を進行中の先行自転車を発見し，これを時速45キロメートル程度で追い抜くに際しては，先行車の右側をあまり至近距離で追

い抜けば，自転車の僅かの動揺により或いは追抜車両の接近や風圧等が先行自転車の運転者に与える心理的動揺により，先行自転車が追抜車両の進路を侵す結果となり衝突に至る危険が予見されるから，右結果を回避するため，先行車と充分な間隔を保持して追い抜くべき注意義務が課せられることが当然であって，本件においても右の注意義務を遵守し，被害車両と充分な間隔（当審の差戻判決に表示されたように約1メートル以上の間隔を指称すると解すべきである）を保持して追い抜く限り本件衝突は回避し得たと認められる。

⑨ 東京高判昭和55年6月12日刑月12巻6号419頁

　　被害者の自転車が急に右方に曲がった地点までこれに近接するより以前に，これと約62メートルの距離をおいた時点において，既に自転車に乗った被害者を発見し，しかもその自転車が約50センチメートルの揺れ幅で左右に動揺しながら走行していたものであることを確認している事実が明らかに認められるのである。これを追尾する自動車の運転者として，減速その他何らの措置も執ることなく，そのまま進行を続けるときには，やがて相手方自転車に近接し，これを追い抜くまでの間に，相手方が更にどのような不測の操法を採るかもしれず，そのために自車との衝突を招く結果も起こり得ることは当然予想されるところであって，予見可能性の存在したことは疑うべくもなく，また，右のような相手方における自転車の操法が不相当なものであり，時に交通法規に違反する場面を現出したとしても，既に外形にあらわれているその現象を被告人において確認した以上は，その確認した現象を前提として，その後に発生すべき事態としての事故の結果を予見すべき義務も存在したものといわなければならない。被告人は，自転車を最初に発見し，その不安定な走行の状態を認識した際には，これとの間に十分事故を回避するための措置を執り得るだけの距離的余裕を残していたのであるから，原判決判示にかかる減速・相手方の動静注視・警音器吹鳴等の措置を執ることにより結果の回避が可能であったことも明白であり，所論警音器吹鳴の点も，法規はむしろ本件のような場合にこそその効用を認めて許容している趣旨と解されるので，

結果回避の観点から本件の過失を争う所論の採用の限りでない。
- ⑩ 最決昭和60年4月30日刑集39巻3号186頁，裁時915号11頁，判時1174号150頁，判タ572号55頁

　　本件道路は大型貨物自動車の通行が禁止されている幅員4メートル弱の狭隘な道路であり，被害者走行の有蓋側溝に接して民家のブロック塀が設置されていて，道路左端からブロック塀までは約90センチメートルの間隔しかなかったこと，側溝上は，蓋と蓋との間や側溝縁と蓋の間に隙間や高低差があって自転車の安全走行に適さない状況であったこと，被害者は72歳の老人であったことなど原判決の判示する本件の状況下においては，被告人車が追い抜く際に被害者が走行の安定を失い転倒して事故に至る危険が多いと認められるのであるから，たとえ，同人が被告人の警笛に応じ避譲して走行していた場合であっても，大型貨物自動車の運転者たる被告人としては，被害者転倒による事故発生の危険性を予測して，その追い抜きを指し控えるべき業務上の注意義務があった。

イ　消極判例
- ①　宇都宮簡判昭和39年3月31日下刑6巻3・4号365頁

　　いわゆる「追越し」の場合は，後走車はその進路を変更して先行車を追い抜くのであるから，一般的にいって先行車との車間距離が十分とれず，両車間の併進関係が複雑であるから後走車は警音器を吹鳴して「追越し」運転に移ることを先行車に警告し，先行車に用心させて後「追越し」をなすべきであり，後走車の「追越し」を認識するまでは先行車の動向に応じた臨機の措置を執り得る程度に減速すべきであるが，「追抜き」の場合は一般に両車の併進関係は単純であり，特に本件の如く車間間隔が十分の場合は特別の事情のない限り警音器の吹鳴の義務もなく減速措置を執る義務もないと考えられる。

- ②　西条簡判昭和42年4月28日判タ220号108頁

　　大型貨物自動車を運転して道路の前方左側を進行中の自転車を追い抜こうとした際，右自転車が何の合図もなく道路中央に進出してきたため自車をこれに衝突させた場合，被告人に過失はない。

③　白河簡判昭和43年6月1日下刑10巻6号631頁

　　そのまま進行すれば先行する自転車との間に十分な距離をおいた状態でこれを追い抜き得る貨物自動車の運転者としては，右先行車に追従してこれを追い抜こうとするに当たり，特別の事情がない限り，右先行自転車が交通法規を守り，後方からの自動車との衝突の危険を未然に防止するため適切な行動に出ることを信頼して運転すれば足りる。

④　広島高判昭和43年7月19日下刑10巻7号715頁

　　先行する足踏自転車を追い抜く際，同自転車に追突した後行車の運転者には，同自転車がその進路上に突如進出して接触する危険のあることまで予見する義務はない。

⑤　最判昭和43年9月24日判時539号40頁

　　交差点において先行車に続いて追抜き態勢にある自動車は，特別の事情のない限り，並進する車両が交通法規に違反して進路を変えて突然自車の進路に近寄ってくることまで予想して，それによって生ずる事故の発生を未然に防止するため，徐行その他避譲措置を執るべき業務上の注意義務はない。

⑥　名古屋高判昭和44年6月24日高検速報465号

　　左前方を先行する自動二輪車との間に約1メートルの車間間隔を保ちながら，これを追い抜こうとする軽三輪自動車の運転者としては，特別の事情のない限り，右先行自動二輪車の運転者が，自車の直近前方で急に進路を右に転ずるというような交通法規を無視した暴挙に出ることはなく，右法規を守り，適切な行動に出るであろうことを信頼して運転すれば足りる。

⑦　東京高判昭和45年3月5日東高時報21巻3号99頁

　　自動車運転者が原動機付自転車を追い抜くに当たりセンターライン寄りを走行中，先行の足踏自転車を追い越そうとして突如右斜めに進路をとった右原動機付自転車に接触した場合には，業務上の過失を認めることはできない。

第3　進行時の注意義務　213

4　信号の遵守義務

(1)　信号遵守義務総説

　　道路交通法7条は，「道路を通行する歩行者又は車両等は，信号機の表示する信号又は警察官等の手信号等（前条1項後段の場合においては，当該手信号等）に従わなければならない。」と規定している。

　　信号機による信号は，道路における交通の円滑のみならず，交通の危険を防止し，交通の安全を確保する上で，極めて重要な役割を担っており，これに従うことが事故防止のために必須のことである。もちろん，これは，道路交通法上の義務であるが，信号機の信号表示に従うことが現代社会の常識であり，交通関与者全てが遵守する前提で交通に関与しているといえ，これに違反すれば，人の死傷の結果が生じる可能性は極めて高いので，これに従うことは，過失運転致死傷罪における注意義務となることも基本的に疑いはない。そしてこの理は，信号機による信号表示だけでなく，警察官の手信号による交通規制（法6条）の場合でも同様である。

　　もっとも，過失運転致死傷罪における過失の内容をなす注意義務と道路交通法の信号遵守義務が全く同じでよいかどうかは，別問題であり，一致して考えなければならない理由がないのは，他の道路交通法の義務と同様である。

(2)　道路交通法における信号遵守義務の内容

　　信号表示に従わない場合には，故意に信号表示に従わない場合及び不注意で信号表示を看過しこれに従わなかった場合の2つがある。前者は，故意による道路交通法違反である。

ア　黄色信号看過（故意に従わなかった場合も含む）

　　黄色の灯火信号の意味は，道路交通法施行令2条1項の表により，

　　二　車両及び路面電車（以下「車両等」という。）は，停止位置をこえて進行してはならないこと。ただし，黄色の灯火の信号が表示された時において当該停止位置に近接しているため安全に停止することができない場合を除く。

とされている[89]。

「黄色の灯火の信号が表示された時において当該停止位置に近接しているため安全に停止することができない場合を除く」というのは，「車両が最高制限速度以下で進行しているときに，安全に停止することのできる制動距離に相応する距離が，停止位置までにない地点で，対面信号が黄色の表示に変わった場合を除く」という趣旨であり，その距離がないところで黄色信号に変わった場合，仮に車両が最高制限速度を超える速度で走行していたとしても，黄色信号看過とはならないとするのが判例である（最判昭和47年5月4日刑集26巻4号255頁，裁時595号2頁，判時667号7頁）。

逆に，最高制限速度を遵守して走行していたとしたら交差点入口手前で安全に停止することができる距離が交差点入口までにある地点で黄色信号に変わった場合で，運転者が最高制限速度を超えて走行していたために，制動距離の関係で交差点入口手前で安全に停止し得ない状態にあり，そのため交差点を通過しようとして，交差道路を進行中の自動車と衝突して死傷の結果を生じさせた場合には，過失運転致死傷罪の過失（黄色信号看過）が認められることになる（時国康夫「判解」最高裁判例解説刑事篇昭和47年159頁（1975））[90][91][92]。

---

89) 昭和45年政令第227号による改正後のもの。改正前の二条は，「車両等は，交差点にあってはその交差点の直前において停止しなければならず，また，交差点に入っている車両等は，その交差点の外に出なければならない」と定めていた。

90) 同判決は，上記改正前の事件であるところ，従来判例（東京高判昭和38年4月24日高刑16巻2号202頁が，「交差点（ないしその直近横断歩道，以下同様）に進入する前に注意信号を認めた場合，交差点に進入せずして停止しなければならないというがためには，その前提として，自動車運転者に対し，常に進路前方における交通信号の変化に注意を払い，たとえ前方の信号が現に青色の燈火によるいわゆる「進め」信号であろうとも，自分がそこに到達する頃にはそれは黄色信号や赤色信号に変わるかもしれないということを予測し，交差点に進入する以前において注意信号に変った場合，右施行令の規定に定められた停止線を守れないというような事態を招かないように，速度の調節をしながら進行するべき注意義務が要求されているといわざるを得ず，もしそのような注意義務が存在しないとすれば，右施行令の規定するところは殆んど空文に帰するといわなければならない。それ故に，右場合においては，当該道路における制限速度内の速度で進行していたところ，交差点の寸前で黄色信号を認めたので，交差点に進入しないで停止することは事実上不可能であったという弁解は許されないというべきである。」としていたのを，青色信号が黄色信号に変わった場合，法定の停止位置で停止できるよう速度を調節しつつ交差点に接近すべき注意義務があることは認めながらも，上記東京高裁判例のような厳格な解釈により生じる交差点での減速徐行による交通渋滞を緩和し，他方急停車による追突事故を少なくするために，修正したものである（時国・前掲157頁）。

第3　進行時の注意義務　**215**

イ　赤信号看過

　　赤色の灯火信号の意味は，道路交通法施行令2条1項の表により，

　二　車両等は，停止位置を越えて進行してはならないこと。

　三　交差点において既に左折している車両等は，そのまま進行することができること。

　四　交差点において既に右折している車両等（多通行帯道路等原動機付自転車及び軽車両を除く。）は，そのまま進行できること。この場合において，当該車両等は，青色の灯火により進行することができることとされている車両等の進行妨害をしてはならない。

　五　交差点において既に右折している多通行帯道路等原動機付自転車及び軽車両は，その右折している地点において停止しなければならないこと。

91）　道路交通法上の義務違反行為が，直接そのまま過失運転致死傷罪の注意義務違反になることはないが，上記最高裁判決は，業務上過失致死傷罪における（黄色）信号看過による過失の内容と道路交通法上の（黄色）信号の遵守義務の内容を区別する形で説明していない。その理由は明示していないので不明であるが，確かに，信号は，現代の社会生活を営む全ての人が遵守すべきものであって，実際にも社会教育の不十分な幼児を除いてそのように人々は考えており，また現実にも遵守されている普遍的なルールであることからすれば，もはや過失を考える上での前提事実とせざるを得ないし，また，現代の如く極めて多数の人と車が行き来する道路において，信号という交通整理のための極めて需要な制御システムを遵守しないことは，それだけで混乱を招き，人の死傷の結果を生じさせる可能性の極めて高いことが自明のことであるから，信号表示を遵守することは，条理によって，過失運転致死傷罪の注意義務に高められているとも考えられる。その意味で，道路交通法上の信号遵守義務をそのまま過失運転致死傷罪の過失（注意義務）にもってくることも不可能ではない。しかしながら，これが必然でないことは念頭に置くべきだと思う。特に，本判決の事例は，全赤方式が採用される前の信号機による事故（交差道路の信号が黄色表示であったことから，間もなく対面信号が青色に変わることを見越して赤色信号無視で交差点に進入した車両と，黄色信号で交差点に進入した車両の衝突事故）であるので，黄色信号で交差点に進入することによって，交差道路から進入してくる車両との衝突の可能性は認識し得る可能性があるといえよう。しかしながら，現在は，信号機には全赤方式が採用されているので，交差点手前で安全に停止できるにもかかわらず，黄色信号に従わないで交差点に進入したとしても，交差道路からくる車両との衝突を予想しない場合が多いのではないかと考えられるので，黄色信号無視（看過）を過失運転致死傷罪の過失とすることは難しい場合が多いように思われる（信頼の原則が問題にされ得る状況でもある）。

92）　上記最高裁判決の趣旨は，上記道路交通法施行令の改正により，「ただし，黄色の灯火の信号が表示された時において当該停止位置に近接しているため安全に停止することができない場合を除く」というただし書によって採用された。

　　なお，「当該停止位置に近接しているため安全に停止することができない場合」とは，急ブレーキをかけることによって，①後続車がその車両等に追突するおそれがある，②後続車には関係ないが，その車両等が横滑りをしたり，転倒したりするおそれがある，③①・②の結果は出ないが，その車両等の乗客等にむち打ち等の傷害を与えるおそれがある等の危険な事態が予想される場合とされている（野下・道交法116頁）。

とされている。

このうち、2号の「車両等は、停止位置を越えて進行してはならないこと」が、過失を考える上で、重要になる。この意味は、対面信号機が赤色表示した時点で、急制動の措置を講じることにより停止位置よりも手前で停止することが物理的に可能であった場合（可能でないときに義務を課すことは不可能を強いることになる）に、停止位置を越えてはならないということである。

この表において「停止位置」とは、次に掲げる位置（道路標識等による停止線が設けられているときは、その停止線の直前）をいう。

一　交差点（交差点の直近に横断歩道等がある場合においては、その横断歩道等の外側までの道路の部分を含む。）の手前の場所にあっては、交差点の直前

二　交差点以外の場所で横断歩道等又は踏切がある場所にあっては、横断歩道等又は踏切の直前

三　交差点以外の場所で横断歩道、自転車横断帯及び踏切がない場所にあっては、信号機の直前

（令2条1項表備考欄）

したがって、信号機によって交通整理されている一般的な交差点の場合は、停止線で停止しなければならないことになる。

赤色信号の場合は、黄色信号の場合と違って、安全に停止できない場合であっても、急制動して停止できる場合には、停止しなければならず、停止しなかった場合には、赤色信号無視になる（令2条1項表「黄色の灯火」の二の反対解釈）。

また、停止位置を越えた地点で停止した場合であっても、交差道路の交通を妨げることのない地点で停止したときは、その場から発進して進行してはならないことをも意味する（高松高判平成18年10月24日高検速報平成18年447号、広島高岡山支判平成20年2月27日高検速報平成20年2号。なお、平尾覚「危険運転致死傷罪にいう『赤色信号を殊更に無視した』ことの意義が問題となった事例」研修709号（2007）43頁以下参照）とされている。

(3) 過失運転致死傷罪における信号遵守義務
ア 総 説

　　以上は，道路交通法上の義務の内容であり，必ずしも過失運転致死傷罪の注意義務と同じに解すべき必然性はない。

　　ところで，道路交通法違反の信号無視及び看過には，赤色信号無視・看過と黄色信号無視・看過がある。しかし，これに対応して，過失運転致死傷罪の過失にも赤色信号無視・看過と黄色信号無視・看過があるということにはならない。

　　この点に関し，実務においては，道路交通法に忠実に，過失運転致死傷罪における過失も，道路交通法の信号看過・無視をそのまま適用しようとする考えが強いように思われる（例えば，依田・よくわかる等参照。後掲の黄色信号看過の実務例（230頁）はそれである）。信号看過（無視も）は，多くの場合，事故に直結することが多い（具体的危険が高いことでもある）ため，道路交通法上の信号看過（無視）が過失になるのは当然だという考えにつながりやすいといえよう。

　　しかしながら，繰り返し述べているように，道路交通法における義務と過失運転致死傷罪における注意義務は，理論上別個のものであるので，道路交通法上の信号看過（無視）をそのまま過失運転致死傷罪における過失として設定するのは誤っていると考える。しかしながら，具体的状況によっては，道路交通法上の信号看過（無視）行為がそのまま過失運転致死傷罪における過失になる場合もある。それは，前述（「第1章総論第1・2過失の構造（意義）(5)イ及びウ」22頁，23頁）したように，交通の実態と道路交通法上の当為として妥当している義務の存在を前提に，当該（道路交通法上の義務の）違反行為により結果が発生することについての予見が可能な（具体的な危険の認められる）場合であり，当該義務を遵守することによって結果を回避できる場合である。これを信号看過に引き直せば，交通頻繁な信号機によって交通整理の行われている交差点で，対面信号機が赤色を表示しており，停止線手前で停止できるにもかかわらず，これを看過して交差点に進入して，交差道路から進行してきた車両等と衝突した場合，あるいは，交差点手前の横断歩道を青信号

で横断していた歩行者や自転車と衝突した場合などがこれに当たる。この道路交通法上の赤信号看過がそのまま過失運転致死傷罪における過失と認められることに異論はない。

　しかしながら，長大な交差点を，停止線手前ないしその付近で停止できるのにもかかわらず，赤信号を看過して，時速15キロメートルでそのまま進行して，交差点出口の横断歩道上で，歩行者に衝突させて死傷させた場合（このような事例は実務では度々遭遇する)，赤信号看過が過失になるのが当然かというと，確かに，赤色信号看過の道路交通法上の義務違反はあり，事故との条件関係はあるが，その場合であっても，前方注視義務を尽くしていれば，その直前で停止でき，事故が防げたとすれば，赤色信号看過はもはや過失ではなく前方注視義務違反が過失になるのではないか，と考えられる（段階的過失論をとれば問題は鮮明になる）。もし，赤信号看過という道路交通法上の義務違反が過失になるという考えをとるとすると，交差点手前の安全に停止できる位置で黄色信号に変化したにもかかわらず，これを看過して，前記速度で進行していて，同様の事故を惹起したとき，停止位置を越えたときの道路交通法上の違反，すなわち黄色信号看過を過失と捉えなければならなくなり，交差点進入時の違反が赤色信号看過か黄色信号看過であったかで，過失を捉えることになるであろうが，それによって交差点出口を進行するという行為の危険性が変わり，したがって，刑事責任も，（赤色信号看過と黄色信号看過で）区別しなければならないものなのであろうか。それがおかしいのだとすれば，やはり，道路交通法違反の信号看過という形式と，過失運転致死傷罪における過失は，区別されるべきものであり，過失を考える際には，より実質すなわち，行為の持つ危険性に即して判断すべきものということになるのだと思われる。そして，状況にもよるが，道路交通法上信号看過になるか否か，どの信号違反になるかにかかわらず，現時点の対面信号が赤色で，そのまま進行することが他の車両や横断歩道を通行中の歩行者や自転車と衝突する危険性が高く，その前方で安全に停止できる場所がある場合（長大な交差点を青信号で進入したとしても，速度が遅かったため出口ではとっくに対面信号が赤色に変わり，交差道路や横

断歩道も青に変わっていた場合等）には，（交差道路や横断歩道の信号が青色である可能性が高く，これらを進行してくる車両や歩行者等の存在が予想されるので），過失運転致死傷罪における過失として，停止義務違反の過失（条理上の赤色信号看過の過失といってよい）を認めることができるのではないか，と考える。

イ　危険運転致死傷罪における殊更赤無視類型

ところで，平成13年11月の刑法改正により危険運転致死傷罪が新設され，平成14年12月25日から施行されている。そして，この危険運転致死傷罪によって，故意に赤色の信号表示に従わなかった場合のうち，殊更にこれを無視した場合で，重大な交通の危険を生じさせる速度で自動車を運転して人を死傷させた場合が，危険運転致死傷罪として処罰されることになった。

したがって，自動車を運転して赤色の信号に従わずに，交通事故を起こして人を死傷させた場合には，

① 　故意による殺人罪（殺人の故意がある場合），傷害罪，傷害致死罪が成立する場合（いずれも危険運転行為が暴行と認められる場合，及び暴行とは認められないとしても危険運転行為によって傷害の結果が生じることについて認識がある場合）
② 　危険運転致死傷罪が成立する場合
③ 　単に過失運転致死傷罪が成立する場合

の3つがあることになる。

もっとも，危険運転致死傷罪自体が，危険運転行為を暴行に準じるものとして捉えていることから，危険運転行為が暴行と認定される場合及び傷害の故意がある場合には，特別法である危険運転致死傷罪が成立するとする見解（西田・各論55頁）と，傷害の故意がある場合には，傷害罪（及び傷害致死罪）が成立するとする見解（井上宏「自動車運転よる死傷事犯に対する罰則の整備（刑法の一部改正）等について」ジュリ1216号39頁（2002））が対立しているが，傷害致死罪の場合は，法定刑が懲役3年以上とされているのに対して，危険運転致死傷罪の場合は懲役1年以上とされているところ，傷害の故意のある場合，行為が危険運転行為

というだけで，致死の結果を生じたのに軽く処罰する理由は見いだせないので，後者が正当と考える。また，医療観察法（心神喪失等の状態で重大な他害行為を行った者の衣料及び観察等に関する法律）は，危険運転致死傷罪には適用されないので，傷害の故意がある場合には傷害罪ないし傷害致死罪を適用して，同法の発動を求めるべきときもあるであろう。

結局，赤色信号を無視した場合に，過失運転致死傷罪が成立するか危険運転致死傷罪が成立するかが問題になるのは，危険運転行為が暴行と認められない場合及び傷害，死の認識がなく，傷害罪，傷害致死罪，殺人罪が成立しない場合のことである。そして，過失運転致死傷罪と危険運転致死傷罪の境を分けるのは，

① 赤色信号（又はこれに相当する信号）を無視したこと
② 殊更に無視したこと
③ 重大な危険を生じさせる速度で運転したこと

が認められるか否かである（認められれば危険運転致死傷罪が成立し，そうでない場合は過失運転致死傷罪が成立する）。

ところで，②の「殊更に（赤信号を）無視したこと」には，さらに2つの場合が含まれている。すなわち，

Ⅰ 赤色信号であることの確定的な認識があり，停止位置で停止することが十分可能であるにもかかわらず，これを無視して進行する場合

Ⅱ 信号の規制自体を無視し，およそ赤色信号であるか否かについて一切意に介することなく，赤色信号の規制に違反して進行する場合

である。

ウ したがって，赤色信号を認識しながらこれに従わず，事故を起こして人を死傷させた場合で，過失運転致死傷罪に問われるのは，上記以外の場合ということになる。分かりやすくいうと，「赤色信号を殊更に無視した場合でないこと」あるいは，「殊更に赤信号を無視したとしても，重大な危険を生じさせる速度で運転したものでないこと」である。

結局

〇 赤色信号であることの確定的な認識がない場合（未必的な認識に

とどまる場合）
- ○ 確定的な認識はあったとしても，停止位置で停止することが十分可能とはいえない場合
- ○ 信号の規制に従う意思はあったが，何らかの事情により無視する結果になった場合
- ○ 重大な危険を生じさせる速度で進行したのでない場合

は，危険運転致死傷罪は成立せず，過失運転致死傷罪が成立することになる。

なお，前掲高松高判平成18年10月24日高検速報447号は，「赤色信号の意味は，停止線を越えたとしても，なお，その進行を禁ずる趣旨のものであると解するのが相当であり，赤色信号に気付いて急ブレーキをかけることにより停止可能な位置を越えて自動車を進行させた場合にも，殊更赤無視が成立する」旨判示している（同旨広島高岡山支判平成20年2月27日高検速報平成20年2号）ので，留意を要する。もっとも，同判決も，その場合であっても，信号に従わなかったことに特段の支障があった場合及び赤色信号による交通規制が確保しようとする，規制されない側の交通の安全に対する配慮があった場合には，同罪の成立が否定される場合があることも述べているので，留意する必要がある。

また，「重大な交通の危険を生じさせる速度」に関しては，時速約20キロメートルの速度が，これに当たるとした判例がある（東京高判平成16年12月15日東高時報55巻1〜12号113頁，最決平成18年3月14日刑集60巻3号363頁，裁判集刑289号237頁，裁時1408号10頁，判時1928号155頁，判タ1208号98頁）。

なお，前者は，「「重大な交通の危険を生じさせる速度」とは，赤色信号を殊更無視した車両が，他車と衝突すれば重大な事故を惹起することになると一般的に認められる速度，あるいは，重大な事故を回避することが困難であると一般的に認められる速度を意味するものと解されるところ，具体的な場面においてこれに該当するかどうかは，他車の走行状態や自車との位置関係等に照らして判断されるべきである」としていることに留意する必要がある。

エ　信号無視（看過）と過失運転致死傷罪

(ア)　以上を前提に，赤色信号無視及び看過の場合における過失運転致死傷罪の過失を検討する。

　前述したように，過失運転致死傷罪における過失は，実質的に考えるべきであるから，この場合，過失の有無及び内容は，信号を看過しあるいは無視した場合，どのような事態が招来されると予見できるかで決まる。そして，この点については，いつその信号がその色に変わったか，その信号表示の色は何か，その時点における車両の位置，その際の車両の速度が重要である。これによって，車両が，停止線を越えた時点，あるいは交差点に進入した時点における対面信号の色が明らかになるからである。

　信号無視及び看過が危険であるのは，停止線を越えるとき，もっと厳密にいうならば，横断歩道を通過するとき対面信号が赤色を表示している場合，交差点に進入するとき，対面信号が赤色を表示している場合である。

(イ)　**全赤信号機の普及と信号看過の危険性**

　昭和45年までは，対面信号が赤色表示になると当時に，交差道路及び横断歩道の対面信号が青色表示になっていた（全赤はなかった）が，同年，神奈川県警が，交差点に入って右折待ちをしている車両を安全に交差点外に流出させるために，クリアランス時間として，交差する道路の信号表示を全部赤色にする信号システムを導入したのを皮切りに，全赤信号が普及し始め，現在においては，信号交差点のほとんど全ての信号で，交差点の大きさにもよるが，おおむね2ないし4秒間全部赤となる全赤システムが採用されるに至っている。したがって，このシステムの場合，それ以前に比べて，赤色信号に変化した直後に横断歩道を通過しても，あるいは交差点に進入したとしても，横断歩行者や交差道路の車両が信号を遵守している限り，事故は起きないと思われるので，それ以前の信号機に比して危険性が減じたのは事実である。また，黄色信号の表示も，危険を避けるため赤色表示になった時点における車両の停止を準備して事故を防ごうとする趣旨がやや希

薄になった面は否めない（むしろ，黄色信号になって加速する車両が増えた）。もっとも現在，信号システムとしては，矢印信号や時差式信号交差点，歩車分離式信号交差点が存在し，対面赤信号を看過して交差点に進入するなどした場合に発生する危険状況が複雑になっていることに留意する必要がある。

　なお，時差式信号交差点における対面信号が赤色状態であるにもかかわらず，同交差点の信号機が時差式信号機であることを知らずに右折を開始した車両と青色で交差点に進入してきた対向自動二輪車との衝突死亡事故について，右折車両運転者の過失を認めた最決平成16年7月13日刑集58巻5号360頁（一審横浜地横須賀支判平成11年3月30日，控訴審東京高判平成11年12月27日）（信頼の原則**否定判例**④（61頁参照））は，特異な事例ではあるが，誤信を前提にしつつも，対向車両の動静注視義務及び予見可能性を認めたもので，参考になる。

(ウ)　**黄色信号看過**

　黄色の時間は，大体3，4秒であるが，さらに全赤が2〜4秒あるので，黄色信号で停止線で止まらず，横断歩道を横断したり，交差点に進入したとしても，事故が発生する危険性は少なくなったのである。したがって，黄色信号を無視ないし看過して，停止線で止まらず横断歩道を通過したり交差点に進入することによって，事故が発生することが予見できるかというと，そうでない場合が多いと思われる。

　現実に黄色信号で停止線で止まらずそのまま進行して起きる事故で多いのは，右折車両と直進車両の事故である。この事故では，双方の車両が黄色信号を看過して衝突した場合と，右折車両は青色信号で交差点に入って対向直進車両の通過を待ち右折したところ，黄色信号看過して交差点に進入してきた対向直進車両と衝突した場合の2つである。

　前者の場合は，互いに黄色信号を看過しているので，相手のみが黄色信号を遵守することを信頼することはできない（自分が黄色信号を看過している以上相手の看過も予見可能である）ので，このことを根拠に過失の有無を決することはできない。

また，この場合，直進等の右折車に対する優先を定めた道路交通法37条が適用されるかは問題であり，判例は「道路交通法第37条1項（現37条に相当。筆者注）所定の交差点における直進車の右折車に対する優先は，直進車が交差点に適法に入ったときだけに限るのであって，信号を無視して不法に交差点に入ったような場合には認められない」（東京高判昭和38年11月20日高検速報1117号，広島高判昭和43年10月25日判夕229号315頁）としているので，双方とも予見可能性が認められる限り，過失が肯定されるというべきである。

後者の場合も黄色信号を看過して交差点に入ってきた対向直進車両に道路交通法37条の優先権は認められないが，右折車にとって，黄色信号看過してくることが予見可能であれば（多くの場合，予見可能と思われる），右折車両運転者の過失責任は肯定されるであろう。対向直進車両運転者においても，右折待ちの車両の存在を認識している以上，黄色信号を看過して交差点に進入することにより衝突の可能性を認識することは可能と考えられるので，過失責任は肯定されると考える。

以上で過失が認められる場合に，黄色信号看過（黄色信号に従って停止線で停止すべき自動車運転上の注意義務違反）が過失の内容になるかについては，同注意義務（結果回避義務）を履行していれば事故を防ぐことはできたという意味で，結果との因果関係は認められるものの，右折車両が対向直進車両と衝突した場合については，交差点に進入したこと自体の危険性が実現したのではなく，右折（を開始）したことの危険性が実現したのであるから，黄色信号看過は過失にはならないというべきであろう。しかし，相手方の直進車両の場合は，黄色信号を看過して停止せず進行を続けた危険性が事故を惹起させたといえる（ことが多い）と考えられるので，黄色信号看過が過失になる。もっとも，直進車両が停止線で止まらずとも，速度を減じ，あるいは停止線を超えた位置で停止することによって事故を防ぐことができていた場合には，速度を減じ，あるいは停止することが注意義務となる。

なお，大型貨物自動車を運転し，時速約40キロメートルで進行中，

交差点の停止線手前約20ないし30メートルの地点で黄色信号に変化したのを認めたものの，大量の川砂を積載していたため停止距離が約43メートルに長くなっていたため，停止線手前で停止することができないことから，同速度で交差点に進入，進行し，交差点出口の横断歩道を，歩行者用信号が青色信号に変わる前に横断し始めた児童と，同信号が青色に変わっていた時点で衝突して死亡させた事故につき，「停止線を越えて停止することになることは予想されたものの，対面信号機の表示に従って直ちに停止措置を講じて速やかに停止し，交差する道路の車両用信号や横断歩道の歩行者用信号の表示に従い同交差点内に進入する車両等や横断歩道を通行する歩行者等との衝突などを未然に防止すべき業務上の注意義務がある」として，道路交通法の義務とは別に停止義務を認めて過失を肯定した判例がある（東京高判平成5年4月22日東高時報44巻1～12号26頁，判時1505号148頁）。

(エ) **赤信号看過**

赤色信号を看過した場合，いつ赤色信号に変わったか，その時点における速度は幾らか，交差点の広狭その他の状況によって，危険性は異なる。前述したように，赤色信号に変わった直後に停止線を越えて交差点に進入した場合は，全赤の時間が2ないし4秒あるので，車両の速度や交差点の広狭その他の形状等にもよるので一概にはいえないが，他の交通関与者が信号を遵守していれば事故が起こることは少ないと思われる。速度が遅く，交差点が長大な場合は別として，この場合衝突事故が起きたとすれば，相手方も信号を看過していることがほとんどであろう。その場合は，事故の対面信号が赤の状態であるにもかかわらず，交差道路の対面信号が赤色に変わったことから，交差道路からの進入車両はないと見越して，フライングして進行する場合であろう。歩行者も，そのようにフライングして横断開始する者が少なくないのは周知の事実である。したがって，車両同士の場合は，双方に当該具体的な状況の下で，赤信号を看過して交差点に進入してくる車両の有無に関する予見可能性の有無で過失の有無が決せられるとい

えるが，車両の信号遵守の一般的な現状を前提にすれば，予見可能性が欠如していることが多いと思われる。しかしながら，歩行者との衝突の場合には，上記のとおり見切りで横断開始する歩行者も少なくないので，予見可能性が肯定され，過失が認められる場合は少なくないであろう。

　赤色信号を看過して交差点手前の停止線で停止せず，全赤の状態後，交差道路や横断歩道の信号が青色に変化した後これに従って進行中の車両や歩行者と衝突した場合には，赤色信号を看過して停止せず進行すること自体の危険性は大きく（予見可能である），信号看過が事故に直結しているといえるので，赤色信号看過は過失運転致死傷罪の過失になるといえる（ただし，前述(3)ア総説217頁参照）。

　なお，信号看過と過失を考える際に，素材を提供する判例がある。福岡高判平成13年6月26日判タ1118号276頁である。

　事案は，信号機によって交通整理の行われている交差点を，制限速度が時速40キロメートルに指定されているにもかかわらず，被告人は時速約90キロメートルの速度で，普通乗用自動車を運転して，同交差点に差し掛かったところ，交差点入口の停止線の手前約150.2メートルの地点で，対面信号機の表示が青色から黄色に変化したのを認めながら，あえてそのまま同交差点を通過することとしたものの，同交差点直前で，左方道路から青色信号に従って同交差点に進入してきた被害車両を前方約39.8メートルの地点に発見するとともに赤色信号であることに気付き急制動の措置を講じたが，間に合わず自車前部を被害車両右側面に衝突させて被害者に傷害を負わせた，というものである。

　これについて，原審が，指定最高速度遵守の注意義務違反のほか，信号表示に留意してこれに従うべき業務上の注意義務を怠った過失を認定して有罪にしたのに対し，同判決は，被告人が本件事故を回避するためには，道路交通法施行令2条1項が定めているように，黄色信号に従って速やかに停止するしかなかったとして，本件の注意義務の内容は，黄色信号に従って停止することであり，過失の内容は，赤色

信号に気付くのが遅れたことではなく，黄色信号の表示に従わないで時速約90キロメートルの速度で運転を継続したことにあるというべきであるとして，破棄自判した。

　しかしながら，同判決には疑問がある。同判決は，原判決が，前記速度遵守義務と信号表示に従う義務を掲げ，これを怠って，時速約90キロメートルの速度で進行した過失を罪となるべき事実として認定していたのを，同判決が罪となるべき事実の中に，その後経過として，同交差点直前で被害者車両に気付くとともに対面信号の表示が赤色に変わっていることに気付いた旨記載していたことから，赤色信号に気付くのが遅れたことを過失と捉えたものと判断した上で[93]，「原判決のいうような注意義務があるとした場合，時速約90キロメートルの速度で進行中の自動車は，対面信号の表示が赤色になったことに気付いてから直ちに急制動の措置を講じても被害車両との衝突を回避することは殆ど不可能といわざるを得ないから，その認定したような注意義務の違反を理由として発生した結果について責任を問うことはできない」としているが，信号はあるとき突然青色から赤色になるのではない。黄色に変化した後に赤色になるのである。黄色の時間は，信号によって様々であるが，2〜4秒であることが多いようである。停止線直前で対面信号が赤色に変化した場合，黄色に変化したのはそれよりも2〜4秒前ということになる。黄色信号は，それ自体に意味があるのはもちろんであるが，これに加えて，次は赤色に変化するので赤色信号に従うべく準備を行わせるという意味を有した信号表示である。したがって，黄色信号に従わないで停止位置で止まろうとせず，赤色信号になって交差点に進入した場合には，もはや黄色信号無視（看過）ではなく，赤色信号無視（看過）と捉えるべきなのである。

　本事例に即していうと，本件交差点の黄色信号は4秒間であるから，

---

[93]　原判決は，前記注意義務を掲げた上で，「あえて同交差点をそのまま通過することとし，同信号機の表示に留意することなく」とも記載しているから，被告人が赤信号を順守する意思がなかったことを認定しているものと考えられる。もっとも，そうだとすれば，後段で「対面信号が赤色に変わったことに気付いた」事実を掲げるのは，そぐわないとはいえるとしても，これは単なるその後の事情と位置づけることも可能であったと考える。

時速90キロメートルでは、その約100メートル前方の停止線の手前約50.2メートル付近で赤色信号に変化したことになる。もちろん、その時点で急制動をかけたとしても停止することはできない（時速90キロメートルの停止距離は64.3メートル）が、仮に制限速度を遵守していたとすると十分に停止できた（停止距離は17.3メートル）のである。そもそも、本件事故は、赤色信号で交差点に進入したという行為の危険（交差道路を青色信号に従って車両が進行してくる車両の存在及びそれとの衝突及び青色信号で横断を始めた交差点出口の横断歩道上の歩行者との衝突の危険。もちろん、そのことは予見可能である）が実現したものであるから、その実態に沿って赤色信号で交差点に進入すべきでなかったという点を過失評価しなければならないと考える。そして、赤色信号に変化した時点で制限速度を遵守していれば、停止線手前で十分に停止することは可能であったので、制限速度を遵守し、赤色信号に従って、交差点手前で停止すべき注意義務があったということもできるであろうし、厳密にいえば、制限速度を遵守してなくとも、少なくとも黄色信号に変化した時点で、その後赤色信号に変化した際に停止線手前で停止できるような速度に減速した上で、赤色信号に変化した際、それに従って停止すれば事故は防げていたといえるので、黄色信号に変化した時点で、その後赤色信号に変化した際交差点手前で停止できる速度に減速した上、赤色信号に従って停止すべき注意義務があったといえるのである。

　ところが、本判決は、信号（黄色信号）表示の意味を形式的に捉えただけで過失判断を行ったものであって極めて不当である。もちろん、黄色信号で停止していれば事故は防げていたであろうが、本件は、黄色信号で停止しなかったという道路交通法違反の危険が結果に直接結び付いたものではない。黄色信号に変わった時点では、そのまま進行した場合交差点進入時には赤色信号に変化していることが確実な状況下における黄色信号表示であったため本件事故が発生したものだからである。そのような状況にない通常の黄色信号看過とは全く事故の態様を異にする。本件においては、黄色信号で停止せず、なおかつ、そ

の後交差点進入前に赤色信号になることが予想されたにもかかわらず，赤色信号でも停止しなかったために惹起されたものであって，これを形式的に黄色信号で停止していた場合に事故を防げていたというだけで，過失としたのは，形式的な条件関係を直ちに過失運転致死傷罪における過失に結び付けたという思考方法の点においても，不当というほかない。

　加えて，本判決は，道路交通法違反のみの問題として考えてみても，妥当とはいえないであろう。というのは，停止線手前で停止できないのは時速約 90 キロメートルもの高速で進行していたからであり，制限速度であれば当然停止できるし，時速約 80 キロメートル弱の速度でも停止線付近では停止できる（時速 80 キロメートルの制動距離は約 52.7 メートル）関係にあるところ，同速度であれば，赤色信号無視（看過）違反になるのに，速度違反の程度が大きければ大きいほど赤色信号無視（看過）を問えないという不合理なことになってしまうからである。

　ところで，前掲最判昭和 47 年 5 月 4 日刑集 26 巻 4 号 255 頁は，「最高制限速度 40 キロメートル毎時の道路においては，時速 40 キロメートルの車両が安全に停止することができる制動距離に相応する距離が，交差点入口までにある地点で，対面信号が黄色灯火表示に変われば，時速 40 キロメートルを超過して走行している車両にも，交差点入口手前で停止すべき注意義務があったといえるが，時速 40 キロメートルの車両が安全に停止することができる制動距離に相応する距離が，交差点入口にまでない地点で，対面信号が黄色表示に変わった場合は，時速 40 キロメートルを超過して走行している車両が交差点を通過しようとしたからといって，黄色灯火表示を看過又は無視した注意義務違反を問うことはできない」旨述べているところ，この論理で行けば，本件においては，赤色信号でも停止できる地点で赤色信号に変化しているので，当然，赤色信号看過又は無視の注意義務違反に問われることになるはずであり，本判決は，この点でも問題を有していることになる。

したがって，安全に停止できる地点で黄色信号に変化し，かつ，そのまま進行すれば交差点進入時には対面信号機の信号表示が赤色に変化していた（ことが予想できる）場合は，赤色信号にもかかわらず停止せず走行を続けたという危険性が事故につながった関係が認められる場合である以上，仮に，制限速度で走行していた場合に停止位置で停止できる距離がなかったとしても，赤色信号無視（看過）の注意義務違反の過失が認められると考えるべきである（反対：前掲依田・よくわかる125頁）。

オ　信号機自体の看過

信号機の信号表示に従わなかった場合には，信号機の存在に気付いていて，その信号表示を看過した場合（上記の(3)ア，イ）だけでなく，前方不注視により信号機の存在自体に気付いていなかった場合もある。これには，交差点の場合，交差点であることに気付かなかった場合や交差点であることは気付いていたが，信号機により交通整理が行われている交差点であることに気付かなかった場合がある。

この場合は，不注意が2段階になる。しかし，前段の信号機の存在に気付くべき注意義務も，要は，信号表示に気付いてそれに従うための義務であるから，責任の重さは，最終的に赤色信号看過か黄色信号看過かによって決せられることになる。

(4)　実務例

ア　黄色信号看過

①　信号機により交通整理の行われている交差点を北から南に向かい直進するに当たり，同交差点北詰の停止線手前約98.8メートルの地点で同交差点の対面信号機が青色を表示しているのを認めたのであるから，引き続き同信号表示とその変化に留意し，これに従って進行すべき自動車運転上の注意義務があるのにこれを怠り，進路前方を望見し，同信号表示とその変化に留意せず，同信号機が黄色信号を表示したのを看過して漫然時速約35キロメートルで進行した過失により，同停止線の手前約13.8メートルの地点で同信号機が赤色信号を表示して

いるのを認めたものの，そのまま同交差点に進入し，折から，同交差点南詰出口に設けられた横断歩道の東側歩道上で信号待ちをしているＶ（当時14歳）運転の自転車を左前方約9.7メートルの地点に認め，急制動の措置を講じたが及ばず，同横断歩道上を青色信号に従って左方（東）から右方（西）に向かい横断してきた同人運転の同自転車右側面部に自車左先角を衝突させて同人を同自転車もろとも路上に転倒させた。

② 信号機により交通整理の行われている交差点を南東から北西に向かい直進するに当たり，同交差点入口の停止線手前約21.2メートルの地点を時速約30ないし40キロメートルで進行中，対面信号機が黄色信号を表示しているのを認めたのであるから，これに従い前記停止位置で停止すべきはもとより，あえて同交差点を直進するのであれば，同交差点出口に設置されていた横断歩道等を横断する自転車等の有無及びその安全を確認して進行すべき自動車運転上の注意義務があるのにこれを怠り，前記停止線の手前約10.6メートルの地点で前記信号機が赤色信号を表示しているのを認めたが漫然前記速度で同交差点に進入した上，前記横断歩道を横断する自転車等の有無及びその安全確認不十分のまま進行した過失。

③ 交通整理の行われている交差点を○○方面から××方面に向かい時速約40キロメートル直進するに当たり，同交差点の停止位置の手前約10メートルの地点で対面信号機が黄色信号を表示しているのを認めたのであるから，同交差点の停止位置で停止できないとしても，同交差点入口付近で停止すべきはもとより，やむなく同交差点内に進入したときは，対向右折車両の有無及びその安全を確認しながら進行すべき自動車運転上の注意義務があるのにこれを怠り，同交差点入口付近で停止せず，同信号機の信号表示が赤色（青色右折可矢印）に変わったことに気付かないまま漫然前記速度で進行した過失により，折から，青色右折可矢印信号に従って対向右折進行してきたＶ（当時46歳）運転の普通乗用自動車を右前方約8.5メートルの地点に発見し，左転把したが及ばず衝突。

④　信号機により交通整理の行われている交差点を，M方面からW方面に向かい時速約60キロメートルで直進するに当たり，対面信号機が黄色表示をしているのを同交差点の手前約83.4メートル付近で認めたのであるから，同信号表示に従って同交差点手前の停止位置で停止すべき自動車運転上の注意義務があるのにこれを怠り，黄色信号で通過できるものと軽信し，漫然上記速度で進行した過失。

⑤　信号機により交通整理の行われている交差点を北から南に向かい直進するに当たり，同交差点入口の停止線手前約46.6メートルの地点を時速約40キロメートルで進行中，対面信号機が黄色信号を表示しているのを認めたのであるから，これに従い前記停止位置で停止すべき自動車運転上の注意義務があるのにこれを怠り，減速はしたが同乗者から渡された高速料金に気を奪われ，漫然時速約10ないし15キロメートルで進行した過失により，同信号機が赤色信号を表示しているのに気付かないまま同交差点内に進入し，折から，青色信号に従って同交差点入口の横断歩道上を右（西）から左（東）に向かい進行してきたV（当時33歳）運転の自転車を右前方約3.9メートルの地点に認め，急制動の措置を講じたが及ばず衝突。

⑥　信号機により交通整理の行われている交差点をH方面からO方面に向かい時速約50キロメートルで進行するに当たり，当時，路面が凍結して車輪が滑走しやすい状況であった上，同交差点の停止位置の手前約78.5メートルの地点で対面信号機の黄色信号を認めたのであるから，早期に制動措置を講じてそう交差点の手前で確実に停止すべき自動車運転上の注意義務があるのにこれを怠り，制動効果を過信して早期に制動措置を講ずることなく漫然前記速度で進行し，同交差点の停止位置の手前約26.6メートルの地点に至ってようやく制動措置を講じた過失により，自車を滑走させて同交差点内に進入させた。

イ　赤信号看過

①　信号機により交通整理の行われている交差点をT方面からM方面に向かい直進するに当たり，対面信号機の信号表示に留意し，その信号表示に従って進行すべき自動車運転上の注意義務があるのにこれを怠

り，同乗者との会話に気を奪われ，対面信号機の信号表示に留意することなく漫然時速約 40 キロメートルで進行した過失により，対面信号機が赤色信号を表示しているのに気付かないまま自車を同交差点に進入させた。

② 信号機により交通整理の行われている交差点を，N 方面から進行してきて，対面信号機の赤色信号表示に従って同交差点入口の停止位置に一時停止後，発進して S 方面に向かい直進するに当たり，対面信号機の信号表示に留意し，これに従って発進し進行すべき自動車運転上の注意義務があるのにこれを怠り，遠方の交差点に設置された信号機の青色表示を見て，自車の対面信号機が青色に変わったものと軽信し，対面信号機が赤色信号を表示していたのを看過して，漫然発進し時速 15 ないし 20 キロメートルで進行した過失により，自車を同交差点に進入させた。

③ 信号機により交通整理の行われている交差点を G 方面から I 方面に向かい直進するに当たり，対面信号機の表示に留意し，その信号表示に従って進行すべき自動車運転上の注意義務があるのにこれを怠り，考え事にふけり，対面信号機の信号表示に留意しないまま，漫然時速約 50 キロメートルで進行した過失により，右方道路から同交差点内に進入してきた V（当時 37 歳）運転の普通乗用自動車を右前方約 30.4 メートルの地点に認めるとともに，対面信号機が赤色信号を表示していたのに気付き，直ちに急ブレーキをかけたが間に合わず衝突。

④ 信号機により交通整理の行われている交差点を M 方面から K 方面に向かい時速 40 ないし 50 キロメートルで直進するに当たり，対面信号機の信号表示に留意し，これに従って進行すべき自動車運転上の注意義務があるのにこれを怠り，別の信号機を同交差点の対面信号機であると誤認した上，遠方を見て，対面信号機の信号表示に留意せず，対面信号機の赤色信号を看過して全然前記速度で進行した過失。

⑤ 信号機により交通整理の行われている交差点を北から南に向かい時速 70 ないし 80 キロメートルで直進進行するに当たり，同所は最高速度が 50 キロメートル毎時と指定された道路であるから，同最高速度

を遵守するはもとより，同交差点北側の停止線手前約 83.4 メートルの地点で対面信号機が黄色の灯火信号を表示していたのを認めたのであるから，同信号表示に従い，同交差点手前の停止位置で停止すべき自動車運転上の注意義務があるのにこれを怠り，同信号表示に従わず漫然時速約 90 キロメートルに加速して進行した過失により，同信号機が赤色（青色右折可矢印）の灯火信号を表示していた同交差点に進入し，折から，赤色信号に従わずに同交差点南側に設けられた横断歩道上を西から東に向かい進行してきた V_1（当時 20 歳）及び V_2（当時 26 歳）の自転車を右前方約 34.2 メートルの地点に認め，急制動の措置を講じたが間に合わず衝突。

⑥　押しボタン式信号機により交通整理の行われている交差点を K 方面から N 方面に向かい直進するに当たり，同交差点入口には横断歩道が設けられていたのであるから，同交差点の対面信号機の信号表示に留意し，これに従って進行すべき自動車運転上の注意義務があるのにこれを怠り，前方道路左側の駐車車両及び対向車両に気を取られ，同交差点の対面信号機の赤色信号表示を看過し，かつ前方左右を十分注視せず，同横断歩道上の歩行者等の有無及びその安全確認不十分なまま漫然時速約 60 キロメートルで進行した過失により，折から同横断歩道を青色信号に従い右から左に横断歩行中の V（当時 76 歳）を前方約 5.6 メートルに迫って発見し，急制動の措置を講じたが間に合わず衝突。

⑦　信号機により交通整理の行われている交差点を南から北に向かい直進するに当たり，対面信号機の表示に留意し，その表示に従って進行すべき自動車運転上の注意義務があるのにこれを怠り，考え事に気を奪われ，対面信号機の信号表示に留意せず，漫然時速約 40 キロメートルで進行した過失により，同交差点に進入した頃，対面信号機が赤色信号を表示しているのに気付いたものの前記速度のまま自車を同交差点に進入させ，折から，同交差点出口に設けられた横断歩道付近を左から右に自転車を運転して横断してきた V_1（当時 49 歳）を前方約 15.9 メートルに認め，右転把したが及ばず，同自転車前部に自車左前

角部を衝突させて同人を自車ボンネット上に跳ね上げた上，路上に転倒させ，さらに，自車を右前方の対向車線に逸走させて同車線上で信号待ちのために停止していたV_2（当時39歳）運転の普通乗用自動車前部に自車左前部を衝突させた。

(5) 捜査上の留意事項
① 衝突地点，停止地点，転倒地点，車両及び身体の衝突箇所，損傷状況，部品等の散乱状況
② 道路上の痕跡の状況（タイヤ痕，ガウジ痕等）
③ 被疑車両，被害車両あるいは歩行者である被害者の進行方向，目撃者の進行方向，事故に関連する他の交通関与者の進行方向及び位置
④ 信号機の設置場所，信号の型，信号秒示（信号サイクル）の状況
⑤ 現場の見通し状況（交差点であれば，左右走路の見通し状況）及び被疑者，被害者，目撃者から信号を視認できる地点，同所から信号機までの距離，停止線の位置
⑥ 被疑者及び被害者が信号を確認した地点（青色，黄色，赤色のそれぞれを確認した地点），信号から視線をそらした地点，被害者（車両）を認めた地点，制動をかけた地点，制動をかける前の速度，衝突時点での速度
⑦ 信号表示に従わなかった理由，信号機から視線をそらした理由（信号機に気付かなかった理由）

などを実況見分，取調べによって明らかにする。

　信号遵守義務違反による事故については，青々主張が珍しくない。青々主張の場合は，少なくとも，いずれか一方が虚偽の申立てを行っているのは明らかであるので，そのようなことがないように，徹底した捜査を行う必要がある。しかしながら，客観的第三者である目撃者がいない場合には，真実を明らかにすることが困難なことが多く，嫌疑不十分で不起訴にしているケースが少なくない。

　なお，近年は，ドライブレコーダーや交差点に設置されたTAAMS（交通事故自動記録装置）の画像で事故時の信号表示が明らかになるケースも増えており，コンビニエンスストアや街頭の防犯カメラが信号表示解明の

糸口になるケースも増えている。したがって，現在では，防犯カメラの捜査は必須の捜査事項となっている。

また，当該交差点の信号機が，警察本部の制御システムで管理されている場合には，秒単位で当該信号の表示状況が記録されているので，事故発生の時間が秒単位で特定できる場合には，これを信号表示の解明に使うことが可能である。しかしながら，多くの事故においては秒単位で発生時間を特定することが難しいため，決め手にはなっていないのが実情である。

また，警察作成の信号秒示表（サイクル表）は，基本的には信頼できるものであるが，時として誤っていることもないわけではないので，留意を要する。

(6) 判　例
　ア　積極判例
　　① 東京高判昭和55年6月19日東高時報31巻6号83頁，刑月12巻6号428頁，判タ428号197頁

対面信号が赤から青に変わるだろうとの見込みの下，停止線を通過する直前に青信号に変わった状態で交差点に進入して，左方道路から進入してきた自動二輪車と衝突した事故について，いうまでもなく，交通整理の行われている交差点に赤信号で車両が進入することは道路交通法に違反するだけでなく，道路交通上に極めて危険をもたらすものであって，その危険ゆえに，自動車運転者としては万一にもこのような進入の事態を生じることのないよう十分な配慮を要求されるところであるが，道路交通の実際において右の場合にもたらされる社会的事実としての危険は，進入の際に対面信号が切り変わったとしても，その瞬間において即時完全に消滅してしまう性質のものでないことは自明の理である。もちろん，例えば，交差点の入口に停止していた車両が青信号に変わるのを待って速度ゼロから発進進入し，若しくは，赤信号で交差点へ進入するような事態を万一にも生じないようにするためその入口で停止することが可能な程度にまで減速して接近してきた車両が，停止位置の手前で青信号に変わるのを認めて加速に転じ進

入するというように，通常一般的な進入方法が採られる場合であれば，前述した危険は実際問題としてもほとんど消滅しているのが常であろうし，あるいは残渣が僅かにあったとしても，交通信号の趣旨に鑑み，特別の事情のない限り，青信号で進入する車両の運転者においてこれに配慮するまでの法的要求は受けないといってよいであろう。しかし他面，このような通常の進行方法が採られる場合と異なって本件におけるように，秒速約11メートル（時速約40キロメートル）もの高速大型車が赤信号の交差点にまさに進入せんとする瞬前，一般通念からみればほとんど，同時的に信号が青に切り変わったというような場合には，その交差点進入によってもたらされる事実上の危険たるや，高速進入の一瞬のちに青信号に変わるような場合と比較して何ら径庭のあるものではなく，道路交通の安全を保持する見地から到底放置し難い重大なものであることも明らかである。それならば，自動車運転者においてかかる重大な危険をもたらす危険無謀な運転方法を採ることは法的に許されないものというほかなく，交差点進入の一瞬前に信号が青に変わったという本件の場合においても右の理は何ら左右されるものではない。すなわち，被告人は本件において，対面信号がいまだ赤のままであるうちに，若しくは赤から青に切り変わる一瞬後一般通念から見ればほとんど同時的に，時速40キロメートルもの高速で走行する大型ダンプカーをもって交差点に進入する結果となるような危険無謀な運転を避け，もって右のような進入に伴う重大な危険を回避すべき法的立場にあったものであって，そのための具体的方法としては，自車が所定位置で安全確実に停止するのに必要な最短の距離いわゆる安全停止距離ぎりぎりまでに接近してしまった時点で対面信号がなお赤のままであったという条件の下では，直ちに自車の停止の措置を講ずる以外の方法はもはや残されていなかったものであるから，被告人の本件における注意義務の具体的内容が交差点直前で停止することにあったとする原判断は正当である[94]。

② 福岡高判平成7年3月15日高検速報平成7年1390号

（主位的訴因＝対面信号の表示は太陽光線の反射によって視認しにくい状況にあったのであるから，前方左右を注視し，対面信号機の信号表示に十分留意しこれに従って進行すべき業務上の注意義務を排斥し，予備的訴因＝太陽光線の反射によって信号表示を確認することが極めて困難で，左右の見通しが困難であったから，適宜減速の上，前方及び左右を注視し進路の安全を確認して進行すべき業務上の注意義務を認定した原判決を破棄した事案）

原判決は，信号の色の表示の識別は車を進行させつつ瞬時に確認できるものでなければならず，その確認が極めて困難なほど視認しにくい状況にあれば，信号の色の表示を見過ごした点について過失を問うことはできないとしている。しかしながら，関係証拠によれば，本件当時本件交差点の被告人車両の対面信号機の信号表示は，太陽光線の反射，信号機自体が〇〇町方面に多少ずれていたこと，灯器が若干上向きになっていたことによって，視認しにくい状況にあり，そこへ同車両が時速約30キロメートルで本件交差点に接近しているが，瞬時には対面信号機の表示を確認できないものの，減速，徐行又は一時停止をして同信号機の表示に注意を払えば，その表示を確認できたことが認められる。信号機の表示は瞬時に確認できることが望ましいことはいうまでもないが，本件交差点は信号機により交通整理が行われており，交差道路の通行車両等が，その対面信号機の表示にしたがって本件交差点に進入してくることを考えれば，被告人車両においては，時間をかければ対面信号機の表示を確認することができたのであるから，減速，徐行又は一時停止をしてその表示を確認し，それにしたがって進行すべき業務上の過失があるというべきであり，被告人にはその注意義務に違反した過失がある。

③ 福岡高判平成13年6月26日判タ1118号276頁（前掲226頁）

普通乗用自動車を運転し，対面信号機の黄色信号を無視して時速約

---

94) 本事例は，全赤信号の信号機の事例である（神奈川県警は昭和45年から全赤信号を導入し，昭和49年までに全ての信号を全赤にしていた）。

90キロメートルで交差点に進入した際，青色信号に従って交差道路から進行してきた車両と衝突した事故につき，赤色信号に気付くのが遅れた過失を認定した原判決を破棄し，黄色信号無視の過失を認定した事例。
④　東京高判平成23年9月13日公刊物未登載（危険運転致死事件）
　　普通乗用自動車を運転し，先行車に追従して時速35ないし40キロメートルで進行していた際，停止線から約45メートル以上の手前で対面信号機が青色から黄色に変わるのを認め，停止線に至るまでにその信号機が赤色に変わると予測したのに，加速しながら先行車の右側を通過し，停止線手前（7.9メートルの地点）で赤色に変わったのを認めながら交差点に進入し，交差道路からの進入車両と衝突した事故について，危険運転致死罪の成立を認めた。

イ　消極判例
①　名古屋高判昭和38年12月23日高刑16巻9号831頁
　　信号機に対面しないで交差点に進入した自動車が，右折して初めてその交差点の信号機に対面したところ，その表示していた信号が赤色であったときは，そのまま進行しても本罪（道路交通法違反）を構成しない。
②　最判昭和43年12月24日判時544号89頁，判タ230号254頁（対原動機付自転車）
　　自動車運転者としては，特別な事情のない限り，信号を無視して交差点に進入してくる車両のあり得ることまでも予想すべき業務上の注意義務がないものと解すべきことは，いわゆる信頼の原則に関する当小法廷の最判昭和41年12月20日が判示しているとおりである。
③　大阪高判昭和44年3月14日刑月1巻3号202頁(対足踏自転車)
　　青信号で交差点に進入する自動車運転者は，右側から赤色信号を無視してその進路上に出てくる足踏自転車の存在まで予見する義務がない。
④　福岡地小倉支判昭和45年1月16日刑月2巻1号57頁
　　信号機が設置されていても故障により正常に信号機の表示がなされ

ていない交差点は，その信号機に対面する車両の運転者にとっては，いわゆる交通整理の行われていない交差点に当たるものと解すべきであるから，被告人が左右の見通しのきかない本件交差点を通過しようとするときは，左右の道路から車両等の進入してくることは十分予想されることであり，したがって，あらかじめ，交差点の手前で徐行し，状況によっては一時停止の上左右の安全を確かめる業務上の注意義務がある。

⑤ 高知簡判昭和45年6月8日判夕257号233頁

　　押ボタン信号機の表示する青灯火信号であっても，これに従い県道を直進する自動車運転者としては，左右道路の車両が交差点内に進入してくることが明らかな場合，既に進入している場合など，いわゆる特別の事情の認められる場合は別として，左右道路からの横断歩行者が押ボタンを操作することにより信号の表示が変化する場合に備えて，右信号機の表示する信号に注意して運転すれば足りる。すなわち，前示の速度と態様に従い運転している被告人としては，特別の事情のない限り，左右道路からの進入車両が自車の進路を妨げることなく，また自車との衝突を避けるため，適切な措置を執るであろうことを信頼して運転すれば足りる。

⑥ 最決昭和45年9月29日裁判集刑177号1185頁

　　いやしくも信号機の表示するところに従って運転をすれば，他の道路から進入する車両と衝突するようなことはないはずであるから，自動車運転者としては，信号機の表示するところに従って自動車を運転すれば足り，いちいち徐行して左右道路の車両との交通の安全を確認すべき注意義務はないものと解するのが相当である。

5　点灯・消灯義務

　道路交通法は，自車の通行の安全を確保するため，及び他車に対して自車の通行・存在を知らせて注意を促すため，車両の各種灯火の点灯義務と，逆に自車の灯火によって他車の安全な運転を妨げることがないようにするための灯火

の操作義務を定めている（法52条）。

　これらの灯火の操作いかんは，現実には事故の原因をなすことも多く，その意味で，道路交通法の義務に違反した場合は過失運転致死傷罪の過失になることがある。しかしながら，相手車両の前方注視義務違反やその他の過失と競合することが多く，同罪の過失として認められるか否かは微妙な事例が少なくない。

(1) 道路交通法上の義務

　　ア　車両等は，夜間（日没時から日出時までの時間をいう）道路にあるときは，次の区分（令18条1項1号ないし5号）に従って灯火をつけなければならない（同法52条1項）。

　　　① 自動車　　　　　　保安基準で設けられた前照灯[95]，車幅灯，尾灯（尾灯が故障している場合は，これと同等以上の光度を有する赤色の灯火），番号灯及び室内照明灯（乗合自動車に限る）

　　　② 原動機付自転車　　保安基準で設けられた前照灯[96]及び尾灯

　　　③ トロリーバス　　　トロリーバスの保安基準で設けられた前照灯，尾灯及び室内照明灯

　　　④ 路面電車　　　　　軌道法14条の規定に基づく命令で定められた白色灯及び赤色灯

　　　⑤ 軽車両　　　　　　公安委員会が定めた灯火

　　なお，高速自動車国道及び自動車専用道路において前方200メートル，その他の道路においては前方50メートルまで明瞭に見える程度に証明が行われているトンネルを通行する場合は，上記点灯義務は免除されている（令18条1項本文括弧書）。

　　イ　夜間駐停車するときの点灯義務

　　　自動車（大型自動二輪車，普通自動二輪車及び小型特殊自動車を除く）は，夜間，道路（歩道又は路側帯と車道の区別のある道路においては，車道）の

---

95) ここでいう前照灯には，走行用前照灯（道路運送車両の保安基準32条1項），すれ違い用前照灯（同条4項）が含まれる。

96) ここでいう前照灯は，道路運送車両の保安基準62条によるものである。

幅員が5.5メートル以上の道路に停車し，又は駐車しているときは，車両の保安基準によって設けられる非常点滅表示灯又は尾灯をつけなければならない（令18条2項本文）。

ただし，
① 保安基準に適合する駐車灯をつけて停車し，若しくは駐車しているとき
② 高速自動車国道及び自動車専用道路以外の道路において後方50メートルの距離から当該自動車が明瞭に見える程度に照明が行われている場所に停車若しくは駐車しているとき[97]
③ 高速自動車国道及び自動車専用道路以外の道路において道路交通法施行令27条の6第1号に定める夜間用停止表示器材若しくは車両の保安基準に適合する警告反射板を後方から進行してくる自動車の運転者が見やすい位置において停車若しくは駐車しているとき

は非常点滅表示灯又は尾灯はつけなくともよい（同項ただし書）。

ウ　夜間でも灯火をつけなくてもよい場合

車両等は，次に掲げる場合は，右の規定にかかわらず，次の灯火をつけることを要しない（令18条3項）。

① 他の車両を牽引する場合　　尾灯及び番号灯
② 他の車両に牽引される場合　前照灯

エ　夜間以外の時間で灯火をつけなければならない場合

トンネルの中，濃霧がかかっている場所その他の場所で，高速自動車国道及び自動車専用道路においては，200メートル，その他の道路においては50メートル以下であるような暗い場所を通行する場合及びそのような場所に停車し又は駐車する場合には，夜間以外の時間であっても灯火をつけなければならない（令19条）。

---

[97] 道路交通法52条1項の「道路にあるとき」とは，道路を通行している場合はもちろん，道路において駐車し，又は停車している場合も含まれる。したがって，この文言だけからすれば，駐・停車しているときも，これらの灯火を点灯しなければならないようであるが，「政令に定めるところにより」としており，その政令である道路交通法施行令18条1項本文は，点灯義務を「車両等は，法第52条第1項前段の規定により，夜間，道路を通行するとき」として定めているので，駐・停車車の場合は，これらの点灯義務はない。その場合の点灯義務は同施行令18条2項に定められている（一時停止中の車両の場合は，「通行」中に当たるので，点灯義務がある）。

オ　他の車両と行き違う場合の灯火の操作

　車両等が，夜間，他の車両等と行き違う場合，又は他の車両等の直後を進行する場合において，他の車両等の交通を妨げるおそれがあるときは，車両等の運転者は，政令で定めるところにより，灯火を消し，灯火の光度を減ずる等灯火を操作しなければならない（法52条2項）。

　政令で定めるのは，次のものである（令20条）。

① 光度が1万カンデラを超える走行用前照灯をつけ，すれ違い用前照灯又は前部霧灯を備える自動車は，すれ違い用前照灯又は前部霧灯のいずれかをつけて走行用前照灯を消さなければならない（同条1号）。

② 光度が1万カンデラを超える前照灯をつけている自動車（①の自動車を除く）は，前照灯の光度を減じ，又はその照射方向を下向きにしなければならない（同条2号）。

③ 光度が1万カンデラを超える前照灯をつけている原動機付自転車は，前照灯の光度を減じ，又はその照射方向を下向きにしなければならない（同条3号）。

④ トロリーバスは，前照灯の光度を減じ，又はその照射方向を下向きにしなければならない（同条4号）。

(2)　過失運転致死傷罪における注意義務

　以上の道路交通法における点灯，消灯等の義務は，運転者自らが，車両の運転に当たって，前方左右等の安全を確認するために必要とされるもの，及び他の車両等他の交通関与者に，自車の存在を認識させ，両面から交通の円滑，事故の発生につながる危険を避けようとするものである。もちろん，これらの義務は，それを課すことにより，事故の発生を防ごうとするものであり，その前提としては，これらが遵守されていない場合には事故が発生するという経験的な事実が存在しているわけである。

　特に，前照灯の点灯義務を怠った場合には，運転者自らが前方を注視することができにくくなるだけでなく，相手方にも自車の存在を分かりにくくさせて事故を惹起しかねないという二重の意味で，危険な運転ということになる。

その他の点灯義務は，相手に自車の存在等を知らしめ警告を与える意味や運転の支障になることを避けるためである。しかしながら，これらの義務は，過失運転致死傷罪の過失の観点からいうと，一方当事者がこれらの義務違反を犯した場合でも，相手方が前方注視義務等の注意義務を尽くしていた場合には事故が防げていた可能性があるため，直ちに，過失と認められ過失運転致死傷罪が成立することにはならないことに留意する必要がある。

なお，自動車の前照灯が故障により消灯したときは直ちに停車して修理し，照明を旧に復したのち進行しなければならない。前方照明不十分な自動車を運転するときは，前方の道路状況の安全が確かめられる程度に減速徐行して進行しなければならない。前照灯は，当該車両の運転者にとっては，前方注視して進路の安全を確認するために不可欠のものであるから，前照灯が故障して前方の注視が困難になったのであれば，運転を停止するか，視認できる範囲で急制動して衝突を防ぐことが可能な速度に減速して進行すべき（徐行ないし最徐行が必要となる場合が多いであろう）である。しかしながら，それだけにとどまるものではない。というのは，他の交通関与者が無灯火の自動車の存在に気付かないため衝突することがあり得るからである。したがって，そのような事故が予想できる場合には，運転を差し控えるべき注意義務や運転中止義務等が認められることになる。そうでないとしても，相手が自車に気付かないため，直前を横断したり，異常に接近してきたりすることも予想して（予見可能性は肯定し得る）衝突を避けるべく運転する義務が認められるであろう。

(3) **実務例**

近年は前照灯が故障した自動車はほとんど見かけないが，ないわけではなく（片方の前照灯が点灯しないケースもある），過去には前照灯が故障した事例のほか，次のような事例がある。

① 前照灯をつけ進路前方左右を注視し，交通の安全を確認しつつ通行すべき自動車運転上の注意義務があるのにこれを怠り，前照灯をつけず，かつ約100メートル前方に設置されている信号機の信号に気をとられ，

左前方の注視を欠いて進行した過失により，前方道路の左側から右側に足踏式二輪自転車を引いて横断歩行していたＳ（当時35歳）を約7.3メートル前方に初めて認め，自車前部を同人に衝突させて跳ね飛ばした。

② 前照灯をつけていなかったため前方注視が不十分となり，正常な運転ができない状態となっていたのであるから，直ちに運転を中止して前照灯をつけ，進路の安全を確認して進行しなければならない自動車運転上の注意義務があるのにこれを怠り，自車が盗品であることを気にして，無灯火のまま運転を継続した。

③ 前照灯をつけていなかったため前方の安全が確認できないおそれがある状態であったから，直ちに運転を中止し，前照灯をつけてから運転すべき自動車運転上の注意義務があるのにこれを怠り，助手席のＭとの雑談に熱中する余り無灯火であることに気付かず，かつ前方注視不十分のまま時速約60キロメートルで運転を継続し，前方にグリーンベルトがあったのにこれを全く発見することができず，自車の右側車輪を右グリーンベルトに乗り上げ，同所に避譲して佇立していたＹ（当時22歳）に自車左前部を衝突させて跳ね飛ばした。

④ 前照灯が故障していたため前方を照射することができず，かつ同所付近は照明設備の一部が故障していたため薄暗く，前方の見通しがよくなかったのであるから，適宜減速の上一層前方左右を注視して，横断歩道や横断歩行者らの早期発見に努め，進路の安全を確認して進行すべき自動車運転上の注意義務があるのにこれを怠り，たばこに火をつけることに気を取られて前方を十分注視せず漫然時速50キロメートルで進行した過失により，前方に設けられていた横断歩道をその直前に接近するまで発見し得なかったばかりでなく，折から同横断歩道を左方から右方に向かって横断の途中，道路中央付近において一旦立ち止まった上対向車のため僅かに後退したＭ（当時30歳）を至近距離に迫って初めて発見し，急停車の措置を執るいとまもなく同人に自車右前部を衝突させて同人をボンネット上に跳ね上げた。

⑤ 当時対向車とすれ違うため前照灯を下向きにし，前方の見通しが余りよくない状態であったのであるから，速度を調節するとともに前方注視

を厳にし，進路の安全を確認しつつ進行すべき自動車運転上の注意義務があるのにこれを怠り，考え事をしながら前方を十分注視しないで時速約70キロメートルのまま進行した過失により，進路前方を同一方向に向かい進行中であったY（当時22歳）の運転する二輪自動車を約10メートル先にようやく認め，急制動の措置を執ったが間に合わず，同車に自車前部を激突させた。

⑥　同所付近は照明設備が乏しく前方の見通しが良くなかったので，自車の前照灯の照射状況に注意し，その照射による前方の見通し状況に即して適宜速度を調節し，一層前方左右を注視して，横断歩道や同歩道上の横断者の有無などの早期発見に努め，進路の安全を確認しつつ進行すべき自動車運転上の注意義務があるのにこれを怠り，前日の降雨のため自車の前照灯に泥土が付着し，その照射能力が著しく減殺されていたのに気が付かなかったばかりか，前方に横断歩道が設けられていたのを発見し得ないまま漫然時速約70キロメートルの速度で進行し，折から前方の横断歩道を右方から左方へ向かって歩行中のI（当時20歳）を約20メートル前方に初めて発見し，あわてて急ブレーキを踏み，右へハンドルを切ったが間に合わなかった。

⑦　同空地に向かい後退しようとした際，同空地の中央付近で遊んでいる児童3名を街路灯の光で認めたが，児童は思慮が浅く不測の行動に出ることが予測され，かつ，自車が大型車で後方の見通しが困難であった上，尾灯がついていなかったのであるから，助手を下車させ，右児童を安全な場所に退避させ，さらに助手の誘導が的確か否かを確かめ，その誘導に従うとともに，尾灯をつけ，自車の左右後方を注視して後方の安全を確認しつつ徐行後退すべき自動車運転上の注意義務があるのにこれを怠り，助手を下車せしめて児童を退避せしめるなどの措置を講ぜず，前記児童のうち2名が，同空地内の北西隅にある小屋の付近に移動したのを認めたのみで，後方にはもはや児童はいないものと軽信し，ほか1名の児童の行方も確かめず，後方の安全を十分確認することなく，尾灯をつけないまま漫然時速約5キロメートルで後退した過失により，T（当時6歳）が同空地内の中央やや東側寄りに駐車してあった大型貨物自動車

の横付近にいたのに全く気付かず，同児に自車右後車輪付近を接触させて転倒させた上，これを同車輪で轢過した。

(4) 捜査上の留意事項

　無灯火，灯火の照射不十分な事故について，過失の判断に悩む事件は少ないと思われる。道路運送車両の保安基準（昭和26年運輸省令第67号）32条及び道路運送車両の保安基準の細則を定める告示（平成14年国土交通省告示第619号）によれば，自動車の前照灯は，夜間前方100メートルの距離にある交通上の障害物を確認できる性能を有すること，下向きにしたときでも夜間前方40メートルの距離にある交通上の障害物を確認できる性能を有することを必要とされている（道路運送車両の保安基準32条2項，道路運送車両の保安基準の細則を定める告示198条2項1号）から，このことを頭に入れて捜査するとよい。

　特に留意を要する捜査点は，

① 他の事故同様，まず，衝突地点，停止地点，転倒地点，車両及び身体の衝突箇所，損傷状況，部品等の散乱状況，道路上の痕跡の状況（タイヤ痕，ガウジ痕等），被疑車両，被害車両あるいは歩行者である被害者の動静，目撃者の進行方向，事故に関連する他の交通関与者の進行方向及び位置等を明らかにする。

② その上で，現場の見通し状況（交差点であれば左右道路の見通し状況，道路の照明状況），前照灯を点灯していた場合の視認距離，点灯していなかった場合の視認距離，被疑車両の速度，被害車両の速度，被害車を発見した地点，被害者が被疑車両を発見した地点，制動した地点等の特定を行う。

　前照灯の片方だけを点灯していた場合には，両方の前照灯が点灯した状態と，片方だけの場合の双方による視認見分を行う必要がある（事故車が故障者の場合は，当該故障車と同型車を使っての見分となろう）。

③ 前照灯を点灯しなかった理由，車両の故障の有無，故障があった場合にはその認識の有無，なかった場合にはその理由，事故直前に気付いた場合にはその地点等明らかにする。

④　その他の点灯義務違反の場合は，故障の有無・程度，それに気付いていたか否か，なぜ点灯しなかったのかその理由を明らかにする。

(5) 判　例
　①　東京高判昭和28年2月4日判特38号34頁
　　　前照灯が故障して前方照射が不十分な本件自動車を運転して，現場付近を通過するにあっては，相当に減速して前方の道路状況を十分に確かめて進行し，万一自動車が道路を踏み外しそうな危険に際した場合には，直ちに停車して乗客の安全を保持すべき業務上の注意義務のあることは条理上当然である。
　②　長崎地大村支判昭和33年12月27日一審刑集1巻12号2236頁
　　　被牽引車にあっては，前照灯を省略することができるから，その運行の際には，必ずしも点灯している必要はない。
　③　東京高判昭和34年12月26日高検速報823号
　　　自動車運転者たる者は，常に前方を注視し，自他通行の安全を確保して自動車の運転をしなければならぬものであり，夜間自動車を運転して右のような国道を走行すれば，反対方向から進行してきた自動車とすれ違う際，その前照灯の光に幻惑され，前方の見通し困難な状態に陥ることはしばしば起こる現象であるから，あらかじめ自車の前照灯の光度を減じ，若しくは照射方向を下向きとし，又は一時消燈して前方の見通しをできるだけ確保するとともに，万一見通し困難に陥った場合には，直ちに一時停車できるようにあらかじめ徐行するなどの措置に出るべき業務上の注意義務がある。

第4　交差点を通行する際の注意義務

1　総　説

　交差点は道路が交わる場所であるから，車両，歩行者が集中する。したがって，混雑し，また事故の可能性の多いところでもある。実際に，車両同士及び車両と歩行者の衝突事故の中で最も多いのが，交差点事故である。したがって，道路における危険の防止，その他交通の安全と円滑を図るためには，交差点における交通方法を細かく決めておく必要がある。そのため，道路交通法は，第3章の「車両及び路面電車の交通方法」の中に，特に「交差点における通行方法等」として第6節を設け，6条も規定を設けているほか，交差点の上記特殊性から，同節以外でも，交差点に関する規定を多数設け（12条2項，30条3号，38条の2，40条1項，41条の2，42条1号，43条，44条1号，2号，54条1項1号，63条の7），道路における危険の防止，交通の安全と円滑を図ろうとしている。なお，信号機による交通整理の必要性が最も高いのが交差点であり，信号機の大多数が交差点に設けられていることも，道路交通における交差点の重要性を示すものである。

2　交差点とは

　ところで，交差点とは何か。道路交通法は，交差点を，「十字路，丁字路その他2以上の道路の交わる場合における当該2以上の道路（歩道と車道の区別のある道路においては，車道）の交わる部分をいう」と定義している（法2条5号）。すみ切のある交差点に関しては，「道路の交わる部分」とは，「車道と車道が交わる十字路の四つかどに，いわゆるすみ切がある場合には，各車道の両側のすみ切り部分の始端を結ぶ線によって囲まれた部分をいう」とする最高裁決定（最決昭和43年12月24日刑集22巻13号1647頁）がある。交差点には，複雑なも

のがあるが，それらの交差点について，どこまでが交差点になるかに関しては，次の判例があるので，参考にされたい

① 中央緑地帯のある道路

（最決昭和46年6月23日刑集25巻4号603頁，判時633号98頁。A道路とB道路の交差する全域（緑地部分を除く）を1個の交差点と解する）

② 2本の交差道路が交差点で合わして1本の道路となり交差点が広場のような観を呈す道路

（大阪高判昭和41年3月3日高検速報昭41年11号。各道路の交差する地点ごとに数個の交差点があるものと解するのが相当）

③ 角切のある丁字路交差点

（高松高判昭和40年5月11日下刑7巻5号798頁，判タ178号144頁。本件交差点の範囲は，国道の車道と指導の交わる全区域である。以上は主として道路交通法44条2号の文理に基づく解釈であるが，そもそも，同条号が原則として交差点の側端から5メートル以内の部分における駐車を禁止したのは，交差点における交通の安全と円滑を図るためであることはいうまでもないところ，本件のように交差点の角が曲線状に縁どられている場合においては，左曲線によって進行すべきものであるから，交差点の側端を前示のように右曲線の始まる地点と解するのが同法の法意に合致する）。

④ 鋭角で交差する三叉路

（広島高判昭和45年3月19日判タ255号303頁。交差点とは，本件のように歩車道の区別のある道路とその区別のない道路とが交わる場合においては，車道とその区別のない道路とが交わる部分をいう）

⑤ 陸橋取付道路と側道の交わる部分

（最判昭和46年10月14日判時650号22頁。右取付道路が水平道路と合する地点を，第1審，第2審判決は交差点と解しているが，交差点に当たるとは解せられない）。

なお，広場は交差点に当たらない。広場とは，単に2以上の道路が交わるというにとどまらない広域な土地を包含し，駅，駐車場，野外演説会場その他特殊の用途に供されているか，又は，一般の交差点の通行方法によることが不適当な場所をいう（横井ほか『注釈道路交通法』47頁（有斐閣，

再訂版, 1967))。

交差点に当たるかどうかは,「道路の交わる部分」という定義を基本にして,交わる部分の形状及び形状の交通に与える影響等を考慮し,道路交通法の交差点に関する規定を適用するのが妥当かどうかで決せられるものと考えられる。

道路交通法の交差点に関する規定に違反することが直ちに過失運転致死傷罪における過失になるわけではないが,道路交通法における交差点に関する規制を明らかにした上で,過失に当たるか否かを検討することとする。

3 通行順位の遵守義務

交差点には交通整理の行われている交差点と交通整理の行われていない交差点がある。

交通整理の行われている交差点[98]とは,信号機の表示する信号又は警察官等の手信号等によって交互に一方の交通を止め,他方の交通を通す方式による交

---

[98] 押しボタン式信号機が設置してある交差点は,「歩行者が押しボタンを押し信号灯により交通規制が行われた場合に,はじめて,『交通整理の行われている交差点』となると考えられる」(大津地判昭和50年4月21日判時789号113頁)。本交差点は,それぞれの交差道路に信号機が設置してあるが,歩行者が歩行者専用信号の押しボタンを押すことによって,それまで黄色及び赤色で点滅していた各信号機が青,黄,赤色の各信号を表示する仕組みの信号機である。

交差道路の一方にだけ信号機が設けられ,道路の信号が常時青色灯火信号を表示しており,同道路を横断する歩行者専用信号の押しボタンを押すと,道路の信号が赤色に変化する交差点は,主たる道路のみの交通が整理され,従たる交差道路の交通は整理されないので,交通整理の行われていない交差点である(東京地判昭和45年8月31日判タ254号197頁(民事判例))。

なお,高知簡裁昭和45年6月8日判タ257号233頁は,歩行者専用の押しボタン式信号の設置された交差点を,(押しボタンが押されていない状態で)対面信号の青色表示にしたがって交差点に進入した広路通行車両と交差道路から進入してきた自転車との衝突事故について,広路通行車両に対し,「特別の事情のない限り,左右道路からの進入道路からの進入車両が自車の進路を妨げることなく,また自車との衝突を避けるため,適切な措置をとるであろうことを信頼して運転すれば足り,本件の被害者のように,青色灯火信号に従い直進する被告人車両を全く意に介せず横断してくる者のあることまで予測してあらかじめ減速して左右道路から進入する車両の有無,動静を注視し,もって事故の発生を未然に防止すべき注意義務はない」として過失を否定したものである。

本件交差点は交通整理の行われていない交差点と同視すべきとの検察官の主張を排斥したものであるが,「押しボタン式」と表示されているほかは通常の信号と変わらず,狭路側信号機が歩行者専用のものか直ちに判断し難いことから,広路進行車両には酷であることから上記判断をしたものであり,本件交差点自体を交通整理の行われている交差点としたわけではない。木谷明「刑事交通事件の諸問題-1-実体編(特集);道路交通法の解釈」「信号」判タ284号135頁(1973)は,狭路側からみれば交通整理の行われていない交差点というべきであるとしている。

通整理の行われている交差点のことである。信号機の表示する信号であっても黄色点滅，赤色点滅表示の信号は，交互に一方の交通を止めて他を通すものでないので，交通整理に当たらない（最決昭和44年5月22日刑集23巻6号918頁）。

　交通整理とは，信号機の表示する信号又は警察官の手信号等により一定の時間は一方の道路を自由に通行させその間他の交通を停止することを交互に反復する措置を指すもので，これを通行する側からいえば，信号により通行が認められる間は他の交通を顧慮することなく進行することができる場合が交通整理の行われている状態と解すべきである（東京高判昭和46年12月22日刑月3巻12号1604頁）。

　交通整理の行われている交差点における交通は，信号等の指示により整理されるところ（青色信号表示同士場合は通行順位の規定によって整理されるが），交通整理の行われていない交差点は，信号等による交通整理がないので，専ら，通行順位に関する道路交通法の規定で，これを整理することになる。

　交通事故は，前述のとおり，車両対車両，車両対歩行者のいずれをとっても，交差点における事故が最も多いところ，その中でも，交通整理の行われていない交差点が過半である。

(1) 道路交通法上の義務
　ア　左方車両などの優先の原則

　　　自動車は，交通整理の行われていない交差点に入ろうとする場合において，左方の道路から当該交差点に入ろうとしている車両があるときは，当該車両の進行を妨げてはならない。左方の道路からその交差点に入ろうとしている路面電車があるときも同様である（法36条1項1号）。

　　　路面電車が交通整理の行われていない交差点に入ろうとする場合において，左方の道路から同時に当該交差点に入ろうとしている路面電車があるときも同様とする（同項2号）。

　　　「進行妨害」とは，法2条1項22号で定義されているところ，妨害される車両の存在の認識している必要がある（道交法事典・(上) 363頁）。したがって，出会い頭の衝突事故で，相手車の存在を認識していなかった場合には，進行妨害違反は成立しない。また，進行を妨害すること自

体に対しても，故意が必要と考えられる（福岡高判昭和41年2月2日高刑19巻1号20頁参照，過失犯の処罰規定もないことに留意）。

　昭和46年法律第98号による道路交通法の改正で，従来の交差点への先入車両の優先規定が改められて，現行の規定になったものである。したがって，本規定が適用されるためには，双方の車両等が同時に交差点に入る必要はなく，また，いずれが先に交差点に入ったか否かも問わず，そのまま双方が進行したら衝突する場合における通行順位を定めたものである。したがって，衝突の危険がないことが明らかな場合における車両には適用されない（野下・道交法328頁）。

イ　優先道路にある車両優先の原則

　優先道路とは，㋐道路標識などにより，優先道路として指定されているもの，及び㋑交差点で，その道路の車両の通行を規制する道路標識等による中央線又は車両通行帯が設けられている道路をいう。交通整理の行われていない交差点における優先道路の通行は，次の方法による。

　すなわち，同時に2つの道路から交差点に入ろうとする場合，

① 　一方の道路が優先道路であるときは，優先道路にある車両等（車両及び路面電車）が優先する。したがって，非優先道路にある車両などは，優先道路にある車両などの進行を妨げてはならない（法36条2項）。

　　したがって，非優先道路と優先道路が交差しているとき，非優先道路からの車両などが交差点に入ろうとする場合には，徐行しなければならない（同条3項）。

② 　また，幅員が明らかに広い道路[99]と明らかに狭い道路が交差する場合にも，幅員の広い道路からの車両等が優先する（優先するというだけであり，明らかに広い道路が「優先道路」になるわけではない）。したがって，明らかに狭い道路から交差点に進入する場合は，明らかに広い道路にある車両等の進行を妨害してはならない（同条2項）。

　　したがって，幅員が明らかに広い道路と，幅員が明らかに狭い道路が交差しているとき，幅員の明らかに狭い道路から車両等が交差点に入ろうとするときは，徐行しなければならない（同条3項）。

　　また，本条違反になるのは，故意のある場合に限られることに留意

する（過失処罰規定もない）。

③　交差する道路で，明らかに狭い道路が優先道路である場合もあるが，この場合は，道路交通法36条1項の原則に戻って，左方道路にある車両等が優先するとする考えがある。その根拠は，左方優先を定める道路交通法36条1項は，「次項（2項のこと）の規定が適用される場合を除き」同項が適用されると規定しているところ，その2項は，「その通行している道路が優先道路……である場合を除き」同項が適用される旨規定しているので，通行している道路が優先道路である場合は除かれ，結局，同条1項が適用されることになると解釈することにある。

しかしながら，この解釈では，優先道路と交差する明らかな広路を進行している車両は，同条2項により優先道路を通行している車両の進行を妨害してはならないところ，これは同条1項の左方優先と矛盾することになるので，採り得ない。したがって，同条1項の「次項（2項のこと）の規定が適用される場合を除き」（同条1項）というのは，「交差道路が優先道路であるか，又はその通行している道路よりも幅員が明らかに広い道路である場合を除き」という意味に解さなければならない（道交法事典・(上) 364頁，野下・道交法331頁，朝岡智幸「刑事交通事件の諸問題－1－実体編（特集）；道路交通法の解釈」「交差点における他の車両等との関係」判タ284号181頁以下（1973），伊藤栄樹ほか編『注解特別刑法　第6巻（交通法・通信法編）』171頁〔但木敬一〕（立花書房，1982）等）。

---

99)　「明らかに広い道路」とは，「交差点の入口から，交差点の入口で徐行状態になるために必要な制動距離だけ手前の地点において，自動車を運転中の通常の自動車運転者が，その判断により，道路の幅員が客観的にかなり広いと一見して見分けられるものをいう」（最決昭和45年11月10日刑集24巻12号1603頁）。歩車道の区別のある場合においては，車道の広狭で判断する（最判昭和47年1月21日刑集26巻1号36頁）。交差道路のそれぞれが前後左右を通じて幅員が異なる場合は，「交差点を挟む前後を通じて，交差点を挟む左右の交差道路のいずれと比較しても明らかに幅員の広い道路をいい，その一方のみと比較して明らかに幅員の広い道路は含まないものと解すべき」である（最決昭和50年9月11日刑集29巻8号576頁）。
　判例により明らかに広いとされた事例としては下記等がある。
・8.9メートルと4.4メートル（東京高判昭和41年8月9日下刑8巻8号1108頁）
・16.2メートルと9.0メートル（大阪高判昭和44年8月22日刑月1巻8号803頁）
・10.5メートルと7.2メートル（福岡高判昭和45年1月26日判時623号113頁）
・6.6メートルと2.0メートル（最判昭和45年11月17日刑集24巻12号1622頁）

ウ　交差点における緊急自動車の優先

(ア)　自動車は，交差点又はその付近において緊急自動車[100]が接近してきたときは，交差点を避け，かつ，道路の左側（一方通行となっている道路において，その左側に寄ることが緊急自動車の進行を妨げることとなる場合にあっては，道路の右側，次項において同じ）に寄って一時停止しなければならない（法40条1項）。

(イ)　交差点及びその付近以外の場所において，緊急自動車が接近してきたときは，車両は，道路の左側に寄って，これに進路を譲らなければならない（同条2項）。

(ウ)　交差点又はその付近において，消防用車両が接近してきたときは，車両は，交差点を避けて一時停止しなければならない（法41条の2第1項）。

---

[100]　緊急自動車というのは，次に掲げる自動車を緊急用務のために運転しているものをいう（法39条1項）。
　① 消防用自動車
　② 救急用自動車
　次に掲げる自動車で，その自動車を使用する者の申請に基づいて公安委員会が指定したもの（令13条）
　③ 都道府県等が傷病者の応急手当のため出動に使用する大型自動二輪車又は普通自動二輪車
　④ 医療機関が，傷病者が医療機関に緊急搬送されるまでの間における応急治療を行う医師を運搬するために使用する自動車
　⑤ 医療機関が傷病者に必要な緊急の往診を行う医師をその居宅に搬送するために使用する自動車
　⑥ 犯罪の捜査，交通の取締りなどに使用する警察用自動車
　⑦ 部内の秩序維持又は自衛隊の行動，部隊の運用のため使用する自衛隊用自動車
　⑧ 犯罪の捜査のため使用する検察用自動車
　⑨ 刑務所その他の矯正施設において使用する警備用自動車
　⑩ 入国者収容所などにおいて使用する警備用自動車
　⑪ 公益事業で，危険防止のための応急作業に使用する自動車
　⑫ 水防機関が水防のために使用する自動車
　⑬ 保存血液の応急運搬のために使用する自動車
　⑭ 臓器の移植に関する法律により死体から摘出された臓器，臓器を摘出しようとする医師又はその摘出に必要な機材の応急運搬のため使用する自動車
　⑮ 道路管理者が，道路上の危険を防止するための応急措置又は応急作業に使用する自動車
　⑯ 総合通信局又は沖縄総合通信事務所が使用する自動車で，不法に開設された無線局の探査のための出動に使用する自動車
　⑰ 交通事故調査分析センターが使用する自動車で，事故例調査のための出動に使用する自動車
　⑱ 国，都道府県，市町村，日本原子力研究開発機構，原子力事業者が，原子力災害の発生又は拡大の防止を図るための応急の対策として実施する放射線量の測定，傷病者の搬送等のために使用する自動車

消防用車両というのは，消防用自動車以外の消防の用に供する車両で，自動車以外の車両で，かつ，消防用務のためサイレンを鳴らし，かつ，夜間や視界50メートル以下の暗いトンネルの中などで赤色の灯火をつけて運転しているものをいう（令14条の4）。

消防用車両とは，消防用の原動機付自転車，自転車，リヤカー等の軽車両等自動車以外のもののことである。

(2) 通行順位の遵守義務と過失運転致死傷罪における過失

　道路交通法の交差点における通行順位に関する規定は，交差点における交通の円滑を図るだけでなく，多くの車両等が集中する場所で，通行順位を決めておき，これに従った通行を行うことによって事故を防ぐという交通の安全を確保する意味においても重要な意味を持つ規定である。そして，交差点における現実の交通関与者は，これらの規定を遵守すべきことを認識しており，現実にも，おおむねこれに従った通行がなされているものと考えられる。したがって，これに違反する運転を行えば，事故を惹起することになる可能性が高いことは，一般的に認識可能と考えられる。よって，これらの道路交通法の規定を遵守しなかったことと，人の死傷した事故に因果関係が認められるのであれば（遵守していたとすれば事故が防げていたといえる関係が認められる場合は），過失が認められるというのが一般的な考え方と思われる。

　しかしながら，実際の事故では，前方左右の注視を怠って，交差道路から進入してくる車両等を発見せず，あるいは発見遅滞があったために発生していることが多い。もちろん，それに通行順位の遵守義務違反を伴っていることも少なくない。そして，同義務を怠ったことが前方不注視の原因になっている場合（例えば，交通整理の行われていない交差点で，優先道路や明らかな広路に進入する場合に，徐行しないで進入したことが，発見遅滞の原因になっている場合等）も少なくないところ，そのような場合には，同義務違反も過失として評価してよいと思われるが，前方左右の注視義務を怠ったことと，通行順位義務を怠ったことに関係がない（後者が前者の原因となっていない）場合で，前方注視義務を遵守するだけで事故を防げて

いたような場合には，通行順位の遵守義務違反は過失にならず，前方注視義務違反だけが過失になる（片岡・過失 113 頁参照）。その場合，道路交通法の義務違反は形式的な違反に過ぎず，結果発生の具体的危険を伴うものでないからである。

　いずれにしても，道路交通法上の義務違反が，直ちに過失として認定されているわけでないことに留意する必要があるのであって，同法の義務違反があったとしても，事故の原因となっている注意義務違反は何かを厳密に特定した上で，過失を特定することが必要である。

　ところで，交通整理の行われていない交差点には，交差道路の見通しの悪い交差点もある。その場合には，後述のとおり道路交通法 42 条 1 号によって，徐行義務が課せられるので，この違反との関係が問題となる。同法 42 条 1 号は，括弧書きにおいて，「当該交差点において交通整理が行われている場合及び優先道路を通行している場合を除く。」としているので，条文の解釈としては，見通しの悪い交差点においては，明らかに広い道路を通行している車両にも徐行義務があることになる。判例も同様である（最決昭和 52 年 2 月 7 日裁判集刑 203 号 71 頁，仙台高秋田支判昭和 51 年 9 月 28 日高検速報昭和 51 年 4 号，東京高判昭和 62 年 7 月 29 日高検速報 2886 号，最決昭和 63 年 4 月 28 日刑集 42 巻 4 号 793 頁）。

　また，交通整理の行われていない交差点には，道路標識等によって，交差点又はその手前直近で，一時停止すべき旨が指定されていることも多く，この場合には，停止線直前（停止線が設けられていない場合は，交差点の直前）で，一時停止しなければならないことになっている（法 43 条）。明らかな広路及び優先道路と交差する道路には，一時停止標識等が設置されていることが多く，同道路から交差点に進入する車両は，同法 36 条 1 項ないし 3 項に加えて，その前に，一時停止する義務を課せられているわけである。

　もっとも，前述したように，交通整理の行われていない交差点における事故で最も多いのは，左右道路に対する安全確認義務を怠って，左右道路から進行してくる車両や歩行者を発見せず，あるいは発見が遅れた（発見遅滞）ことによるものである。そして，この注意義務違反と，道路交通法 42 条及び 43 条の徐行義務違反及び一時停止義務違反の関係も前と同様で

ある。もっとも，同法42条の徐行義務と43条の一時停止義務は，これによって事故を防ぐことを期待するというよりむしろ，徐行及び一時停止することによって，前方左右の安全確認を十分に行わせ，相手を認識させること（相手に予告する機能もある）で事故の発生を防ぐことを期待することにあるものと考えられる。したがって，一時停止又は徐行義務を遵守せず，そのことによって相手を発見せず，又は相手の発見遅滞に陥って事故が発生した場合には，両者が共に過失運転致死傷罪の過失になると考えてよい場合が多いと思われる。

なお，道路交通法の規定を遵守していれば，過失運転致死傷罪の過失が認められないということにならないことも認識しておく必要がある。すなわち，同法36条によって優先順位にある自動車の運転手が交通整理の行われていない交差点に入ろうとするとき，優先順位にない車両が通行順位の規定に違反して徐行しないで進行して交差点に入ってくる態勢にあることを認めたときは，優先道路を通行している車両といえどもこれを衝突を避けるための必要な措置を執らなければならず，その措置を講じなかったときは過失運転致死傷罪の注意義務違反となる（東京高判昭和42年4月13日高刑20巻3号267頁，判時493号66頁[101]）。

---

101) 同事例は，約3メートルと約2.3メートルの道路が直角に交差する見通しの良い交差点で，左から進入して直進しようとした優先車である被告人の自動三輪車が右方道路から進入してきた原動機付自転車と衝突した事故である。
　その他，下記の判例・裁判例がある。
① 交通整理の行われていない交差点を通過しようとする車両の運転者が，交差する道路から交差点に進入しようとする足踏自転車を認めた場合，通過順位の優先にこだわることなく減速するなどして同自転車との衝突事故を防止すべき注意義務がある（福岡高判昭和43年5月31日高検速報1038号。信頼の原則の主張を排斥したもの）。
② 交差点に先入した車両は優先通行権を有していても，徐行義務，安全確認義務はある（大阪地判昭和43年12月2日判タ237号327頁。昭和46年法律第98号による法36条改正前のもの）。
③ 道路交通法37条1項は，単に交通の円滑を図ることを目的とし，交差点における互いに異なる方向からこれに進入する車両相互間の優先通行順位を定めたものに過ぎず，右優先通行順位にある直進車両の運転者に対し，必要な注意義務を免除し，左右の安全確認一時停止若しくは徐行などなす義務がないと解すべきではない（東京高判昭和44年5月13日高検速報1730号。見通しが悪い交差点における直進車両と右折車両の衝突事故）。
④ 交通整理の行われていない見通しの悪い交差点において，右側から交通法規に違反して進入してきた車両を認めた場合には衝突回避義務がある（福岡高判昭和44年5月21日高検速報1054号。徐行義務に違反している被告人には信頼の原則適用の前提を欠くこと，及びクラクション等で反応しない被害者には相手側の注意深い行動を期待し信頼する前提を欠く旨判示している）。
⑤ 被害車に優先交通違反があったとしても被害車を認識していた場合には，衝突回避義務があ

他方，交差点での事故の過失を考える際に，信頼の原則は常に念頭に置いておかなければならない（上記で引用した事例がいずれも信頼の原則が主張された事例であることは偶然ではない）。実際にも，信頼の原則を認めた最高裁判例のほとんどが，交差点における事故である。学説によっては，信頼の原則は交差点にのみ適用すべきだとするものすらあるくらい（片岡・信頼の原則 31 頁，土本・過失犯 76 頁参照。なお，その理由は，渋滞を軽減し，自動車の効用を回復するためには，一時停止や徐行措置を必要とする注意義務から車両の運転者をある程度軽減する必要があるとの政策的配慮である）なので，交差点事故を考えるときに信頼の原則が適用されるか否かは常に意識していなければならない。もっとも，その考えが妥当でないことは本書（第1章総論　第2信頼の原則 80 頁参照）で述べたとおりであり，信頼の原則は，交差点における通行順位の通行方法の実情等から，相手車両に対する期待が可能な状況で，その期待によって，相手車両がこれに違反することについて客観的予見可能性が認められない場合において，過失を否定する原理と考えるべきである。したがって，上記①～⑤の判例等と矛盾するものではないと考えられる。

ちなみに，通行順位に関して，信頼の原則を認めた最高裁判例を摘記すると次のとおりである。

① 最判昭和 43 年 7 月 16 日裁判集刑 168 号 535 頁，判時 524 号 80 頁（信頼の原則判例③ 42 頁）。なお，同判例は，昭和 46 年法律第 98 号による道路交通法 35 条（現 36 条に相当）の改正前のものである）。

② 最判昭和 45 年 11 月 17 日刑集 24 巻 12 号 1622 頁，裁判集刑 177 号 313 頁，判時 616 号 106 頁，判夕 256 号 185 頁（信頼の原則判例⑧ 66 頁参照）。

る（東京高判昭和 44 年 9 月 17 日高検速報 1751 号。片側二車線の明らかな広路であるバイパスを通行する被告人が，前方の細い交差点道路から同バイパスに進出する態勢で停車中の被害車両を認め，さらに同車が道路に進出し始めたのを前方約 44 メートルの地点に認めたにもかかわらず，同車が第一通行帯で一時停止し自車の通行を待つものと軽信し，その動静を注視することなくそのまま進行し約 14 メートル手前で被害車両が第二通行帯に出てきたのを発見し急制動急転把するも衝突した事例で，信頼の原則の主張を排斥）。

③　最判昭和 45 年 12 月 22 日判タ 261 号 265 頁（信頼の原則判例⑨ 66 頁）。

(3)　**実務例**

①　○○先の公安委員会が優先道路と指定した道路と交わる交通整理の行われていない交差点を○○方面から○○方面に向かい直進するに当たり，優先道路である右方道路からT（当時 25 歳）運転の普通貨物自動車が同交差点に進入しようとしているのを認めたのであるから，直ちに一時停止又は徐行して同車の通過を待ち，左右道路の安全を確認して進行すべき自動車運転上の注意義務があるのにこれを怠り，出勤を急ぐ余り同車の前を先に通過できるものと軽信して時速約 60 キロメートルのまま同交差点に進入した過失により，自車右前部を前記 T 運転車両の左側部に衝突させた。

②　交通整理の行われていない交差点を○○町方面から○○町方面に向け直進するに当たり，幅員約 4.8 メートルの狭い道路より幅員約 16 メートルの広い道路に入るのであるから，その直前で一時停止又は徐行して左右の道路の交通の安全を確認すべき自動車運転上の注意義務があるのにこれを怠り，右方道路を進行していた劇団の宣伝車に気を取られて左方道路に対する安全の確認を怠ったまま漫然時速約 35 キロメートルで進行した過失により，折から左方道路より同交差点に進行してきたH（当時 25 歳）の運転する普通乗用自動車を左前方約 3 メートルに認め急制動したが間に合わず自車左前部を同車右前部に衝突させた。

③　交通整理の行われていない交差点を○○ 2 丁目方面から○○方面に向かい右折進行するに当たり，幅員約 3.5 メートルの道路より幅員約 8 メートルの道路と交差する交差点に入るのであるから，その直前で一時停止又は徐行して左右の道路の安全を確認すべき自動車運転上の注意義務があるのにこれを怠り，同交差点の手前で一時停止したが，右方の安全を確認したのみで左方に対する注視を怠ったまま時速約 20 キロメートルで発進右折進行した過失により，折から左方道路より進行してきたY（当時 22 歳）の運転する普通乗用自動車の進路を塞ぎ自車左前部を同車右

前部に衝突させた。

④　交通整理の行われていない交差点に差し掛かってこれを直進しようとしたが，このとき右方道路からＨ（当時25歳）運転の救急自動車が進行してくるサイレンの音を聞いたのであるから，交差点に進入することを差し控えるはもちろん，直ちに道路の左側に寄って一時停止すべき自動車運転上の注意義務があるのにかかわらず，同車の先を通過できるものと軽信し，時速約50キロメートルのまま同交差点に進入した過失により，前記Ｈ運転車両の左前部に自車右前部を衝突させた。

⑤　交通整理の行われていない交差点に差し掛かって直進しようとしたが，このとき左方道路からＹ（当時46歳）運転の路面電車が同交差点に入ろうとしたのであるから，一時停止又は徐行して同電車の通過を待ち，進路の安全を確認して進行すべき自動車運転上の注意義務があるのにかかわらずこれを怠り，物思いにふけりながら漫然同一速度で同交差点に進入した過失により，同電車の右前部に自車右前部を衝突させた。

⑥　幅員約20メートルの道路を進行中，該道路と幅員約10メートルの道路が交差する交通整理の行われていない交差点に差し掛かってこれを直進するに当たり，右方道路からＩ（当時27歳）の運転する大型貨物自動車が時速約50キロメートルで同交差点に進入してくるのを右斜め前方約35メートルに認めたのであるから，直ちに急停止して事故の発生を未然に防止すべき自動車運転上の注意義務があるのにかかわらず，自車が優先道路を進行していることに気を許し，時速約50キロメートルのまま同交差点に進入した過失により，右Ｉ運転車両の左前部に自車前部を衝突させた。

⑦　交通整理の行われていない交差点を，Ｋ方面からＮ方面に向かい直進するに当たり，交差する左右道路は優先道路であった上，同交差点手前には一時停止の道路標識が設置されていたのであるから，同道路標識に従い，同交差点手前の停止位置で一時停止した上，左右道路から進行してくる車両の有無に留意し，その安全を確認しながら進行すべき自動車運転上の注意義務があるのにこれを怠り，先を急いでいた上，交通閑散であり，左右道路から進行してくる車両はないものと軽信し，一旦時速

約10キロメートルまで減速したものの同交差点手前の停止位置で一時停止せず，左右道路から進行してくる車両の有無に留意せず，その安全確認不十分のまま，時速約15キロメートルに加速しながら同交差点に進入した過失。

(4) 捜査上の留意事項
　ア　一般的留意事項

　　　交差点における通行順位（法36条1項，2項，37条）は，相手方車両の存在の認識を前提とする（過失処罰規定がない―法120条2項参照）ので，前方注視義務違反の過失があって相手方車両を認識していなかった場合は通行順位無視の違反が成立する余地はない。

　　　他方，相互に相手車両を認めている場合であっても，優先通行権を有する者も危険を無視して通行してよいというのではないから，危険を感じながらもそれが発生しないだろうと安易に考えて進行した場合には過失の責任を免れない余地がある。

　　　また，交差道路の見通しが悪い場合，あるいは交差点入口に一時停止の道路標識等が設置されている場合は，徐行義務及び一時停止義務との関係も考えなければならない。現実問題として，通行順位が問題となるのは，見通しの良い交差点における事故の場合だけといっても過言ではない。見通しの良い農道の交差点などである。このような交差点で事故が発生するのは，お互いが相手を認識していなかったり（交通閑散に気を許し他車両に気付かないことがままある。双方が前方注視を怠っていることになる。もっともこの場合は，認識がないので通行順位違反は成立しない），片方が相手を認識せず，優先権のある方が，相手が優先権のある自車に道を譲ってくれると考えていた場合，あるいはその動静に注意していなかった場合（同じ速度で交差点に近づくため，見える角度が変わらず，動いていないと判断してしまう心理的な機制が原因の1つである）や，双方がお互いを認識していたとしても，双方の速度認識を誤り，自車の方が先に交差点を通過できると考えていたような場合である。

イ　具体的留意事項

　　したがって，捜査は，これらを前提に遂行することになる。衝突場所，衝突箇所，停止位置，道路の痕跡等の事故状況に関する見分等の基本的捜査を行うことはもちろん，

① 交差点の状況（交差する道路の幅員，交差点の左右に通ずる道路及び前方に対する道路の見通し，一時停止標識等の存在）

② 相手車両を認めたか否か，認めたとすればそのときの位置，及びそのときの相手車両の位置，相互の距離，その時点の双方の速度

③ 優先する相手車両（左方道路から進入しようとする車両，優先道路又は明らかな広路から進入してくる車両）を認めながらあえて交差点を通過しようとした理由

④ 危険を感じた地点，そのとき執った措置，そのときの速度，衝突状況

⑤ 交差点手前で，一時停止又は徐行しなかったとすればその理由

⑥ 何が事故の原因か（どうしていれば事故を防ぐことができたのか）の特定

　　前方左右の注視義務違反か，動静注視義務違反か，徐行，一時停止義務違反か，通行順位違反かの特定

⑦ 相手方の過失の有無，程度

(5) 判　例

ア　積極判例

① 高松高判昭和30年9月12日高刑特2巻22号1145頁

　　狭い道路から広い道路に入ってくる相手方自動車は，当然一時停車又は徐行するのであるから，自己においては相手方自動車の動静に注意することなく，減速もせず漫然進行して差し支えないものとはいえない。

② 仙台高判昭和32年9月10日高刑特4巻20号515頁

　　広い道路にある先行順位の運転者に対し運転上必要な注意義務を免除し，常に一時停車の要もなく，減速すべき義務もないとしたものと

解すべきではない。

③　東京高判昭和33年9月25日高刑11巻8号476頁

被告人の進行道路が優先通行順位にあったことは所論のとおりであるけれども，これがため先行順位の運転者に対し，運転上必要な注意義務を免除し，警音器吹鳴，一時停車，徐行などをなすべき義務がないとしたものと解すべきではない。

④　最決昭和34年2月6日刑集13巻1号66頁

被告人の上告趣意は，要するに被害者が自動車に乗って狭い道路から広い道路に進入するに当たり，道路交通取締法18条の規定する優先順位を守らないで，被告人の自動車の前方を横切ろうとしたために生じたものであって，被告人に過失はないというのであるが，たとえ被害者に法規の不遵守などの過失があったとしても，被告人も交差点に進入する際に守るべき前方注視，一時停車，徐行などの注意義務を守らなかったために傷害の結果を発生させた場合には，業務上過失傷害の責任を免れることはできない。

⑤　東京高判昭和35年9月30日高刑13巻7号549頁

道路の幅員の差異が僅少で，目測では広狭の別を識別し難いときは，相互に徐行又は一時停止し，安全を確かめた上で進行すべきである。

⑥　東京高判昭和42年4月13日高刑20巻3号267頁，判時493号66頁

いかに先行順位にある車両の運転者であっても，仮に衝突，接触の危険が予測される限り，先行順位のいかんにかかわりなく速やかに結果の発生を防止するため減速，停止，その他臨機の措置を講ずべき注意義務があることは当然である。

⑦　福岡高判昭和43年5月31日高検速報1038号

自車の進路と交差する道路の左右から交差点に進入してくる車両等があって，それが自車の進路に影響を及ぼすおそれがあると察知し，又は察知し得べかりし場合には，その動静等に留意し，具体的な状況に応じて，あるいは減速又は一時停止してこれを通過させ，あるいは加速して心的動揺を与えない程度の間隔をとってその前面を通過する

など機宜の措置を講じ，もって出会い頭の衝突接触等の危険の発生を未然に防止すべき業務上の注意義務がある。

⑧　大阪高判昭和46年9月3日高刑24巻3号516頁，判時660号98頁，判夕274号238頁

　　普通乗用自動車を運転し，交通整理の行われていない交差点を直進する際，交差点入口手前で右方道路から進行する車両を認めながらそのまま交差点を直進しようとして，同車両と衝突した事故につき，被告人車が左方車として優先通行権を有していたことは右に見たとおりであるが，被告人は，事故当時飲酒酩酊（呼気1リットルにつき0.5ミリグラムのアルコールを保有）して普通貨物自動車自動車を運転し，しばしば蛇行運転をなし，対向車に衝突しかけるなど危険な運転を続け，本件交差点手前付近では制限速度を20キロメートル超過する時速約60キロメートルで進行していたものであるが，交差点中心部の手前約49キロメートルの地点で，右方道路から既に交差点中心部まで約32メートルの距離に接近していたA車を認めながら両者の速度と距離に対する判断を誤り，漫然自車が先に交差点を通過し得るものと軽信し，その後はA車の進行状況を全く注視することなく進行した結果，目前に迫った同車を認めて僅かに左に転把したのみで衝突していることが認められ，これによると，被告人がA車を発見した時点においては，両者が従来の進路を速度を維持する限り，交差点中央部において衝突することは必定であって，このことは容易に認識・予見し得たものと認められ，既に，交差点中心部の手前約32メートルの地点に達し，被告人車に比べて約17メートルも同部に接近していたA車において，被告人車のためにその進路を妨害しない措置を執るであろうことを信頼し難い状況にあったと認められ，かかる状況の下では，被告人車が優先通行権を有していたとはいうものの，安易に劣位通行車たるA車の減速徐行のみを信頼することは許されず，被告人としては，事故を防ぐため，A車の動静を注視確認し，減速徐行して交差点に進入し，事故の発生を未然に防ぐべき業務上の注意義務がある。

イ　消極判例
① 福岡高判昭和32年5月10日高刑特4巻10号248頁
　　高速度交通機関の発達した現在，自動車運転者に横道路から飛び出す者に備えて，横丁がある場合そのたびごとに即時急停車ができる程度に徐行すべき一般的な義務があるとは解せられない。本件事故現場付近の制限時速は32キロメートル（現在は45キロメートル）であり，被告人は制限時速範囲内の約30キロメートルで左側小倉方面行電車線路上を進行していたところ，Yが突然横道路より飛び出したものであり，このことを被告人が前もって知り得る地形ではなかったことなどの事実が認められるし，さらに被告人の急停車の措置が適切でなかったこと，その制動機に故障があったなどの事実も認められないのであるから，これらの点を総合すれば，被告人に本件事故発生の予見が可能であったとは認められない。

4　見通しのきかない（悪い）交差点における注意義務

　違反別でみたとき，交通整理の行われていない交差点における事故の多くは，交差点における徐行義務違反，又は一時停止義務違反に基づくものである（もっとも，最近は，徐行義務違反及び一時停止義務違反の割合は，減少してきているようである（警察庁交通局「平成29年中の交通事故の発生状況」（平成30年2月15日）19頁）。
　見通しのきく（良い）交差点よりも見通しのきかない（悪い）交差点の方が危険であり，事故は圧倒的に見通しのきかない（悪い）交差点の方が多い。

(1) 道路交通法上の義務
　ア　車両等（車両及び路面電車。以下同じ）は，左右の見通しのきかない交差点に入ろうとし，又は交差点内で左右の見通しのきかない部分を通行するとき（交差点において交通整理が行われている場合及び優先道路を通行している場合を除く）は徐行[102)][103)]しなければならない（法42条1号）。
　イ　車両等は，交通整理の行われている交差点又はその手前の直近におい

て，道路標識などによって一時停止すべきことが指定されているときは，道路標識等による停止線の直前（道路標識等による停止線が設けられていない場合には，その交差点の直前）で一時停止しなければならない。この場合，その車両等は自車が進行している道路が優先道路である場合を除き，交差道路を進行する車両などの進行を妨害してはならない（法43条）。

なお，赤色点滅信号は，道路交通法施行令2条により，「車両等は，停止位置において一時停止しなければならない」と規定しているところ，道路交通法7条によって道路を通行する車両等は信号機の表示する信号に従わなければならないので，道路標識等によって一時停止が義務付けられているのと同様に指定位置で一時停止しなければならない。この場合，交差道路を通行する車両等の進行妨害をしてはならない旨の規定はないが，判例により，赤色点滅信号による一時停止の義務に当然に伴うものとして進行妨害してはならない旨の義務が認められている（最決昭和50年9月11日刑集29巻8号576頁，裁判集刑197号291頁，判時799号102頁，判タ333号327頁）。したがって，法43条と同じことになる。

ウ　交通整理の行われていない左右の見通しの悪い交差点で，一時停止が義務付けられている道路と交差道路との関係については，道路交通法43条後段が交差道路を通行している車両等の通行を妨害してはならないと規定していることとの関係で，交差道路を通行している車両に徐行

102）　徐行の意義については，165頁（「第2章各論　第3・2速度調節義務(4)ア」の項）参照。ブレーキを操作してから停止するまでの距離がおおむね1メートル以内となるような速度のことで，時速8キロメートル〜10キロメートルとする見解もある（宮崎清文『注解道路交通法』43頁（立花書房，新版，1992））。

103）　昭和46年法律第98号による改正前は，単に「交通整理の行われていない交差点で左右の見とおしのきかない……場所においては，徐行しなければならない」とのみ規定していたため，優先道路及び明らかな広路を通行する車両等の優先を定めた道路交通法36条2項との関係が問題とされ，優先道路及び明らかな広路を通行する車両等も見通しの悪い交差点では徐行しなければならないか争いがあった。しかしながら，上記法改正により，同法42条が「(当該交差点において交通整理が行われている場合及び優先道路を通行している場合を除く。)」と括弧書きを設けて，交通整理の行われている交差点と優先道路を通行している車両等を除外したことで，立法的な解決が図られた。すなわち，左右の見通しのきかない交差点においては，明らかな広路を通行する車両等にも徐行義務があるとされたのである（最決昭和52年2月7日裁判集刑203号71頁，仙台高秋田支判昭和51年9月28日高検速報昭和51年4号，東京高判昭和62年7月29日高検速報2886号参照。明らかな広路を通行する場合を除外していないことの反対解釈。反対：横浜地判昭和61年9月9日判時1216号150頁）。

義務が免除されるかという問題があり，争いがあった。しかし，この争いも，昭和46年法律第98号による改正で，解決が図られた。すなわち，前記のとおり，法が徐行義務を免除する場合を，交通整理が行われている交差点と優先道路を通行している車両等に限ったことから，それ以外の交差道路を通行している車両には徐行義務が課せられることが明白になったのである（名古屋高判昭和41年12月20日判時474号58頁，東京高判昭和50年8月4日東高時報26巻8号131頁等）。

エ 「見通しのきかない（悪い）交差点」とは，道路交通法42条が，見通しのきかない交差点における出会い頭の衝突事故を防ぐ趣旨で設けられているので，逆に，この趣旨から決められることになる。

したがって，交差点において見通しがきかないということではなく，交差点に入る前の段階で，交差道路の見通しのきかない交差点のことである。

一般的には，当該交差点に入る前の段階において，建造物その他の状況により，その車両等が進行している道路に交差する道路の左右の見通しのきかない場所である（東京高判昭和42年11月14日判タ218号273頁）。見通しを妨げるものには，制限はなく，建造物，広告，樹草木等のみならず駐車車両等一時的な存在によって見通しがきかない場合も含まれる。

また，入る前のどの段階で判断されるかについては，法は可能を前提とするので，徐行状態になるのに必要な距離のある段階で判断されなければならないことになるのは当然である。したがって，徐行であることが要求されるのは交差点に入ろうとするときであるところ，交差点及び道路状況や交通の状況等によって，その交差点によって要求される徐行の程度も変わってくるといわざるを得ない（最徐行が要求される交差点もある）と考えられるが，当該徐行速度に減速するに必要な制動距離だけ手前の地点で判断されることになる（福岡高判昭和47年6月19日高検速報1146号）。制動距離といっても，急制動を前提とするものではないので，その場合の制動距離よりは長くなろう（朝岡智幸「刑事交通事件の諸問題－1－実体編（特集）；道路交通法の解釈」「交差点における他の車両等との

関係」判タ 284 号 176, 177 頁以下（1973）参照）。

　オ　道路反射鏡（カーブミラー）の設置と見通しの関係

　　見通しのきかない交差点には，現今，カーブミラーが設置されていることも少なくない（他にも屈曲ないし屈折して見通しの悪い箇所等にも）。このカーブミラーの設置が，見通しのきかない交差点の評価にどのような影響を与えるのか。

　　カーブミラーは，見通しのきかない交差点でも比較的小さな交差点に設置されている。それは，カーブミラーが，凸面で肉眼で見通せない部分を写して見えるようにし鏡面に交差道路の反射できる範囲の道路状況が写し出されるところ，直径 60 センチメートルないし 1 メートル程度の鏡面に写し出されるものであるので，視認する場合よりかなり小さく写され，それを，交差点入口の手前（上記エ参照）から見ることになるところ，大きな交差点では更に小さく見えることになり，視認性の向上にほとんどつながらないからである。しかも，カーブミラーには，①カーブミラーで映せない部分（死角）があり，死角から出てくる自転車や歩行者の発見が遅れることがあること，②カーブミラーに映る車は上記のとおり小さく見え遠くに感じやすいため速度感・距離感をつかみづらいこと，③鏡に映して先の状況を確認するため左右が逆に映り誤認を招きやすいことなどの欠点も内在している。④もちろん，当該カーブミラー自体に，鏡面が曇っていて反射が十分でない，設置が不適切で死角が大きい等の設置・管理に伴う問題もあり得る。したがって，カーブミラーが設置されている小さな交差点であっても，本来見通しの悪い交差点が見通しの良い交差点になることは，原則としてないというべきであろう（同旨野下・道交法 403 頁。高松高判昭和 51 年 10 月 5 日刑月 8 巻 9・10 号 403 頁参照）。

　　もっとも，カーブミラーを見ることによって，交差道路から進行してくる車両や歩行者を確認でき，それに応じて制動するなどして事故を防ぐことができるのであれば，カーブミラーでの確認を怠った行為は，過失として認定されるのはいうまでもない（福岡高判昭和 55 年 5 月 28 日刑月 12 巻 4・5 号 395 頁参照）。

カ 「交差点内で左右の見とおしがきかない部分」とは，交差点内に橋脚等が存在し，見通しが妨げられている場所のことである。恒常的に見通しが妨げられている場合のみならず，他の通行中や一時停止中の車両によって一時的に見通しが妨げられている場合も含まれると解される。

(2) **過失運転致死傷罪における注意義務**

　道路交通法上の上記各義務は，交通整理の行われていない交差点における交通の安全を確保するために定められた定型的な義務である。これを遵守すること自体で，一定の事故防止の効果はある（その意味で，徐行義務違反自体が過失になることもある）が，それを遵守するだけで事故が防げるわけではない。見通しの悪い交差点においては，徐行だけではなく，一時停止が必要になる場合もある。また，法に定められた徐行及び一時停止を行ったからといって，前方注視をしてその安全を確認し，交差道路から進入してこようとする車両や歩行者等の有無を確認し，その動静を注視した上適宜その状況にふさわしい運転操作を行わなければ事故を防ぐことはできない。現実に，徐行しても，あるいは一時停止したとしても，前方及び左右の安全確認が不十分で事故を惹起した事例は枚挙にいとまがない。むしろ，過失運転致死傷罪においては，見通しのきかない交差点における徐行義務は，そのこと自体に意味があるというより，徐行しつつ，次第に見通しがきくにしたがって，その範囲で確認できる車両や歩行者等の動静を注視しつつ，他方，見通しがきかない範囲にある車両等については，さらにその存在に留意しつつ，これらとの接触等の事故を生じさせないように運転することを義務付けるという点に意味があるのである。

　したがって，過失運転致死傷罪の過失を考える際には，この点を念頭において，徐行義務違反及び一時停止義務違反が過失に当たるかどうかを判断する必要がある。何度も繰り返しているとおり，徐行義務及び一時停止義務を怠ったからといって，それが直ちに過失運転致死傷罪の過失になるわけではない。また，徐行義務及び一時停止義務を遵守したからといって過失がないことにはならないということが，この場合でもいえる。後者の場合は，徐行義務及び一時停止義務に加えて，具体的な状況に応じて，適

宜事故を回避するにふさわしい適宜の措置を講じる必要があるわけである。

　もっとも，ここでも，信頼の原則に関する判例は，念頭に置く必要があるのは同様である。見通しの悪い交差点における徐行義務及び一時停止義務に関する信頼の原則の最高裁判例は下記のとおりである。

　① 　最判昭和 43 年 12 月 17 日刑集 22 巻 13 号 1525 頁（信頼の原則判例④ 43 頁）
　② 　最判昭和 48 年 5 月 22 日刑集 27 巻 5 号 1077 頁等（信頼の原則判例⑮ 54 頁）
　③ 　最判昭和 48 年 9 月 27 日裁判集刑 190 号 391 頁等（信頼の原則判例⑯ 55 頁）
　④ 　最判昭和 48 年 12 月 25 日裁判集刑 190 号 1021 頁（信頼の原則判例⑰ 57 頁）

(3) 捜査上の留意事項

　したがって，捜査は，これらを前提に遂行することになる。衝突場所，衝突箇所，道路の痕跡等の事故状況に関する見分等の基本的捜査を行うことはもちろん，

　① 　交差点の状況（交差する道路の幅員，交差点の左右に通ずる道路及び前方に対する道路の見通し（見通しの具体的を明らかにする），一時停止標識等の存在，同標識等の視認状況）
　② 　一時停止の有無，一時停止したとすればその位置，一時停止しなかったとすればその理由。一時停止標識等を見落としたとすれば，その理由，徐行の有無，徐行したとすれば徐行の開始地点，徐行するまでの速度と徐行の速度，進行方向（直進，右折，左折）
　③ 　相手車両を認めた地点，そのときの相手車両の位置，相互の距離，その時点の双方の速度，相手車両の発見が遅れたとすれば，その理由，危険を感じた地点，危険を感じて執った措置，その後の状況（衝突状況等）
　④ 　相手方の過失の有無，程度
　⑤ 　カーブミラーが設置されている交差点の場合は，カーブミラーによっ

て視認できる範囲を実況見分によって確認する必要がある。

等を明らかにしなければならない。

(4) **実務例**

① 同交差点は板塀のため左右の見通しが困難であったから、一時停止又は徐行して、左右道路の交通の安全を確認して進行すべき自動車運転上の注意義務があるのにこれを怠り、時速約30キロメートルのまま進行した過失により、自車左前部を左方から進行してきたN（当時22歳）の運転する普通乗用自動車の右前部に衝突させた。

② 交通整理の行われていない左方道路の見通しが困難な丁字路交差点を○○方面から△△方面に向かい直進するに当たり、同交差点手前で徐行し、左方道路から進行してくる車両の有無及びその安全を確認しながら進行すべき自動車運転上の注意義務があるのにこれを怠り、同交差点手前で徐行したものの、左方道路から進行してくる車両の有無及びその安全確認不十分のまま時速約10キロメートルで進行した過失により、左方道路から進行してきたV運転の自転車を左前方約7メートルの地点に認め、急制動の措置を講じたが間に合わず、同自転車に自車全部を衝突させた。

③ 交通渋滞中の停止車両のため、左右の見通しがきかない交差点に進入するのであるから、徐行するとともに左右道路の交通の安全を確認して進行すべき自動車運転上の注意義務があるのにかかわらずこれを怠り、時速を約10キロメートルに減じたが、右方道路を注視する余り、左方道路に対する交通の安全を確認不十分のまま進行した過失により、折から左方道路より進行してきたM運転の自動二輪車の前部に自車左前部を衝突させた。

④ 同交差点は、一時停止の道路標識が設置され、左右の見通しが困難であったから、同交差点の直前で一時停止し、かつ、左右の安全を確認してから進行すべき自動車運転上の注意義務があるのにかかわらずこれを怠り、一時停止せず、漫然時速約30キロメートルのまま進行した過失により、自車左前部をS（当時26歳）運転の普通乗用自動車の右前部に

衝突させた。

⑤　同交差点には一時停止の標識が設置され，左右の見通しが困難であったから，同交差点の手前で一時停止した上，左右道路の交通の安全を確認して進行すべき自動車運転上の注意義務があるのに，遠方を望見しながら進行してこれに気付かず，かつ，一時停止せず，左右の安全を確認することなく時速約40キロメートルで同交差点に進入した過失により，右方道路から進行してきたO（当時22歳）の運転する普通貨物自動車左側部に，自車前部を衝突させた。

⑥　幅員約5.3メートルの道路より幅員約16.8メートルの道路と交差する一時停止の道路標識が設置された交差点を直進するに当たり，同交差点は左右の見通しが困難であり，同交差点の手前で停止しただけでは，右角歩道上に設置されていた電柱のため，右方道路の第一車両通行帯の見通しが十分でなく，かつ同方向の交通の安全が確認できないのであるから，見通しのきく地点まで進行してさらに一時停止した上，左右道路の交通の安全を確認しながら進行すべき自動車運転上の注意義務があるのにこれを怠り，同交差点手前で一時停止したものの，左右の道路の見通しが十分きく同交差点の直前で一時停止することなく，かつ，左右道路の交通の安全を確認せず，漫然発進して，時速約20キロメートルで同交差点に進入した過失により，右方道路の第一車両通行帯を進行してきたS（当時30歳）運転の自動二輪車の発見が遅れ，同車に自車前部を衝突させ，その衝撃により，同人をして車両もろとも左斜の前方約7.3メートルの地点に転倒させた。

⑦　交通整理の行われていない左右の見通しの困難な交差点を直進するに当たり，同交差点手前には一時停止の道路標識が設置されていたのであるから，同標識に従って一時停止し，前方左右の交通の安全を確認して進行すべき自動車運転上の注意義務があるのにこれを怠り，一時停止の標識を見落とした上，右方道路から進行してくるM（当時28歳）運転の普通乗用自動車を認めながら，同車の前を通過し得るものと軽信し，時速約30キロメートルで右交差点に進入した過失により，同車左側に自車前部を衝突させて，同車を右側に回転せしめて，同車乗客Y（当時21

歳）をして路上に転落させた。

⑧　交通整理の行われていない交差点を，○○方面から△△方面に向かい直進するに当たり，同交差点は左右道路の見通しが困難であった上，同交差点手前に一時停止の道路標識が設置されていたのであるから，前方左右を注視して早期に同標識を発見して，同交差点手前の停止位置で一時停止し，左右道路から進行してくる車両の有無及びその安全を確認して進行すべき自動車運転上の注意義務があるのにこれを怠り，同交差点は右方に道路のない丁字路交差点と思い込んで前方左右を注視せず，同標識を看過して同停止位置で一時停止せず，前記車両の有無及びその安全確認不十分のまま漫然時速約30キロメートルで進行した過失により，折から右方道路から進行してきたY（当時29歳）運転の普通乗用自動車を，自車同乗者の注意喚起の声により右前方約14.1メートルの地点に認めたが，制動等のいとまもないまま同車左前部に自車右側面部を衝突させた。

⑨　○○先の交通整理の行われていない高速国道高架橋橋脚壁のため右方道路の見通しのきかない交差点を，K方面からH方面に向かい右折するに当たり，同交差点手前には，一時停止の標識が設置され，同交差点南東角にはカーブミラーが設置されていたのであるから，同交差点手前で一時停止してカーブミラーで介して右方道路からの車両の有無及びその安全を確認しながら進行すべき自動車運転上の注意義務があるのにこれを怠り，右方道路からの車両はないものと軽信し，速度を時速約5キロメートルに減速したのみで，同交差点手前で一時停止せず，前記カーブミラーを介して右から道路からの車両の有無及びその安全を確認することなく，左方道路に気を取られ，漫然前記速度で同交差点に進入した過失。

⑩　普通乗用自動車を運転し，○○先の交通整理の行われていない交差点を西方から北方に向かい左折進行するに当たり，同交差点の北西角にはブロック塀が設けられ左方道路の見通しが困難だったのであるから，徐行又は一時停止して，左方道路の状況を同交差点に設置されたカーブミラーを介し，又は直接視認する方法で，左方道路の安全を確認しながら左折進行すべき自動車運転上の注意義務があるのにこれを怠り，交通閑

散に気を許し，自車が前記ブロック塀に接触しないか否かに気を取られ，徐行も一時停止もせず，左方道路の安全確認をしないまま，漫然時速約10キロメートルで左折進行した過失により，左方道路の進路前方に佇立していたV（当時65歳）を前方約3.4メートルの地点の距離に迫って初めて認め，急制動の措置を講じたが間に合わず，衝突させた。

(5) 判　例
　ア　積極判例
　　① 大阪高判昭和48年4月26日高検速報昭和48年19号
　　　　自動車を運転し，交通整理の行われていない見通しの困難な交差点を直進しようとした際，左方道路から進入してくる車両を認めて警音器を吹鳴して進行したものの同車両と衝突した事故について，交通整理の行われていない左右の見通しの困難な交差点を直進する場合には，自動車運転者としては，左右道路から交差点に進入してくる車両のあることが予測されるから，その車両との出会い頭の衝突事故の発生を未然に防止するため，交差点手前で徐行し，又は一時停止して左右道路の交通の安全を確認して進行すべき注意義務があることは明らかである。被告人は交差点に進入する前に交差道路を左方から交差点に向かってくるV車に気付いており，被告人が同交差点入口に達したときV車は衝突地点より約23.4メートルの地点に接近していたのであるから，被告人が時速約10キロメートルの速度のまま進入すればV車との衝突は避けられない状況にあり，したがって，被告人は本件交差点に進入する前に左右道路の安全を確認し，出会い頭の衝突事故を回避するため，交差点入口で一時停車してV車の通過を待つなどの措置に出るべきであった。
　　② 東京高判昭和48年7月10日東高時報24巻7号109頁，刑月5巻7号1084頁
　　　　交通整理の行われていない左右の見通しの困難な交差点を時速約50ないし60キロメートルで直進しようとした際，左方道路から一時停止の標識に従わないで交差点に進入してきた車両と衝突した事故に

つき，被告人に一般的徐行義務違反があり，それと本件事故とに間に条件的因果関係があるとはいえ，本件事故に関する限り，被告人としては，左方道路から右交差点に進入する車両が右道路標識に従い一時停止することを信頼して進行すれば足り，右Ｖのようにあえて交通法規に違反して高速度で交差点を突破しようとする車両のあり得ることまでも予想して，一時停止又は徐行して事故の発生を未然に防止すべき注意義務があるとは認め難いとして無罪にした原判決を，本件行為当時における道路交通法42条の解釈として，交差点に一時停止の道路標識が設けられている場合にそれだけでは同条所定の徐行義務は免除されないとすることは判例上ほぼ確定しているところである。もともと，同法42条が，交通整理の行われていない左右の見通しのきかない交差点につき車両等に徐行義務を課したのはいうまでもなく，この交差点での車両同士の出会い頭の衝突を避けようとしたことに主眼があると解されるのであり，そしてこのことは常に，単に一般的な道路交通法上の徐行義務の存否という観点だけから論ぜられているのではなく，徐行をしなかったことが具体的に刑法上の注意義務違反となるかどうかという観点から考えられているのであって，近時いわゆる信頼の原則が云々されるのも具体的な事件における刑法上の過失行為として徐行義務が問題とされていることはいうまでもない。同法42条が交通整理の行われていない左右の見通しのきかない交差点で車両等に徐行義務を課しているのもかかる場所での道路交通の安全と円滑という矛盾する２つの要素を調整する趣旨のものと解されるから，殊に刑法上の注意義務の観点から見ても，徐行とは交差道路からくる車両の有無・動静を確認し機に応じて交差点の直前で直ちに停止し得る程度にあらかじめ減速して進行することをいうと解するのが相当で，ここにいう徐行もやはり時速約10キロメートル前後ということになるであろう。要するに原判決は，被告人に一般的徐行義務違反があり，これと本件事故との間に条件的因果関係にあることを肯定しながら，交差道路側に一時停止の道路標識があったのであるからＶ車が一時停止するであろうことを信頼して進行すれば足り，被告人車としては一

時停止又は減速徐行して事故の発生を未然に防止すべき注意義務があるとは認め難いとして被告人に業務上の過失行為としての徐行義務違反を否定したやすく無罪を言い渡したのは，道路交通法 42 条及び刑法 211 条の解釈適用を誤った結果業務上の過失ある者を過失なしとしたもので，判決に影響を及ぼすことは明らかであり，かつ，最高裁判所の判例（昭和 43 年 12 月 17 日）にも違反するとして破棄した。

③ 最決昭和 63 年 4 月 28 日刑集 42 巻 4 号 793 頁，裁判集刑 249 号 567 頁，判時 1277 号 164 頁，判タ 665 号 149 頁（前掲 3⑵通行順位の遵守義務と過失運転致死傷罪における過失の項（256 頁）参照）。

イ 消極判例

① 札幌高判昭和 47 年 12 月 26 日高検速報 85 号 3

　　自動車を運転し，交通整理の行われていない左右の見通しの悪い交差点を時速約 25 キロメートルに減速して直進する際，右方道路から時速約 40 ないし 50 キロメートルの高速で交差点に進入した車両と衝突した事故について，被告人が道路交通法上の徐行義務に違反したことは明瞭であるが，同徐行義務に違反していても，なお V 車に一時停止ないし徐行等の行為に出ることを期待し得る状況が他に存在したか否かについてみると，被告人が進行した道路は幅員約 6 メートルの比較的整備された平坦な道道であるが，V 車の進行してきた道路は，交差点の西側幅員が約 5 メートル，東側の幅員が約 4 メートルの整備良好とはいえない若干凸凹のある町道で，道道と交差する西側部分は約 3 度の登り勾配となっていること，交通量はいずれも比較的少ないが，その割合は，7 対 3 あるいはそれ以上の比率で道道の方が多く，双方道路から進入する車両の通行方法を見ても，道道の通行車両がその通過に際し多少減速するにすぎないのに対し，町道から進入する車両は上り勾配で見通しが悪いことも加わり，ほとんど全て一時停止ないし徐行していること，本件の場合，被告人は砂煙をあげて交差点に進入する V 車の存在に気付いてはいたが，その際の位置関係は被告人が交差点の手前約 45 メートルの地点であったのに対し，V 車はまだ同交

差点西方約130メートルの付近を走行していたにすぎず，かつ，双方車両の速度がほぼ時速約40ないし50キロメートルと等しいことから，被告人としては自車が先に交差点を通過できると判断していたこと，そして被告人は徐行義務こそ完全には尽くしていないが，交差点の約30メートル手前で時速約25キロメートルに減速し，交差点に進入する際にはさらに時速約20キロメートルに下げていること，これに対し，V車は交差点約13メートル手前まで時速約40ないし50キロメートルの高速で進行し，交差点に進入する直前の段階でも約35キロメートルに減速したにすぎず，しかもVは左右の安全確認を十分に尽くせば交差点より少なくても約13メートルの手前で被告人車を発見し得たにもかかわらず，被告人車との衝突直前まで被告人車に全く気付いていないことが明らかである。これらを総合して判断すると，本件事故の原因はほぼ全面的に，V車が徐行義務並びに前方左右の安全確認義務を全く怠り，高速で交差点内に進入してきた点に存することは明らかであり，被告人としては，交差点に進入するに当たり，V車が徐行ないし一時停止の措置に出るであろうことを信頼し，単に毎時20キロメートルに減速したにとどまったとしても，無理からぬことがあったといわねばならない[104]。

② 最判昭和48年12月25日裁判集刑190号1021頁，判時726号107頁，判タ304号262頁（信頼の原則判例⑰57頁）

③ 東京高判昭和61年2月24日刑月18巻1・2号50頁，高検速報2834号

普通乗用自動車を運転し，交通整理の行われていない左右の見通しの悪い交差点で優先道路を通行し直進する際，右方道路から進入して

---

[104] 被告人が交差点に進入するに当たり，V車の進行状況を確認したのか不明であるが，判示からは，V車が砂煙をあげて進行してきているのをV車が約130メートル，被告人車が45メートルそれぞれ交差点手前の地点で気付いたというだけで，確認はしていないように思われる。上記地点で確認したとしても，高速で走行すれば同時に交差点に進入することになることは，判示のような道路状況であってもあり得ることであって予見可能と考えられるところ，徐行して西側道路の安全を確認した場合には，V車両が時速約35キロメートルの速度で進行してきており，そのまま進行すれば衝突することは予見し得，直ちに制動することによって事故を防ぐことはできたと思われ，安全確認義務を尽くしていない被告人に過失を否定したのは問題があるように思われる。

きた車両と衝突した事故について，右方道路から直進車両が一時停止することなく本件交差点に進入してくることがあることを認識していた被告人としては，これとの衝突を未然に防止するため，相当程度の速度に減速し，右方道路から進入してくる車両の有無，安全を十分に確認しながら進行すべき業務上の注意義務があるのに，時速約40キロメートルという制限速度一杯の速度で，しかも左方道路の安全に気を取られ，右方道路から進入してくる車両の有無，安全を確認しないで進行したため本件事故を惹起するに至ったもので，業務上の注意義務を怠った過失があるとした原判決を，被告人に速度調節義務違反及び安全確認義務違反が認められるのは，右方道路から一時停止することなく不用意に直進してくる車両のあることを予見し得る特別事情があり，しかも安全確認義務を尽くしていさえすれば右方道路から進入してくる車両を事故回避措置の可能な地点において発見し得た場合でなければならない，とした上で，被告人は，右方道路からの直進車両が所定の停止線手前では一旦停止せずに左右道路を見通すことができる地点まで進出してくるのを経験したことがあったというにとどまり，それ以上に被告人車の進路である東西道路を通行する車両の進行を妨害するほど不用意に交差点に進入してくる車両のあることまで知悉していたとする証拠も，ほかに事故発生の危険を予想し得るような具体的事情が存在したとの証拠もないので，優先道路を通行してい当該交差点に進入しようとした被告人に対し，一般的に速度調節義務及び安全確認義務を課することはできず，本件事故は専らV車が優先道路を進行する被告人車の進路を妨害したために生じたものと認めるほかはないとして，破棄した。

④ 横浜地判昭和61年9月9日判時1216号150頁

普通乗用自動車を運転し，交通整理の行われていない左右の見通しの困難な交差点における広路を通行して直進し，左方道路から時速約40キロメートルで交差点に進入した車両と衝突した事故について，道路の状況（被告人車進行道路は幅員約7メートルで道路中央に追越しのため右側はみ出し禁止の黄色の実線による中央線が引かれ，定期バスも通

行している横浜市道，Ｖ車進行道路は，幅員約4.2メートル，中央線もない狭隘で，農道を改良したような間道。Ｖ車道路側には一時停止の道路標識が設置），交通量（被告人車両道路が圧倒的に多い），現実の交通状況（被告人車道路走行車両は，制限速度程度の速度で本件交差点を通過するのがほとんど，中にはやや減速する車両もあるが，定期バスを含め徐行して本件交差点に進入する車両は皆無であるに反し，Ｖ車側道路の通行車両は，ほとんど例外なく，停止線若しくは本件交差点入口付近に一時停止して，あるいは完全に一時停止しなくとも最徐行して進入している），見通しの状況（被告人進行道路側から左方Ｖ車走行道路は，交差点の手前約100メートルの地点で，その停止線付近にいる車両をほぼ正面に視認することができる，逆にＶ車進行道路側からは停止線付近まで来れば，被告人車進行道路を約100メートル先まで見通し得る。右方道路進行車両の有無等を確認するためにカーブミラーが設置されている）から，本件交差点は，Ｖ車進行道路の通行車両の側にのみ一時停止ないし徐行の義務を課し，被告人車進行道路の通行車両の進行妨害を禁ずることにより，出会い頭の事故等を防止し交通の安全を確保することが十分可能かつ相当な交差点であり，被告人車の進行道路の通行車両にも徐行義務を課してまで出会い頭の事故等を避けようと注意することが，実際上必要，適切な交差点とは認め難く，むしろ被告人車両進行道路の通行車両には徐行義務を免除する方が，実質的に，本件交差点の道路状況や交通の実情に適合しており，その方が一般の自動車運転者の健全な良識にも合致するのみならず，被告人車進行道路の通行車両にも徐行義務を課すとすると，本件交差点における交通の円滑が阻害されるばかりか，かえって，双方が交差点の現場において無用の混乱を生じさせ交通の安全をも損なうことにもなりかねない，として被告人進行道路を通行する車両には，本件交差点に進入するに際して徐行すべき道路交通法上の義務はない。そして，本件事故は，Ｖ車が一時停止義務を無視し，被告人車の進行を妨害してはならない義務を無視し，一時停止するどころか徐行すらせず時速約40キロメートルに近い高速度で本件交差点に進入したため惹起したものであって，Ｖ車において少なくとも徐

行してさえいれば本件事故は起きなかったことが明らかであるから，本件具体的状況において，被告人が時速約 40 キロメートルの速度で本件交差点を通過することにより惹起される交通上の具体的危険性はなかったというほかなく，被告人において，Ｖ車に用に交通法規を無視して一時停止も徐行もせず高速で本件交差点に進入してくる車両があることまで予想して，減速徐行して本件交差点に進入すべき業務上の注意義務はなかった[105]。

5 左折時の注意義務

(1) 道路交通法上の義務

　道路交通法で定められた左折時の注意義務としては，信号機により交通整理されている交差点においては，信号表示に従う義務であり，交通整理の行われていない交差点においては，通行順位に従って左折する必要があるほか，見通しのきかない交差点においては徐行義務，道路標識等により徐行，一時停止が義務付けられている場所においては，徐行，一時停止する義務である。さらに，道路交通法は，交差点を左折する際の特性に応じて，左折の方法を細かく規定している。すなわち，

　ア　車両は，左折するときは，あらかじめその前からできる限り道路の左側端に寄り，かつ，できる限り道路の左側端に沿って（道路標識などにより通行する部分が指定されているときはその指定部分を）通行して徐行しなければならない（法34条1項）。

　「あらかじめその前から」というのは，画一的に決められるものではないが，その趣旨が，後続する車両や道路を横断しようとする歩行者に，左折しようとしていることをあらかじめ知らせて，交通の円滑を図るとともに交通の危険を防止することにあるので，その趣旨から具体的事情に応じて決められることになる。もっとも，この点に関しては，右折に

---

[105]　結論は正当であるが，それを導くために，道路交通法上も被告人車両に徐行義務がなかったとする必要はなかったと思われる。すなわち，道路交通法上の義務違反と過失運転致死傷罪（業務上過失致死傷罪）の過失の概念の区別。その思考の萌芽は見られるが。

ついても同様の規定がある（同条2項）が，判例が「右折の合図を行う時期が当該交差点の手前の側端から30メートル手前の地点に達したときであるから（法53条2項，令21表），おおむねその程度の距離の手前をいうものと解せられる」としている（名古屋高判昭和46年9月14日高検速報505号）ことから，左折の場合も，同様に解するのが一般である。

「できる限り道路の左側端に寄り」とは，道路や交通の具体的な状況によって支障のない範囲における可能な限り左側端に寄る，という意味であり，単に運転者の主観において可能な限りということではない（上記名古屋高判昭和46年9月14日）。左側に駐車車両が連続している場合や工事が行われているなどして，道路左側端に寄れないときは，それらを避けて通行できる可能な限り左側に寄って通行すればよいことになる。

なお，車両は，路側帯を通行することはできない（法17条1項）ので，路側帯がある道路の場合は，できる限り路側帯に寄って通行することを意味する。もっとも，軽車両は，著しく歩行者の通行を妨げる場合を除いて，道路の左側部分に設けられた路側帯を通行することができる（法17条の2第1項）。

「できる限り道路の左側端に沿って」というのは，車両が左折するため交差点内で方向を変更した後において，道路の左側端に沿って進行しなければならないということである。

イ　左折しようとする車両が，道路の左側に寄ろうとして，手，又は方向指示器による合図をしたときは，その後方にある自動車は，その合図した車両の進行を妨げてはならない（法34条6項）。

ウ　左折するとき，車両の運転者（自転車以外の軽車両を除く）は，手，方向指示器又は灯火によって合図をし，かつ，左折の行為が終わるまでその合図を継続しなければならない（法53条1項）。

なお，交差点の左折に当たり，できる限り道路左側端に寄って左折を開始するために，進路を変更する場合には，進路変更のための合図をしなければならない（同条項）。同一車線を走行していても，左側端に寄るために進路を変更する場合は，合図が必要なのである。それは，特に

自動二輪車等の後続車両に，進路変更を知らせて交通の危険の防止を図る必要があるからである（野下・道交法542頁）。

合図の方法は，道路交通法施行令21条で定められている（法53条3項）。すなわち，左折を開始する地点から30メートル手前の地点に達したときから左折が完了するまでである。また，左折開始前に進路変更する場合には，進路変更を開始する地点の3秒前から進路変更が完了するまで，合図をしなければならない。

エ　車両の運転者は，左折が完了した場合は，合図を止めなければならず，また，左折をしないのに，左折の合図をしてはならない（法53条4項）。

道路交通法53条は，車両が合図をしなければならない場合を定めている。交差点に関していえば，左折，右折がその対象となるが，同条の「左折」，「右折」は，交差点に限られないことは，留意しておく必要がある。

(2) **左折と過失運転致死傷罪における注意義務**

ア　左折の方法に関する道路交通法上の義務と過失運転致死傷罪における注意義務は本来的には別のものであるが，第1章総論第2における信頼の原則の項（73頁）で述べたように，最高裁は，道路交通法上の左折方法に従って左折していた場合には，信頼の原則を適用して過失を否定するという立場をとっている。しかし，それが不当であることは既に述べたとおりである（74頁参照）ので，ここでは繰り返さない。

左折の際の事故についての信頼の原則に関する最高裁判例は，下記の3つである（信頼の原則を適用して左折車の過失を否定した最高裁判例が2件，同原則の適用を否定して過失を肯定したものが1件）。

① 　最判昭和45年3月31日刑集24巻3号92頁，裁判集刑175号573頁，判時589号83項，判夕247号269頁（信頼の原則判例⑥44頁）

② 　最判昭和46年6月25日刑集25巻4号655頁，裁判集刑180号849頁，判時639号68頁，判夕265号97頁（信頼の原則判例⑩49頁）

③　最決昭和49年4月6日刑集28巻3号52頁，裁判集刑192号229頁，判時744号27頁，判タ311号259頁（信頼の原則否定判例②59頁）

　これらの判例を通じて看取されるのは，最高裁が道路交通法上の通行方法を基準にして，過失運転致死傷罪の過失を認定しようとする姿勢である。上記①②の事例は，信頼の原則を認めた判例であるが，信頼の原則が導入されるに至った契機の1つが，交通の円滑を確保する必要ということであるから，交通の円滑を図るために規定されている道路交通法が定めた交通方法を重視するのには意味がある。しかしながら，問題にされているのは，刑法上の過失の有無である。道路交通法上の交通方法に従っていたとしても，結果の予見可能性があり，回避可能性がある以上は，注意義務違反があるといわざるを得ず，過失が認められるべきなのである。そして，実際にも，道路交通法上の通行方法等を重視する余り，不当と思われる最高裁判例も散見されるのである。

　①の事例に関しては，確かに，当該交差点は鋭角であり左折先道路の幅員が狭かったため，被告人車が道路左側端に寄って左折をすることが困難であったから，左側端との間に約2メートルの間隔をおいて左折したこと自体は，道路交通法34条1項の規定に違反するものではない。しかしながら，左折の合図はしていたとしても，交差点の対面信号が赤色であったので，瞬時交差点手前で停止した後，同信号機が青色を表示した直後左折を開始したのであるが，このような場合には，後続している直進予定の自動二輪車等が，先行車が自車に進路を譲ってくれるものと信頼して直進してくることは大いにあり，予想できることである（予見可能性あり）。実際にも運転者は常にその危険は感じて運転しているのが通常と考えられるので，自車左側の通行余地を進行してくる車両の有無は，十分に確認した上で左折を開始すべきものと考えられる。しかも，被告人車は，交差点手前で瞬時停止したのであるから，その間に後続直進車両が追い付いてくるので，その危険性は更に増したと考えられるのである。そもそも，道路交通法34条1項が，左折に当たりできる限り道路左側端に寄って左折すべき旨を規定したのは，車両と道路左側端と

の間隔が大きいとその中間に他車両が入り込み，衝突の危険があるからであり，一般的な予見可能性があることを前提にしているともいえるのであるから，本事例においては，上記事情の下では，具体的な予見可能性も肯定でき，左折に当たっては，単に後写鏡を一瞥したのみで，十分な安全確認をせずに，後続車両を発見せず，同車と衝突させて傷害を負わせたのは，後方の安全確認義務を尽くさないで左折した業務上の過失があるというべきである[106]。

　最高裁は，上記①②の事例と同様の③の事例で，一転，左折車の過失を肯定した。その理由について，同判決は，本件は道路交通法26条2項（当時）が優先的に適用される場合であることを挙げる。当時の道路交通法26条2項は，「車両は，進路を変更した場合にその変更した進路と同一の進路を後方から進行してくる車両等との間に当該車両が急に停止したときにおいても後車がこれに追突するのを避けることができるため必要な距離を保つことができないこととなるときは，進路を変更してはならない。」と規定していた（現行法は26条の2第2項で「車両は，進路を変更した場合にその変更した後の進路と同一の進路を後方から進行してくる車両等の速度又は方向を急に変更させることとなるおそれがあるときは，進路を変更してはならない。」と規定している）。すなわち，本件では，交差点の手前約22メートルの地点で左折の合図をしたとしても，徐々に速度を落として左折進行した時点では，後続していた自動二輪車は左後方約13メートルに迫っていたため，同車が急停車しても衝突を避け得ない距離にあったことになるので，道路交通法26条2項によって左折してはならない状況にあったといえることから，左折する前に後続車の動静を注視すべきであり，それを怠った過失がある，としたのである。

　最高裁は，①の事例と③の事例では，道路交通法の適用条件が異なる，

106）本件が，瞬時にせよ交差点手前で停止した事実を，死角の存在とともに，さらに過失を認める根拠として強調するのが，大森政輔「自動車の死角と業務上過失責任(3)」判時876号4頁（1978）である。すなわち，「当該交差点手前で停止を余儀なくされるかもしれないことは，それ以前の段階において予想できたことであるから，停止地点に至る以前から左フェンダーミラーなどを注視しておれば，左後方から追いついて，自車の死角内に進入する車両があればそれを認知できるはずであり，瞬時停止中のみならず，それ以前の段階において，左後続車を自車の死角に進入する前に捕捉する義務の存否を検討する必要が残っているように思われる」とする。

すなわち，①の事例では，道路交通法上左折進行が許される場合であり，③の事例では，同じく道路交通法上それが許されないことが過失判断を分けた理由とするのである。しかしながら，道路交通法上の義務と刑法における過失の注意義務を混同してはならない。道路交通法上の義務に違反していないとしても，結果の予見可能性が認められ，結果の回避可能性が認められる以上，刑法上の注意義務違反はあるといわざるを得ない。信頼の原則が，客観的な予見可能性の有無の判断である，と考えるならば，そうならざるを得ない。最高裁は，道路交通法上の義務違反と刑法上の注意義務違反を同一視してはいないという見方（香城敏麿「判解」最高裁判所判例解説刑事篇昭和49年度67頁（1977））もあるが，十分な理由は述べられていない。むしろ，最高裁は，交通の円滑を図ろうとして，信頼の原則を導入したと考えられることからすれば，道路交通法上の義務と刑法上の義務を同一視することになるのはむしろ当然である。しかしながら，道路左側端に寄らず，左折車の左側に相当の間隔を空けたまま左折しようとする場合，左後方を同一方向に進行していた自転車や自動二輪車等は，自車に進路を譲ってくれるものと考えて，速度を落とした左折車を，そのまま進行して追い抜こうとすることがあるのは，十分予想できるのであって（むしろ，それが交通の現場の実態である。道路交通法上の義務違反が刑法上の過失と認められる場合というのは，道路交通法上の義務が，実態として現実に遵守されている場合か，必ずしも実態とはいえなくとも当該義務を遵守すべしとの要請が極めて強い場合であるから，そうでない場合に，両者を同一視するのは不当と考える），そのような場合に，過失運転致死傷罪の責任を否定するのは，正義に反し不当である（佐野昭一「交差点で左折しようとする自動車運転者の後続車両に対する注意義務の限度」判タ263号99頁以下（1971），西原春夫「左折車両の運転者の後方注意義務」判タ271号77頁以下（1972）参照）。よって，①の事例の判決の結論には疑問がある（もちろん，③の事例の決定の論理にも疑問がある）。

②の事例の判例については，左に進路変更した地点についての言及及び認定が行われていないところ，被告人車両が左折開始時，左側方の間隔をどの程度空けていたかは判決文上不明であるが，左折先道路の角度

は鋭角であったと認められ、被告人車両が大型貨物自動車貨物自動車であったこと、自転車がその側方を直進しようとして被告人車の側方に入ってきたことなどの事実から考えて、道路左側端との間にかなりの間隔を空けて左折しようとしたものと考えられる。そうだとすれば、既に述べたとおり、自転車が側方を進行してくることが予想できるのであるから、左後方の安全確認義務を果たした上で、左折開始すべきであったと考えられる。しかも、原審は左折開始時、被害者の自転車は、被告人車両と併進状態であったか、これに極めて近い近距離で追従していた旨認定した（一審判決は交差点手前約20メートルに位置していた旨認定していたのを事実誤認としては排斥した）が、追い抜いた地点は、交差点手前約35メートルの地点であり、左折合図を出したのが同約29メートル手前であるものの、左折開始直前に速度を減じたため、自転車が被告人車両に追い付いたものと考えられるので、道路交通法26条の2第2項によって、進路変更すべきではなかったと考えられるのであって、この点からしても、疑問である（大森政輔「自動車の死角と業務上過失責任(2)」判時875号8頁以下（1978））。仮にこの点をおくとしても、左折時の事故の相手方は、自転車や原動機付自転車、自動二輪車等一旦事故に巻き込まれれば重大な結果を被る車両が多い。他方、後方の安全確認という僅かの注意で事故を防げるような場合に、交通法規を遵守することが期待できるというただそれだけのドライな割り切り方で結論を出そうとした最高裁の態度は、妥当ではないと考えられる。まして、被告人は、相手が自転車であることを認識していたのであるから、彼我の大きさ等から事故が起きたときの重大な結果を考え、一瞥ではなく後方安全確認義務を十分に尽くすべきであったと考えられるのである。

イ　左折前に一時停止を伴っている場合

(ア)　交差点手前で一時停止した後左折する場合は、一時停止してから左折を開始するまでの間に、状況の変化がある（可能性がある）ため、一時停止しない場合と過失の判断が違ってくる。そして、その際よく問題とされるのは、車の死角との関係で、どこまで、左後方の安全確認を行う必要があるか、ということである。なお、上記アで紹介した

事例①の最高裁判例は，左折前に停止しているので，ここで触れられる事例ではあるが，瞬時の停止であり，また，左折する際の注意義務の在り方を論じるに当たって手掛かりを与える判例であるという意味で，上記アで先に紹介したものである。

(イ) 一時停止した後左折した事例に関する判例は，下記のものがある。いずれも過失が認められている。

① 東京高判昭和46年2月8日高刑24巻1号84頁，判時635号154頁（対自転車事故）

自車前部の左側部分に相当大きな死角のある大型貨物自動車の運転者が，交差点を左折する必要上，道路左側端まで約1メートルの余地を残して停止信号により約30秒間一時停止したのち発進左折する場合には，後ろから軽車両等が被告人車両の左側に進入しその死角に隠れることは十分予想されるところであるから，運転助手を同乗させていない本件のような場合は，一時停止中絶えずバックミラーを注視するなどして左側を後進してくる軽車両等が死角に隠れる以前においてこれを捕捉する業務上の注意義務があるのであって，単に方向指示器をもって自車の進路を示し，発進直前においてバックミラーを一瞥するだけでは足りない。

② 東京高判昭和46年12月20日東高時報22巻12号343頁，判タ276号374頁

左折しようとした被告人が，停止線において左側ガードレールとの間に約1.5メートルの間隔を置いて停止したのはやむを得ないが，左側にそれだけの余地があれば，約49秒間の停止中に，軽車両又は自動二輪車等が進入してくることが十分予想されるので，このような場合は，たとえ停止前から左折の合図をしていたとしても，発進するに際し，さらに側方及び左後方の安全を確認すべき注意義務がある。しかるに，被告人は，同注意義務を怠り，左側方及び左後方に対し，何ら注意を払うことなく左折を開始した過失により，停止中にその左側方に進入してきて，被告人車両よりやや遅れて交差点に進入して進行していた被害車両に全く気付かず，衝突させたの

であるから責任は免れない。

③ 東京高判昭和50年4月2日刑月7巻4号473頁

大型貨物自動車が道路左端と約1.5メートルの間隔をおいて約30秒停止した後，信号が青になって発進し左折を開始したところ，後から左側に進入して並列して停止していて同時に発進したのに気付かず左後輪を自転車に乗っていた被害者の右腹部に接触させ傷害を負わせて死亡させたという事故について，信号に従い30秒以上の間停車していたものであるから，その間に後から自転車等が被告人の自動車の左側に進入して死角に入ることは十分に予想されるところであり，発進に際して，自車の左側に進入してくる自転車等を捕捉して，これらとの衝突を未然に回避すべき注意義務がある。

④ 東京高判昭和51年11月15日刑月8巻11～12号459頁，判時849号126頁

被告人は，大型貨物自動車を運転し，鉄道と併進する道路を進行してきて丁字路を左折進行するに当たり，踏切が閉じていたため停止して，約40ないし50秒停止していた間に，自車の後方を通って踏切の左側付近に停止した自転車に乗った児童を認めたが，他に踏切を横断する軽車両はないものと考え，踏切が開くと同時に発進し左折を開始して踏切内に入ったところ，もう1人の児童の乗った自転車と接触転倒させて左後輪で轢過して死亡させた事故につき，現に児童の自転車が自車左側付近い停止したのを運転席左窓を通して直接視認していたのであるから，その後方の死角に当たる部分に別の自転車等が隠れているかもしれないことが予想される状況にあった。したがって，運転助手を同乗させていない本件のような場合には，運転者は一時停止中原則として絶えず左サイドミラーを注視して後方から来る軽車両ないし歩行者が死角に隠れる以前にこれを捕捉すべきであり，又は少なくとも左側の死角内に他の自転車等の存在が予想されるときは，発進の直前に運転席の左側に寄り窓から首を出すなどして死角内の安全確認をする業務上の注意義務がある。

⑤　福岡高判昭和 52 年 4 月 26 日刑月 9 巻 3・4 号 172 頁，判時 868 号 107 頁

　　被告人は大型貨物自動車を運転し，交差点を対面信号に従って停止した後，左折可青色矢印信号に従って発進し左折を開始したところ，交差点出口の横断歩道上を右から左に歩行していた歩行者を発見したため，同横断歩道手前で停止し，その通過を待った上で発進したところ，同横断歩道を左側から進行してきた自転車に気付かず衝突させて重傷を負わせた事故につき，被告車の左側の横断歩道には被害者はもとより他にも青色信号に従って左から右に進行する歩行者等が存在することが予想され，歩行者等においては被告車が横断歩道手前で一時停止したことから当然自己の通行を認めてくれて被告車の前を通過するまで停止してくれるものと考え，これを信頼して行動することが予想されるのであるから，自車の左側の横断歩道上の安全を確認しないままで発進することは到底許されないものであり，死角圏内の安全を確認すべき注意義務を負うことは明らかである。

⑥　東京地判昭和 54 年 12 月 3 日刑月 11 巻 12 号 1593 頁，判タ 402 号 54 頁

　　最判昭和 45 年 3 月 31 日，同 46 年 6 月 25 日（信頼の原則の適用を肯定した上記事例⑥⑩（44 頁，49 頁参照））は，先行自動車が既に適法な左折の態勢にあり，かつ，その進行を後続の自動二輪車等が妨げてはならないことが，右後続自動二輪車等の運転者にとって一見明瞭な状況にある事案にかかるもので，右のような場合には，後続自動二輪車等が左折態勢にある先行自動車の左側をあえて追い抜こうとはしないであろうと通常予想されるところから，先行自動車の運転者に対し，左折に当たって自車左側の安全を確認する義務を軽減したものと解され，本件のように，自動車が交差点の手前で一時停止した後，発進しゆっくり左折する場合には，その左折態勢にあることが後続自転車等の運転者にとって必ずしも一見明瞭であるとは認められず，両者の優先順位もかからずしも明らかでないため

後続自転車等の方が先に交差点を通過できるものと判断してそのまま直進することも十分予想され，しかも被告人は一時停止後発進に当たって初めて左折の合図をしたもので，そのころ被害車両は既に被告人車両の左側を追い抜きにかかっていたので，自車が適法な左折態勢に入っていることを被害車両に対して主張できない状況にあったのであるから，右事案と異にし，被告人車両の一時停止中に左側歩道上を後方から進行してきた被害車両が被告人車両の停止中及び発進後にその左側を次第に追い抜くような形で併進し，被告人車両が左折しつつある一時期に，被告人車両の左前部を中心とする死角の範囲内に入るおそれのあることが，当然予想されるので，後写鏡を一瞥する程度では足りず，一時停止をしているときから，後写鏡により歩道上を視認して，自車の死角内に入って併進するおそれのある自転車等の有無に注意し，発進及びこれに続く左折時には後写鏡によって自車左側を通行する自転車等の有無及び動静に絶えず注意するなどの措置を執る必要がある。

⑦ **東京高判昭和56年5月13日判時1013号7頁，判タ444号59頁（上記⑥の事例の控訴審）**

被告人は，発進し，直ちに踏切を横断して左折する意思であったところ，踏切は幅員約13メートルで歩車道の区別がなく，そのすぐ手前には電車の警報機の台座があって，被告人車両の左側を並進する自転車等がある場合には，勢いそれらが自車に接近して運転席からの死角に入り，自車が左折するに伴ってこれと接触するおそれが多分にあり，このことは被告人において，従前から本件道路を通行して，踏切上を自転車が通過するのを目撃した経験に徴しても十分に予見し得たと認められる。このような場合，被告人としては，交差点の30メートル手前から左折の合図をするとともに，一時停止中から努めて，遅くとも発進直前には，後写鏡により左側歩道上を後方から進行してくる自転車等の有無・動静を注視しそれらが死角内に入る前にこれを把握した上，これとの関係で進路の安全を確認しながら進行し，もって接触・衝突等を未然に防止すべき業務上

の注意義務がある。

　(ウ)　一時停止を伴っていない場合
　　①　福岡高宮崎支判昭和47年12月12日高検速報1156号
　　　　道路交通法34条1項が左折車に左寄せ義務を課した所以のものは，左折の合図をするだけでなく，車両の準備的な行動自体により他の車両等に一層よく認識させようとするためであることは明らかなところ，被告人車の長さ，本件交差点の角切りなども考慮に入れれば，技術的に，進行中に左側端に車を寄せることを困難ならしめることは証拠上認められない。そうすれば被告人が，本件交差点に進入するまで約40メートルの距離を，もっと左に寄せ得るのに左側溝まで自車の車幅を超える約1.9メートルもの間隔を保持したまま直進した以上，その間に他の車両が自車と左側端の中間には入り込むおそれのあることは交通常識上当然予測すべきであり，そのため自車の左側及び左後方に対する安全確認を尽くした後でなければ，左に転把すべきではなかったものといわざるを得ない。被害者も前車の動静に注意を払い，左折合図をして減速したときは，これとの接触などを避けるべく適宜徐行等の措置に出ずべき義務があることはいうまでもないが，約40メートルもの長さにわたって道路左側端まで約1.9メートルの間隔を保持し，左に寄るなど左折の準備態勢を示さずに直進し続ける被告人の車を見て，そのまま本件交差点を直進すると思い込んだのは無理からぬところであるから，かかる落ち度を根拠にして，自ら可能な左寄せ義務を尽くさず，いまだ適切な左折準備態勢に入っていなかったことを論外におき，信頼の原則に逃避して過失責任から逸脱することは許されない。
　　②　広島高岡山支判昭和48年12月4日刑月5巻12号1629頁，判タ304号275頁
　　　　交差点を左折しようとした大型乗合自動車（ワンマンバス）が同交差点出口の横断歩道を左から右に横断していた歩行者4名に気付かず自車前部を衝突させ1名を死亡させ，3名に傷害を負わせた事案につき，過失を否定した一審判決を，現場付近は交通頻繁な場所

であり，横断歩道を通行している歩行者ないしは横断歩道に接する歩道上から駅舎の方に向け横断歩道を通行しようとする歩行者らのあることは当然予想し得る状態にあったと認定した上，大型バスには相当な範囲の死角があると認められることは原判決説示のとおりであるが，前記のような歩行者のあることが予想される状況の下では，大型バスの運転者たる被告人としては，左折先駅前広場への進入の直前において，横断歩道左端付近及びこれに接する歩道付近の歩行者の有無を確認の上，もし歩行者があるときは，その行動に留意し，左折進行しながらも引き続き注意を怠らず，接触事故等不測の事態を招来しないように十分安全を確認しつつ進行すべき業務上の注意義務がある旨判示して，破棄した。

③　大阪高判昭和 50 年 11 月 13 日刑月 7 巻 11・12 号 884 頁

　被告人が普通貨物自動車（車長約 7.27 メートル）を運転し，時速約 30 キロメートルで走行し，交差点を左折するため入口の横断歩道の手前約 45 メートルの地点で，左折合図して減速し，約 70 センチメートル右に寄った上，道路左端から約 3 メートル（路側帯から約 1.5 メートル）の間隔を残した状態で交差点手前約 8 メートルの地点で時速約 10 キロメートルで左折しようとしたが，合図のときには後方約 21 ないし 43 メートルの地点にいた被害者の原動機付自転車が時速約 30 キロメートルで追い上げ，左折直前には後尾の左後方約 14 メートルの地点にまで接近しているのを認めたが，自車に避譲してくれるものと思って左折進行したため左側部を接触転倒させ死亡させた事故につき，交差点で左折しようとする車両の運転者は，交差点手前で左折の合図をしたのち，できる限り車道左側端に寄って左折の態勢に入った場合には，その時点で左後方に後進車があっても，同車が自車を適法に追い抜くことが許されない状況にあるときは，同車の運転者において追突等の危険防止のため適切な措置を執り，左折を妨害しないものと信頼して左折することが許される。そして，道路交通法 26 条の 2 の 2 項，34 条 5 項の趣旨から，後進車は，既に左折合図をしている先行車との間に適当な距離が

あって，左折により自車の速度又は方向を急に変更させられることがないときは，あえてこれを追い抜きその左折を妨げることは許されないと解されるから，先行車が左折したとしても注意義務に違反するところはなく，被告人が左折合図後70センチメートル程度逆に右に寄ったことを考慮したとしても，被害者において，被告人車の左折合図にもかかわらずその左折を予測できない状況にあったものとは認め難いなどとして，過失を否定した。

④　東京高判昭和53年7月10日刑月10巻6〜8号1054頁

　　大型貨物自動車を運転し，時速約15キロメートルで交差点を左折しようとして，入口手前約28メートルの地点で左折の合図をした上，左サイドミラーで左及び左後方を見たが，発見可能地点にいた被害者の自転車に気付かず，そのまま進行し，交差点手前でやや右にハンドルを切り左折を開始して，その頃には死角に入っていた被害者の自転車に自車左前前部を衝突させ，車に下に巻き込んで死亡させた事故について，死角の大きい大型貨物自動車を運転して交差点を左折しようとする者は，左折の合図等左折態勢に入る時点から，左側及び左後方をサイドミラーで注視し，左折開始後の危険を防止する措置を執り得るよう，死角内に入り込むおそれのある人や自転車等の有無を確認して進行を続ける義務がある。

⑤　東京高判昭和57年8月25日刑月14巻7・8号619頁，判時1074号145頁

　　大型貨物自動車（車長11.97メートル）の運転者であった被告人が，信号交差点の入口手前約42メートルの地点で，先行車に続いて停止し，対面信号が青色に変わって発進した先行車に続いて発進し，時速約10キロメートルで，左折する際，同交差点左折方向出口に設けられた横断歩道を信号に従って左から右に時速約15キロメートルで進行していた自転車のV（50歳）に気付かず，自車前部を衝突させて路上に転倒させ，右前輪で轢過して死亡させた事故について，被告人車の如く，左折の場合左方の死角の大きい大型車は，横断歩道左端の歩道の上を本件横断歩道方向に進行する歩行者や自転

車があるかどうかを視認できる地点を通過する際，横断歩道左端及びこれに接する歩道上に歩行者や自転車等が存在するか否かに留意すべきであるが，その存在を視認し得ない場合にも，その後に自車の死角内で歩行者や自転車等が横断する可能性があること並びに横断歩道入口手前で横断歩道左端が死角の外に出，フロントガラス及び運転席左側窓，アンダーミラー及び左アンダーミラーを通して横断歩道全体の見える地点に至って横断者を発見し制動しても，空走距離の関係で横断歩道手前では停止できないことがあることに思いをいたし，左側死角を消除し得る手段のある場合は格別，然らざる場合，被告人車でいえば運転台からフロントガラス，運転席左側窓，アンダーミラー及び左アンダーミラーを通し横断歩道全体が見える地点，つまり被告人車の前部左角が横断歩道入口手前約1メートル弱にきた地点で一時停止し，左アンダーミラーと運転席左側窓及びアンダーミラーを通して横断歩道またはその付近を左から右に横断する横断者の有無を確認して発進するのでなければ，左から右に歩行者用信号に従い横断する歩行者や自転車に衝突する可能性を消除することは不可能であるとして，被告人に対し，横断歩道手前で一時停止し，横断歩道を左から右に横断しようとする自転車，歩行者等に対する安全を運転席左側窓，アンダーミラー及び左アンダーミラーで確認した上発進すべき義務を認め，これを怠った被告人の過失を認めた。

⑥　**大阪高判昭和59年9月28日判時1145号145頁**

普通乗用自動車を運転していた被告人が，交差点手前の第一車線が工事中で進路変更の矢形看板が立てられていたため，第二車線に進路変更し，矢形看板を越えた交差点手前の第一車線は工事がなされておらず通行可能な状態であったものの，同看板が立てられているので通行禁止になっていると考え，交差点手前約10メートルの地点で左折の合図を出し，左後方を確認せずに，そのまま第二車線から時速約20キロメートルで若干右に膨らんで左折を開始したところ，被告人の左折の合図に気付かなかった後続車両が被告人車を

直進するものと考え，減速していた被告人車を左側から追い抜こうとして，矢形看板を越えたところで第一車線に進路変更して時速約40キロメートルで直進しようとした被害者運転の普通乗用自動車と衝突した事故につき，左側端に寄るべき程度は「できる限り道路の左側端に沿って」という表現自体から明らかなように，道路交通の具体的状況いかんによってある程度の幅があり，矢形看板が置かれていたため，交差点で左折しようとする車両も矢形看板を越えるまでは本来直進車線とされている第二車線に相当する部分を通行せざるを得ず，また工事現場に余り接近しすぎることは危険であるから避けなければならないものの，本件交差点は五叉路で，被告人が左折する場合，その方向には南西方面と北西方面の2つの交差道路が存在するので，後続車は前車の左折の合図を見ただけで前車がいずれの方面の交差道路に左折進行しようとしているのか判断しにくい状況の交差点であること，第一車線の延長上の右看板の北部分は別段工事がされているわけではなく，車両の通行は可能であり，かつ車両が右看板を過ぎた地点で第二車線から第一車線に相当する部分へ進路変更することが禁じられているわけではなく，交差点内の第一車線に相当する部分は矢形看板があることによって全て通行止めになっているとの被告人の判断は正当ではないこと，従って後続車両が，前車である被告人車の左側を進行して追い抜こうとする可能性があるといわなければならないことに徴すれば，被告人が，矢形看板を過ぎてもなお本来の直進車線である第二車線に相当する部分を進行し，しかも自車の左側に少なくとも自動車一台が工事現場に余り接近することなく通れる余地を残したまま，第二車線に相当する部分から左折しようとしたことは，道路交通法に違反するとまではいえないとしても，「左折するときは……できる限り左側端に沿って（通行しなければならない）」との趣旨に照らし，適切を欠いた左折準備態勢であるといわざるを得ない上，被害者に被告人車の左折の合図を見ていないという落ち度があるものの，本件道路は通常の道路と違って左側が道路工事中であるという点についても，

矢形看板を通過した後の北方部分は車両の通行可能な状況にあり，もとより車両の通行が禁止されているわけではなく，むしろ左折車両はできるだけ左側に寄って進行すべしとの趣旨からいえば，被告人が交差点に入り，矢形看板を通過した後は，工事現場に注意を払いつつ本来の左折車線である第一車線に相当する部分を進行する方が後続車両との関係でもより適切な進行方法と認められ，かつ，被告人が本来の直進車線に相当する部分上を自車左側に自動車一台が通行可能な間隔を置いて進行するにおいては，左折等の後続車両が交差点において適法に被告人車を追い抜くことも十分に考えられるところであるから，自車左側に自動車一台が通行可能な余地を残した状態で右第二車線に相当する部分から左折しようとする被告人としては，自車の空いている左側を進行してくる後続車両のあり得ることを予想すべきであるというべく，したがって，左折に際し左後方に対する安全確認の注意義務は免れない旨判示した。

(エ) 左折車と交差点出口の横断歩道を通行する歩行者及び自転車との事故に関しては，左側方を通行する直進自動二輪車や原動機付自転車，自転車等との衝突事故の場合よりもさらに，注意深い運転が求められる。すなわち，道路交通法38条で，車両等の運転者は，進路の前方を横断しようとする歩行者又は自転車がないことが明らかな場合を除き，横断歩道の直前で停止する義務が課せられており，これを前提に，車両との運転者は，横断歩道手前では，特別の減速ないし停止義務が課せられているからである（東京高判昭和46年5月31日高刑24巻2号387頁等）。

(オ) 直進車両との関係では，左側の通行余地の間隔，それとの関係で，直進車両の存在の予見可能性の有無，合図の時期や速度，死角との関係で，死角前捕捉義務，あるいは死角消去義務，死角外追出義務などが問題になる[107]。

---

107) 死角の確認をどの程度するかも問題になる。しかしながら，死角は車の構造上当然に存在するものであり，運転者に助手を置く等それを回避する手段をとることによって対処可能なのであるから，ルームミラーやフェンダーミラー等により視認できる限りの安全確認を行っただけで足りると

(カ) 上記各判例の判断をみると，予見可能性は，被疑者からの主観的予見可能性だけではなく，被疑車両の左折準備行為（道路左側端との距離・間隔を中心として左折前の速度や右転把の有無，速度等の客観的行動を中心とした）との関係で，被害者が，被疑車両の行動に関してどのような予測，期待を抱くかをも前提として，その上での客観的予見可能性を考慮する必要があるということである。

　また，右折事故の場合と異なり，判例上，信頼の原則の適用される場合は，限定的である。もっとも，進路変更の合図をし，あらかじめ道路左側端に寄り，左折の合図をするなど適切な左折準備態勢をとった上，左折を開始した場合に，被害車両が狭い左側の側方間隔を無理に進行してきて直進しようとしてきた場合や，高速度で追い上げ，左側方を追い抜こうとしたような場合等には，信頼の原則が適用されるというか否かはともかく，予見可能性を肯定することは困難なことが多いと思われるので，過失が認められない可能性は高い。

(3) **実務例**

① 普通自動二輪車を運転し，さいたま市浦和区常盤平5丁目○番○号先の信号機により交通整理の行われている交差点をS方面からU方面に向かい左折進行するに当たり，あらかじめできる限り道路の左側端に寄って徐行し，自車左後方から進行してくる車両の有無及びその安全を確認しながら左折進行すべき自動車運転上の注意義務があるのにこれを怠り，あらかじめできる限り道路の左側端に寄らず，自車左後方から進行してくる車両の有無及びその安全確認不十分のまま漫然時速約20キロメートルで左折進行した過失により，折から自車左後方から進行して来たS（当時70歳）運転の原動機付自転車に気付かず，同原動機付自転車に被告人の左腕付近を衝突させるなどして同車もろとも前記Sを路上に

するのは，妥当ではないと考える。左側方及び左後方の安全確認義務はあるかないかのいずれかであり，それが認められる以上，死角内であろうが安全確認を尽くすべきであり，ルームミラー等運転席から視認できる範囲の安全確認を尽くしただけでは足りないと考える（同旨佐野昭一「交差点で左折しようとする自動車運転者の後続車両に対する注意義務」判タ263号102頁以下（1971））。

転倒させた。

② 大型貨物自動車を運転し，長野市大字○○ 234 番地先の信号機により交通整理の行われている交差点を青色信号に従いK方面からI方面に向かい左折進行するに当たり，同交差点左折方向出口には横断歩道に併設して自転車横断帯が設けられていたのであるから，同自転車横断帯の有無及び同自転車横断帯による横断自転車等の有無並びにその安全を確認して左折進行すべき自動車運転上の注意義務があるのにこれを怠り，同自転車横断帯に気付かず，横断自転車はないものと軽信し，同自転車横断帯の有無及び同自転車横断帯による横断自転車等の有無及びその安全確認不十分のまま時速約 15 キロメートルで左折進行した過失により，折から同自転車横断帯を青色信号に従って左方から右方に向かい進行してきたY（当時 14 歳）運転の自転車に気付かず，同自転車に自車前部を衝突させて同人を同自転車もろとも路上に転倒させた。

③ 普通乗用自動車運転し，○○先片側二車線道路の第二車両通行帯をI方面から進行してきて，同所先の交通整理の行われていない丁字路交差点を第一車両通行帯に渋滞停止していた車両の前面を横切ってT方面に向かい左折進行するに当たり，前記渋滞停止車両の左側には約 1.5 メートルの通行余地があり，前記渋滞停止車両等により前記通行余地に対する見通しが悪かったのであるから，同渋滞停止車両の前面で一時停止するなどして，同通行余地を進行してくる車両の有無及びその安全を確認しながら左折進行すべき自動車運転上の注意義務があるのにこれを怠り，同渋滞停止車両の前面で一時停止するなどせず，同通行余地を進行してくる車両の有無及びその安全を確認しないまま漫然時速約 10 キロメートルで左折進行した過失により，折から同通行余地をI方面からH方面に向かい進行してきたV（当時 36 歳）運転の原動機付自転車に気付かず，同車に自車左前部を衝突させた。

④ 普通乗用自動車を運転し，秋田県O市○○町 4 番 11 号先の交通整理の行われていない一時停止の道路標識が設置された交差点をI町方面からO町方面に向かい左折進行するに当たり，同交差点入口左右には自転車通行可の歩道が設置されていたのであるから，同交差点手前の停止位

置で一時停止し，同歩道から進行してくる自転車等の有無及びその安全を確認しながら進行すべき自動車運転上の注意義務があるのにこれを怠り，同交差点手前の停止線を越えた付近で一時停止したものの，右方道路の確認に気を取られ，左方歩道から進行してくる自転車等の有無及びその安全を十分確認しないまま漫然発進し，時速約5キロメートルで左折進行した過失により，折から，左方歩道から同交差点に進入してきたF（当時20歳）運転の自転車に気付かず，自車前部を同自転車右側に衝突させて同自転車もろとも前記Fを路上に転倒させた上，ろうばいしてブレーキペダルとともにアクセルペダルを踏み込んだため自車を左前方に暴走させて，前記自転車もろとも前記Fを自車底部と路面との間に挟圧させながら引きずり，よって，前記Fに頭部外傷の傷害を負わせた。

⑤　普通乗用自動車を運転し，堺市堺区○1丁目○番○号先の交通整理の行われていない交差点を東から南に向かい左折進行するに当たり，同所は，その南側に本線車道と並列する側道車線が設置されていたのであるから，同側道車線を進行してくる車両の有無及びその安全を確認して左折進行すべき自動車運転上の注意義務があるのにこれを怠り，同側道車線を進行する車両はないものと軽信し，同側道車線を進行する車両の有無及びその安全確認不十分のまま漫然時速約15キロメートルで左折進行した過失により，折から同側道車線を東から西に向けて普通自動二輪車を運転して進行してきたI（当時50歳）を驚愕させて車両もろとも路上に転倒，滑走させて自車左側面付近に衝突させ，よって，同人に肝，右腎破裂，門脈損傷等の傷害を負わせた。

⑥　普通乗用自動車を運転し，○○先の交通整理の行われていない丁字路交差点をW方面から進行してきて道路標識に従い一時停止後発進してN方面に向かい左折進行するに当たり，同交差点の入口左右には歩道が設けられ，左方歩道の見通しが困難であったから，左方歩道から同交差点内に進入してくる自転車等の有無及びその安全を確認して左折進行すべき自動車運転上の注意義務があるのにこれを怠り，右方道路からの通行車両の有無に気を取られ，左方歩道から同交差点内に進行してくる自転車等の有無及びその安全確認不十分のまま時速約10キロメートルで左折

進行した過失により，折から左方歩道から同交差点に進行してきたＫ（当時72歳）運転の自転車を左前方約4.2メートルの地点に認め，急制動の措置を講じる間もなく，自車左前部を衝突させ，同自転車もろとも同人を路上に転倒させた上，自車左後輪で同人の上半身を轢過した。
⑦　普通乗用自動車を運転し，○○先路上を西方から東方に向かい進行してきて道路左側の路外駐車場に進入するため左折進行するに当たり，自車左側には約２メートルの通行余地があったのであるから，左折の合図をし，左後方から進行してくる車両の有無及びその安全を確認しながら左折進行すべき自動車運転上の注意義務があるのにこれを怠り，左折の合図はしたが，左後方から進行してくる車両の有無及びその安全を確認せず漫然時速約10キロメートルで左折進行した過失により，折から左後方から進行してきたＶ（当時43歳）運転の原動機付自転車に気付かず，同原動機付自転車に自車左前部を衝突させた。

(4)　捜査上の留意事項
①　衝突地点，双方の衝突箇所（突き合わせを行う），払拭痕の確認・証拠化，停止位置，轢過地点，轢過状況，車底部の払拭痕・血痕・皮膚片等の付着状況，ブレーキ痕，ガウジ痕等の状況の確認・証拠化，交差点の状況（幅員，横断歩道，停止線の位置，路側帯の有無，幅），被疑車両の大きさ（車幅，車長），被害車両の大きさ（車幅，車長）
②　左折合図の時期，進路変更の時期，変更した進路における被疑車両と道路左側端の間隔，及び進路変更したときの速度
③　左折合図したときの直進車の位置及び速度，直進車の認識の有無及び認識した地点，認識しなかったときはその理由，死角の範囲（死角の範囲は，実況見分調書の図面における被疑車両の位置ごとにその範囲（逆に視認可能範囲でも可）を，同図面上に明示すると分かりやすい）。
④　左折開始地点，そのときの速度，及びその時点における直進車両の位置，直進車両の認識の有無，認識しなかったとすればその理由，そのときの直進車両の速度
⑤　左折前後の対向車両，併進車両等周囲の交通状況

以上の状況は，被疑者・被害者だけでなく，目撃者その他参考人から事情聴取を徹底して明らかにする。
⑥ 被疑者の事故現場の通行経験の有無，同交差点の事故時刻前後の通行状況の実情

(5) 判 例
　ア 積極判例
　　① 大阪高判昭和33年9月5日高検速報昭和33年5号
　　　車両が左折するときは，あらかじめその前からできる限り道路の左側に寄って徐行してから回らなければならないことは法の明定するところであり，もし現場の状況から右の原則に従うことが困難な場合で，特に右原則に反していわゆる大回りをしようとするときは，追突などの危険があるから，あらかじめ後方に対して制規の合図をすることはもちろん，後方を注視し，特に後続車の進路に注意を払い徐行しながら後方の安全を確かめて進行するなど，事故の発生を未然に防止すべき義務がある。
　　② 東京高判昭和39年10月28日高検速報1263号
　　　交差点において左折するに当たり，左折車としては左寄り義務を十分尽くし，左側及び後方に対する警戒を十分行う注意義務がある。
　　③ 札幌高判昭和44年7月31日ジュリ446号判例カード148頁以下
　　　大型車（車長11.2メートル）であるため，左折に当たり，あらかじめ道路の左側に寄って左折することが困難で，道路中央（車の左側，歩道との間隔4メートル）から左折する方法によるときは，左折合図をした際，左側を並進する車両がなかったとしても，左折合図から約30メートル直進し，左折を開始する際には，左後方確認の義務がある。
　　④ 札幌高判昭和44年7月31日高検速報70号1
　　　道路交通法34条5項は，左折しようとする車両が同条1項の規定によりあらかじめできる限り道路の左側に寄ろうとしたときは，後続車両はその車両の進行を妨げてはならないとする規定であるところ，

本件においては，被告人は左折の合図をした後も歩道と4.5メートルの間隔をおいたまま直進を続けて交差点にいたり左折を開始していたのであるから，道路交通法34条5項の適用をみるべき場合ではない。もとより，後続車の運転者としては，一般的に前車の動静に注意を払い，前車が左折合図をして減速したときはこれとの接触を避けるべく適宜徐行等の措置を執るべき義務があるといってよいであろう。しかし先行車の左折しようとする車の運転者から見て，後続車の運転者が右の義務を尽くすことを信頼ないし期待してよい程度は，先行車が，道路交通法34条1項によりできるだけ道路の左側に寄って進行する場合と，本件のように歩道から相当の間隔をおいて進行する場合とは自ら異なると考えなければならない。なぜなら，前者の場合は道路左側端に後続車の通行する余地がないのであるから，後続車が先行車の左折の進路に入ってくるということはまず考えられないのに対し，後者の場合は，そもそも道路交通法34条1項に反する左折方法である上に道路左側端に後続車の進行し得る余地があるのであるから，後続車の運転者の心理として，先行車が左折の合図をしたとしても，先行車の減速に気を奪われ道路左側端を進行し先行車の左折の妨げになるということは考えられないからである。そうだとするならば，本件被告人車のように，道路交通法34条1項に従わず，道路センターライン寄りを進行し左折する場合にあっては，当該車両の運転者として左折合図の際に後方を確認したとしても，現実に左折を開始する時点において再度後方を確認するのでなければ，その注意義務を十分尽くしたとは言い得ないというべきである。

⑤　福岡高判昭和45年5月11日刑月2巻5号435頁

　　　道路には車両通行帯が設けられ，被告人は第二通行帯（幅員3.45メートル）を，被害者は第一通行帯（幅員5.35メートル）を，同一方向に各進行していたものであるが，右各通行帯は区分緑地帯で明確に区分され，被告人が被害者の進行せる通行帯を横断するためには，右の区分緑地帯の切れ目から左折横断するものであるところ，被告人としては第一通行帯の車の正常な交通を妨害するおそれのある横断をしては

ならないのであって，左に横断に当たっては単にその合図をするのみでは足らず，第一通行帯の進行車両の有無，動向とくにその速度及び自車との距離，自車のとる横断方法などを総合し，横断の余裕がないときは待機して通過を待つなど，状況を適切に判断しながら進退して，安全を確認し危険を防止すべき注意義務があるものといわなければならない。

イ 消極判例

① 大阪高判昭和 38 年 4 月 10 日判タ 192 号 215 頁

大型乗合自動車を運転して交差点を左折するに当たっては，方向指示器，方向指示灯による左折を合図するとともに，バックミラーにより左後方の安全を確認すれば足り，車掌の報告によって左後方の安全を確認するまでの注意義務はない。

② 福岡高判昭和 39 年 10 月 28 日下刑 6 巻 9・10 号 996 頁

横断歩道に入った直後において信号が黄色に変わった際，自動車運転者としては後続車の信号無視による直進にも注意して左折する義務はない。

③ 東京高判昭和 39 年 11 月 30 日東高時報 15 巻 11 号 236 頁，判タ 172 号 238 頁

大型貨物自動車を運転して時速約 30 キロメートルで進行し，交差点の手前 30 メートル位の地点で左折の方向指示器を点滅して進行中，約 8 メートル進行した後，被害者の乗車する自転車を追越し，なおも左方向指示器を点滅させながら交差点の手前で時速 10 キロメートル位に減速し，歩道との距離も 1 メートル位の間隔をとって左折を開始した以上，さらに左後方の被害者の乗車する自転車の安全を確認すべき義務はなく，左折の際の注意義務の懈怠はない。

④ 秋田簡判昭和 41 年 11 月 1 日判タ 199 号 206 頁（信頼の原則を適用したもの）

左折車の運転者としては可能な範囲において事故防止の注意義務の存することはもちろんであるが，本件において，仮に被告人がバックミラーにより左側を進行してくる他車を認めたとしてもそれが左折車

でない限り，被告人は左折の方向指示をしている以上，左側車に優先して進行することができる筋合いであるから，直進車であるＳ車は当然停止線に停車し，被告人その他の左折車が進行を終わった直後直進するものと思うのが常識であり，左折車の運転者たる被告人にそれ以上の注意義務を負わしむることはできない。

6 右折時の注意義務

(1) 道路交通法上の義務

　道路交通法における右折時の注意義務が，信号機により交通整理されている交差点においては信号表示に従うこと，交通整理の行われていない交差点においては，通行順位に従って右折する必要があること，見通しのきかない交差点においては，徐行義務，道路標識等により徐行，一時停止が義務付けられている場所においては，徐行，一時停止する義務があること等は左折の場合と同じである。

　そして，さらに道路交通法は，右折の特性に応じて，右折の方法を細かく規定している。

ア　自動車，原動機付自転車，トロリーバスは，右折するときは，あらかじめその前からできる限り道路の中央に寄り，かつ，交差点の中心の直近の内側（道路標識などにより通行する部分が指定されているときはその指定された部分）を徐行しなければならない（法34条2項）。

イ　軽車両は，右折するときは，あらかじめその前からできる限り道路の左側端に寄り，そのうえ交差点の側端に沿って徐行しなければならない（同条3項）。

ウ　車両の運転者（自転車以外の軽車両を除く）は，右折しようとするとき，手，方向指示器，又は灯火によって合図をし，かつ，右折の行為が終わるまでその合図を継続しなければならない（法53条1項）。

　また，右折が終わったときは，当該合図をやめなければならない（同条3項前段）。

　なお，右折の合図を行う時期は，道路交通法施行令21条で右折しよ

うとする地点から 30 メートル手前の地点とされている。
エ　右折しようとする車両が，道路の中央に寄ろうとして，手又は方向指示器による合図をしたときは，その後方にある自動車は，その速度又は方向を急に変更しなければならないこととなる場合を除き，その合図をした車両の進行を防げてはならない（法 34 条 6 項）。
オ　交差点で右折する場合に，その交差点で直進し，又は左折しようとする車両などがあるときは，それらの車両などの進行を妨げてはならない（法 37 条）[108]。

これは，交差点に入った時点の前後，場所を問わず，通行の優先順位の先後にかかわらない。

したがって，右折車の運転者は，対向直進車の速度及び同車との距離を判断し，さらに，自車が対向直進車両の進路上を通過し終わるのに要する時間を考慮し，対向直進車両に対し制動や進路変更をさせることなく，同車の接近前に右折を完了し得ることを確認し得る場合以外は，対向直進車両が通過するまで右折を差し控える義務を負うことになる（堀籠幸男「判解」最高裁判所判例解説刑事篇昭和 52 年度 304 頁（1980））。

ここにいう直進車とは，右折車と同じ方向からきた直進車両，反対方向からきた直進車両，左右道路からきた直進車両を指す。

なお，ここにいう「右折する」とは，交差点内において，車体の向きが直進状態から右に変わり始め，交差道路の方向に完全に向きが変わるまでの範囲をいう（野下・道交法 341 頁）。

(2)　過失運転致死傷罪における注意義務
ア　道路交通法上の義務は前記のとおりであるが，これが直接過失運転致死傷罪における注意義務になるわけではない。もっとも，過失運転致死

---

[108]　昭和 46 年法律第 98 号による改正前の 37 条は，
　1 項　車両等は，交差点で右折する場合において，当該交差点において直進し，又は左折しようとする車両等があるときは，第 35 条第 1 項の規定にかかわらず，当該車両等の進行を妨げてはならない。
　2 項　車両等は，交差点で直進し，又は左折しようとするときは，当該交差点において既に右折している車両等の進行を妨げてはならない。

傷罪における注意義務は，道路交通における交通実態及び道路交通法にいう上記各義務が課せられていることを前提に判断されることになる。

ところで，右折の際の事故で最も多いのは右直，すなわち直進車両との衝突事故であり，中でも㋐対向直進車両との事故である。この場合，右折車両が対向直進車両に対する注視を怠ってその存在を見落としたり，発見が遅れたりする事例や対向直進車両を発見したとしても，その速度を見誤り，自車の方が先に右折し終えると判断して右折し衝突するという事例が多い。また，㋑対向車両の左側の通行余地を進行してくる現認していない自動二輪車や原動機付自転車との衝突事故も少なくない。

対向直進車両の有無を確認せず，これを発見しないで衝突させた場合及び発見に遅滞があったため回避措置が間に合わず衝突させた場合は，基本的に過失は肯定されよう（もっとも，仮に発見したとしても，対向直進車が遠方にあり，同車両の速度が通常予想される速度であったとしたらその進行を妨害せずに衝突しないで済むと考えられるにもかかわらず，それ以上の高速で直進してきたために衝突した場合は後述のとおり，問題がある）。

しかしながら，相手の速度を見誤り，先に右折し終えると判断して衝突した場合は，相手の速度遵守義務との関係で，問題が生じる。というのは，道路交通法37条の認める直進車の右折車に対する優先通行権が，制限速度を超過した場合にも認められるとすることには問題もあると考えられるからである[109]。

さらに，対向車両と道路左側端との通行余地を進行してきた自動二輪車等との衝突事故の場合は，その通行余地の広さ等との関係で，予見可能かどうかが問題となる。さらに，㋒右折車両と後続直進車両の衝突事故も少なくない。

---

109) 富山地高岡支判昭和47年5月2日判タ283号267頁が，道路交通法37条1項（現37条）の趣旨について，「直進車が制限速度内またはこれに近い速度で進行していることを前提としているものであり，直進車が違法，無謀な運転をする結果右のような虞れが生ずる場合をも含む趣旨ではないものと解すべきである。けだし，直進車が制限速度をはるかに越えた速度で進行するような場合に迄右折車をして右直進車の進行を妨げてはならぬものとすれば，右折し終わる迄に物理的に交差点に達し得る直進車がある限り，右折車はいつ迄も右折進行することができず，かくては，交通渋滞を招く反面，暴走車の跳梁を許す結果となり，到底安全円滑な道路交通を維持することにはならないからである」としているのは，その例である。

イ　㋐対向直進車両との事故については，下記の判例がある。
① 最判昭和47年4月7日裁判集刑184号15頁，判時665号98頁，判タ276号261頁
→　前掲信頼の原則判例⑫51頁参照。
② 最決昭和52年12月7日刑集31巻7号1041頁，判時875号123頁，判タ359号305頁。

被告人は，午後11時55分頃，タクシーを運転し，信号機によって交通整理の行われている交差点を東から北に向けて右折しようとして，信号に従って同交差点に進入し，対向直進車両の通過を待つため同交差点で一旦一時停止した後，対向直進車両がきたので西方を見たところ，約53メートル西方に同交差点に向かって進行中の対向車両を認めたが，同車の通過に先立って右折することできるものと判断し，低速度で発進進行したところ，同車が指定最高速度（時速40キロメートル）を時速10ないし20キロメートル超過する時速50ないし60キロメートルの速度で進行してきたため，被告人車と衝突し，被告人車の乗客に傷害を負わせたという事故について，原審は，「右折車両の運転者は，対向直進車が常に制限速度を遵守しているものと信頼することはできないのであって，道路交通の実態からして，同車が制限速度をある程度超えて走行しているとの可能性は計算に入れておかなければならない……制限速度が時速40キロメートルないし55キロメートル，あるいは時速60キロメートル程度の速度で走行することがまれな事態ではないことは，時速25キロメートル未満の速度超過が反則行為とされていることに徴しても，明らかであり，これを予測することが可能であるといわなければならない。したがって，被告人は，対向直進車を発見したとき，同車が右の程度の速度で走行している可能性もあることを計算に入れた上で，同車の接近に先立って自車が右折進行しうるか否かを判断しなければならないのである」旨判示して被告人の過失を認めていたところ，最高裁は，「右のような原判示の事実関係の下では，被告人には直進対向車が指定最高速度を時速10ないし20キロメートル程度超過して走行していることを予測した上

で，右折の際の安全を確認すべき注意義務があるとした原判断は，相当である」と判示して，原審判決を是認した。

③ 札幌高判昭和52年3月13日刑月9巻3・4号158頁
　　→　上記②の事例の原審。

④ 大阪高判昭和53年5月25日刑月10巻4・5号869頁
　　午後9時50分頃，交差点手前約30メートルの地点で右折の合図をして時速約30キロメートルで信号に従って，停止線を越えて横断歩道上に達したとき，前方約85メートルの対向車線第二通行帯を直進してくる被害車両を発見したが，同車の通行に先立って右折を完了できると判断し，時速約20キロメートルに減じて8メートル進んだところから右折を開始し，被告人車の右前部が中央線を約1.8メートル出たところで，被害車両が，約35.4メートルの地点に迫ってくるのを認め，危険を感じて急制動の措置を執り，4.5メートル進行して対向車線の第三通行帯と第二通行帯にまたがって停止した被告人車の左側部に被害車両の左前部が衝突して，被害者等に傷害を負わせたという事故について，「被告人の供述等の証拠から，被告人は被害車両の正確な速度は分からなかったとしても，少なくとも指定制限速度を時速10ないし20キロメートル超える程度の通常の速度よりもかなり速い速度であることは分かっていたものと認定したうえ，被害車両が指定制限速度を時速30キロメートル程度超過したまま交差点へ突入して来る異常な事態のあることを予測して同車との接触，衝突事故を避けるために，常に同車の動静を注視して同車までの距離および速度を判断し，さらに自車が同車の進路上を通過し終えるのに要する時間を考慮しつつ自車が同車の接近に先立って右折進行を完了しうることを確認したうえで右折進行し，そうでないことが分かった時点で同車の通過を待つために少なくとも同車の進路上の手前で一時停止し，同車が通過するまで一時右折進行を差し控えるべき注意義務を負っているものというべきである」とした。

⑤ 仙台高判平成5年2月1日高検速報2号，判時1501号160頁
　　夜間，時速約40キロメートルで進行してきた被告人車が，交差点

を右折しようとして対向車両を確認したところ，片側二車線の第一車線の前方約54.8メートルの地点に被害車運転の自動二輪車の前照灯を発見したが，同車の到達前に右折し終わると判断し，一時停止せずそのまま右折したところ，時速約70ないし80キロメートルで走行してきた被害者の自動二輪車に自車の左後端に衝突して転倒させ死亡させた事故について，「被告人が被害車両を認めた時点で直ちに高速走行まで予測すべきであったと断定するのは躊躇されるとしても，被告人としては，被害車両の動静を注視するとともに被害車両の接近にもかかわらずなお安全に右折できるか否かを確認すべきであり（本件当時は夜間で，二輪車の対向直進車の速度を見極めることは昼間に比べてより困難であるから，一層その必要性があるといえる），しかるときは，被害車両が右のような高速走行をして更に接近することも当然認識し得るに至ると考えられるから，被害車両が通過するまで進行を一時差し控えて事故の発生を回避すべきであり，要するに，被告人は被害車両を認めた際その動静に注視し，一時停止して同車の通過を待つなど被害車両の進路を妨害しないようにして右折進行すべき業務上の注意義務が課せられていたといわざるを得ない。この場合，高速走行とはいえ優先通行権のある被害車両の接近する状況下にあっては，いわゆる信頼の原則を認めて右折車の被告人に被害車両の動静注視義務を免除するのは相当ではない」旨判示して，右折車両の過失を肯定した。

①の**事例**については，有力な批判がある。すなわち，右折発進時点での対向直進車両の位置は，41メートル位であったとして，前提とする事実認定自体に疑問を投げ掛けた上，判決が，「対向直進車両が交差点進入にあたり前方を注視し法規に従って速度を調節する等正常な運転をすることを期待しうる」ことを根拠に，右折車が対向車の到達前に右折し終わると判断したことを非難できないとしたことについては，対向直進車の立場で考えれば，一時停止している右折停止車両を認めた場合，そのまま自車の通過を待ってくれるものと考え，また，自車の前方で右折を開始した対向右折車両を認めた場合には，同車の運転者が自車の速度や相互の距離等を勘案して安全を確認した上で右

折に入ったものと解するのが通常であって，よほど危険が明白な場合等は格別，直ちには速度調節は行わないのが実際のように思われ，道路交通法の解釈としても判旨のようにいうことは無理であり，直進車は右折車両の動静に注意を払う義務はないというべきなので，むしろ「対向直進車の到達前に安全に右折が完了し得るかどうかを判断するにあたっては，対向直進車が自車の右折を危険ならしめるような異常な高速で接近していると状況上容易に認められるような場合でない限り，対向車の速度は通常のものとみればよく，右のような異常な高速で接近することがあり得ることまで予想して右折の安全を確認する義務はない」とすべきであった。

　さらに，対向直進車が約24.9メートルの地点に迫ったのを認めて停止した場合，被告人車の右側の道路部分にはなお幅員4メートル以上の余裕があり，障害物もなかったので，相手者が急制動の措置を執るなり僅かに左転把することによって容易に衝突を回避でき，被告人もそれを期待し得る状況にあったので，被告人の進出行為を本件の原因となる過失とすることはできないとしたことに関しても，上記事実認定を前提に，対向直進車両の運転者は，一旦右折を開始した以上，そのまま右折を継続すると信頼して自己の行動を決するのであるから，その信頼を裏切るような停止をするべきではなかく，むしろ，被告人が右折開始して2メートル前進して停止したこと自体を過失と捉えるべきであったとするものである（佐野昭一「1．対向直進車との距離が70メートル以上ある場合と右折車運転者の安全確認義務2．自車を対向車線上に進出させたことが事故原因としての過失に当たらないとされた事例」判タ279号103頁以下（1972））。この批判はもっともであり，また，同判例は，既に右折している車両等の進行妨害を禁止していた道路交通法37条2項が削除されている現時点においては，判例として有用するかは疑問であるとする見解（堀籠・前掲307頁）もあるので，判例としての価値はないと考えてよいと思われる。

　②③**の事例**は，いずれも右折車両である被告人が対向直進車両が制限速度を遵守して走行することを信頼して右折すれば足りるとの信頼

の原則の主張を排斥したものである。信頼の原則を認めた他の事例が，相手方に対する交通法規遵守に対する信頼であることからすると，制限速度遵守に関して信頼することができないとする理由はないように思われる。したがって，この場合に信頼の原則の適用がないのは，ひとえに，制限速度を遵守していない車両が大多数であるという実態を理由とするものでしかない。

　そして，②の事例の原審である③の事例の高裁判例が説示するところは，実態がそうであるがゆえに制限速度を超える速度で走行していることの予測が可能であるということである。この点で，政策論を根拠にする信頼の原則が理論的に破たんしていることを示すものであるが，それはともかく，問題は，この場合，どの程度の速度超過が予見可能であるかであるところ，札幌高裁は反則行為になる速度が目安になるとしているわけである。もっとも，反則行為となる速度超過は，一般道に関しては，昭和61年法律第63号による道路交通法改正（法別表（現別表２）の改正）により，昭和62年４月１日から，それまでの時速25キロメートル以上から時速30キロメートルに引き上げられている（一般道について）。そうとすると，実態もこれに応じて変化しているわけで，この論理に従えば，時速30キロメートル未満程度の速度超過は予見可能ということになる。これは逆に，時速30キロメートル弱の速度超過を行っていても，直進車両に優先通行を認める，ということである。制限速度が時速40キロメートルの場合，時速70キロメートル弱の車に優先通行を認めるということになる。実際にも，④の事例の大阪高裁判決と⑤の事例の仙台高裁判決は，いずれも，対向直進車両が制限速度を時速30キロメートル超過していた事案につき，右折車両の過失を認めたものである。④の事例は，被告人の捜査段階の供述（同交差点を時速70キロメートルないし80キロメートルで走行する車両を現認したことがあること，被害車両を認めた際，その速度は時速80キロメートルくらいに感じた旨述べている）等から，予見可能性を認めたものであり，⑤の事例は，対向直進車両の動静を注視し，安全に右折できるか否かを確認すれば，時速70キロメートルないし80

キロメートルの高速走行をしていることは認識可能としたものである。②④⑤の事例は，いずれも，右折車両に，対向直進車の動静注視義務を課し，対向直進車との距離，速度を判断し，自車が対向直進車の接近に先立って右折を完了できるか否かを確認した上で右折すべきであり，そうでないならば右折進行を差し控える義務があるとする点で一致している。

　前記注109）の富山地高岡支判（307頁）は，直進車両の優先は，同車が違法，無謀な運転をしている場合まで適用されるものではない旨述べ，対向直進車両が，制限速度が60キロメートルのところを100キロメートル（時速40キロメートル超）で走行してきた事例で一時停止せず右折開始した車両の過失を否定したものもあるが，右折車両は，右折を開始する前に，対向直進車両の有無に十分注意し，その存在を認めた場合には，自車との距離，速度等を十分に確認する必要があるというべきである。そして，それには一定の時間が必要である。そうでなければ，速度判断ができないからである。夜間は，速度を判断することは昼間より難しい面はあるが，それゆえに，逆に，より慎重に時間をかけて判断するべきであり，それを見極めて安全に右折できるかどうかを判断した上で右折すべきということになる。したがって，常に右折前に一時停止する義務があるとはいえないとしても，右折を開始する前に，徐行するなどして対向車両に留意し慎重に上記判断を行う義務があると考えられる。にもかかわらず，一瞥しただけで十分に速度判断せずに右折して，その判断を誤って対向車両と衝突させた場合には，原則として，過失が認められるというべきであろう。また，動静を注視した場合に，直進車両の速度が，例えば制限速度の40キロメートル超の高速であることが認識可能であれば（ただし，その可能性は難しいことが少なくないであろうが），それよりも低速と誤信したとしても過失は否定されることはないであろう。

　さらに，①の事例のように，右折を開始し，そのまま右折進行していれば衝突しないで済んだにもかかわらず，危険を感じて急制動をかけ，停止した場所で対向直進車両と衝突したという事例は実務でも少

なくないが，右折を開始した車両は，対向直進車両の運転者の期待を裏切ることのないように進行すべきであると考えられるので，その場合は，右折進行を継続せずに停止した行為自体が過失になるものと考えられる。

ウ　次に，㋑交差点手前で停止している対向直進車の直前を横切って右折する車両と，同車の左側方を通過してくる対向直進車両との衝突事故については，次の判例がある。

① 名古屋高判昭和42年3月29日判タ220号101頁

　　対向車両が右折待ちで停止中の被告人に先に進行するように合図をしたのを受けて，時速2キロメートルで発進し約2.5メートル右に進行したとき，同対向車両の左側歩道との間の約3メートルの通行余地を進行してきた被害者運転の自動二輪車と衝突した事故につき，上記約3メートルの通行余地を小型車両等が進行してくることは当然予想できる状況にあったこと，被告人が一旦停止した位置からは，斜め前方に停止中の同対向車両に視界を遮られて交通の安全を十分に確認することが極めて困難であったので，同車の左側から進出してくる車両との出会い頭の衝突等を防止するため最徐行の上左方を注視し，安全を確認しつつ徐行すべき義務がある。被告人は最徐行義務は尽くしているが，被害車両が対向車両の左側から進出してくるのをもっと早く発見できた状況であったのに接触寸前まで発見できなかった点から考えて，左方の安全確認義務を十分に尽くさなかったとして，過失を認めた。

② 高松高判昭和47年2月10日高検速報363号

　　信号交差点に青信号で入り，右折しようとしたが，対向直進車両が連続して途切れなかったため，停止して交差点内で待っているうちに，対向直進車の流れが途切れ被告人車両の右前方約70メートルの地点の三車線の真ん中を進行してくる大型貨物自動車を認め，その前方を通過して右折しようとして発進したところ，被告人車の前部が道路中央の電車軌道敷きを越えて対向車線に入った頃，上記大型貨物自動車は，右前方約23メートル付近にまで接近しており，そのため同車に

よって同車の左方及び左後方の視界は妨げられていたが，その部分を対向直進してくる車両はないものと考え，時速約25ないし30キロメートルの速度で進行したところ，自車の前方約5.3メートルの地点に対向直進してきていた被害者運転の自動二輪車を発見するも何ら措置を講じることもできず，自車の左前部に同自動二輪車の前部を衝突させた事故について，被害車両に対して優先通行権のない被告人車の運転者である被告人は，被害車両に対する安全を十分確認し，もし大型貨物車に遮られて安全の確認ができない場合でも大型貨物車の通過を待った上で安全を確認し，その後に進行するなどの方法により事故の発生を未然に防止すべき注意義務があるとした（なお，事故時は道路交通法37条の改正前であり，被告人車両が改正前の37条2項の「既に右折している車両」になった時点における被害車両の位置を，時速50キロメートルと時速40キロメートルの場合でそれぞれ計算し，急制動の措置を講じたとして衝突を避けられたか否かの観点から検討した上，完全に避けられたか疑問であるとして，被告人車両には優先通行権はなかったと結論付けている。改正後は，この点を検討するまでもなく，被告人車両には優先通行権はない）。

③ 札幌高判昭和51年8月17日刑月8巻6～8号366頁，別冊ジュリ新交通事故判例百選94号230頁

　片側二車線の道路を，2列にわたって渋滞停止中の車列の間を縫って，道路右側の自宅敷地内に右折しようとした普通乗用自動車が，2列の停止車両の運転者が前面を横断するよう次々と合図をしてくれたので，右折を開始し，一旦，自車の左右の先端が，歩道まで約1.5メートル，同1メートルの地点で停止して，左方の安全を確かめて車両のないことを確認して，時速約10キロメートルで前進させ前部を歩道上に乗り入れて，車道部分をほぼ横断し終わろうとしたとき，右折対向車線の第一車両通行帯の停止車両の歩道側端まで左側約1.7メートルの通行余地を，時速約28キロメートルで対向直進してきた原動機付自転車が被告人車両の左側後部に衝突して原動機付自転車運転者が傷害を負った事故につき，停止位置における左方安全確認義務は一応

尽くしていること，被告人車両が前部を70センチメートル出した状態で一旦停止して左方の安全確認をしたこと，衝突時は半ば以上に横断を終えていた状況から，条理上，被告人車両は通行余地を直進してくる車両に優先して横断できる立場にあったと解されること，他方，被害車両は，被告人車が横断しようとしていることを十分認識し得たはずであること，二百数十メートルにわたって2列に渋滞していたのであるから，停止車両の陰から横断車両ないし歩行者が出現する可能性を予測できる上，1.7メートルの間隙しかなかったのであるから，減速ないし徐行し進路前方を十分注視して進行しなければならなかったのに，前方の対面信号に気を奪われ，これを怠ったとして，被告人に信頼の原則の適用を認め，過失を否定した[110]。

対向停止車両の前面を横断して右折する場合においても，道路交通法37条の適用があるのは明らかであるが，その左側の通行余地を進行してくる対向直進車両との衝突事故に関して，刑法上どのような注意義務が課せられるかに関しては，通行余地を進行してくる車両の視認が対向車両によって遮られるのであるから，通行余地が狭くて進行してくる車両があり得ないと考えられる場合を除けば，その存在を予見することは可能といえるので，十分に速度を落として，左前方を十分に確認しながら（停止車両の窓越しに後方を確認できる場合もある）進行すべきものと考える。特に，原動機付自転車だけでなく，自転車や歩行者が進行してくることも考えられるところ，通行余地が1メートルあれば，自転車や歩行者が進行してくることは可能であるので，基本的には過失は認められると考える。もっとも，歩行者を別にすると，対向直進車両の方でも，交差点手前に渋滞停止車両がある場合には，右折車両があり得ることは予測可能であると考えられるから，これらの直進車両が高速度で交差点に進入してくる可能性は少ないと考

---

110) 本事例は交差点における右折事例ではないが，基本的な問題状況は同じであるので，参考になるものとして紹介するもの。道路交通法25条及び25条の2第1項が問題とされる事例であるが，判決は，「既に右折している車両の進行妨害」規定である旧37条2項のような規定のない交差点以外での右折について，被告人車に条理上の優先権があるとしたもので，その点でも注目されるものである。

えるのも事実と思われるが，速度にもよるものの，予見可能性までなくなることはないであろう。

エ ㋒右折車両と後続直進車両との衝突事故も少なくなく，この点に関しては，信頼の原則を認めた下記の3つの最高裁判例がある。

① 最判昭和42年10月13日刑集21巻8号1097頁（信頼の原則判例②41頁）

② 最判昭和45年9月24日刑集24巻10号1380頁（同判例⑦45頁）

③ 最判昭和47年11月16日刑集26巻9号538頁（同判例⑬52頁）

　すなわち，「右折しようとする車両の運転者は，そのときの道路及び交通の状態その他の具体的な状況に応じた適切な右折準備態勢に入ってのちは，特段の事情がない限り，後進車があっても，その運転者において，交通法規の諸規定に従い，追突等の事故を回避するよう正しい運転をするであろうことを期待して運転すれば足り，それ以上に，違法異常な運転をする者のあり得ることまでを予想して周到な後方安全確認をなすべき注意義務はない」というものである。もっとも，**エの①の事例**は，原動機付自転車者が当時の交通法規に従った2段階右折をしないで，センターラインの若干左側から右折を始めたので，適切な右折準備態勢に入ったわけではないが，このこと自体は，後続車の交通法規にかなった運転を期待し得る立場には無関係として，信頼の原則が認められたものである（昭和39年法律第91号による改正後の道路交通法34条2項では，原動機付自転車にも交差点における道路中央からの右折が認められている）。

　高裁判例としては次のものがある。

④ 大阪高判昭和47年9月28日高検速報昭和48年4号

　被告人はバスを運転し，交差点手前の約21.3メートルの地点で初めて右折の合図をし，右後方の安全を一応確かめたものの後続する被害車両を発見できず，道路中央や左側を進行し，右折を開始したところ，被害車両が制限速度20キロメートルを超える時速約40キロメー

トルで被疑者のバスの後方や右側を進行してきて右転把し，交差点直前でバスの右側を追い越そうとして衝突した事故について，バスがあらかじめ適切な右折準備態勢をとらなかった以上，我が国現時の交通事情に鑑みるときは，この程度の違法不当な運転をする者があることを予測すべきことは，いまだ予見義務の範囲内に属する事項といわざるを得ない，とした。

⑤ 高松高判昭和50年3月3日刑月7巻3号137頁

被告人は軽四輪貨物を運転し，道路右側の私道に右折するため右折開始前約30メートルの地点で右折の合図を出したが，道路の中央に寄ることなく進行したことから，後続車両が被告人車よりも大きかったこともあって被告人車が右折合図を出していることに気付くのが遅れ，後続車両の後方を進行していた普通乗用自動車運転の被害者が時速約60キロメートルの速度で追越しを始め，その前方約9メートルに迫って初めて時速約20キロメートルで右折を開始していた被告人車両を発見したものの衝突してしまったという事故で，時速40キロメートルの速度制限はあるもののこれを超過した高速で追い越してくる車両は珍しくないので，そのような車はないものと信頼することはできないこと，後続車が先行車の右折を予測できるのは，道路交通法25条2項（交差点の右折の場合の34条2項と同じもの）に従いあらかじめ道路中央によりかつ徐行する等適切な準備態勢に入ってくれるからであり，道路中央に寄ることなく，右折開始の5メートル位手前で時速40キロメートルから時速20キロメートルに減速したのみで右折したこと，右折の合図をする後方を確認せず，かつ右折開始時にもルームミラーにより後方を一瞥したのみで被害車両に気付かず右折したので，①③の事例とは異なるとして，信頼の原則を適用すべきではないとした。

⑥ 福岡高判昭和51年2月24日判タ349号275頁

信頼の原則の適用を肯定した上記判例②(41頁)を念頭に置きつつ，右折車が適切な右折準備態勢をとらなかった場合は，その後方を同一方向に進行する車両の運転者としては，先行車の右折に対応した適切

な措置を執ることは困難であるから，右折車の運転者は，かような事態にも応じ得る程度に万全な後方の安全確認の手段を尽くすべき義務があるとした上で，被告人車の後部車体の方向指示器が鉄製防護枠のために見えにくい状態にあったとして，その点を特に考慮し，交通法規の定めるとおり交差点の少なくとも 30 メートル手前の地点で右折の合図をし（実際は 19 メートルで合図をしている），後続車に右折態勢に入ることを早めに知らせ，かつ，後続車両の有無と安全を十分に確認した後右折を開始すべきであったとした。

⑦ 仙台高判昭和 54 年 7 月 17 日刑月 11 巻 7・8 号 763 頁

　交差点の手前約 7.5 メートルの地点で初めて右折を決意するとともに時速 20 キロメートルないし 10 キロメートルに減速して右折を開始したため，その後方 7.4 メートルの地点に迫っていた被害車両は衝突の危険を感じて右転把し，道路右側の進出したところ，右折してきた被告人車両と衝突して石垣の衝突した事故について，被害車両が車間距離を保持しなかった不注意はあるが，被告人にも交差点手前 7.5 メートルの地点で右折を決意し，その合図をして急に右折を開始しようとしたのであるから，このような右折をする運転者としては，後方の車両が先行車の右折はないものと信じて進行してくるかもしれないことを慮り，後方における車両の有無・走行状況等を注視し，後方の安全を確認した上右折すべき業務上の注意義務があるとした。

(3) 実務例

① ○○先の信号機により交通整理の行われている交差点を O 方面から K 方面に向かい青色信号に従って右折するため同交差点内で停止後発進するに当たり，対向直進してくる M（当時 24 歳）運転の普通乗用自動車を前方約 37.9 メートルに認めたのであるから，同車の動静を注視し，その安全を確認しながら右折進行すべき自動車運転上の注意義務があるのにこれを怠り，同車が接近するまでに右折を完了できるものと軽信し，同車の動静を注視せず，その安全確認不十分のまま漫然時速 10 ないし 15 キロメートルで右折進行した過失により，青色信号に従って同交差

点内に進入してきた同車右前部に自車左前部を衝突させ，前記M運転車両を横転させた。

② 交差点を右折するに当たり，あらかじめできる限り道路の中央に寄り，右折の合図をし，徐行しつつ右側の並進車両又は後続車両との安全を確認して右折すべき自動車運転上の注意義務があるのにこれを怠り，合図はしたがあらかじめその前からできる限り道路の中央に寄ることなく，同交差点を直進しようとしているO（当時23歳）運転の普通乗用自動車があるのに，同車との安全確認不十分のまま時速約30キロメートルでその直前を右折した過失により，自車右後部を同車の左前部に衝突させた。

③ 自動信号機により交通整理の行われている交差点を時速約15キロメートルで右折進行するに当たり，進路前方左右を注視し，特に横断歩道の早期発見に努め，歩道上の歩行者の有無及びその動静を確認して進行すべき自動車運転上の注意義務があるのにこれを怠り，考え事をしながら漫然同一速度で進行した過失により，右折方向に設けられていた横断歩道に気付かなかったばかりか，折から信号に従って同歩道上を右方から左方に向かって横断歩行中のY（当時19歳）の発見が遅れ，同女に自車右前部フェンダー付近を衝突させた。

④ 信号機によって交通整理の行われている交差点を右折するに当たり，自動車運転者としては，右交差点の中心直近の内側を徐行するはもちろん，前方左右の交通の安全を確認して，直進車との事故の発生を防止しなければならない自動車運転上の注意義務があるのに，信号に従って対面進行してくるY（当時20歳）運転の足踏式二輪自転車を，既に進路前方約24メートルの地点に発見しながら同車との安全を確認することなく，漫然その前方を右折進行できるものと軽信し，時速約20キロメートルのまま小回りで右折進行した過失により，右足踏式二輪自転車右側前部に自車右前部を衝突させた。

⑤ 交通整理の行われていない交差点を右折進行する際，同交差点手前に公安委員会が設置した一時停止の道路標識があったのであるから，前方左右を注視し，同交差点の手前で一時停止した上，左右の安全を確認し

て同交差点に進入して右折進行すべき自動車運転上の注意義務があるのにこれを怠り，前記道路標識を見落として，一時停止することなく，漫然時速約40キロメートルで同交差点に進入して右折した過失により，折から右方道路から同交差点に進入してきたＮ運転の大型貨物自動車左前部に自車右側部を衝突させた。

⑥　交通整理の行われていない交差点を右折する際，同所付近は照明設備に乏しく，かつ対向車のライトのため右前方，特に右折方向の道路の見通しが困難な状況であったから，あらかじめ道路の中央に寄って徐行し，一層前方の注視に努め，右折方向の交通の安全を確認しつつ進行すべき自動車運転上の注意義務があるのにこれを怠り，接近してくる対向車両に気を取られて右前方を十分注視せず，漫然時速約20キロメートルで右折進行した過失により，折から進路前方を左から右へ向かって横断中のＫ（当時74歳）に全く気付かず，同人に自車の右側前部付近を接触転倒させた上，これを右後車輪で轢過した。

⑦　○○先の信号機により交通整理の行われている交差点を，同交差点内において約1.6メートルの間隔で並列して渋滞のため停止中の対向直進車両の前面を通過して○方面から○方面に向かい右折進行するに当たり，前記並列して停止中の車両の間の上記通行余地の見通しが悪かったのであるから，最徐行した上，同通行余地を直進してくる自動二輪車等の有無及びその安全を確認しながら右折進行すべき自動車運転上の注意義務があるのにこれを怠り，同停止車両の運転者が右折を促す合図をしたことに気を許し，同通行余地を進行してくる自動二輪車等の有無及びその安全を確認することなく漫然時速約10キロメートルの速度で右折進行した過失。

(4)　捜査上の留意事項

　ア　一般的な事故直後の現場の状況の証拠化

　　　被疑車両及び被害車両の停止位置，二輪車であれば転倒位置，ブレーキ痕等のスキッドマーク（タイヤ痕），ガウジ痕の状況，長さ，破片等の散乱状況，現場道路及び交差点の状況，信号設置状況，信号サイクル，

負傷状況。

イ　衝突地点の特定，双方の車両の衝突箇所の特定，被疑車両及び被害車両からの見通し状況，右折のための進路変更の合図をした地点，進路変更した地点，右折の合図をした地点，右折前に一時停止したとすれば，その位置，時間，その地点からの見通し状況及び対向直進車両の位置，速度，右折を開始した地点，その際の速度，右折開始前の見通し状況，その際の先行，並進，後進，対向車両の位置，走行状況，被害車両を発見した地点，被害車両が被疑車両を発見した地点，その際の双方の距離，対向車両の速度，制動をかけた地点，衝突時の双方の速度等，右折開始してから衝突までの距離，時間。

ウ　さらに，対向直進車両との衝突事故の場合は，対向車両の動静注視状況（動静を注視した時間），発見していなかったとすれば，その理由，対向車両の速度として判断した速度，及びその根拠，実際の速度（速度鑑定を行う），被害対向車両の運転者の供述，及びその根拠。

　　衝突しなかったとしたら（非接触事故の場合），被害車両が進路を変えずに進行した場合衝突しないで済む位置まで移動するのに要する時間の算出・特定。その前提として，被疑車両の車長・車幅の把握。

　　なお，この場合，被疑車両の右折開始から衝突地点，あるいは衝突危険域を脱するまでの時間は，机上の計算を行って算出するのではなく，被疑者に被疑車両（又は同型車）を運転させて実測する必要がある（もっとも，被疑者の再現であるので，信頼性に疑問もあるが，他に，その信用性を弾劾する証拠があるなら別であるが，そうでない以上，これを前提とせざるを得ないと思われる）。しかしながら，実測も，複数回行う必要がある。やってみると分かることであるが，実測値にはばらつきがあるので，1回だけでは信頼性に欠けるからである。

　　そして，通常予想される速度で対向車両が走行していたと仮定した場合に，衝突しないといえるならば，過失は否定される可能性があるが，物理的に接触しないというだけで過失が否定されることにはならないのは当然である。対向車両の運転者は，衝突の危険を感じて進路を変えるなどの対応をとることが当然と考えられる場合には，それによって転倒

して負傷等した場合には，過失がないとすることは難しい。

　停止対向車両の左側の通行余地を直進してきた車両との衝突事故の場合は，被疑車両の位置と，そこから見通せる通行余地の範囲を，地点ごとに明らかにする見分も行うと事故の実態がかなり明らかになる場合があるので，それも検討するべきである。

エ　後続直進車両との衝突事故の場合

　進路変更，及び右折開始前に，右後方を確認した地点，そのときの被害車両の位置（被疑車両との距離），その他の車両の位置（同），その際の被疑車両の速度，被害車両の速度，衝突の危険を感じた地点，及びそのときの被害車両の位置（被疑車両との距離），執った措置，衝突地点，その際の双方の速度，後方を確認しなかったとしたら，その理由等を明らかにする。

(5)　判　例

　上記で紹介した以外の判例は次のとおりである。

ア　積極判例

①　札幌高判昭和39年9月29日高検速報昭和39年54号

　交差点入口において右折を開始するに当たっては，対向車の速度，距離及び自車の速度，右折完了に要する時間などを十分確認し，安全を確かめたのち進行すべき業務上の注意義務がある。

②　東京高判昭和43年8月28日東高時報19巻8号158頁

　道路交通法34条2項所定のとおりあらかじめできる限り道路の中央に寄り，かつ交差点の中心の直近の内側を通るという方法を採るにつき，一般の交差点の場合に比し困難な事情があり，その結果被告人が交差点の中心の直近よりも手前の地点を通って小回りに右折した場合は，右規定に従って右折方法による場合に比し，後続車両との衝突の危険を一層伴うことは明らかであるから，被告人としては前記右折に当たり徐行することはもとより，後続車両との安全を十分に確認し，事故の発生を未然に防止すべき業務上の注意義務がある。

③ 東京高判昭和44年1月17日東高時報20巻1号3頁

　　被告人としては，たとえ方向指示器により右折の合図をしていたとしても，被告人が右折した地点は，後続車において，そこで被告人が右折するであろうとは必ずしも予測し難いような状況であったのであるから，被告人は，前記右折に当たり，右折の方向指示器を出して後続車両に警告を与えただけでは足りず，それに加えて，自車の右側併進車両ないし後続車両の有無及びその動向を確認して事故の発生を未然に防止するに足りる措置を執るべき業務上の注意義務がある。

④ 東京地判昭和47年11月11日判タ288号307頁

　　自動車を運転し，交通整理の行われていない交差点を右折しようとした際，後方から高速度で自車を追い越そうとした車両と衝突した事故につき，本件については，信頼の原則の適用は否定されると考える。すなわち，被告人は，時速約40キロメートルの速度で西進し，右交差点の手前約20メートルの地点で，右折の合図をし，かつ速度を時速約30キロメートルに減じて道路中央に寄って進行し，漸次速度を減じて，時速約20キロメートルの速度で右交差点入口付近に達したが，後方でクラクションが鳴ったのを耳にしたので，バックミラーで後方を確認したところ，道路中央を越えて，高速度で接近中のA車を自車の後方約数メートルの地点に認めたのである。したがって，かかる場合，被告人が右違法な追越しを開始しているA車との衝突を回避するため一旦右折を中止し，同車の通過を待って右折すべきことは条理上当然の措置と考えられるのであって，かかる違法な追越し車両との衝突が容易に予見できるにかかわらず，そのまま右折の続行をなすことは許されない。

イ　消極判例

① 小倉簡判昭和40年7月1日下刑7巻7号1379頁

　　道路交通法34条2項によれば，車両が右折するときは，あらかじめできる限り道路の中央に寄り，かつ，徐行すべき旨定められているのみで，後方の状況を確認すべき義務が定められているわけではなく，昭和39年6月法律第91号によって改正された同法26条2項には，

進路を変更した場合，後続車との追突を避けるべき旨規定されたことによって見るも，右折する場合，運転者の常識として自車の直後に追従する車両の有無を確認すべきことが要求されたに止まると解せられる。何となれば，後車は右折の合図をして中央に出る前車の進行を妨げてはならない義務を有するが，前車が右折の合図をした直後中央に出るため右に寄ったとすれば，これに膚接して進行していた車両との追突の危険を免れ難いから，かかる進路変更に当たっては，少なくとも自車の直近の車両の有無については，前車もあらかじめこれを確認すべき義務を負うのであるが，これを超えてさらに後方，すなわち前車の合図があってから，その避譲に着手しても十分可能と考えられる距離にある後車の有無を確認すべきことは問題とならない。

② 名古屋高金沢支判昭和40年8月7日下刑7巻8号1551頁

　　軽四輪自動車を運転して交差点を右折しようとした際，50メートルないし60メートル右後方から進行してきた自動二輪車に自車を接触させた事故については，右自動車の運転者には過失は認められない。

③ 長野簡判昭和42年6月3日下刑9巻6号828頁

　　交差点において右折しようとした際，交差点の手前30メートルで右折の合図をし，約15メートル進行して後方を確認したが，後続車がなかったので，さらに12.3メートル進行して右折しつつ，さらに後方を確認したところ，右B車が突如として右斜め後方約7.65メートルの地点に接近していたもので，右発見の時点までは，通常の方法をもってしては，右B車を認めることは極めて困難な位置及び間隔にあった場合は，運転者はその注意義務を尽くしていると思われる。

④ 広島高判昭和43年10月25日判タ229号315頁

　　交差点を右折しようとした際，信号を無視して前方から直進してきた自動二輪車と接触しても，接触の危険を予見する義務はない。

⑤ 東京高判昭和45年6月30日高検速報1812号

　　道路交通法37条2項で，「交差点において既に右折している車両」とは，交差点内で車首が右方に向きを変え，車体の一部が既に中央線を越えて対向車線内に入った状態をいうものと解する。

⑥　福岡地小倉支判昭和46年2月25日判夕263号289頁

　　自動車を運転し，交通整理の行われていない交差点を右折進行する際，右後方から高速度で進行してきた追越し自動二輪車を衝突した事故につき，右折車の運転者は，右折を開始するに当たりその準備段階として，後続車との衝突を避けるために右折の合図をするとともにできる限り道路中央によって進行し，かつバックミラーで後方の安全を確認すべき義務を負うが，右折準備段階から右折開始態勢に入る段階においては対向車との衝突及び右折進入すべき道路上での衝突などの事故が発生する可能性が増大するので，これを回避するため前方並びに左右の安全を常時十分に確認すべき義務を負うことになり，それに従い後方の安全確認義務は後退するものというべきである。これに対して後進車の運転者は前方の注視を怠らない限り，先行車の右折の合図を当然に了知できるのであるから，その先行車の進行を妨げてはならず，これを追い越す際もできる限り安全な速度と方法で先行車に左側を通行すべきものと定められている。したがって，右折車の運転者は右折開始態勢に入る段階においては特段の事情のない限り，後進車の運転者が右のごとく法規に従って運転してくれるものと信頼して前方並びに左右の安全を確認しつつ運転すれば足り，それ以上に違法異常な運転をする者のあることまで予想し，それに対処するために，さらに後方の安全を確認すべき注意義務はないものと思料する。

⑦　札幌高判昭和49年12月5日刑月6巻12号1201頁，判夕323号285頁

　　普通貨物自動車を運転し，交通整理の行われていない交差点を右折進行する際，自車の右側を約80キロメートルの高速度で追い越そうとした自動二輪車と衝突した事故につき，原判決は，被告人は右折するに当たってA車を発見した以上，自動車運転者として，自車とA車との間の距離・車両の速度・自車の長さ・右折完了までの走行距離等から，右折を開始すれば，自車がA車の進路を塞ぎ，両者が衝突するに至ることを十分予測できたから，一時右折を見合わせて事故の発生を未然に防止すべき注意義務があったのにこれを怠った旨判示してい

る。だが，被告人が右折車の運転者として，後続車たるＡ車の進行の安全につき万般の注意義務を負ういわれはなく，右折車の運転者は，そのときの道路及び交通の状態その他の具体的状況に応じた適切な右折準備態勢に入った後は，特段の事情のない限り，後続車があっても，その運転者が交通法規に従って追突等の事故を回避するような適切な行動に出ることを期待して運転すれば足り，あえて法規に違反し高速度で，自車の右側を強引に追い越そうとする車両のあり得ることを予想した上で，周到な後方の安全確認を行い，的確に危険の有無を判断して，危険のある場合にこれを避けるべき措置を執ることまでの注意義務はない（最判昭和42年10月13日，最判昭和47年11月16日各参照）。被告人車の右折準備態勢は当時の具体的状況の下では適切さを失っておらず，その後の右折方法における誤りも被告人が正規の右折方法によった場合以上に，後続車の進行についてより一層周到確実な注意義務を要求するものではない。

⑧ 東京地判平成15年11月13日判時1863号159頁

普通乗用自動車を運転し，交通整理の行われている交差点を青色で交差点に進入し対面信号が赤色に変わった後右折しようとしたところ，赤色信号に従わないで進行してきた対向直進車両（原動機付自転車）と衝突した事故につき，本件衝突は，黄色に続く全赤色信号において発生したものであるが，全赤色信号は，いわゆるクリアランス時間であって，直進車両であれ，右左折車両であれ，交差点内外にある車両等を交差点外に停止ないし排出することを目的とするものであるから，右折するに当たっては，右折方向の交通の安全はもとより，対向直進車両の安全な進行のためにも，その動静を確認しなければならない。対向直進車両の中には，自車の位置や速度のほか，交差点付近の交通状況等をも判断して，黄色信号時点では停止位置に近接しているため安全に停止することができない場合，全赤状態のうちに交差点内を走り抜けようとする車両もないわけではないのである。しかし，右折時の具体的状況において，対向直進車両が交差点内に進入することが予想できないという特段の事情がある場合には，過失が否定される

こともあるというべきである。本件についてみると、被告人は右折停止線で停止しつつ対面赤色信号を確認し、しかも、二車線のうち歩道側車線は既に対向右折車両が停車していたことから、もはや交差点に内に赤信号に従わないで進入してくる車両はないと判断して右折を開始したものであり、その判断はごく自然の判断というべきである。検察官は、対向右折車両の陰から進入してくる車両の有無を確認できる位置まで暫時進行させ、その車両の有無を確認すべき旨主張するが、C車両は急制動ではなく余裕をもって通常の停止の仕方をしたのであり、それを赤色信号を無視してまでして背後から追い抜くだけでなく、右折車両がある中央分離帯側車線を時速40ないし60キロメートル程度の速度で車両間をすり抜けるという、危険この上ない運転方法で進入してくる車両があることまで予想することはできないといわざるを得ない。

⑨　神戸地判平成27年6月10日裁判所ウェブサイト

南北に通じる道路に東からの道路が交わる丁字路交差点に、さらに東南から通じる道路が加わる変形交差点において、直進及び右折（北方向及び東方向及び南東方向とも進行可）可の青色矢印の対面信号に従って右折していた車両が、左折可（南方向及び南東方向ともに進行可）青色矢印の対面信号にしたがって東から左折しようとして交差点に進入してきた車両と衝突して左折車両運転者に傷害を負わせた事故につき、交差点で青信号により発進する自動車の運転者には、特別な事情のないかぎり、赤信号を無視して交差点に進入してくる車両のありうることまでも予想すべき業務上の注意義務はないから（最高裁昭和43年（あ）第490号同年12月24日第3小法廷判決・判例時報544号89頁）、交差点における信号周期は、衝突事故の発生を防止するため、交差道路を走行する複数の車両が交差点内で交差しないように設定されなければならない。これを本件交差点についてみると、南から本件交差点に進入する車が信号機(1)の青色表示に従って直進ないし東に右折する際の走行経路と、東から本件交差点に進入する車が信号機(2)の左折可青色矢印（ないし南東行き左折可青色矢印）に従って左折する際の走行

経路とは交錯せず，衝突事故が発生する危険はないので問題はないが，前者が南東に右折する場合の走行経路は，後者の走行経路と交錯するから，双方の走行を同時に可とする交通規制が相当でないことは明らかであり，本件交差点における信号周期の設定には不備があるといわざるを得ない。そして，被告人は，信号機(1)と信号機(2)の表示がいわゆる「青青」の状態になる時間帯があることは全く知らず，本件交差点手前や周辺にその旨を告知する標示等もなかった旨述べ，AとBも，職場のすぐ近くにある本件交差点を毎日のように通行していたにもかかわらず，同旨証言しており，それが誤りであることをうかがわせる証拠等は一切提出されていない。そうすると，本件交差点において，南から信号機(1)の青色表示に従って交差点に進入し，南東に右折進行する車の運転者が，信号機(2)が赤色表示であると信頼することは相当であって，特別な事情がない限り，その表示に違反して左折進行してくる車両があり得ることを予想すべき自動車運転上の注意義務を認めることはできない。

⑩　大阪高判平成27年5月19日D1-Law.com判例体系28234241

　右折可青色矢印信号に従って右折した車両が交差点出口の横断歩道上を青色信号に従わないで横断しようとした自転車と衝突して死亡させた事故につき，本件交差点は信号機により交通整理の行われている交差点であり，被告人は対面信号機の表示する青色矢印信号に従い右折進行を開始しているところ，本件横断歩道を横断する歩行者等は被告人車が従うことになっている対面信号機と同一周期で変動する東西方向の道路に設置された対面信号機の表示する赤色信号に従うこととされているから，対面信号機の表示する青色信号に従って本件交差点を右折進行していた被告人としては，仮に，東方歩道上の自転車の走行状況を見ていたとしても，特別の事情がない限り，右折方向にある本件横断歩道を横断しようとする自転車は対面信号機が表示する赤色信号に従って横断を差し控えるものと期待して信頼するはずであり，赤色信号の表示を無視又は看過して横断する自転車があることまでも

予見して，このような違反車両の有無にも注意を払って右折進行すべき義務を負うものではない。このことは本件横断歩道に通じる東方歩道が自転車通行可の歩道であり，同歩道から進行して来た自転車が本件横断歩道を横断することが予定されていたからといって，そのことのみで直ちに影響を受けるものではない。この点について，被告人は，捜査段階から一貫して，本件横断歩道の対面信号機が赤色信号を表示しており，横断する人はいないだろうと考えて右折進行した旨供述しているところ，これを虚偽であるとして排斥するに足る事情はなく，被告人としては，対面信号機の表示する赤色信号を無視又は看過して進行する歩行者等はいないものと期待ないし信頼していたと認められるから，自動車運転者として責められるべき過失があるとまでいうことはできない。被告人が東方歩道上の自転車の走行状況を見ていた場合において，被告人に前記注意義務が生じ得るとすれば，それは，後述するような特別の事情が存在する場合を除くと，最も被告人に有利に考えれば，被害者の動静が確定できない以上，東方歩道から走行して来た被害者の自転車が歩道から本件横断歩道の横断を開始する直前の時点であると考えられる。その時点において，被告人が本件横断歩道を横断しようとする被害者の自転車を認識し，直ちに急制動の措置を講じたとしても，被害者の自転車との衝突を確実に避けることができたことを示す証拠はない。そうすると，被告人が被害者の自転車を認識していなかったとの事情があるにせよ，そのことは，本件事故の発生に直結する事情とはいえず，本件の事実関係の下では，被告人について対面信号機の表示する赤色信号を無視又は看過して本件横断歩道を横断することまで予見し，違反車両の有無に注意を払って右折進行すべき注意義務があったということはできない。

第5　追従時の注意義務

　車両同士の事故のうち最も多い事故は，追突事故である。その中でも，追従時の注意義務違反に基づくものが圧倒的に多い。ここに追従というのは，同一方向に進行している他の車両の後方を走行する場合であって，自車の車線が被追従車の走行車線と重なり合っている場合をいう。この場合の車両などの運転者の注意義務としては，次のものがある。

1　道路交通法上の義務

(1)　車間距離の保持

　車両等は，同一の進路を進行している他の車両等の直後を進行するときは，その直前の車両等が急に停止したときにおいてもこれに追突するのを避けることができるため必要な距離を，これから保たなければならない（法26条）。

　「追突するのを避けることができるため必要な距離」とは，道路の状況，直前の車両等の速度，追従する車両等の速度等によって異なるが，先行車が制動機の制動力によって停止した場合だけでなく，先行車が停止しているその前の車両に衝突して急に停止した場合においても追突を避けるために必要な距離を意味する（福岡高判昭和42年5月17日判時490号77頁，最決昭和43年3月16日刑集22巻3号81頁，判時515号82頁）。

　したがって，「空走距離＋制動距離」（停止距離）とは一致することになるが，停止距離自体が，道路状況等によって異なってくるため，特定の距離があらかじめ定まっているというわけではない。警視庁の指導している車間距離は，下記の表のとおりとなっている[111]。

　もっとも，これは，乾燥した平坦な舗装道路についてのものであるので，湿潤，積雪中の舗装道路，下り勾配，砂利道等では，より長い間隔を保た

ねばならないことになる。

　先行車が停止したときに追突を避けるために必要な距離であるから，先行車が前方の障害物等を避けるために急に進路変更した場合に，当該障害物等との関係で追突を避けるために追従者に課せられた義務ではない（東京高判昭和45年8月5日東高時報21巻8号285頁，判タ256号193頁，広島高判昭和52年9月19日高検速報52年12号）。

(2) **車間距離保持義務の例外**

　法令の規定若しくは警察官の命令により，又は危険防止のため停止し，若しくは停止しようとして徐行している車両等に追い付いたときは，その前方にある車両等の側方を通過して，その車両等の前方に割り込み，又はその前方を横切ってはならない（法32条）。

　側方は，左右いずれかを問わない。

　「追い付いたとき」とは，最後尾の車両等の後方至近距離に達したときのことを意味する（野下・道交法288頁）。反対：道交法事典・（上）296頁）。

　「割り込む」とは，前方にある車両等の狭い間隙に無理に進入することである。割り込まれる車両等の前に，割り込み車両が進出できる十分な余地があるときは，これに当たらない。また，車体の一部が割り込むことによって成立し，車体の前部が入り込む必要はない。

2　過失運転致死傷罪における注意義務

　追従中，前方左右を注視し，先行車の動静を注視するとともに，先行車のさらに先の先行車両の状況及びその周辺の状況をも留意し，これらに応じて速度を調節し，あるいはハンドルブレーキを的確に操作し，先行車等との衝突を未然に防止する義務がある。これは，条理上当然の義務である。

111）「警視庁管内自動車交通の指示事項」は，特段の事情のない限り通常妥当する基準として信頼されてしかるべきものである（仙台高判昭和46年6月8日刑月3巻6号778頁）。
　同指示事項は，乾燥平坦舗装路面における基準として，次のとおり定めている。

速度	55	50	45	40	(キロメートル毎時)
車間	20	18	17	15	(メートル)

また，車間距離を保つことも，それを怠っていて急停車した先行車に衝突した場合は，車間距離の不保持と事故との因果関係は肯定されるので，同義務違反が過失になるのは，当然のように思われる。しかしながら，これに関しては，次の判例がある。

すなわち，時速約50ないし60キロメートルで，先行車との間に約10メートルの車間距離をとって追随進行中，先行車の前方に別の車両が，左側車線からいきなり合図もせずに直前に割り込む形で車線変更したことから，先行車の運転者が急制動を行って減速したが，割り込んだ車両が加速して走り去ったにもかかわらず，ブレーキを踏み続けて停止してしまったため，先行車が6.3メートルに接近して初めて先行車が急制動したのに気付いた被告人が急制動の措置を講じたが及ばず先行車に衝突させた事故に関し，名古屋高判平成元年2月27日判時1313号167頁，判タ696号222頁は，車間距離を10メートル前後しか保っていなかった被告人の運転方法は，道路交通法に違反する運転方法ではあるが，先行車が割り込み車が加速しながら走り去る状況であるにもかかわらず，いきなりブレーキを一杯に踏み込んで，その後も依然としてブレーキを踏み続け，先行車両が停止してしまうという事態は，一般の自動車運転業務従事者の考えから見て明らかに異常な事態であるといわざるを得ず，追従車の運転者において，被害運転者がそのままブレーキペダルを一杯に踏み続けて急停車させてしまうことはよもやあるまいと考えることは，現今の交通秩序にあっては社会一般的に許されるなどとして，過失を否定した（先行車の急制動に気付くのが遅れた発見遅滞に関しては，同発見遅滞がなかったとしても本件事故は不可避なので過失とすることはできない）。

道路交通法上の義務違反がそのまま過失運転致死傷罪の過失になるわけではないとの判断は正当と考える。もっとも，本件においては，先行車が初心者マークを掲示していたのであるから，本件のような事態に遭遇して停止してしまうことは予見可能ではなかったかとも考えられ，さらに，運転者としては，先行車のみを注視していれば済むのではなく，先行車の前方，左右の注視も行いつつ事故の未然防止を図るべきと考えられ，本件においては，左側の車線から別の車が先行車の前方に割り込んでくることも視認できたと考えられる（実際には，被告人車両は，前車の車線変更に気付いていなかった）ので，これらに応じて，

あらかじめ速度を減じて車間距離を広げるなどして，事故は防げていたと考える余地もあるので，過失を否定した結論には疑問がないわけではない。しかし，他方で，現実の交通を見てみると，車間距離をきちんと保って追従している車両は皆無といっていいくらいであるのが実態であり，本件の先行車を運転していた被害者としても，追従車がどの程度の車間距離で追従しているかは認識していたと考えられる上，その意味で，割り込み車を認識していたとしても，停止までする必要がないのに，しかも，停止すれば後続車の追突が必至であるにもかかわらず制動をかけ続けて停止するということは，後続車の運転者である被告人にとって予見可能と得いないと考えられることからすれば，判決の結論は是認できる。

　なお，追突事故の多くは，車間距離の不保持よりも，先行車の動静注視を怠る等の前方左右の安全確認義務違反によって生じていることが多い。適切な車間距離を保持していなかったとしても，動静注視等前方注視義務を尽くすことによって，先行車の減速，進路変更等に適切に対応することで，事故を防ぐことができることがほとんどだからである。

3　実務例

①　時速約40キロメートルで西進中，先行するI（当時28歳）の運転する普通乗用自動車を認めてこれを追従して進行したが，かかる場合，同車が急停止又は方向転換をしてもこれに応ずる措置を執り，同車に追突することを避け得るだけの安全な車間距離を保って進行すべき自動車運転上の注意義務があるのにこれを怠り，約10メートルの車間距離しか保たないで同一速度のまま進行した過失により，同車が進路前方に横断歩行者を認めて急停止したのを前方約8.5メートルに認め，急制動の措置を執ったが間に合わず，同車後部に自車前部を衝突させた。

②　時速約40キロメートルで進行中，進路前方約9.4メートルの地点に同一方向に進行するT（当時23歳）の運転する原動機付自転車を認めたのであるから，同車との安全な車間距離を保持すべきことはもちろん，その動静を注視して運転すべき自動車運転上の注意義務があるのにこれを怠り，

漫然加速して時速約45キロメートルで同車に追従進行した過失により，自車が右原動機付自転車の直後約3メートルに迫ってこれに気付き，急制動の措置を執ったが間に合わず，同車後部に自車前部を衝突させた。
③　時速約40キロメートルで先行する大型貨物自動車に追従して進行していたが，同車が前方の横断歩道の直前などで急停車する場合もあり，また同車の前方の見通しも困難であったから，右急停車に応じ直ちに急停車，又はこれに即応した措置を執り得るよう同車と安全な車間距離を保ちつつ適宜速度を調節して進行すべき自動車運転上の注意義務があるのにこれを怠り，右先行車との車間距離を僅か約5メートルおいただけで漫然前記速度のまま同車に追従した過失により，同車が前方の横断歩道の直前に停止するやあわてて左にハンドルを切りながら急停車の措置を執ったが，右先行車の前の横断歩道上に自車を進出させ，当時同歩道上を右方より左方へ横断中のF（当時44歳）を避けることができず，同人に自車前部を衝突させた。
④　時速約40キロメートルで進行中，同一方向に進行中の大型貨物自動車を追従するに当たり，その動静を十分注視し，同車の急停止又は方向転換に応じた措置が執れるよう安全な車間距離を保って進行すべき自動車運転上の注意義務があるのにこれを怠り，約10メートルの車間距離しか保たないで進行した過失により，同車が右に進路を変更したのに即応できず，左前方の安全確認不十分のまま左に転把し，左前方で先行車に続いて停止していたO（当時33歳）運転の普通乗用自動車に自車を衝突させ，その衝撃により同車を前方に追し出し，その前方に停止中のY（当時34歳）運転の普通乗用自動車に衝突させた。
⑤　時速約65キロメートルで進行中，自車の約25メートル前方を同方向に進行していた普通乗用自動車があったのであるから，その動静を注視して同車の急停止又は方向転換に応じた措置が執れるよう速度を調節し，安全な車間距離を保って進行すべき自動車運転上の注意義務があるのにこれを怠り，前記速度のまま，前記車間距離を保って進行した過失により，進路左前方の歩道から車道へ降りようとしているK（当時80歳）を発見して急制動した前記先行車を認め，同車との追突を避けるため急制動しながら左

へ転把した際，自車を進路左前方の歩道に乗り上げた上，前記Kに自車右前部を衝突せしめて転倒させた。

⑥　自動信号機により交通整理の行われている交差点を直進するに際し，常時対面信号機の表示する信号に注意するはもちろん，折から先行する普通乗用自動車に追従していたのであるから，同車が信号に従い停止することを考え，これに追突することを避けることができるため必要な車間距離を保ち，一層同車の動静を注視して進行すべき自動車運転上の注意義務があるのにこれを怠り，前記交差点手前で，前記信号機の表示が注意（黄色）に変わったのを認めながら先行車が交差点に進入するものと軽信し，漫然同車の約4.5メートルの後方に追従しつつ時速約55キロメートルで進行した過失により，右先行車が信号に従って交差点入口付近で急停車したのに即応できず，自車を横断歩道右側の歩道上に暴走させ，たまたま同所で信号待ちのため佇立していたY（当時33歳）に自車を衝突させ，同女を約14メートル前方に跳ね飛ばした。

⑦　時速約50キロメートルで先行する普通貨物自動車に追従して進行したが，当時路面が雨に濡れ，かつ，同所が下り勾配のため急制動を行うときは滑走するおそれがあったから，右先行車の動静を十分注視し，同車と十分な車間距離を保って進行し，急制動の措置を避けるべき自動車運転上の注意義務があるのにこれを怠り，前車との車間距離を約15メートルに保っただけで漫然同車に追従進行した過失により，同車が停止車両を避けるため急ブレーキをかけて左に転把するや，同車との衝突を避けるため急制動の措置を執り，自車を前方に滑走させ，折から進路中央付近で転回しようとして一時停止していたT（当時33歳）運転の普通貨物自動車に自車右前部を追突させた。

⑧　普通乗用自動車を運転し，○○先道路をK方面からE方面に向かい自車と同一方向に進行中のI（当時28歳）運転の自転車に追従して進行するに当たり，同自転車が急停止したときでもこれとの衝突を避けることができるだけの適切な車間距離を保持するとともに，同自転車の動静を注視し，進路の安全を確認しながら進行すべき自動車運転上の注意義務があるのにこれを怠り，同自転車との適切な車間距離を保持せず，同自転車の動静を

注視せず，進路の安全を十分確認しないまま漫然時速約20ないし25キロメートルで進行した過失により，同自転車が急減速したのを前方約2.1メートルの地点に認めたが，急制動の措置を講ずる間もなく，同自転車後輪に自車前部を衝突させた。

⑨　先の道路を時速約40キロメートルで，自車の前方を同方向へ進行中のＫ（当時46歳）運転の普通自動二輪車に追従して進行するに当たり，同車との車間距離は約5.5メートルしかなかったのであるから，安全な車間距離を確保するのはもとより，あえて約5.5メートルの車間距離を保持したまま追従して進行するのであれば，同車の動静を十分注視し，その安全を確認しながら進行すべき自動車運転上の注意義務があるのにこれを怠り，同車のブレーキランプを認めるも，同車が停止することはないものと軽信し，安全な車間距離を確保することなく，かつ，同車の動静を十分注視せず，その安全を確認しないまま漫然前記速度で進行した過失により，同車が減速して左へハンドルを転把したのを認め，急制動の措置を講じたが及ばず，同車左側面部と自車前部を衝突させた。

⑩　○○先の道路をＭ方面からＮ方面に向かい，車高の高い貨物自動車に追従して時速約30キロメートルで進行するに当たり，同車に視界を遮られ，同車の前方の見通しがきかなかったのであるから，同車が急に進路を変更した場合でもその前方の道路状況に即応できるよう同車との適正な車間距離を保って追従すべき自動車運転上の注意義務があるのにこれを怠り，同車の約5.6メートル後方を追従し，漫然前記速度で進行した過失により，同車が急に右に進路を変更して，折から同道路左側端に停止していたＴ（当時34歳）運転の普通乗用自動車を左前方約11.2メートルの地点に認め急制動の措置を講じたが間に合わず，同車右後部に自車左前部を衝突させた。

4　捜査上の留意事項

(1)　事故状況の解明

被害車両，被疑車両の停止位置，衝突位置，双方の車両の衝突箇所の各特定，衝突したときの双方の速度，被疑者が危険を認識した位置，被疑車

両が制動をかけた位置，そのときの先行車の位置，被害車両の位置，被疑車両からの見通し状況（先行車以外の周囲の交通関与車両等），被疑者が危険察知が遅れたとすればその理由，先行車に対する動静が不十分だったとすれば，動静注視を怠った地点，時間，その理由，危険を察知してからの運転状況，その後の進行状況等。

　被追従車が被害車両でない場合には，被追従車の進路，速度，それとの車間距離の確定，被追従車又はその前車が，急停車又は右折，左折，進路変更などした地点及びその理由。

(2)　**受傷状況に関する捜査**

　被害者が受けた事故による衝撃の具体的状況（衝撃により体のどこがどのように動いて何に衝突した等），負傷の経緯・状況，痛み等の発生状況，治療経緯等。

　追突事故は，衝突自体軽微なものから重大なものまで多様であるが，被害者の負傷は，頸椎捻挫ないし頸椎損傷，胸部打撲等の客観的に明瞭な証跡（他覚的な所見）が現れない負傷であることも多い。医者によっては，被害者の愁訴のみによって診断書を作成することがほとんどである。被害者の中には，偽りの愁訴を述べて診断書を作成してもらうこともあり得るところである。実際にも，事故保険金を騙取するため，事故によって負傷したと詐病を申告して診断書を作成してもらった事例もある。

　衝撃の程度を示す客観的資料として最も重要なのは，被追突車と追突車の損傷状況及び押し出された距離である。明瞭な写真を撮影することを心掛けるべきである。

ア　停止した普通乗用自動車の前車の後方約 1.7 メートルの位置に停止していた被告人運転の普通貨物自動車が，前車が発進したのに続いて発進したところ，前車が再度停止したのを 1 メートル前方に発見し，急制動したものの及ばず衝突させて，加療約 5 日間の頸椎捻挫等の傷害を負わせたという事故について，被害者の負傷に疑問があるとして無罪を言い渡した福岡簡判昭和 63 年 4 月 26 日判時 1279 号 160 頁は，「医師証人の供述，日本賠償医学会雑誌「賠償医学」NO 4 の高濱桂一ほかの論文・

同前田均也らの論文及び最高裁事務局編交通事故事件執務提要365頁「3 むちうち損傷」によれば，追突による「むちうち症」発生のメカニズムは，追突により急激な衝撃速度が人体に加わり，躯幹部は座席に強く押し付けられてそれ以上動かないが，頭頸部は後方に無理な動きを強いられ（過伸展），その直後に前屈を強制され（過屈曲），その結果頸部組織に損傷を生ずるというものである。そして，この場合，被追突車が停止位置から全く動かなかったときは，右加速度は零となるから，「むちうち症」は生じ得ない。又，「むちうち症」が起きるためには，類似した重量の二車間で，一方が停止している場合他方が毎時時速16キロメートル以上の速度で追突することが必要とされ，毎時11.1キロメートルの速度で追突した場合には頸部に関してはまず傷害を起こすには至らない。メカニズムが右のとおりであるから，被追突車の運転者がヘッドレストによって過伸展を保護されているときや，ブレーキをかけて停止しているときは傷害は軽くて済むと思われる。さらに，追突による車両の破損程度と「むちうち症」発生の可能性に関し，後部バンパーの一部の凹損程度以下すなわち車体変形約2センチメートル以下の場合「むちうち症」発生の可能性は全くないし，変形約5センチメートルでも受傷の可能性はほとんどないとされる」旨判示しているのが，参考になろう。

　もっとも，「むちうち症」すなわち頸椎捻挫に関しては，客観的には上記のようにいえたとしても，被害者の衝突時の受けた衝撃の具体的な状況によってもその発症は異なってくると思われるので，被害者から，追突された際の身体の各部が受けた衝撃の状況を具体的に聴取した上，何時から身体のどこに，どのような痛み等の症状が出てきたのか，その後の症状の状況等も聴取して，明らかにする必要がある。しかるに，現実の被害者の警察官調書は，受傷状況に関する記載がほとんどない（「衝突されて，首をけがしました。その内容は，診断書のとおりです」程度のものが多い）ので，改善を要すること大である。

イ　脳脊髄液減少症（脳脊髄液漏出症）

(ア)　もっとも，近年，脳脊髄液減少症という疾病が発見され，厚生労働省によって，その診断基準も確立された（「脳脊髄液漏出症画像判定基準・

画像診断基準」(脳脊髄液減少症の診断・治療法の確立に関する研究班)参照)。脳脊髄液減少症というのは，事故等による衝撃を受けたことによって，脳内及び脊髄内を満たしている脳脊髄液が漏出して，脳や神経に様々な障害を及ぼして頭痛やめまい，耳鳴り，頸部痛，倦怠感その他の全身症状が出る病気である。

同疾病は，平成13年頃，篠永正道医師によって発見されたが，しばらく脳神経外科学会で受け入れられるに至らなかったところ，平成19年から，厚生労働省が研究班を設けてガイドライン作成作業に入り，平成23年前記診断基準（同診断基準では「脳脊髄液漏出症」とされている）が公表された。

同疾病は，交通事故の僅かの衝撃によっても脳脊髄液の漏出が生じることがあるとされることから，従来，むちうち症を生じるほどの衝突ではないとされる交通事故に関しても，脳脊髄液減少（漏出）症が発症している可能性があることになる。保険会社の抵抗は激しいものがある上，交通事故による脳脊髄液減少症の可能性を否定する医学関係者も少なくなく，今後の動向が注目されるところではあるが，交通事故によって脳脊髄液減少（漏出）症を発症し，その症状に苦しんでいる患者がいるのが事実とすれば，刑事司法上も見過ごすわけにはゆかないのは当然である。実務においては，受傷内容を脳脊髄液減少（漏出）症として特定して起訴して有罪になった事例は，既に多数存在しているところである。

同疾病を，自動車事故による受傷事実として起訴する場合には，少なくとも上記ガイドラインに沿った検査をした上で，同ガイドラインに沿って認定すべきことはいうまでもない。また，僅かの衝撃で発症するとしても，むちうち症の場合と同様，衝撃状況等の詳細は被害者から聴取していかなければならないことは当然である。

しかし，被害者によっては，前にも事故（交通事故とは限らない）による被害を受けたことがある者がいるので，その事故による受傷と無関係なことの裏付けは必要であるから，従前のけがの治療状況に関する捜査は必須である。

(イ)　脳脊髄液減少症の実務例

追従時の事故以外のものも掲載した。

①　普通乗用自動車を運転し，○○付近道路を○○方面から○○方面に向かい時速約50キロメートルで西進中，自車前方に先行するT（当時49歳）運転の普通乗用自動車を認めていたのであるから，絶えず前方を注視し，同車の動静に注意して追突することのないように安全に進行すべき自動車運転上の注意義務があるのにこれを怠り，道路右方に気を取られ，同車の動静に注意しないで漫然前記速度で進行した過失により，渋滞により停止した同車後部に自車前部を追突させ，その衝撃により前記T車両を前進させて，その前方に停止中のH（当時60歳）運転の普通貨物自動車自動車に追突させ，さらに，同車を前進させて，その前方に停止中のN（当時37歳）運転の大型貨物自動車に追突させた上，同車後部に自車前部を追突させ，よって，前記Tに加療期間不明の外傷性脳脊髄液減少症等の傷害を，前記Hに加療約17日間を要する頸部捻挫，右肩打撲捻挫の傷害を，前記Nに加療約2週間を要する頸椎捻挫等の傷害をそれぞれ負わせたものである。

②　普通貨物自動車（軽四）を運転し，○○先の交通整理の行われていない交差点を○○方面から○○方面に向かい直進するに当たり，同交差点入口手前には一時停止の道路標識が設置されており右方の見通しも困難であったから，同交差点直前で一時停止して左右道路から進行してくる車両との安全を確認すべき自動車運転上の注意義務があるのにこれを怠り，交通閑散に気を許して前記一時停止の道路標識に気付かず，かつ，右方道路から進行してくる車両の安全を確認しないまま時速約30キロメートルで同交差点に進入した過失により，折から右方道路から進行してきたD（当時18歳）運転の自転車を右前方約1.6メートルの接近して発見し，急制動の措置を講じたが間に合わず，同自転車に自車前部を衝突させて同人を路上に転倒させ，よって，同人に加療約1年間を要する脳挫傷，外傷性クモ膜下出血，頭蓋骨折，外傷性脳脊髄液減少症の傷害を負わせた。

③　普通貨物自動車を運転し，○○付近道路を○○方面から○○方面に向かい時速約25キロメートルで進行するに当たり，当時同所は直前に降った大雨のため路面上を雨水が流れるなどして路面が湿潤しており，滑走しやすい状態であったから，前方左右を注視するはもちろん，適宜速度を調節し，不用意な急制動は避け，進路の安全を確認しながら進行すべき自動車運転上の注意義務があるのにこれを怠り，対向車線上を流れる雨水に気を取られて同方向に脇見し，進路前方を注視せず，その安全確認不十分のまま漫然前記速度で進行し，進路前方で前車に引き続き停止中のS（当時57歳）運転の普通乗用自動車を前方約10.9メートルの地点に迫って初めて認め，不用意に急制動の措置を執った過失により，自車を滑走させて走行の自由を失わせ，前記S運転車両後部に自車前部を衝突させ，よって，同人に加療約169日間を要する外傷性頸部腰部症候群，脳脊髄液減少症の傷害を負わせた。

④　普通乗用自動車を運転し，○○先高速自動車国道○○自動車道上り線○○キロポスト付近追越し車線上を○○県方面から○○方面に向かい時速約40キロメートルで進行中，運転前に行った運動疲労の蓄積から眠気を覚え，前方注視が困難な状態に陥ったのであるから，直ちに運転を中止すべき自動車運転上の注意義務があるのにこれを怠り，休憩，仮眠をとることまでもないと安易に考え，直ちに運転を中止せず，漫然前記状態のまま同速度で運転を継続した過失により，同日○○頃，○○先前記自動車道上り○○ポスト付近の追越し車線上を同方向に進行中，仮眠状態に陥り，折から進路前方の追越し車線上において渋滞のため停止中のS（当時42歳）運転の普通乗用自動車に気付かないまま，同車後部に自車前部を追突させ，よって，同人に加療約1年5か月間を要する外傷性頸部症候群，脳脊髄液減少症の傷害を負わせた。

⑤　普通乗用自動車を運転し，○○付近道路を○○方面から○○方面に向かい時速約30キロメートルで，前方を同方向に進行中のM（当時34歳）運転の自動二輪車に追従して進行中，同所先交差点の対

面信号機が黄色の灯火信号を表示したのを同交差点の停止線手前約24.1メートルの地点で認めたのであるから，同車が同交差点の手前で同信号表示に従って停止することが予測されたのであるから，同車の動静を注視し，その安全を確認しながら進行するはもちろん，速度を減速し，同信号表示に従って，停止する同車の後方に停止すべき自動車運転上の注意義務があるのにこれを怠り，同車はそのまま交差点を進行してゆくものと軽信し，同車の動静を注視せず，その安全確認不十分で，かつ，同信号表示に従わず，漫然前記速度で進行した過失により，同車が，同交差点手前で，信号に従って停止したのを前方約1.5メートルの地点に迫ったようやく認め，急制動の措置を講じるも及ばず，同車後部に自車前部を衝突させ，同人を同自動二輪車もろとも路上に転倒させ，よって，同人に加療約208日間を要する外傷性脳脊髄液減少症の傷害を負わせた。

⑥　普通乗用自動車を運転し，○○先道路を○○方面から○○方面に向かって進行してきて，同所に一時停止の標識に従って停止していたＳ（当時48歳）運転の普通乗用自動車の後方に一時停止後，同車両の発進に引き続いて発進して進行するに当たり，同車の動静を注視し，その安全を確認しながら発進して進行すべき自動車運転上の注意義務があるのにこれを怠り，同車が発進進行したことから，同車はそのまま進行してゆくものと軽信し，同車の動静を注視せず，その安全確認不十分のまま漫然時速約5キロメートルで発進進行した過失により，同車が再度一時停止したことに気付かず，同車後部に自車前部を衝突させ，よって，同人に加療約343日間を要する外傷性脳脊髄液減少症等の傷害を負わせた。

(3)　他の注意義務違反と競合する場合に留意

なお，ブレーキの踏み遅れ，ハンドル操作の誤り，車両の暴・滑走，最高速度の制限違反，動静注視を含む前方注視不十分などの注意義務違反と競合して追突事故が起きる場合も少なくないところ，過失を単に車間距離の不保持と即断することなく，また，逆に車間距離の不保持ではなく，そ

れ以外の注意義務違反と間違って判断することも適切ではないので，制動距離に対する正しい認識を持った上で，厳密に過失を判断することが重要になってくる。

5 判　例

(1) 積極判例
　① 川越簡判昭和33年7月17日一審刑集1巻7号1063頁
　　　道路の左端の盛土を避け，有効幅員の中心線すれすれに土ぼこりをあげて進行する大型乗合自動車に後続する小型貨物自動車の運転者は，対向する自動車が，先行する乗合自動車とすれ違った直後，道路中央寄りに出てくるかもしれないことを考え，これとの衝突を避けるよう先行バスとの間隔を十分にとり，かつ，できるだけ道路の左側に寄って進行しなければならない。
　② 東京高判昭和37年2月24日高検速報981号
　　　他の自動車の直後を進行する自動車の運転者は，先行自動車がいつ急停車してもこれに追突することのないよう常に先行車の動静に留意し，先行車との距離，自車の進行速度などを機に応じて調整し，事故を防止すべき業務上の注意義務がある。
　③ 大阪高判昭和39年9月14日高検速報昭和39年8号
　　　自動車交通の頻繁な国道において，被害者が横断歩道でない箇所から不用意に駆け出し横断しようとしたため，被告人の先行車は急停車により危うく衝突を免れたが，これに追尾していた被告人の自動車は急制動も及ばず，これを先行車に追突させ，その衝撃により一旦停止した先行車を暴走させて被害者に衝突，これを轢死させた場合，被害者の過失が事故の一因であっても，被告人にも先行車の停止減速などの動作に応じ，これに追突しない措置を執れる程度の間隔及び速度を保持しなかった過失がある。
　④ 東京高判昭和42年11月20日東高時報19巻11号222頁
　　　自動車運転者は，適当な車間距離を保持すべき業務上の注意義務があ

る。

⑤ 最決昭和 43 年 3 月 16 日刑集 22 巻 3 号 81 頁

　　普通貨物自動車を運転し，時速約 40 キロメートルで先行車の約 6 メートル後を追従して進行中，先行車がその直前を走行していた車両に追突して停止したため，急制動をかけたが間に合わず先行車に追突した事故につき，道路交通法 26 条の「直前の車両等が急に停止したとき」の意味について，先行車が制動機の制動力によって停止した場合を指称し，制動機の制動力以外の作用によって異常な停止をした場合，例えば障害物（車両も含めて）に衝突して進行を阻止されて停止した場合の如きは該当しないとした一審判決を，「道路交通法は，道路における危険の防止を重要な目的としているのであるから，その規定の解釈に当たっては，予測される危険に対してはこれを十分防止し得るよう解釈すべきである。すると，同一進路を進行している先行車が，本件の場合のように停止しているその先行車と衝突するなどして，制動機の制動力以外の作用によって停止すること即ち制動による通常の停止距離を進行せずに停止することは十分予測されるところであるから，制動機以外の作用によって極端にいえば先行車に追突するなどして制動をかけずに停止した場合をも含むと解するのが相当」「原判決は，制動機の制動力以外の作用によって停止した先行車は，追従車にとってはその道路に突然出現した障害物と異ならないことを挙げているが，制動機の制動力以外の作用によって停止した先行車は，追従車にとって突然現出した障害物ではなく，制動機の制動力以外の作用によって停止する可能性を持ってすでに先行していた危険物であるから，十分予測できた障害物である」として，破棄した控訴審判決を「道路交通法 26 条 1 項の『先行車が急に停止した時』とは，先行車が制動機の制動力によって停止した場合のみならず，制動機以外の作用によって異常な停止をした場合も含むとした原判決の判断は相当である」として是認した。

(2) 消極判例
　① 名古屋地判昭和34年4月6日下刑1巻4号874頁
　　　先行する自動車が通行人に衝突し，これを路上に転倒させて轢圧し，そのまま同所を通過したため，転倒した人が追従する自動車の進路前面路上ににわかに出現し，その結果同自動車がこれと衝突したり，又はこれを轢圧するようなことは全く稀有の事態に属するものであるから，先行自動車に追従して自動車を運転する者が，右の稀有の事態の発生を予見せず，そのため先行車との間に必要な間隔を保って運転しなかったとしても，注意義務の懈怠があったものということはできない。
　② 広島地判昭和43年5月31日判タ222号246頁
　　　先行車に追従する自動車の運転者は，先行車の進路上に人体が横臥していることを予測して運転する義務がない。
　③ 最判昭和43年6月13日裁判集刑160号601頁，判時520号82頁
　　　幅員約6.07メートルの国道を時速約50キロメートルで普通貨物自動車を運転し，先行する乗用自前車に接近し，そのすぐ後方約8メートルの箇所を右先行車の車体に遮られて進路左方に対する見通しがきかない状態のまま運転していたとき，先行車の左側を先行車より先に走っていた被害車両が先行車をやり過ごした直後，進路を右に転じて被告人の前面に出てきて衝突した場合，被告人がかような被害者の自殺的行為まで予測することは不可能であるといわねばならない。
　④ 名古屋高判平成元年2月27日（前掲333頁参照）。

第6　追越し・追抜き時の注意義務

1　追越し時の注意義務

(1)　追越しの意味

　道路交通法上，「追越し」というのは，車両が他の車両などに追い付いた場合に，その進路を変えて，その追い付いた車両などの側方を通過し，その車両などの前方に出ることをいう（法2条21号）。

　追い付いた場合に限るから，追越しに着手する直前には，後車の前端が前車の後端より後方にあることを要し，かつ，前車が進行していることを要する。したがって，駐車，又は一時停止している車両の前方に出ても追越しにならない。また，停止線で並列停止している2車両が同時に発進し，一方が他方の前方に出ても追越しにならない。進路を変えて，その追い付いた車両などの側方を通過することを要するので，進路を変えないで，その追い付いた車両などの側方を通過してその前方に出る場合は，「追抜き」であって追越しにならない。

　「進路」というのは，道路を進行している車両が，左右にハンドルの方向を変えないで直進したときの車両の幅に相当する道路の部分である。被追越し車両の「前方に出る」というのは，やや頭を出した程度では並進に過ぎず，前方に出たとはいえないとされる。他方，並進状態を完全に脱して，後車の後端が前車の前端に出なくとも前方に出たと評価されるところ，それは具体的状況により社会通念によって判断されることになるとされている。なお，被追越し車の進路上に出る場合だけでなく，その側方をそのまま進行する場合も含まれる。

　しかし，追い越したか否か（追越しが終わったか否か）が問題となるのは，道路交通法27条の追い付かれた車両が加速するのを禁ずる場合（追越しが終わるまで加速してはならない）のみであるところ，この場合，「追越し

が終わった」というためには，完全に抜き去った場合を意味することになるので，「前方に出た」ことの意味を追及する意味は余りない（野下・道交法 72 頁）。

(2) 道路交通法上の義務
　ア　追越しが禁止されている場所
　　　道路標識等で追越しが禁止されている道路の部分及び次に掲げるその他の道路の部分においては，他の車両を追い越すため，進路を変更し，又は前車の側方を通過してはならない（法 30 条）。
　　　次に掲げるその他の道路の部分とは，以下のとおりである。
　　① 交差点，踏切，道路の曲がり角付近，上り坂の頂上付近，勾配の急な下り坂
　　② トンネル（車両通行帯の設けられた道路以外の道路の部分に限る）
　　③ 交差点（その車両が優先道路及び明らかに幅員の広い道路を通行している場合の当該道路の交差点を除く），踏切，横断歩道又は自転車横断帯及びこれらの手前の側端から前に 30 メートル以内の部分
　イ　追越しが禁止されている場合
　　　前車が他の自動車又はトロリーバスを追い越そうとしているときは，追越しを始めてはならない（法 29 条）。二重追越しの禁止である。
　　　追い越そうとしているときとは，前車が，外形的に追越しの意思表示をしたとき（進路を変えながら加速しているとき）から，追越しが完了するまでの間である。前車が，原動機付自転車や自転車を追い越そうとしているときは，追越しは禁止されない。
　ウ　追越しの方法
　　　車両は，追越しに当たっては，原則としてその追い越されようとする車両の右側を通行しなければならない（右側追越しの原則。法 28 条 1 項）。ただし，前車が路外に出るため，又は交差点で右折するため道路の中央又は右側端に寄り通行しているときは，その左側を通行しなければならない（同条 2 項）。
　　　車両は，路面電車を追い越そうとするときは，その左側を通行しなけ

ればならない。ただし，軌道が路面左端に寄って設けられているときは，その右側を通行しなければならない（同条3項）。

追越しをしようとする車両（後車という）は，反対方向，又は後方からの交通及び前車又は路面電車の前方の交通にも十分注意し，前車又は路面電車の速度及び進路，並びに道路の状況に応じて，できる限り安全な速度と方法で進行しなければならない（同条4項）。

同義務は，道路交通法70条の特別規定である。

エ　追い付かれた車両の義務

車両（乗合自動車及びトロリーバスを除く）は，道路交通法22条1項の規定に基づく政令（令11条，12条）で定める最高速度が高い車両に追い付かれたときは，その追い付いた車両が当該車両の追越しを終わるまで速度を増してはならない。最高速度が同じであるか，又は低い車両に追い付かれ，かつ，その追い付いた車両の速度よりも遅い速度で引き続き進行しようとするときも同様である（法27条1項）。

また，車両（前同）は，車両通行帯の設けられた道路を通行する場合を除き，最高速度が高い車両に追い付かれ，かつ，道路の中央（当該道路が一方通行となっているときは，当該道路の右側端）との間にその追い付いた車両が通行するのに十分な余地がない場合は，できる限り道路の左側端によってこれに進路を譲らなければならない。最高速度が同じであるか又は低い車両に追い付かれ，かつ，道路中央との間にその追い付いた車両が通行するのに十分な余地がない場合で，その追い付いた車両の速度よりも遅い速度で引き続き進行しようとするときも，同様である（同条2項）。

(3)　過失運転致死傷罪における注意義務

ア　追越しは，前車を追い越すために，進路を変更し，かつ，前車より前方に出なければならないため，加速して前車の速度を上回る必要がある。そして，さらに，進路を変更して前車の前に出ることになるので，危険は増す。追越しによって影響を受けるのは，被追越車である先行車はもちろん，後続車，対向車，歩行者等にも影響を与え，運転者は，短時間

の間にこれらの運転を安全に行わなければならないため，通常以上の注意が必要であり，心理的にも焦りを覚えることも多い。したがって，事故も起きやすくなる。それゆえに，道路交通法は，上記ルールを定めて義務化したわけである。

　追越しの場合は，道路標示又は道路標識によって追越しを禁止されている道路であるか否かを問わず，追越しによって影響を受ける先行車，対向車，後続車，歩行者等との間で事故が発生する可能性がある。対向車線に出て追い越し，対向車両に衝突したり，あるいはそれとの衝突を避けようとして自車線に戻るときに，追い越そうとしていた車両と衝突するなどして，事故を起こすことが典型的な事故である。しかし，それだけでなく，追い越そうとする車両が予想していた進行をしなかったために発生する事故もある。これらの事故の場合，道路交通法上の義務違反が直ちに過失になることは少ないといえる。これらの事故では，前方注視義務違反，先行車の動静注視義務違反，右後方の車両に対する安全確認義務違反，被追越し車に対する安全確認義務違反，速度調節義務違反，ハンドル操作の誤り等の違反により事故が発生していることがほとんどであり，追越し方法に関する道路交通法上の義務違反が過失になっているケースはむしろまれである。

　イ　追越しに関する注意義務としては，次のものが考えられる。
　①　自動車運転者は，まず先行車両の右側を通過し得る十分な余裕があること，進路上に車両，通行人，横断者，安全地帯などの障害物のないことを確かめ，かつ，反対方向から進行してくる車両などがある場合には，直ちに急停車などの処置によってこれを避譲し得る状況であることを確認した上進行する必要があるであろう。
　　　仮に，これらを十分に確認しないで追越しを開始し，右側に十分な通行余地がなく，車両，人等と衝突させたり，これらとの衝突を避けるために回避措置を執って他の車両等の交通関与者と衝突させて死傷させた場合には，これらの安全確認義務を怠って追越しを開始したことが過失になるであろう。
　②　曲がり角で追い越すときは，被追越車が道路中央に寄ることが少な

くない（左カーブの場合は遠心力で右寄りになる。右カーブでは路肩を避け，あるいはショートカットをしようとして右寄りになる）ので，被追越車との間に，十分な間隔を保って追い越すことが必要である。さらに，曲がり角は，左カーブにしても右カーブにしても前方の見通しが良くないことが多いので，追越しにはそもそも適していない（道路交通法30条1号で禁止されている）ので，あえて追越しをする場合には，前方の安全確認が十分にできる場合に初めて行うべきであろう。そうでない以上，見通しが悪い曲がり角では追越しは控えるべきである。

③ 道路に堆積した砂利のある箇所，路面が湿潤している道路，積雪のある道路や凍結した道路で追い越す場合は，加速する上，進路変更するので，滑走の危険が高まるので，速度及びハンドル転把に留意しなければならない。

④ その他，狭い道路，凸凹の多い道路，見通しのきかない場所，道路の左右が崖になっている狭い道路など，高度の危険を伴う場所では追越しは差し控えるべきである。

⑤ 追い越す場合，被追越し車が1台とは限らない。先頭車両の速度が遅い場合は，その後方に複数台の車両が数珠つなぎになることも少なくない。その場合，複数の後続車が追越しを考えるであろう。対向車の有無や見通し状況によっては，1台だけでなく，2，3台を追い越そうと考える車両もある。そして，同時，あるいは順次に複数の車両が追越しを始めることもまれではないが，その場合には，事故発生の可能性は高まる。この場合，追越しを始める車両の運転者としては，追越しをしようと考える車両は自分だけではないということを十分に認識して（先行車や後続車の動きからそのことが認識できる場合も少なくない），前車，あるいは後続車の動静等に留意し，安全確認をした上で，追越しを始めるべきだということである。自分が追い越そうと考える以上は，先頭車両以外の同じ状況にある他の車両の運転者も同じことを考えていること，そして，同じ行動に出ることは十分に予見が可能だからである。

⑥ 自転車を追い越す場合は，自転車が不安定な乗り物であることから，

十分な側方間隔を保って，追い越す必要がある。
⑦ 警音器吹鳴義務
ウ 追越しと警音器吹鳴義務
(ア) 先行車を追い越すときは，あらかじめ警音器の吹鳴などによって，先行車の運転者，搭乗者らに警告を与え，道路の左側に避譲させてから追い越さなければならないか。

　この点は，昭和33年8月改正前の旧道路交通取締法施行令24条2項では，「後車は，警音器，掛声，その他合図をして，前車に警戒させ，交通の安全を確認したうえで追越さなければならない」と規定されていたが，同改正後の道路交通取締施行令17条1号及び現道路交通法54条は，追越しの際の警音器吹鳴義務を課すことをしなかった。逆に，同条2項本文は，「法令の規定により警音器を鳴らさなければならないこととされている場合を除き，警音器を鳴らしてはならない」として原則として警音器吹鳴を禁止し，危険を防止するためやむを得ない場合に限って，警音器を鳴らしてよいことにしている。したがって，道路交通法上は，追越しに当たって，警音器を吹鳴する義務はないといわざるを得ない。なお，「危険を防止するためやむを得ないとき」の意味については，「第2章各論　第3・3歩行者・自転車の側方通過の際の注意義務　(2)警音器吹鳴義務」の項（191頁）の判例参照。

　道路交通法が，警音器吹鳴義務を課す場合を減らしたのは，不必要な警音器の吹鳴による他の交通への影響や市街地における騒音公害を防止するためである。その趣旨は理解できるが，警音器の吹鳴を法定されている場合及び危険防止のためにやむを得ない場合に限ったのは，行き過ぎた規制と考える。まず，危険防止のためにやむを得ない場合には，警音器を吹鳴してよい（法54条2項による禁止を解除するだけである）。しかしながら，危険防止のためにやむを得ないときは，むしろ，警音器吹鳴義務を認めるべきである。また，危険防止のためにやむを得ないときだけでなく，警音器の吹鳴が，危険防止に役立つときにも警音器吹鳴禁止義務を解除すべきである。そのような場合に，警音器を吹鳴することを認めたとしても，市街地での騒音が特段に増

えるとも考えられないし，それによって得られる利益は，個人の生命身体であり，より価値が高いと考えられるからである。まして，過失運転致死傷罪の過失の有無が問題となっているときに，道路交通法上の規定が禁止しているからといって，回避義務として設定するのを避ける理由にはならないものと考える。この点は，義務の衝突の一場面といえようが，いずれの価値が優越するかの問題であり，過失運転致死傷罪における義務の価値が高いことは明らかであると考える。

(イ) この点に関して，問題を提起する裁判例がある。

㋐ 大型バスを運転している被告人が，先行する大型貨物自動車とこれに後続する普通貨物自動車を追い越そうとして，右側に進路を変えて追越しを開始したところ，それまで度々前車である大型貨物自動車を追い越そうとしていた普通貨物自動車も，同大型貨物自動車を追い越そうとして道路右側に進出させてきたため，あわてて警笛を吹鳴して急制動したが及ばず自車左前部を同車右側に衝突させて道路右下の田んぼに転落させて同車運転者及びバスの乗客等に傷害を負わせた事故につき，被告人の過失を否定した大分地中津支判昭和46年10月13日刑月3巻10号1400頁

㋑ 大型貨物自動車を運転する被告人が，道路左側部分を同一方向に進行していた原動機付自転車を追い越そうとして時速約70キロメートルに加速してその右側部分に出て追越しを開始したところ，原動機付自転車が道路右側に横断するために進路を急に変えたため衝突し，原動機付自転車運転者を死亡させた事故につき，被告人の過失を否定した大阪地判昭和46年12月7日判タ272号328頁

である。

(ウ) ㋐の判決は，被告人車が追越し中に前車が追越しすることのないようにあらかじめ（警音器の継続的吹鳴を行って）追越しの合図をしてその反応を確かめ事故の発生を未然に防止すべき業務上の注意義務があるとした検察官の主張を否定した。

その理由は，①前車が既に先行車を追い越そうとしている場合は，二重追越しは禁止されているが，そうでない先行二車に対する単純な

追越しは禁止されていないこと，最高速度の異同により義務内容は異なっても後続車両に追い付かれた段階においてすら前者に加速禁止の義務があり，また追い越される場合の避譲義務が存すること（法27条），追越し時にも進路変更の合図を必要とするが（法53条），道路交通法法施行令21条規定の合図の方法，時期よりすればこれは先行車に対する合図を含むとは解されないこと，先行車に対する合図方法としては警笛吹鳴の方法しかないが本件のように2車以上を追い越すような場合には強く，かつ継続的吹鳴を行わねばならぬことになり，これは騒音防止の趣旨（法54条2項）に反するなどから，一般的にはもちろん，本件のような先行車追越しの意図の存在という事情下においても追越しの合図をなすべき業務上の注意義務を負うかどうかについては否定的に考えざるを得ない，とするのである。

　また，②合図に対する相手方の反応を確かめる義務に関しては，道路交通法上の合図について，その了解，反応確認までが要求されるとすれば合図を必要とする諸行動は事実上不可能となるから，合図に対しては相手方の了解を推定し，この推定を前提として，相手方に正しい行動がなされることを信頼して行動することが許され，了解，反応確認までは要求されないのが通常である。例外的に進路上に存する人又は車を避譲させるような特別の事情がある場合には合図に対する了解，反応（すなわち避譲行為）が示されなければ合図者は行動を開始できないが，本件の前車の先行車追越しの意図の存在という事情は，この特別事情に相当するものとは考えられず，被告人にこの一般原則に反して特に合図に対する反応確認まで追越しを差し控えるべきであると要求することは酷である，とするのである。

　しかしながら，継続的に警笛吹鳴を行ったとしても，騒音になるほど継続しなければならないかは疑問であり，仮に幾らか騒音になったとしても，人の生命身体を守ることと一過性の騒音を防ぐことのいずれに価値があるかは論じるまでもない。さらに，確かに，道路交通法上の義務とされる合図には，相手の了解や反応の確認は要求されていない。しかし，本件で問題となっているのは，道路交通法上の義務違

反の有無ではない。人の生命身体を害しないように行為すべき義務違反があったか否かという実質的な義務の有無を問題としているのである。したがって，道路交通法上了解，反応の確認が要求されていないことを根拠にする判旨は正当ではない。本件においては，前車が，速度の遅い先行車である大型貨物自動車の走行にしびれを切らし，再三追い越そうとしていたのであり，そのことを認識していたのであるから，自車が追越しを始めた後，それに気付かず前車も追越しを開始する可能性があることは十分に予想できたことと考える。しかも，再三追い越そうとしていたことからすれば，そのことに意識がいって，タイミングばかりを計ろうとして，後方に対する安全確認がおろそかになる可能性は高い。まして，自車の後続車が，自分の車も含めて2台もの車を追い越そうとすることは，自分の車が前車一台を追い越すことよりも可能性は少ないため，そのことを意識しない可能性も十分に考えられるのである。そして，前車に追越しを知らしめるには，警笛を吹鳴することと以外にはあり得ないが，警笛を吹鳴しさえすれば，知らしめることは可能であり，それは極めて容易なことである（「容易は義務を正当化する」ことについて，総論（31頁）参照。もっとも，道路交通法54条2項本文の存在が，水を差しているが）。そして，相手の車の反応を確認することも比較的容易と考えられる。だとすれば，それを行うことによって本件事故を防げた以上，被告人に検察官主張の業務上の注意義務があることは，条理上明らかなことと考える。

(エ) (イ)の判決に関しても，判決は，検察官が警音器吹鳴義務違反の過失がある旨主張していたのを，①道路交通法は，追越しの場合に警音器吹鳴義務を課しておらず，かえって法令の規定により警音器を鳴らさなければならないとされている場合を除いて，危険を防止するためやむを得ないとき以外には警音器を鳴らしてはならないことになっているので，先行車が，具体的に危険が察知されるような状況にあった場合は格別，そうでない限り，前車に追越しを覚知させ，警告を与えるところの警音器吹鳴義務は負わないとし，被害原動機付自転車は，右折の合図をしていなかった上，あらかじめ道路中央に寄り徐行しなけ

ればならない（法25条1項）のに，これをしておらず，道路を横断するような気配はなかったとして，警音器吹鳴義務を否定し，その他動静注視義務も怠っていないとして無罪を言い渡した。

　　しかしながら，被害原動機付自転車は，当初から，道路左側部分の中央よりやや右側のセンターライン近くを走行していたのであるから，右折する可能性は認識できたのではないかと考えられること，判決の右折の気配としてあげる右折の合図等は，本来は，対向車両及び後続直進車等に対するサインであるところ，同車が右折する際には，対向車両は全くなかった（それゆえに，被告人車は最初から対向車線にすっぽり入って追越しを始めた）ので，対向車に対する配慮は必要ないし，被害原動機付自転車が右折を開始するときは，既に被告人車が対向車線に入って追越しを始めてから約53.5メートルも過ぎた時点であったので，仮に，右折の合図をするとしてもそれを行うべき地点（約30メートル手前）には，自車線上の後続車両はいなかったわけであるので，合図をするまでもないと考えたものと推認され，当時の状況からすれば，被告人において，被害原動機付自転車が，そのような考慮で，合図もせずに右折をすることもあり得ることは予見可能であったと考えられる上，警音器を吹鳴していれば，事故は防げていたと思われるので，条理上，警音器吹鳴義務はあったと考えられる。被告人は，被害原動機付自転車が，右折を開始して初めて警音器を吹鳴したのであるが，ならば，手遅れになる前に吹鳴は可能であったわけであるので，同義務を課すことに何ら不都合はなかったものと考えられる。もちろん，この場合は，道路交通法54条2項の危険を防止するためにやむを得ない場合に該当すると考えられる。

　　したがって，相手方が追越しに気付かないときは，追越しの危険性を踏まえ，警音器を吹鳴して知らせるとともに，それでも気付いていないと認められるときは，相手の右折等の行動に対し，常に急停車して，接触，衝突を避け得るようべき措置を講じるか，それを講じないときは，追越しを差し控えるべき義務があるものと考える。

　㋔　上記㋐㋑の各判決に対し，㋒東京高判昭和41年5月23日東高時報

17 巻 5 号 76 頁，判タ 194 号 165 頁は，追越車に，警音器吹鳴義務を認めたものである。大型貨物自動車の運転手が，2 人乗りの原動機付自転車を，左に約 1 メートルの間隔を空けて追い越そうとしていたところ，前方道路左側に工事用バリケードが設けられていて左端から道路中央に向けて約 2.8 メートル道路が狭まっており，同原動機付自転車が同バリケードを避けるべく進路を右側にとって被告人車に接近する可能性がある中，被告人車をその右側から追い越そうとした後続の大型自動車があり，3 車が併進状態になり，しかも，同大型自動車が，対向してくる都電を避けるため左側に寄ってくる可能性もあったが，被告人は警音器吹鳴も減速もせず，そのまま進行したため，上記大型車が都電を避けようとして左に進路を変えて被告人車の前に出てきたので，これとの接触を避けるべく左転把したところ，前記バリケードの右側を進行していた原動機付自転車に自車左側を接触させ，転倒させて死傷させたという事案である。

警音器吹鳴義務を否定した前記ア，イの各判例より，被追越し車との接触の予見可能性は高い事例ではあるが，予見可能性が認められるという点で，本質的な差はないと考えるべきである。

㋕　㋓福岡高判昭和 47 年 11 月 13 日判タ 288 号 299 頁は，大型貨物自動車を運転する被告人が，道路中央の左側約 1.9 メートルの地点を走行していた先行する被害車運転の自動二輪車を，警音器を吹鳴して 2 度追越しの合図を行った上，同車が進路をやや左寄りにとったものの避譲しなかったことから，対向車もないので，進路を右に変更して追越しを始め，同自動二輪車と並んだときには自車は 3 分の 1 が中央線より右側に出ていた状態で，同車との側方間隔は約 1 メートルであったが，そのまま自動二輪車の動静を注視しないで進行したところ，自動二輪車が右によって被告人車両の左側面に接触して転倒し，被告人車両の左後輪で被害車を轢過して死亡させた事故について，被害車両は，時速約 30 キロメートルの速度で比較的安定した状態で直進し，不安定な挙止もなく，進路を右に転ずる兆しもなかったこと，被告人車両は時速約 40 キロメートルの速度で被害車両との間に約 1 メート

ルの間隔を保ち，かつ同車の左側には約3メートルもの余地を残していたことから，交通の安全を解するものといえないこと，被害車両の動静を注視していたとしても被害車両の右接近は予測できず，同義務違反は結果発生に因果関係を有しないこと，接近を直ちに認めて急制動ハンドル転把の措置を執ったとしても，接触は回避不可能であったとうかがわれること，事故現場付近は道路が広くなっていた上，交差道路もあるので，被害車両が中央寄りに進行してくることや右折する可能性が予測できたとの検察官の主張についても，それまでの被害車両の走行状況等から予測可能であったとは認め難いこと，大型車の接近に被害車両はろうばいし接近接触するおそれはあるとしても，この程度の危険の回避はむしろ被害車両において負担すべきであること，道路交通法の警音器吹鳴に関する規定の趣旨からしても，被告人において継続的に警音器吹鳴すべき注意義務はないとした。

　同判決は，追越し車両において警音器吹鳴を行って合図をした事案であり，それによって被害車両が左に寄った事実が認められるので，それ以上厳格に反応を確かめるまでの必要はなかったであろうし，その他，右に進路を変える兆し等がなかった以上は，警音器吹鳴の継続義務を否定した判旨は妥当と考える。

(4) **実務例**

① 同所は法令により追越しを禁止された場所であるから，追越しを差し控えるはもちろん，あえて追越しをするに当たっては，前車と十分な間隔をとり，進路の安全を確認して進行すべき自動車運転上の注意義務があるのにこれを怠り，早朝であって交通閑散なのに気を許し，前方進行中のＹ（当時25歳）運転の普通乗用自動車との間隔をとらないで追越しを開始した過失により，自車左後部を同車の右前部に接触させ，同車をして左前方に暴走させ街路樹に衝突させた。

② ○○付近道路をＴ方面からＮ方面に向かい時速約30ないし40キロメートルで進行中，前方を同方向に進行中の普通乗用自動車2台をその右側から追い越そうとしたが，同所は約180メートル先から右方に湾曲

する道路であった上，降雨のため道路が湿潤して車輪が滑走しやすい状況であったから，高速での追越しは厳に差し控えるべき自動車運転上の注意義務があるのにこれを怠り，漫然前記速度で道路右側部分に進出し，時速約80ないし90キロメートルに加速して前記普通乗用自動車2台及び原動機付自転車1台の追越しを開始した過失により，減速するため制動の措置を執るとともに前記右方に湾曲する道路に沿って右にハンドルを切った際，自車の車輪が滑走して自車前部を道路右側部分に進出させ，折から対向進行してきたV（当時55歳）運転の普通乗用自動車右前部に自車前部を衝突させて，前記V運転車両左側後部を道路右側のガードレールに衝突させた。

③　○○方面から△△方面に向かい進行中，同方向に進行していた先行車両を追い越すため道路の右側を時速約50キロメートルで進行したが，たまたま右方××方面に至る道路との見通しの悪い交通整理の行われていない交差点に差し掛かったので，直ちに追越しを中止して徐行し，右交差点における交通の安全を確認して進行すべき自動車運転上の注意義務があるのにこれを怠り，漫然同一速度のまま道路右側から進行して追越しを継続した過失により，折から右方の道路から同交差点に進入してきたI（当時27歳）運転の普通乗用自動車を前方約20メートルの距離に発見し，急制動を施したが間に合わず，同車の前部に自車前部を衝突させた。

④　車道幅員約6.5メートルの道路を，時速約35キロメートルで進行中，折から道路左端より約0.7メートル右に寄った地点を同方向に進行していたM（当時27歳）運転の原動機付自転車を左斜め前方約12.8メートルの地点に認め，これを右側から追い越すに当たり，その動静を注視し，十分な間隔を保ち，安全を確認して同車との衝突を避けるべきはもちろん，対向車との安全を確認して進行すべき自動車運転上の注意義務があるのにこれを怠り，右に転把して追越しを開始した過失により，反対方向より進行してきた大型貨物自動車を認めてハンドルを左へ急激に切り，自車を前記M運転の車両直前に進出させ，同車に自車左側面部付近を衝突させて車もろとも同人を路上に転倒させた。

⑤　時速約45キロメートルで進行中，先行の普通乗用自動車を追い越すに当たり，その右側方には同方向に進行中の車両があり，かつ，右先行車両の左側方からの追越しは禁止されているので，追越しすることを差し控えるべき自動車運転上の注意義務があるのにこれを怠り，漫然右先行車の左側から追い越そうとして前方の安全不確認のまま同一速度で進行した過失により，折から右追越し車両の左側を同車と並進中のE（当時38歳）運転の自転車に自車を追突させて同女を跳ね飛ばした。

⑥　同方向に進行中の大型貨物自動車の右側を追い越そうとしたが，同所は下り坂であるため，反対方向からの交通を十分確認できないおそれがあったから，一時追越しを差し控えるべき自動車運転上の注意義務があるのにこれを怠り，前方の交通を注意しないまま漫然自車を道路中央より右側にはみ出させ，追越しを開始した過失により，折から対向してきたT（当時22歳）運転の普通貨物自動車を約20メートル接近して初めて発見し，左に避けようとしたが間に合わず，自車の荷台前部右側付近などを同車の右前部付近に衝突させた。

⑦　前方を同方向に進行中の普通乗用自動車を追い越そうとしたが同所は幅員約6.6メートルないし約7.8メートルの道路で前方には交差点があり，かつ，前方が左へ曲がる見通し困難な道路であるから，追越しを差し控えるほか，ハンドル，ブレーキを確実に操作すべき自動車運転上の注意義務があるのにこれを怠り，あえて，時速約50キロメートルに加速して道路右側に進出して追越しを開始した過失により，左にハンドルを切り得ないまま道路右側の電柱に自車の右側後部を接触させた上，折から反対方向より道路の右側を進行してきたA（当時36歳）運転の足踏式二輪自転車を約35メートル前方に認め，衝突の危険を感じ制動措置を執ろうとしてあわててアクセルペダルをブレーキペダルと間違えて踏み，かえって加速し自車を前方に暴走させ，同車に自車右前部を衝突させた。

⑧　○○付近の直線道路を，自車と同方向に進行するトレーラー3台に続きO方面からH方面に向かい時速約60キロメートルに進行中，先行するトレーラー3台を，道路右側部分に進出して追い越そうとするに当たり，追越し開始前，約300メートル前方に対向車両を認めており，追越

しを開始すれば同トレーラー3台を追越し道路左側分に戻るまでに同対向車両と衝突する危険があったのであるから，追越しは厳に差し控えるべき自動車運転上の注意義務があるのにこれを怠り，対向車両に接近する前に追越しを完了できるものと軽信し，自車の速度を時速約120キロメートルに加速した上，あえて右側部分に進出して追越しを開始した過失により，先頭のトレーラーの前方に進出した直後，対向車両が至近距離に迫っているのに気付き，同車との衝突を避けるためやむなく左に急ハンドルを切って自車を左前方に暴走させて道路外に逸脱させ，路外の電柱に激突させ，よって，自車に同乗中のV（当時21歳）に頭蓋骨骨折等の傷害を負わせ，死亡させた。

⑨　普通乗用自動車を運転し，○○先道路をK方面からS方面に向かい時速約40キロメートルで進行中，左前方を同一方向に2台並進して進行中であるH（当時21歳）ほか1名運転の2台の自転車を，その右側から追い越すに当たり，同所は幅員が約4.5メートルの狭隘な道路であり，かつ，左前方を併進して進行していた前記Hほか1名運転の自転車2台のため，一層有効幅員が狭められており，前記Hほか1名運転の自転車との間に十分な側方間隔を保つことが困難な状況であったから，警音器を吹鳴して追越しの意図を知らせて並進を止めさせ，かつ同自転車との側方間隔を十分に保って追越しを開始するか，警音器を吹鳴した上，同自転車の動静及びその安全を確認しつつ，徐行するなどして進行するか，厳に追越しは慎むべき自動車運転上の注意義務があるのにこれを怠り，警音器を吹鳴して並進を止めさせることなく，同自転車の動静及びその安全確認不十分のまま，徐行などもせず，かえって時速約60キロメートルに加速し，側方間隔不十分のまま追越しを開始した過失により，折から，追越し中，右に進路を変更してきた前記H運転の自転車の右側部に自車左側部を衝突させ，同人を同自転車もろとも路上に転倒させた。

(5)　**捜査上の留意事項**

　追越し時の事故は，事故の態様が多様で，衝突する事故の対象は，先行車，対向車，それ以外の車両，歩行者等多岐にわたる。また，衝突に至る

経緯も，被追越車の行動に起因するもの，追越し車の行動に起因するもの，それ以外の車両や歩行者に起因するものと多様であり，事故の起きる場所も，追越しを禁止されている場所とそうではない場所等様々である。

したがって，過失の内容も，前方注視義務違反，動静注視義務違反，側方間隔保持義務違反，警音器吹鳴義務違反，速度調整義務違反，ハンドル操作の不適，左・右後方の安全確認義務違反，及び追越し行為自体の差控え義務違反等様々である。これは，追越しが，多様な交通関与車両等の間を縫って行われる複合的な運転行為であることによる。

よって，捜査についても，事故の個性に応じた的確な捜査を遂げる必要があるということになる。

事故直後の現場の状況を正確に把握することのほか，

① 追越しが行われた際の状況の確定

追越し時の交通状況，先行車だけでなく追い越す際の先頭車両の走行状況，対向車の有無及び走行状況，四囲の道路状況，追越し場所及び事故現場道路の状況（規制状況も含む），先行車の大きさ，形状，進路，速度，動静，追越し車の大きさ，形状，追い越そうと判断したときの先行車との距離，速度。

② 追越し車の追越し状況

追越し車の進路，速度，進路に対する安全確認の方法，合図の状況，警音器吹鳴の有無，吹鳴の時期，場所，回数，被追越し車がこれに気付いていたかどうか，追越し開始時の対向車の位置，追越し中の被追越し車との側方間隔。

③ 危険を感じたときの被追越し車，対向車，その他の交通関与者，障害物等の位置及び状況，その後執った措置及び追越し車の進行状況，衝突状況，衝突後の状況，危険を認識したのが遅れたとすれば，その理由。

(6) 判　例

ア　積極判例

① 東京高判昭和33年3月5日高刑特5巻3号81頁

自動車運転者が先行する自転車を追い越すに際しては，警音器を吹

鳴して注意を喚起することはもちろん，その者にあまり接近して進行するときは，自転車搭乗者が自動車の迫力による風圧，震動や過度の精神的緊張などにより平衡を失い倒れかかって接触することもあるから，自動車運転者たるものはかかる事態の発生せぬよう十分な間隔を保持して進行すべき義務がある。

② 広島高松江支判昭和33年3月10日高刑特5巻3号90頁

自動車の運転者が自車の前方に自転車の進行を認めたときは，自転車搭乗者が往々自動車の進行してくるのを知らないで不用意かつ急に方向を転じ，自動車進路の前面に出て初めてその進行を知り，あわてて自転車の操縦を誤り転倒する危険があるから，このような場合自動車運転者は常に警音器，掛声その他の合図をして，自転車搭乗者に警告する義務がある。

③ 名古屋高金沢支判昭和33年5月15日高刑11巻7号369頁

積雪のある道路を同一方向に進行する自転車を追い越そうとする場合，バス運転者としては自転車の方向転換は任意であり，かつ自転車搭乗者が積雪及び敷砂利のためその操縦を誤り，又は転倒するおそれあることなどを考慮し，警笛の吹鳴又は呼び掛け等追越しの合図をしてこれを了知させ，できる限り自転車搭乗者を左側に待避させて，絶えずその動静及び道路の前後左右を注視し，自動車を安全に進出させ得ることを確認した上，可及的に道路の右側へ避譲するか，若しくはバスを随時停車させ，又は安全な箇所に避譲し得るよう適度に減速の上徐行する等適切な措置を講ずる義務がある。

④ 東京高判昭和33年12月23日東高時報9巻13号327頁

自動車の運転者が先行する原動機付自転車と自転車の中間を追い越そうとする場合には，原動機付自転車が自転車を完全に追い越すのを確認した後，まず自転車を，次いで原動機付自転車を，それぞれこれらとの間に十分な間隔を保って追い越すか，あるいは右両車の間隔を測り，警笛を吹鳴して注意を喚起しつつ絶えずその動静に注意を払い，いかなる事態が生じてもこれに対応し得るよう速度を調節して両車に接近し，両車がそれぞれ左右に避譲し安全に通過し得る程度の間隔を

確認した後追い越す等，事故の発生を未然に防止すべき業務上の注意義務がある。

⑤　名古屋高金沢支判昭和34年1月29日下刑1巻1号11頁

　　自動車運転者が，中学校に通ずる三叉路入口付近において，同一方向に進行中の児童の搭乗した自転車を追い越す場合には，児童が中学校の方へ右折するかも知れず，また中学校の方から少年，児童が道路付近に出てくることが予想されるから，人や車との接触を避けるため，前方を注視し，児童の挙動やその付近の状況に周到な注意を払い，必要に応じて警音器を吹鳴し，付近に所在する人の注意を喚起するとともに，状況のいかんに応じ，いつでも急停車し得るよう減速徐行すべき義務がある。

⑥　仙台高判昭和34年6月30日高検速報昭和34年11号

　　前方をよろめきながら操縦進行していく自転車運転者は，たとえ自動車に接触しなくても自転車の動揺や自転車搭乗者のろうばいなどの心理的動揺により自転車の操縦を誤らせ又は転倒して事故を惹起する危険があるから，このような場合単に警笛を吹鳴するだけでなく，いつでも停車し得るよう最徐行しながら相手方の姿勢に不断の注意を払い，自転車搭乗者と十分な間隔を保持して退行すべく，もしその場の状況上右のような間隔を保持できないときは，自転車搭乗者に呼び掛けて自転車から降りて待避させるなど事故の発生を未然に防止すべき義務がある。

⑦　高松高判昭和38年6月19日高検速報237号

　　自動車の運転者が自転車を背後から追い越す場合には，自動車の速度とそれとの間隔のいかんによっては，自転車の運転者があわてろうばいし，自転車の把手操作を誤ることがあるのは経験上明らかであり，殊に自転車の後部荷台に幼児を乗車させている場合には，その危険発生の蓋然性がより高度であるから，これに危害を加えないよう交通の安全を保持するため万全の措置を講ずる義務がある。

⑧　大阪高判昭和39年11月30日高検速報昭和40年2号

　　大型貨物自動車を運転して同一方向に進行する自転車のすぐ傍を追

い越すような場合においては，右貨物自動車の運転者は不測の事態に備え十分速度を落とし，できるだけ自転車との間に安全な間隔を保って追越しを図る必要のあることはもちろん，その傍を車の前部が通過した場合でも，自車の車体全部が安全に当該自転車の追越しを終わるまでは，バックミラーその他によって同自転車の位置，動静などを注視しつつ進行し，万一当該自転車が何らかの理由で操縦の安定を失った場合においても直ちに急停止の措置を執り得るよう万全の措置を講じて進行すべき義務がある。

⑨　広島高判昭和41年12月12日高検速報107号

　自動車運転者は，前方の見通しのきく範囲の狭い道路の曲がり角付近において，道路の中央より右側部分に出て他の自動車を追い越す等のことを避け，もって対向自動車との接触事故を防止すべき業務上の注意業務がある。

⑩　大阪地判昭和42年11月21日判タ221号270頁

　先行自動車を追い越す場合には，あらかじめ警音器を鳴らして自転車操縦者を警戒避譲させて安全にその側方を通過できるよう動静注視に意を用い，間隔に留意しつつ速度を調節すべき注意義務がある。

⑪　高松高判昭和42年12月22日下刑9巻12号1517頁，判タ220号109頁，判タ223号246頁

　大型貨物自動車を運転し，登り勾配の道路で片手運転をしている自転車を追い越そうとした際，進路前方に進出してきた同自転車と衝突して死亡させた事故について，そのまま進行すると被害車を追い越す際の間隔は約1メートルしかないことになるので，追い越す前に警音器を吹鳴し，被害者に後続車のあることを知らしめ，道路左側にできるだけ避譲させるなどして，安全な状態で追越しができるような態勢をとらしめるとともに，自らも減速徐行し，被害者の走行状態に注意して臨機の措置を執り得るように注意すべき業務上の注意義務がある。

⑫　仙台高判昭和44年8月4日高検速報昭和44年13号

　自動車運転者が先行車を追い越そうとしたところ，前車が進路を右

側に寄せてきたため急遽ハンドルを右に切り，道路右側路肩でバスを待っていた者と衝突した事故につき，道路の有効幅員は約6メートルに過ぎず右側路肩部分には残雪塊もあって路肩にはみ出せば安全な状態にあったのであり，かつ前車が加速し，しかも中央線を越え右に寄りはじめたのであるから，そのまま進行するにおいては，バスを待っていた者と衝突する危険も十分予測し得るので，この段階において追越しを中止すべき業務上の注意義務があった。

⑬　大阪高判昭和44年10月9日判タ242号319頁

　　自動車運転者は，先行車が異常な蛇行運転を繰り返しているときは，先行車がときに不測の行動に出ることを十分配慮し，これを追い越そうとするときには特に，先行車の動静に十分留意しつつ，安全な間隔を保って追い越すなど，危険の発生を未然に防止すべき業務上の注意義務がある。

⑭　広島高判昭和51年3月22日刑月8巻3号79頁

　　普通乗用自動車を運転し，中央線を越えて進行したり蛇行運転したりしている先行車を追い越そうとした際，同車が進路上に出てきたので右に急ハンドルを切って逸走させ，道路右側にあるバス停でバス待ちしていた被害者らに衝突させた事故について，自動車の運転者としては，前方の交通並びに道路状況をよく見極め，かつ前車の運転者に対し，あらかじめ警音器を吹鳴して追越しの警告を与えるのはもちろんであるが，単に警音器を吹鳴し，その際，前車が一時中央線左側部分に移行したというのみでは十分でなく，右警告に対し，前車の運転者が手その他で右追越しを了承した旨を明確に示すか，又は，前車が中央線左側部分に十分避譲した進行を相当区間継続するなどの反応を示し，前車が被告人車の接近追越しを十分了知して以後，ジグザグ運転若しくは，さらにその先行車を追い越そうとするなどして中央線銀側部分に進出してくることのない状況となったことを十分確認した上，追越しを開始すべきであるとともに，追越し開始後も一層前車の動静を注視し，同車が自己の進路に進出するようなことがあれば，いつでもこれを避けることができるような態勢で注意しながら進行すべ

き業務上の注意義務がある。

⑮　**福岡高判昭和 55 年 9 月 30 日刑月 12 巻 9 号 1082 頁**

　　丁字路交差点で先行車を追い越そうとして道路右側部分に進出したところ，右折を開始した先行車と衝突した事故について，先行車は右折の合図をしたかは疑わしいものの，時速約 30 キロメートルから時速 5 ないし 10 キロメートル程度に減速し，道路中央線よりに進行していた上，丁字路交差点であることは約 30 メートル前から認識し得る状況で，また，付近一帯は道路標識により右側部分はみ出通行が禁止されていた。追越しのためはみ出道路標識によって禁止された場所では，主に対向車両との衝突などの事故を防止する趣旨でこれが禁止されていると説く原審の判断は相当と思われるが，本件のような交差点での追越しを禁ずる法意は，交差点が交差道路からの進入車があることはもちろんのこと，交差道路への右折車の存在も当然考慮に入れられているのであって，これら多方向から多方向へ進行する車両で混雑することが予想される場所での追越し行為が特に危険性が大きいためであると解するのが相当である。なぜなら，右折車の運転者としては，その注意力の大部分を対向車又は右側道路からの進入車その他横断歩行者等の有無やこれらとの安全の確認に向けるのがむしろ通常であり，後続車に対する安全の確認は，その運転者の側で交通法規を守り，これを無視した無謀な追越しはしないものと信頼して運転すれば足りるとさえいえるからである。したがって，交差点内で右側部分にはみ出しての追越しとなるような運転行為は，自動車の運転者としては絶対にしてはならない基本的注意義務である。

⑯　**札幌高判昭和 58 年 3 月 22 日判タ 500 号 220 頁**

　　後続車が被告人車を追越し中であったのに，被告人はこれに気付かないまま前車を追い越そうとして後続車の直前に進出したため，被告人車との衝突を回避しようとして転把して路外に転落して後続車の乗員が傷害を負ったという事故について，被告人の弁解を排斥して，被告人は後続車の動静を確認することなく追越しを開始したと認定した上，追越しの際には，追越しの合図をする直前の後続車の動静の確認

だけでは足りず，進路を変更して対向車線に進入しようとする直前においてもサイドミラーなどを用いて右後方の交通状況，特に並進車両の有無について十分な注意を払うべきである。

イ　消極判例
　① 　広島高判昭和32年1月16日高刑特4巻1～3号1頁
　　　自動車の運転者が前方を進行する自転車を追い越すに際しては，警笛を吹鳴して先行自転車を避譲せしめ，自動車との接触を避けて事故を未然に防止すべき注意義務があることはもちろんであるが，特に自動車に接触する危険を認めるべき状況がない限り，自転車搭乗者の下車待避のないとき一時追越しを見合わせるべき義務はない。
　② 　高松高判昭和33年1月27日高刑特5巻1号24頁
　　　自動車の運転者が緩速車道から高速車道へ進入してきた自転車に自車を接触させた場合，自動車の運転者に追越しに際しての注意義務の懈怠がない。
　③ 　行橋簡判昭和33年6月21日一審刑集1巻6号938頁
　　　自動車運転者が先行する自動三輪車並びにこれに追従する自転車を追い越す場合，警音器を1回吹鳴したところ，自動三輪車が追越し承認の合図として道路の左端に避譲の上，徐行し，これに追従する自転車もこれにならい避譲したときは，さらに警笛を反覆吹鳴しあるいは徐行すべき義務はない。
　④ 　福島地郡山支判昭和34年7月29日下刑1巻7号1711頁
　　　自動車運転者が先行する自転車を追い越そうとする場合，自転車搭乗者が自動車の接近に気付き自ら道路の片側に避譲したときは，あらためて警笛を吹鳴して注意を与えこれを避譲させる必要はない。
　⑤ 　いわき簡判昭和43年4月26日下刑10巻4号404頁
　　　交差点で先行自転車を追い越そうとしたところ同自転車がたまたま右折したためこれと衝突した自動二輪車の運転者に過失を認めることは困難である。

⑥　最判昭和44年4月25日裁判集刑171号675頁，判時554号92頁，判タ234号83頁

　　自転車を追い越しつつある自動車運転者は，対向車の異常な行動を予想して，あらかじめ進路を広く空けるために，自転車乗りの生命身体に危険を及ぼすような行動（ハンドルを左に切って進路を変えること）に出るべき義務はない（そのままであれば，安全にすれ違いができたにもかかわらず，対向車両が先行車両を追い越すために，被告人車両と同先自転車を追い越すため蛇行運転をして被告人車両と自転車の間を進行しようとしてきて被告人車両と衝突した事故について）。

⑦　最判昭和44年5月2日判時554号94頁

　　自動車運転者に対向車との衝突を避けるため，自己が追い越しつつある自転車に危険を及ぼすような方法で避譲すべき業務上の注意義務はない。

2　追抜き時の義務

　「追抜き」とは，車両などが，他の車両などに追い付いた場合に，進路を変えることなく，その追い付いた車両などの側方を通過して，その前方に出ることである。

　進路変更を伴わないので追越しに比して危険が少ない。しかし，不用意な追抜きが事故原因となっている例は決して少なくない。

(1)　道路交通法上の義務

　追抜き行為自体に関する道路交通法上の規制は，横断歩道等の手前で停止している車両の追抜き（法38条2項。追い抜く前の一時停止義務を課している）及び横断歩道等とその手前30メートルを進行している自動車・原付の追抜き（同条3項。追抜きの禁止）以外にはない。

　道路交通法は，進路を変えず進行する追い抜きの場合には，上記横断歩道等の場合を除けば，追越しの場合と異なってそれ固有の危険は少ないこと，及び交通の円滑を図る必要があることから，規制としては車両の運転

者が前方注視を行ってそれに応じた安全な運転を行う義務（法70条の安全運転義務）を課すだけにとどめ，追い抜きに伴う危険の防止は，むしろ被追抜き車の方に，進路変更，右左折，追越し等の場合における義務を課すことにして防ごうとしたのである。

(2) **過失運転致死傷罪における注意義務**

しかしながら，追抜き行為も，同一の道路上に追い抜かれる車両が存在するので，少なからず危険は存在しており，実際にも追抜き時の事故は少なくない。追抜き時の事故で多いのは，自転車や原動機付自転車及び自動二輪車を追い抜く場合のこれとの接触事故であり，これに関しては，前方注視義務，動静注視義務，側方間隔保持義務が中心となる。もちろん，追抜きを差し控える義務や的確にハンドル操作を行う義務も問題となる。

追抜きに関する具体的な注意義務としては，次のものが考えられる。

① 前方を注視するとともに，並進車，対向車の動静に留意し，これらと接触の危険のないよう十分な間隔をとって追い抜かなければならない。

② 自己の進路上に障害物（車両，通行人，横断者，安全地帯など）があるかどうかを十分確認し，進路上の安全を確かめてから追抜きにかかるべきである。

③ 追い抜かれる車両の前方は，視角が遮られ，見通しが悪くなるので，その死角から出てくる車両や歩行者等にも留意する必要がある。発見遅滞があれば過失が認められることになる。

④ 道路の曲がり角，勾配の急な下り坂，上り坂の頂上付近，横断歩道の手前などのように危険な場所での追抜きは避けなければならない。

⑤ 自転車は，その性質上いつその方向を転換するかも知れず，かつ，不安定な走行をしている場合もあるから，これに留意して動静を注視しつつ十分間隔をとって追い抜かなければならない。

⑥ 歩行者は背後に車両があることに気付かず行動する可能性がある上，ときとして背後より自動車の接近したことを知り，驚愕して車に接近することもあるので，特にその動静には留意し，接触しないだけの十分な間隔をとるのはもちろん，場合によっては速度を調節して追い抜く必要

がある（側方通過の際の注意義務で論じたこと（191 頁）を参照）。

(3) **実務例**
① 幅員約 6.2 メートルの道路左側を，時速約 50 キロメートルで進行中，道路左端より約 1 メートル右に寄った地点を同一方向に進行していたＴ（当時 40 歳）運転の自動二輪車を右側から追い抜こうとした際，前方約 80 メートルの地点に対進してきた大型貨物自動車が先行する普通貨物自動車を追い越そうとしてセンターラインを越え，自車の進路にはみ出して進行してくるのを認め，右大型貨物自動車とのすれ違いにかかる頃，右自動二輪車の右側を通過する状態にあった上，その側方間隔の安全保持が困難な状況であったのであるから，右追抜きを差し控えるべき自動車運転上の注意義務があるのにこれを怠り，同自動二輪車を追い抜こうとしてその右側直近を漫然前記速度のまま進行した過失により，自車左側を右Ｔの頭部などに接触させて同人を道路左側下の用水路に転落させた。

② 進路前方左側を同方向に向け，自動二輪車を運転走行していたＴ（当時 30 歳）を追い抜くに当たり，該道路は都電安全地帯のある有効幅員約 3.05 メートルの狭隘な道路状況であったから，警音器を吹鳴して警告を与え，右自動二輪車の避譲又は合図のあるのを待ち，その安全を確認しつつ最徐行で追い抜く自動車運転上の注意義務があるのにこれを怠り，漫然同一速度で追抜きに差し掛かった過失により，自車の荷台左側前部を右Ｔに接触させ，同人を路上に転倒させて自車後車輪で引きずり死亡させた。

③ 時速約 70 キロメートルで進行中，前方を同方向に進行中の普通乗用自動車の右側を追い抜くに当たり，前方は道路が右方へ湾曲していたので，進路の安全を確認しつつ，ハンドル，ブレーキを的確に操作して進行すべき自動車運転上の注意義務があるのにこれを怠り，中央分離帯付近に進路をとって前記先行車を追い抜いた直後，前方注視を欠いた過失により，自車を道路中央分離帯上に乗り上げさせてハンドル操作の自由を失い，自車を右前方に暴走させて道路右側のガードレールに自車前部

を激突させ，その衝撃などにより自車に同乗していたＴ（当時22歳）を車外に転落させた。

④　時速約35キロメートルで進行中，前方の進路左側を同方向に進行していたＫ（当時30歳）運転の自転車の右側を追い抜こうとしたが，既にその約17メートル手前で，同人が当時ハンドルを左右にふらつかせながら進行していたのを認めたばかりでなく，同所付近は幅員約5メートルの狭隘な道路であったから，警音器を鳴らして警告するとともに，同人の動静を注視し，同人の避譲を待つか，同人と十分な間隔を保ち，その安全を確認して追い抜くべき自動車運転上の注意義務があるのにこれを怠り，警音器を吹鳴せず，同人との安全確認不十分のままその右側直近を前記速度で追い抜いた過失により，自車左側ドアを同人の自転車右ハンドルに接触転倒させた上，左後車輪で轢過した。

⑤　時速約20キロメートルで進行中，左斜め前方約10メートルの道路の左端を同方向に進行中のＳ（当時56歳）運転の自転車をその右側から追い抜こうとしたが，当該道路左側はコンクリート堤防が続いていて右自転車は左に避譲する余地がない状況であったから，その動静を注視するのはもちろん，同乗中の交替運転手をして左側方の警戒に当たらせ，右自転車と十分な間隔を保ち，安全を確認しつつその右側を進行すべき自動車運転上の注意義務があるのにこれを怠り，漫然時速約30キロメートルに加速し，右自転車の右側直近を追い抜いた過失により，自車運転台左側後部付近を右Ｓに接触させ，同人を自転車もろとも路上に転倒させてこれを左後車輪で路面に押し付けながら約4.6メートルの間引きずった。

⑥　普通貨物自動車を運転し，○○先の幅員約6.4メートルの道路を○○方面から○○方面に向かい時速約45キロメートルで進行中，進路前方左側端を同方向に進行するＴ（当時74歳）運転の自転車をその右側から追い抜くに当たり，当時同道路左端には残雪が点在しており，同自転車が同残雪を避けるため右に進路を変更してくることが予想された上，対向進行してくる車両があって同自転車との間に安全な側方間隔を保つことが困難だったのであるから，適宜速度を減速した上，対向してくる車

両の通過を待って追い抜きを開始すべき自動車運転上の注意義務があるのにこれを怠り，対向進行してくる車両の通過を待つことなく同自転車との間に僅か約 50 センチメートルの側方間隔を保った状態で漫然時速約 45 キロメートルで追抜きを開始した過失により，同自転車が右方に進路を変更したのを左前方約 8.6 メートルの地点に認め，右転把の措置を講じたが，同自転車に自車左前部を衝突させ，同自転車もろとも同人を路上に転倒させた。

(4) 捜査上の留意事項

　追抜き時の側方接触事故は，多かれ少なかれ被追抜き車である被害車両又は被害者の過失と競合することが少なくないので，予見可能性，結果回避の可能性などを念頭において捜査する必要がある。またこの注意義務は，追越し時の注意義務と同一のものが多いから，捜査も追越し時の事故に準じて考えてよい。

　なお，自車が後続車に追い越されているときの，自転車や二輪車等の被追越し車両との事故もあるので，その場合は追越し車の追越し状況に関しても明らかにする必要がある。追抜き中，被追抜き車（者）の前方の死角から出てきた被害者と衝突した場合には発見可能地点の特定が必要である。回避可能性の判断のために必要となるのであるが，死角から出てくることについての予見可能性も捜査を尽くす必要がある。

(5) 判　例

　ア　積極判例

　　① 福岡高判昭和 30 年 3 月 2 日高刑特 2 巻 6 号 145 頁

　　　事故現場の道路の幅員は約 8.5 メートルであり，荷車に積まれたままの材木が約 2 メートル路上に突き出しており，反対側路上には 1 台のトラックが停車中であったから，中間の道路の幅員は僅か約 4 メートルに過ぎず，その間を幅約 2.3 メートルの被告人のトラックが通過しようというのである。また当時左側方には被告人と同一方向に向け進行中の足踏式二輪自転車があり，その進路に当たって前示材木が突

き出していた状況にあったのであるから，被告人において後方から足踏式二輪自転車を追い抜くにおいては，右の足踏式二輪自転車にいかなる事故を発生せしむるか計り難いことは当然予見し得ることであり，かかる場合，自動車運転者としては，一応停車し，足踏式二輪自転車の通過を待ってのち発車すべき業務上の注意義務がある。

② **東京高判昭和 40 年 1 月 18 日公刊物未登載**

大型貨物自動車を運転し，時速約 25 キロメートルで対向車とすれ違う際，自車左斜め前方に足踏式二輪自転車に乗った老人が並進している場合，その道路が非舗装の砂利道で敷石が置いてあり，かつ，傾斜している地形的悪条件と，大型貨物自動車の接近による心理的重圧のための精神的動揺などから，自車の進路前方に転倒するような事態も起こり得ることは，自動車運転者として当然予想し得べきものであり，また対向車に注意を奪われ自然左方に対する注意がおろそかになりがちであるから，かかる場合は同人の動静を注視し，不測の事故の発生を免れることができる程度に減速徐行すべき業務上の注意義務があるのにこれを怠った結果，自ら転倒した被害者を轢過死させたものであるから，その責任を免れない。

③ **東京高判昭和 40 年 3 月 23 日高検速報 1338 号**

第一ないし第三の車両通行区分帯が設けられている道路の第一通行区分帯を進行中，交通整理の行われていない交差点内で同一方向に進行している自転車を追い抜く場合，その自転車が本来使用すべきでない第二通行区分帯を進行しており，それが通行区分を誤っているものでなく，第一通行区分帯を走行する車両間の距離などから道路の横断しやすい状況にあるときには，同自転車が横断のため不用意に右折し自車の進路に入ってくることは当然予見し得べきであるから，警音器の吹鳴，徐行等を行い安全を確認すべき義務がある。

④ **東京高判昭和 41 年 5 月 23 日東高時報 17 巻 5 号 76 頁**

進路前方に工事用バリケードが設けられてあり，他の自動車が自車の直近右側を追い越そうとしている場合において，自車の直近左側を進行中の原動機付自転車を追い抜こうとする場合，およそ自動車運転

者としては，本件自転車がバリケードを避けるべく進路を右側にとり本件自動車に接近する危険性があるのみならず，前記のようにバリケードのため車道が狭くなっているところへ3車が同時に進行するような状態になることは当然予想されるところであり，かつ，右側の追越車が追越し後，対向都電を避けるべく左側に寄って本件自動車の進路上に出てくるかもしれない危険性もあるのであるから，警音器を鳴らすとともに，直ちに徐行の措置を講じた上，バックミラー等により絶えず本件自動車の動静に注意しつつ，これとの安全な横間隔の保持に留意し，安全を確認して進行すべき注意義務があるのは当然といわなければならない。

⑤ 東京高判昭和40年11月29日高検速報431号

　自動車の運転者が同一方向に先行する自転車を追い抜くに当たっては，先行車との間隔を保つべきであり，自車のあおりによって先行車の運転を誤らしめるようなおそれのあるすれすれの至近地点を通過すべきではない。

⑥ 高松高判昭和42年12月22日下刑9巻12号1517頁，判タ220号109頁，223号246頁

　被害者は，1.8パーセントの登り勾配の幅員約8メートルのコンクリート舗装道路を，後部荷台に衣類などを包んだ風呂敷包み2個を縛り付けた自転車にハイヒールで乗車し，左手で日傘をさし，右手でハンドルを握りながら道路の左側から約1.7メートルの付近を進行し，多少身体が揺れたり，蛇行するなどの不安定な状態がみられたところ，大型貨物自動車を運転していた被告人が時速約50キロメートルで道路端から約2.8メートルの地点を走行して追い抜こうとしていた中，前方約4メートルの地点に迫ったとき，自転車が急にハンドルを右に切り，道路中央部に進出してきたので，左に急転把し衝突を避けようとしたが間に合わず，自転車に乗っていた女性を衝突させ死亡させた事故につき，そのまま進行すると被害者を追越す際の被害者との間隔は約1メートルしかないことになるのであるから，追い越す以前に警音器を吹鳴し，被害者に後続車のあることを知らしめ，道路左側にで

きるだけ避譲させるなどして，安全な状態で追越しができるような態勢をとらしめるとともに，自らも減速徐行し，被害者の走行状態に注意して臨機の措置を執り得るよう注意すべき業務上の義務がある。

⑦　大阪高判昭和43年4月26日高検速報昭和43年25号

　　自動車運転者は，自転車の発見とともに警音器を十分吹鳴して警告を与え，橋の手前で避譲させた上で自車が先に橋を進行するか，狭い橋上での追い抜きを差し控えて自転車が橋上を通過し，幅員の広い道路に出た後にこれを追い抜くようにし，あえて橋上での追い抜きをするにおいては，自転車に接触しないようその動静に注意し，交通の安全を確認して進行すべき注意義務がある。

⑧　大阪高判昭和44年10月9日判タ242号319頁（前掲366頁）

　　酒気を帯びて蛇行運転を繰り返しながら先行する自動二輪車が警笛を吹鳴した直後一旦は避譲したように見えたのでこれを追い越そうとして自車を接触負傷させた事故につき，先行車が異常な蛇行運転を繰り返しているのであるから，かかる運転者がときに不測の行動に出ることを十分配慮し，これを追い越そうとするには特に先行車の動静に十分留意しつつ，安全な間隔を保って追い越すなど，危険防止の業務上の注意義務がある（にもかかわらず，被害者が一旦，1メートルくらいセンターラインから左に寄りに離れたというだけで，その後同人の動静を注視せず，避譲したものと軽信し，安全な間隔といえない僅か1メートルくらいの間隔しか見込まないで追い越そうとした）。

⑨　仙台高秋田支判昭和46年6月1日高検速報昭和46年13号

　　一般に先行する自転車等を追い抜く場合（追越しを含む），自転車の構造上の不安定をも考慮に入れ，これと接触することのないよう安全な速度と方法によって追い抜くべき注意義務のあることもとよりであるが，右の安全な速度と方法の内容は，道路の幅員・先行車及び追抜車の速度・先行車の避譲の有無及び程度・対向車及び駐停車両の存否等具体的な状況により決すべく，一義的に確定すべきものではないところ，前記認定の被告人車の場合のように道路左端より1メートルないし1.2メートル程度右側のところを進行中，道路左側端より0.8メー

トル程度右側を進行中の先行自転車を発見し，これを時速45キロメートル程度で追い抜くに際しては，先行車の右側を余り至近距離で追い抜けば，自転車の僅かの動揺によりあるいは追抜車両の接近や風圧等が先行自転車の運転者に与える心理的動揺により，先行自転車が追抜車両の進路を侵す結果となり衝突に至る危険が予想されるから，右結果を回避するため，先行車と十分な間隔を保持して追い抜くべき注意義務が課せられることが当然であって，本件においても右の注意義務を遵守し，被害車両と十分な間隔（当審の差戻判決に表示されたように約1メートル以上の間隔を死傷すると解すべきである）を保持して追い抜く限り本件衝突は回避し得たと認められる。

⑩ 東京高判昭和55年6月12日刑月12巻6号419頁

被害者の自転車が急に右方に曲がった地点までこれに近接するより以前に，これと約62メートルの距離をおいた時点において，既に自転車に乗った被害者を発見し，しかもその自転車が約50センチメートルの揺れ幅で左右に動揺しながら走行していたものであることを確認している事実が明らかに認められるのである。これを追尾する自動車の運転者として，減速その他何らの措置も執ることなく，そのまま進行を続けるときには，やがて相手方自転車に近接し，これを追い抜くまでの間に，相手方がさらにどのような不測の操法を採るかもしれず，そのために自車との衝突を招く結果も起こり得ることは当然予想されるところであって，予見可能性の存在したことは疑うべくもなく，また，右のような相手方における自転車の操法が不相当なものであり，とき交通法規に違反する場面を現出したとしても，既に外形に現れているその現象を被告人において確認した以上は，その確認した現象を前提として，その後に発生すべき事態としての事故の結果を予見すべき義務も存在したものといわなければならない。被告人は，自転車を最初に発見し，その不安定な走行の状態を認識した際には，これとの間に十分事故を回避するための措置を執り得るだけの距離的余裕を残していたのであるから，原判決判示にかかる減速・相手方の動静注視・警音器吹鳴等の措置を執ることにより結果の回避が可能であったこと

も明白であり，所論警音器吹鳴の点も，法規はむしろ本件のような場合にこそその効用を認めて許容している趣旨と解されるので，結果回避の観点から本件の過失を争う所論の採用の限りでない。

⑪　最決昭和60年4月30日刑集39巻3号186頁，裁時915号11頁，判時1174号150頁，判タ572号55頁

本件道路は大型貨物自動車の通行が禁止されている幅員4メートル弱の狭隘な道路であり，被害者走行の有蓋側溝に接して民家のブロック塀が設置されていて，道路左端からブロック塀までは約90センチメートルの間隔しかなかったこと，側溝上は，蓋と蓋との間や側溝縁と蓋の間に隙間や高低差があって自転車の安全走行に適さない状況であったこと，被害者は72歳の老人であったことなど原判決の判示する本件の状況下においては，被告人車が追い抜く際に被害者が走行の安定を失い転倒して事故に至る危険が多いと認められるのであるから，たとえ，同人が被告人の警笛に応じ避譲して走行していた場合であっても，大型貨物自動車の運転者たる被告人としては，被害者転倒による事故発生の危険性を予測して，その追い抜きを差し控えるべき業務上の注意義務があった。

イ　消極判例

①　宇都宮簡判昭和39年3月31日下刑6巻3・4号365頁

いわゆる「追越し」の場合は，後走車はその進路を変更して先行車を追い抜くのであるから，一般的にいって先行車との車間距離が十分とれず，両車間の併進関係が複雑であるから後走車は警音器を吹鳴して「追越し」運転に移ることを先行車に警告し，先行車に用心させて後「追越し」をなすべきであり，後走車の「追越し」を認識するまでは先行車の動向に応じた臨機の措置を執り得る程度に減速すべきであるが，「追抜き」の場合は一般に両車の併進関係は単純であり，特に本件の如く車間間隔が十分の場合は特別の事情のない限り警音器の吹鳴の義務もなく減速措置を執る義務もないと考えられる。

②　西条簡判昭和42年4月28日判タ220号108頁

大型貨物自動車を運転して道路の前方左側を進行中の自転車を追い

抜こうとした際，右自転車が何の合図もなく道路中央に進出してきたため自車をこれに衝突させた場合，被告人に過失はない。

③　大津地判昭和42年5月8日下刑9巻5号635頁

　交差点において前車を追い抜こうとした際，前車が違法な右折をしたためこれに衝突した場合は，自動車運転者に過失を認めることはできない。

④　いわき簡判昭和43年1月12日下刑10巻1号93頁，判タ220号107頁

　自動二輪車を運転し，交通整理の行われていない左右の見通しの悪い交差点を直進し，前方左側を走行中の自転車を約2メートルの間隔を保持したまま追い抜こうとした際，右折の合図をせずに右折を開始した同自転車と衝突して傷害を負わせた事故について，警音器を吹鳴すべき危険な状況ではなかったとして，警音器吹鳴義務を否定し，交通整理が行われておらず左右の見通しの悪い交差点における徐行義務（法42条）の趣旨は，出会い頭の衝突を避けるためのものであるので，本件事故の注意義務とすることはできない，とした。

⑤　白河簡判昭和43年6月1日下刑10巻6号631頁

　そのまま進行すれば先行する自転車との間に十分な距離をおいた状態でこれを追い抜き得る貨物自動車の運転者としては，右先行車に追従してこれを追い抜こうとするに当たり，特別の事情がない限り，右先行自転車が交通法規を守り，後方からの自動車との衝突の危険を未然に防止するため適切な行動に出ることを信頼して運転すれば足りる。

⑥　広島高判昭和43年7月19日下刑10巻7号715頁，判タ225号170頁

　タンクローリーの運転者が先行する足踏自転車を約95センチメートルの間隔を空けて追い抜こうとしていたところ，同自転車が約3メートル先を進行していた自転車が急ブレーキをかけたためこれとの衝突を避けようとしてとっさに急ハンドルを切って被告人車両の進路上に進出した自転車と自車後輪フェンダーに衝突させた事故につき，その進路上に突如進出して接触する危険のあることまで予見する義務

はない。

⑦ 最判昭和43年9月24日判時539号40頁

　交差点において先行車に続いて追抜き態勢にある自転車は，特別の事情のない限り，並進する車両が交通法規に違反して進路を変えて突然自車の進路に近寄ってくることまで予想して，それによって生ずる事故の発生を未然に防止するため，徐行その他避譲措置を執るべき業務上の注意義務はない。

⑧ 名古屋高判昭和44年6月24日高検速報465号

　左前方を先行する自動二輪車との間に約1メートルの車間間隔を保ちながら，これを追い抜こうとする軽三輪自動車の運転者としては，特別の事情のない限り，右先行自動二輪車の運転者が，自車の直近前方で急に進路を右に転ずるというような交通法規を無視した暴挙に出ることはなく，右法規を守り，適切な行動に出るであろうことを信頼して運転すれば足りる。

⑨ 東京高判昭和45年3月5日東高時報21巻3号99頁

　自動車運転者が原動機付自転車を追い抜くに当たりセンターライン寄りを走行中，先行の足踏自転車を追い越そうとして突如右斜めに進路をとった右原動機付自転車に接触した場合には，業務上の過失を認めることはできない。

⑩ 奈良地葛城支判昭和46年8月10日刑月3巻8号1104頁

　大型貨物自動車を運転し，国道を進行中，63歳の老人が運転する自転車を追い抜く際，突然道路を横断し始めた同自転車と衝突した事故について，警音器吹鳴義務は，危険が現実，具体的に認められる状況下で，その危険を防止するためにやむを得ないときに限られ，老人は身体的敏捷性に欠けるとはいえ，社会的経験は豊かであるから高齢者でない限り事前に危険を察知し，未然に危険を避け得る能力においては一般成人に劣るとは考えられないので，安全な自転車操縦を期待できない状況がその挙動などから判断し得る場合でない限り，突然異常な行動に出る危険性はないものと判断したことは責められず，具体的な危険があったとも認められないので，警音器吹鳴義務はない。

第7　すれ違い時の注意義務

1　道路交通法上の義務

　道路交通法上，すれ違い時の通行自体を規制する規定は存在しない。しかしながら，すれ違い時の事故を防ぐための規制は存在している。それには次のものがある。
　① 　車両は道路の中央から左の部分を通行しなければならない（法17条4項）。
　② 　車両は，車両通行帯の設けられた道路を通行する場合を除き，自動車及び原動機付自転車にあっては道路の左側に寄って，軽車両にあっては道路の左側端に寄って通行しなければならない（法18条1項）。
　③ 　追越しに関する規制（法28条2項，3項，4項，29条，30条）。

2　過失運転致死傷罪における注意義務

　すれ違い時の事故は，他の態様に比して事故数が多いわけではないが，衝突時の衝撃は互いの速度が合算されるため極めて大きくなり負傷の程度も大きくなる可能性がある。死亡事故では，正面衝突の割合が9.8パーセント（警察庁交通局「平成25年中の交通事故の発生状況」（平成26年2月27日）25頁）であるところ，正面衝突の全てがすれ違い時の事故ではないものの，かなりの割合を占めていることは間違いなく，すれ違い時の事故の危険性は高い。
　したがって，車両の運転者は，対向車とのすれ違いに当たっては，慎重な運転が求められるわけである。もっとも，前方を注視する限り，対向車の存在は認識できるわけであり，自らの身体・生命の危険も十分に認識できるので，おのずから慎重な運転をするものと考えられるが，相手方も同様なわけであるので，それでも事故が起きるのには相手方にも不注意があることが多い。そして，いずれかあるいは双方が何らかの理由により一旦不注意に陥って運転すれば，

重大な結果になるのであるが，相手方に不注意があれば，過失を問うのが難しい場合もある。

すれ違い時の事故は，双方あるいは一方が道路中央を越えて進行したために衝突するものが多い。中央線が設けられていず，幅員の狭い道路で行き違う場合には，双方に速度調節義務や徐行ないし停止義務が生じるし，その前提として前方注視義務や動静注視義務を尽くすことが必要となる。そのうえ，曲がり角や見通しの悪いカーブでは，相手方の存在自体が見通し得ないのであるから，それに対する対処，すなわち，徐行ないし停止，あるいは警音器の吹鳴の義務が生じる。

中央線が設けられている道路に関しては，自車線を進行している限り，過失はないのが通常であろうが，対向車が中央線を越えてくることが予想されるような場合には，前方注視あるいは動静注視義務を尽くして，相手の進行状況その他状況に応じた事故防止策を講じる必要がある。警音器を吹鳴して相手方に自車の存在を知らしめて注意を促し，あるいは，道路左に寄ったり，減速徐行を行うなどである。また，衝突を避けるためにハンドル操作を的確に行う必要があるのは当然である。

対向車がふらふら運転をしているなど異常な状態にある場合，その行動を明らかに察知し得るまで一時停止するか，又はいつでも停車し得るよう徐行する必要があるであろう。この場合は，警音器吹鳴義務も肯定されよう。

すれ違い時に，対向車との衝突を避けることばかりに注意が向き，並進車両や歩行者に対する安全確認がおろそかになってこれらとの衝突を招くこともあるので，これらに対する安全確認義務，動静注視義務も尽くす必要がある。

前方左右を注視し，対向車の背後にある他の車両又は通行人などにも留意する必要がある場合もある（これらの車両，歩行者等との衝突の予見可能性が認められる場合）。

3 実務例

① Y（当時28歳）運転の原動機付自転車と併進中，対向する大型貨物自動車と行き違うことになったのであるから，同車のみならず前記Y運転の車

両とも十分間隔を保ち，同車などの動静を注視して危険の発生を未然に防止すべき自動車運転上の注意義務があるのにかかわらず，対向車との接触を避けることのみに気を奪われ，時速約40キロメートルの速度でいきなりハンドルを左に切った過失により，自車を左方に走行させて，自車の側面を該原付自転車に接触転倒させた。
② 反対方向から道路中心線寄りに進行してきたＴ（当時23歳）運転の普通乗用自動車と行き違うに当たり，同車との間隔に十分注意せず，かつ，時速約40キロメートルのまま漫然右側通行をした過失により，同車右前部に自車右前部を衝突させた。
③ 時速約40キロメートルで進行中，反対方面から進行してきたＡ（当時25歳）運転の普通乗用自動車と行き違うに当たり，同所は幅員約5メートルの道路で左右に電柱があったのであるから，減速徐行して右対向車の動静を注視するはもちろん，左前方に対する注視をも厳にし，進路の安全を確認しつつ進行すべき自動車運転上の注意義務があるのにこれを怠り，速度を時速約30キロメートルに減じただけで右対向車のみに気を取られ，左前方に対する注意不十分のまま左へ寄りながら進行した過失により，折から進路左側を同一方向に向かって歩行していたＹ（当時28歳）に気付かず，同人に自車左前部を触突させて路上に転倒させた。
④ 時速約35キロメートルで進行中，反対方向から進行してきたＡ運転の普通貨物自動車と行き違うに当たり，同所は幅員僅か4.9メートルの狭隘道路であったから，同車両の動静を十分注視し，進路と自車荷台に積載していた鉄材及び荷台のあおりの右側への出幅との関係に留意し，右Ａの車両との安全な間隔を保持し得るよう，できる限り道路の左側に寄って徐行して安全を確認しながら行き違うか，若しくは左側端に一時停止して避譲し，同車の通過を待って進行すべき自動車運転上の注意義務があるのにこれを怠り，同車が一時停止して避譲してくれるものと軽信し，時速を約20キロメートルに減速したのみで漫然進行した過失により，同車の荷台の幌の側面及び同幌の鉄製支柱に自車の前記積載鉄材の一部右側先端などを接触させ，右鉄材を右外側へ押し曲げるとともに，前記幌などを後方に脱落させ，同幌及び右鉄材などを右Ａ運転の車両の荷台に乗車していたＹ

に接触させた。

⑤　幅員約7.8メートルの道路を時速約35キロメートルで進行中，対向してきて被疑者の車両と行き違うため進路前方道路右側で時速を約15キロメートルに減じた普通乗用自動車を前方約17.7メートルの地点に認め，同時に同地点道路左側を被疑者と同方向に向け並んで歩行中のF（当時25歳）ほか1名を認めてその中間を通過しようとしたが，そのまま進行すると右普通乗用自動車と歩行者の接近した地点で行き違うこととなり，いずれかに接触のおそれがあるので，それらの動静，位置などを絶えず注視しつつ，直ちに減速徐行し，状況により行き違い車両の前で一時停止し，左右の安全を確認したのち再び進行を開始すべきはもとより，ハンドル，ブレーキなどを確実に操作すべき自動車運転上の注意義務があるのにこれを怠り，前記Fの右側方と自車との間隔について目測を誤り，やや左に転把しても同人に接触しないものと軽信し，対向車との行き違いのみに気を奪われて右Fに全く注意せず，左片手でハンドルを左に切りつつ速度を若干減じたのみで対向車との行き違いを図った過失により，自車左バックミラーを右Fに接触させた。

4　捜査上の留意事項

①　対向車両との衝突事故の場合は，衝突地点の確定が最重要である。道路中央（中央線が設けられている場合は中央線）を基準として，左右いずれ側であるか否か。被疑者車両側であれば，特段の事情がない限り，相手側に過失があるといえるからである。逆に対向車両側であれば，被疑者に過失があることになる。

　しかし，この基本的な事項が，特定できない場合が少なくない。双方の供述が食い違うことも少なくないからである。仮に一致していたとしても，供述だけのことであり，後に，供述を変遷させる可能性もあるので，客観的な証拠で衝突地点を確定する必要がある。これについては，衝突車両の停止位置の特定，道路に残されたタイヤ痕，ガウジ痕，部品等の散乱状況等を正確に見分した上で，自動車の挙動特性から衝突地点を特定する必要

がある。これが，出発点となる。仮に，衝突地点が特定できない場合には，過失の認定が困難となり，責任を問うことは難しいといわざるを得ない。道路状況，速度等を前提とする車両の挙動の在り方から双方の主張の真偽が判断されることもある[112]。

② 道路状況の特定

　道路の幅員，道路側端の状況（砂利，石その他の障害物の存否，その状況），見通しの状況，制限速度，カーブであれば，その曲率，限界旋回速度の特定。

③ 双方の車両の速度及び進路，他の交通状況。

④ 相手を発見した地点，そのときの位置，双方の速度，発見遅滞があったとすればその理由，危険を感じた地点，そのときの位置，双方の速度，危険を感じて執った措置，その地点，衝突状況及びその後の状況。

　正面衝突等の激しい衝突時に，事故車両のブレーキが踏まれていたか否かを確認する方法として，事故車両のブレーキランプフィラメント（電球内の電熱線）の変形の有無を検査・確認する方法がある。

⑤ すれ違い車両との衝突は回避したが，それ以外の交通関与者と衝突した場合には，これらの交通関与者を認識した地点，及びそのときの速度，発見が遅かったとすればその理由，これらの者に衝突した理由，避けられたか否か，避けられなかったとすればその理由，同衝突車両の衝突前の走行状況。

⑥ 衝突回避行為としてのハンドル急転把によりコーナーリング痕等のタイヤ横滑り痕が印象されている場合があるので，衝突地点あるいは最終停止地点を中心に，現場路面の広範囲の観察が必要である。

---

[112] まれに，自車線への進入車（対向飛出車両（被疑車両））との衝突を避けようとした被害車両が急転把して対向車線側へ回避した直後に，先に被害車両側の車線へ飛び出した被疑車両が自車の対向飛び出しに気付き自車線内に戻ったところで，上記回避措置をとっていた被害車両と衝突するという事故もあるから，衝突時に対向車線に入っていた車両すなわち被疑車両でない場合もあるので，認定には留意を要する。

5 判 例

(1) 積極判例

① 東京高判昭和32年7月25日高刑特4巻16号395頁

　　雪で凍結した狭い道路上で，対向足踏式二輪自転車がハンドルの平衡を失い，ふらふら斜めに自車の進路に向かってきたのを認めたようなときは，警笛を吹鳴して相手方に警告を与えるのはもちろん，万一相手方がハンドルの平衡を回復し得ないで，そのまま進路に向かってくるかも分からないことを予見し，その場合はいつでも急停車の措置によって衝突を未然に避けられる程度に減速徐行するなどの注意義務がある。

② 東京高判昭和32年11月19日東高時報8巻12号402頁

　　前照灯の光で被害者Aを前方約20メートルの地点において発見し，かつ，そのとき被害者が酒に酔ってふらふらと道路ほぼ中央左側に自転車を走らせているのを認め，このまま進めば衝突の危険があると危惧していたことが認められる。自動車運転の業に従事するものは，このような場合には，危険防止のため直ちに減速し，絶えず前方を注視して相手方の行動に注意し，警笛を鳴らして相手方が自車に接近していることを警告し，相手方を安全に自動車の進路から避譲させるか，あるいは相手方の不測の行動に備えて自車の速度を極度に減じ，あるいは急停車の措置を執るなど衝突の危険を未然に防止すべき業務上の注意義務がある。

③ 東京高判昭和34年3月18日東高時報10巻3号192頁

　　自動二輪車の運転者が，夜間，交通量の多い道路で，その片側半分が道路工事施工中により諸車の通行し得る車道の幅員が著しく狭くなっているため，その側を通行すべき諸車の通行が禁止されているにかかわらず，そのことを知らないでこれを通過しようとした場合，その道路を横断しようとする歩行者は，通行禁止になっている方向から車が来るとは思われないから，その方面には注意を払わないで道路を横断しようとする姿もよく見受けるところであり，通常の状態にある道路を通過する場合と異なり，特に一段の注意を払って自己の進行方向及び左右の動静をよく注視し，機に応じていつでも急停車のできるよう減速徐行し，特に

前方を横切る人の気配を察知したときは警笛を鳴らしてその注意を喚起するとか，停止してまずその人を横断させる等の処置を講ずべきである。したがって，夜間このような道路を通過するに際しては，反対方向から進行してくる自動車とすれ違うに当たって，その自動車の前照灯の光のため，目がくらみ一時視力を失うに至ったときは直ちに，一旦停止し視力の回復を待って進発する等の措置に出て，事故の発生を未然に防止すべき業務上の注意義務がある。

④ 東京高判昭和34年7月2日東高時報10巻7号303頁

道路を横断しようとして佇立していた歩行者を挟んで反対方向から進行してきた自動車とすれ違う際，反対方向から来た車両が歩行者と接触して，自車の進路上に転倒してきた歩行者を轢過して死亡させた事故について，絶えず前方から進行してくる車両の運転状況並びに歩行者の動静に注意しつつ，佇立している歩行者との間に十分に間隔を保ってこれを通過し得るよう運転を継続すべき注意義務がある。

⑤ 高知簡判昭和34年10月9日下刑1巻10号2158頁

右側通行の軽自動車が左側（被告人から見て右側）を進行してくる対向自転車を発見した場合，道路の一線上を両者相対して進行する場合，お互いに避譲せず停車もしなかったならば，その衝突は必然であるから，かかる危険を未然に防止するためには，いずれか一方の車が進路を避譲し，あるいはまた停車する等の措置に出なければならない。こうした事態における進路避譲等の措置に出ずべき義務が，両車のいずれにあるかについては，事案の具体的事情により決すべきで，一概に断定することはできないけれど，特段の事情のない限り，道路交通取締法3条及び29条3号の法意に鑑み右側通行車にその義務ありとするのを相当と解する。

⑥ 東京高判昭和35年12月14日東高時報11巻12号351頁

自転車が，安定を失い，動揺して道路中央寄りを進行してきた場合，これとすれ違う際の自動車運転者としては，自転車の進行状態に対し注視を続け，同車との間隔をできるだけとり，接触の危険があればいつでも急停車できるよう徐行し，また場合によってはいつでも急停車できる

よう徐行し，また場合によっては急停車するなど事故の発生を未然に防止すべく万全の措置を講ずべき業務上の注意義務がある。

⑦　東京高判昭和35年9月19日東高時報11巻9号244頁

狭い道路上で他の車両などがすれ違おうとしているとき，自動車運転者は，一時自車を停車させ，それらがすれ違い終わったのちに，再び進行を開始してその一方とすれ違う措置を執るべきは理の当然である。

⑧　最決昭和42年3月16日判時480号67頁

対向車が自車の進路である道路の左側部分を通り，容易に右側に転じないような特殊の場合には，交通法規に従ってそのまま進行すれば対向車と衝突し死傷の結果を生ずるおそれがあることが予見できるから，自動車運転者としては警音器を吹鳴して対向車に避譲を促すとともに，すれ違っても安全なように減速して道路左端を進行するか，一時停車して対向車の通過を待って進行するなど臨機の措置を講じ，危害の発生を未然に防止すべき義務がある。

⑨　大阪高判昭和42年8月29日下刑9巻8号1056頁，判タ215号204頁

幅員約11メートル（片側約5.5メートル）の道路を時速約45キロメートルで進行中，自車線進路前方左側部分に大型貨物自動車が駐車していたから，その側方通過するに当たり，中央線を越えて進行しようとした車両運転者が，同側方通過の際離合することが予想される対向から進行してくる普通乗用自動車に対して，前照灯を十数回にわたって減光・増光させて避譲を促した上，中央線を約65センチメートル越えて側方通過しようとした際，左側に寄らないで左側車線（対向車線）の中央線寄りを進行してきた対向車両と衝突した事故について，被告人としては，対向車両が道路左側に寄らず同車が既に交通法規（法18条1項）に違反し，危険な行動に出ていることを認識していたものというべく，このような場合には信頼の原則の適用はなく，被告人としては単に前照灯による合図を送るだけでは足りず，場合によっては警音器を吹鳴して対向車両に対し進路の避譲を求め，駐車車両付近において対向車と対向離合するならば安全に離合し得る間隔があることを確認して進行し，対向車両と接

触するおそれがあるときは，自ら減速して右駐車車両付近における対向離合を避ける等して対向車両との接触による事故を防ぐ義務がある。

(2) 消極判例
① 吉井簡判昭和34年6月11日下刑1巻6号1411頁
　自動車の運転者は，対向する自転車の運転者がいつ道路を横断し自車の前面に出てくるかもしれないことを予想し，これに対応する処置をとる義務はない。
② 大阪高判昭和38年4月8日判タ192号193頁
　バスの運転者は，対向する自転車の搭乗者がバスの進行してくるのを認めながら，無謀にもその進路前方に飛び出してくるような稀有の場合までを予想し，あらかじめ減速する義務はない。
③ 京都地判昭和38年9月28日下刑5巻9・10号890頁
　大型貨物自動車の運転者が自車と1.25メートル以上の間隔をもって離合できる位置を対向してくる原動機付自転車の運転者の姿勢がうつむき加減であることを認めた場合，徐行等の措置を執る義務はない。
④ 山形地酒田支判昭和42年4月28日下刑9巻4号513頁
　普通貨物自動車を運転し，見通しの悪いカーブで対向大型貨物自動車をすれ違う際，その後方から同車を追い越すために自車進路上に進出してきた自動二輪車と衝突させて死亡させた事故につき，S字カーブで道路両側には人家が立ち並んでいることから見通しが悪く，しかも幅員が約6.6メートルの狭い道路で，対向のダンプカーとすれ違いをしようとする場合，その対向ダンプカーの背後からこれを追い越そうとして事故の進路にいきなり進出してくる無謀な車があることは一般に予測できないので，警音器吹鳴義務も徐行義務もない。
⑤ 大阪高判昭和42年8月19日下刑9巻8号1049頁，判タ214号253頁
　普通貨物自動車を運転し，中央線により区分されている国道を進行中，先後する対向車2台のうち，先行する対向車を追い越そうとして道路右側部分に進出してきた対向車と衝突した事故につき，中央線によって対

向車線が区分されている国道において制限速度を遵守して正常に左側車線内を進行している場合には，対向車があったとしても，特別な事情のない限り，対向車が交通法規を守り，自車との衝突その他事故を起こさないよう適切な行動に出ることを信頼して運転すれば足り，対向車が至近距離から突如無理な追越しを図り，中央線を突破して進出してくることまでも予想して，減速徐行をし，かつ，道路左側端寄りを進行する等自車と対向車の衝突事故による危害の発生を未然に防止する注意義務はない。

⑥　新潟地高田支判昭和43年3月30日判タ225号255頁

　　自動車を運転し，国道の中央線やや内側を進行中，自車進路上に進出してきた対向車と衝突した事故につき，中央線によって対向車線が区分されている国道において，制限速度を遵守して左側車線内を走行している以上，対向車両があったとしても，これが現に蛇行運転中であるとか，道端の歩行者その他障害物を避けるために中央線を越えて進行し，あるいは進行を続けるであろうことが十分予測できるような特別の事情のない限り，対向車両が交通法規を守り，対向車線内の走行を確保して自車との衝突等のないよう適切な行動に出ることを信頼して運転すれば足り，対向車両が至近距離に至って突如中央線を越え自車の進路に出てくることまでも予想してこれに備え減速徐行や道路左端寄りに進路を移す等の注意義務はない。

⑦　最判昭和44年4月25日裁判集刑171号675頁（前掲369頁）

　　対向車線に約50センチメートルはみ出して自転車を追い越そうとしている自動車運転者は，同追越しは追越し方法として適切であった上，対向車両である自動二輪車には，約2.5メートルの余裕が与えられており，そのまま進行すれば接触する可能性はなかったのに，先行車両を追い越すため進路を中央線より膨らませて高速度で，被告人車両と先行車の間をする抜けようとしてハンドル操作を誤って衝突したものであり，事故は専ら被害者の過失に起因するものであり，被害車両に余裕を与えるためには左転把して自転車に危険を及ぼすおそれがあるので，被害者の異常な行動を予想してあらかじめ進路を広く空け，避譲する義務はない。

⑧　東京高判昭和44年12月17日高刑22巻6号951頁
　　夜間道路反対側に対向タクシー1台が停車し，その右後部右角付近に成人男子1名が道路を横断すべくひとまず停止しているのを70ないし80メートル前方に発見し，やや減速して進行する自動車運転者は，右タクシーとすれ違うに際し，その者又は同伴の幼児が突如その進路に立ち出ることがあることを予想して，警音器を吹鳴し減速徐行する注意義務はない。

⑨　最判昭和44年12月18日判時584号75頁，判タ244号156頁
　　国道路上を進行している貨物自動車が，対向して進行してくる原動機付自転車を発見した場合において，右対向車の前方に自動三輪車が停車していても，停車自動車の位置，道路の幅員などから見て，対向車が右三輪車の右側中央線を越えることなく，安全に離合できる状況にあるときは，この信頼の下に運転を継続すれば足り，同車が離合直前突如中央線を越えて自己の進路に入ってくることまで予想してこれに対処できる方法を採りながら進行しなければならないものではないと解するのが相当である。

⑩　名古屋高判昭和50年1月20日高検速報549号
　　自動車を運転し，見通しの悪いカーブ付近を時速約35キロメートルで進行中，約55キロメートルの速度で対向進行してきた車両と衝突した事故について，双方の見通しは約30メートルであり，時速35キロメートルの場合対向車を発見して制動して停止するまでの距離は通常14.5メートルないし16.4メートルであるので，見通し可能な距離の範囲内で停止し得る速度で進行していたものと認められるが，対向車両は道路の幅員が狭くなっていることから14ないし15メートルの範囲内で停止し得る速度（時速約35キロメートル）に減速すべきと考えられるのに，減速せず時速約55キロメートルで進行してきたもので，被告人としては見通しの良くないカーブをこのような高速度で進行してくる対向車を予測してまで見とおし状況に応じ安全な速度に減速して進行すべき義務はない。

⑪ 名古屋高金沢支判昭和51年8月12日刑月8巻6〜8号362頁

普通乗用自動車を運転し，右に大きく湾曲した狭い（幅員約3.9メートル）下り坂（勾配約100分の8）の途中，約32メートル先に対向車を認め，道路中央部分に停止したところ，徐行せずに時速約30キロメートルの速度で対向進行してきた同車と衝突した事故について，いずれの車両も徐行すべきことは道路交通法42条2号の規定に照らして疑問の余地はなく，被告人においてあらかじめ一時停止するに際し，対向車両の如く交通法規に違反して走行してくる車両があることまで予測して，自車を左側に寄せて一方的に避譲措置を講ずべき義務はない。

⑫ 名古屋高判昭和52年2月16日刑月9巻1・2号37頁

バスを運転し，道路中央寄りを対向してきた原動機付自転車を前方約50〜60メートル先に認め，帽子をかぶり雨を避けるためうつむいた姿勢で，轍の後など路面に土砂の少ない部分を選んで運転してくるのを認めたので，道路左側に寄りながら徐々に減速していたところ，約34メートル付近のヒューム管埋没箇所付近に接近したとき，水たまりを避けるように進路を道路右側から中央寄りに変え，そのままの速度で道路左側に進出し，被告人が急転把するとともに停止の措置を講じるも前部を衝突させた事故につき，減速徐行し，被害車両が自車の右側を十分通行できるよう，できるだけ道路左側端に寄せて進行すれば足り，さらに被害者に警告を与えるために警音器を吹鳴する義務まではない。

⑬ 東京高判昭和54年12月26日判夕420号129頁

普通乗用自動車を運転し，幅員が約4.1メートルの狭い道路で見通しの悪いカーブを進行し，道路左側の駐車車両を避けるために道路中央寄りに進出した際，対向車を認めたので，道路左側寄りに進路を変更して減速走行したところ，時速約40キロメートルで道路中央付近を対向してきた普通貨物自動車と衝突した事故について，被告人としては，対向車両の運転者もまた自分と同様な運転態度に出るであろうと考えることは当然である。したがって，対向車の運転者の方でもすれ違いの際の接触を避けるためにとるであろう同じような運転態度を期待して，これと相まち，相補って結果の発生を回避し得る程度・内容の注意義務を尽く

した運転をすればそれで足り，それ以上に，相手車両の動静いかんにかかわらず，自分の運転操作だけによって危険の発生を回避するように措置することまで要求することはできない。

第8　停車している車両などの側方通過時の注意義務

1　道路交通法上の義務

　路上に停車している路面電車，バス，普通乗用自動車，同貨物自動車等車両の側方を通過する場合や，路上に置かれている材木等の資材，その他の障害物の側方を通過しようとする場合，これら障害物の陰，運転者から見ればその先の前方は死角になっていて見えない。しかしながら，その死角内から，人や自動車が進路前方に出てくることがまれではない。それらとの事故を防ぐため，道路交通法は，定型的に以下の義務を定めている。

(1)　乗客の乗降のために停車中の路面電車の側方を通過する際の停止義務

　　　車両は，乗客の乗降のため停車中の路面電車に追い付いたときは，路面電車の乗客が乗降を終わり，又は路面電車から降りた者で当該車両の前方で路面電車の左側を横断し，若しくは横断しようとするものがいなくなるまで，路面電車の後方で停止しなければならない。

　　　ただし，路面電車に乗降する者の安全を図るために設けられた安全地帯があるとき，又は路面電車に乗降するものがいない場合で，路面電車の左側に路面電車から1.5メートルの間隔を保つことができるときは，徐行して左側を通過することができる（法31条）。

(2)　横断歩道等の手前で停止している車両の側方を通過する際の一時停止義務

　　　車両等は，横断歩道及び自転車横断帯又はその手前の直前で停止している車両等がある場合において，その停止している車両等の側方を通過してその前方に出ようとするときは，前方に出る前に一時停止しなければならない（法38条2項）。

2 過失運転致死傷罪における注意義務

　道路交通法が，上記(1)・(2)のとおり，乗客の乗降のために停車中の路面電車の側方を通過するに当たっての停止義務と，横断歩道等の手前で停止している車両の側方を通過する際の一時停止義務を定めているのは，いうまでもなく路面電車から降りて道路を横断する乗客の存在がいる可能性があるからであり，横断歩道に関しては停止している車両の前の横断歩道を歩行者等が横断している可能性があるからであって，これらの者の安全を，停止義務という定型的な行為義務を課すことによって確保しようとしたからである。

　実際に，過失運転致死傷罪における過失を考えるに当たっては，路面電車の場合であれば乗客が，横断歩道の場合であれ横断中の歩行者や自転車の存在が，具体的にも予見可能といえる場合がほとんどと考えられるので，事故を防ぐために，その前で，乗客や歩行者等の有無を注視しつつ発見すれば直ちに停止できるように徐行しつつ側方を通過しようとするか，一時停止をして，乗客や歩行者等の有無及び安全を確認した上で，発進し，その側方を通過する義務があるといえるであろう。

　これと同じことは，バス停に停車中のバスの側方を通過する場合にもいえる。バスの場合は，道路交通法上の義務規定は存在しないが，状況は路面電車の場合と同様である。したがって，その側方を通過する場合は，歩行者等が存在しないことが明らかな場合を除いて，乗降ないし一時停止して，その有無及び安全を確認しながら通過しなければならない。

　その他の駐停車中の車両等障害物の側方を通過する場合も，当該具体的な状況の中で，その背後に隠れている人や車両が存在し，それが当該車両等障害物の陰から進路前方に進出してくる可能性の有無及びその予見可能性の有無で，過失の有無が判断されることになる。もちろん，当該具体的な事情から予見可能性が認められたとしても，その時点では既に回避可能性がなければ過失は認められないので，予見可能性が肯定される時期と，その時点における回避可能性を厳密に判断しなければならない。人の通りが頻繁な場所であれば，かなり前から予見可能であり，それに応じた減速又は徐行停止等を行うことにより事故の回避は可能であるので，過失は肯定される。事故の回避は，警音器を吹鳴

することによっても可能であろう。

3 実務例

① 進路右前方の市電停留所に停車して乗降客の取扱いをしている市電の側方を通過するに当たり，市電から下車して横断する歩行者の有無及びその動静を注視するはもちろん，これに対処するためあらかじめ速度を調節し，同市電から1.5メートル以上の間隔を保ってその左側を通過すべき自動車運転上の注意義務があるのにこれを怠り，その危険なしと軽信し，時速約40キロメートルで同市電と僅か約1メートルの間隔を保ったのみでその側方を通過した過失により，折から同市電から下車したＳ（当時56歳）に自車右前部を衝突させた。

② 停車中のバスの右側を通過するに当たり，乗降客が右側歩道へ渡るため進路に出ることが予測できる状態であったから，減速徐行し，進路の安全を確認してバスの側方を通過するか，又はその後方で一時停止すべき自動車運転上の注意義務があるのにこれを怠り，時速約40キロメートルで進行した過失により，折からそのバスの前面を左から右へ横断中のＳ（当時7歳）に自車左前部を衝突させた。

③ 先行中の大型貨物自動車（タンクローリー）が，同交差点の直前に停止するのを認め，左転把してその左側を通過しようとしたが，同所は交差点の入口に当たり，横断歩道の設置されている可能性があった上，横断歩行者が同車の前方から進路上に出てくることも予想されたので，減速徐行するとともに前方左右を注視し，特に横断歩道並びに横断歩行者の有無を確認しつつ進行すべき自動車運転上の注意義務があるのにこれを怠り，左後方に気を奪われて前方左右を注視せず，時速約30キロメートルに減速したのみで漫然左転把して同車の左側に出て進行し，前記交差点入口に横断歩道が設けられているのを直前に迫って発見すると同時に，同車の直前から左方に向かい横断歩行してくるＭ（当時35歳）を同歩道上に認め，急制動の措置を執ったが間に合わず，同人に自車前部を衝突させた。

④ 幅員約6メートルの道路を，時速約40キロメートルで進行したが，道

路両側は商店街で歩行者の多い場所である上，進路前方左側には駐車中の普通貨物自動車１台があって，その陰から歩行者が出てくることも予測できたのであるから，直ちに減速徐行してこれに備えるとともに，進路前方左右を注視して進路の安全を確認して進行すべき自動車運転上の注意義務があるのにこれを怠り，前記速度で漫然進行した過失により，折から右駐車車両の陰から出て進路を左方から右方へ横断歩行中のK（当時25歳）を約8.8メートルの至近距離に迫って初めて発見し，急制動の措置を執ったが間に合わず，自車前部を同女に接触させて転向させた。

⑤　時速約60キロメートルで進行中，進路前方左側に連続停止している車両を認め，その右側を通過するに当たり，同連続停止車両の間から横断歩行者が飛び出してくることも予測されたのであるから，徐行し，前方左右を注視しつつ，その安全を確認して進行すべき自動車運転上の注意義務があるのにこれを怠り，漫然前記速度で進行した過失により，右停止車両の間から右方に小走りに出てきたM（当時65歳）を約21メートル前方に認め，急制動をしたが間に合わず，自車前部で同女を跳ね飛ばして路上に転倒させた。

4　捜査上の留意事項

　停止車両等の側方通過の際の過失は，前方注視義務違反や徐行，停止義務違反，警音器吹鳴義務違反が代表的なものであるが，いずれの注意義務違反を認定するにしても，停止車両等の陰から歩行者や車両等が出てくることについての予見可能性の有無が鍵を握ることとなる。過失運転致死傷罪における予見可能性の判断は，一般的に判断されるものでなく，具体的事案ごとに具体的事実関係に即して判断されることになる。

　そして，その判断基準は，行為者が特に認識していた事情を考慮に入れつつも客観的な観点から判断されるものとされている。しかしながら，この定式は，実際の具体的事例への当てはめに関しては，明確な基準を提示するものではない。ゆえに，事案によっては，難しい判断とならざるを得ない。

　通常は，当該道路の車両や歩行者，自転車等の事故当時及び日常の事故時間

における交通状況が基本となり、被疑者が認識し、認識し得た事故当時の交通の状況を根拠に、予見可能性を判断することになろう。

しかしながら、最も重要な捜査事項は、被疑者に発見遅滞があったか否かの認定である。発見遅滞があれば、発見可能地点が停止距離外である限り過失の存在は肯定され、飛び出しの予見可能性の有無の認定まで必要がないと考えられるからである（もっとも、飛び出しの予見可能性がないところで、発見可能地点がぎりぎり停止距離外であったような事例では、飛び出しを予想していない上、通常人を基準にしても、被害者を発見して直ちに危険性を認識して急制動するのに、そうでない場合より時間を要するため、回避可能とはいえない、として、過失を否定される可能性もある（東京地判昭和47年8月22日判時682号103頁、判タ285号255頁、最判平成15年1月24日裁判集刑283号241頁、裁時1332号4頁、判時1806号157頁、判タ1110号134頁参照）ので、留意を要する）。

したがって、事故状況の解明に当たって、被害者の進出してきた状況（どこから、どの方向に、どの程度の速度で進出してきたか）を明らかにし、それが、被疑者がどの地点にいたときに認識可能となるか（発見可能地点）、を特定する必要がある。もちろん、その位置は、被疑車両の速度によって変わる（相手の位置が変わってくる）ので、被疑者の走行速度の特定も必要になってくる。他の車両等によって視界が遮られていた場合には、可能な限り、それを再現して、視認状況、視認可能地点を明らかにする必要がある。そして、これらの基準になるのは、衝突地点であるので、衝突地点特定が出発点となる。

発見遅滞が認められなかったときは、それでも衝突して事故が発生しているので、速度を減速ないし、停止していれば事故は防げたか否かが問われることになる。発見遅滞がないということは現実の速度で走行していたため回避不可能であったということになるので、ならば、減速徐行あるいは一時停止していれば防げていたといえることになる。そこで、速度を減じ、あるいは一時停止する義務があったか否かが問われることになり、飛び出しの予見可能性の有無が問題となるのである。すなわち、その予見可能性があれば、飛び出しを発見した場合には衝突を避け得るような速度に減速し進行する義務があることになり、徐行でも衝突回避が無理なのであれば、一時停止する義務があるということになるのである。

そして，予見可能性の判断に当たっては，事故当時の事故現場付近の歩行者や自転車を含む車両等の交通状況を明らかにするとともに，普段の同時刻頃の同現場付近の交通状況，被疑者の現場通行の経験等からする現場の交通状況に関する認識及び事故当時の予見の有無等を明らかにすることになるのである。

① 衝突地点の特定

被害者の着衣（着衣の繊維片を含む），靴，眼鏡，防止，バッグ，傘等の所持品，皮膚片，血痕，毛髪等（被害者が自転車であれば自転車及びその部品等の散乱状況）の散乱状況の特定，被疑車両の破片の散乱状況の特定，被疑者，被害者，目撃者からの事情聴取。

② 衝突状況の特定

被害者のどこが被疑車両のどこに衝突したか，衝突後，どのように被害者が転倒したか等の特定。

③ 道路状況（広さ，カーブの有無その他），被疑車両の速度の特定，当時の駐車車両，進行車両，渋滞停止車両等の交通状況の特定，被疑車両からの見通し状況（死角の範囲），被害者の進行方向及び速度，被疑者からの発見可能地点の特定（いつ視角から出て発見可能となるか），衝突地点までの距離，歩道ないし路側帯から衝突地点までの距離。

④ 予見可能性を基礎づける事実関係の解明

事故現場の当時の歩行者，自転車を含む車両等の交通状況（繁華街かそうでない閑散とした場所か，小中学生の登下校時か否か等），被疑者の現場通行経験の有無及びその頻度，被疑者自身の予見可能性に関する認識等。

⑤ 停留所に停車中の路面電車側方通過時の事故については，停車している路面電車から道路左側端までの距離，安全地帯左側の車道の幅員，停留所前を通過する際にあらかじめ事故予防措置を執ったか，飛び出した客の進路，それを認めた地点，そのときの両車間の距離，速度，乗客の降車の有無や降車後の動向。

⑥ バス停に停車して客の乗降しているバスの側方通過時の事故については，その道路の交通状況，バスの位置，その陰に対する見通し（死角の状況），反対側の状況，あらかじめ執った事故予防の措置，横断者を認めた地点，そのときの両者間の距離，速度の降車の有無や降車後の動向。

⑦　路上放置物件の側方通過時の事故については，道路の幅員と放置物件の位置，大きさの関係，死角の範囲，側方通過時に執った事故予防措置．

5　判　例

(1)　積極判例
　①　高松高判昭和30年7月18日高刑特2巻16・17号807頁
　　　停車中のバスの後方より道路を横断しようとして人が不注意に突然対向車の直前に飛び出してくることは時々あるものであるから，停車中のバスと対向してその横を通過する自動車の運転者はこの点に注意を払い，幅員の狭い道路においては変速ギアをローに入れるなどして超低速度を保ちつつ，両車が離合し終わるまで適度に警笛を鳴らし続けるなどして警戒音を発し，前方直前を横切ろうとする人があるときは，間髪を入れずに停車できる態勢を整えて進行すべき注意義務がある．
　②　名古屋地判昭和35年11月7日下刑2巻11号1301頁
　　　本件事故現場付近は人家が軒を連ねね，人車の往来頻繁な場所であり，殊に本件事故発生時においては，被告人の進路前方（北側）に，東方に向け1台の貨物自動車が駐車しており，道路を狭めていて，同所付近を通過する際の被告人の運転する自動二輪車の進退に自ら制約を受ける事情にあり，かつ，その貨物自動車の前方の視野がきかない状況にあり，その視界の及ばない右駐車自動車の物陰から通行人が被告人の進路前方の道路上に，該道路を横断すべく急に進出してくるかもしれないということは，自動車運転者としては当然予見すべき事態であるから，被告人としてはかかる事態の発生に備えて警笛を吹鳴し，右自動車のもの陰にある人に警告を与えるとともに，これとの間にできるだけ間隔をとり，さらに最大限の徐行をして，事故の発生を未然に防止すべき注意義務がある．
　③　仙台高秋田支判昭和36年11月15日高検速報昭和36年22号
　　　自動車運転者は，停車中の電車の左側を追い越す場合には，単に徐行するだけでなく，あらかじめ危険防止のため警音器を吹鳴し，右電車前

方等を横断する者等に警告を与えなければならない業務上の義務がある。

④　東京高判昭和41年12月5日高検速報1552号

　　被告人の運転する貨物自動車の通過を可能にするため被害者が駐車中の軽四輪自動車を前方左に移動させ道路左端に停車させた直後，被告人においてその車の右側を接近して通過する場合には，停車措置を終えた被害者が運転席から右側に下車する蓋然性の少なくないことを当然予見すべきで，そのことの予測される被害者の動静に十分注意し，その安全を確認しつつ進行する注意義務がある。

⑤　東京高判昭和43年4月12日東高時報19巻4号72頁

　　道路の両側が畑地であって人家等がなく，自動車として格別の所用がある場所でもないのに，左側と右側に相対して自動車2両が停車し，又は停車しようとしている場合は，両自動車の乗務員の間に所用があって道路を横断するなど，被告人の自動車の進路に人が現れる可能性のあることが予想されるから，被告人としてはかかる場合を予見し，必要に応じいつでも停車し得るようにあらかじめ徐行し，事故の発生を未然に防止すべき業務上の注意義務があるものというべきである。

⑥　東京高判昭和44年12月17日高刑22巻6号951頁

　　父親の手を離れて突然停車中のタクシーの後方から進路前方制動距離内に進出してきた幼児を轢過した場合，自動車運転者に過失はない。

⑦　広島高判昭和47年3月28日判タ276号278頁

　　自動車を運転し，夜間，法定速度（時速60キロメートル）のまま，道路対向車線に停車中で前照灯を下向きに照射していたマイクロバスと離合する際，バスの後方から進出してきた歩行者と衝突させた事故について，前方注視義務は怠っていないが，夜間走行時における前照灯による障害物の見え方は，運転者の視野が昼間と異なって狭くなっている上，対向車の前照灯によるまぶしさのために非常に見えにくいのであるから，運転者は，これらの事情を考慮し，速度にも十分注意を払って慎重なる運転をすることが要求される。また，時間的場所の関係からして，人の通行が全くあり得ないような特別の事情は存在せず，被告人は前照

灯を下向きにしていた上，マイクロバスの前照灯の光ぼうのため同バスの左後方付近は接近するまで極めて見えにくい状況にあったのであるから，法定速度一杯の時速60キロメートル前後で走行することは危険極まりない運転方法というほかなく，相当程度速度を落とし，事故の進路前方に障害物を発見したときには適宜これとの衝突を十分に回避し得る程度にまで減速して進行すべき注意義務がある。

⑧ 東京高判昭和54年4月11日高検速報2344号

　道路前方右側に停止中で乗降客を取扱い中の対向バスを認め，やや減速して時速約52ないし53キロメートルでその左側方を通過するに当たり，バスの後方から進出してきた歩行者と衝突した事故について，本件のような道路状況，交通量，バス停止中の客扱いの状況等に照らせば，バスを降りた客がバスの後方から道路を横断しようとして不用意に被告人車両の道路上に飛び出してくることのあることは通常容易に予測し得るところであるから，右バスの側方を通過する自動車の運転者たる被告人としては，バスとの間隔に留意し，減速徐行（降雨中の走路湿潤状況等に照らし，時速20キロメートルないし30キロメートルの減速では足りない），進路の安全を確認しながら自車を進行させていれば事故は容易に防止したので，原審の判断は是認できる。

(2) 消極判例

① 半田簡判昭和33年7月26日一審刑集1巻7号1101頁

　道路上に自動三輪車が停車中であるが，背後に通行人があるかどうかを識別することができ，車の後部から突如人が出てくることが予想されない場合には，停止中の自動三輪車の側方を通過する際，いつでも急停車できる程度に徐行すべき義務はない。

② 松阪簡判昭和34年3月23日下刑1巻3号702頁

　およそ自動車運転の業務に従事する者は，常に前方を注視し，もし前方に障害物があって見通しを妨げ，進路の安全を確認できないときは，警笛を吹鳴して障害物の陰にある通行者に注意を与えるばかりでなく，いつでも停車のできる程度に徐行し，不意に路上に飛び出してくる者が

あるときは，遅滞なく急停車の措置を執るか，ハンドルを切ってこれを避けるようにし，もって事故の発生を未然に防止すべき義務あることはもちろんである。しかしながら，注意義務の範囲をいたずらに拡張して運転者に重い負担を課し，相当の注意を用いてもなお結果の発生が予見できないような場合にも事故の責任を負わせることは相当でない。

③　津島簡判昭和37年7月5日下刑3巻7・8号685頁

速度制限も徐行標識もない主要幹線道路においては，最近における交通状態では現実に横断歩行者を認めた場合のごとく，事故を避けるため特に必要な場合を除いては速度の半減はかなり低速度といわねばならない。また本件の場合のように，自車の進行の直前において突然物陰から飛び出す者があるかもしれないと予想して，いつでも停車し得るような徐行を要求するがごときはかえって交通の混乱を招く結果となる。よって本件においては運転速度について被告人に過失は認められない。

④　名古屋高判昭和37年2月12日高刑15巻2号122頁

交通の頻繁な幹線道路を進行中の自動車の運転者が，自車の前方約40メートル前後に横断歩道が設けられている停留所で，乗合自動車が2台前後して停車し，客扱い中であることを認め，その側方を通過する場合に，特段の事情のない限りその車の間から道路を横断して自車の進路の前方に歩行者が駆け出してくることまで予見してこれに対処するため，最大限の徐行をしなければならない義務はない（バスの前後に歩道が設置されており，降客は歩道を利用することが期待されていること，交通頻繁な道路であること，被害者がバスの間から疾走して進出してきたことなどを考慮）。

⑤　大阪高判昭和39年2月21日判タ192号194頁

自動車を運転して交差点の中央部付近で右折の信号を表示しながら停車している自動車の後方を通過する場合には，一時停止又は徐行しながら警笛を吹鳴し，停止自動車を右折前進させた上，進行するかあるいは警笛を吹鳴し，停止自動車の行動に注意しつつ間隔を十分に保って徐行進行すべき業務上の注意義務はない。

⑥　大阪地判昭和41年2月4日判夕192号195頁

　　自動車を運転して，交通停滞のため一時停止中の大型貨物自動車の側方を通過する際，大型貨物自動車の前方から自車の前を横断しようとした歩行者に自車を接触させた場合は，被告人に過失がない。

⑦　東京高判昭和47年5月1日東高時報23巻5号83頁，判夕283号238頁

　　自動車を運転し，進路前方左側に同方向に向けて停車し乗降客の扱いをしているバスを認め，その右側を時速約40キロメートルで通過する際，バスの前方から進路上に進出してきた歩行者と衝突した事故につき，車両を運転して客の乗降取扱いのために停車中のバスの側方を通過する場合には，通常警音器を吹鳴し，直ちに停止し得るような減速徐行すべき注意義務があるということができるが，自動車の高速度交通機関としての使命及び交通の円滑化という見地から，具体的状況に応じておのずから限度がある。本件では，対向から別のバスが進行してきており，このバスは停止せず進行してくると考えたことに過失はなく，被告人としては，時速約30キロメートル前後に減速した上，警音器を吹鳴して停車中のバスのそばにいた20名くらいの客の動静に注意しながらバスの側方を通過しようとした等それなりの措置を尽くしていたこと，本件具体的状況の下においては，道路左側に停止中のバスの前面から走りながらあるいは早足で車道上に飛び出してくることは予測できない事態であったことから，注意義務を怠ったとは認められず，それ以上に減速徐行の義務はない。

第9　横断歩行者及び自転車の保護義務

1　横断歩道における歩行者の保護義務

(1)　道路交通法上の義務

ア　車両等は，横断歩道に接近する場合には，その横断歩道を通過する際にその横断歩道により進路の前方を横断しようとする歩行者がないことが明らかな場合を除いて，その横断歩道の直前（道路標識等による停止線が設けられているときはその停止線の直前）で停止することができるような速度で進行しなければならない。この場合，横断歩道によって自車の進路の前方を横断し，又は横断しようとする歩行者があるときは，その横断歩道の直前で一時停止し，歩行者の通行を妨げないようにしなければならない（法38条1項）。

「横断しようとする歩行者」とは，その動作その他から見て，横断しようとする意思のあることが外見上からも見受けられる者をいう（東京高判昭和42年10月12日高刑20巻5号634頁）。したがって，横断歩道に向かって歩道上に佇立して，左右の車両の状態を見ている場合はこれに当たるが，横断歩道に直面した歩道上に佇立していても後ろを向いて立ち話をしているときは当たらない。具体的状況に応じ，歩行者の年齢，挙動その他四囲の状況を総合して判断することになる。

しかし，「横断しようとする歩行者がないことが明らかな場合を除いて」は，停止しなければならないので，横断しようとする歩行者かどうか，あるいは横断しようとする歩行者がいるかどうか確認できないときは，停止義務が生じる。例えば，

　㋐　横断歩道の入口に歩行者が立っているが，車の通過を待っているのか人を待っているのか又は横断しようとしているのか不明の場合
　㋑　横断歩道の入口に駐車車両，電話ボックス，看板等の障害物があ

り，その陰から歩行者等の横断が予想される場合
⑰　道路の中央に街路樹があり，その横断歩道の右側部分が見通せないため，その陰から歩行者の横断が予想される場合
㊤　雨降りの夜などで，しかも街灯がなく暗いため横断歩道を歩行者が横断しようとしているかどうか不明の場合
㊥　見通しのきかないカーブの先の陰に設けられている横断歩道に接近する場合（「横断歩道あり」（道路標識，区画線及び道路標示に関する命令別表第5指示表示210）でその位置を知ることができる）

は，本義務が生じる（野下・道交法350頁）。

　なお，本項における横断歩道は，道路交通法38条2項及び3項の横断歩道と異なり，「当該車両等が通過する際に信号機の表示する信号又は警察官等の手信号等により，当該横断歩道等による歩行者等の横断が禁止されているものを除く」という除外規定がないので，交通整理されていて信号によって歩行者等の横断が禁止されている横断歩道も含まれることになる。しかしながら，横断歩道等が赤色信号で，歩行者等の通行が禁止されている場合には，横断しようとする歩行者等がないことは明らかであるので，同条1項の適用はない（小池康雄「改正道路交通法の逐条解説－4－」警研43巻6号65頁（1972），宮崎・注解185頁，警察庁交通局長通達昭和38年7月17日等参照）。もっとも，幅員31.6メートルの道路と幅員12メートルの道路が交わる信号機によって交通整理の行われている交差点を，青色信号に変わった直後に発進した車両が，青色信号で交差点出口の右から左に向けて横断開始し途中で青色点滅になったもののそのまま横断を続行中の残存歩行者2名と衝突した事故につき，同歩行者を道路交通法38条1項の歩行者であるとした上で過失を認めた判例として札幌高判昭和50年2月13日判タ325号304頁[113]がある。

　なお，横断歩道は，道路交通法2条4号の横断歩道（すなわち，「道路標識又は道路標示により歩行者の横断のように供するための場所であることが示されている道路の部分」）を意味するので，道路標識又は道路標示が破損して，表示されていない場合には，適用がない。

「横断歩道により（横断しようとする歩行者）」とは，横断歩道を通行する歩行者のみに限らない。例えば，横断歩道から1メートル離れた場所を横断する歩行者も含まれると考えられる。というのは，文言上，現に横断歩道上を歩いていなくとも，横断歩道上を横断しようとしている限りこれに含まれると考えられるし，横断歩道により横断しようとするのでないことが明らかでない以上本項前段の義務があるところ，事前の判断では，横断歩道により横断するかどうか分からない場合が多いため，本義務が生じるといわざるを得ないからである。

「進路の前方」とは，車両等が横断歩道等の直前に到着してから，その最後尾が横断歩道を通過し終わるまでの間において，当該車両等の両側につき歩行者との間に必要な安全間隔をおいた範囲をいい，具体的場合における横断歩道付近の道路の状況，幅員，車両等の種類，大きさ，形状及び速度，歩行者の年齢，進行速度などを勘案し，歩行者をして危険を感じて横断を躊躇させたり，進行速度を変えさせたり，立ち止まらせたりするなど，その通行を妨げるおそれがあるかどうかを基準にして判断される（福岡高判昭和52年9月14日刑月9・10巻10号614頁）。

必要な安全間隔は，道路交通法18条の側方間隔（1メートル・前掲

---

113) 本判決は，「本件のような道路，交通状況の下において，対面信号が青色に変わった直後ただちに発進する自動車運転者としては，特段の事情のない限り，これと交差する本件横断歩道上に歩行者が残存し，なお横断を続行している可能性があることは十分に予測できたものとみるのが相当であって，特段の事情を認めえない本件の場合，被告人に対しても右の予測可能性を肯定するに何らの妨げはない。横断歩道上にいまだ横断中の歩行者が残存していることが予測できる場合においては，当該横断歩道により自車の前方を横断しようとする歩行者のいないことが明らかな場合とはいえないから」，「横断歩道の直前で停止できるような安全な速度で進行すべきことはもとより，同横断歩道により自車の前方を横断し，又は横断しようとする歩行者があるときは，その直前で一時停止してその通行を妨害しないようにして歩行者を優先させなければならない（道路交通法38条1項なお同法36条4項参照）のであって，いつでもこれに対処しうるよう，横断歩行者との接触の危険性をも十分予測して前方左右を注視し，交通の安全を確認して進行すべき業務上の注意義務がある」旨判示した。

赤色信号を無視して横断歩道を通行しようとしていた歩行者との衝突事故について車両運転者に過失があるか否かは，予見可能性の問題であり，本項とは直接の関係はないので，上記札幌高判のように道路交通法38条1項の解釈と絡める必要はないと思われる。なお，赤色信号を無視して横断歩道の横断を開始した歩行者との衝突事故について，「特別の事情のない限り，前方の横断歩道上を横断しようとする歩行者はすべて横断歩道前方の赤色信号に従って横断を差し控えるものと期待し信頼するのは当然で，通常要求される前方注視義務を尽くしつつ運転すれば足りる」旨判示して，信頼の原則を適用して過失を否定した判例がある（大阪高判昭和63年7月7日判タ690号242頁）。

188頁）が参考になろう。

　「通行を妨げてはならない」という場合の「通行を妨げる」とは，歩行者等が自分の通行の速さを変えるとか，立ち止まるとかしなければならなくなるような場合をいう。

　イ　車両等は，横断歩道（その車両などが通過する際に信号機の表示する信号又は警察官などの信号により，その横断歩道による歩行者の横断が禁止されているものを除く）又はその手前で停止している車両などがある場合，その停止している車両などの側方を通過して，その前方に出ようとするときは，その前方に出る前に一時停止しなければならない（法38条2項）。

　ウ　車両等は，横断歩道の手前の側端から30メートル以内の部分では他の車両を追い越すため進路を変更し，又は前車の側方を通過してはならない（法30条3号）。

　エ　車両等は，横断歩道及びその手前の側端から30メートル以内の部分では，その前方を進行している他の車両（軽車両を除く）の側方を通過してその前方へ出てはならない（法38条3項）。

　オ　車両等は，その進行しようとする進路の前方の車両などの状況により，横断歩道に入った場合に，その部分で停止するおそれがあるときは，横断歩道に入ってはならない（法50条2項）。

(2)　過失運転致死傷罪における注意義務

　ア　道路交通法は，横断歩道を通行する歩行者を保護するために，車両等に対し，厳重な義務を課すことにしている。歩行者は，車両等に比して圧倒的に交通弱者であり，ひとたび車両等と衝突すれば一方的に死傷してその生命身体に重大な被害を受けるからであり，また，そのため歩行者の通行の安全を確保しなければ，歩行者の自身の交通の円滑ひいては，歩行者の社会生活自体の展開にも重大な影響を及ぼすことになるからである。

　　この歩行者優先の考えは，道路交通法を通底している思想である（他にも法17条，17条の2等）が，現実には，この思想は完全に貫徹されているとは言い難い。すなわち，強者である車両が事実上優位に立ってし

まう現実が少なくない。歩行者は横断歩道を横断しようとしても車両が停止しない以上，衝突を恐れて横断を躊躇せざるを得ないところ，逆にそのため車両運転者は停止する必要を感じず，優先的に通過してしまうことが少なからず交通の実態として存在するからである。なお，車両の運転者で，横断歩道における道路交通法の上記義務の存在を知らない者が少なくないこともその背景にあるようである[114]。

イ　しかしながら，少なからず存在するこの現実を，過失運転致死傷罪における過失を認定する際の前提とすることはできない。というのは，歩行者優先の原則は，道路交通法が当為として貫徹させようとしている原則であり，その立法趣旨（国民の意思）は，これと相入れない現実を拒否する（当為と乖離している現実を事実認識の前提とすることを拒否する。すなわち，当為を（あるべき）事実として前提とすべしと要求する）からであり，また，歩行者との事故は歩行者に取り返しのつかない死傷という重大な結果を招くからである（総論で述べたように，結果の重大性につながる場合は，予見可能性の判断においては厳格に判断すべきである）。また，道路交通法38条1項についていえば，警視庁の調査（注114）参照）でも，同項の義務は少なくとも運転免許者の7割は認識していることになるが，これは反面では横断歩道での歩行者優先の原則に従って横断歩道により道路を横断しようとする歩行者が存在することを意味するが，そのことは，車両等の運転者には認識可能であり，これらのことから予見可能性が認められるからである。

　したがって，横断歩道を通行する歩行者との事故については，過失運転致死傷罪においても，道路交通法38条1項とほぼ同内容の注意義務が課されることになる（後掲東京高判昭和46年5月31日高刑24巻2号387頁等）。もっともこの場合，人に死傷の結果を生じさせないためには，歩行者と衝突するなどして死傷させることを避けることさえできればよいので，道路交通法38条1項にあるように，「横断歩道直前」あるいは「停止線直前で」停止するように速度を調節する義務まで課せられるわ

---

[114]　警視庁の調査によれば，運転免許者の3割が，道路交通法38条1項の義務の存在を知らなかった（平成25年7月25日時事ドットコム）。

けではない。

　そして，さらに，車両が横断歩道の手前に接近した際には，その横断歩道の進路左右部分を横断し，又は横断しようとする歩行者のないであろうことが明らかな場合を除き，横断歩道の直前で一時停止ができるように減速徐行する義務があるとするのが確立した判例となっている（東京高判昭和 42 年 2 月 10 日判時 18 巻 2 号 26 頁，同昭和 45 年 11 月 26 日判時 21 巻 11 号 408 頁，判タ 263 号 355 頁，同昭和 46 年 5 月 31 日高刑 24 巻 2 号 387 頁，東高時報 22 巻 5 号 196 頁，判時 652 号 94 頁，判タ 267 号 309 頁，福岡高宮崎支判昭和 55 年 4 月 15 日高検速報 1267 号）。

　前掲東京高判昭和 46 年 5 月 31 日は，「この速度調節の義務は，道路交通法が明文をもって規定するものではないけれども，それにもかかわらず前記 38 条 1 項の一時停止義務から派生する義務であることは明らかであって，この義務を守らず減速しないまま横断歩道に近づいたため同条項の規定する状況が発生したのを発見しても間に合わず横断歩道直前の一時停止が不可能となったような場合には，事前に未必的にもせよ故意が認められるかぎり，運転者としては同条項違反の罪責を負うことを免れず，また，それによって横断歩道上での人身事故を惹起したような場合には，この義務が結局は横断歩道上における人身事故防止のためのものであることにかんがみれば，この速度調節義務違反が過失致死傷罪の注意義務違反として論ぜざることにならざるをえない」としている。

　ところで，横断歩道上を通行して横断しようとする歩行者ばかりではなく，横断歩道のそばを歩いて道路を横断しようとする歩行者も少なくない。ショートカットしようとする場合や歩行者が多すぎて横断歩道からあふれる場合などがそうである。

　この場合は，このような歩行者の横断は予測可能であるので，これを前提として，減速・徐行義務が生じてくる。どの範囲までが予測可能かは，当該道路状況，交差点であれば交差点の広さや，通常の横断歩行者の横断状況等具体的な事情によって異なるので，一概にはいえないであろう。

　しかし，上記範囲を超えた場合には，その範囲にもよるが，横断歩道

があるのに横断歩道によらないで横断するということは，逆に，予測がつかなくなることになってくるので，減速徐行義務が否定されることもあり得る。もっとも，前方注視義務を懈怠して発見遅滞が認められる場合には，過失が認められることはいうまでもない。具体的な横断歩道を含めた道路状況にもよるが，通常横断歩道から2メートルまでの範囲は予見可能といえるであろう。

ウ　横断歩道手前での減速・徐行あるいは停止をしなくとも事故を防ぐことが可能である場合，例えば，前方注視や動静注視を行いつつ，歩行者と接触して傷害を負わせることのないように，安全な進路を進行することで事故を防ぐことができる場合は，減速・徐行義務あるいは一時停止義務を遵守しなかったことは過失にならず，前方注視せず，安全な進路をとらないで衝突させたことが，過失に当たることもあるので，ステレオタイプに考えないことが必要である。

(3) **実務例**

① 時速約35キロメートルで進行中，前方に横断歩道が設けられていたのであるから，前方左右を十分注視し，特に横断者の有無に注意してその安全を確認しつつ進行すべき自動車運転上の注意義務があるのにこれを怠り，マッチを探そうとして前方注視をかいだまま漫然進行した過失により，折から前記横断歩道上を左方から右方へ向かって横断歩行中のN（当時50歳）をその直前に初めて発見し，あわてて急制動の措置を執ったが間に合わず，同人に自車前部を激突させて跳ね飛ばした。

② 大型乗用自動車（路線バス）を運転し，○○先の交通整理の行われていない交差点をT方面からS方面に向かい時速約30キロメートルで進行中，同交差点入口に設けられた横断歩道左側の歩道上に佇立していたG（当時73歳）を左前方約32.7メートルの地点に認めたのであるから，同人の動静を注視し，同横断歩道の手前で徐行するなどして，その安全を確認しながら進行すべき自動車運転上の注意義務があるのにこれを怠り，同人の動静を注視することなく，その安全を十分確認しないまま漫然時速約20キロメートルに減速したのみで進行した過失により，同横

断歩道上を左方から右方に向かい横断してきた同人を左前方約 7.3 メートルの地点に迫ってようやく認め，制動措置を講じたが間に合わず，自車左前部を同人に衝突させて同人を路上に転倒させた。

③　時速約 70 キロメートルで進行中，前方には横断歩道が設けられていたのであるから，前方左右を注視するはもちろん，あらかじめ減速し，横断歩行者の動静を十分注視して進行すべき自動車運転上の注意があるのにこれを怠り，客席の友人Tと雑談しながら前方及び右方の注視不十分なまま漫然前記速度で進行した過失により，前方の横断歩道を右側から左側に横断歩行していたY（当時 25 歳）を前方約 65 メートルにおいて発見したが，高速度で進行していたため自車の滑走，横転などをおそれて急制動の措置を執らず，約 13 メートルに迫って初めて急制動の措置を執ったが間に合わず，自車右前部を同人に接触させて路上に転倒させた。

④　時速約 30 キロメートルで進行中，進路前方に設置されてある横断歩道に差し掛かったので，前方左右を注視し，横断歩道の左側部分に歩行者を認めたときは，その直前に一時停止して歩行者の安全を図るべき自動車運転上の注意義務があるのにこれを怠り，考え事をして前方を十分注視することなく漫然前記速度で進行した過失により，折から同横断歩道左側端寄りに佇立していたY（当時 20 歳）が右側に向かって横断を開始したのを約 5 メートル手前で初めて発見し，急停車の措置を執ったが間に合わず，同人に自車のハンドル左端を衝突させて転倒させた。

⑤　時速約 50 キロメートルで進行中，約 40 メートル前方の横断歩道上中心線付近において道路右側に横断しようとして対向車の通過を待って佇立していたS（当時 32 歳）の姿を認めたが，折から大型トラックが道路中心線寄りを対向進行中で，同女がこれを避けて後退することも予想される状況にあったのであるから，同女の動静を注視し，直ちに減速徐行してその安全を確認して進行すべき自動車運転上の注意義務があるのにかかわらずこれを怠り，その直近を通過しようとして，ほぼ同一速度で進行した過失により，対向車を避けて僅かに自車の進路の前に後退した同女の姿を至近距離に認めて急停車の措置を執ったが及ばず，自車前部

を同女に激突させてボンネット上には跳ね上げた上，路上に転落させた。

⑥　時速約45キロメートルで進行中，進路前方の交通整理の行われていない交差点に設けられていた横断歩道に差し掛かったが，左方道路から右横断歩道に向かい駆けているM（当時7歳）の姿を約50メートル手前で発見したのであるから，同児が同横断歩道上に立ち入ってくることを予想し，警音器を鳴らして警告を与えるとともに，同児の動静を確認し，減速徐行して，状況により同歩道の直前で一旦停止すべき自動車運転上の注意義務があるのにこれを怠り，漫然前記速度のまま進行した過失により，同児が後ろ向きになって同横断歩道上を左方より右方へ横断に移ったのを左斜め前方約14.5メートルの距離に認め，あわてて避譲措置を執ったが間に合わず，自車左前車輪泥よけ付近を同児に接触させた。

⑦　交通整理の行われていない交差点を直進しようとした際，前方約78.4メートルの同交差点に接して設けられている横断歩道を横断しようとして黄色の小旗を持って佇立していたO（当時30歳）を認めたのであるから，同女の動静を十分注視し減速徐行することはもちろん，同横断歩道の直前で一時停止して同女の通過を待ち，その安全を確認して進行を開始すべき自動車運転上の注意義務があるのにこれを怠り，同女は自車が同横断歩道を通過し終えるまで横断を開始しないものと軽信し，漫然助手席のMを見ながら同人と会話したり，荷物の送り状を見たりしながら時速約40キロメートルで進行した過失により，同横断歩道上を右方へ向け横断歩行し始めた同女を左斜め前方約9.7メートルに迫って初めて発見し，急制動措置を執り，ハンドルを右に切ったが間に合わず，自車前面中央部を同女に衝突させた。

⑧　時速約40キロメートルで進行中，前方に横断歩道が設けられており，その手前右側にはU（当時20歳）運転の大型乗合自動車（バス）が先行していて右方からの横断歩行者の有無が確認できない状況にあったのであるから，右先行大型乗合自動車の動静を注視するとともに，前記横断歩道の直前で一時停止し得るよう減速徐行し，横断者の有無を確認して進行すべき自動車運転上の注意義務があるのにこれを怠り，漫然前記速度のまま進行した過失により，右横断歩道手前で徐行した前記大型乗合

自動車の陰の同歩道から左方へ横断歩行中のT（当時27歳）を至近距離に迫って初めて発見し，自車右前部を同人に衝突させて右前方へ転倒させた。

⑨　時速約40キロメートルで進行中，右前方を進行していた普通乗用自動車が横断歩道の手前で，減速したのを認め，横断歩道を歩行するもののあることを予想し得たのに，横断歩道の手前で最徐行するか一時停止してその安全を確認しつつ進行すべき自動車運転上の注意義務を怠り，漫然前記速度のまま同車の左側を追い抜こうとして前記速度のまま進行した過失により，前記横断歩道の手前に停止した車両の陰から，横断歩道を右から左に歩行していたO（当時28歳）に自車前部を激突させた。

⑩　時速約50キロメートルで進行中，前方横断歩道の手前に歩行者を横断させるべく停止している普通乗用自動車を約40メートル左斜め前方に認めたのであるから，直ちに減速徐行に移り，横断歩道の直前で停止し，同歩道上の歩行者の安全を確認して進行すべき自動車運転上の注意義務があるのにこれを怠り，前記速度のまま進行した上，折から停止車両の陰の前記横断歩道から同歩道上を右方に向かって黄色の小旗を持って歩行中のK（当時10歳）を約20メートル前方に認めたのに，直ちに急停車の措置も執らず同歩道上に進入した過失により，前記Kに自車左側部を衝突させた。

⑪　普通乗用自動車を運転し，○○先道路をN方面からF方面に向かい直進するに当たり，前方に設けられた横断歩道の手前対向車線上には渋滞による連続停止車両があり，これら車両のため同横断歩道の右側部分の見通しが困難であったのであるから，同横断歩道の直前で一時停止又は最徐行して，同横断歩道上の横断歩行者等の有無及びその安全を確認しながら進行すべき自動車運転上の注意義務があるのにこれを怠り，横断歩行者等はないものと軽信し，同横断歩道の直前で一時停止せず，同横断歩道上の横断歩行者等の有無及びその安全を十分確認しないまま漫然時速40キロメートルで進行した過失。

(4) 捜査上の留意事項
① 事故直後の現場の状況の特定（被疑車両の停止位置，被害者の最終的な転倒位置（被疑車両の速度の算定に必要），スリップ痕，履物の擦れや人体滑走等による擦過痕等道路上の痕跡，その他被疑車両の破片の散乱状況の特定，被害者の身体及び着衣の損傷状況，被害者の着衣，所持品，血痕その他被害者の毛髪皮膚片等の付着散乱状況）。
② 衝突地点の特定（速度算定にも必要），衝突箇所の特定（突合わせ），被害者はどういう向きで衝突したのか。
③ 被害者の歩行状況（歩行速度，歩行方向（どこからどこに行こうとしていたのか），事故以前の身体の障害や不具合の確認等）。←被害者本人，被疑者のみならず目撃者等からも聴取。
④ 被疑車両の衝突速度，被害者の発見地点（発見遅滞があったとすればその理由），その時点における被疑車両の速度，被害者を発見したときの被害者の状況（被害者本人及び被疑者，並びに目撃者からも聴取），危険を感じた後に執った措置，その後の所領の状況及び衝突状況，横断歩道の存在に気付く地点，気付いた地点。
⑤ 横断歩道の状況，道路の状況，車両及び歩行者等の通行状況，路面の乾・湿の状況，渋滞停止車両等が存在していた場合には，その状況の特定と，被疑者からの見通し状況。
⑥ 衝突状況を始めとする上記各状況を明確に立証できる目撃者の確保は極めて重要である。事故車両のドライブレコーダー，事故時付近を走行中の他の車両のドライブレコーダー（バスやタクシーその他）による映像データの収集も同様に必須である。

(5) 判　例
ア　積極判例
① 東京高判昭和39年11月30日下刑6巻11・12号1208頁，判時399号58頁
自動車を運転して自動信号機の設置してある十字路交差点に差し掛かった際，停止信号のため一時停止している自動車の直後に停止し，

前車の車体又は積荷に遮られて，横断歩行中の者，又は横断しようとしている者の有無を確認することができない状態にあったのち，信号が「進め」を表示していたのを認めて発進したが，前車の発進が遅れたためその右側へ出て進行し，又はこれを追い越そうとする場合においては，前車の発進が遅れ，また発進後の進行速度が遅いのは，前車の前方を左から右に横断しようとしている歩行者があって，これが前車の発進ないし加速進行を妨げているためである場合があることを予想することができるのであるから，かかる歩行者との接触ないし衝突事故の発生を未然に防止する業務上の注意義務があり，このことは歩行者に停止信号を無視して横断を開始した過失があるか否かを問わない。

② 東京高判昭和41年10月19日東高時報17巻10号216頁

　　青の信号で交差点内に進入した自動車運転者が，前方の横断歩道上左端付近に左から右に横断しようとして佇立している歩行者を認め，さらに右交差点中央付近まで来たときに前方の信号が黄色に変わったのを認めた場合には，直ちに右横断歩道の直前で停止すべき業務上の注意義務はないけれども，間もなく歩行者に対する信号が青に変わり，歩行者が当該横断歩道を左から右に横断を開始することが必至であるから，自動車運転者としては，右歩行者の通行を妨げないよう配慮するとともに減速徐行し，状況に応じ，いつでも急停車し得るような態勢で横断歩道又はその付近における歩行者の動静に絶えず留意して進行するなど，その安全を図る業務上の注意義務がある。

③ 東京高判昭和42年2月10日東高時報18巻2号26頁

　　交通整理の行われていない見通しの悪い交差点を通過する際，道路右側に渋滞して停車していた自動車が横断歩道にもかかっていたような場合には，右自動車の間から横断歩道によって自己の進路前方に現れる歩行者のあり得ることを考えて，前方左右を注視するとともに，このような場合に備えて，横断歩道の直前で直ちに一時停止することができる程度に減速徐行すべき業務上の注意義務がある。

④　東京高判昭和45年11月26日東高時報21巻11号408頁，判タ263号355頁

　　雨中道路がスリップしやすい状況になっていて，もし急ブレーキをかければ，スリップして対向車等に衝突するおそれがあったので，それを避けるため前方歩道上に横断者がいることを発見しながら急ブレーキをかけなかったとしても，右のような事態に対処し得る速度で進行していなかったものであるときは，現在の危険を避けるためのやむを得ない行為ということはできない。

⑤　東京高判昭和46年5月31日高刑24巻2号387頁

　　バスを運転し，時速約35キロメートルで走行中，連続停止している対向車両の間から走り出て横断歩道を横断した幼児と衝突した事故につき，横断歩道に近づく車両の運転者は，横断歩道上で発生することのあるべき状況に備えて速度を調節する義務が特に課せられているのであり，しかもその場合その状況発生の蓋然性は必ずしも高度のものである必要はないのであるから，本件の場合，被害者である幼児が前記のように左側横断歩道上に飛び出してくる蓋然性がある程度存したと認められる以上，そのことをも考慮に入れて速度を調節すべきであった。

⑥　札幌高判昭和50年2月13日判タ325号304頁（前掲406頁）

⑦　大津地判昭和50年4月21日判時789号113頁

　　普通乗用自動車を運転し，対面信号が点滅しているのみで，いまだ押しボタン式信号が作動していない交差点を直進する際，交差点出口の横断歩道を横断していた歩行者と衝突して死亡させた事故につき，押しボタンを押すまでは本件事故現場は，信号機の表示する信号の表示による交通規制の行われていない交差点すなわち道路交通法36条2項及び3項にいうところの「交通整理の行われていない交差点」なのであって，歩行者が押しボタンを押し信号灯により交通規制が行われて初めて「交通整理が行われている交差点」となると考えられる。したがって，前方の横断歩道上の横断者の有無並びに動静を注意してその安全を確認しつつ進行すべき業務上の注意義務は何ら軽減されない。

⑧ 東京高判昭和51年4月8日東高時報27巻4号50頁

普通貨物自動車を運転し，夜間，青信号に従って交差点に進入した際，信号を無視し横断歩道直近を歩行していた歩行者と衝突して傷害を負わせた事故につき，青信号に従って交差点に進入しようとする自動車運転者は，特別の事情のない限り，左右道路から信号を無視して交差点に進入する車両がないことを期待して運転すれば足りる。このことは歩行者の場合でも異なるところはないと解されるが，だからといって，最も基本的な注意義務である前方注視義務まで免除されるものではない。

⑨ 大阪高判昭和54年11月22日判夕416号177頁

普通乗用自動車を運転し，横断歩道の手前に差し掛かり，横断歩行中の少女が一旦立ち止まったのを認め，そのまま進行した際，少女の後方から横断歩道上に駆け出し右から左に横断中の少年と衝突して傷害を負わせた事故について，横断歩道上を横断しようとしてその中央付近手前で一旦立ち止まったとしても，道路交通法38条の趣旨に鑑みると，右は同条1項後段（昭和53年法律第53号による改正前のもの）にいう「横断歩道によりその進路の前方を横断しようとする歩行者」に当たるというべきである。そして，同女が横断歩道上で一旦立ち止まったとしても，同女の後方から，さらに横断者のあり得ることが予想される状況にあったのであるから，自動車運転者である被告人としては，同女の姿を認めるや直ちに，右横断歩道の手前の停止線の直前で一時停止し，横断者の通行を妨げないようにしなければならなかった[115]。

⑩ 福岡高宮崎支判昭和55年4月15日高検速報1267号

同規定（道路交通法38条1項）から車両運転者が速度調節義務を必要としないのはそのような状況発生の蓋然性が認められない場合，す

---

[115] 少女が自車を認めて立ち止まった以上，そのまま前方を横断することは考え難いので，同少女の関係で停止すべき注意義務はないと考えられるが，右方の見通しが対向停止車両によって遮られて，悪かった上，少女以外の歩行者が横断してくることは予想できたのであるから，その歩行者である被害者との関係では，停止義務があったと考えられる。同判例は，道路交通法の規定にとらわれすぎている。

なわち自車が横断歩道の手前に接近した際にその横断歩道の進路左側部分を横断し，又は横断しようとする歩行者のないであろうことが明らかな場合に限るというべきである。そして同法が横断歩道を横断しようとする歩行者保護を重視する趣旨からすれば，右蓋然性は必ずしも高度のものである必要はないものというべく，いやしくもその蓋然性が存在する以上は，その事態の発生を考慮に入れて横断歩道を通行し，事故の発生を未然に防止すべき業務上の注意義務を負う。

⑪　東京高判平成5年4月22日東高時報44巻1〜12号26頁，判時1505号148頁（前掲225頁）

⑫　東京地判平成12年5月23日判時1714号44頁（片山隼君事件）
　　大型貨物自動車を運転し，交差点出口の横断歩道上で一時停止した後，先行車に引き続いて発進・進行した際，自車の前面を横断しようとした児童に気付かず，自車右前部を接触させてさらに自車左側に駆け抜けて逃れようとした8歳の少年に自車前部中央付近及び左前部を順次衝突させ，転倒させて左前輪及び左後輪で轢過し死亡させた事故について，被害者の正確な位置，行動は不明であるが，被告人車両が横断歩道を塞いでいるため横断歩行者の進路が限定されており，被告人が発進，進行したのは被告人に有利にみても歩行者用信号が赤を呈してから間もないときであったこと，そのような時点では，一般的に横断歩道を渡りきれなかった者や駆け抜けてゆこうとする者がいる可能性は十分予測されること，横断歩行者が身長の低い児童等であれば自車からの発見がより困難であるところ，折から登校時間帯であったことなどの本件当時の具体的状況に照らせば，前方を目視するだけの方法ではなく，状況に即したより慎重な方法をもってアンダーミラーやサイドアンダーミラーをも利用するなどして周囲の横断者の存在及び動静を確認しながら，さらに車内からの死角を考慮の上，いつでも危険を回避できるように安全を尽くしつつ発進，進行すべき注意義務があった。

⑬　名古屋高判平成17年1月11日高検速報711号
　　普通乗用自動車を運転し，対面信号機の赤色表示に気付かず交差点

内を直進しようとし，交差点に進入後赤色信号に気付いたが，そのまま通過しようとした際，交差点出口に設けられた横断歩道で歩行者と衝突して傷害を負わせた事故につき，本件における被告人の過失は，対面信号機の信号表示に留意し，これに従って進行すべき業務上の注意義務を怠ったことではなく，交差点出口に設けられた横断歩道上の横断歩行者の有無及びその安全を確認すべき業務上の注意義務を行ったことにある。

イ 消極判例
① 神戸地判昭和42年1月17日下刑9巻1号42頁
　信号を無視して進路直前の横断歩道上に飛び出した歩行者を轢過した場合には，自動車運転者に過失がない。

② 札幌高判昭和45年8月20日高刑23巻3号547頁，判時631号102頁，判タ253号255頁
　横断歩道南端の手前約0.5メートルのところに，荷物を高く積んだ普通貨物自動車が荷物の積み下ろしのために駐車していて横断歩道左（西）側の見通しが悪かったところ，被告人は乗客20人くらいを乗せたバスを運転して，横断歩道の南端から約4メートルの地点で乗客を乗せるため停止した後，時速約5キロメートルの速度で発進したところ，上記普通貨物自動車自動車の陰から横断歩道上を5歳の幼児が飛び出してきて，急制動の措置を執り，横断歩道に約1.5メートル入った地点で停止したが，子供は停止後のバスの左側前部に当たって転倒したもののけがはなかったところ，急停車したために乗客の2人が加療2週間の頭部打撲傷及び頭部外傷の傷害を負ったという事故について，歩行者保護の規定である道路交通法38条2項の規定（昭和42年法律第126号による改正で新設され，同年11月1日施行）は，本件当時（昭和42年9月1日）適用されないが，それはおくとしても，同規定の趣旨は歩行者の保護のより一層の強化を図ったものであり，横断歩道の直前で明らかに違法に駐車している車両の側方を通過する場合のバスの乗客に対する注意義務の限度とは直接の関係はなく，バスの乗客との関係では横断歩道直前で一時停止して万一の危険に対処しなければ

ならない義務を負担するとはにわかに断じ難く，むしろ，直ちに停止できるような速度にまで減速し（あるいはあらかじめ警音器を吹鳴して歩行者に注意を喚起し），急停車により乗客に与える衝撃をできるだけ緩和する措置を講じて進行すれば足りる。

③　大阪簡判昭和47年6月3日判タ291号308頁

　自動車を運転し，交差点を青信号に従って交差点に進入した際，赤信号を無視し横断歩道に進出し，さらに急遽向きを変えて引き返そうとした歩行者と衝突した事故につき，被告人は信号に従って進行していたのであるから，その直前を信号を無視してとっさに横断しようとする歩行者のあることまで予想して運転する義務はない。

2　その他の場所における歩行者保護義務

(1) 道路交通法上の義務

ア　車両等は，交差点又はその直近で横断歩道の設けられていない場所で，歩行者が道路を横断しているときは，その歩行者の通行を妨げてはならない（法38条の2）。

　横断歩道の設けられていない交差点では，歩行者が道路を横断する場合には，横断歩道によらないで道路を横断することになる。もちろん，交差点であるから，車両だけでなく歩行者も四囲から集まり通行することになるので，車両等の運転者は，横断歩行者の安全に配慮して進行すべきことになる。その場合，当該交差点において歩行者が通常横断するであろう範囲を指して，「交差点の直近」としたものである（道交法事典・（上）413頁参照）。したがって，「直近」とは，交差点から10メートル以内とする見解が少なくないようである（「実務のための道路交通法遂条解説」（2003）等）が，道路の幅員や交差点の形状や現実の通行状況その他の具体的状況に応じて判断するほかない。

　「通行を妨げてはならない」というのは，道路交通法38条1項と同じである。一時停止する義務は必ずしもない。通行を妨げないようにするためには，徐行又は一時停止しなければならないときは，その義務があ

ることになる。

　本義務は，同法38条とあいまって，道路交通法の歩行者優先の原則を示すものである。

　イ　車両等の運転者は，当該車両等のハンドル，ブレーキその他の装置を確実に操作し，道路，交通及び当該車両等の状況に応じ，他人に危害を及ぼさないような速度と方法で運転しなければならない（法70条後段）。

　本条は，他の禁止規定についての補充規定（法条競合に該当）であるので，それらの違反が成立するときは成立しない（最決昭和46年5月13日刑集25巻3号556頁等）。

(2) **過失運転致死傷罪における注意義務**

　ア　道路交通法は，横断歩道の設けられていない交差点において横断している歩行者に対して，前記のとおり，車両等に対する優先を定めた。それは，そのような道路においては，歩行者が四囲から集まり，交差点又はその直近を横断することが一般的に多いため，その安全を守ろうと考えたためである。

　したがって，過失運転致死傷罪においても，交差点であり，四囲から歩行者が集まり，横断することが多いという事情から，歩行者の横断及びそれとの事故発生の予見可能性が肯定されることが多いであろう。歩行者との衝突を避けるべく前方注視を尽くすべきこと，動静注視を尽くすべきこと，歩行者との衝突を避けるために減速徐行，場合によっては一時停止の義務が生じ得ること等は，横断歩道によって道路を横断しようとする歩行者の場合と同じである。車両が歩行者と衝突すれば，歩行者に重大な障害の結果を生じ得るので，予見可能性の判断は，厳格に（積極方向に）判断されることになる（第1章　総論　30頁参照）。

　イ　それ以外の道路を横断している歩行者に対しても，道路状況，交通の状況等から歩行者の横断があり得ること及びこれとの事故発生の予見可能性が認められる限り，それを避けるため速度調節等の回避義務を講じる必要がある。前提として，前方注視義務を尽くすことは最低限必要である。生活道路であれば，道路の幅員が狭く，家の陰等から歩行者が道

路に進出してくる可能性も高い。生活道路では，道路標識等で制限速度が時速30キロメートルに指定されている[116]。地域によっては時速20キロメートルに指定されているところもある。このような生活道路においては，後記注1のように速度違反が致死率を高めるので，速度調節義務違反が過失になる余地もあると考える。

　また，道路横断中の歩行者と車両の事故では，高齢者の事故が多い[117]ところ，高齢者は動作が遅いこと，車両等の速度認識が劣ること等から，危険な横断をすることが少なくないので，その動静には注意しなければならない。

(3) 実務例

① 時速約30キロメートルで進行中，前方左右を注視し，特に横断歩行者を認めた場合にはその動静を注視し，状況により減速徐行するか停止すべき自動車運転上の注意義務があるのにこれを怠り，漫然前記速度で進行し，折から前方車道を右方より左方へ向け横断歩行中のⅠ（当時35歳）を右斜め前方約15.5メートルの地点に初めて発見し，しかも同女が安全に横断し終えるものと軽信し，その約1.15メートル手前に迫るまで何らの避譲措置を執らなかった過失により，自車前部左端を同女に衝突させた。

② 時速約35キロメートルで進行中，進路前方を左から右へ横断歩行しているM（当時47歳）ほか3名くらいの1団の歩行者を，前方約15.7メートルの地点に認めたので，直ちに一時停止し，横断歩行者の通過を待って発進すべき自動車運転上の注意義務があるのにこれを怠り，同人らが一時立ち止まって自車を通過させてくれるものと軽信し，速度を約25キロメートルに減速したのみで漫然進行を継続した過失により，自車の

---

116) 警察庁は，幅員5.5メートル未満の生活道路においては歩行者の死傷事故の割合が高いこと等から，平成23年9月から，区域を決めて時速30キロメートルの速度規制を行う等の生活道路対策を始め，平成28年末までに全国で約3000か所を整備することとしている。なお，時速30キロメートル規制としたのは，30キロメートルを超えると歩行者の致死率が急激に上昇するためである。

117) 横断違反は，年齢構成別で65歳以上が最も多く，16.4パーセントに上る（警察庁交通局「平成25年中の交通事故の発生状況」（平成25年2月27日）16頁）。

接近に気付かず依然として横断歩行を続けていた前記Mの右顔面などに自車の左側荷台前部付近を激突させた。
③　時速約40キロメートルで進行中，B（当時25歳）が友人1名とともに進路上を右方から左方へ横断中，道路中心線付近で一時佇立しているのを約26メートル前方に認めたのであるから，同人らの動静を注視するとともに徐行又は一時停止して，その安全を確認して進行すべき自動車運転上の注意義務があるのにこれを怠り，同人らにおいて自車の通過を待ってくれるものと軽信し，前記速度のままその直前を通過しようとして進行した過失により，折から左方へ横断を始めた前記馬場を認め，急制動の措置を執ったが及ばず，自車右前部を同人に衝突させた。

(4)　捜査上の留意事項
　①　事故直後の現場の状況の特定（被疑車両の停止位置，被害者の最終的な転倒位置（被疑車両の速度を出すためにも重要である），スリップ痕，履物の擦れや人体滑走等による擦過痕等道路上の痕跡，その他被疑車両の部品の散乱状況の特定，被害者の身体及び着衣の損傷状況，被害者の着衣の損傷状況，所持品，血痕その他被害者の毛髪皮膚片等の付着散乱状況）。
　②　衝突地点の特定（被疑車両の速度を算出するためにも重要），衝突箇所の特定（突き合わせ），被害者はどのような向きで衝突したのか。
　③　被害者の歩行状況（歩行速度，歩行方向（どこからどこに行こうとしていたのか），事故以前の人体の障害や不具合の確認等）。
　　　→　「被害者本人，被疑者のみならず目撃者や家族等からも聴取」
　④　被疑車両の衝突速度，被害者の発見地点（発見遅滞があったとすればその理由），その時点における被疑車両の速度，被害者を発見したときの被害者の状況（被害者本人及び被疑者，並びに目撃者からも聴取），危険を感じた後に執った措置，その後の車両の走行状況及び衝突状況。
　⑤　道路の状況，交差点の見通し状況，発見可能地点の特定，車両及び歩行者等の通行状況，路面の乾・湿の状況，渋滞停止車両等が存在していた場合には，その状況の特定。
　⑥　衝突状況を始めとする上記各状況を明確に立証できる目撃者の確保は

極めて重要である。事故車両のドライブレコーダー，事故時付近を走行中の他の車両のドライブレコーダー（バスやタクシー，その他）による映像データの収集も同様に必須である。

(5) 判　例
　ア　積極判例
　　① 東京高判昭和42年5月26日下刑9巻5号609頁
　　　被害者が，横断禁止区域となっている共用道路（自動車その他の車両と歩行者の通行に共用されている道路）を横断中，一旦立ち止まり，2，3歩後退した場合でも，自動車運転者が，前方注視を怠っていたため避け得なかったときには，過失責任があり，信頼の原則も適用されない。
　　② 東京高判昭和43年4月3日東高時報19巻4号57頁
　　　道路中央付近で車をやり過ごすため立ち止まっていた横断中の幼児2名が，すれ違った車の陰から飛び出してきた場合にも，自動車運転者は立ち止まっている幼児を早期に発見し，減速するなどして衝突を防止すべき注意義務がある。
　　③ 東京高判昭和54年8月14日刑月11巻7・8号780頁
　　　バスを運転し，赤信号に従って（横断歩道のない）交差点入口の停止線の手前で一時停止し，対面信号機の青信号に従って前車に続いて発進した際，そのすぐ前を横断した幼児と接触轢過して死亡させた事故につき，発進までの時間，発進直前に当時4歳の幼児が被告人車の直前を横断しているのに全く認めていないこと，当時2歳で身長80センチメートルの被害者は発進直前の被告人車の右方から左方に駆け足で進んできたものであること，従って被告人が発進直前に車の右方及び前方の安全を確認する措置を執っていたならば，それによって被害者に対する死角を完全になくして，その姿を確実に捉えることができた。そして，対面信号の赤色表示に従い交差点入口停止線手前で停車した者が，同信号青の表示によって発進するに当たっては横断者の有無等左右，前方の安全を確認すべき義務のあることはいうまでもな

い（「現場は複雑な形態の交差点で交通事故防止のためにはさらに適当な横断歩道あるいは横断歩道橋の設置が検討されてしかるべき場所と思われる箇所で，横断歩道等がすぐ近くになく，現実には横断歩道の表示はないものの通常それが設けられる場所に相応する部分の歩車道間のガードレールが取り払われているため，歩行者ことに子供達が同所を横断することは珍しくなく，長年バスの運転手をして同所をしばしば走行した時に横断中の歩行者を確認したこともある被告人にとって，被害者のような子供の横断があり得ることは十分予測できた」旨判示）。

イ　消極判例

① 東京高判昭和36年9月29日下刑3巻9・10号833頁

自動車を運転してバス停留所付近を減速進行中，反対側の建物内部からバスに乗車すべく自車の直前を横断しようとした児童に接触させた場合，自動車運転者に過失はない。

② 京都地判昭和42年3月8日判タ220号131頁

先行車両の陰から自車の進路直前に進出してきた横断歩行者に自車を衝突させた場合，自動車運転者の過失を認めることはできない。

③ 長野簡判昭和42年4月11日判タ220号133頁

対向車両の後から道路を横断しようとして小走りに走り出てきた幼児に自車を接触させた場合には，自動車運転者に過失はない。

④ 大阪高判昭和42年10月7日高刑20巻5号628頁，下刑9巻10号1239頁

信号機により交通整理されている交差点を進行する自動車が，停車中の市電の後方から信号を無視して自車の進路前方に横断進行してきた歩行者に接触した場合は，自動車運転者に過失がない。

⑤ 新宮簡判昭和42年10月14日判タ220号132頁

運転者のみが乗車している駐車中のマイクロバスの側方を通過する自動車運転者には，マイクロバスの陰から歩行者が道路横断のため走り出てくることを予想して減速徐行すべき注意義務はない。

⑥ 山口地下関支判昭和43年1月12日下刑10巻1号89頁

突如道路中央に走り出た被害者に自車を衝突させた場合，自動車運

転者には過失がない。

⑦　東京地判昭和44年3月11日刑月1巻3号247頁

　　大型貨物自動車（車長7.55メートル）を運転し，車両の渋滞により停止，発進を繰り返しつつ交通整理が行われていない交差点内に入って停止（後尾1メートルが横断歩道に残った状態）した際，渋滞停止車両が横断歩道を塞いでいるため横断歩道によらず交差点内を渋滞停止車両の間を通って左方から右方に横断中の歩行者に，渋滞車両が動き出した被告人車両の左前部と衝突させて転倒させて左後輪で轢過して死亡させた事故につき，交通整理が行われておらず後方の横断歩道にも信号機がない本件交差点内に，横断歩道を利用せず，いつ一斉に発進するかもしれない状態にある車両の間を縫って，あえて交差点内深く進入している自動車の前部を横断しようと車道内に出てくるような危険，無謀な歩行者が現れることはむしろ極めてまれなことというべきであって，通常の自動車運転者がそれを予測しないことがあったとしても，これをもって不注意であるということはできない。

⑧　岐阜地判昭和44年9月29日刑月1巻9号961頁

　　自動車運転者は，進路の道端に歩行者又は佇立者があるからといって，いかなる場合でもその者が突然進路に出てくるかもしれないという万一の場合までを予想して減速徐行すべき義務があるものとはいえない。

⑨　東京高判昭和44年12月17日高刑22巻6号951頁

　　父親の手を離れで突然停車中のタクシーの後方から進路前方に進出してきた幼児を轢過した場合，自動車運転者に過失はない。

⑩　仙台高判昭和45年5月11日刑月2巻5号440頁

　　狭い道路において進路前方の軒下で道路に背を向けて立ち話をしている者が突然道路に出てこれと接触した場合は，自動車運転者には過失はない。

⑪　東京高判昭和45年12月23日東高時報21巻12号431頁

　　心身障害者であることを一般に気付かれないような成人が，小学校低学年の生徒さえ心得ている道路横断の原則を無視して横断するであ

ろうことを予測して，警音器吹鳴，減速等の義務を課すべき義務はない。

3 横断歩道及び自転車横断帯を走行中の自転車の保護義務

(1) 道路交通法上の義務

　車両等は，自転車横断帯に接近する場合には，その自転車横断帯を通過する際に自転車横断帯によりその進路の前方を横断しようとする自転車がないことが明らかな場合を除き，その自転車横断帯の直前（道路標識等による停止線が設けられているときは，その停止線の直前）で停止することができるような速度で進行しなければならない。この場合，自転車横断帯により進路の前方を横断し，又は横断しようとする自転車があるときは，その自転車横断帯の直前で一時停止し，かつ，その通行を妨げないようにしなければならない（法38条1項）。

　自転車は，軽車両であるが，対車両として考えた場合，歩行者と同様，車両に対して圧倒的に弱者である。そこで，自転車が自転車横断帯を通行する場合には，歩行者同様，強い保護を与えることにしたものである。

　なお，横断歩道は，「歩行者の横断の用に供するための場所」であり（法2条4号），自転車の横断の用に供する場所ではない。自転車が横断するための用に供する場所として設けられているのは，自転車横断帯である（同条4号の2）。したがって，自転車横断帯ではなく，横断歩道を通行している自転車には，同法38条の保護は及ばない。

　しかしながら，自転車横断帯の併設されている横断歩道上を通行する自転車に対しては，仮に自転車横断帯を通行していなかったとしても，同法38条の保護は及ぶと解される。というのは，自転車横断帯がある場合，これにより進路前方を横断しないことが明らかな場合を除き，車両等の運転者は，自転車横断帯の直前又は停止線で停止することができるような速度で進行しなければならない（法38条1項前段）。ところが，自転車横断帯と横断歩道が併設されているところに，自転車が道路脇から近づいているとき，その自転車が自転車横断帯で道路を横断しようとすれば車両等は，停止しなければならないが，横断歩道により横断しようとする場合は，自

転車横断帯によらない横断なので，停止しなくて済むというわけにはゆかないのである。というのは，道路を横断しようとして自転車横断帯及び横断歩道に近づく自転車は，どちらを通行しようとするのか分からないことが多いので，自転車横断帯によらないで横断することが明らかとはいえないと考えられるからである。また，最初横断歩道を通行して横断していても，自転車横断帯に移って横断を終えることもあるので尚更である。したがって，自転車横断帯の併設された横断歩道を通行しようとする自転車にも同法38条の保護は及ぶと考えざるを得ない。

　しかし，自転車横断帯の併設されていない横断歩道を通行しようとする自転車に対しては，同法38条の保護は及ばない。ところが，平成19年6月20日法律第90号による道路交通法の改正（平成20年6月1日施行）の際，信号表示の意味を規定した同法施行令2条も改正され，「人の形の記号を有する青色の灯火」の意味として，「普通自転車は，横断歩道において直進をし，又は左折することができること」，「人の形の記号を有する青色の灯火の点滅」の意味として，「横断歩道を進行しようとする普通自転車は，道路の横断を始めてはならいこと」とそれぞれ定められ，自転車も横断歩道を通行することができることになった。これは，従来，自転車は自転車通行可の標識等がある場合にのみ歩道を通行することができたのであるが，同改正で，この場合に加えて，児童や幼児，70歳以上の高齢者，身体障害者，車道又は歩道の状況から見て自転車が歩道を通行してもやむを得ないと認められるときにも自転車の歩道通行を認めた（法63条の4第1項，同法施行令26条）ことから，自転車が歩道から横断歩道を通行することが見込まれるため，信号表示の意味も改正されたのである。一方で，横断歩道の定義（「歩行者の横断の用に供するための場所」（法2条4号））は変えていないので，法と施行令との間でねじれが生じていることになる。

　しかしながら，横断歩道の定義は上記のものとしても，横断歩道を自転車が通行することは禁じられていないどころか，施行令の定めた信号表示により自転車の通行が認められた以上，横断歩道を通行しようとする自転車にも道路交通法38条1項の保護が及ぶと解することも可能ではないかと考えられる[118]。しかし，ある裁判例では，「同条項（38条1項）による

徐行義務は，本件のように自転車横断帯の設置されていない横断歩道を自転車に乗ったまま横断する者に直接向けられたものではない」とするものがある（東京高判平成22年5月25日公刊物未登載，依田・よくわかる66頁）。

　もっとも，自転車の場合は，自転車横断帯を通行しないことが明らかでない場合が実際にどのような場合をいうのか問題となる。というのは，自転車は歩行者よりも速度が速く，（歩行者のように）自転車横断帯付近に差し掛かった時点で，同横断帯を通行するか否かを判断することにしたのでは，衝突の危険あるいは進路を妨害することになりかねず，遅すぎるからである。したがって，歩行者同様，前記㋐ないし㋔の場合（405頁）（横断歩道を，自転車横断帯及びこれに併設された横断歩道に読み替える）に加えて，自転車横断帯に近づいてくる自転車があった場合で，車両がそのまま進行すれば，自転車が同横断帯を通行してきた場合に（衝突し，あるいは）その進路を妨害する可能性がある場合には，自転車横断帯を通行しないことが明らかでない場合として，同横断帯の直前あるいは停止線で停止できるような速度に調節して進行すべきものと考える。

(2) **過失運転致死傷罪における注意義務**

　ア　車両等の運転者は，道路交通法上の上記義務の存在及び自転車の自転車横断帯及び横断歩道通行の上記実態を前提に，車両等の運転を心掛けなければならないことになる。

---

118)　国家公安委員会は，交通の方法に関する教則（昭和53年10月30日国家公安委員会告示第3号）を改正し，「道路を横断しようとするとき，近くに自転車横断帯があれば，その自転車横断帯を通行しなければなりません。また，横断歩道は歩行者の横断のための場所ですので，横断中の歩行者がないなど，歩行者の通行を妨げるおそれのない場合を除き，自転車に乗ったまま通行してはいけません」（第3章第2節1(5)），「横断歩道を進行する場合は，歩行者用信号機の信号に従わなければなりません」（同3(1)）と改められ，従前の「自転車横断帯がないところでも近くに横断歩道があるときは，自転車を押してその横断歩道を渡るようにしましょう」（旧第3章第2節1(5)）は削除された。したがって，交通道徳としてはともかく，一定の場合に，自転車に乗ったままの通行が認められたことになる。平成22年の上記改正の前から，自転車は自転車横断帯が設けられていない横断歩道を乗ったまま通行するのが実態としてあったのであるが，同改正でその実態はより著しくなっているのではと考えられる。

　なお，東京高判昭和57年8月25日刑月14巻7・8号619頁，判時1074号145頁は，（昭和56年の時点で）「道路交通法は自転車横断帯が設けられていない場合，自転車が道路を横断するに当たり，横断歩道を利用することを容認しているものと解せられる」としている。

横断歩道により横断しようとする歩行者と車両との衝突事故に関して確立した判例によれば，車両の運転者は，車両が横断歩道の手前に接近した際にその横断歩道の進路左右部分を横断し，又は横断しようとする歩行者のないであろうことが明らかな場合を除き，横断歩道の直前で一時停止ができるように減速徐行する義務があることになる（前掲東京高判昭和46年5月31日（409頁）等）。

この考えを自転車に当てはめれば，少なくとも，自転車横断帯及びこれを併設した横断歩道を通行する自転車についても同様であり，「車両の運転者は，車両が自転車横断帯の手前に接近した際にその自転車横断帯の進路左右部分を横断し，又は横断しようとする自転車のないであろうことが明らかな場合を除き，自転車横断帯の直前で一時停止ができるように減速徐行する義務」があることになる。自転車は対車両との関係では交通弱者であり，車両と衝突した場合には，重大な死傷の結果が生じる可能性が高いのでその必要性は高い。なお，この点は，歩行者について述べたと同様，道路交通法38条1項それ自体をそのまま過失の根拠とするのではなく，道路交通法38条1項による規制，義務の存在及び現実の自転車の交通という実態を前提として，認められる注意義務と考えるべきである。自転車の運転者は，道路交通法上，自転車横断帯を横断しようとするときは，上記道路交通法上の保護を受けることを前提として，自転車横断帯を横断しようとすることになるし，それが実態でもあると考えられるので，車両等の運転者もそれが予見可能といえるからである。

具体的に，どのような場合に，自転車横断帯の直前で一時停止できるような減速徐行すべき義務が生じるか。それに関しては，基本的には，道路交通法上の義務のところで述べたと同様，前記㋐ないし㋔の場合（405頁），及自転車横断帯に近づいてくる自転車があった場合には，車両がそのまま進行すれば，自転車が同横断帯を通行してきた場合，衝突しあるいはその進路を妨害する可能性がある場合には，自転車横断帯を通行しないことが明らかでない場合として，同横断帯の直前あるいは停止線で停止できるような速度に調節して進行すべき義務があると考え

るべきであろう。

イ　それでは，自転車横断帯が併設されてない横断歩道を通行しようとする自転車に対してはどうか。道路交通法38条1項が適用される場合ではないが，同法施行令が改正され，自転車も下車せず乗ったまま横断歩道を通行することが認められていること，実態として，自転車が横断歩道を通行していることから，車両の運転者は自転車が横断歩道を通行してくることは予見可能といえるので，これを前提に，前方注視義務に加え，具体的状況に応じて動静注視，速度調節（減速徐行）あるいは一時停止の義務等の義務が課せられることになる。

　前掲東京高判平成22年5月25日（430頁）は，交通整理の行われていない交差点の自転車横断帯の併設されてない横断歩道上を横断していた自転車と車両の衝突致死事故（被告人車両は時速約55キロメートルで走行していて，左前方約6.9メートルの地点に被害者の自転車を発見して急制動するも及ばず）につき，道路交通法38条1項の規定によらず，徐行程度の速度で自転車が横断歩道を横断することは予見可能として，自動車運転者に速度調節義務及び横断歩道による歩行者及び自転車の有無並びにその安全を確認して進行すべき義務があるとして過失を認めたものである[119]。

　なお，前方左右を注視していて，自転車が進路前方の横断歩道（自転車横断帯の併設されていない横断歩道でも）に近づいていることが視認可能であるならば，同自転車が自己の進路前方の横断歩道を横断することが予見可能であるから，それを予測した上，動静を注意しつつ，自車の速度を減じる等した上で，事故の発生を未然に防止すべき注意義務があるのはいうまでもない。

ウ　前掲東京高判昭和57年8月25日（430頁注118））は，自転車横断帯の併設されていない横断歩道を進行してきた自転車に，左折しようとしていた大型貨物自動車がその左前部を衝突させて自転車運転者を死亡さ

119）事案が徐行している自転車との衝突事故であったことから，事例判断として前記判示をしたものであり，予見可能性という観点からすれば，自転車の速度が徐行でなく，通常の速度（時速17キロメートル程度）であっても，予見可能というべきである。

せた事故について，横断歩道直前で一時停止せずに左折進行したことを大型貨物自動車の運転者の過失としたものである。同判例は，原判決が横断歩道の横断者の有無及びその安全を確認しないで左折進行したことを過失として捉えたのを破棄し，視認可能地点で横断者の視認をしなかったとしても横断歩道直前で一時停止し，視認及びアンダーミラー等で横断歩道及びその付近を見れば被害者を発見でき事故は回避できたとして，一時停止義務違反を過失と捉えたものである。

　左折車両の場合死角があるので，死角との関係で，左折出口方向の横断歩道を通過しようとする歩行者や自転車の有無に絶えず留意し，左折前に視認して存在しなかったとしても，死角に入っている間に同横断歩道を通過しようとする自転車や歩行者が存在し得ること，特に自転車の場合は，走行速度が速く，右折前にかなり後方にいたとしても，自車が横断歩道を通過するときには，横断歩道に達して横断を開始し始めることになるので，死角に入る前に捕捉できていない車両の存在が予想される場合には，自転車横断帯及び横断歩道手前で一時停止すべき義務が肯定される場合もあろう。

　ところで，左折車両と，横断歩道ないし自転車横断帯（あるいは横断歩道）走行自転車との衝突事故に関しては，大型貨物自動車等車長の長い車両の左後方部分に衝突した事故の場合，過失判断に迷う事例も少なくない（前掲東京高判昭和57年8月25日（432頁）は，左前部を衝突させた事例である）。というのは，このような事例では，左折車両において，後方の歩道等から進行してきている自転車の存在がかなり後方にあって発見しにくいこと（車道を併進していて追い抜いた場合と異なる），自転車が横断歩道を横断し始めたとき，既に左折車両は横断歩道を通過し始めていることが多く，また，自転車にも前方不注視の落ち度があることが多く，車両が既に自転車横断帯（又は横断歩道）を横断中であることが容易に分かるにもかかわらず，それに突っ込むようにして横断する自転車がいることについての予見可能性が欠けると考えられる場合もあるからである。交差点の状況，横断歩道や自転車横断帯の設置状況，車両及び歩行者，自転車等の通行状況，被告人車両，当該自転車の進行状況そ

の他の具体的状況によって，判断するほかないと考えるが，被疑車両が横断歩道直前で停止できる距離（停止距離）の手前の地点における被害自転車の位置及び速度，逆に被害自転車が横断歩道に差し掛かる直前の被疑車両の位置を特定して，車両運転者による予見可能性，及び回避可能性，被害自転車からの予見可能性及び回避可能性等を総合的に勘案した上で判断されることになろう。

(3) **実務例**

① 交通整理の行われていない左方道路の見通しが困難な交差点を直進するに当たり，同交差点出口には横断歩道が設けられていたから，徐行するとともに同横断歩道を進行してくる自転車等の有無に留意し，その安全を確認しながら進行すべき自動車運転上の注意義務があるのにこれを怠り，時速約60キロメートルから時速約50キロメートルに減速したのみで徐行せず，同横断歩道を進行してくる自転車等の有無に留意せずその安全確認不十分のまま進行した過失により，折から左方道路から同横断歩道を左から右に横断してきたＶ（当時73歳）運転の自転車に気付かず，同自転車に自車前部を衝突させて同人を路上に転倒させ，よって同人に多発外傷の傷害を負わせ，同人を同傷害により死亡させた。

② ○○先の信号機により交通整理の行われている丁字路交差点の入口の停止位置に赤色信号に従って一時停止した後，青色信号に従って発進して西方に向かい右折進行するに当たり，同交差点右折方向出口には自転車横断帯が併設された横断歩道が設けられていたのであるから，前方左右を注視し，同横断歩道を横断する自転車等の有無及びその安全を確認しながら発進右折進行すべき自動車運転上の注意義務があるのにこれを怠り，遠方に視線を向け，前方左右を注視せず，同横断歩道上を横断する自転車等の有無及びその安全確認不十分のまま漫然発進して時速約15キロメートルで右折進行した過失により，折から，青色信号に従い同横断歩道上を南方から北方に向かい横断するＶ₁（当時14歳）運転の自転車を前方約1.5メートルに迫って初めて発見し，急制動及び左転把の措置を講じたが間に合わず，自車右前部を同自転車右側面部等に衝突

させて同人及び同自転車後部に同乗していたV₂（当時14歳）を同自転車とともに路上に転倒させた。

③　○○先の道路を南から北西に向かい進行するに当たり，前方には横断歩道及び自転車横断帯が設けられており，M（当時38歳）運転の自転車が同自転車横断帯により横断しようとしていたのであるから，前方左右を注視し，適宜速度を調節して同自転車横断帯等の直前で一時停止し，同自転車横断帯等を横断する自転車等の有無及びその安全を確認しながら進行すべき自動車運転上の注意義務があるのにこれを怠り，前方左右を注視せず，減速徐行も一時停止もせず，同自転車横断帯を横断する自転車の有無及びその安全を確認しないまま漫然時速約40キロメートルで進行した過失により，同自転車横断帯上を左方から進行してきて前記M運転の自転車を直前になってようやく認め，急制動の措置を執ったが及ばず，同自転車右側側面部に自車前部を衝突させた。

(4)　捜査上の留意事項

①　基本的には，歩行者との事故と同様であるが，これに加えて，自転車の転倒位置の特定，自転車の衝突箇所，車両との突き合わせ，被疑車両における自転車及びその運転者の接触，擦過痕の有無及び状況（衝突角度や自転車と車両の速度算出にも関わる），自転車の変形状況，自転車の走行速度，灯火の点灯の有無，ブレーキの故障の有無。

②　左折車両と横断歩道ないし自転車横断帯を左から右に走行する自転車との衝突の場合は，被疑車両からの左及び左後方の視認状況（死角の範囲も含む），特に，被疑車両が横断歩道直前で停止できる距離（停止距離）手前の地点での被害自転車の位置及び速度，その地点における左及び左後方の視認状況。逆に被害自転車が横断歩道に差し掛かる直前の被疑車両の位置，その地点における被害自転車からの右方及び右前方の視認状況の特定。

(5) 判 例
　ア　積極判例
　　①　東京高判昭和56年6月10日判時1936号136頁，判タ455号164頁

　　　　交差点を赤色信号に従って，前車に続いて停止中，左前方約13.9メートルの地点に被害者運転の自転車が信号待ちで停止中であるのを認め，やがて青信号に変わって前車に引き続いて発進したが，被害者の自転車も交差点左側端に沿って左折進行するものと思い，以後，同車の動静を注視せず，時速約10キロメートルで左折進行中，横断交差点出口の横断歩道を左から右に横断していた被害者の自転車に気付かず自車左前部を衝突させて転倒させ，左前輪で轢過して死亡させた事故につき，付近に自転車横断帯がない場所で自転車を運転したまま道路横断のため横断歩道を進行することについては，これを容認又は禁止する明文の規定は置かれていないのであるから，被害者としては横断歩道を横断するに当たっては自転車から降りてこれを押して歩いているのでない限り，接近する車両に対し道交法上当然に優先権を主張できる立場にはないわけであり，被害車にも落ち度があったことは否定できないが，自転車に乗って交差点を左折してきた者が自転車を運転したまま青色信号に従って横断歩道を横断することは日常しばしば行われているところであって，この場合が，信号を守り正しい横断の仕方に従って自転車を降りてこれを押して横断歩道上を横断する場合や横断歩道の側端に寄って道路を左から右に横切って自転車を押したまま通行する場合に比べて，横断歩道に接近する車両にとって特段に横断者の発見に困難を来すわけのものではないから，自動車の運転者としては，いずれの場合においても，事故の発生を未然に防ぐためには，横断者の動静に注意を払うべきことは当然であるのみならず，自転車の進路についてもその方向に進行するかにわかに速断することは許されないので，同横断歩道を信号に従い左から右に横断に転ずる場合のあることも予測して，その動静を注視するとともに，自車の死角の関係からその姿を視認できなくなった場合には，横断歩道の直前で

徐行又は一時停止して自転車の安全を確認すべき注意義務がある。
② 東京高判昭和 57 年 8 月 25 日（前掲 430 頁注 118））
③ 東京高判平成 22 年 5 月 25 日（前掲 430 頁）
④ さいたま地熊谷支判平成 24 年 6 月 19 日公刊物未登載
　交通整理の行われていない丁字路交差点を時速約 30 キロメートルで直進していた普通乗用自動車が，進路左前方に気を取られ，前方注視不十分のまま進行したところ，交差点出口に設けられた横断歩道を右方から左方に向けて時速約 8 キロメートルで通行中の自転車の発見が遅れて急制動のいとまもなく衝突転倒させて重傷を負わせた事故につき，自動車運転者は，進路前方を注視する注意義務は常に負っているところ，被告人が進路前方を注視していれば，衝突地点の 34.1 メートル手前から被害者自転車を発見することができたといえるので，結果回避可能性，結果予見可能性及び上記注意義務が現実的に履行可能であったことが優に認められるから，被告人には前方注視を怠ったという結果回避義務違反を認定できる。また，車両等の運転者は，横断歩道等に接近する場合には，横断歩道等を通過する際に当該横断歩道等によりその進路の前方を横断しようとする歩行者又は自転車がないことが明らかな場合を除き，当該横断歩道等の直前で停止することができるような速度で進行しなければならない（道路交通法 38 条 1 項参照）。そして，衝突地点の約 34.1 メートル手前から被害者自転車を確認することができたのであるから，被告人が横断歩道を停止することができないような速度で進行してよい例外的な場合に当たらないことは明らかであり，被告人には本件出口横断報道の直前で停止することができるような速度で進行しなければならない義務があったと認められる。

第10 道路外に出入りする場合，横断，転回時の注意義務

1 道路外に出入りする場合の注意義務

(1) 道路交通法上の義務

　ア　車両は，道路外に出るため左折するときは，あらかじめその前からできる限り道路の左側端に寄り，かつ，徐行しなければならない（法25条1項）。

　　「あらかじめその前から」というのは，その趣旨が後続車に右折することをあらかじめ知らせて，交通の危険を防止し，交通の安全を図ることにあるので，その観点から，具体的状況により合理的に決定されることになる。一般的には，道路交通法施行令21条は，左折しようとする場所から30メートル手前で合図をすべきとしているところ，これを根拠にして，おおむねその程度の距離で左側端に寄るべきであろう（交差点の右折に関する名古屋高判昭和46年9月14日高検速報505号参照）。

　イ　車両は，道路外に出るため右折するときは，あらかじめその前からできる限り道路の中央（その道路が一方通行になっているときはその道路の右側端）に寄り，そのうえ徐行しなければならない（同条2項）。

　　「あらかじめその前から」というのは，アに同じである。

　ウ　道路外に出るために左折又は右折しようとする車両が，上記道路交通法25条1項及び2項の規定の方法に従って，それぞれ道路の左側端，中央又は右側端に寄ろうとして，手又は方向指示器による合図をした場合には，その後方にある車両は，自車の速度又は方向を急に変更しなければならないことになる場合を除いて，その合図をした車両の進路の変更を妨げてはならない（同条3項）。

　　「進路の変更を妨げてはならない」というのは，後車は，減速又は徐

行するなどして，左折（右折）する車両が，道路の左側端（左折の場合），中央又は一方通行の道路において右側端（右折の場合）に寄る行為を妨害しないようにしなければならないということである。

エ　車両は，左折し，右折するときは，手，方向指示器又は灯火により合図をし，かつ，これらの行為が終わるまで当該合図を継続しなければならない（法53条1項）。

オ　車両は，歩道又は路側帯と車道の区別のある道路においては，車道を通行しなければならないが，道路外の施設又は場所に出入りするためやむを得ない場合は，歩道又は路側帯を横断して通行することができる（法17条1項）。

　この場合，車両は，歩道，路側帯に入る直前で一時停止し，かつ，歩行者の通行を妨げないようにしなければならない（同条2項）。

　「道路外の施設又は場所に出入りする」とは，車両が道路外に出るため，及び道路外の施設や場所から道路に入ることをいう。

　一時停止義務は，無条件のものであり，横断歩道を通過する場合の義務よりも加重されている。これは，歩行者が通行するか否か必ずしも確定しておらず，また，車道を横切る横断歩道と，一般的には常に歩行者が通行していると考えられ，かつ車両が通行することが原則として禁止されている歩道の差によるものである。歩行者保護の思想が現れた規定の1つである。

カ　車両は，歩行者又は他の車両等の正常な交通を妨害するおそれがあるときは，道路外の施設若しくは場所に出入りするための左折若しくは右折をしてはならない（法25条の2第1項）。

　「正常な交通」とは，必ずしも法令の規定に従い交通している場合に限られず，道路，交通その他具体的な状況により社会通念上正常な交通と認められれば足りる。例えば，車両が制限速度を10ないし15キロメートル超過して走行していたとしても，正常な交通といえる（最判昭和54年7月24日判時952号54頁）。

　「妨害するおそれがあるとき」とは，車両が道路外の施設若しくは場所に出入りするための右左折をすることによって，歩行者が立ち止まっ

たり，他の車両が急ブレーキをかけ，あるいは急ハンドルを切ったりする場合のこという。
キ　二輪又は三輪の自転車以外の車両は，自転車道を通行してはならない。ただし，道路外の施設又は場所に出入りするためやむを得ないときは，自転車道を横断することができる（法17条3項）。

(2) 過失運転致死傷罪における注意義務

ア　車両が，道路外に出るために右左折を行う場合，対車両事故の関係では，進路変更や交差点における右左折と類似した状況であるので，注意義務も同様の注意義務が課せられることになる。

イ　対歩行者の場合は，横断歩道以上に歩行者の有無及びその動静に留意する必要がある。というのは，歩行者は移動するためには歩道を通行せざるを得ないため，歩行者が存在するのが当たり前であって，そのことは車両の運転者にとって十分に予見可能だからである。また，車道を横断する横断歩道と異なり，前記のとおり，歩道は原則として車両の通行は禁止されており，車両が通行することはまれであって，歩行者も通常車両の通行を予測していないことが多いと考えられるからである。

　道路交通法は，歩道，路側帯に入る直前で一時停止する義務を車両に課しているが，過失運転致死傷罪においては，このような定型的な義務が過失における注意義務に直結するわけではないものの，歩行者の存在が常に予見可能といえる歩道の場合は，直前で一時停止しなかったことが過失として捉えられることは少なくないと思われる。

ウ　車両が，道路外の施設から歩道や路側帯を経て車道に出る場合は，歩道等における歩行者，自転車に対しての注意以外に，車道に出る場合の車両に対する注意も必要になる。この場合は，歩道や路側帯に入る前に徐行や一時停止が必要になる場合が多いほか，車道に出る直前にも徐行や一時停止が必要になる場合も多い。

　車道に出る場合に多い事故は，左右から進行してくる車両の速度を見誤って車道に進出して衝突させる事故である。この点に関しては，車道を走っている車両の速度について，一般の道路では，具体的な道路事情

等の状況にもよるが，制限速度の30キロメートル程度の速度超過は通常予想すべき速度といえよう（交差点におけるいわゆる右直事故に関する判例（最決昭和52年12月7日刑集31巻7号1041頁，札幌高判昭和52年3月17日刑月9巻3・4号158頁，大阪高判昭和53年5月25日刑月10巻4・5号869頁，仙台高判平成5年2月1日判時1501号160頁）参照）。

そして，左右を注視して車道を進行してくる車両を発見し，その動静を注視した上で，その車両の速度を的確に判断し，同車両との衝突を避け得られるか否かを判断して進行すべき義務があるといえよう。

なお，この場合，道路外から車道に出て左折する場合で，右から進行してくる車両の前を進行することになる場合は，右から進行してくる車両との距離とその速度に応じて，同車両が追突を避け得るような時点及び速度で発進，左折し，その後進行しなければならないと考えられる。この場合，右から進行してきた車両と衝突した場合において，同車両に前方注視義務違反がなく，制動措置等も適切に執られていた場合には，道路外から出て左折した車両に過失が認められることは明らかであるが，車道を右から進行してきた車両に，厳密にいえば前方不注視が認められる場合であっても，その程度いかんによっては，道路外から出てきた車両が，自車直前で車道に出て左折することが予測できないとして（判例理論によれば，道路交通法25条の2第1項の規定に違反して道路に進出して左折し進路を妨害することはないと信頼することができるとして信頼の原則により），過失を否定されることもあり得るであろう。士別簡判昭和42年7月18日判タ220号127頁は，車道の幅員3.3メートルの道路脇の民家から一時停止せず道路に進出して右折しようとした原動機付自転車と車道を左側から進行してきた車両が衝突して原動機付自転車運転者が負傷した事故について，この観点から被告人の過失を否定した事例である（判旨は，被害者は一時停止又は徐行をし左右を注視して交通状況を確認する等の注意を全くせず，無謀ともいえる右折方法で，道路上に急速に飛び出して被告人の車両と衝突したものであるが，このような無謀な右折方法で右道路上に進出してくる車両のあることまで予想して，あらかじめ減速徐行し事故の発生を未然に防止すべき業務上の注意義務はない旨判示してい

る。一般的には信頼の原則適用事例と考えられているが，予見可能性を否定した事例と考えられる）。この事例で被告人が逆に負傷していた場合には，原動機付自転車運転者に業務上過失傷害罪（当時）が成立しただろう。

(3) **実務例**

① 普通乗用自動車を運転し，○○先の歩車道の区別のある道路をY方面からK方面に向かい進行してきて，同所先の自転車通行可の歩道を横断して道路左側の路外施設に入るため左折進行するに当たり，同歩道前で一時停止し，左右歩道から進行してくる自転車等の有無及びその安全を確認しながら発進して左折進行すべき自動車運転上の注意義務があるのにこれを怠り，同歩道前で一時停止せず，同歩道左右から進行してくる自転車等の有無及びその安全確認不十分のまま漫然時速約10キロメートルで左折進行した過失により，折から同歩道上を左方から右方に向かい進行してきたS（当時63歳）運転の自転車に気付かず，同自転車に自車左前部を衝突させて同自転車もろとも同人を同歩道上に転倒させた上，その下半身を自車底部に巻き込むなどした。

② 普通貨物自動車を運転し，○○所在の路外施設駐車場から進行してきて，同所先歩道を横断してS方面に向かい右折進行するに当たり，同歩道左右から進行してくる自転車等の有無及びその安全を確認しながら右折進行すべき自動車運転上の注意義務があるのにこれを怠り，同歩道左右から進行してくる自転車等の有無及びその安全確認不十分のまま漫然時速約5キロメートルで右折進行しようとした過失により，折から同歩道左方から右方に向かい進行中のY（当時58歳）運転の自転車に気付かず，同自転車右側面部に自車前部を衝突させて同自転車もろとも同人を路上に転倒させた。

③ 普通乗用自動車を運転し，○○先の道路を東進してきて，同所先の道路南側に設けられた路外施設に，その手前に設けられた自転車通行可の歩道を横断して，右折進入するに当たり，同歩道手前で一時停止し，左右から同歩道上を通行する歩行者等の有無及びその安全を確認しながら進行するはもちろん，アクセルを的確に操作すべき自動車運転上の注意

義務があるのにこれを怠り，同歩道上を通行する歩行者等はないものと軽信し，同歩道手前で一時停止せず，同歩道上を通行する歩行者等の有無及びその安全確認不十分のまま，漫然時速約10キロメートルで同歩道を横断しようとし，折から，同歩道上を西から東に向かい進行してきたM（当時66歳）運転の自転車を右斜め前方約3.9メートルの地点に認めた上，ろうばいの余りブレーキとアクセルを踏み間違えて自車を加速させた過失により，同自転車左側側部に自車前部を衝突させて，同人を自車ボンネットに跳ね上げて路上に転落させ，同日○頃，○○において，同傷害により死亡させた。

④　普通乗用自動車を運転し，○○先路上を西方から東方に向かい進行してきて道路左側の路外駐車場に進入するため左折進行するに当たり，自車左側には約2メートルの通行余地があったのであるから，左折の合図をし，左後方から進行してくる車両の有無及びその安全を確認しながら左折進行すべき自動車運転上の注意義務があるのにこれを怠り，左後方から進行してくる車両の有無及びその安全を確認しないまま漫然時速約10キロメートルで左折進行した過失により，折から左後方から進行してきたN（当時43歳）運転の原動機付自転車に気付かず，同原動機付自転車に自車左前部を衝突させて同原動機付自転車もろとも同人を路上に転倒させた上，ろうばいにより直ちに制動せず左折進行したため自車右前後輪で轢過し，死亡させた。

⑤　大型貨物自動車を運転し，○○県○市○○先道路をT方面からS方面に向かい進行してきて，同所で一旦停止後，同所先の路外施設に向け歩道を横断して後退するに当たり，同歩道上を歩行する歩行者等の有無に留意し，その安全を確認しながら最徐行して後退して進行すべき自動車運転上の注意義務があるのにこれを怠り，自車後方に歩行者等はいないと軽信し，同歩道を歩行する歩行者等の有無に注意せず，その安全確認不十分のまま，最徐行もせず，漫然時速約10キロメートルで後退して進行した過失により，折から同歩道上を右方から左方に向かい歩行してきたK（当時64歳）に気付かないまま，同人に自車右後部を衝突させて路上に転倒させた上，右後輪で轢過し，よって，同人に肝損傷等の傷害

を負わせ，死亡させたものである。

(4) **捜査上の留意事項**
　① 事故直後の状況（他の事故と共通）
　② 被疑車両の進行状況
　　ア　右折して路外施設等に入る場合
　　　　右折までの進行状況（速度，進路，右折のために進路変更した地点，合図の有無，合図の地点），右折を開始した地点，その地点の前方の見通し状況，その後の速度，歩道前で一時停止の有無，位置，その際の見通し状況，前方注視や左側方・左後方の注視を怠っていたとすればその理由，発進後の速度，衝突地点，衝突状況，危険察知した地点，その際の対応，その後衝突までの状況。

　　イ　左折して路外施設等に入る場合
　　　　左折までの進行状況（速度，進路，左折のために進路変更した地点，左折の合図の有無，合図の地点），左折を開始した地点，その後の速度，歩道前での一時停止の有無，位置，その際の前方，左右，左後方の見通し状況，前方注視を怠っていたとすればその理由，発進後の速度，衝突地点，衝突状況，危険を察知した地点，その際の対応，その後衝突までの状況等。

　　ウ　路外施設等から道路に進出する場合
　　　　歩道前での一時停止の有無，一時停止したとすればその位置，一時停止していないとすればその際の速度，一時停止した位置あるいは歩道に入る前の歩道左右の見通し状況，車道又は路側帯に進出する前における一時停止の有無，位置，路側帯及び車道左右の見通し状況，発進時の速度，衝突地点，衝突状況，危険を察知した地点，前方注視を怠っていたとすればその理由，その際の対応，その後の状況，車両と衝突した場合には，道路を走行してきた車両の速度，被害者が被疑車両を発見した地点，危険を察知した地点，その際の対応等，前方注視を怠っていたとすればその理由。

　③ 現場道路及び歩道，路側帯，路外施設の状況，被疑者の進路からの見

通し状況，被害者進路からの見通し状況

(5) 判　例
消極判例
① 　名古屋地判平成3年1月18日判時1376号142頁
　　　普通貨物自動車を運転し，駐車場から歩道を横断して車道に出ようとして，歩道直前で一時停止した後に発進した際，一旦，自車の前を左方から右方に歩いてゆき，その後引き返してきた歩行者を衝突してけがを負わせた事故につき，検察官は，歩道は原則的に自動車の進入を予定していない場所であるから，歩道を横断することになる自動車運転者としては歩行者のいかなる動静にも対処し得るように慎重に安全確認をすべき注意義務があるとして，被告人車両の目前を通過したVに対しても，その後の安全確認は必要であり，特に被告人はVが自車の前を通り過ぎた後3メートルくらい先で立ち止まったのを認めたのだから，同人が引き返してくることは予見可能であった旨主張するが，確かに，自動車運転者は歩道上の歩行者に対して相当高度の安全確認義務を負うべきであり，Vが被告人車両の目前を通過したからといって，同人が引き返してくること自体が予見不可能であったとはいえない。ところが，本件においてはVは引き返して被告人車両に衝突するまで，右後方を振り返ったまま歩いている。仮に同人が戻り始めたのが被告人車両の発進よりも時間的に前であったとしても，……被告人は緩やかに自車を発進させて歩道上に進出しているのであるから，同人が普通に前を向いて歩いてくれば衝突しなかったはずであり，このことは，Vが被告人車両の側面に衝突していることからも裏付けられる。運転者が通過後の歩行者が引き返してくるかどうかを確認することは望ましいことではあるが，運転者に対し，常に右のようなまれな事態をも予想し計算に入れた上で引き返してくるかどうかを確認することを求めるのは余りにも酷であり，実際上も道路外から道路に出ることは極めて困難にならざるを得ない。この場合には，たとえ歩道であっても，引き返すという例外的な行動に出る歩行者に対し，事

故回避のための一定の注意が求められてしかるべきである。したがって，自動車運転者としては，歩行者の通過後も長い間停止していたという事情（その間に停止中の自動車に対する歩行者の注意が薄らいだり，歩行者が前を向いて歩いていても衝突を避けられないほど近くに接近している可能性がある）等がない限り，歩行者の側で自車の動静に注意を払ってくれることを信頼して運転することが許されると解すべきであり，通過した歩行者が引き返してこないことまでを確認する注意義務はない。

2 道路を横断する際の注意義務

(1) 道路交通法上の義務

　ア　車両は，歩行者又は他の車両等の正常な交通を害するおそれがあるときは，横断してはならない（法25条の2第1項）。

　イ　車両は，道路標識等により横断が禁止されている道路の部分においては，横断してはならない（同条2項）。

　「横断」とは，道路の反対側の側端又は道路上の特定の地点に到達することを目的として，道路の進行方向に対し，直角又はこれに近い角度をもって，その道路上を通過することをいい，必ずしも反対側の側端に達することを必要としない。

　道路の側端から道路を通過して反対側の道路の側端まで行くことが横断に当たるのは当然であるが，それだけでなく，道路の側端から直角に近い角度で道路の特定の地点まで行くこと，道路の特定の地点から直角に近い角度で道路の側端まで行くこと，及び道路の特定の地点から直角に近い角度で道路の別の特定の地点にまで行くことも含まれる。

　前項で述べた道路外出入・右左折と同様，通常の交通の流れに逆らう通行であることから，同じく道路交通法25条の2で規制されているのである。

　ウ　車両は，道路を横断するため進路を変更するときは，手，方向指示器又は灯火により合図をし，かつ，これらの行為が終わるまで当該合図を

継続しなければならない（法53条1項）。

エ　自動車は，高速自動車国道及び自動車専用道路の本線車線においては，横断してはならない（法75条の5）。

高速自動車国道とは，高速自動車国道法4条1項に規定する道路で，政令で特にその路線を指定されたものをいう。高速自動車国道の路線を指定する政令（同別表）で指定されている。

自動車専用道路とは，道路管理者が道路法48条の2第1項又は第2項の規定により指定した道路又は道路の部分をいう。

(2) **過失運転致死傷罪における注意義務**

道路を横断する場合の注意義務は，横断する車両と道路を進行してくる車両との衝突事故に関しては，横断の態様によって状況が異なってくるというべきであるが，その態様の類似する交差点を直進する際及び右折する際の注意義務，あるいは路外施設に出るための右左折の際の注意義務，さらには進路変更の際の注意義務などに準じた注意義務が課せられることになろう。

対歩行者事故に関しては，路外施設に出る横断の場合は，路外施設に出るための右左折と同様の注意義務が課せられることになろう。それ以外の場合は，歩行者の側方通過の際の注意義務が問題とされることになる。

(3) **実務例**

① 道路を右に横断して同番地のガソリンスタンドに入るに当たり，同夜停電のため同所付近は暗く，かつ対向車のライトのため右前方の見通しが困難な状況であったから，あらかじめ道路中央に寄って徐行し一層右前方の注視に努め，進路の安全を確認して進行すべき自動車運転上の注意義務があるのにこれを怠り，接近してくる対向車に気を取られて右前方を十分注視せず，時速を約20キロメートルに減じたのみで右に転把して横断進行した過失により，折から進路前方のガソリンスタンド前の歩道を右から左へ向かって歩行していたM（当時60歳）に全く気付かず，同人に自車右側前部を接触転倒させた。

② 時速約40キロメートルで進行中，道路左側に所在する車庫に入るため左に横断しようとした際，後方から進行してきたM（当時30歳）運転の大型貨物自動車を約15メートル左後方に認めたのであるから，横断を差し控えるべき自動車運転上の注意義務があるのにこれを怠り，漫然時速約20キロメートルで左に横断を開始した過失により，自車の左側部に同車を衝突させた。

③ 左へ横断するに際し，左横断の合図をし，徐行しつつ前後左右の交通の安全を確認して左へ横断すべき自動車運転上の注意義務があるのにこれを怠り，その合図をしたが左後方の安全を確認することなく時速約20キロメートルで漫然と左へ転把した過失により，左後方から進行してきたI（当時40歳）運転の自動二輪車の前部に自車を衝突させた。

(4) 捜査上の留意事項

① 事故直後の状況（他の事故と共通）

② 横断前，横断後，歩道を通過する際に歩行者や自転車と衝突した場合については，走行速度，発見可能地点，実際に発見した地点（制動をかけた地点），自転車の速度，自転車・歩行者の走行及び歩行の向き，衝突地点等の特定。

③ 道路横断中に左右道路から進行してきた車両と衝突した場合
　被疑車両の速度，相手車両の速度，発見可能地点，実際に発見した地点（及び制動をかけた地点），衝突地点，停止地点等の特定。

3　道路を転回する場合の注意義務

(1) 転回の意義

「転回」とは，車両がこれまでの進行方向とは逆の方向に進行する目的で，同一路上で方向転換する行為をいい，Uターンだけでなく，方向転換の途中，安全を図るため一旦停止し，改めて進行を開始して方向転換行為を終わる場合，及び従来の進行方向の路上で一旦停止し，付近の小路等に後退して改めて直進横断して右折し，進行方向を転換して逆方向に進行する（ス

イッチターン）のも転回に当たる（東京高判昭和27年6月13日刑集5巻6号959頁）。また，同一路上において車両の進行方向を逆に転ずる目的で行う運転行為の開始から終了までの一連の行為を指称し，その目的で運転行為を開始すれば，方向転換が終わらなくても「転回」に当たる（最決昭和46年7月2日刑集25巻5号682頁）。もっとも，転回は，同一路上において行われることを要するから，スイッチターンの場合，他の道路（例えば小路）に後退させる場合は，少なくとも車両の一部が従来の道路に残っていることを要する。車両の全部を他の道路に後退させた場合は，ここにいう転回に当たらない。

(2) 道路交通法上の義務

　ア　車両は，歩行者又は他の車両等の正常な交通を害するおそれがあるときは，転回してはならない（法25条の2第1項）。

　イ　車両は，道路標識等により横断が禁止されている道路の部分においては，転回してはならない（同条2項）。

　ウ　車両は，転回するときは，手，方向指示器又は灯火により合図をし，かつ，これらの行為が終わるまで当該合図を継続しなければならない（法53条1項）。

　エ　自動車は，高速自動車国道及び自動車専用道路の本線車線においては，転回してはならない（法75条の5）。

　　転回する場合は，右折の場合に課される，できる限り道路の中央による義務はない（大阪地判昭和47年2月9日刑月4巻2号365頁，福岡高那覇支判昭和61年2月6日判時1184号158頁）。それを課す規定がないこと，及び転回の場合は，車両の転回半径などから道路中央に寄ることが不可能な場合が多い上，道路事情によっては道路中央に寄って転回すると危険が生じる可能性がある（転回しきれずに，道路端で停止せざるを得ない場合がある）からである。

(3) 過失運転致死傷罪における注意義務

　ア　転回は，同方向に進行中で自車の側方を走行している車両，同後続車

両，及び対向車線から進行してくる車両との両方向の車両との衝突の危険性がある上，転回後の後続車（転回前は対向車であったもの）との衝突も避けなければならないこと，右左折の場合以上に運転する方向が変わるため，運転者の注視すべき範囲も広範になり（右後方を直に目で確認したり，右サイドミラーで確認することになる。他方で，視線を左に転じて前方の対向車線を確認しなければならないが，その間，右後方を進行してくる車両が現れたり，遠方にいた車両が接近してくることがある。また，右後方を確認中に，対向車両が現れたり，遠方にいた同車両が接近してくることがある），かつ，後続車両の速度と同車両までの距離，対向車両の速度と距離を判断し，それらと衝突することなく安全に転回できるかを判断しなければならず考慮事項も多いため，注視が不十分になるとともに判断を誤ることも少なくない。実際にも，転回の場合の事故は，右側の車線を走行している車両，後続車両，対向車両との衝突事故がほとんどであり，結果的にも重い結果を招来することが多い。

イ　転回は，横断同様，通常の車両の交通の流れに反する走行であり，交通の円滑に影響すること大である上，道路を通常の流れに沿って通行している車両にとって，頻繁に遭遇することでもないこと，これを前提に道路交通法も転回車両に前記義務を課していることなどからすると，事故防止のための注意義務は転回車両側に重く課されることになろう。

　　したがって，転回を始める際には，後続車両の有無及び安全を確認（動静注視を行って的確な距離及び速度判断を行う）した上で，初めて転回を開始し，対向車線に出る場合には，改めて対向車両の有無及び安全を確認し，場合によっては，転回の途中一時停止をして，対向車両の有無及びその動静を注視し，距離判断と速度判断を的確に行って転回を再開すべき義務が課せられることとなる。

　　その際，衝突させられた非転回車両の速度が重要な要素になることは間違いないが，交差点の右折の項で触れたとおり，反則金程度の速度超過は予測すべきことといえよう。また，それ以上の速度超過であっても，同車両を発見した際の距離いかんによっては過失が認められることは当然である。近距離で発見し，転回を開始すれば衝突の可能性があること

が明らかな場合に転回を開始すれば過失が認められるのは当然だからである。また，遠方にあったとしても，速度を判断し，転回した場合に衝突する可能性があるか否かを判断できる程度の動静注視を行ったかも重要になってくるのであり，動静注視を行えば衝突の可能性を判断できたような場合に，これを怠ったのであれば過失は肯定されると考えられる。

　転回を完了し得ると誤って判断し，転回半径等から転回しきれずに道路端に停止せざるを得ずに，対向進行してきた車両と衝突したような場合には，誤った判断に基づく転回行為が過失になる（転回を差し控えるべき注意義務の違反）。

ウ　転回禁止場所で転回して事故を起こした場合，通常，転回しなかったら事故は発生しなかったといえるので，事故と道交法上の義務違反との間に因果関係は認められる。しかしながら，そのことだけで，過失運転致死傷罪上の過失が認められることにはならない。転回禁止の規制は，交通量の多い道路で行われるが，交通の具体的な状況から，転回禁止場所で転回を開始すること自体に衝突の危険性が高く，結果発生の予見可能性が認められるような場合には，転回禁止場所における転回の道路交通法違反が過失になることもあると思われるが，危険性（予見可能性）という実質で判断すべき事柄であり，形式的な道路交通法違反が直ちに注意義務になることはないからである。

(4)　**実務例**

① 時速約40キロメートルで進行中，右に転回するに当たり，あらかじめ転回の合図をし，前後左右の交通の安全を確認し，速度を調節しつつハンドル，ブレーキを的確に操作して転回すべき自動車運転上の注意義務があるのに，その合図を怠り，かつ，時速を僅か約30キロメートルに減じただけで，ハンドルを十分右に切らないで転回した過失により，自車を右前方歩道上に乗り上げ，自車前部を折から該道路に佇立していたＹ（当時6歳）に衝突，同人をその場に転倒させた。

② 後方から進行してきたＹ（当時24歳）運転の大型貨物自動車を約10メートル右後方に認めたのであるから，同転回を差し控えるべき自動車

運転上の注意義務があるのにこれを怠り，時速約15キロメートルで漫然転回を開始した過失により，同車を自車の右側部に衝突させた。

③　同所は公安委員会から転回禁止の場所と指定されていたのであるから，転回を差し控えるはもちろん，あえて転回するに当たっては，転回の合図をし，徐行しつつ前後左右の交通の安全を確認して転回すべき自動車運転上の注意義務があるのにこれを怠り，転回禁止場所であることを知りながら転回の合図をせず，かつ，右前方の対向車両に対する安全確認を怠り，時速約20キロメートルで転回した過失により，右前方から進行してきたM（当時27歳）運転の普通乗用自動車右側ドアに自車左前部を衝突させた。

④　普通乗用自動車を運転し，○○先の道路をR方面からN方面に向かい進行してきて，道路の左側端に一時停止後発進してR方面に向かい右に転回するに当たり，その合図をし，徐行しながら右後方から進行してくる車両及び対向直進車両の有無に留意し，その安全を確認しながら転回すべき自動車運転上の注意義務があるのにこれを怠り，転回の合図はしたが，右後方から進行してくる車両の有無に留意せず，その安全確認不十分のまま漫然発進して時速約20キロメートルで転回した過失により，折から，右後方から進行してきたY（当時19歳）運転の自動二輪車に気付かず，同自動二輪車前部に自車右側面後部を衝突させて，同自動二輪車とともに同人を路上に転倒させた。

⑤　普通貨物自動車を運転し，○○先の片側二車線道路の第一車両通行帯をK方面からN方面に向かい転回するに当たり，同所は道路標識によって転回が禁止されていたのであるから，これに従って転回は厳に差し控えるべきはもとより，あえて転回する場合には，第二車両通行帯を右後方から進行してくる車両の有無及びその安全を確認して転回すべき自動車運転上の注意義務があるのにこれを怠り，同標識に気付かず，かつ，同車両通行帯を右後方から進行してくる車両の有無及びその安全確認不十分のまま漫然時速約20キロメートルで第一車両通行帯から第二車両通行帯を横切ってK方面に向かい転回した過失。

(5) 捜査上の留意事項

　転回は，後続車及び対向車の進路を遮断することによってこれらの車両と衝突することが多い。そして，この場合，転回車両側が「衝突された」と弁解する場合が少なくない。もちろん，非転回車両の前方不注視等の過失による場合も少なくないが，転回車両の方で，注意義務を果たさなかった過失に基づく場合も少なく，また，双方の過失が競合している場合も多い。したがって，下記の捜査が必要になる。

① 事故直後の現場の状況の保存と特定
② 被疑車両の進行状況の解明

　転回する前の走行状況（速度，進路変更した場合はその状況），転回の合図の有無，その位置，転回を始めた地点の特定，転回前に一時停止した場合はその地点，その地点からの見通し状況（右方，右後方，対向車線の方向），転回開始後の速度，転回の経路（転回する前に転回方向とは逆の左側に一旦膨らんで転回することも多いので，これも特定する）に，転回開始時の他の車両の走行状況，右方，右後方，対向車線の確認及び動静注視状況，これらの安全確認を怠った場合にはその理由，被害車両との距離及び速度判断の根拠・その理由，衝突地点，衝突状況，衝突時の双方の速度，危険を察知した地点，その際の急制動等の対応状況，その後の衝突までの状況，転回の途中で一時停止したとすればその地点，一時停止の理由，その際の対向車両等の見通し状況，これらの車両の安全確認の状況，対向被害車両との距離及び速度判断の根拠・その理由等。

③ 被害車両の走行状況（走行車線と速度），転回車両を発見した地点，転回の合図の確認の有無，その地点，危険を察知した地点，その際の急制動等の対応状況，危険察知が遅れたとすればその理由（転回すると思っていたか等）。

　被害車両の走行速度の特定は極めて重要な捜査事項であり，速度鑑定は可能な限り行うべきである。

④ 対歩行者事故の場合は，歩行者の歩行経路，方向，歩行速度，衝突の状況の各特定。

(6) 判　例
　ア　積極判例
　　① 東京高判昭和32年1月31日高刑特4巻1号22頁
　　　　道路交通取締法12条1項によれば，自動車は他の交通を妨害するおそれがある場合には，転回することを禁止されており，このようなおそれのない場合に転回する際は，転回が右折によって行われるのであるから，右折の際の注意義務がこの場合に類推適用されるものと解するのが相当であって，したがって，自動車の運転に従事する者が転回する場合には，あらかじめ手，方向指示器などで合図をし，進路の側方あるいは後方，その他車体の周囲の交通に対しその安全を確認し，直進してくる車馬又は軌道車があれば原則としてこれに進路を譲って一時停止又は徐行するなど，事故発生を未然に防ぐべき自動車運転上の注意義務がある。
　　② 静岡簡判昭和34年2月9日下刑1巻2号357頁
　　　　自動車運転者が転回するときは，あらかじめ手，方向指示器などで合図し，進路の側方あるいは後方の車馬に対する安全を確認し，その車体の周囲の交通を注視し，直進してくる車馬があればこれに進路を譲って一時停車又は徐行などして，事故の発生を未然に防止すべき注意義務がある。
　　③ 山口地判昭和35年2月11日下刑2巻2号180頁
　　　　狭隘な三叉路上で車体の方向転換をする場合に，運転補助者がないときは，自動車運転者は，その付近に通行人があるかどうかを確かめ，通行人があるときは，これを避譲させ，又は付近に協力を求め得る成年者らのいるときは，これに見張りの協力を依頼して極力徐行し，方向転換しながらも随時警笛を吹鳴して通行人に警戒させるなど，事故を未然に防止する義務がある。
　　④ 大阪高判昭和41年9月12日判タ198号189頁
　　　　夜間対向車道に車両のあることを認めながらUターンする場合における自動車運転者は，夜間で付近に照明設備もなく，しかも雨天で見通し困難な状況下において，対向車の前照灯のみによっては，これと

の距離，その速度を正確に認識することは困難であることを慮り，そのことに慎重な考慮を払い，安全を確認した上転回を開始すべき注意義務があり，彼我の距離が約73メートルあると考えたとしてもこれが果たして正確かどうか疑わしく，またそれだけの距離があったとしてもそれは転回を開始しようとした地点との距離であり，その後徐行して対向車の方向に向かい右に大きく弧を描いて転回するうちに彼我の距離は急速に縮まることを考えると，被告人がそれだけ簡単に転回しきれると判断したのは極めて軽率といわざるを得ない。

⑤ 福岡高判昭和44年6月25日高検速報1059号

右折転回する際には，後方を注視して進路の安全を確認してから右折，転回する注意義務がある（制限速度35キロメートルの道路を時速約60ないし70キロメートルで走行してきた後続車を44.4メートル後方に発見して転回した事例）。

⑥ 東京高判昭和45年7月14日東高時報21巻7号252頁

夜間対向車道に車両のあることを認めながら右転回する場合は，被告人としては，被害車の通過を待って転回するか，たとえ転回を開始したとしても，終始被害車の動向に注意して運転すべきで，殊にセンターラインを越え，対向車線に進入する手前で被害車の動向を確認すべき自動車運転上の注意義務があったというべきである。

⑦ 大阪高判昭和56年8月27日刑月13巻8・9号503頁

片側二車線の幹線道路で右折回転するため，一旦，ハンドルを左に切った後，転回しようとした際，右後方から通行余地を進行してきた原動機付自転車と衝突して轢過し死亡させた事故につき，㋐被告人が右折転回を始めた場所が交差点を通り過ぎた地点であり，後続車としては必ずしも被告人車がその地点で右折転回をするものとは予測し難いこと，㋑被告人は，自車の右折転回を容易にするため，一旦ハンドルを左に切って自車を道路の左側端に寄せ，㋒道路中央に設けられた導流体まで約3.5メートルの通行余地を残したまま右折転回を開始しようとしていたこと，㋓以上に加えて，本件道路は，幹線道路である片側二車線の国道一号線であり，また本件当時は朝の通勤時間帯で

あって，時間的にも場所的にも，特に交通量の多い道路であったこと等の事情のある本件においては，被告人車の後方から進行してくる車両の運転者が被告人の動静についての判断を誤り，あるいは被告人車の合図が後続車の運転者に徹底しないで，後続車が右の通行余地に進出してくることが客観的に見て十分に予見されるところであるから，仮に被告人が右の通行余地に進出してくる車両はないであろうという信頼をもっていたとしても，その信頼は右の具体的交通事情から見て客観的に相当ではない。

⑧ 東京高判平成16年11月11日高検速報3224号

　道路左端に一旦停止後，反対方向に転回する際，右後方から制限速度の2倍を超える時速約90キロメートルの速度で進行してきた自動二輪車と衝突して死亡させた事故につき，本件のように道路左端から発進して対向車線側に転回しようとする場合，道路中央部を比較的低速で横断するという状況になるのであり，対向車線側はもとより自車の進路側のいずれについても，接近・通行してくる車両があって，これと衝突する危険が非常に大きいものであるから，運転者としては，発進時ばかりでなく，その後の転回中においても，視線を交互に切り替えるなどして，両方向の車線の安全を十分に確認すべきであるといえる。確かに，被害車両が制限速度の2倍以上の時速約90キロメートルもの高速で走行したことは明らかであって，被害者に大きな落ち度があることは否定できない。しかし，本件は被告人が被害車両を視認しながら，その走行速度についての判断を誤って，被害車両が現場に到着する前に自車が中央線を越えることができるものと考えて発進・転回したというような態様のものではない。被告人が，発進時，そして転回時にも，右後方を十分に確認しさえしていれば，確実に被害車両を発見できたと認められるのに，それに対する安全確認を十分に尽くさず，全く被害車両に気付いていなかったものであり，もし安全確認を尽くしていれば，被害車両が高速で接近してくるのに気付き，転回を差し控えて衝突を回避することは十分可能であったと認められる。

イ 消極判例
① 三次簡判昭和33年5月26日一審刑集1巻5号811頁
　自動車の運転者が，直線，かつ平坦で見通しも良く，前進するとともに右側の他の車両の通行し得る余裕を生ずる状態の道路で，自動車を転回させようとして斜め左に横断，進行したところ，そのとき後方約37メートルの地点にあった自動二輪車が自車の進路前方を通過しようとして，高速度で左側に入ってきて衝突したときは，自動車の運転者には，自動二輪車搭乗者のこのような異常な態度に対してまで予見しなければならない注意義務は存在しない。

② 東京高判昭和35年8月10日東高特報11巻8号210頁
　転回するため方向指示灯を点滅しながら道路の中央寄りに約1分間停車している間，バックミラーで後方を確認したところ，後方から進行してくる車両を認めなかったので，バックミラーを見ながら時速7，8キロメートルで右折転回したときは，自動車運転者としての注意義務を十分尽くしたものということができる。

③ 東京高判昭和36年11月9日東高時報12巻11号214頁
　被告人が約50メートル前方に対向車を認めて道路をUターンし，対向車と衝突した場合事故の原因は専ら被害者の過失にあり，運転者の執った措置に過失はない。

④ 東京高判昭和38年7月17日東高時報14巻7号128頁
　自動車運転者に高速道路からこれと並行する一般道路に左折転回する際，一時停止をなした上，左右後方を注視し，運転台や左フェンダーのバックミラーには後方約3，40メートルの付近には何ら車両も見えなかったので，毎時約5キロメートルの速度をもって徐々に左折にかかり，車体が道路とほとんど直角位になり，前輪が高速道路と一般道路との境界線付近に差し掛かったとき，時速60ないし70キロメートルで進行してきたオートバイが，被告人の車両の左側後輪付近に衝突した場合にはその運転者に過失はない。

⑤ 大阪高判昭和44年12月23日判タ252号299頁
　転回行為が後続車の正常な交通を妨害する時期，方法で行われよう

とするものである限り，後続車としては，事故の発生を回避するためやむなく避譲措置を執らざるを得ない場合があるがその他の場合，右転回に協力して一時停止，徐行等の方法を講じなければならない義務まで負うものとは解されない。

⑥　大阪地判昭和 47 年 2 月 9 日刑月 4 巻 2 号 365 頁，判タ 276 号 303 頁（前掲 449 頁）

　　転回開始地点の約 9 メートル前で合図を出して転回を開始した際，時速約 110 キロメートルの高速度で右後方から進行してきた後続車と衝突した事故につき，被告車が転回開始時点では，相手車は西方約 132 メートルのはるか後方にあったと認定せざるを得ないのであり，後写鏡・側写鏡の照射範囲，相手車の前照灯の照射範囲，本件道路状況に照らし，相手車を発見する可能性は極めて乏しく，後続車がないものと受け止めた被告人の判断をとがめることはできないところである。相手車が交通法規に従い制限時速 50 キロメートル内外で走行してくるものと信頼してよいのであって，特段の事情のない限り，相手車の如くあえて交通法規に違反し約 110 キロメートルにも及ぶ高速度で疾走し自車の前面を突破してくる車両のあり得ることまでも予測し，それに備えて転回を差し控えるべき自動車運転上の注意義務はない。

⑦　大阪高判昭和 56 年 5 月 29 日刑月 13 巻 4・5 号 390 頁

　　一旦停止して後方の安全を確認しつつ時速約 10 キロメートルの速度で転回しようとした際，前照灯が故障していたため無灯火で後方から進行してきた原動機付自転車を衝突した事故につき，過失を否定した。

⑧　福岡高那覇支判昭和 61 年 2 月 6 日判時 1184 号 158 頁（前掲 449 頁）

　　車両を運転し，片側一車線の道路を進行してきて反対車線の路側帯に自車を停車させようとして転回するに当たり，速度を時速約 30 キロメートルに落とした上方向指示器を右に入れ，後方を車内バックミラーで後続車両がないのを確認した後，再度時速を約 10 キロメート

ルに落として，一旦ハンドルを左に切って道路左側端に寄せた後，後方の安全を確認しないままハンドルを右に一杯切って転回を始め，反対車線を横切って反対車線を塞ぐ位置で一時停止して切り替えして後退しようとしたところ，被告人車両の進行方向後方から時速約100キロメートルの速度で進行してきていて，被告人車が左に寄った後転回を始める際同車が右に出てくると考えたため反対車線に出て同車を追い越そうと考えて反対車線を走行しようとしたものの，反対車線に進出してきた被告人車を発見し急制動してバランスを崩し転倒しつつ進行してきた自動二輪車に自車右側後部を衝突させ，同自動二輪車の運転者と後部に同乗していた者を死傷させた事故につき，被告人が転回を開始する際に自車後方の安全を顧慮することなく転回を開始し，注意義務に違反したことは明らかであるが，仮に被告人が同注意義務を尽くしたとしても，後方を進行してくる車両の前照灯を認めるにとどまり，時間帯も深夜で現場が暗かったことを考慮すると，被害車両が制限速度を大きく超えた速度で疾走してくることを認識するのは困難であったと考えられるから，同注意義務違反と本件事故には因果関係がないとして過失を否定した。

第11 停車・駐車時の注意義務

1 停車・駐車の意義

　自動車などが道路上に停止したときのことについて，道路交通法は，これを停車と駐車に分けて規定している。そして「停車」とは，「車両などが停止することで駐車以外のものをいう」（法2条1項19号）と規定している。したがって，車両などが停止する場合で駐車に当たらない場合は全て停車ということになる。

　そこで，駐車とはどの程度の停止をいうのかが問題になるが，これについて道路交通法は，「駐車」とは「車両等が客待ち，荷待ち，貨物の積卸し，故障その他の理由により継続的に停止すること（貨物の積卸しのための停止で5分を超えない時間のもの及び人の乗降のための停止を除く），又は車両等が停止し，かつ，当該車両等の運転をする者がその車両等を離れて直ちに運転することができない状態にあることをいう」（同項18号）と規定しているので，車両等の継続的な停止と運転者が車両を離れて運転することができない状態の車両の停止がそれぞれ駐車に当たることになる。

　ここにいう「継続的な停止」とは，どの程度の時間をいうのかは一概にはいえない。貨物のための停止で5分を超えないものが特別に除かれていることからすると，貨物の積卸し及び乗客の乗降のための停止以外は，5分以内でも駐車になることになるところ，具体的事案により，社会通念によって判断されることになる。

　「人の乗降のため」，「貨物の積卸しのため」というのは，これに付随して普通行われる行為，例えば，タクシー料金の授受行為，貨物送り状の受領印の捺印，代金領収証の作成行為などに要する時間を含んでいると解される。

　「運転者がその車両等を離れて直ちに運転できない状態にある」というのは，エンジンを止めている必要はないが，客観的に見て少なくとも車両等から離れ

ていることが必要である。したがって，道に迷って付近の人々に道順を尋ねるために降車した場合，飲物を買うために自動販売機の前に車両を止めて，車両から降りて飲物を買った場合は駐車とはいえない。客観的に見て，運転者が車両から離れてどこにいるか分からない状態のときは，駐車になる。

　駐車は，車両等が「運行できること」を前提にしているとして，修理を依頼された運行不能の故障車を修理屋が店先の道路上に常時継続的に停止させておく行為は駐車とはいえないとする考えがあるが，自動車としての機能・効用（運行以外の機能について）のある限りは故障していたとしても継続的に停止しておかれているときは，駐車と考えるべきである（野下・道交法60頁）。

2　道路交通法上の義務

(1)　停車及び駐車を禁止する場所

　車両は，道路標識等により停車及び駐車が禁止されている道路の部分及び次の①～⑥に掲げるその他の道路の部分においては，法令の規定若しくは警察官の命令により，又は危険を防止するために一時停止する場合のほか，停車し，又は駐車してはならない。ただし，乗合自動車又はトロリーバスが，その属する運行系と運行系統に係る停留所又は停留場所において，乗客の乗降のため停車するとき，又は運行時間を調節するため駐車するときは，この限りでない（法44条）。

　① 交差点，横断歩道，自転車横断帯，踏切，軌道敷内，坂の頂上付近，勾配の急な坂又はトンネル
　② 交差点の側端又は道路の曲がり角から5メートル以内の部分
　③ 横断歩道又は自転車横断帯の前後の側端からそれぞれ前後に5メートル以内の部分
　④ 安全地帯が設けられている道路の当該安全地帯の左側の部分及び当該部分の前後の側端からそれぞれ前後に10メートル以内の部分
　⑤ 乗合自動車の停留所又はトロリーバス若しくは路面電車の停留場を表示する標示柱又は標示板が設けられている位置から10メートル以内の部分（当該停留所又は停留場に係る運行系統に属する乗合自動車，ト

ロリーバス又は路面電車の運行時間中に限る。)
　⑥　踏切の前後の側端からそれぞれ前後に10メートル以内の部分

(2) **駐車を禁止する場所**
　車両は，道路標識等により駐車が禁止されている道路の部分及び次の①〜⑤に掲げるその他の道路の部分においては，駐車してはならない。ただし，公安委員会の定めるところに警察署長の許可を受けたときは，この限りでない（法45条1項）
　①　人の乗降，貨物の積卸し，駐車又は自動車の格納若しくは修理のため道路外に設けられた施設又は場所の道路に接する自動車用の出入口から3メートル以内の部分
　②　道路工事が行われている場合における当該工事区域の側端から5メートル以内の部分
　③　消防用機械器具の置場若しくは消防用防火水槽の側端又はこれらの道路に接する出入口から5メートル以内の部分
　④　消火栓，指定消防水利の標識が設けられている位置又は消防用防火水槽の吸水口若しくは吸管投入孔から5メートル以内の部分
　⑤　火災報知器から1メートル以内の部分
　車両は，道路交通法47条2項又は3項の規定により駐車する場合に当該車両の右側の道路上に3.5メートル（道路標識等により距離が指定されているときは，その距離）以上の余地がないこととなる場所においては，駐車してはならない。ただし，貨物の積卸しを行う場合で運転者がその車両を離れないとき，若しくは運転者がその車両を離れたが直ちに運転に従事することができる状態にあるとき，又は傷病者の救護のためやむを得ないときは，この限りでない（無余地場所駐車禁止．法45条2項）。

(3) **高齢運転者等標章自動車の停車又は駐車の特例**
　道路交通法45条の2は，一定の70歳以上の高齢者，聴覚障害者，肢体不自由者，妊婦に対して，公安委員会に届け出た普通乗用自動車につき，その高齢運転者等標章をその前面の見やすい場所に掲示した場合で，道路

標識等によって停車又は駐車できることとされているときは，同法44条及び45条の規定にかかわらず，駐・停車できる旨の特例を定めている。

(4) 停車の方法

車両は，人の乗降又は貨物の積卸しのため停車するときは，できる限り道路の左側端に沿い，そのうえ他の交通の妨害とならないようにしなければならない（法47条1項）。

「左側端に沿い」というのは，道路の端に寄り，進行方向に向かい，かつ道路に平行に，という意味である。

「他の交通の妨害とならないようにしなければならない」というのは，後方から進行してくる車両等及び歩行者の通行の妨害にならないようにするということである。歩車道の区別のない道路で停車する場合は，対面してくる歩行者の妨害にならないように，左側にその通行余地を保つことが必要とされる。

(5) 駐車の方法

車両は，駐車するときは，道路の左側端に沿い，そのうえ他の交通の妨害とならないようにしなければならない（同条2項）。

「左側端に沿い」及び「他の交通の妨害とならないようにしなければならない」の意味は，上記(4)に同じ。もっとも，駐車の場合は，「できる限り」という文言がないので，「できる限り」道路の左側端に沿えばよいのではなく，より厳格に道路の左側端に寄って駐車しなければならないことになる。駐車は，時間的継続が長く，道路を通行する他の車両等の交通の円滑及び安全を阻害し，かつ危険を生じさせる可能性が大きいからである。

(6) 路側帯への駐停車

車両は，車道の左側端に接して路側帯（その路側端における停車及び駐車を禁止することを表示する道路標示によって区画されたもの及び政令で定めるものを除く）が設けられている場所に停車し，又は駐車するときは，上記(4)(5)にかかわらず，政令で定める区分と方法によってその路側帯に入り，

かつ，他の交通の妨害にならないようにしなければならない（同条3項，令14条の6）。

(7) 停車又は駐車の方法の指定

車両は，道路標識等によって停車又は駐車の方法が指定されているときは，上記(4)(5)(6)にかかわらず，指定された方法によって停車し，又は駐車しなければならない（法48条）。

(8) 運転者のドア開扉等の際の安全確認義務

車両等の運転者は，安全を確認しないで，ドアを開き，また車両等から降りないように措置を講じなければならない（法71条4号の3前段）。

(9) 同乗者のドア開扉等に対する措置

車両等の運転者は，その車両に乗車している他の者が，安全を確認しないでドアを開き，又は車両等から降りるなどの行為により交通の危険を生じさせないようにするため必要な措置を講じなければならない（同号後段）。

(10) 停止状態保持義務

車両等の運転者は，車両等を離れるときは，その原動機を止め，完全にブレーキをかけるなどその車両等が停止の状態を保つため必要な措置を講じなければならない（法71条5号）。

(11) 高速自動車国道等における停車及び駐車の禁止

自動車は，高速自動車国道又は自動車専用道路においては，法令の規定若しくは警察官の命令により，又は危険を防止するため一時停止する場合のほか，停車し，又は駐車してはならない。ただし，次の場合はこの限りでない（法75条の8）。

① 駐車の用に供するため区画された場所において停車し，又は駐車するとき

② 故障その他の理由により停車し，又は駐車することがやむを得ない場合において，停車又は駐車のため十分な幅員がある路肩又は路側帯に停車し，又は駐車するとき
③ 乗合自動車がその属する運行系統にかかる停留所において，乗客の乗降のため停車し，又は運行時間の調整をするため駐車するとき
④ 料金支払のため料金徴収所で停車するとき

(12) 夜間駐停車する際の措置義務

　自動車（大型自動二輪車，普通自動二輪車及び小型特殊自動車を除く）は，夜間，道路（歩道又は路側帯と車道の区別のある道路の場合は，車道）の幅員が，5.5メートル以上の道路に停車し，又は駐車しているときは，保安基準に関する規定により設けられている非常点滅表示灯（道路運送車両の保安基準41条の3）又は尾灯（同基準37条）をつけなければならない（法52条1項。令18条2項）。

　もっとも，この義務は，㋐保安基準に適合する駐車灯をつけて駐・停車しているとき，㋑高速自動車国道及び自動車専用道路以外の道路で，後方50メートルの距離から当該自動車の明かりが明瞭に見える程度に照明が行われている場所に，駐・停車しているとき，㋒高速自動車国道及び自動車専用道路以外の道路で，道路交通法施行令27条の6第1号に定める夜間用停止表示器材若しくは保安基準に適合する警告表示板を後方から進行してくる自動車の運転者が見やすい位置に置いて停車し，若しくは駐車しているときは，解除されている（令18条2項ただし書）。

　要するに，車両は幅員が5.5メートル以上の道路に夜間，駐・停車するときは，後方50メートルの距離から明瞭に見える程度に照明がある場合を除けば，非常点滅表示灯，尾灯，駐車灯のいずれかを点灯させるか，夜間用停止表示器材，警告表示板を見やすい位置に置かなければならないのである。

　これは，夜間，駐・停車車両に追突する事故が少なくないため，これを防ぐ趣旨で設けられたものである。5.5メートル以上の道路に限ったのは，駐停車車両追突事故のうち，90.6パーセントが5.5メートル以上の道路で

起こっている（昭和47年）ことと，5.5メートル以上の道路は道路総延長の13.1パーセントしかないため，国民の負担を少なくして，効果を最大限に発揮する趣旨からとされている（野下・道交法535頁）。

3 過失運転致死傷罪における注意義務

駐停車による事故は，①車両が駐停車のため停止した直後に停車行為自体が原因となって発生する場合，②駐停車後の運転者や同乗者の付随的行為が原因となって発生する場合と，③駐車後，大分時間が経過して，駐車車両が事故の原因となって発生する場合の3つに分けられる。

(1) ①車両が駐停車のため停止した直後に当該駐停車行為自体が原因となって発生する場合

ア　車両は駐停車する場合は，道路左側端に寄って（停車の場合はできる限り）停止しなければならないことになっているので，停止に当たっては，進路変更を要することが多い。したがって，停止前には進路変更の合図が必要となるが（法53条），これには方向指示器を出して合図することになる。もっとも，停止する以上，当然速度を減じ，徐行を経て停止することになるが，そのためにも合図をしなければならない（同条1項）。この点については，制動に伴って制動灯（ブレーキランプ）が点灯するので，これが合図となる。停止する前にハザードランプを点灯させることでも停止の合図になると考える。

イ　適切にこれらの措置が行われているのに追突事故が発生した場合には，原則的としては後続車の運転者が前方注視義務ないし動静注視義務を尽くさなかった過失の責任を問われることになる。

しかし，上記合図を全くしないで急停車した場合には，停止車両の運転者に，適切に合図を行わず，急停車したことを過失として責任を問われることになることが多いと思われる。というのは，後続車両にとって，先行車両が停止することの予見が難しいからである。この場合，停止車両の運転者に後方の安全確認義務があるか問題となり得るが，停止した

場合後続車両との距離や速度等によっては追突事故が発生し得ることは予測可能であるので，停止を考える以上，後方の安全確認義務は当然あるものと考える。現実の車両の運転において，後続車の走行状況を確認しない運転者はいないのが実態である。それは，追突された場合は，自らが被害に遭うことになるため心理的にも確認せざるを得ないからであるが，それはつまり，事故の可能性を予見して慮っているということである。したがって，そうである以上，先行車運転者に後続車との車間距離及びその速度等を確認した上で車両を停止すべき義務を課すことは，条理上当然のことといえる。

　もっとも，その際，後続車に車間距離不保持の過失が認められたり，前方不注視や動静注視義務違反が認められる場合には，後続車にも過失が認められ，両者に過失が肯定されることもある。この点は，具体的事案に応じて判断するほかない。

(2)　②駐停車後の運転者や同乗者の付随的行為が原因となって発生する場合
　ア　この事故で，降車の際のドア開扉等により発生する事故に関しては，注意義務の検討の前に，自動車運転上の注意義務（違反）といえるか否かという問題がある。自動車運転上の注意義務(違反)といえない場合は，業務上の注意義務（違反）ということになる。

　両者の区別は，適用罪名罰条が異なるだけでなく，法定刑も異なる（業務上過失致死傷罪の場合は5年以下の懲役若しくは禁錮又は100万円以下の罰金であるが，過失運転致死傷罪の場合は法定刑が7年以下に加重されている。自動車の運転により人を死傷させる行為等の処罰に関する法律5条参照）ので，実益もないわけではない。

　運転者以外の行為は，過失運転致死傷罪及び業務上過失致死傷罪は適用されず（仕事として運転助手ないし運転補助者を務めている者の場合は業務上過失致死傷罪が成立すると考えられる），過失致死罪（刑法210条），過失致傷罪（同法209条）か重過失致死傷罪（同法211条後段）の適用の問題になる。したがって，それぞれの適用範囲（「自動車運転上の必要な注意義務」の意義）を画定しなければならない。

イ　まず，過失運転致死傷罪の「自動車運転上の必要注意義務」とは，「自動車の運転者が，自動車の各種装置を操作して，そのコントロール下において，自動車を動かす上で必要とされる注意義務」とされている。したがって，これを字義どおりに解釈すれば，動かすことを考えていない場合は，自動車運転上の注意義務に当たらないことになりそうであるが，エンジンをかけたまま，ブレーキを踏んで停止している場合には，自動車を動かすか動かさないかコントロールしており，このコントロール行為いかんによって自動車が動くことになるわけであるから，まさに，自動車運転行為であり，それに伴って必要とされる注意義務は，自動車運転上の注意義務となる（交通事故・事件捜査実務研究会編著『自動車事故犯罪事実作成実務必携』210頁（立花書房，2015）参照）。

　したがって，タクシーの運転手が，エンジンをかけたまま停車して，乗客を降車させるために左後部ドアを開けた場合は，運転手がブレーキをかける等して車を動かすか動かさないかコントロールしている状況下における注意義務の問題であるから，自動車運転上の注意義務に当たるが，降車のために運転者自身が運転席ドアを開扉して事故を起こした場合には，仮にエンジンをかけたままであったとしても，停止した場所が不適切で，停止行為自体が事故の原因と認められる場合を除いて，自動車運転上の注意義務を怠ったものとはいえないと考えられる。というのは，エンジンをかけていたとしても，運転者は，自動車を動かさない前提で行動しており（降車する以上動かす前提で行動はしていない），ドアの開扉は，自動車を動かすか動かさないかをコントロールすることと無関係の行為であるからである。

　もっとも，エンジンをかけたまま降車し，ギアをドライブにしたままサイドブレーキの入れ方が不十分で降車し，車両が動き出して事故を起こした場合は，当該停止状態を保とうとする行為自体の過失であり，その行為自体は，自動車を動かすか動かさないかをコントロールする行為であるので，もちろん，自動車運転上の注意義務違反となる。しかし，ドアの開扉によって事故を発生させた場合は，これと時点及び次元を全く異にする。

ウ　ところで，降車の際のドア開扉事故は，2つに分けることができる。1つは運転者自身のドア開扉であり，もう1つは，同乗者が降車の際にドアを開扉する場合である。

　前者の場合は，過失運転致死傷罪か業務上過失致死傷罪のいずれかに該当し，その区別は「自動車運転上」の注意義務に違反したといえるか否かによってなされる。その判断基準は前述したとおりである。

　運転者が降車する際は，自ら前方左右を注視するとともに，ルームミラーやサイドミラーによって後方からの車両の有無及びその安全を確認し，ドア開扉によってドアが他の車両や歩行者に衝突しないことを確認しないことを確認した上で，ドアを開扉し，降車すべきである。特に，自転車や原動機付自転車，自動二輪車は，幅が小さく進路を変更しながら進行してくることも多い上，衝突した場合の被害は四輪車と異なり，重大なものになる可能性が高いので，一瞥して確認しただけでは十分ではない。

　また，歩行者や車両との「衝突」だけを防げばよいというのではなく，これら交通関与者に衝突の危険性を感じさせることをも避ける必要がある。というのは，その車両や歩行者が開扉されたドアとの衝突や降車者との衝突の危険を避けようとして，急遽進行方向を変えて，他の車両等に衝突して死傷の結果を生じることもあるので，これらの者が衝突の危険を感じさせるような回避の仕方及び降車をも避ける必要があるからである。その場合，ドアの開扉に関しては，開扉の時期だけでなく，開扉の速度及び程度つまり前方を塞ぐドアの開き方の程度（幅）も配慮すべきであり，これらの注意義務があるといってよいであろう。

エ　後者の同乗者が降車のためにドア開扉して事故を惹起した場合は，当該同乗者の責任だけでなく，運転者の責任も問題となる。

　まず，同乗者自身の責任の問題を考えると，同乗者も降車に当たっては，前方左右を注視し，かつ，後方から進行してくる車両や歩行者の有無及びその安全を確認した上で，ドアを開扉し，あるいは，ドアの開扉する幅を調節した上で，ドアを開扉すべきである。もちろん，運転者にルームミラーやサイドミラーによって後方の確認をしてもらった上で，

ドア開扉することでもよい。運転者は，ルームミラーやサイドミラーで確認できる後方の範囲が同乗者よりも広いからである。そして同乗者がこれらを怠って事故を惹起した場合には，重過失致死傷罪又は過失致死傷罪のいずれかが成立する。いずれが成立するかは，当該注意義務違反が重大な過失に当たるか否かによって決まる。現場が，交通頻繁で歩行者や自転車あるいは原動機付自転車，自動二輪車，その他の車両が頻繁に通行し，ドアを開扉することが，あるいはその程度にドアを開扉すれば，衝突の危険が容易に予想できるような場合には，重大な過失に当たると考えられる。

　この場合，運転者も監督者としての過失責任を負うことになる。道路交通法71条4号の3は，「車両等の運転者は，その車両に乗車している他の者が，安全を確認しないでドアを開き，又は車両等から降りるなどの行為により交通の危険を生じさせないようにするため必要な措置を講じなければならない」旨規定している。これを怠れば，道路交通法上5万円以下の罰金に処せられる（法120条1項9号）が，ここで検討している運転者の（刑法上の）過失は，刑法上の条理上認められる注意義務違反のことである。もっとも，条理上の注意義務といっても，同乗者に対し，安全を確認しないでドアを開扉したり降車することのないように注意し，あるいは自ら安全を確認して，ドア開扉あるいは降車の時期を指示したり，場合によっては，ドアを開扉しないようにドアのロックを施して開扉，降車をさせないようにすること，ということになると考えられるが，道路交通法上の義務の内容である「必要な措置」は同じものと考えられるので，両者は事実上一致しよう。そして，運転者がこれらの義務を怠った場合には，その際の運転者の状況により（自動車運転上の注意義務違反といえるか否かにより），過失運転致死傷罪か業務上過失致死傷罪のいずれかが成立することになる。

(3) ③駐車後，大分時間が経過して，駐車車両が事故の原因となって発生する場合

　ア　次に，駐停車後，駐停車した車両が原因となって起きる事故には，特

に夜間道路に駐車した車両に後続車が衝突する事故と，サイドブレーキの掛け方が十分でなかったり，駐停車中のフットブレーキの踏み方が不十分であったために車両が動き出して事故を起こす場合がある。

イ　前者の場合は，駐車・停車禁止場所で駐車している場合もあるが，駐車・停車可能な場所で駐車している場合もある。夜間の事故が多いが，まれに，昼間の事故もある。

　前記のとおり，道路交通法は，右側に3.5メートル以上の通行余地がない場合は，そもそも駐車を禁止している（法45条2項）ほか，幅員が5.5メートル以上の道路に夜間，駐・停車するときは，後方50メートルの距離から明瞭に見える程度に照明がある場合を除けば，非常点滅表示灯，尾灯，駐車灯のいずれかを点灯させるか，夜間用停止表示器材，警告表示板を見やすい位置に置かなければならないとしている（令18条2項）。

　もっとも，道路交通法上の駐停車に関する上記各義務を遵守せず，駐停車車両に車両が追突して追突車両の乗車者が死傷したとしても，道路交通法に違反しているからとして直ちに過失運転致死傷罪における過失が肯定されるわけではない。また，道路交通法に定める以外の方法によっても後方から進行してくる車両の追突を防ぐことも可能であるので，同法に定める方法を採ることだけを過失運転致死傷罪（及び業務上過失致死傷罪）の注意義務とすることもできない。

　しかし，駐停車中の車両に，後続車両が追突して死傷する事故は，少なからず発生しているところ，特に，夜間は前方が見えにくいため，この追突事故を防ぐためには，駐停車車両の運転者としては，後方から進行してくる車両に対し，自車の存在を，道路交通法施行令に定められた方法その他適切な方法によって，遠方からも認識できるようにすることが必要になってくる。もちろん，それだけでなく，そもそも駐停車しないことが，事故を防ぐ最大の方法であるし，駐・停車の場所や駐・停車の位置，駐・停車の向き等も事故に原因を与える事項であるので，これらについて，追突しにくいように措置を講じることが必要であり，過失運転致死傷罪における駐停車車両の注意義務の内容になってこよう。

しかしながら，追突事故の場合，追突車両の運転者の前方不注視の過失が競合していることが多く，後続車両が前方注視をしていさえすれば事故を防げていた場合に，事故の予見可能性が認められるかということが問題となる。また，後続車両運転者に前方注視義務違反が認められる場合，駐車車両の運転者が自車の存在を，道路交通法施行令に定められた方法その他適切な方法によって，遠方から後続車両運転者が認識できるようにする義務を怠ったことと事故との間に，そもそも因果関係が認められるのか，あるいは，その義務違反がなかったとしたら，結果を防ぐことができたかどうかという回避可能性の有無としても問題となる。この場合，仮定的な判断を伴うため困難を伴うことが多いのである。前記の危険増加論（第1章　総論33頁）を採用すれば，駐停車行為が危険を高めた，すなわち，適法な代替行為を行っていれば，結果が回避される可能性は，確実ではないにしても認められることから，過失責任は肯定される余地がある。しかしながら，最高裁の考えは，結果回避が合理的な疑いを超える程度に確実である場合に初めて回避可能性を認める立場と考えられるので，問題となる。

駐停車車両に後続車両が追突して，同車の運転者等が死傷した事故で無罪事例が多いのは，以上の問題があるからである。

ウ　この点に関して，参考になる判例として下記の3つがある。

すなわち，追突した後続車両の運転者の過失が問われた事件として，①最判昭和56年2月19日裁判集刑221号91頁，判時996号131頁，判タ437号106頁が，駐車車両運転者の過失責任が問われた事件として，②福岡地判平成17年7月28日公刊物未登載，③千葉地松戸支判平成20年10月20日公刊物未登載，がある。

(ア)　追突した後続車両の運転者の過失が問われた①の事例は，夜間暗い国道上を，被告人が普通乗用自動車を運転して前照灯を下向きにし時速約70キロメートル（指定制限速度時速50キロメートル）で走行中進路前方に故障のため尾灯を点灯しないで進路の全面（被告人車両の走行車線は2.75メートルで，車幅2.16メートル）を塞いで駐車していた車両を，約25メートルに接近して初めて発見し，右に急転把するも間

に合わず，同車に激突させて自車に同乗していた2名を死亡させ，1名に傷害を負わせたというものである。

　この事故につき，最高裁は，「暗い国道上に右のような状態で駐車している車両のあることは，通常の通常の運転者の予想しない異常な事態というべきであるから，原判決のように，被告人に軽度といえない前方注視義務の懈怠があるとするためには，被告人にとって，かかる路上の障害物を発見してこれとの衝突を未然に回避することがそれほど困難でなかったといえる場合でなければなら（ない）。……下向きの前照灯の照射距離は，せいぜい4，50メートルに過ぎず（道路運送車両の保安基準32条2項3号参照。（筆者注）現道路運送車両の保安基準の細目を定める告示198条6項1号），他方，右の速度で乾燥したアスファルト舗装道路を進行する自動車の運転者が，路上の障害物を発見してから急制動により自車を停車させるには，通常約50メートルを要すると計算されることなどに照らすと，被告人において，十分に前方を注視していても，○○車との衝突を回避するに十分な距離内においてこれを未然に発見することは，はなはだ困難なことと思われ，むしろ不可能ではなかったかとさえ疑われるのである。……とすると，被告人については，……不相当な高速で運転していたことなどを内容とする過失の成立する余地のあることは別として，本件訴因にかかげられた前方注視義務違反の過失があるといえるかどうかは疑問であり，かりに，右過失の存在自体は肯定することができるとしても，かかる道路状況のもとにおいて，○○車をその約25メートル手前の地点で発見しただちに事故回避の措置に出ている被告人の過失の程度は重くはなく，むしろ軽微であると解される余地が大きい」として，原判決を審理不尽，事実誤認を理由にして破棄し，差し戻した。

　被告人に過失がないかのような判旨には反対であるが，だからといって，闇夜故障した車両を無灯火で車線を塞ぐ形で駐車していた車両の運転者に過失責任がないことにはならない（理論的には両者の責任は排他的ではなく，併存することもあり得る）。

　本件道路は，北海道の畑地の中の国道で，周囲に照明はなく，闇夜

であり，そのような道路の片側の車線のほぼ全面を塞ぐ形で，尾灯はもちろん，夜間非常点滅等の点灯していない自動車が駐車しているということは，判旨のいうとおり予測し難いことと考える。そして，前方注視義務は自動車運転者の基本的な注意義務であるとはいえ，現実には，前方注視義務を尽くしているとはいっても，人間の能力には限りがあるので，全てを察知することはできない。まして，事故が起きない場合であっても，何らかの不注視は生じているのが実情であろう。とすると，その場合，その運転手に過失があるか否かは別として，後続車両が，闇夜に全面を塞ぐ形で無灯火の車両が停止しているのを発見し遅れて，これに衝突する可能性は十分に予測できたことと考える。したがって，駐車車両の運転者においても業務上過失致死傷罪の過失は認められるというべきである。この場合，駐車車両運転者の注意義務として何を措定するかが問題となるが，エンストしたため動かすことができなかったわけであるから，駐車しないことを注意義務とすることはできない（法は不可能を強いないので。もっとも，レッカー車等で移動させることが可能な場合であれば，それをしないことが過失になることはあり得る）。しかしながら，闇夜でかつ車線のほぼ全面を塞ぐ形で駐車することになったのであるから，後続車が同状況で駐車している自車を早期に発見し，自車への追突を未然に防ぐことができるように，夜間灯を点灯し，あるは非常点滅表示灯を点灯するか，夜光反射標識を設置する（本件では，夜間反射標識は車に積んでいなかったので，この義務を課すことはできない）などすべき注意義務を尽くすべきであったと考えられる。

(イ) 駐車車両運転者の過失が問われた②の事例は，被告人が，夜間の午後8時すぎ，福岡県宗像市市内の片側一車線の道路において，同道路左端に普通貨物自動車（4トントラック）を停止して同車を離れ，その後長時間にわたって同車を駐車していたところ，翌日午前零時40分頃，同車の後部右角付近に，後部座席にV_2を乗車させて時速約40キロメートル（制限速度は時速40キロメートル）で走行していたV_1運転の自動二輪車が衝突して転倒し，両名が死亡したという事故であ

る。被告人が本件道路は駐車禁止の道路標識が設置されている片側車線の幅員が左側端から約4.5メートル，道路左端には縁石に画された歩道があり，左側端から1.5メートルの地点に外側線が引かれ，被告人車の車幅は約2.25メートルで，道路左側端に沿って駐車していたが，被告人は，尾灯等の照明を全て消灯し，後方に三角反射板も設置していなかった，というものである。

　これについて，福岡地裁は，被告人が業務上過失致死罪の責任を負うためには，本件車両を駐車した時点において，本件事故の発生を予見することが可能であったと認められること，具体的には，V_1車のような自動二輪車が，予見可能な通常の運転操作に従って走行したとしても本件車両に追突すると予見することが可能であったことが必要であるとした上で，本件は，V_1車が，通常の運転操作に従って走行していたならば衝突を容易に回避できたと認められ，それにもかかわらず事故が発生したもので，本件事故は異常な事態といえ，被告人には本件事故について予見可能性がなかったとして，無罪を言い渡した。

　判決は，まず，通常の運転をしていた場合に，一般的に見て，本件車両との衝突を容易に回避できたか否かを検討し，㋐駐車車両の右側には中央線までなお約2.35メートルの余裕があったこと，㋑指定制限速度40キロメートルで走行していた場合には，停止距離は約17.4メートル（反応時間0.75秒，路面の摩擦係数0.7）であること，㋒現場は平坦で見通しが良く，駐車場所の手前は180メートルはまっすぐな道路であったこと，㋓被告人車両は車幅2.25メートル，車高2.74メートルの大きな4トントラックであり，ボディは，光をよく反射する銀色アルミ製のパネルで囲まれていること，車両の後部中央には地上から約83センチメートルの高さに，縦約16センチメートル，横約40センチメートルの長方形の大型反射板が取り付けられ，後部長端には，それぞれ約7センチメートル四方の正方形のテールランプが設置されていて，そのうちの各1個には約7センチメートルの反射板が備え付けられていたことから，前照灯が本件車両を照射すれば，直ちに被告人車両の存在を認識することができた，とした上，次に，道路の明る

さや後続車からの視認状況について検討し，㋵月齢が3.8で天空に月がなく道路全体が暗いものの，視認状況に関する実況見分の結果，視力1.5の警察官が119.1メートル手前で，「道路上に四角い形上の物があるのが判る，72.1メートル手前でシルエットから四角形状の車両が分かる。反射板がぼんやり見える」旨，別の機会にV₁車両の代替車を用いて行った見分の結果においても，約109.5メートル手前の地点で，「代替車のライトが被告人車両を照射することはないが，注視すると，本件車両の車体下方が白っぽく見えるとともに反射板が見える」旨，視力1.2の別の警察官による視認でも，102メートル手前の地点で，「注視すると反射板と赤い点が確認でき，何かあると判る」旨それぞれ指示していること，㋕本件道路の西側には田園が広がっていたとはいえ，道路東側脇には住宅や事業所が点在しており，事故当時，事業所の電光式看板が点灯されており，電光掲示板は相当手前から視認できる状況にあったこと，㋖平成13年春頃から本件事故の直前までの間に本件道路に本件車両と同種の普通貨物自動車は駐車されているのを7，8回目撃している者がいることから，後続車の運転者にとって，本件道路に駐車車両が存在することを予測することが難しかったとはいえないこと，㋗本件道路は駐車禁止の道路標識が設置されていたが，そのことから直ちに後続車両の運転者が駐車車両の存在を予測できなくなるとは考えられないことから，前照灯が本件車両を照射する前であっても相当前の地点から進路前方に何らかの障害物があることを認識でき，注意を払うことが十分に可能であり，その後，本件車両に近づくにつれてその存在が明確になり，やがて後続車両の前照灯が本件車両を照射して本件車両が駐車していることを明確に認識できると認定し，後続車の運転者としては，適宜速度を調節し，あるいはハンドル操作を行うなどして進路の安全を確保し，衝突を容易に回避できたと判断した。なお，判決は，その傍証として，同事故現場における事故時間前の夜間の車両の通行量調査の結果（50分で44台，2時間で89台）から被告人車両の駐車後事故までの時間にも相当数の車両の通行があったと考えられるにもかかわらず，事故が起きていないことを挙

げている。

　対向車の光ほうがV_1の視認状況に影響を与えた可能性に関しては，前照灯を下向きにして停車した対向車を置いての視認実験で，視力1.5の警察官が約62.5メートル手前で「注視すると反射板が見え，何かあると判る」旨，約50メートル手前で，「代替車のライトが本件車両に照射してストップランプや車体が見える」旨，視力が1.2の警察官は，約76.8メートルの地点で「注視すると反射板と赤い点が見え，その周りが白っぽく見え，何か物体があると判る」旨，約49.4メートル手前で「車体全体が見え，車両があると判る」旨指示していることから排斥した。

　そして，時速約40キロメートルで走行していたV車の停止距離が17.25メートルであり，突然障害物を発見して平常心を失ったとしても，通常の一般的な運転者において，約25ないし30メートル手前で障害物を発見できれば安定性を失うことなく障害物の手前で停止可能であると認められることからすると，照射の範囲に入った時点で初めて発見したとしてもブレーキをかけて停止することによって事故を容易に回避することができたとした。加えて判決は，事故の解析結果によれば衝突角度からV車の進路変更が被告人車両の7.5メートル手前で行われたと認められること，自動二輪車が進路を変えるには逆操舵が必要であり，これに0.2ないし0.3秒かかるところ夜間の疲労を考慮すると約1秒かかることから，V_1が被告人車両を発見したのは約22ないし25メートル手前と考えられること（自動車安全運転センター安全運転中央研修所研修部技術教官の供述）を前提に，Vは約49.4メートルの地点で被告人車両の存在を認識し得たにもかかわらず，その後24.4ないし27.4メートル，時間にして2.2ないし2.5秒もの間被告人車両を発見していなかったことになること，また，22ないし25メートル手前で発見したとしても，停止距離は約17.25メートルなので，急制動すれば衝突は避けられたし，そうでなくとも速度が落ちて時速40キロメートルもの速度で衝突することは避けられたこと，にもかかわらず，発見後もブレーキをかけることなくハンドル操作で進路変

更して避けようとしたと考えられるので，Vの運転操作は理解し難いことを理由に，本件事故は異常な事態であって，被告人に予見可能性がなかったと判断したのである。

　本判決は，極めて丁寧な検討を行い，予見可能性を否定したものであり，その判断は，一見，妥当なもののようにも思われる。しかしながら，判決の結論には疑問がある。判決は，確かに，丁寧に考慮すべき事実を検討しているが，その実検討したのは，V_1が前方を注視していた場合には，被告人車両の存在を早期に発見でき，衝突を回避することが可能であったということに尽きる。被告人において，本件事故が予見できなかったのかという予見可能性については，十分な説明はなされていないのである。V_1が前方を注視していたら事故を防ぐことができたということと被告人の予見可能性の有無は，全く無関係ではないが，論理的直接的には関係がない。夜間の見通しが良くない中にあっては前方注視はしにくく，もちろん，駐車車両の存在を意識せず，前方注視がおろそかになる可能性は否定できないからである。

　さて，被告人車両は，道路の左側端から 2.25 メートルもの幅をもって進路を塞いでおり，車両は基本的に道路の左側端に沿って通行することを求められているのであるから，中央線まで右側に 2.25 メートルの通行余地があるといっても特段意味はない。そして，夜間は，昼間より各段に視認状況が悪化している中，本来駐車車両のないはずの駐車禁止場所に，そのような車両が駐車していることは，当然には予測がつかない。むしろ，ないと前提して走行する可能性が高い。しかも，自動二輪車は，四輪車と異なり，道路の凹凸等による転倒防止のために照射距離よりも近い場所に視線を向けて運転するのが通常であるから，四輪車の運転者以上に前方注視がしにくい特性を有しているのである。それに加えて，神ならぬ人間の行動であるから，完璧な前方注視を行って運転することはむしろ少ないのが実態であろう。そのことは，自らの運転を顧みさえすればすぐに分かることであると考える。実際にも，夜間の駐車車両に対する追突事故は決して少なくなく，死亡事故も少なくないのである。判決は，被害者の本件追突が，異常な

事態であるとしているが決して異常な事態ではない。通常，予見可能な範囲の事故なのである。その証拠に，被告人は，駐車車両から離れる際，一瞬「大丈夫かな」と思ってテールランプを点灯させようかと考えたというのであるから，本件のような追突事故が発生するかもしれないことを認識していたのである。判決は，これを，漠然と不安を抱いたにすぎず，本件を具体的に予見したとまでは認められないとするのであるが，この漠然とした不安感は，危惧感説のどういう被害があるかも分からないという不明確なものではなく，道路に停止中の自車に，他の車両が衝突するかもしれないという具体的不安感であるので，予見可能性を肯定するのに十分である（生駒トンネル事故における最決平成12年12月20日刑集54巻9号1095頁参照。本件の予見可能性は同事件よりも具体的と考える。もちろん，法益も特定されている）。総論で述べたように，そもそも，予見可能性は，予見可能か否かという判断それ自体に意味があるのではなく，回避行動をとるための動機づけになるから意味があるのである（第1章総論 29頁，32頁参照）。したがって，駐車禁止場所に，何ら通行車両がその存在に気付くような尾灯等を点灯し，かつ，三角反射板等を設置する等の措置を執らないで駐車し，これを継続することによって，車両が衝突する可能性を認識している以上，動機づけとしては十分なのであって，しかも，駐車する人間の側で，容易にできる（容易に結果を回避できることである）ことなのであるから，その懸念したとおりの結果を発生させた被告人に，予見可能性は肯定されるのは明らかであり，過失が認められるのも当然のことであると考える。

(ウ) 同じく駐車車両運転者の過失が問われた③の事例は，被告人が，12月20日午前5時30分頃，業務として大型貨物自動車（車幅2.49メートル）を運転し，千葉県松戸市内の片側一車線道路に進行してきて，外側線をまたぎ道路左側端（北側）に自車を停止させ，乗車したまま尾灯等の照明を全て消して乗車したまま駐車していたが，同日午前5時40分頃，同自動車の後部右側にV（当時55歳）運転の原動機付自転車が時速約36.8メートルないし46メートルで衝突して転倒し脳挫

傷で死亡したという事故であるが，同所は駐車禁止の交通規制がなされていた上，当時夜間で同所付近には自車を照らす街路灯などの照明施設がなく，自車後部の反射板は汚れのため十分な反射能力がなく，尾灯等の照明を点灯することなく，道路左側端から少なくとも 1.32 メートルの地点まで車線内にはみ出して駐車していた（道路の幅員は 8.7 メートルで道路中央に中央線が引かれた片側一車線道路であり，道路の幅員は北側が 2.9 メートル，南側が 3 メートル）。

これに対して判決は，事故現場は約 60.4 メートルの範囲内に合計 5 基の街路灯が存在しており，本件現場の照度は 0.69 ルクスであること（満月の月の明るさが約 0.2 ルクスであることに照らすと，その約 3 倍程度の明るさであったこと），目撃者が，本件現場から数十メートル離れた反対車線側歩道上から本件車両を発見していたこと，本件当時本件車両を除けて走行する車両が数台あったこと，Ｖの原動機付自転車の前照灯は上向きで照射距離 100 メートル・照射範囲（幅）は 16 メートル，下向きで照射距離 50 メートル以上・照射範囲（幅）12 メートルであること等に照らせば，現場は，本件車両を数十メートル手前から発見可能な程度の明るさであったこと，車両総重量が 7 トン以上の貨物運送自動車は，大型後部反射器を備え付けていることが必要であり，その大型後部反射器は，夜間にその後方 150 メートルの距離から前照灯で照射した場合その反射光を照射位置から確認でき，昼間にその後方 150 メートルの距離からその蛍光を確認でき，反射光の色が黄色であり，蛍光の色が赤色であり，反射器が損傷し又は反射面が著しく汚損しているものではないという基準に適合していることが必要であるところ，本件車両は 3 か月前に車検を受け検査に合格しており，その後事故までの 3 か月間に反射能力が減衰した事情はなく，反射板の汚れは極めて少量であることから，事故当時も十分な反射能力を有する反射器を備え付けていたと認められること等を根拠に，被害者にとって本件車両の発見が困難であったことの起訴事実を認めるに足りる証拠も存在しないことを理由として，予見可能性を否定し，加えて，前記状況から，被害者が本件原動機付自転車の前照灯を点灯させ，前

方を通常程度に注視して運転していれば，少なくとも約50メートル手前で本件車両を発見することができたと推認されるにもかかわらず，被害車は時速37ないし46キロメートルの速度で本件車両の後部に追突したのであり，被害者が追突前に本件車両を認め，ハンドルを切ろうとしたり，ブレーキをかけたり，動転して本件原動機付自転車から転倒するなどの行動をとったという形跡はうかがわれないこと，大型車両である本件車両に2000ccくらいの乗用車がぶつかってきたくらいの衝撃を感じたとの被告人の供述などから，被害者は前方を注視せずに本件原動機付自転車を運転し，衝突直前まで本件車両の存在に気が付かず，相当の衝撃となる速度で追突したものと認められるので，検察官主張の非常点滅表示灯や尾灯の点灯，三角反射板の設置などの道路交通法所定の措置を講じていれば本件事故を回避し得たという結果回避可能性も，検察官の立証がないため認められないとして，無罪としたのである。

　しかしながら，照射実験では，確かに，被疑車両の左右の反射器が数十メートル手前から発見可能であったことは否定できないものの，本件大型貨物自動車の車体の色は黒であり，付近には被告人車両を照らす街路灯はなく，左右の反射板が仮に後方から見えていたとしても，車両の全体像が明瞭に見えるわけではないので反射板に気付いただけでは何が反射しているのか直ちには分からず，駐車車両が存在していることにも気付くわけではない。加えて，本件車両は2.9メートルの車線の左側1.32メートルも塞いでいたのであり，しかも，原動機付自転車等の二輪車は道路の凸凹等による転倒を避けるため，運転者に近い位置に視線を向けて運転するという特性を有しているのであるから，そのような形で大型貨物自動車が，駐車禁止場所に停車していると思いもよらず，直前まで同自動車に気付かずに衝突したものと考えられる。確かに被害者に前方不注視の落ち度があるのは否めないが，前記状況からすれば，誰であっても気付きにくい状況と考えられるので，自車に衝突する原動機付自転車等の車両があり得ることは十分に予見は可能であったと考えられる。もっとも，判決がいうように，被

告人車両に非常点滅灯や尾灯の点灯，三角反射板の設置などの所定の措置を講じていた場合に，本件事故が防げたかどうかは，必ずしも明確ではない。判決は，この点について，検察官の立証がないとするのであるが，確かに，この点は，危険増加論に依拠しない限り[120]，回避可能性の問題をクリアすることは難しいように思われる。

　しかしながら，被告人としては，そのような危険な駐車行為は行うべきではなく，その後も継続するべきではなく速やかに止めるべきであったのであって，この危険な駐車行為を行いかつ継続した行為が過失行為の本質であり，これを本件の実行行為と捉えるべきなのである。この行為の危険性が本件事故につながったのであるから，当然のことと考える。すなわち，被告人としては，現場は駐車禁止の交通規制がなされていた上，当時，夜間で同所付近には自車を照らす街路灯などの照明施設がなく，自車後部の反射板は汚れのため十分な反射能力がないなど後続車両の運転者が自車の存在を発見することが困難で，後続車両が自車後部に衝突するおそれがあったのであるから，尾灯を点灯したり，自車後方に三角反射板を設置するなどして自車の発見が容易になるような措置を講じないで同所に自車を駐車することは厳に差し控えるべき業務上の注意義務があったのである。そして，被告人がそれにもかかわらず，同義務を怠り，自車後方に三角反射板を設置するなどして自車の発見が容易になるような措置を講じないで同所に自車を駐車し，その後同駐車行為を継続したことが過失なのである。もちろん，この注意義務を尽くしていれば回避可能性は十分に肯定されるのである。

　ところが，本件の訴因は，「駐車させたが，同所は駐車禁止の交通規制がなされていた上，当時，夜間で同所付近には自車を照らす街路灯などの照明施設がなく，自車後部の反射板は汚れのため十分な反射能力がないなど後続車両の運転者が自車の存在を発見することが困難であり，後続車両が自車後部に衝突するおそれがあったのであるから，

---

120)　「第1章総論　第1・2過失の構造(7)回避可能性の有無及び判断（32頁参照）」。

同所に駐車することは厳に差し控え，あえて同所に駐車する場合は，尾灯を点灯したり，自車後方に三角反射板を設置するなどして自車の発見が容易になるように従前の措置を講ずべき業務上の注意義務」というもので，駐車を止めるか，駐車を続けるなら尾灯点灯，三角反射板の設置等の措置を講じるか二者択一の注意義務を提示していたため，後者の回避可能性ではねられてしまったのである。

　しかしながら，非常点滅灯又は尾灯その他後続車両に駐車していることを明瞭に知らせる措置を講じないで駐車すること自体が危険なのであり（結果発生の具体的予見可能性が肯定される），それを行わない，すなわち，そのような危険な駐車をしない，そのような駐車を行った場合には，継続すべきでなく中止べき義務があるというべきなのである。しかも，駐車禁止場所なのであるから，上記措置を講じなくとも駐車は禁止されており，後続車両が駐車車両がないと考える期待も生じ得る状況といえるのであって，そのような場所に非常点滅灯又は尾灯その他後続車両に駐車していることを明瞭に知らせる措置を講じないで駐車することがまさに危険な行為なのであって，そのような危険な駐車行為を行ったこと，又はそれを継続したこと自体が過失なのである。

　道路交通法52条の夜間における灯火点灯義務は，駐車禁止車両を念頭に置いたものではない。適法に道路上に存在する車両に対する義務規定である。にもかかわらず，駐車禁止義務と同条による点灯義務を区別して考えることにも問題があろう。もちろん，道路交通法上の義務と過失運転致死傷罪における注意義務を同列に扱うことはできないが，道路交通法上，二重の意味で，危険防止の義務規定に違反するものであるから，その危険性は更に高まっていると考えられるところ，実質的な判断を行うべき，刑法上の過失を判断する際に，両者の注意義務を分断し，実行行為を評価し断罪するのは，妥当ではないと考える。

　したがって，今後同様の事例については，これを前提に訴因を構成すべきものと考える。

前記②の事例の福岡地判決も，訴因は，③の事例の松戸支部判決の事例と同じ構成であったが，予見可能性ではねられたため回避可能性の問題は論じられていないものの，理論的な問題状況は③の事例と同様であって，回避可能性の問題は存在するといわざるを得ないが，この点は，上で述べたことにより，クリアできると考える。

4 実務例

① ○○番地先道路を○○町方面に向け時速約40キロメートルで進行中，先行中のN（当時22歳）の自動二輪車を右側から追い越して間もなく，道路左側歩道からタクシーの乗客が乗車のため自車に向かって合図したのを認めて停止しようとしたが，当時降雨のため路面が濡れて車輪が滑走しやすい状況にあった上，前記Nの運転する自動二輪車を追い越した直後であったから，同人の進路直前に進出して急停車することを避け，徐行して同車を先行させ，安全を確認した上停車するなど，危険の発生を未然に防止すべき自動車運転上の注意義務があるのに，これを怠り，後方に注意することなく左に急転把して，前記Nの前面に進出して急停車した過失により，同人の自動二輪車をしてこれを避けるいとまなく，被疑者運転の普通乗用自動車後部に激突するのやむなきに至らせた。

② 交通整理の行われている交差点に差し掛かってこれを直進しようとした際，進路前方の信号機の信号が赤色「止まれ」を表示したので，先行するK（当時20歳）運転の普通乗用自動車が停止した後方約2メートルに停止したのであるが，このような場合，自動車運転者としてはギアをニュートラルにした上，さらにサイドブレーキを引くなどして確実に自車を停止の状態に保って前進させないようにすべき自動車運転上の注意義務があるのにこれを怠り，ギアをセコンドに入れたまま停止したのち，たばこに火をつけることに気を取られ，クラッチペダル及びブレーキペダルから足を緩めた過失により，自車を前進させて前記K運転の普通乗用自動車後部に追突させた。

③ ○○番地先の上り勾配2度3分の坂道頂上付近に至り，同所で駐車し，

所用のため自車を離れる際，エンジンを止めサイドブレーキを完全に施し，ギアを後退の位置に入れ，車輪に歯止めを施すなど，坂道において車両を確実に停止せしむべき措置をなすべき自動車運転上の注意義務があるのにかかわらずこれを怠り，単にエンジンを止めたのみで同車より離れた過失により，下車後数分を出ずして自車を自然に後退させ，駐車位置から約 23.3 メートル隔てた同町 987 番地 K 方玄関に自車後部を激突させた。

④　普通貨物自動車（車幅 2.2 メートル）を運転し，〇〇市内の片側二車線道路の第一車両通行帯（幅員約 2.8 メートル）を進行してきて同通行帯左側端にやや左斜めに自車を停止させたが，同所は駐車禁止場所であったばかりか，当時，夜間で降雨中であった上，同所には街路灯など自車を照らす照明設備はなく，しかも，汚れのため自車後面の反射板の反射効力も不十分であるなど，後続車両の運転者が自車を発見することが困難であったのであるから，非常点滅表示灯や尾灯をつけた上，自車後方に三角反射板を設置するなど自車の発見が容易になるような措置を講じないまま同所に自車を駐車することは厳に差し控えるべき自動車運転上の注意義務があるのにこれを怠り，停止時に非常点滅灯は点けたが，後続車両に自車の発見が容易になるようなその他の措置を講じず，かつ，その後，同表示灯が消灯したことに気付かないまま駐車を継続した過失により，折から，同通行帯を後方から進行してきた V 運転の普通自動二輪車を自車右後部に衝突させて路上に転倒させ，死亡させた。

⑤　先道路を，〇〇方面から△△方面に向かい進行し，同所の道路右端に停車させて同車を離れるに当たり，同所は〇〇方面に向かい勾配が 100 分の 5.9 の上り傾斜の道路であったから，サイドブレーキを完全にかけ，ギアをパーキングにするなどして車両を確実に停止させる措置を講じるべき自動車運転上の注意義務があるのにこれを怠り，道順を聞くことに気が焦り，サイドブレーキをかけず，かつギアをニュートラルにするなど車両を確実に停止させる措置を講じないで同車を離れた過失により，同車を後退暴走させ，折から同道路右側を〇〇方面から△△方面に歩行中の V_1（当時 56 歳）及び V_2（当時 51 歳）に同車後部を衝突させて両名を路上に転倒させ，さらに V_1 を同車車底部で轢過した。

⑥　普通貨物自動車を運転し，○○先道路を，○○方面から○○方面に向かい西方の路外施設に向かい右折して同道路右側の歩道部分及びその右方の路外施設に進入して南西向きに駐車するに当たり，同車両には直径約8ミリメートルの鉄筋4本が同車両の車体後部から約1.22メートルはみ出す状態で積載されており，その状況を遠方から視認することが困難であったから，その鉄筋が同道路の北行き第一車両通行帯及びその外側線付近にはみ出さないように自車を駐車するべき自動車運転上の注意義務があるのにこれを怠り，同鉄筋のうち2本が前記外側線から同道路の北行き第一車両通行帯内に路面から約1.3メートルの高さで約9センチメートルないし約11センチメートルそれぞれはみ出る状態で漫然自車を前記歩道部分及び前記路外施設に駐車した過失により，○○頃，前記通行帯の外側線寄りをT方面（見南方）からI方面（北方）に向かい原動機付自転車を運転して進行してきたS（当時46歳）の頭部に前記鉄筋の先を衝突させて同車をその右前方に逸走させ，折から同道路第二車両通行帯を南方から北方に向かい進行してきたM運転の普通乗用自動車左側部に前記原動機付自転車右側部を衝突させて同車もろとも前記Sを路上に転倒させた。

⑦　普通貨物自動車を運転し，○○先道路をH方面からS方面に向かい進行してきて同道路左側路外に，自車右側側部を歩道にはみ出して停止し，降車のため自車の右側運転席ドアを開閉するに当たり，同歩道上を自車の右後方から進行してくる自転車等の有無に留意し，その安全を確認しながら同ドアを開扉すべき業務上の注意義務があるのにこれを怠り，考え事にふけり，同歩道上を自車の右後方から進行してくる自転車等の有無に留意せず，その安全確認不十分のまま，漫然同ドアを開扉した過失により，折から，自車の右後方から進行してきたO（当時72歳）運転の自転車に気付かず，開扉した同ドアを同自転車に衝突させて，同自転車とともに同人を路上に転倒させた。

⑧　普通貨物自動車を運転し，○○先の交通整理が行われていない丁字路交差点を，A方面から進行してきてM方面に向かい左折進行し，同交差点左折方向出口に設けられた横断歩道上で一時停止後，自車助手席の同乗者O（当時9歳）を降車させるため助手席ドアを同人に開扉させるに当たり，

左後方から進行してくる自転車等の有無及びその安全を確認してから同人に同ドアを開扉させるべき自動車運転上の注意義務があるのにこれを怠り，左後方から進行してくる自転車等の有無及びその安全確認不十分のまま漫然同人をして同ドアを開扉させた過失により，折から左後方から進行してきた I（当時61歳）運転の自転車に気付かず，同人及び同自転車に前記Oが開けた同ドアを衝突させて同自転車もろとも前記 I を路上に転倒させた。

⑨　普通乗用自動車（タクシー）を運転し，○○付近道路（片側二車線道路）を西進してきて，同所先の同道路第一車両通行帯に停車後，乗客を降車させるため，自車左後部ドアを開扉するに当たり，自車左側には二輪車等の通行できる余地があったから，同余地を左後方から進行してくる車両等の有無に留意し，その安全を確認して同ドアを開扉すべき自動車運転上の注意義務があるのにこれを怠り，同余地を左後方から進行してくる二輪車等の有無に留意することなく，その安全確認不十分のまま漫然同ドアを開扉した過失により，折から，同余地を後方から西進してきたS（当時53歳）運転の自転車に気付かず，同ドア先端部を同自転車前籠に衝突させて，同人を同道路南側の歩道柵支柱に衝突させた上同自転車もろとも路上に転倒させた。

⑩　普通乗用自動車を運転し，○○先道路をT方面からI方面に向かい進行してきて，同所先に停止後後部座席同乗者を降車させるため自車左側を後部ドアを開扉させるに当たり，自車左側面と左側歩道との間に約5.8メートルの間隔があり，その間を自動二輪車等が進行してくることが予測されたのであるから，自車の左後方から進行してくる自動二輪車等の有無及びその安全を確認して自車左側後部ドアを開扉させるべき自動車運転上の注意義務があるのにこれを怠り，自車の左後方から進行してくる自動二輪車等の有無及びその安全確認不十分のまま同ドアを開扉させた過失により，折から自車左後方から進行してきたT（当時61歳）運転の自動二輪車に同ドアを衝突させた。

5 捜査上の留意事項

(1) 車両が駐停車のため停止した直後に停車行為自体が原因となって発生した事故
　① 事故直後の状況
　② 停止車の停止のための合図の有無，その時期，後続運転者の合図の認識の有無
　　　停止のためだけの合図はない。進路を変更せずに停止する場合は，制動灯の点滅がそのための合図になるし，道路左脇によって停止するときは，進路変更の合図と制動等の点灯が合図になる。
　③ 上記合図前後の後続車に対する安全確認の有無とその程度
　④ 両車間の車間距離，並進車との間隔
　⑤ 停止又は停止のための徐行と進路変更の時期の適否
などを中心に捜査する必要がある。

(2) ドア開扉による事故
　　ドア開扉事故については，単に後方安全確認義務を怠ったことだけでなく，駐停車場所，駐停車方法の適否，駐停車後ドア開扉までに要した時間など捜査しておく必要がある。この点に留意しながら捜査すると，停車方法違反にドア開扉事故が意外なほど多い。
　　ドア開扉による事故の捜査に当たっては，
　① 駐停車の位置，付近の状況
　② 後続車，並進車に対する安全確認の有無，確認していればその方法
　③ 双方の車両間の距離，後続車，並進車の速度
　④ 駐停車からドア開扉までの時間
　⑤ ドアをどのくらい開けたときの事故か
　⑥ 駐停車した場所の交通状況（他の車両や自転車の通行状況，歩行者の通行状況）
　⑦ 後部座席に乗っていた同乗者や助手席の客がドアを開けた場合については，運転者の注意義務（左側から下車するように等指示すべき注意義務）

との間の因果関係（運転者の制止を聞かないで開けたり，又は停止直後指示を与えるいとまもなく勝手に開けた場合は運転者に責任がない）。

(3) 駐停車後，大分時間が経過して，駐車車両が事故の原因となって発生する事故
　ア　停車時・駐車時の暴走事故
　　　停車時，駐車時の暴走については，制動装置，走行装置を具体的にどのように操作して停車し，また駐車したのか，その後どのように措置して下車し，車から離れたか，制動装置，走行装置の異常の有無，停車又は駐車した路面の傾斜の角度など捜査しておく必要がある。
　　　上記のほか，
　　① 駐停車の位置，付近の状況
　　② 駐停車した場所の交通の状況（他の車両や自転車の通行状況，歩行者の通行状況）
　　の捜査は，基本的な捜査事項である。
　イ　違法駐・停止車両に後続車が追突した場合[121]
　　① 道路の規制状況（駐停車禁止の有無）
　　② 道路の状況（幅員，中央線の有無，歩道，路側帯，外側線の状況，直線道路か曲線道路か及び見通し状況等）
　　③ 駐停車両の駐停車状況（位置，尾灯その他の照明の点灯状況，反射板の大きさ，反射状況，駐停車車両の色，三角停止板その他の明認方法の設置状況）
　　④ 駐停車車両の後続車からの視認状況（後続車両からどのように見えるか，事故当時の付近の明るさの状況）
　　　これに関しては，夜間であれば当時の月齢，付近の街灯その他建物の照明等による明るさの程度を明らかにする必要がある。駐停車車両が，現場で後続車からどのように見えるかを，事故当時と同じ条件にして見える状況を見聞する必要がある。また，その見分の状況に関し

---

121) 前掲福岡地判平成17年7月28日の事例（472頁）における立証事項は，捜査に当たって参考になる。

ては写真撮影して証拠化する必要がある。
⑤　付近における他の駐停車車両の有無，駐停車の状況

　　事故当時が最も重要であるが，次善の捜査として，同時刻の付近の駐停車車両の有無，その状況

　　事故現場に至るまでに他の駐停車車両があれば，後続車としても，駐停車車両があることを予想して走行すべきことになり，過失が認めにくくなる。
⑥　後続車の衝突状況

　　衝突時の速度，衝突までの回避行動の有無，衝突の角度，部位（どこがどこに衝突したか）
⑦　道路の凹凸の有無，水たまり等の状況

　　自動二輪車は，安定性が低いので，道路の凹凸によって走行が影響を受けやすいため，運転者は勢い，前照灯の照射範囲の中でも手前を注視しながら運転を行う傾向が高い。したがって，道路の凹凸や水たまり等の有無及びその状況に関する捜査は重要である。
⑧　事故前後における車両等の通行状況

　　前掲福岡地判平成17年7月28日（472頁）においては，事故現場における事故時間前の車両の通行量調査の結果（50分で44台，2時間で89台）を，判断資料にしている（事故の確率的な判断）。
⑨　事故前付近を通行した者（後続車両，歩行者等）による通過時の経験や目撃状況を基にした，危険性についての認識の裏付け
⑩　被疑者における後続車両の追突事故の危険性に関する認識，それを裏付ける言動や措置
⑪　尾灯その他点灯，三角反射板を設置したときの後方からの視認状況，これらの措置を講じないときの駐車状況（犯行時のそれ）との対比等，回避可能性を裏付ける捜査

6 判 例

(1) 積極判例

① 高知簡判昭和31年5月9日下刑9巻7号822頁

　　車道左側を先行中の軽自動二輪車をその右側から追い越して間もなく，同安全地帯西側の緑地帯上（前方約24.3メートルの地点）にタクシーの乗客が乗車の合図をしたのを発見したが，安全地帯の左側及びその両側から10メートル以内のところで停車することは道路交通取締法で禁止されているので，その手前（前方約12メートルの地点）で停止しようとしたのであるが，このような場合自動車運転者たるものは，降雨のため路面が濡れていて正常な運転が困難である際であり，また軽自動二輪車を追い越した直後であるから，同人の進路前面に進出して急停車するときは，後続の軽自動二輪車と接触する危険が多分にあるから，自らは徐行して必ず後続の軽自動二輪車を先行させ，安全を確認した上で停車すべき自動車運転上の注意義務がある。

② 高松高判昭和31年12月27日高刑特3巻24号1268頁

　　勾配のある地点で車輪に歯止めをかける以外に停車させておく手段のない場合には，まず乗客を一応下車させ，その安全を確保すべきである。

③ 広島高松江支判昭和32年4月1日高刑10巻3号217頁

　　乗合旅客自動車の運転者は車掌から停車合図があったときは，たとえ道路の曲がり角で停車禁止区域であっても危険防止のための処置として必要なときは，非常措置として急停車すべき義務がある。

④ 仙台高判昭和35年6月2日高検速報昭和35年9号

　　時速約25キロメートルで進行していた自動車の運転者が，急制動して停止したため後方約10メートルの位置を時速約30キロメートルで追従していた原動機付自転車が追突した事故につき，制動灯による合図は停止の措置に着手し始めて合図としての効果を発生するにすぎないから，まず自車の停止が後方の車に危険を及ぼさないかどうかに留意してその危険のないことを確認し，しかる後に停止の措置に着手すべきである。

⑤　東京高判昭和40年2月23日下刑7巻2号125頁

　　バスの運転者は停留所を発進するに当たり，たとえ車掌の発車合図があり乗降口の扉が閉まったことを確認した場合であっても，自らも乗降口付近の人の所在に注意しその安全の確認保持に努むべき義務を免れず，降車客が通常車体から安全な地点まで離れるのに必要な地点まで離れるのに必要な時間運行速度等に細心の注意をすべき義務がある。

⑥　東京高判昭和40年7月26日高検速報1381号

　　コンクリートミキサー車は車体が重いので，これを完全に停止させておくためには，単にサイドブレーキをかけるのみでは十分でなく，エンジンも止めて危険の発生を防止すべき自動車運転上の注意義務がある。

⑦　仙台高判昭和43年11月28日下刑10巻11号1059頁，判時560号92頁

　　下車しようとしたところは人家の稠密した市街地であるから，自動車の右側方に近接して通過しようとする自転車があることはたやすく予測できるのだから，右側ドアを開くに当たっては，右側フェンダーミラーあるいは運転台後部のガラス窓越しに安全を確認するなどして事故の発生を未然に防止する義務があるのに，たやすく執れるこれらの措置を執ることなく，不用意に右側ドアを開けたときには重大な過失がある。

⑧　大阪高判昭和43年7月24日判例時報552号83頁

　　およそ自動車の運転者は，その運転する自動車の乗降口の扉を開閉するに際しては，他の交通の妨害とならないことを確認して慎重に操作すべきであり，乗降のため道路中央側の扉を開こうとするときは，自己車の後方より進行してくる車両の状況をよく確かめ，その通行の妨害とならないように考慮するとともに乗降後は速やかに扉を閉鎖することを配慮すべきである。

⑨　仙台高判昭和43年11月28日下刑10巻11号1059頁

　　道路左端に駐車している自動車の運転席にいる者が，右側ドアを開ける際には，自車に近接してその右側を通過しようとする自転車のあり得ることをたやすく予測することができるといわなければならない。

⑩ 最決平成5年10月12日刑集47巻8号49頁，裁判集刑262号449頁，裁時1109号18頁，判時1479号153頁，判タ834号70頁

　　信号待ちのために左側歩道まで約1.7メートルの通行余地をおいて停車し，降車する同乗者に後部左側ドアを開扉させた際，後方から通行余地を進行してきた原動機付自転車と衝突した事故につき，自動車運転者は，同乗者が降車するに当たり，フェンダーミラー等を通じて左後方の安全を確認した上で，開扉を指示する等適切な措置を執るべき注意義務を負うというべきである。

(2) 消極判例

① 高松高判昭和33年6月10日高刑特5巻7号276頁

　　本件の場合の如く乗客が多く運転台，乗降口付近に乗客が立っており，運転台からは直接扉の開閉状況が確認できず，バックミラーでは暗くて入口の状況が判明しないような場合においてもなお運転者にその席を離れてでも扉の開閉状況を確認した上，発車せよというは時間を定めて運行している乗合自動車の運転者たる被告人に対し事実上不可能なことを強いるに等しいもので，このような場合においては車掌の発車合図に従う外なく，しかして前示の如く車掌の発車合図に従い前方を注意し，また暗くて十分見えなかったのであるが，念のためバックミラーにより車の左右両側を注意して発車した被告人には注意義務の懈怠はないというべきである。

② 小松簡判昭和34年4月18日下刑1巻4号1039頁

　　停止しようとする貨物自動車の運転者が，右手を車外の斜め下に出したとしても，追従する車両の運転者からその手を目撃することができなかったような場合でも，追従する車両の運転者が前方を注視し，前行車の動静に注意しながら追従する注意義務を怠っていたときは，前車の運転者が合図や安全確認を怠った過失と追突事故との間に因果関係がない。

③　広島簡判昭和34年5月8日下刑1巻5号1198頁

　　歩道に沿って小型自動車を駐車し，下車しようとして後方死角内の安全を確認するため，右側扉を僅かに約30センチメートル開いて後方死角線内の安全状況を確かめようとすることは，直ちに危険な行為と目することはできない。後方から進行してきた足踏式二輪自転車搭乗者がその扉に衝突負傷しても自動車運転者に過失責任はない。

④　鳥取簡判昭和34年7月21日下刑1巻7号1694頁

　　乗合自動車運転者には，車内に乗り込んだ者が見送人であることを確認すべき注意義務はない。

⑤　久慈簡判昭和37年2月28日下刑4巻1・2号178頁

　　本件の場合，停留所の2ないし3メートル手前から時速約5ないし6キロメートル内外の極度に速力を落とした自動車の停止直前に，たまたま後ろから押された客が誤って転倒し負傷したことは，自動車運転者にとっては予測し難い偶発的な不慮の出来事であって，右のような事情の下で自動車運転者である被告人に対し，事故発生当時被告人が払った注意義務以上のものを期待し，あらかじめ適切な処置を講ずることを求めるのは妥当でない。

⑥　大阪高判昭和43年7月24日判時552号83頁

　　右側の扉を開けて降車するに当たり，後方の安全を確認した際には，右K運転の原動機付自転車はいまだ被告人が確認し得る位置関係にはなかったものと思料されることを参酌して考察すると，被告人としては右Kが右の如き進行方法を採って近接してくることは予測しなかったものであり，またその予見可能性もなかったものと解するのが相当であるのみならず，右Kが第二通行帯から再び第一通行帯に進入するため進路を左に転じたときの進行状況は前示認定の如く，道路中央側に向かって車体から約30センチメートル突き出ている半開きの状態にあり，被告人車運転席右側扉の角度とおおむね一致する角度で右後方から斜めに進行していったものであることを考慮するときは，被告人において，右K運転の原動機付自転車が被告人車の運転席右側付近に衝突することは避け得なかったと認められるのであって，被告人にとっては当時の状況にお

いて右衝突はこれを避ける方途がなかった不可抗力のものであったと解される。したがって，右接触事故については被告人に責められるべき注意義務の懈怠はなかったものというべきである。

⑦　京都簡判昭和45年1月26日刑月2巻1号65頁

　　幅員約3メートルの非舗装道路の側端で貨物自動車を停車したところ，路肩が崩壊し同車を川中に転落させ同乗者を死亡させた場合には，自動車運転者に過失を認めることが困難である。

⑧　大阪高判昭和45年2月26日判時608号173頁

　　高速道路において，高速走行中の自動車が，故障その他車両の異状により，正常な運転が不可能になった場合，その運転者としては，自他の安全を確保するため，まず車両を安全かつ速やかに停止させることを心掛けるべきであって，この点は一般道路の場合と何ら異なるものではない。しかも右の場合，高速道路の特殊性，殊に交通の円滑を確保し，あるいは後続車の追突などの事故発生を防止する見地から，できるだけ速やかに走行車線から路肩部分へ避譲するなど，走行車線を走行する他車に危険を与えることがないように措置すべき義務のあることも論を俟たない。しかし，事柄の性質上，右措置を執るべき要請もそれが可能であることを前提とすることはいうまでもない。したがって，急速に避譲しなかったといって直ちに被告人の過失を認めることはできない。

⑨　大阪地判昭和45年12月16日刑月2巻12号1331頁

　　道路左側に普通貨物自動車を停車させ，道路中央側の扉を約10センチメートル開いたまま運転席で作業中，後方から進行してきた原動機付自転車が右扉に接触して転倒し，運転者を死亡させた場合に，自動車運転者に過失を認めることは困難である。

第12 後退時の注意義務

1 後退の意義

　後退とは，自動車の向きを変えないで後方に進行することをいう。直後方向に向かう場合はもちろん，左右の斜め後方に向かう場合をも含み，また一旦停車後後退する場合であると駐車後後退する場合であるとを問わない。

　後退は，後退する際の運転行為等の特殊性，及び通常の交通の流れに反するものであることから，前進する場合以上に危険が伴うので，道路交通法は，車両が進行する場合の義務に加えて，さらに運転行為を規制している。

　もっとも，後退は，前進と同様，「通行」の概念に含まれることから，車両が道路の左側を進行してきて，そのまま左側を後退するときは，距離が長くなると右側通行になると解されている（野下・道交法245頁）。

2 道路交通法上の義務

(1) 正常な交通を阻害する場合の後退の禁止

　　車両は，歩行者又は他の車両などの正常な交通を妨害するおそれがあるときは，後退してはならない（法25条の2第1項）。

(2) 後退禁止部分での後退の禁止

　　車両は，道路標識などにより後退が禁止されている道路の部分においては，後退してはならない（同条2項）。

(3) 高速道路等での後退の禁止

　　自動車は，高速通行路又は自動車専用道路の本線車道においては，後退してはならない（法75条の5）。

(4) 後退の合図継続義務

　自動車の運転者は，後退するときは，手，方向指示器又は灯火によって合図をし，かつこれらの行為が終わるまでその合図を継続しなければならない（法53条1項）。

　後退の合図は，腕を車体の外に出して斜め下に伸ばし，かつ手のひらを後ろに向けてその腕を前後に動かすこと，又は後退灯をつけることである（令21条1項）[122]。

3　過失運転致死傷罪における注意義務

　車両を後退させる場合は，通常，運転者自ら身体の向きを変えたり，上半身や首を回転して後方を確認することの困難性，車の構造からくる後方の視界の狭さ（死角の広さ），サイドミラーやバックミラーによる後方の視界の狭小さ等から，前進する場合に比し，安全確認できる範囲が少なくなるため，前進以上に慎重な運転が求められる。また，通常の交通の流れに反し，通常の流れに従って通行している車両との衝突を来しかねない。

　したがって，車両の運転者は，常に自ら自車の直後又は後方に危険がないことを確かめるはもちろん，自ら確かめることができない場合は，助手，車掌などの運転補助者，あるいは同乗者がある場合には，彼らを下車させて，車体の周囲，殊に後方の安全を確かめさせ，誘導させるべき乗務員がいないときは，運転者自ら一旦降車して後方の安全を確認して再び乗車して後退する必要がある。

　50条2項は，車掌が乗務している事業用自動車については，

---

[122]　道路運送車両の保安基準の細則を定める告示214条で，後退灯の灯光の色，明るさ等に関し，次のとおり定められている。
　① 後退灯は，昼間にその後方100メートルの距離から点灯を確認できるものであり，かつ，その照射光線は，他の交通を妨げないものであること。この場合において，その光源が15W以上75W以下で照明部の大きさが20平方センチメートル以上（平成17年12月31日以前に製作された自動車に備える後退灯にあってはその光度が5000cd以下（主として後方を照射するための後退灯にあっては300cd以下））であり，かつ，その機能が正常であるものは，この基準に適合するものとする。
　② 後退灯の灯光の色は，白色であること。
　③ 後退灯は，灯器が損傷し又はレンズ面が著しく汚損しているものでないこと。

① 発車は，車掌の合図によって行うこと
② 自動車を後退させようとするときは，車掌の誘導を受けること

と規定しているが，この規定のあるなしにかかわらず，大型乗合自動車等死角の大きい自動車を運転し，しかも後退する場合は，当然，後方に歩行者等がいないかその安全を確認して後退する必要がある。そして，車掌がいる場合には，当然後方の安全を確認させた上で，後退すべきであるし，車掌がいない場合には，自らが降りて安全を確認した上で，時をおかず後退すべきである（大森政輔「自動車の死角と業務上過失責任（4・完）」判時881号6頁（1978））。

さらに，後退は，運転し慣れている前進の場合と比べて，左右の方向感覚のズレ等によって，ハンドルやブレーキの操作の反応が鈍くなったり，適切な操作がしにくかったりして，事故回避のための困難性が増すため，速度を十分に減速して慎重に後退進行する必要があるといえる。

後退発進した直後の衝突でない場合は，後退しつつ後方の安全を注意して進行しなければならないので，視認できる範囲が狭いのであるから，十分に安全を確認するとともに，発見して直ちに停止できるような速度で，後退進行する義務がある。

また，付近の歩行者等に，警音器を吹鳴して，後退していることに気付かせることによって，事故を防げる場合もあるので，同義務が課される場合もあろう。

4 実務例

① 普通貨物自動車を東方より西方に向け運転し，〇〇番地先の交差点手前の道路で一旦停止したのち後退しようとしたが，右停止中バックミラーによって三輪車に乗って遊んでいたY（当時2歳）を左後方約18メートルの地点に認めていたのであるから，自ら一旦下車して後方の安全を確認して後退すべき自動車運転上の注意義務があるのにこれを怠り，運転補助者もいないのに下車して後方の安全を確かめず単にバックミラーを一瞥したのみで漫然後退した。

② 普通貨物自動車を運転し，後方の道路左側に駐車中の車両の後方へ駐車するため後退中，右駐車車両後部直近付近に佇立している幼児2名を認め

たのであるから，一旦停車し，右幼児を安全な場所に避譲させた上，後方及びその左右方向を注視して安全を確認しつつ後退すべき自動車運転上の注意義務があるのにこれを怠り，折から右後方から進行してきた車両に気を奪われて左後方を注視せず，漫然時速約5キロメートルで後退した過失により，前記駐車車両後部直近で後進道路上にいたY（当時3歳）に自車の左後部付近を接触させて転倒させた上左後車輪で轢過した。

③　○○先駐車場において，普通乗用自動車を運転し，時速約5キロメートルで後退させて駐車するに当たり，同駐車場に設けられた給水場付近にはV_1（当時66歳），V_2（当時70歳），V_3（当時75歳）らが佇立しているのを認めていたのであるから，後方の安全を確認しつつ後退し，かつ，ハンドルブレーキを的確に操作して，前記V_1らの手前で停止すべき自動車運転上の注意義務があるのにこれを怠り，後方の安全確認不十分のまま後退し，かつ，被告人車両の給水待ちで付近にいて被告人車両のVらへの接近に気付いた女性の「止まって」との声に驚き，アクセルペダルをブレーキペダルと間違えてアクセルペダルを踏み込んだ過失により，自車を加速後退させ，よって，上記V_2に自車後部を衝突させて転倒させるとともに，上記V_1，V_3の両名を同駐車場に設けられていた駐車フェンスと自車後部で挟圧し，上記V_1に外傷性腹腔内出血等の傷害を負わせ，病院で上記傷害により死亡させ，上記V_2に加療約14日間を要する左第7肋骨骨折等の，上記V_3に加療約10日間を要する頭部挫創等の傷害を，それぞれ負わせた。

④　普通貨物自動車を運転し○○番地先の幅員約3メートルの道路に入り，その約50メートル先に所在する××新聞販売店に向かって後退しようとしたが，自車が後退進行しようとした右道路の約40メートル先左側に幅員約0.7メートルの路地があって，同路地から出てくる通行人のあることをかねてから知っていたのであるから，後方を十分注視して適宜警音器を鳴らし，停止を交えて小刻みに後退し，特に左後方の警戒に努め，安全を確認しつつ最徐行で後退すべき自動車運転上の注意義務があるのにこれを怠り，単に運転席背後の窓より時々後方をのぞいたのみで，漫然時速約8キロメートルで後退した過失により，折から前記左側の路地から出てきて，

自車の後方を後退方向に向かい歩行していたO（当時80歳）に気付かず，同人に自車後部を衝突させて転倒させた上，左後車輪で轢過した。

⑤　大型貨物自動車を運転し，〇〇番地先道路を後退する際，その合図をし自車の左右後方を十分注視し，周囲の安全を確認しつつ最徐行で後退すべき自動車運転上の注意義務があるのにこれを怠り，その合図をしなかったばかりか，運転席に座った姿勢のまま右後方を振り向き，運転台後方の窓から右後方だけを見て後方右側の商店の日除けのみを気にしながら左後方の安全を確認せず，右に転把しつつ漫然時速約6,7キロメートルで後退した過失により，折から後方左側の店舗から道路へ出てきて，飛んだ風船を拾ったのち後方道路左側を自車の方に向かって引き返してきたK（当時4歳）に全く気付かず，同児に自車後部を接触させて転倒させた上自車の左後車輪で轢過した。

⑥　通常用自動車を運転し，所在の飲食店駐車場において，自車を後退させて駐車区画に停止させるに当たり，ブレーキを的確に操作して，同駐車区画に安全に停止すべき自動車運転上の注意義務があるのにこれを怠り，ブレーキペダルと間違えてアクセルペダルを踏み込んだ過失により，自車を後方に暴走させて，同駐車区画に停止できず，同駐車区画に設置されていた車止めを乗り越えさせ，折からその後方に佇立していたV_1（当時70歳）及びV_2（当時58歳）に自車後部を衝突させた上，前記V_1の頸部を自車後部と同人の後方に設置されていた木製テーブルとの間に挟み込ませるとともに，前記V_2を同木製テーブルに衝突させ，よって，V_1に頸椎骨折による頸椎損傷等の傷害を負わせて死亡させ，V_2に加療約10日間を要する右股関節打撲傷の傷害を負わせた。

⑦　大型貨物自動車を運転し，〇〇番地所在××倉庫株式会社内の構内通路を後退するに当たり，同所は車両，鋼材積卸し作業員らの通行用に設けられた道路が左右から多数交わっている幅員約8.8メートルの通路であるため，左右交差する通路から作業員らが自車後方の通路へ出てくることが予想できる上，通路両側に山積みされていた鋼材のため見通しが悪く，自車が大型車で，かつ，当時荷台上には鋼材約5トンを積載していたため，後方の見通しが極めて困難であったから，助手又は付近にいる作業員などに

誘導を依頼し，後方左石の通路から出てくる作業員の有無を警戒確認させ，その誘導に従うとともに，自らも後方及びその左右を十分注視し，安全を確認しつつ後退すべき自動車運転上の注意義務があるのにこれを怠り，誘導者を置かなかったのみか，後方の安全確認不十分なまま時速約4キロメートルで後退した過失により，折から自車の後方を左から右へ横断中の作業員M（当時20歳）に全く気付かず，同人に自車後部を接触転倒させた上，これを右後車輪で轢過した。

⑧ 大型貨物自動車を運転し，○○○番地先東横線大橋踏切工事現場手前に至り，同所に一旦停止したのち，同町○○番地先交差点に向かい後退する際，同車は大型ダンプカーで後方に対する見通しが困難であるのに，前記工事現場関係者若しくは自車と同様後退しようとしていた他車運転手らに適宜自車の誘導方を依頼し，同人らをして後方並びに車体周囲の状況を確かめさせつつ右誘導員の合図に従って運転し，自らもあらかじめ後方の安全を確認した上後退の合図をなし，最徐行で後退すべき自動車運転上の注意義務があるのにこれを怠り，誘導の依頼をせず，自らも後方の安全を確かめることなく漫然後退を開始し，時速約8キロメートルで約35.2メートルにわたり後退を続けた過失により，自車後方道路左側を自車に向け歩行中のO（当時76歳）に全く気付かず，自車左後部を同人に衝突させて路上に転倒させた上左後車輪で轢過した。

⑨ 普通貨物自動車自動車を運転し，××先道路を○○方面から△△方面に向かい進行してきて，自車を同道路左側の路外施設に進入させて一時停止後，後退発進して同道路及び歩道を横断して後方の路外施設に後退進行するに当たり，後方左右を注視し，進路の安全を確認しながら後退進行すべき自動車運転上の注意義務があるのにこれを怠り，横断する後方の同道路の通行車両の確認に気を取られ，後方左右を注視せず，進路の安全確認不十分のまま漫然時速約5キロメートルで後退進行した過失により，折から，後方歩道上に座っていたV_1（当時6歳）及びV_2（当時6歳）に気付かず，両名に自車後部を衝突させて路上に転倒させるとともに両名を自車後部に巻き込んだ上，上記V_1の上半身を自車左後輪で轢過した。

⑩ 普通乗用自動車を運転し，○○先の交通整理の行われていない丁字路交

差点にN方面から進行してきて、いわゆるスイッチターンの要領でN方面に転回するため、同交差点を右折進行して同交差点右折方向出口付近で車首をM方向けて一時停止した後発進してK方面に向かい後退進行するに当たり、自車の後方左右を注視し、進路の安全を確認しながら後退進行すべき自動車運転上の注意義務があるのにこれを怠り、後方左右を注視せず、進路の安全を十分確認しないまま漫然時速約10キロメートルで後退進行した過失により、折から同交差点内を右方から左方に向かい横断歩行中のH（当時71歳）を後方約4.5メートルの地点に迫って認め、急制動の措置を講じたが間に合わず、自車後部を同人に衝突させて同人を路上に転倒させた。

5 捜査上の留意事項

　後退時の事故で多いのは、自車の後方に歩行者がいるのに気付かず、これと衝突させる事故である。以前は、幼児であることが多かったが、近年は、高齢者や車椅子で歩行中の者と衝突する事故も多い。車椅子も座位であるため、幼児と同様低くなり、運転者に目立ちにくいということがあるが、高齢者の場合は、視力・聴力の減退、動作が機敏でない等の事情から、事故回避行動が十分でないということも背景にある。
　しかしながら、前述したように、自動車には死角があるところ、後方の死角は前方の死角よりも広いので、車両の運転者はこれを前提にして、後方の安全を十分に確認した上で、後退する必要があるわけであるが、被害者がどのようにして（衝突前、衝突地点にとどまっていたのか歩行中であったのか、歩行中であったとすれば、どこから歩行してきたのか、その際の速度はどうか）衝突したのかが解明できれば、過失の有無の判断は容易である。被害者が、とどまっているところに後退してきた車両が衝突したのであれば、運転者の後退前の安全確認義務が不十分であったということになる。しかしながら、被害者が死亡した場合で、目撃者がいない場合は、その点の認定ができず、不確定要素が入り込むので、その判断が難しくなる。
　もちろん、その前提として、どこで（衝突地点）、被害者の身体のどこが、

被疑車両のどこと衝突したのかを確定する必要があるのはいうまでもない。しかし，後退の場合，運転者が被害者を発見しないで衝突することもあるところ，一般に速度が低い上，衝突の衝撃も弱いため，運転者自身が衝突に気付かないことも多いので，衝突地点の認定自体，困難を伴うこともある。

　したがって，被害者が死亡したような事例で，衝突地点を特定する明確な証拠がない場合には，まず，後退を開始した場所（地点）を特定し，後退の進路を特定し，停止した地点，被害者が転倒していた地点を特定して，衝突地点を推認することになろう。

　後退の場合，基本的には，安全確認義務を怠って衝突した場合には，原則として過失が認められるであろう。というのは，後退する場合は，通常，その速度が遅いため遠方にいる歩行者等が突然車両に接近してくるという状況が想定しづらく，視認できる範囲内にいた場合が多いと考えられるからである。もっとも，安全確認義務をどの程度尽くすべきかに関しては，中には，通常その場所に歩行者がいることが想定できないような場所であることもあり得るので，その場合には，歩行者等の存在を予見することが可能であったか否かが問題となり，予想ができない場所であった場合には，安全確認義務が軽減され，過失が否定されることもあり得るので，その場所が日常的に歩行者等の存在が予想することができる場所であったか否か，周囲の居住者等から事情を聴取したり，同所の利用状況等を複数日検証する等の捜査が必要となることもある。

　工事関係者等特定の範囲の者しか存在しない場所で，後退中工事関係者に衝突させる場合もあるが，その場合には，別の考慮も働くことになる。すなわち，被害者自身が被疑車両が後退してくることの認識を有していて衝突を避けるべき回避行動をとることが可能であり，被害者においてもこれを前提に予見可能性を欠く場合もないわけではないからである。

　したがって，捜査すべき事項としては，
① どこで（地点），被害者の身体のどこが，被疑車両のどこと衝突したのかの確定（被疑車両の払拭痕の確認（轢過の場合は車底部等の払拭痕や轢過印象痕の確認，及びその照合も），被害者の着衣身体等への車両の衝突痕の有無，状況等の確認）

　　なお，払拭痕の有無は，写真によって明らかにされるが，写真の写りが

悪い事例が少なくない（光の反射によって分かりづらいことが少なくない）ところ，後退車両運転者が接触の事実自体を否定している場合には，真新しい払拭痕の有無は極めて重要であるので，払拭痕を明瞭に撮影するようにしなければならない。

　また，一般に，払拭痕がどの程度の接触で付くのか，基本の説明がなされている報告書等にはこれまで接したことがない。払拭痕は車両の表面に付着している泥等の汚れないし埃等が拭われた痕をいうのであるが，払拭痕は，泥等による汚れや埃の付着の度合い（長期間にわたって付着したものほど厚く，かつ拭われにくい（特に車底部のそれ））と払拭の強度との相関で決せられることになると思われる。したがって，車両の事故前の洗車の裏付けも必要になるであろうし，その払拭痕がどの程度の払拭で，どの程度拭われるのか，その払拭痕が当該事故の払拭の結果として相当なのかを報告書や実況見分調書等によって明らかにして，裁判官にも十分納得できるようにすること（そのための工夫）を行うことが求められる。

② 被害者とどのようにして衝突したのか

　衝突前，被害者が衝突地点にとどまっていたのか歩行中であったのか，歩行中であったとすれば，どこから歩行してきたのか，その際の速度はどうかの確定。被害者の着衣等に接触で払拭した車両の汚れや埃等の付着の有無，その位置。

③ 運転席から肉眼又はバックミラーによって後方の安全を確認できる範囲（死角の範囲の確定）

④ 被疑者の安全確認状況の確定（そのような安全確認を行ったのか）

　この点は，被疑者が後方の安全確認は十分に行ったとの弁解を行うことも少なくないが，被害者の衝突前の行動の確定との関係で，その画定が不十分である場合には，弁解を排斥できないこともある。また，後退発進直後の事故でない場合は，後退発進後の衝突までの安全確認状況を詳細に明らかにしなければならない。

⑤ 衝突前の後退速度の特定

⑥ 事故発生場所の普段の利用状況，通行状況の裏付け，被害者において後退を知り，避けることが可能であったか否か等

⑦　車掌，助手，その他の者の誘導の有無，確認させたかどうか，その確認状況

　なお，後退して車両に衝突した事故に関しては，後退速度が通常低いので，特に，停止車両と衝突した場合は，受傷の有無に関しては，診断書のみで認定するのは危険である。したがって，衝突によって被害者が身体に受けた衝撃の程度，状況や受傷状況を明らかにした上で，慎重に認定する必要がある。

6　判　例

(1)　積極判例
　①　東京高判昭和32年6月29日東高時報8巻6号177頁
　　　運転台から後方を見通し得ない場合には，降車するなどして適宜の方法により後方の危険がないことを確かめた上，後退をする業務上の注意義務がある。
　②　広島高判昭和35年5月21日高検速報昭和35年11号
　　　自動三輪車を後退しようとする場合には，必要に応じて一旦下車し後方の安全を十分確認し，あるいは運転席より体を乗り出して右後方を十分に注視し，さらには警音器を吹鳴し後方の歩行者らに注意を喚起せしめる業務上の注意義務がある。
　③　三次簡判昭和36年12月16日下刑3巻11・12号1203頁
　　　荷台上に板枠を取り付け左側後方の注視が全くきかない貨物自動車を運転する者は，できる限り自動車を交差点の北角に寄せ，車尾が本通筋道路の右側端に沿って後退するよう徐行運転し，後方を通行する車馬との接触衝突事故による事故の発生を未然に防止しなければならない業務上の注意義務がある。
　④　最決昭和37年9月11日裁判集刑144号275頁
　　　道路の一定区間の両端に交通整理係各1名がいて自動車通行の可否を手旗信号で合図することになっている場合においても，この区間で業務上貨物自動車を単独で運転する者は，自動車を方向転換のため後退させ

ようとするに際しては下車その他適切な方法で車体の後方に人車のないことを確かめて後に後進すべき業務上の注意義務がある。

⑤　大阪地判昭和39年1月17日下刑6巻1・2号26頁

自動車を後退させるに当たり，自動車運転者は同乗の運転補助者がいない場合にも臨時に誘導者を付すべき注意義務がある。

⑥　東京高判昭和39年5月28日東高時報15巻5号102頁

方向転換のため自動車を道路脇の空地に乗り入れた上北方の見通しが悪い場所で後退進行しようとする自動車運転者は，後退の合図をするはもちろん，北方から車両の進行してくることを予想し，下車して右車両等との衝突のおそれのないことを確認した上あるいは左右を注視しつつ最徐行で後退し，右車両との衝突のおそれがある場合には，いつでも後退を中止し，衝突事故を未然に防止すべき業務上の注意義務がある。

⑦　大阪高判昭和39年9月17日高検速報昭和39年9号

駐車位置の後端から約8メートル90センチメートル南方にある幅員約5メートル40センチメートルの道路との交差点で，他人の誘導を受けることなく後退しようとする自動車運転者は，後退開始に先立ち，その安全確認の方法として，自車後部を回って人影のないことを確かめるのみならず，駐車位置から東西道路を見透し得る地点にまで赴いて人車の通行の有無を確認すべき注意義務がある。

⑧　高松高判昭和39年11月26日高検速報261号

大型貨物自動車の運転者が，自動車を後退運転する場合には，助手が同乗していないため自動車の後退に困難があるとしても，いわゆる盲運転はできず対向してきた他車の乗務員又は付近の住人に依頼して自動車の後進を誘導させるほか自ら降車して後方一帯を見廻す等機宜の方法を講じ，自動車の左右及び後方の安全を確認しながら後退すべき注意義務がある。

⑨　東京高判昭和39年12月22日高検速報1295号

貨物自動車運転の業務に従事している者としては，車体後部にはバックミラーや運転席後部の窓ガラス又は運転席右側の窓からは見透しのきかない部分があるから，右後方に転回後退するときには一旦下車するか

あるいは他の者の誘導に従うなどして事故を未然に防止すべき注意義務がある。

⑩　東京高判昭和40年10月27日高刑18巻6号698頁，東高時報16巻9・10号248頁

　　板囲いなどの保安設備があり，立入禁止の標示がなされているが，往々にしてその区域内を横断する者があり，かつ，それが当然予想し得られる工事現場内において大型特殊自動車を後退運転するに際しては，車両の周辺の状況を十分見届け，誘導者をつけるなど人身の安全確保のため万全の注意を払うべき業務上の注意義務がある。

⑪　新潟地長岡支判昭和41年8月8日下刑8巻8号1130頁

　　道路工事現場において，バックギアと連動するバックブザーを装置した自動車を後退させる自動車運転者は，少なくとも被害者が自動車の後退接近に気付いて避譲の行動を開始したことを確認してから進行すべき注意義務がある。

⑫　仙台高秋田支判昭和41年9月22日高検速報昭和41年22号

　　大型特殊自動車（クレーン車）を運転して後退進行する者は，その死角となる退路上の安全をも確認すべき義務がある。

⑬　東京高判昭和42年2月14日下刑9巻2号94頁

　　自動車運転者が道路上で自動車を後退させるに当たっては，前進させる場合に比し，更に格段と後方の安全確認に意を用いるべき業務上の注意義務があるといわなければならない。

⑭　東京高判昭和43年1月25日高刑21巻1号12頁

　　判示のような場所的条件の下に自動車を後退させる場合，自動車運転者に助手を下車させ，道路上の障害のないことを確認させた上，誘導させるまでの業務上の注意義務はないが，前進の場合とは異なる特段の注意を払い，車両の周囲の状況を十分に注視して，その進路の安全を確認しながら運転すべき業務上の注意義務がある。

⑮　仙台高秋田支判昭和44年7月15日ジュリ446号判例カード143頁

　　自動車運転者は，その自動車を後退するに当たり，自車後方数メート

ル先をリヤカーを押して通過している通行人を発見したときは，自車が後退していることを知らしめるため身体の動作，又は警笛によるなどして警告を与え，また後方を注視し，通行人が自車後方を通過し終わるか，後退する危険のないことを確認して後退すべき注意義務があるのに，被告人は通行人が自車後方を通過し終わったものと軽信して，何らの警告も与えず自車左後方のみに気を取られて右後方の注視を怠ったまま漫然自車を後退させたため，自車右後方にあっていまだ通過し終わらなかった通行人をして急遽衝突を避けようとして転倒負傷するに至らしめた場合，通行人の負傷が衝突によるものでなく，自ら滑って転倒したものであって通行人の過失があるにしても，その負傷の間には因果関係があると認められ，被告人の過失責任は免れない。

⑯　福岡高判昭和45年3月12日判時599号100頁

　　被告人が車を後退させる場合に右後方の窓から首を出し，次いで車のバック窓からのみ後方を注視し，右後方に注意を奪われ，適切な時期に左側バックミラーによる左後方の注視を欠いたため左後方の被害者に気付かなかった。被害者は86歳の高齢であり，視力及び聴力が衰え，身体の動作が緩慢であることが推測されるばかりでなく，老人は往々にして幼児，児童のように交通規範を遵守せず，運転者の予想外の行動に出るおそれがあるのであるから，もし被告人が左側バックミラーにより左後方を注視しておれば，被害者の存在を確認することが可能であったのに，これを怠った本件において被害者の存在を確認すれば，同人が後退中の被告人の車があるのにかかわらず道路に出てくることを考慮しつつ，その動静に注意を払い，事故の発生を未然に防止すべき注意義務があり，右注意義務を尽くしておれば本件事故発生は回避されたと思料されるので被告人に過失がある。

⑰　大阪地判昭和46年12月9日判タ272号331頁

　　小型貨物自動車を運転し，積載していた土砂を埋立地内に下すため同所を後退していた際，同所内にいた児童と衝突した事故につき，後退するに当たっては，時間的，場所的状況から後方に人がいようとは到底考えられない状況にある場合なら格別，そうでない限り，助手等がいなく

単独で運転する自動車運転者としては，一旦車外に出て車の方向を巡回し，障害の有無を確かめた上で後退すべき注意義務があると解さなければならない。事故現場は，宅地造成中の埋立地であるが，周囲に柵や張り縄などが回らされていたわけでなく，周辺にはアパート等の人家が立て込んでおり，道路にも直に接しているので，人の出入りは自由かつ容易であったこと，整地された場所もあり，時に子供らが入り込んで遊ぶこともあったこと，被告人は，前日には同所に乗り入れた際，子供らが遊んでいて邪魔になるので，そんなところにいたら危ないぞと注意し，子供らを追い払ったこともあったことが認められるのであって，本件現場の埋立地は，一般人が立ち入り通行することのない場所とはいえないところである。してみれば，後退開始に先立ち，特に後方の安全を十分確かめた状況にもなかったのであるから，一旦下車して，車両の後方に回り，後方の安全を確認すべき注意義務があったものといわざるを得ない。

⑱　名古屋高金沢支判昭和47年1月27日刑月4巻1号30頁

　　大型貨物自動車を運転し，工事作業現場内で後退する際，他の作業員と衝突した事故につき，本件道路は，工事関係者のみが占有使用していたと同視すべき状態にあったのであるから，車の後進をするに当たっての被告人の注意義務は一般公衆の通行する道路上における運転者のそれに比べて相当軽減されるが，ユンボの近くにいる作業員は車の運転者によっては車の接近を認識することが困難であり，殊に鉄板の移動作業中には車の接近を視認し難い状態にあったのであるから，安全を確保するために，後進する際には同作業員等の位置・作業内容・その動静等に注意し，同人等の安全確保のために車の接近を認識していない作業員等に対し警告等適宜の措置を講ずべきであったと解するのが相当である。

⑲　広島高岡山支判昭和48年7月31日判タ300号375頁

　　駐車場で後退した際，同駐車場に進入してきた車両と衝突した事故につき，現場状況の下では，いつなんどき駐車中の他の車両が発進し，また各出入口より同駐車場に進入してくる車両があるやもしれないのであるから，被告人車を後退させるに当たっては，誘導者等のいない本件の

ような場合には，まず後退灯をつけて合図すべきはもちろんのこと，さらに右後退灯を確認することが不可能若しくは困難である方向から被告人車の後方に接近してくる車両，例えば同駐車場の中央道路を東から西側出入口に向かう車両との関係で警音器の吹鳴が当然必要であるのみならず，一応これが確認可能と考えられる方向から被告人車の後方に接近してくる車両との関係においても，同車運転者において速やかにこれを確認し，危険に対処しないことも予測されるような場合にはやはり警音器を吹鳴しなければならないものと考える。被害車は同駐車場西側出入口前の道路を北進して同出入口に至り，同所より右折して時速約15ないし20キロメートルで同駐車場に進入東進しようとしており，被告人車もまた時速約3キロメートルで，後退灯をつけて後退しようとしていたところであるが，衝突地点が，同出入口から約7.6メートル被害車が東進し，被告人車が約1.2メートル北西に後退した地点であることからみて，計算上被害者が同出入口に到達し，同駐車場に進入を開始したのとほとんど同時に被告人車もまた後退を開始したことが明らかであり，その後1.5秒前後で衝突するに至っているのである。右の場合，被害車としても同出入口に至った際，被告人車の方を注視しておればその後退灯の確認は必ずしも不可能ではなかったと認められるのであるが，同出入口から被告人車の駐車していた場所まで僅か7.8メートルに過ぎず，かつ当時駐車場内には被告人車の西側に近接してライトバンが駐車していたほか，南北両側にそれぞれ4，5台の車両が駐車していたのであるから，被害者としては，同駐車場全般の状況に気を配る間，一瞬被告人車の後退灯の確認が遅れてそのまま被告人車の後方に接近してくることも十分考えられるところであり，したがって，被告人にかかる事態をも予測して警音器を吹鳴すべき業務上の注意義務があることは明らかである。もっとも，被害者も若干過失があったことは否定できないが，時速約15ないし20キロメートルという速度は，被告人自身も駐車場内の車両台数にもよるが，日頃右の程度の速度で駐車場に進入していることを自認しており，この程度の速度で進入する車両のあり得べきことは当然と予測し得たものと考えられる。

⑳　札幌高判昭和48年8月16日高検速報91号

　　後部荷台が幌で覆われている普通貨物自動車を運転し，ショッピングセンター裏口から荷物を搬入するために，私道を後退した際，同所を通行していた歩行者と衝突した事故につき，本件事故現場付近の人通りは極めて閑散で歩行者の存在もほとんど考えられなかったというが，本件道路は私道とはいえ前記県道と交差し，かつ，ショッピングセンターに隣接して一般交通の用に供されている道路であり，現場付近の道路，交通状況に照らすと，交通頻繁とはいい得ないまでも歩行者等の存在は通常予測し得る状況にあったものということができる。そしてかかる道路を停止予定地点まで距離にして約39.8メートル，時間にして約14秒（時速約10キロメートルとして）もの間，本件のような後方確認の極めて困難な幌付き貨物自動車で後退する場合には，被告人としては，後退ブザーを鳴らすことはもちろん，適当な誘導者を付するか，さもなければ運転席から身を乗り出しあるいは途中で適宜停車し自ら下車するなどして後方の安全を確認し，もって事故の発生を未然に防止すべき業務上の注意義務があった。

㉑　東京高判昭和54年11月15日東高時報30巻11号166頁

　　普通貨物自動車を運転し，道路の左側に一旦停止した後，対向車線を斜めに横断して右後方にある待避所に向かって後退する際，後方から進行してきた自動二輪車と衝突した事故につき，右のような車両の後退（後方の死角が大きいこと，及び変則的な後退方法であるため，右側からの追越し車両の存在等も容易に予測される）に当たり，自動車運転者としては，同乗者のいないときは，自ら一旦下車して自車の後部に回り，後退進路上の安全を確認した上で後退進行を開始すべき義務のあることは当然であり，後退開始の直前から後退の実施中を通じ，継続して左右の後写鏡により後方の安全を確認することが自動車運転者に対して一般に要求される必要最小限度の義務であることはいうまでもなく，被告人にこれらの実施を期待することは過酷な要求には当たらない。さらに，被告人が後退開始前に下車して後方の道路状況を見分していれば，被害者の近接するのを発見することができて適宜の対応措置を執り得たこと，左右の

後写鏡を通して後方から接近してくる二輪車を発見することは必ずしも容易であったとはいえないにしても，後写鏡による慎重な注視を継続していれば，自車の後方に延びる直線道路が湾曲する手前の地点から自車の死角にいたるまでの間において近接してくる被害者が後写鏡の中に出現するのを発見し得たものと認められ，この履行手段によっても本件衝突事故を回避することができたわけであるから，後方の安全を確認するために履行手段が本件と因果関係を有することは明白である。

(2) 消極判例
① 仙台地登米支判昭和35年6月17日下刑2巻5・6号900頁
　　自動車を後退させるに当たって，運転者が一旦進路前方の安全を確認した以上，その直後に運転台からの死角である荷台後部付近に急に幼児がすがりついたことについてまでさらに確認する義務はない。
② 福岡地直方支判昭和41年7月22日下刑8巻7号1091頁
　　不特定多数人が絶対に通行せず，作業員といえども近寄ることがほとんど予想されない採石積込作業現場で自動車を後退させる場合，一旦下車して後方安全確認あるいは付近作業員に対する見張り依頼の注意義務を求める必要はない。
③ 福島地判昭和42年6月7日下刑9巻6号841頁
　　工事関係者以外の立入り，通行のない工事現場において，大型貨物自動車を後退進行させる際，同車を誘導している者があるときは，特段の事情のない限りは，左側後方の安全の確認は同人に任せて，自らは主として右側後方の安全確認に注意の重点を向けたのは当然であり，また同人の安全については特別の事情のない限り同人が自ら身の安全を守り，自らその危険に身をさらすような行動はとらないものと期待して運転するのもまた当然といわなければならない。
④ 中之条簡判昭和42年8月9日判タ220号123頁
　　三叉路において方向転換のため自動車を後退運転中，自車後部を直進してきた原動機付自転車に接触させた事故につき，後退車が既に車体の大半を道路上に進出させているときは，直進車の運転者が後退車を優先

させ自車を停止する等危険を未然に防ぐ措置に出るであろうことを期待し，これに信頼して後退運転を続けることが許される。

⑤　桐生簡判昭和43年2月8日判夕220号125頁

　自動車運転者が道路側方にある倉庫に自車を格納するため自動車を後退運転中センターラインを越えて後退車の進路に進入してきた原動機付自転車に自車の荷台後部を接触させた場合には，自動車運転者に過失を認めることは困難である。

⑥　東京高判昭和43年2月12日高刑21巻2号111頁，判時522号95頁

　助手の誘導によって後退する場合であっても，運転者自ら後方安全確認義務を免れるものではないが，当該助手の安全は助手自らこれを確保して誘導するものと信じて運転することは許されるものと解すべきであるから，助手が誘導する以上，その助手の誘導と相反する，すなわち助手の予期しない進路を後退するとか，あるいは予想外の高速で後退するなど，格別の事情の存在しない限り，運転者において助手自身の安全まで確認して運転しなければならない義務はない。

⑦　高知地安芸支判昭和43年12月17日下刑10巻12号1231頁

　工事関係者以外の立入り，通行のない工事現場において，ダンプカーを後退させるに当たり，運転者が当該現場の作業慣行に従い，従前から行われている程度の後方安全確認の方法により自車を後進させ，作業監督者を轢死させた場合には，自動車運転者の過失を認定することは困難である。

⑧　東京高判昭和45年7月29日東高時報21巻7号274頁

　数名の幼児が遊戯する付近の道路上で車庫入れのため自動車を後退運転する自動車運転者について被害者幼児の位置，動作等からその行動が全く予測外であった場合は，業務上過失を認めることができない。

⑨　東京高判昭和51年2月26日東高時報27巻2号26頁

　道路外の施設から道路に進出するために左斜め後方に時速約5キロメートルで後退し，約1.5メートル進出した際，後方から直進してきた原動機付自転車と衝突した事故について，同道路左側には左側端から

0.72 メートルの地点まで電柱が立っており，これを除いた電柱から 0.78 メートルの地点まで進出させたことになるところ，原動機付自転車の全幅 64 センチメートル等を考えると原動機付自転車が安全に電柱の右側を通過するには相当な間隔を保つ必要があり（1 メートルの間隔を必要とするとすれば左側端から 1.72 メートル必要），それが通常と考えられること，左側端から 1.5 メートルの地点を越えて進出した際には衝突地点から左後方 20.65 メートルまで見通し得ること，時速 30 キロメートルの停止距離は 9.6 メートル（前後輪両ブレーキ使用）ないし 11.3 メートル（前輪ブレーキのみ）又は 14.3 メートル（後輪ブレーキのみ）であり，この視野は直進車両をその制動距離外で発見するのに十分なものであることなどから，安全確認のための十分な視野の得られた状態の下においては危険防止のための十分な措置であり，細心の注意を払いながら徐々に後退進行する限り，特に誘導員の指示に従うとか，自ら下車して安全を確認するまでの注意義務はない。

第13 踏切通過時の注意義務

1 踏切の意義

　道路交通法は，踏切について定義規定を置いていないが，「線路又は軌道と道路の交差する部分及び線路及び軌道の両側の一定の幅をもった部分と交差する道路の部分」を踏切と考えるべきである。

　この点，法律に手掛かりがあるものとしては，道路法20条1項に，踏切道の定義として，「<u>道路と</u>独立行政法人鉄道建設・運輸施設整備支援機構，独立行政法人日本高速鉄道保有・債務返済機構若しくは鉄道事業者の<u>鉄道又は軌道法による新設軌道との交差部分をいう</u>」と定義したものがある。したがって，道路法によれば，道路と鉄道又は軌道法による併用起動，専用軌道以外の新設軌道と道路の交差部分ということになる。

　しかしながら，道路法の定義は，道路と踏切道や堤防その他の工作物が相互に効用を兼ねる場合について，その管理の在り方について定めるためであるから，これを同じに解すべき理由はない。道路交通法における踏切の意味は，道路交通法が踏切について各種の規制を設けている（法30条3号，33条，44条1号，50条2項）趣旨から考えるべきものである。

　そしてその趣旨が，鉄道という軌道上しか走行できず，しかも，鋼鉄製で車体も大きく，路面電車等の一部の列車は別として，高速走行を行い，停止距離が長い上，交差する道路を通行する車両や人と衝突する可能性が高く，しかも衝突すれば，車両や人はもちろん，列車に乗車している多数の乗客の生命身体等に多大の損害を及ぼすこと，それだけでなく，2次，3次の事故も誘発しかねないということで，厳重に衝突の危険を避けようとすることにあるのであるから，「線路又は軌道と道路の交差する部分及び線路及び軌道の両側の一定の幅をもった部分と交差する道路の部分」を道路交通法上の踏切とすべきである。したがって，道路法では，踏切として扱われていない専用軌道と道路の交差部

分もこれに当たると解すべきである[123]。

 ところで，線路又は軌道の両側のどの程度の範囲をもって踏切に含めるかであるが，遮断機が設けられている踏切は，遮断機の内側が踏切に当たると考えられる。

 それ以外の部分については，そもそも，道路交通法が踏切通過について特別の規制を設けている趣旨からすれば，列車等との接触の危険及び列車の通過の際の風圧による転倒，巻き込み等の危険が生じる部分は，踏切に含まれる（道交法事典・（上）300頁）ので，その範囲は踏切を通過する列車等の最大の車両の車幅と風圧による影響が生じる距離までの幅ということになろう。

 これが，実質的な基準である。しかし，これだけでは明確を欠くので，この実質的な基準に加え，鉄道や軌道用地と道路の区別等当該踏切に設けられている何らかの設備や工作物等を目安に，踏切の範囲を具体的に画することになろう（道交法事典・（上）301頁参照）。

 この観点からすると，軌道建設規程が20条で，「踏切道ハ軌条間ノ全部及其ノ左右各六百十粍ニ木石其ノ他適当ナル材料ヲ敷キ軌条面ト道路面ト高低ナカラシムヘシ」と左右610ミリメートルまで木や石を敷いて道路と同じ高さにすべき旨規定しているからすると，軌道に関しては左右610ミリメートルの範囲は，踏切として考えるべきである（道交法事典・（上）300頁）。

 なお，踏切には，「第1種踏切（昼夜踏切遮断機及び踏切警報機が操作されているもの）」，「第2種踏切（時間を限って踏切遮断機が操作されているもの）」，「第3種踏切（踏切警報機が操作されているもの）」，「第4種踏切（遮断機も警報機もないもの）」の4種類がある。

---

[123] 軌道法上，新設軌道とは，「道路以外に」設けられた一般交通の用に供する軌道であるところ，この定義に従えば，道路上に設けられている軌道部分は踏切ではなくなるところ，判例は，併用軌道から方向を変えて道路外の新設軌道につながっている部分は，道路上にあったとしても新設軌道に当たるとしている（最決昭和37年4月12日刑集16巻4号387頁）。
　なお，列車，電車等がめったに通ることのない引込線や廃線に近い線路と道路の交差する部分も，現在及び将来絶対に列車等が通らないというものであれば格別，道路交通法上の踏切と考えるべきである（道交法事典・（上）299頁）。

2 道路交通法上の義務

(1) 踏切直前における一時停止及び安全確認義務

　車両等は，踏切を通過しようとするときは，踏切の直前（道路標識などにより停止線が設けられているときは，その停止線の直前）で停止し，そのうえ安全であることを確認した後でなければ進行してはならない。ただし，信号機の表示する信号に従うときは，踏切の直前で停止しないで進行することができる（法33条1項）。

(2) 遮断機が閉じている間等における立入禁止義務

　車両等は，踏切を通過しようとする場合においては，踏切の遮断機が閉じようとし，若しくは閉じている間，又は踏切の警報機が警報している間は，その踏切に入ってはならない（同条2項）。

(3) 踏切において運転不能となった場合の措置義務

　車両等の運転者は，故障その他の理由により，踏切において車両などを運転することができなくなったときは，直ちに非常信号を行うなど，踏切に故障その他の理由により停止している車両などがあることを鉄道若しくは軌道の係員又は警察官に知らせるための措置を講じるとともに，その車両などを踏切以外の場所に移動するため必要な措置を講じなければならない（同条3項）。

(4) 踏切及びその付近のおける追越し禁止

　車両は，踏切及びその手前の側端から前に30メートル以内の部分においては，他の車両を追い越すため，進路を変更し，又は前車の側方を通過してはならない（法30条3号）。

(5) 踏切付近における駐・停車禁止

　車両は，踏切の前後の側端からそれぞれ前後に10メートル以内の部分においては，法令の規定若しくは警察官の命令により，又は危険を防止す

るため一時停止する場合のほか，停車し，又は駐車してはならない。ただし，乗合自動車又はトロリーバスが，その属する運行系統に係る停留所又は停留場において，乗客の乗降のため停止するとき，又は運行時間を調整するため駐車するときは，この限りではない（法44条6号）。

(6) 踏切で停止するおそれがある場合の進入禁止

　車両等は，その進行しようとする進路の前方の車両等の状況により，踏切に入った場合においてはその部分で停止することとなるおそれがあるときは，これらの部分に入ってはならない（法50条2項）。

3　過失運転致死傷罪における注意義務

(1) 踏切における列車との衝突事故の場合

　踏切における車両等と列車や路面電車等との衝突事故における原因のほとんどは，列車等が通過する可能性があるにもかかわらず，それらとの安全を考慮することなく，車両等が踏切に進入したことである。

　車両は，遮断機のない踏切において，踏切に進入するに当たっては，その前に，踏切手前で一時停止し，左右の鉄道や軌道から列車等が進行してきていないかどうかを確認した上で，進入，通過すべきであり，これを怠って，衝突事故を惹起し，人を死傷させた場合には，過失運転致死傷罪における過失が認められることは明らかである。この点は，遮断機のある踏切で，遮断機が下りていなかったとしても同様と考えるべきである。遮断機が下りていないからといって，それは，信号機の進めの表示とは異なるものであり，遮断機が故障している場合等正常に作動しない場合も十分に考えられるからである（遮断機が下りていなかった場合に一時停止の義務を認めた大阪高判昭和30年11月16日高刑8巻9号1131頁，高刑特2巻22号1168頁，札幌高函館支判昭和33年12月2日高刑11巻10号588頁，警報機が鳴っていなかった場合に一時停止の義務を認めた名古屋高判昭和32年10月30日高刑特4巻21号560頁参照）。左右の見通しが悪く，視認による左右の安全が確認できないときは，それ以上の確認をしないでよいということではなく，

自ら下車し，あるいは他の者を下車させて，確認可能な地点まで進出させる等の方法や，警笛等に耳を傾ける等して，列車等が接近していないことを確認した上で，進行すべき義務がある（大阪高判昭和41年5月16日判タ196号184頁）。

　もっとも，ときとして，適切に踏切に入った後車両の故障や運転操作のミスなどによって踏切内で停止したために事故に至る場合もある。前車の場合は，故障が原因であれば，故障車の運転に関する過失の問題となる（第1発車前の車体検査等の義務114頁，第17故障車運転時の注意義務567頁参照）。後者の場合は運転操作の過失が問われることになる。

　しかしながら，上記踏切内で停止したとしても，まだ，列車等がかなり遠方にあって，それを，非常信号を行うこと等により，列車等の運転者や鉄道若しくは軌道の係員や警察官等に伝えれば，列車等に急停止の措置を執らせることによって衝突を防ぐことが可能といえる場合には，これらの措置を執らなかったことが（踏切内で停止した過失に加えて）過失になる。

　もちろん，それだけでなく，停止した車両を動かすことが可能であれば，衝突を避け得る地点まで動かすべきであり，これを怠ったことも，具体的事情によるが，過失として評価されることもある。

　前車に引き続いて，踏切に適切に進入したとしても，前車が渋滞により踏切を出たところで，停車し，他方，後続車がその後方にあって，さらにその後方に後続車が連続していて，前にも後ろにも車両を動かせず，踏切外に車両を出すことができないで進行してきた列車等と衝突した場合には，たとえ，進入する際に，安全を確認して進入したとしても，前車が渋滞により進行が滞り，他方後続車両も連続していて前車が停止すれば，踏切内から車両を出し得なくなる可能性を認識できる場合には，過失が認められる。

(2)　踏切を通過する際の歩行者や自転車，他の車両等との衝突事故の場合

　踏切では，対列車や路面電車等との事故だけでなく，車両等が踏切を通過する際，歩行者や自転車，他の車両等との衝突事故を起こすことも少なくない。

というのは，踏切全体の94パーセントは，歩道が整備されていないか，前後の道路に比べて狭くなっている（国土交通省道路局ホームページ「開かずの踏切等の解消」「3．踏切のかかえる問題」参照）ことから，接触する危険性が高くなっているからである。しかも，遮断機が下りていたため滞留していた車両や歩行者等が一斉に，狭い踏切を通過しようとすることになることも多い。

　したがって，車両の運転者は，列車等との安全を確認するだけでは不十分であり，踏切を通過しようとしている他の車両や歩行者等の安全にも十分配慮して，側方間隔を十分にとり，適宜速度を調節しながら，場合によっては警音器を吹鳴して警告を与えるなどして進行しなければならない。この点に過失が認められ，踏切内で他の車両や歩行者と衝突させて，その相手が進行してきた列車等と更に衝突して，死傷したり，列車等が脱線・転覆等してその乗客などが死傷した場合には，その責任も負うことになる。

4　実務例

①　普通乗用自動車を運転し，○○先の警報機及び遮断機の設置されていない北海道旅客鉄道株式会社○○線○踏切を，○○方面から進行してきて同踏切前で一時停止後道道○○線方面に向かい通過するに当たり，左右方向から進行してくる列車の有無及びその安全を確認して同踏切に進入すべき自動車運転上の注意義務があるのにこれを怠り，左右方向から進行してくる列車の有無及びその安全確認不十分のまま漫然時速約5キロメートルで同踏切に進入した過失により，折から左方から進行してきた○○運転の○○発○○駅行き1両編成の普通列車に気付かず，同列車前部に自車左側面部を衝突させ，よって，自車同乗者Y（当時74歳）に頭蓋骨骨折等の傷害を負わせた。

②　同所○○○番地先の見通しの悪い西日本旅客鉄道株式会社山陰線踏切に差し掛かったが，このような場合，自動車運転者としては，その手前で一時停止して安全を確認した上同踏切を通過しなければならない自動車運転上の注意義務があるのにかかわらず，乗客A（当時27歳）との雑談に気を

取られ，不注意にも一時停止しないでアクセルを離し，時速約40キロメートルに減速したまま漫然進行接近した過失により，同踏切の約10メートル手前で遮断機が下りているのを認め，あわてて急制動の措置を執ったが間に合わず，下りていた遮断機を押し曲げて自車前部を鉄道線路上に進出させ，折から西進してきた○○駅発急行「○○号」第607号列車の気動車右前部に自車左前部を衝突させた。

③　○○番地先の東日本旅客鉄道株式会社○○線踏切に差し掛かりこれを通過しようとした際，同踏切の信号が赤色になっているのを約30メートルの前方に認めたのであるから，踏切の手前で一時停止して列車の通過を待ち，事故の発生を未然に防止すべき自動車運転上の注意義務があるのにかかわらずこれを怠り，列車の直前を通過し得るものと軽信して同一速度のまま同踏切を通過しようとした過失により，折から北進してきた○○駅発○○駅行第871号気動車（4両連結）の前部に自車を衝突して跳ね飛ばされ，同乗のA（当時35歳）を車外に転落させた。

④　○○番地先の警報機の設置されている都電○○踏切を，明治通り方面から中の橋方面に向け通過する際，同踏切の直前で一時停止してその安全を確認してから進行すべき自動車運転上の注意義務があるのにこれを怠り，警報機が警報し赤色灯が点滅しているのに気付かず，踏切の直前で一時停止しないまま時速約35キロメートルで同踏切に進入した過失により，折から○○○方面から○○○方面に向けて進行してきたSの運転する都電の前部を自車の左側部に激突させ，その衝撃により右都電に乗車していたY（当時18歳）ほか8名に対し別表記載のとおりの傷害を負わせた。

⑤　北海道旅客鉄道株式会社○○線第35号第4種踏切を通過しようとしたのであるが，同踏切は左方の見通し可能距離が僅か約20メートルであるから，同踏切の手前で一旦停車の上下車して踏切中央部で安全を確認したのち通過すべき自動車運転上の注意義務があるのにこれを怠り，危険なきものと軽信してその安全を確かめず漫然時速約20キロメートルで通過しようとした過失により，ろうばいの余り誤ってエンジンを停止させて右列車と衝突し，約38メートル右方に押し飛ばされ，その衝撃によって自車後部座席に同乗していたI（当時17歳）を即時同所において脳内損傷，胸，

腹腔内臓器損傷により死亡するに至らせた。

⑥　普通乗用自動車を運転し，○○先の○○鉄道株式会社○○線○○踏切を○○方面から○○方面に向かい通過するに当たり，同踏切の遮断機及び警報機に留意し，遮断機が閉じている間及び警報機が警報している間は踏切手前の停止位置で停止して踏切内に立ち入らない自動車運転上の注意義務があるのにこれを怠り，同踏切の遮断機及び警報機に留意せず，遮断機が閉じ，警報機が警報しているのを看過したまま漫然時速約40キロメートルで進行した過失により，同踏切手前の停止線通過直後に遮断機が閉じており，警報機が警報していることに気付いたが，急制動の措置を講じる間もなく自車を同踏切内に進入させ，折から左方から進行してきたK運転の○○発○○行き6両編成の普通列車1両目左前部に自車左側部を衝突させ，その衝撃により自車を右後方に逸走させてコンクリート製中央分離帯及び路外コンクリート塀にそれぞれ衝突させ，よって自車同乗者N（当時48歳）に脳挫傷等の傷害を負わせた。

5　捜査上の留意事項

①　踏切の種類，踏切警報機の状況，特に踏切が開いたときはその理由，踏切警手の有無や遮断操作責任者有無及びその過失の有無
②　踏切付近の線路に対する見通し状況及び見通しを妨げる障害物の有無，
③　当該踏切の左右に対する見通し状況，線路の湾曲状況，
④　被疑者の執った措置，助手，車掌が執った措置，被疑者が列車の接近をするために執り得た措置
⑤　被疑車両が踏切に進入した時点における（衝突した）列車の位置及び速度
⑥　衝突状況
⑦　列車運転者が被疑車両を発見した位置，発見可能であった位置，発見後に執った措置，列車の制動距離等列車側にも過失がなかったかの解明

等を行う必要がある。

6 判 例

(1) 積極判例

ア 警報機などの設備のない踏切

① 東京高判昭和29年1月29日判特40号8頁

夜間見通しの良くない遮断機，自動警報機等の設備のない踏切を通過する乗合自動車運転者は，踏切に接近して一旦自動車を停止させた上，自ら同軌道上を同踏切に向かって進行してくる軌道車の有無を確認することはもちろん，もし，同自動車に乗務する助手又は車掌などがある場合にはこれを下車せしめ，踏切を通過する軌道車が踏切を横断通過するのに危険がないかどうかを注視させ，その状況又は状況判断を運転手に報告しながら同踏切内に自動車を誘導せしめ，もって細心の注意を払ってこれを横断通過する注意義務がある。

② 東京高判昭和29年4月12日判特40号65頁

見通しの悪い踏切の7，8メートル手前で一部見通せる軌道上を見たときに，軌動車の姿を認めなかったから安全であると軽信し，一旦停止しないで自動車を踏切内に乗り入れる行為は過失である。

③ 東京高判昭和39年2月26日高検速報1151号

大型牽引自動車に長さ19メートルのコンクリートパイルを積載して踏切を通過しようとする自動車運転者が，あらかじめ同踏切の地形と石積荷との関係上，同踏切を通過するには，同踏切上で前進，後退の切替操作を4分ないし5分にわたり行うことが必要であることを知っているときは，事前に右踏切を通過する列車の定時の踏切通過時刻を調査するとともに，さらに右列車のダイヤ変更等による発着の遅延に基づく踏切通過時刻をも調査すべき業務上の注意義務がある。

④ 大阪高判昭和41年5月16日判タ196号184頁（前掲519頁）

信号機の設備がなく見通しの極めて悪い踏切を通過する際の自動車運転者は，当該踏切の状況により，踏切の直前においてもなお見通しが困難であって，車内からだけでは安全を確認し難いところであれば，左右から進行してくる電車の有無を確かめ，交通の安全を確認するた

め，自ら下車し，あるいは他の者を下車させて，確認可能の場所まで進出又は進出させるなどの方法によって安全を確認し，時にはその者の誘導により，あるいは，自ら電車の警笛などに耳を傾けて，電車が接近していないことを確かめるなど交通の安全を確認した上で進行すべき注意義務がある。

⑤ 福岡高判昭和 53 年 6 月 15 日高検速報 1242 号

　　自動車を運転し，夜間，遮断機も警報機もない無人踏切を通過しようとした際に脱輪させ，列車と衝突させた事故につき，被告人車は，本件特急電車が本件踏切に到達するより 3 ないし 5 秒前に本件踏切を通過し終えることができたものということができ，被告人車が本件特急電車と衝突した直接の原因は，被告人車が本件軌道敷内に落輪し，これより脱出できなかったからである。特急電車の運転士が，前方軌道上に危険な状態を発見しても，非常制動と警笛吹鳴の操作以外に執り得べき手段は運転士にはなく，夜間における電車の前照灯による前方障害物確認距離は約 150 メートルにすぎないところ，非常制動措置を執ったとしても，その制動距離は，時速 80 キロメートルで進行中の電車の場合，約 275 メートルであり，一般に高速度交通機関としての汽車・電車の事故回避機能がこのようなものであるとすれば，車両の通過の際における落輪・故障その他車両の踏切内からの脱出を不能とするような事態の発生は，軌道上を多数の乗客を載せ定時に進行する，より高速度の汽車・電車の通行を単に妨害するにとどまらず，ときに汽車・電車との衝突を惹起し，大惨事を招くこととなるのであり，その危険性は，一般の道路交通におけるそれとは格段の相違が存する。本件踏切では，下り特急・急行の通過に備え，当該電車の同踏切通過時より，その時速が 85 キロメートルの場合は 24.4 秒前から，その時速が 80 キロメートルの場合は，26.7 秒前から一般車馬の横断通行を遮断するものであること，なお，警報機はいずれの場合もさらに 12 秒前から鳴り始め，右通行遮断を予告するものであることが認められるが，このように時間的に十分の余裕をもって踏切内の安全を確保せんとしているのも，高速度交通の重要性と踏切事故の危険性が

極めて大であることによるものと解される。車両の踏切通過の際における故障その他の理由による運転不能の事態が招来する危険性を考えると，無人踏切で遮断機も警報機もない踏切を通過しようとする車両の運転者は，踏切に進入するに先立ち，このような不測の事態に備える心構えをもって左右の安全を確認し，およそ接近する汽車・電車のないことを確かめた上，十分の時間的・精神的な余裕をもって踏切内進入し，これを通過できるようにすべき注意義務があるということができる。被告人は，本件踏切が原判示のとおり狭隘で変則的な形状をした無人踏切で遮断機や警報機などの設備もなく，これを無事通過するにはある程度の運転技術を要することを知っていたことが認められる。そうだとすると，僅々3ないし5秒の時間的余裕をもって本件踏切に進入したというのであるから，このような状況下に本件踏切に進入したこと自体が被告人の過失というべきである。

⑥ 大阪地判昭和54年4月12日刑月11巻4号313頁，判時954号128頁

　大型貨物自動車を運転し，上り勾配の先にあり，狭隘で凹凸のある踏切を通過しようとした際にエンストさせ，列車と衝突させた事故につき，本件のような狭隘（幅2.1ないし2.3メートル）で凹凸の多い踏切道を通過しようとする場合には，ハンドルを厳格に握持するとともに，特にアクセルペダル・クラッチペダルなどの操作を的確に行い踏切上に自動車を停止滞留させることなく踏切を円滑に通過し，進行してくる電車との衝突等の事故の発生を未然に防止すべき業務上の注意義務が存するものと認められるところ，被告人は脱輪しないようにハンドル操作に気を奪われて，凹凸の激しい本件踏切道の状況に応じた的確なアクセルペダル・クラッチペダルの操作をしなかったため，本件自動車の最前部が本件踏切の下り線路北側軌道上を約2.7メートルを越え，本件自動車のほぼ中心部が，下り線路に達したとき，エンスト状態を惹起し，停車させてしまったものと認められる。

イ　警報機などの設備のある踏切
　①　札幌高函館支判昭和33年12月2日高刑11巻10号588頁
　　　信号機の表示が車両などに対し，「進め」の表示をしている場合以外は，いかなる場合でも一時停止をする義務があるから，踏切に通ずる鉄道又は軌道の左右に対する見通しが良好なときでも一時停止しなければならない。
　②　東京高判昭和34年2月2日東高時報10巻2号87頁
　　　電車の通過に際し，踏切の両側において歩行者が多数遮断機の上るのを待っており，遮断機の上ると同時に両側から一斉に進行を始め踏切上で入り乱れて混雑し，歩行者が進行中の三輪自動車の前面に押し出される状態になった場合には，歩行者が三輪自動車の進行していることに気付いていたとしても，混雑のため自由にこれを避けることができず，殊に三輪自動車のように，その前車輪が車体から突き出している場合には，その車輪を歩行者に接触させる危険性が大であるから，三輪自動車の運転者たる者は自己の操縦する三輪自動車，特にその前車輪と歩行者との間に常に相当の間隔を保ち，その間隔が少なくなったときは直ちに停車し，相当の間隔のできるのを待って再び発進するなど前車輪を歩行者の足の上に乗り上げないように注意すべき業務上の注意義務がある。
　③　最決昭和33年7月9日刑集12巻11号2424頁
　　　踏切の遮断機は信号ではないから，遮断機が上方に開放されていたとしても，一時停止の義務を免除する理由に該当しない。
　④　横浜地判昭和37年4月4日判時333号40頁
　　　警報機の設備のある踏切を通過する自動車の運転者は，警報機の振鈴及び赤灯点滅などにより電車進来の有無を確かめ，交通の安全を確認して踏切を通過すべき義務がある。
　⑤　最決昭和39年1月28日裁判集刑150号291頁
　　　自動者運転者は踏切を通過するに当たっては，たとえ遮断機が設置されている場合でも，その故障又はこれを操作する踏切警手の過失などのため，遮断機の開放中に列車，電車などが踏切を通過することが

絶無とはいえないから，遮断機のみを信頼することなく，必ず踏切の前で一時停車をした上，自ら踏切の左右を見通すとか，列車又は電車の進行者に注意し，場合によっては車掌を下車させて誘導させるなどの方法によって，踏切通過が絶対に安全であることを確認した上で踏切を通過すべきであり，特に踏切現場が左右の見通し困難な場合においては，なお一層念を入れて踏切通過の安全を確認すべき業務上の注意義務がある。

⑥ 東京高判昭和40年11月16日高検速報1427号

　常時踏切警手により遮断機の操作の行われている第1種踏切を通過する場合であっても，遮断機の故障，踏切警手の怠慢，仮睡などの物的又は人的障害により，遮断機が閉鎖さるべき場合に開放されていることが往々にしてあるから，自動車の運転者は遮断機の開放のみに頼ることなく，みずから安全を確認することを義務づけられている以上，一時停車の上，情況に即した適宜の方法で安全を確認すべき注意義務がある。

⑦ 東京高判昭和51年7月13日高検速報2175号

　バスを運転し，自動遮断機の降下により自車が踏切内に閉じ込められた際，遮断機を突破する等の措置を執ることなく，列車と衝突した事故につき，一般に多数の乗客の身を預かるバスの運転者たる者は，自動遮断機の降下により自車が踏切内に閉じ込められ列車の接近が予想される危険な事態に立ち至った場合，それはまさに緊急の非常事態にほかならないから，列車との衝突を避け，列車の運行の安全並びに自車の乗員の安全を図るため，非常の手段を用いても踏切外に自車を脱出させる臨機の措置を講ずべき義務があり，遮断機の構造は，二本の鋼索を横に張り渡して懸架したもので，一見しただけで，地上に堅固に固定された強力な障害物でなく，水平に緊張せず中央部分で幾分垂れ下がり気味になっていてそれ自体弾力性のある粗放な障害物であることが容易に看取できるものであるから，断線器の設備があることに最大の圧力を加え，屋根の低い小型車であれば鋼索を押し緩めてその下をすり抜け，強力な大型車であれば鋼索及び懸架設備を損壊して

も押し切って，列車との接触を免れる範囲まで踏切外に自車を脱出させる努力を試みるのが，自動車運転者ならば，誰でもごく普通に最初に考えつく臨機の手段であり，客観的にも断線器の存在によりこれが容易に脱出できる最も適切な方法であったし，道路交通法33条3項が車両運転者に義務付け命じている車両を踏切外の場所に異動するため必要な措置にも合致するのであるから，自動車運転者には遮断機を突破して衝突を未然に防止すべき結果回避義務があるというべきである。

⑧ 東京高判昭和55年5月28日刑月12巻4・5号387頁，判時983号132頁，判タ426号194頁，東高時報31巻5号68頁
　　鉄道踏切内で運行不能となったワンマンバスの運転手は，踏切支障報知器の押しボタンを押しに行く前に，まず乗客の誘導退避を行うべき業務上の注意義務がある。

(2) 消極判例

① 東京高判昭和29年4月14日東高時報5巻3号111頁
　　踏切警手のいる第1種踏切を横断する場合に，車掌を下車させ自動車に先行させることは，災害予防の見地からすると望ましいに相違ないけれども，他面，高速度交通機関たる乗合自動車の使命に背く点があるのみならず，車馬の往来の頻繁な踏切では，車掌の下車先行が他の車馬の交通の邪魔をし，かえって事故の原因となることも考えられる。したがって，乗合自動車運転手には上記の義務があるとは解せられない。

② 長野地諏訪支判昭和36年1月20日下刑3巻1・2合併号78頁
　　踏切の安全を確認するため，降車した車掌の合図で発車する場合には，乗合自動車の運転手は車掌の合図によって発車すれば足り，さらに合図をした車掌自身が車外に転落する危険がないかどうかまで確かめるべき業務上の義務はないものと解するのが相当である。

③ 大阪高判昭和36年12月15日下刑3巻11・12号1029頁
　　バスを運転し，有人踏切を通過しようとして，昇降式遮断機が解放されたので，それに従って踏切内に進入した際，列車と衝突した事故につ

き，原判決認定の如く本件踏切には専任の踏切警手を置き踏切の安全管理・列車監視等の業務に従事せしめている場合において，踏切警手に過失はあったとしても，安全通過を確認した上で昇降式遮断機を開放した以上，同踏切を通過しようとして閉塞中の遮断機の手前で停車待機していた被告人が当該遮断機の開放に信頼を置きその開放中は列車の進入はないものと一応信ずることはあながち無理からぬことと認められ（東京高判昭和 34 年 2 月 17 日刑集 12 巻 2 号 49 頁参照），したがって，被告人の踏切通過に際し，列車が進入するかもしれないことに対する注意義務はある程度軽減せられるものというべく，同被告人のは右遮断機の開放に信頼を置きながらも，自らもまたバスの発車前左右を注視し同踏切内に接近する列車の有無を確かめた（当時本件下り快速電車は左方遙か 300 メートル以上の地点を進行中で事実上確認できない事情にあった）というのであるから，被告人が本件踏切を無事に通過できると信じて踏切に向かってバスを出発せしめた点については，とがむべき何らの過失も存しない。

第14 狭い道路等,その他危険な場所等を進行する場合の注意義務

1 狭い道路等危険な場所

狭い道路かどうかは相対的概念であるが,通常は,車両のすれ違いが困難な狭い道路を意味することになろう。危険な場所とは,交通整理の行われていない交差点で左右の見通しのきかないもの,道路の曲がり角付近,上り坂の頂上付近,勾配の急な下り坂,山地部の狭い道路,曲折の多い道路,重量制限のある道路,高さ制限のある道路,学校,工場などの門前の歩車道の区別のない道路,児童遊園地の入口やその側方を通る歩車道の区別のない道路,見通しの良くない路地,群衆で雑踏した道路,凹凸の激しい道路,バスが停車して客の取扱いをしているバス停留所付近などが挙げられる。高速道路も危険な場所といえるが,ここの説明からは除く。

2 道路交通法上の義務

道路交通法上,これらをまとめた義務規定はないが,幾つか,道路の危険性を前提とした規定がある。

(1) 追越しを禁止する場所

車両は,道路の曲がり角付近,上り坂の頂上付近又は勾配の急な下り坂においては,他の車両を追い越すため,進路を変更し,又は前車の側方を通過してはならない(法30条1号)。

(2) 徐行すべき場所

車両等は,道路の曲がり角付近,上り坂の頂上付近又は勾配の急な下り

坂を通行するときは、徐行しなければならない（法42条2号）。

(3) **停止及び駐車を禁止する場所**

車両は、坂の頂上付近、勾配の急な坂においては、法令の規定若しくは警察官の命令により、又は危険を防止するため一時停止する場合のほか、停車し、又は駐車してはならない。ただし、乗合自動車又はトロリーバスが、その属する運行系統に係る停留車又は停留場において、乗客の乗降のため停車するとき、又は運行時間を調整するため駐車するときは、この限りでない（法44条1号）。

(4) **警音器吹鳴義務**

車両等（自転車以外の軽車両を除く）の運転者は、
① 左右の見通しのきかない交差点、見通しのきかない道路の曲がり角又は見通しのきかない上り坂の頂上で道路標識等により指定された場所を通行しようとするとき、
② 山地部の道路その他曲折が多い道路について道路標識等により指定された区間における左右の見通しのきかない、交差点、見通しのきかない道路の曲がり角又は見通しのきかない上り坂の頂上を通行しようとするときは、警音器を鳴らさなければならない（法54条1項）。

警音器の吹鳴義務に関しては、第2章各論　第3・3歩行者・自転車の側方通通過の際の注意義務(2)警音器吹鳴義務の項（191頁）及び第2章各論　第6追越し・追抜き時の注意義務の1(3)ウ警音器吹鳴義務の項(352頁)参照。

3　過失運転致死傷罪における注意義務

(1) **狭い道路**

狭い道路は、車両同士が衝突する危険が高い上、自転車や歩行者との衝突の危険も高まる。また、発見から衝突までの距離及時間が短いため回避措置をとる余裕が乏しいため、交差点や道路外から進入してくる車両や

歩行者等との衝突の危険も高い。このような場合事故を防ぐに当たって最も重要なことは，慎重な運転をすることであるが，そのためには，速度を調節し，場合によっては徐行ないし最徐行して通行することがもっとも肝要であり，加えて前方左右の安全確認を十分に行う必要がある。狭い道路は，生活道路であることが多く，通学中や下校時の児童生徒，幼児や高齢者等の歩行者の通行も予想されるので，特にその有無，動静に注意することが必要である。

(2) **その他の危険な場所**

その他の危険な場所も，基本的には，速度調節と前方注視等の安全確認が事故防止にとって必要であり，場合によっては，徐行，最徐行ではなく，一時停止することが要求される場合のあるほか，警音器の吹鳴義務やハンドルブレーキ操作の的確な遂行も義務として課される場合もある。

具体的な場所ごとに，それを指摘すると，一般的には，次のような義務が想定される。

① 狭い道路を通行する場合又は交通量の多い狭い道路を通行する場合は，警音器を吹鳴して警告を与えて，前方を注視しつつ進行する義務。

また，左右に人が1人通れる程度の余裕しかない狭い道路を通過する場合には，自動車運転者は前方を注視するとともに，徐行すべき義務。

② 狭い道路の曲がり角を通過する場合，自動車運転者は警音器を吹鳴し，徐行する義務。

③ 屈折の多い狭い道路を通る場合も同様である。

④ 左右が谷又は崖になっている道路，断崖に面した地盤の軟弱な道路を通る場合は，道路の中央を徐行しながら，道路の広狭に応じて速度を調節しながら通行する義務。

⑤ 見通しのきかない下り勾配のある三叉路を通行する場合や，降雨中，下り勾配のある道路を通行する場合は，そのままでは加速してしまうし，急制動したとしても滑走する危険性も高いので，常に減速して速度を調節しつつ進行する義務。

⑥ 重量制限のある木橋，高さの制限のある架道橋下を通過する場合は，

その制限を超えてはならない義務。

⑦　歩車道の区別のない道路に面した幼稚園，学校，工場の門前の道路，児童遊園地の入口や側方を通る道路を進行する場合は，あらかじめ警音器を吹鳴して警告を与えるとともに徐行して進行する義務。

⑧　幼児，児童などが群がっている狭い道路を通過する場合は，警音器を吹鳴して自車に気付かせた上，徐行するとともに助手，車掌その他同乗者などの協力を求めて進路の安全を期すべき義務。

　また，これら危険な場所で，それ自体追抜きや追越し等の危険な運転方法を採ることは，それ自体で事故につながる可能性があるので，それを避ける義務があるとされることも多いであろう。

4　実務例

①　大型貨物自動車を運転し，○○番地先道路を××方面から△△方面に向かい時速約 60 キロメートルで進行中，同所は幅員僅か約 4.5 メートルの狭い道路である上前方が左に湾曲し，見通しも良くなかったのであるから，あらかじめ減速し前方左右を注視するとともに，ハンドル，ブレーキを確実に操作して進行すべき自動車運転上の注意義務があるのにこれを怠り，同乗の助手 N（当時 25 歳）との雑談に気を奪われ，前方注視不十分のまま前記速度で進行した過失により，進路前方左側に佇立している数名の歩行者を約 15 メートルに接近して認め，あわてて右に転把するとともに急制動したが，自車を右斜めに滑走させて約 10 メートル下の崖下に転落させた。

②　普通貨物自動車を運転し，××方面から△△町方面に向かい時速約 55 キロメートルで進行中，○○番地先道路に差し掛かったが，同所は右方に湾曲した幅員約 8.6 メートルの下り坂の道路であるから，あらかじめ減速徐行し，急激なハンドル操作を差し控えて進路の安全を確認しつつ進行すべき自動車運転上の注意義務があるのにこれを怠り，時速約 40 キロメートルに減速したのみで漫然進行した過失により，急激にハンドルを右に切り自車の安定を失わせて横転させた。

③　大型貨物自動車を運転し，時速約40キロメートルで進行中，同所は下り坂で，前方に左右に曲がっている見通し困難な曲がり角があった上，当時降雨中で路面が湿潤し，車輪が滑走しやすい状況であったから，適宜速度を調節し，先行中の貨物自動車の動静を十分注視し，その動向に対応して安全な措置を執り得るだけの車間距離の保持に努めるほか対向車の有無に注意してできるだけ道路の左側に寄り，急制動の措置を避けるなど，滑走しないよう慎重に運転すべき自動車運転上の注意義務があるのに，先行中の前記貨物自動車の動静を十分注視しなかったばかりか，道路中央寄りに進路をとり，漫然前記速度で進行した過失により，折から反対方向から向かって進路の右側を進行してきたＩ（当時25歳）運転の大型貨物自動車を認めて左転把した際，前記先行中の貨物自動車が制動し，減速しつつあったのに気付き，あわてて急ブレーキを踏んで自車を右前方に滑走させ，前記Ｉ運転の車両の右側面に自車右前部を衝突させて同車を道路右側端に横転させた上，同車の後部を同所右側のＹ所有の家屋に突入させた。

④　普通貨物自動車を運転し，時速約35キロメートルで進行中，同所は約5度左に湾曲していて前方の見通しが不良であるほか，約100分の4の下り坂となっていて，かつ当時降雨のため路面が湿潤し，車輪が滑走しやすい状況にあったので，あらかじめ減速徐行するとともに，ハンドルを厳格に保持して急激な制動措置を避けて進行すべき自動車運転上の注意義務があるのにこれを怠り，漫然前記速度で進行した過失により，対向してきた普通乗用自動車を前方約19メートルの地点に初めて認め，あわてて急制動の措置を執り，ハンドルを左にとられて道路左端に自車を滑走させ，折から対面歩行してきたＩ（当時20歳）を自車と道路左側コンクリート塀との間に挟圧した。

⑤　普通乗用自動車を運転し，○○先の交通整理が行われておらず交差道路左右の見通しが困難な丁字路交差点を，○○方面から○○方面に向かい右折するに当たり，同交差点の右方道路は，見通しが困難であった上，車道幅員が約2.3メートルと狭隘で，対向車両との離合もやや困難な道路であったから，あらかじめ同交差点進入前に十分減速，徐行するとともに，同交差点に設置されたカーブミラーを利用して交差道路右方を十分注視し，交

差道路右方から同交差点に向けて進行してくる車両等の有無及びその安全を確認しつつ進行すべき自動車運転上の注意義務があるのにこれを怠り，交通閑散で通い慣れた道路との油断から，交差道路右方から同交差点に向け進行してくる車両はないものと軽信し，同交差点手前で時速約30キロメートルに減速したのみで，減速徐行することなく，上記カーブミラーも一瞥したのみで交差道路右方の車両等の有無及びその安全確認不十分のまま漫然，同速度で同交差点に進入し右折しようとした過失により，同交差点進入直後，交差道路右方から同交差点に向け進行してきている自動二輪車に右前方約8.3メートルに接近してい初めて気付いたが，左転把することしかできず，自車前部を同交差点脇の電柱に衝突させ，よって，自車に同乗していたU（当時80歳）に胸部挫滅の傷害を負わせた。

⑥　普通乗用自動車を運転し，○○付近道路を北から南に向かい時速約30キロメートルで進行中，前方を同方向に進行中のS（当時77歳）運転の原動機付自転車を右側から追い越そうとしたが，同道路は路側帯を含めた幅員が約4.9メートルの狭隘な道路であった上，同自転車は同道路中央付近を進行しており，同人との安全な側方間隔を保持して追い越すことが困難であったから，同所での追越しは差し控えるはもとより，あえて同自転車を追い越すのであれば，警音器を吹鳴し，同自転車の左側への避譲を促して安全な側方間隔を保持して追越しを開始するか，同自転車の動静を注視し，その安全を確認しながら進行すべき自動車運転上の注意義務があるのにこれを怠り，警音器を吹鳴して同自転車の避譲を促さず，その右側直近を進行して追越しを開始し，自車が路外に脱輪しないように右方を確認することに気を取られ，同自転車の動静を注視せず，その安全確認不十分のまま，漫然前記速度で同自転車の右側直近を進行した過失により，自車左側面部を同自転車右側面部に衝突させ，同自転車を同人もろとも路上に転倒させた。

⑦　普通貨物自動車を運転し，○○先の幅員約3.2メートルの狭隘な道路を，○○方面から○○方面に向かい進行するに当たり，同所は右方に湾曲していた上，同道路右側の建物に遮られて進路前方の見通しがきかなかったのであるから，道路左側部分を進行するはもちろん，適宜徐行した上，対向

進行してくる車両等の有無及びその安全を確認しながら進行すべき自動車運転上の注意義務があるのにこれを怠り，道路左側の店舗に気を取られ，同道路右側部分を，対向進行してくる車両等の有無及びその安全確認不十分のまま漫然時速約 20 キロメートルで進行した過失により，折から対向進行してきたＳ（当時 76 歳）運転の自転車を前方約 7.8 メートルの地点に迫って初めて認め，制動措置を講じようとしたがろうばいの余り制動措置を講じることなく，同自転車前部に自車前部を衝突させた。

⑧ 普通貨物自動車を運転し，時速約 40 キロメートルで進行中，前方約 15 メートルの地点に幅約 4 メートル，長さ約 0.7 メートル，深さ約 0.1 メートルの道路凹損部分のあることを認めたので，同所を避けて進行するか，減速徐行し走行装置を的確に操作して通過すべき自動車運転上の注意義務があるのにこれを怠り，漫然前記速度のまま右道路凹損部分に乗り入れた過失により，その衝撃でアクセルペダルを深く踏み込んで自車を前方に暴走させ，折から前方交差点前で信号待ちのため停止していたＮ（当時 25 歳）運転の普通乗用自動車に追突させた。

⑨ 被告人は，普通乗用自動車を運転し，時速約 30 ないし 45 キロメートルで進行中，対向進行してきた普通乗用自動車を進路前方に認めたが，当時被告人の走行していた道路左側部分は，付近の石灰工場から排出された石灰の粉塵が堆積凝固していたところへ折からの降雨で路面が湿潤し，車輪が滑走しやすい状況にあったのであるから，対向車と離合するため減速するに当たり，不用意は制動措置を執ることのないようあらかじめ適宜速度を調節して進行すべき自動車運転上の注意義務があるのにこれを怠り，漫然前記速度で進行し，前記対向車に約 34 メートルに接近して強めの制動をした過失により，自車を道路右側部分に進入させて同対向車に自車前部を衝突させた。

5 捜査上の留意事項

危険な場所であることの予見があったかどうかが過失を認定する上で重大になってくる。したがって，危険な場所であることを明らかにすることがまず，

第一である。すなわち，
　① 狭い道路での事故は，道路の幅員及び加害自動車の大きさ，速度，被害者，関係障害物の大きさ，形などを明確にしておく。
　　　この種の事案は，避譲の位置が問題になるので，この点を客観的に確立しておくと同時に，被疑者の判断を間違った原因，ハンドル操作を誤った原因なども明らかにしておく。
　② 狭い道路の曲がり角，屈曲のある道路では，その状況と自動車の大きさの関係が明確に分かるよう実況見分に工夫をこらす。そして加害車両の速度とスリップ痕などにより事故状況を明確にしておく。
　③ 見通しのきかない勾配のある場所では，必ず勾配の程度を測定し，かつ，下降に際して被疑者がとった運転上の措置が適切であったかどうか，さらに，スリップの痕跡を十分検討し，滑走を防ぐためにはどの程度の速度で進行すべきであったかを明確にしておく。
　④ 重量制限のある場所，高さの制限のある場所の通過事故については，積荷の重量を荷主などによって特定し，高さについては高さの制限のある場所と加害自動車の高さとの比較をしておく。
　⑤ 学校，工場の門前の歩車道の区別のない道路，児童遊園地の入口や側方を通る歩車道の区別のない道路，見通しの良くない路地，群衆の雑踏している道路，凹凸が激しい道路などは，特にその状況を明確にしておく必要があるから，詳細な実況見分のほか写真を撮影しておく。そのような場所であることを前もって知っていたかどうか，標識その他によって事前に確認できなかったかなどの点について，被疑者から十分供述を聞いておく必要がある。
　この種の事件では，事故の発生を道路のせいだとする被疑者が割合多い。事実，民事判決ではこれを肯定し，道路管理者の賠償責任を認めた例も少なくないので，危険な道路にその表示を怠ったり，応急修理をしなかった道路管理者と運転者の注意義務の関係は十分吟味しながら捜査する必要がある。また，当該危険な場所の通行経験を明らかにする。通行経験がない場合には，同所に至る前に，気付き得ることを道路標識や手前における道路の見通し状況を写真等で明らかにすることによって，弁解を弾劾する必要がある。

実況見分時の写真が有罪認定の決め手になった例は少なくない。しかしながら，見分を行う警察官において，道路状況に対する見分を行う必要性を的確に認識して，これを実施すべきだという意識が乏しく，遺漏のない見分ができていることは，むしろ少ないのではないかと思われる。いざ，送検後あるいは公判になって見分を実施しようとしても既に状況が変わっていて，立証ができないということも珍しくない。したがって，目先の事故状況の解明だけに意識を奪われることのないよう，視点を広く持ち，この点の証拠保全に留意することが望まれる。

6　判　例

(1)　狭い道路を通過するとき
　①　福岡高判昭和30年3月2日高刑特2巻6号145頁
　　　荷車に積まれた材木が道路上に突出し，反対側に貨物自動車が停車中であるため道路の通過し得る部分が狭隘となっている場所において，前方を進行中の自転車を追い抜けば右自転車にいかなる事故を発生させるかもしれないことは当然予見し得ることであるから，かかる場合，自動車の運転は一旦停車し自転車の通過を待った後発車すべき注意義務がある。
　②　東京高判昭和33年1月18日高刑11巻1号6頁
　　　幅員4.2メートルの狭隘な道路が90度近くの鋭い角度で曲がり，反対方向より来る自動車等を見通し得ない場所を通過する普通乗用自動車運転者は，警音器を吹鳴するはもちろん，いつにでも停止し得るよう徐行する義務がある。
　③　東京高判昭和35年2月18日東高時報11巻2号40頁
　　　貨物自動車を運転して狭隘な道路を進行する際，道路及び通行人の状況に照らし危険がある場合，自動車運転者に対し助手を下車させて自動車を誘導させる等の業務上の注意義務を肯定。
　④　高松高判昭和35年8月24日高検速報177号
　　　道路の片側に宣伝用四輪自動車が停車しており，片側に道路上に足先

を投げ出して横たわっている人がある場合，その間の狭い部分を通過する大型自動車運転者は，道路上に足を投げ出して寝ている者にバスの通過を知らせ足を引き込ませるなどして安全圏内に避譲せしめるか，若しくは場合により自ら下車し，又は車掌をして下車の上足を投げ出している者を安全な場所に退避させるか，あるいは交通の妨害となっている停車中の宣伝用四輪自動車を移動させる等の手段を講じ，危険のないことを十分確認した後，進行を開始する注意義務がある。

⑤ 東京高判昭和38年12月2日東高時報14巻12号230頁

幅員約4.4メートルの狭隘な砂利道を車幅約2.35メートルの大型貨物自動車を運転して先行する自転車を追い抜こうとする自動車の運転者は，自転車の右側を通過するに際し，十分な間隔を保つことができない状況にあり，しかも道路上に敷いた粗砂利は道路の両側に偏っていて自転車が大型貨物自動車の接近してくるのに動揺して右粗砂利に自転車のハンドルをとられ転倒するがごとき事態の生じた場合，その右横を通過中の自動車と接触することが予想されるから，自転車の搭乗者が道路左側に避譲したのを確認して進行する等の注意義務がある。

⑥ 東京高判昭和39年4月14日高検速報1172号

自動車が進行するとその左右両側には歩行者がようやく歩行することができる程度の余裕しかない橋梁上で歩行者とすれ違う場合，運転者はすれ違う前から徐行し，すれ違うときはあらかじめ手前で一時停車し，歩行者の挙動をよく見極めた上で再び発進徐行すべき注意義務がある。

⑦ 大阪高判昭和40年7月31日下刑7巻7号1355頁

大型乗合自動車の運転者が，低学年の学童多数が通行している幅員の狭い道路を通過する際，自動車運転者としては，できるだけ道路の右側に寄り学童との間隔をとるべきであるのはもちろんであるが，学童の年齢から考えて，いつ不測の行動に出るかもしれないことを慮り，自ら学童の挙動に周到な注意を払うとともに，それが困難なときは，同乗の車掌をして学童の通行状況に十分な注意を払うように指示を与え，時にはこれに誘導させる等して無事通過し得るまで，いつでも停車できる程度に最徐行し，もし現に接触の危険が感じられた場合は直ちに停車し，もっ

⑧ 仙台高判昭和45年5月11日刑月2巻5号440頁

狭い道路において進路前方の軒下で道路に背を向けて立ち話をしている者が，突然道路に出てこれと接触した場合には，自動車運転者に過失を認めることは困難である。

(2) その他危険な道路を通過するとき

① 東京高判昭和30年10月17日高刑特2巻20号1049頁

人車の往来の激しい市街地道路を通行する軽自動車運転者は，交通規則を厳守し，前方から進行してくる歩行者の通行を妨げない範囲内で，できる限り道路の左側を通行し，斜めに道路を横断してはならないのであって，もし左側に停車中の自動車があり又は通行人があってそのまま左側を通行することができないような場合には，いつでも停車し得るよう速度を低減して徐行し又は一時停車するなど適宜の措置を執り，事故の発生を未然に防止すべき業務上の注意義務がある。

② 福岡高判昭和32年3月28日高刑特4巻8号191頁

左右がそれぞれ谷あるいは崖となっている道路を進行する大型乗合旅客自動車運転者は，道端に接近して進行すれば地盤の軟弱とバスの重量のため車輪が道路にめり込んで把手の操作が自由にならず，道端を崩して転落などの事故を惹起する危険があるから，自動車運転者たる者は最も安全な道路中央を通るか，少なくとも道端より十分間隔を保って中央寄りを進行し，もって事故の発生を未然に防止すべき業務上の注意義務がある。

③ 宮崎地延岡支判昭和33年2月20日一審刑集1巻2号284頁

自重5.3トンのバスに定員を9名超過する54名を乗車させたまま4.5トンの重量制限のある木橋を通過すれば如何なる事故が発生するかわからないので，乗客を降車させていわゆる空車運転をし，もって，危害の発生を未然に防止すべき義務がある。

第 14　狭い道路等，その他危険な場所等を進行する場合の注意義務　**541**

④　**名古屋高金沢支判昭和 33 年 5 月 15 日高刑特 5 巻 6 号 225 頁**
　　峻嶮な断崖に直面し，断崖に沿って柵又は垣などの保安の設備もなく，前後にカーブの箇所が多く幅員の広狭も一様でなく，舗装もしてない脆弱な道路上を大型バスを運転して進行する場合における運転者は，前方を注視して道路の広狭，曲折を確認し，車輪が道路から外れたり，道端の崩壊によって車両が傾いたりしないよう道端から適当な間隔をおいて進行し，また危険の発生した場合はいつでも急停止し得るよう徐行すべき義務がある。

⑤　**最決昭和 38 年 1 月 24 日刑集 17 巻 1 号 1 頁**
　　牽引自動車の運転者が，幅約 2.23 メートル，長さ約 5.1 メートルの牽引車に，幅約 2.85 メートル，長さ約 9.6 メートルの被牽引車を連結して運転し，時速約 5 キロメートルの速度で，外側は山腹，内側は高さ約 5 メートルの崖となっている幅員約 3.9 メートルの山道曲路に差し掛かり，その曲路内側に立ち止まって避譲している通行人を発見した場合においては，減速して車両の通過地点と余剰空間との関係，避譲者の挙動姿勢等に注意しながら通過するか，又は一旦停車し避譲者を安全な地点に移してから通過する等事故発生を未然に防止する義務がある。

⑥　**東京高判昭和 38 年 7 月 17 日東高時報 14 巻 7 号 133 頁**
　　安定性の極めて低い貨物自動三輪車を運転して，道路の幅員 3.1 メートルくらいの狭隘な下り勾配で，かつ見通しもきかない右カーブをなした上，降雨のため地盤が緩み，かつ道路上の轍の跡が路面の凹凸を激しくしていて，しかもそこに水がたまっている箇所へ差し掛かった自動車運転者は，最徐行するだけでなく一時停車して進行するなど危険の発生を未然に防止すべき注意義務がある。

⑦　**高松高判昭和 42 年 2 月 27 日高検速報 303 号**
　　幅員 2 メートル 30 センチメートルくらいの狭隘な道路で，右側は不ぞろいな石垣造りで高い崖となっており，右側に寄り過ぎると崖，ひいては道路が崩壊する危険のある道路部分を進行する自動車運転者は，ハンドルさばきなどに十分注意し，道路の右側に寄りすぎないようにして進行し，もって崖，すなわち道路の崩壊による転落事故の発生を未然に

防止すべき業務上の注意義務がある。
⑧　福岡高判昭和44年12月24日高検速報1070号
　　「く」の字型急カーブの曲がり角付近に差し掛かった車両の運転者は，対向車両との出会い頭の衝突が懸念されるので，対向車両を発見可能な距離の少なくとも2分の1の距離以内で，自車を制動停止し得る速度にまで減速し，衝突等の事故発生を未然に防止すべき注意義務があるものと認めるのが相当である。

(3)　学校，幼稚園の構内，バス停留所付近を通過するとき
　①　最決昭和33年9月8日刑集12巻13号2837頁
　　乗合自動車の運転者が中学校の正門付近道路を進行する場合には，前方並びにその左右を警戒して校門出入者の有無に注意し，その出入者と衝突のおそれがあるときはいつでも停車できる程度に速度を減少する等事故の発生を未然に防止すべき業務上の注意義務がある。
　②　東京高判昭和36年12月5日下刑3巻11・12号1003頁
　　乗合自動車の運転者が停留所を通過するに当たっては，乗降客の有無にかかわらず減速徐行すべき注意義務があり，被害者がバスの接近を知りバスの方に背を向け道路を斜め横断しようとした過失があるとしても被告人の前記注意義務違反に消長を来すものではない。
　③　仙台高判昭和41年4月15日高検速報昭和41年6号
　　幼稚園前路上で保母が反対側の路上で遊んでいる幼児らを手招きしている姿を認めたときには，保母の手招きに応じて幼児が路上に飛び出してくることを予想し，必要に応じ，ただちに停車して危険の発生を未然に防止すべき業務上の注意義務があり，これを怠ったため，進路上に飛び出した幼児に自動車を衝突させた場合，右幼児が被告人の目撃した以外の幼児であっても，その付近の通行人の陰から出た場合であったとしてもまったく過失がないとはいえない。

(4) 滑走しやすい道路を通過するとき
　① 大津地判昭和36年3月30日下刑3号282頁
　　アスファルト舗装で約10パーセントの下り勾配のある道路が，降雨のため滑りやすくなっている際に自動車を運転する場合には，晴天のときよりも相当減速してスリップを避けなければならない業務上の注意義務がある。
　② 大阪高判昭和42年9月19日判時525号95頁
　　凍結した路上における自動車運転者は，スリップを起こさないよう運転に注意しなければならない。まず第1に，このような場所において急に方向を変えようとすれば，スリップを起こす可能性が大きいことは自動車運転者としての常識であるから，急激なハンドル操作を避けてスリップを起こさせないように注意し，第2に，仮にスリップ状態になっても速やかに減速停止操作によってそれから脱出できるようにあらかじめ速度を調節しておくべき義務がある。
　③ 大阪高判昭和47年5月12日高検速報昭和47年29号
　　普通乗用自動車を運転し，激しい降雨中にアスファルト道路（制限速度時速40キロメートル）を時速約70キロメートルで進行中，対向自動二輪車を認めて急制動をかけた際，自車を滑走させて同車両と衝突して死亡させた事故につき，当時激しい降雨でアスファルト道路上に雨水が流れる状況下において，高速でしかもタイヤが相当摩耗した状態で自動車を走行させ制動措置を執るときは，車輪が滑走することのあることは自動車運転者として常識であるから，このような場合，自動車運転者である被告人としては適当な速度に落とすとともに，急激な制動措置をすることを避け，事故の発生を未然に防止すべき業務上の注意義務があったことはもちろんであり，しかるに，被告人は制限速度をはるかに超える時速約70キロメートルの高速で進行してくる急制動の措置を執ったがため，自車を滑走させて本件事故を惹起させるに至ったのであるから，右注意義務を怠った過失があることは明らかである。
　④ 東京高判昭和59年7月19日高検速報2733号
　　普通乗用自動車を運転し，幅員が狭く左に湾曲し，左側に民家の植え

込みがあって極めて見通しの悪い道路を，警音器を吹鳴することなく時速35キロメートルで進行し，対向車と衝突した事故につき，「被告人が本件道路を時速約35キロメートルで進行したことは，原判示どおり，被告人に『直ちに急停車等の衝突の危険回避のための対応措置が執れるだけの余裕をもって運転……すべき業務上の注意義務があるのに，これを怠った』ものというべきであり，被告人に過失の存したことは明らかである。……本件現場の道路状況，見通し状況，被告人車の走行状況等にかんがみると，本件の場合被告人に，原判示どおり，危険を防止するためのやむを得ない措置として，警音器を吹鳴すべき業務上の注意義務を課するのが相当と考えられる」。

⑤　東京高判平成9年1月23日東高時報48巻1～12号1頁

　　自動車を運転し，寒冷地の一部凍結した道路を進行中，自車を滑走させ，川に転落させた事故につき，被告人が，本件事故現場の湿潤した路面の一部が凍結し，より一層滑走しやすい状況にあることを予測し得たか否かについて検討するに，本件のような場合，自動車を運転する者の業務上の注意義務を考えるに当たっては，当該地域において日頃一般に自動車を運転している通常人を基準とすることを要し，それをもって足りる。また，被告人としても，12月9日の午前6時過ぎという早朝に，一般に寒冷とされる栃木県内の道路を走行しているということは，もちろん認識していたことであり，しかも，鹿沼インターチェンジで東北自動車道を降りた後本件事故現場に至るまでに，買い物をしたというのであるから，当時，外気がかなり冷え込んでいたことも十分に認識し得たものといえる。さらに，被告人は，本件事故現場付近の道路の轍部分が湿潤していたこと自体は認識している。したがって，被告人には寒冷地での生活経験がなかったことや，本件当時，自動車運転者らに路面の凍結を警告するための措置等が執られていなかったと疑われることなどを考慮しても，被告人としては，本件事故現場に至るまでに，場合によっては車を停めるなどしてでも，路面が凍結したりしていないかどうかなど，道路の状態等についてより一層の注意を払っていれば，本件事故現場付近の道路の轍部分が湿潤していただけでなく，路面の一部が凍結し

ていたことを予見することが十分に可能であったことは明らかである。

(5) その他
① 福島地平支判昭和34年2月18日下刑1巻2号415頁
　　積荷の高度制限のある架道橋下をその制限を超える貨物を積んで通過しようとする貨物自動車の運転者は，目測又は一旦停車などの方法によって通過の能否を確かめ，又は助手に協力させるなどして，架道橋との衝突を避けなければならない。また橋桁に激突したときは，その貨物自動車の運転者らは，橋桁を点検して異変の発見に努め，もし異変を発見した場合には，速やかにこれを最寄りの駅などに通報し，また進行してくる汽車に対しては，灯火又は焚火などの方法によって危険の合図をし，危険の発生を未然に防止すべき注意義務がある。
② 広島高岡山支判昭和62年6月10日判時1278号158頁
　　大型貨物自動車を運転し，高速道路のバス停留所内の加速車線から発進し，時速約30キロメートルの速度で本線車線に進入しようとした際，同車線上を右後方から進行してきた車両と衝突した事故につき，本来信頼の原則は，交通法規にしたがって進行する車両の運転者は，右法規に違反して進行する車両の存在までも顧慮して運転すべき注意義務はないというものであって，自ら交通法規に従わない運転者が，自己の落ち度を補完するような運転方法を他人に期待し得るものでないことはいうまでもない。被告人は，本来進入すべきでないバス停留所の車線に入り，その加速車線から本線内に進入しようとしたのであり，しかも，深夜の高速道路上で，法定速度80キロメートルあるいは若干これを上回る高速車両があることは当然予測できたのであるから，本線車道を走行する車両の進路を妨害しないように後方車両の速度及び距離に十分な注意を払い，安全を確認した上で本線内に進入すべき注意義務があるのは当然である。しかも，右加速車線内左側には他の車両があって十分な加速が得られず，法定の最低速度毎時50キロメートルを大幅に下回る約30キロメートルの速度で本線内に進入しようとしたというのであり，同地点から加速して追突された際の速度も約46キロメートルにすぎなかった

のである。しかるに，被告人は，サイドミラーに反射する前照灯の光によって，Ａ車の走行に気が付いたのに，同車との距離及び速度についての的確な把握を怠ったまま，低速度で本線内に進入したのであって，……まさにＡ車の進路を妨害する危険な運転方法であるといわざるを得ないのである。したがって，被告人には前記注意義務の懈怠が存在したと認定せざるを得ない。

第15　乗客の乗車・積荷の積載に関する注意義務

1　道路交通法上の義務

　自動車にはそれぞれ乗車人員，積載物の重量，大きさ若しくは積載方法が定められている。

(1)　**乗車者及び積載貨物の転落若しくは飛散を防ぐため必要な措置**

　　車両等の運転者は，車両等を運転するときは乗降口のドアを閉じ，貨物の積載を確実に行うなど，乗車している者又は積載している貨物の転落若しくは飛散を防ぐため必要な措置を講じなければならない（法71条4号）。

　　「乗降口のドアを閉じ」る，「貨物の積載を確実に行う」は，例示である。乗車している者及び積載している貨物の転落防止措置として，必要と考えられる措置であればよい。ここにいう「乗車している者」に，運転者が含まれるかについては，見解が分かれているが，法の趣旨は，乗車している者の転落による交通の危険が生ずることを防ぐ趣旨であるので，その危険が生じる以上，運転者の転落を除外する理由はないので，運転者も含まれると考えるべきである（野下・道交法747頁）。

　　「転落」とは，乗車している者や積載している貨物が車両等から落下することをいう。

(2)　**乗車者に対する危険防止のための措置**

　　車両等の運転者は，安全を確認しないでドアを開き，又は，車両等から降りないようにし，その車両等に乗車している他の者がこれらの行為により交通の危険を生じさせないようにするため必要な措置を講じなければならない（法71条4号の3）。

　　「ドアを開き」について，車内より開く場合を意味するか，外から開く

場合も含むかについては，見解が分かれている。同号は，車両等の運転者を前提としているから，外から開ける場合は含まれないと考える（降車しているため「運転」に当たらない，というのではなく，そのような場合を想定していない，と考えられるからである）。

(3) **乗車又は積載の方法**

　車両の運転者は，乗車のために設備された場所以外の場所に乗車させ，又は乗車若しくは積載のために設備された場所以外の場所に積載して車両を運転してはならない。ただし，専ら貨物を運搬する構造の自動車（貨物自動車）で貨物を積載しているものは，その貨物を看守するため必要な最小限度の人員をその荷台に乗車させて運転することができる（法55条1項）。

　これは，乗車のための設備以外の場所に乗車することによって，乗車した者が，車両の運転中，動揺や衝撃等によって転落又は転倒することを防ぐ趣旨の規定であり，貨物については，積載設備以外の場所に貨物を積載することによって貨物が荷崩れしたり，車両から落下したりするのを防ぐ趣旨である。

　そのため，道路運送車両の保安基準では，20条1項で，乗車装置に関して，「自動車の乗車装置は，乗車人員が動揺，衝撃等により転落又は転倒することなく安全な乗車を確保できるものとして，構造に関し告示で定める基準に適合するものでなければならない」と規定しており，同基準27条1項で，物品積載装置に関して，「自動車の荷台その他の物品積載装置は，堅ろうで，かつ，安全，確実に物品を積載できるものとして，強度，構造等に関し告示で定める基準に適合するものでなければならない」と規定している。

(4) **運転者の視野又は操作の妨げとなるような乗車又は積載の方法の禁止**

　車両の運転者は，運転者の視野若しくはハンドルその他の装置の操作を妨げ，後写鏡の効用を失わせ，自動車の安定を害し，又は外部からその車両の方向指示器，番号標，制動灯，尾灯，後部反射器を確認することがで

きないような乗車をさせ，又は積載をして運転してはならない（法55条2項）。
「方向指示器，番号標，制動灯，尾灯，後部反射器」は，限定列挙である。

(5) **乗車又は積載の方法の特例①**
　車両の運転者は，その車両の出発地を管轄する警察署長の許可を受けたときは，乗車又は積載のために設備された場所以外の場所で指定された場所に積載して車両を運転することができる（法56条1項）。

(6) **乗車又は積載の方法の特例②**
　車両の運転者は，その車両の出発地の警察署長の許可を受けたときは，(5)にかかわらず，許可した人員の範囲内で，その車両の荷台に乗車させて貨物自動車を運転することができる（法56条2項）。

(7) **車両の乗車又は積載の制限及び特例**
　車両（軽車両を除く）の運転者は，政令で定められた乗車人員，積載物の重量，大きさ，若しくは積載の方法の制限を超えて乗車させ，あるいは積載して自動車を運転してはならない。ただし，出発地の警察署長の許可を受けて貨物自動車の荷台に乗車させる場合は，制限を超える乗車をさせて運転することができる（法57条1項）。
　その詳細は，道路交通法施行令22条，23条（原動機付自転車について）で定められている。

(8) **貨物車両の乗車又は積載の制限の特例**
　貨物が分割できないため，積載重量等の制限又は(7)の制限又は道路交通法57条2項の規定によって公安委員会が定める積載重量等を超えることとなる場合は，出発地の警察署長が積載重量等を限って許可したときは，車両の運転者は，許可された積載重量等の範囲内で，制限を超える積載をして車両を運転することができる（法57条3項）。

(9) 乗車・積載等についての警察官の応急措置命令

　　警察官は，車両等の乗車，積載又は牽引について危険を防止するため特に必要があると認めたときは，その車両等を停車させ，及びその運転者に対し危険を防止するための応急の措置を執ることを命じることができる（法61条）。

2　過失運転致死傷罪における注意義務

(1) 乗車している者及び積載している物の転落防止義務

　　前記転落防止義務に違反して乗車させていた者が転落して，その者が死傷したり，乗車させていた者が転落したために，事故を誘発して人を死傷させた場合には，転落防止義務違反自体が，過失運転致死傷罪の注意義務違反になることが多いであろう。貨物の転落防止の注意義務に違反した場合も，同様である。転落防止義務に違反して，乗車している人が落下し，あるいは積載している貨物が落下した場合，乗車していた人の死傷に直結するのはもちろん，これに加えて，落下した貨物が歩行者や車両等に衝突したり，落下した人間や貨物との衝突を避けようとした車両がさらに事故を引き起こした場合に，人が死傷する蓋然性が極めて高いからである。

　　転落させた原因が，運転行為自体である場合には，もちろん，転落させないような運転が可能であったか否かで過失の有無が判断されることになるであろう。もっとも，交通の事情によって転落の原因となった運転行為（例えば急ブレーキや急ハンドル）が避けられなかったとしても，それ以前の転落防止措置に不適切なものがあった場合には，転落の原因となる運転行為で避けようとした事態が，一般的に予見可能であれば，転落防止義務違反が過失として捉えられることになる。

(2) 貨物自動車の積載物の転落防止義務

　　貨物自動車に貨物を積載するについては，車体の動揺のため固定していたロープ等が緩むなどして，貨物が外れたり，移動したりすることのないよう注意すべきである。これを怠って，車両等の安定性を害したり，運転

者が前方確認，車両の制動やハンドル操作を行うのを害することがないよう積荷の性状や容積，重量，重心などを考慮して貨物を積載しなければならず，この点の注意を怠って，貨物の移動や落下により，あるいは運転者が前方確認や制動，ハンドル操作を十分に行えなくさせたことによって事故を惹起して人を死傷させた場合には，過失運転致死傷罪における過失が認められるであろう。

　もっとも，積荷を車から落下させて，後続車両や対向車両等にその積荷を衝突させた場合，あるいは，これらの車両が落下した積荷との衝突を避けようとして，他の車両等と衝突した場合，それが落下直後で，後続車両や対向車両において落下を予想できず落下物と衝突した場合や後続車両や対向車両が落下物との衝突を避けようとして事故に至った場合には，後続車両及び対向車両の運転者には過失はなく，落下させた車両運転者の過失責任は免れないであろうが，貨物が落下した後しばらくして事故が発生した場合，つまり，落下時には停止距離外にいた対向車両や後続車両がこれと衝突したり，衝突を避けようとして事故に至った場合に，落下させた者に過失が認められるかは一概にいえない。というのは，これら対向車両や後続車両運転者の前方注視義務違反等固有の注意義務違反が認められることが少なくないからである。この場合の過失の有無は事案ごとに判断せざるを得ないが，必ずしも二者択一ではなく，両者に過失が認められる場合もあることは認識しておく必要がある。また，この場合，貨物を落下させた車両の運転者が，貨物の落下を認識していて落下した貨物を道路上から除去できる（自らのみではなく，警察や道路管理者等に連絡して除去できる場合も同様である）にかかわらずこれを放置した場合も，責任を問われることがあろう（もっとも，この場合の責任は，原則的には過失運転致死傷罪ではなく，業務上過失致死傷罪が成立することになると思われるが，落下させた過失が競合していると認められる場合には，観念的競合となると思われる（包括一罪の余地もある））。

　貨物の積載者と運転者が異なる場合もある。その場合であっても，運転者が貨物の積載に関して指示を与えた場合には，積載方法についての運転者自身の過失も肯定されることになろう。自ら積載していなくとも，積載

方法が不十分であることの認識が可能である場合には，そのことを認識した上での運転自体に過失が認められることになろう（運転避止義務や中止義務）。また，運転の途中に貨物の積載方法に問題が生じた場合には，その認識可能性があることを前提として運転中止義務や徐行運転や適切な運転行為を行う義務を生じさせ，これを怠った場合に過失が認められることになろう。

　積載に関しては，雇主等や上司の指示や監督等が介在して，過失判断が複雑になる場合があるので，留意を要する（過失の競合，監督過失の問題）。

3　実務例

① 　普通貨物自動車の後部荷台に砕石約 2.3 トンを積載し，その上にＫ（当時 22 歳）ほか 3 名の人夫を乗車させてこれを運転し，時速約 30 キロメートルで進行中，同所は左へ曲がる道路であったから減速徐行するとともに，前記Ｋらが転落しないよう急激なハンドル操作を避けて進行すべき自動車運転上の注意義務があるのにこれを怠り，漫然前記速度のまま進行し，同所を曲がろうとして道路の右側に寄り過ぎ，ハンドルを急激に左に切った過失により，前記荷台に乗車していた前記Ｋ及びＬ（当時 28 歳）の両名を右側に転落させた。

② 　Ｔ（当時 22 歳）を原動機付自転車の後部荷台に乗車させてこれを運転し，時速約 35 キロメートルで進行中，常に前方を注視し障害物の早期発見に努めるとともに，障害物を避けるに当たっては急転把による衝撃によって同乗者を転落させないようハンドル操作を慎重にすべき自動車運転上の注意義務があるのにこれを怠り，前記Ｔとの雑談に熱中して前方注視不十分のまま同一速度で進行した過失により，進路前方を右から左に歩行して横断していたＭ（当時 25 歳）を約 7 メートルの至近距離に認めて危険を感じ，とっさに右に急転把し，その衝撃により前記Ｔを路上に転落させた。

③ 　自動二輪車を運転し，同車の後部荷台にＷ（当時 12 歳）を同乗させて発車する際，同人は思慮分別の乏しい児童であるから同乗させるに先立って同乗者用把手を確把することを指示し，かつその実行を確認し，また走行

中には常に同人は右把手を確把しているかどうかに留意するとともに徐行を続けて車の動揺等による転落事故の防止に努めるなどの自動車運転上の注意義務があるのにこれを怠り，同所を出発して時速約40キロメートルの高速度で北進を続けた過失により，同日午前11時50分頃，○○番地先道路上において同人を荷台から仰向けに転落させた。

④　事業用普通貨物自動車に鉄棒150本（重量約4トン）を積載してこれを運転し，交通整理の行われていない交差点を左折するに当たり，急転把すれば自動車は右側に傾き，これに応じて積載鉄棒も右側にずれて重心を失い暴走するおそれがあったから，自動車運転者としては最徐行して暴走による危険の発生を未然に防止すべき自動車運転上の注意義務があるのにこれを怠り，漫然時速約40キロメートルのまま左に急転把した過失により，前記積載物が右側にずれ重心を失って右に暴走し，折から同交差点を××方面から△△方面に向け進行していたY（当時28歳）の運転する普通貨物自動車の前部に自動車前部を衝突させた。

⑤　普通貨物自動車に折りたたんだダンボールの空箱約80個を積載し，その積荷にロープをかけて緊縛し，○○番地先道路を時速約40キロメートルで進行中，出発の際，緊縛した積荷のロープが緩んで積載荷物が転落するおそれがあることを察知したのであるから，このような場合，自動車運転者としては，直ちに停車してロープを締め直して積荷を固く緊縛するなどしてその危険のないことを確かめてから発進するなど危険の発生を未然に防止すべき自動車運転上の注意義務があるのにこれを怠り，僅か時速を25キロメートルに減じただけで進行した過失により，同所○○番地先において右折した際，積荷の前記空箱3個を車上から道路上に落下させたほか，1個を折から同所路端に避譲して佇立していたS（当時28歳）の頭上に落下させた。

⑥　大型貨物自動車を運転し，時速約30キロメートルで進行中，荷台上に積載した縦約1.5メートル，横約2.2メートル，高さ約1.5メートル，台部の面積約4平方メートルの鉄枠2個を1本のロープで緊縛したのみであったので，運転中積荷の状態に注意を払い，車体の振動あるいはロープの緩み，擦切れなどにより積荷が転落などして通行人に危害を及ぼすおそ

れがないかどうかを確かめつつ進行すべき自動車運転上の注意義務があるのにこれを怠り，その安全を確認することなく漫然前記速度で運転を継続した過失によりロープが緩んではずれ，鉄枠の1個が荷台より約0.8メートル左側に突き出ていたのに気付かず，該部分を折から対面歩行してきたA（当時45歳）の顔面に衝突させて同女をその場に転倒させた。

4 捜査上の留意事項

　この事故は，積載及び乗車に関する行為の不適正だけでなく，速度調節の不適正，ハンドル操作の誤り，前方注視不十分などの過失と競合し，また乗車している者，積載した者らの過失と競合する場合が多い。

　いずれにしても，積荷貨物の落下事故の場合には，積載の内容（性状や形状，容積，重量）及び積載の方法を明らかにした上，それが，落下した経緯，及び落下の原因を明らかにすることが何よりも先決である。

　被疑者以外の者が積載した積荷事故にあっては，運転者において発車前にどのような注意をしたのか，進行中事故発生の可能性に気付いたかなど予見可能性の有無，結果回避可能性の有無についてこれを証拠上明確にしておく必要がある。

　助手，積荷作業員，乗客などの不注意があったとしても，それだからといって運転者の注意義務が直ちに免除されることはないが，過失の認定に影響を与えることであるので，これらの者の関与状況を解明するとともに，運転者との関係や，具体的な積荷の積載等に関するやり取り等を明らかにしなければならない。

　したがって，捜査に当たっては，
① 　自動車の形状，許容積載量などを明確にするため車体検査証の謄本の作成
② 　実積載量，積載方法，積載場所の確定（積載物の性状，形状，容積，重量についての測定，伝票などの押収）
③ 　積載状況（ロープによるものであれば，ロープを保存した上，その材質，強度，ロープの緊縛・固定状況等），落下の状況，落下原因の解明（運行途中の異常

感の有無，運行道路の状況，運転状況等）
④ 積載物の落下位置及び落下後の停止位置，後続車両との衝突状況，後続車両の運転状況，非衝突事故の場合は，後続車両が避けようとして執った措置，その後の事故状況の特定及び解明
⑤ 積載関係者の取調べ，積載関係者の関係等を明らかにする資料等の収集
などが必要である。

5 判 例

(1) 積極判例
  ① 福岡高判昭和29年10月12日高刑特1巻8号361頁
    自動車運転者は，貨物自動車を運転するに当たっては，その操縦自体に過誤なきを期するばかりでなく，安全な運転に支障なきよう車体の整備並びに積荷の調整について十分配慮し，事故の発生を未然に防止すべき注意義務がある。
  ② 広島高判昭和29年11月16日高刑7巻12号1719頁
    小型自動三輪車のような高速度の交通運輸に関する機関の単に便乗者にすぎない者であっても，不測の危険の発生を防止し，安全な運行を行うため，運転者の運転操作を妨害することのないよう注意すべきであることは，社会生活上一般人に課せられた最小限度の注意義務であるから，酩酊して小型自動三輪車の補助席に便乗した者が，突然腰を浮かせ中腰になって立ち上がったため，その身体の一部が左ハンドルに触れ，三輪車が突然右前方に転進し，同方向より歩行してきた通行人を死傷させたときは，右便乗者は過失致死傷罪の責任がある。
  ③ 広島高松江支判昭和32年4月1日高刑10巻3号217頁
    乗合自動車の運転者は，車掌によって発車の合図がされた場合であっても，乗降口の扉が閉じられ，乗客の転落を防止する安全装置がなされているかどうかを確かめたのち，発車進行すべき義務がある。自動車運転者は，車掌から合図があったときは，たとえ道路の曲がり角で停車禁止区域であっても，危険防止のための処置として必要なときは，非常措

置として急停車をし危険を未然に防止すべき義務があり，車掌の停車合図を受けながらその事由を確認することなく漫然進行を続け，そのために危険を生じたときは，業務上守るべき注意義務を欠いたものというべきである。

④　名古屋高金沢支判昭和33年5月15日高刑11巻7号369頁，高刑特5巻6号214頁

　　運転者たる被告人もまた危険防止のため，自ら又は車掌に指示して定員を超過する客の乗車は必ずこれを制限しなければならない。乗客の中には受験，入院など緊急の用件のため乗車を求めるものもあるから，極めて僅かの定員超過を理由にこれらの者の乗車を拒否することが非常識であることは当裁判所においてもとより知らないわけではない。しかし，いかなる場合でもこのために交通事故を発生させ，又は他の原因より発生した事故に際し，定員超過のため多数の犠牲者を生じさせるまで定員を超える人員を乗車させることの非はいうまでもないところである。

⑤　神戸地判昭和34年1月26日下刑1巻1号129頁

　　運転者席の前方荷台に木箱を積載して税関構内を運搬する特殊作業用自動車運転者は，右木箱が運転者の高さより少し高いくらい積み重ねてあったため前方の見通しが十分でないときは，前方を注視し得るように積荷の状態を変えるか，又は自分の位置や姿勢を動かして絶えず前方を注視警戒し危険の発生を未然に防止すべき業務上の注意義務がある。

⑥　福島地平支判昭和34年2月18日下刑1巻2号415頁（前掲545頁）

　　貨物自動車の運転者が積荷の高度制限の定めある架道橋下をその制限を超えた貨物を積載して通過しようとする場合には，目測あるいは一旦停車などの方法によりその通過が可能かどうかを確かめ，あるいは助手の協力を待つなどその衝突を防止するため適当な措置を講ずべき業務上の注意義務がある。

⑦　東京高判昭和40年2月23日下刑7巻2号125頁

　　バスの車掌が，バスの側面と道路の側端が狭隘な地点において乗客を下車させた後その乗客がバスの側面を歩いている間に発車合図をする場合には，その動向に十分注意を払いその安全を確認してから発車合図を

すべき義務がある。

⑧　東京高判昭和40年11月15日高検速報1437号
　　バスの運転者は停留所を発進するに当たり，たとえ車掌の発車合図があり，乗降口の扉が閉まったことを確認した場合であっても，自らも乗降口付近の人の所在に注意し，その安全の確認保持に努むべき義務を免れず，降車客が通常車体から安全な地点まで離れるのに必要な時間運行速度等に細心の注意をすべき義務がある。

(2) 消極判例
　①　東京高判昭和28年12月17日判時22号30頁
　　乗合自動車の車掌が自動車の進行中，外部の状況を注視するため扉を開く際に，あらかじめ乗客の様子を注意し，異常がないので開扉したところ，1人の乗客が突然立ち上がってきて扉から車外に転落した場合には，車掌には注意義務の違反はない。
　②　仙台高判昭和30年6月21日高刑特2巻12号619頁
　　貨物自動車の運転助手は，進行中の自動車の助手台の窓に人がつかまっていることに気付いたときは，運転者に告げて停車又は徐行を促し，その人を自動車から離れさせた上で進行させるよう措置しなければならないが，運転者が人がつかまっていることを知っている場合には，そのうえさらにその旨を運転者に告げる義務はない。
　③　松本簡判昭和34年1月10日下刑1巻1号28頁
　　自動二輪車の後席に和服の婦人を乗せて進行中，突風のため着物の裾が開いたのでろうばいした婦人が無意識につかまっていたハンドルを離し，前にかがんだ瞬間，身体が動揺して安定を失い転落した場合には，自動二輪車の運転者には注意義務の違反はない。

第16 牽引時の注意義務

　ここで問題とされるのは自動車が他の車両を牽引する場合であるが，道路交通法上，被牽引車は，牽引車の一部として取り扱われる（法16条2項）。
　自動車が他の車両を牽引するときは，全体の長さが長大になること，被牽引車の牽引に単独車両を運転する以上の注意を要すること，他の車両の認識に錯誤を生じさせる可能性があること等のため他に危険を及ぼすことが多い。

1　道路交通法上の義務

(1)　牽引するための構造及び装置を有する自動車以外の牽引制限

　　自動車の運転者は，牽引するための構造及び装置を有する自動車によって牽引されるための構造及び装置を有する自動車によって牽引されるための構造及び装置を有する車両を牽引する場合を除き，他の車両を牽引してはならない。ただし，故障その他の理由により自動車を牽引することがやむを得ない場合において政令（令25条）で定める方法で当該自動車を牽引するときはこの限りでない（法59条1項）。
　　本条は，「自動車」の牽引に関する規定であり，原動機付自転車，軽車両については道路交通法60条によって各都道府県の公安委員会規則に委ねられている。トロリーバス，路面電車はそれぞれ，無軌条電車運転規則35条，軌道運転規則45条，46条に定められている。
　　「牽引するための構造及び装置を有する自動車」で，大型自動車，中型自動車，普通自動車又は大型貨物自動車特殊自動車を，牽引自動車という（法75条の8の2）。
　　「牽引されるための構造及び装置を有する車両」とは，牽引自動車により牽引されることを目的として作られた車両（トレーラー）のことである。

(2) 故障その他やむを得ない理由によって牽引する場合の牽引方法

故障その他やむを得ない理由によって牽引する場合における政令の定める方法は，

ア　牽引される自動車（故障自動車）の前輪又は後輪を上げて牽引するときは，クレーンその他吊り上げ装置若しくは堅ろうなロープ，鎖など（「ロープ等」）によって故障車を吊り上げて牽引するか，又は牽引する自動車の後端に故障自動車の前輪若しくは後輪を載せ，かつ，その載せた部分を堅ろうなロープ等で固縛して牽引すること（令25条1号）

イ　故障自動車の車輪を上げないで牽引するときは，牽引する自動車と故障自動車相互を堅ろうなロープ等によって確実につなぎ，故障自動車にかかる運転免許を受けた者又は国際運転免許証等を所持する者を故障自動車に乗車させてハンドルその他の装置を操作させ，牽引する自動車と故障自動車の間の距離を5メートル以下とし，ロープ等の見やすい箇所に0.3メートル平方以上の大きさの白色の布をつけること（同条2号）

である。

(3) 牽引できる車両の台数等

自動車の運転者は，他の車両を牽引する場合には，大型自動二輪車，普通自動二輪車又は小型特殊自動車によって牽引するときは1台を超える車両を，その他の自動車によって牽引するときは2台を超える車両を牽引してはならず，また牽引する自動車の前端から牽引される車両の後端（牽引される車両が2台のときは2台目の車両の後端）までの長さが25メートルを超えるときは牽引してはならない。ただし，公安委員会が当該自動車について道路を指定し，又は時間を限って牽引を許可したときは，この限りでない（法59条2項）。

公安委員会は，上記の許可をしたときは許可証を交付しなければならない。その交付を受けた自動車の運転者は，その許可にかかる牽引中，その許可証を携帯しなければならない（同条3項，4項）。

(4) 牽引の危険防止についての警察官の措置命令

警察官は，自動車の牽引について危険を防止するため必要な措置を執ることを命ずることができる（法61条）。

(5) 都道府県規則による規制

東京都道路交通規則11条は，「法60条の規定により，自動車以外の車両（トロリーバスを除く）の運転者は，交通の頻繁な道路においては，他の車両をけん引してはならない。ただし，ただし，けん引するための装置（堅ろうで運行に十分耐えるものに限る）を有する原動機付自転車又は自転車により，けん引されるための装置（堅ろうで運行に十分耐えるものに限る）を有するリヤカー1台をけん引するときは，この限りでない。」旨定めている（東京都道路交通規則は，法4条に基づく都道府県公安委員会に対する委任に基づくものである）。

(6) 牽引免許

前記「牽引自動車」を運転して重被牽引車（牽引されるための構造及び装置を有し，かつ車両総重量750キログラムを超えるもの（法51条の4第1項に定義））を牽引する場合は，当該牽引自動車にかかる免許のほか牽引免許を受ける必要がある（法85条3項，4項）。レッカー車で故障車を牽引する場合，被牽引車が，牽引されるための構造及び装置を有するものでないため，牽引免許は不要である。

(7) 重被牽引車を牽引する牽引自動車の通行区分の特例

なお，高速自動車国道及び自動車専用道路を走行する重牽引車を牽引する牽引自動車については，通行区分の特例が定められている（法75条の8の2）。

2 過失運転致死傷罪における注意義務

自動車を牽引する場合は，上記道路交通法上の牽引の方式を遵守する限りは，

それ以上特段の義務を課せられることはなく，一般の車両に対すると同様の道路交通法上の義務を遵守して，運転すればよいこととなる。

しかしながら，他の自動車を牽引して運転する以上，その特殊性（長大性，動きの異なる車両の存在等）に応じて，下記のとおり，通常の車両等の運転以上に，人を死傷させないように留意する必要がある。

① 自動車の運転者が，他の車両を牽引するときは政令の定める方法を守らなければならないが，さらにその特殊状況に照らし，進路の変更，速度の増減，側方通過などについて通常の場合よりも一層その状況に合った慎重な運転をしなければならない。

② 牽引車の運転者と被牽引車の運転者は，事前に危険防止のための運転上の措置につき詳細に打ち合わせ，運転中は常に密接な連絡を保ち，特に被牽引車の運転者は，牽引車との間隔，進行位置，車両状況に細心の注意を払い，危険を感知したときは直ちに牽引車に合図するなどの措置を執る必要がある。

③ 他の自動車を牽引中の自動車が，他の車両などを追い越す場合には，その牽引される車両を含む自動車の全長を考えて運転しなければならない。

④ 右折，左折のときは，ロープや被牽引車が曲がり角の障害物と接触しないように大回りし，追越し時には被牽引車の後尾を被追越し車に接触させないようにその間隔に留意しなければならないであろう。

⑤ 夜間などには，その状況に応じて被牽引車にも前照灯を点灯させ，被牽引車の存在を知らせなければならない場合もあろう。

3　実務例

① 牽引車の特殊自動車（車幅2.5メートル，車長7メートル）を運転し，かつその後尾に大型貨物自動車（車幅2.5メートル，車長8メートル）を後ろ向きにして，鉄棒で同車後輪を吊り上げて連結し，同車に自動車運転手Y（当時27歳）を乗せて同車のハンドルが動揺しないようこれを操作させた上，これを牽引して時速約25キロメートルで幅員約15メートルの車道上を進行中進路前方道路左側に駐車していた普通貨物自動車の側方を通過し

ようとしたが，そのまま進行するときは同車と接触するおそれがあったのであるから，進路を右に変更し，同車と十分間隔をとってその右側方を通過すべき自動車運転上の注意義務があるのにこれを怠り，同車との間隔を十分保つだけの右転把をしないでその直近を通過しようとした過失により，牽引車はその側方を通過し得たものの，被牽引車の前部付近を右普通貨物自動車の後部に接触させた。

② 普通貨物自動車の後部にワイヤーロープを持って大型貨物自動車を連結し，これを牽引して時速約20キロメートルで進行中，左に曲がるカーブで左に転把する際，連結したワイヤーロープが外れかけていたのであるから，あらかじめ一時停止してワイヤーロープを自車に緊縛するなど危険の発生を未然に防止すべき自動車運転上の注意義務があるのにこれを怠り，漫然同一速度のまま進行した過失により，道路の湾曲に沿って左に転把し，自車のワイヤーロープが外れて牽引されていた大型貨物自動車をして右斜めに斜走させて約8メートルの崖下に転落させた。

③ ブレーキの故障している普通乗用自動車を自己の運転する普通貨物自動車で牽引するに当たり，麻ロープで約1メートルの距離にこれをつないで出発しようとしたが，被牽引車に資格ある運転者を乗車させてハンドルその他の装置を操作させるべき自動車運転上の注意義務があるのにこれを怠り，故障車両に運転者を乗車させないで時速約15キロメートルで出発進行した過失により，出発後約100メートル進行した場所において，被牽引車が左斜めに斜走しているのに気付かず，折から道路左端に佇立していたM（当時7歳）に被牽引車の左前部を接触させて同児をその場に転倒させた。

④ 普通貨物自動車（以下単に「前車」と略称する）にK（当時27歳）の運転するエンジン部分などの故障により運転のできない普通貨物自動車（以下単に「後車」と略称する）を約3メートルの間隔でワイヤーロープでもって連結し，これを牽引して運転し，時速約20キロメートルで進行中，その前方より足踏式二輪自転車に乗り腰を上げ，頭を下げて進行してくるN（当時25歳）を認めたので，道路の左側に避け進行しながらすれ違いをしようとしたのであるが，同所は幅員約4メートルの道路で前方から進行し

てくる足踏式二輪自転車には，前車の車体に遮られ後車の見通しが困難であったので，自転車に乗っている者が後車の続進に気付かないで前車とすれ違いの直後，後車の進路に出ることも予測され，後車の運転者もまた前車の前方から進行してくる足踏式二輪自転車を目撃することができない状況にあったので，前車の運転者としては，危険防止のためあらかじめ前車の荷台上に看視者を置き，通行者などに牽引されている車両のあること及び後者に対してすれ違い車両のあることを知らせ，かつ後車に前照灯を点灯させて，進行，停車，方向転換，すれ違い，速度などについて後車の運転者と打合せ，その方法に従って常に連絡を保ちつつ進行するなど危険の発生を未然に防止すべき自動車運転上の注意義務があるのにこれを怠り，前記看視者をおかず，足踏式二輪自転車とすれ違うことを後車の運転者に連絡せず，かつ足踏式二輪自転車に乗っている者に対しても被牽引車のあることを知らせないで漫然同一速度のまま進行してすれ違った過失により，後車荷台右前部角部に前記足踏式二輪自転車の前部ハンドルを接触させて右Nを自転車もろとも路上に転倒させた。

⑤　普通貨物自動車を運転し，自車後部にロープを取り付けて長さ約4.5メートルの間隔で自力走行不能の車両を牽引し，○○先の信号機により交通整理の行われている交差点をK方面からO方面に向かい左折するに当たり，左折方向出口には横断歩道が設置され，その先に，O方面に向けて渋滞停止車両があり，自車を同渋滞停止車両の後方に停止させると同ロープで同横断歩道を遮断することになり，横断歩行者が同ロープにつまずいて転倒するおそれがあったから，同ロープで同横断歩道を遮断することがないよう同横断歩道の手前で停止する等の自動車運転上の注意義務があるのにこれを怠り，漫然自車を前記渋滞停止車両の後方に停止させて同ロープで同横断歩道を遮断した過失により，折りから同横断歩道を左から右に横断してきたA（当時70歳）を同ロープにつまずかせて路上に転倒させた。

⑥　ホースリールが取り付けられた台車を牽引した普通貨物自動車を運転し，○○先道路から発進してN方面に向かい進行するに当たり，同ホースリールの先端ノズル部分を確実に台車に固定するなどし，走行中，ホースがほどけないような措置を講じた上運転を開始すべき自動車運転上の注意

義務があるのにこれを怠り，同ノズル部分をビニールひもで1か所台車部分に固定したのみで，同ホースを確実に固定せず，ホースがほどけないような措置を十分に講じないまま運転を開始した過失により，走行中，同ホースをほどけさせ，その頃，○○先の丁字路交差点をN方面からK方面に向かい右折して時速約30キロメートルで進行中，同所先道路左側端に佇立していたI（当時73歳）に同ホースを衝突させて路上に転倒させた。

⑦　大型貨物自動車（車長9.92メートル）を運転し，○○先道路をH方面からI方面に向かい時速約50キロメートルで進行中，進路前方の道路左側を自車と同方向に進行中のM（当時18歳）運転の原動機付自転車を時速約70キロメートルに加速してその右側から追い越すに当たり，当時自車は後部にトレーラー（車長8.02メートル）を牽引し，追越しに時間と距離を要する車両であったのであるから，前記原動機付自転車の動静を注視し，同車との安全を確認しつつ，同車の追越しが終わったのを確認してから初めて左に進路を変更すべき自動車運転上の注意義務があるのにこれを怠り，同車の動静を注視して同車との安全を十分確認せず，追越しが終わったのも確認しないまま，漫然同自転車を追い越したと軽信して，左に進路を変更した過失により，同車右ハンドルに前記トレーラー左後部を衝突させた。

4　捜査上の留意事項

①　事故状況の解明

　　牽引車，被牽引車のいずれが衝突したのか，衝突箇所，衝突状況，衝突場所，衝突後の状況等。

②　牽引車の大きさ，形状等の保存（写真撮影等），被牽引車の牽引の方法，牽引車と被牽引車との間隔及び進行によって生じた間隔の変動，両車両の進路の状況，事故前の牽引車，被牽引車の動き，被牽引車に運転者，看視者があったかどうか，あったとすればその者の執った措置，牽引ロープ等牽引に使用した機材等の押収。

③　当該地点の形状，見通し状況等

④　事故現場の交通状況
⑤　相手車両からの牽引車，被牽引車についての見通し状況，運転状況

5　判　例

① 最決昭和30年2月3日刑集9巻2号194頁
　　自動車運転者が，エンジン，配電機，警音器などの故障により，自力で運転することが不可能となった貨物自動車をワイヤーロープなどによって連結牽引して運転する場合は，牽引車や牽引ロープなどに標識をつけて通行人馬に警戒させるなどの措置を講じ，殊に薄暮時及び夜間においては，その状況に応じ被牽引車の前照灯を点灯して，被牽引車の存在することの発見を容易にする措置を講じ，さらに通行道路が狭隘であり，すれ違いの人馬などのある場合には極力減速していつでも停車し得るよう臨機応変の措置を講ずべき義務がある。

② 東京高判昭和30年7月2日高刑特2巻13号685頁
　　故障車を牽引し，その全長が著しく長大な場合に，牽引自動車を運転して前方の足踏式二輪自転車を追い越そうとするに当たっては，その被牽引車の後尾が完全に足踏二輪自転車を追い越すまでに，いかなる不測の事故が発生するかも分からないから，あらかじめ危険の発生を防止するに足りる十分な間隔を保って進行することに特に周到な注意を必要とする。

③ 石岡簡判昭和35年12月26日下刑2巻11・12号1556頁
　　牽引車を運転するKは，道路の西方のカーブを出た辺りで約2,300メートル前方に東方から対面進行してくる被害者の自動車を認めこれとすれ違うのであるから，その間被牽引車とは十分の連絡をとり，被牽引車が右側に出ないように警戒し，特に速力の加減による牽引綱の緩みや張りに十分な注意を払い，被牽引車の操縦者と図ってその操縦を適正ならしめ，事故の発生を未然に防止すべき牽引運転上の注意義務があることはもちろんである。

④ 最決昭和38年1月24日刑集17巻1号1頁
　　牽引自動車の運転者が，大型の被牽引車を連結牽引して運転中，左側は

山腹，右側は断崖となっている狭隘な道路で，その断崖の側を内側として右曲している箇所に差し掛かったとき，前方から歩行してきた老人が，その断崖の上に待避した場合には，一旦停車して老人を安全な場所に移してから進行するか，同乗の助手を下車させるなどして老人の姿勢，挙動などを注視させ，その連絡によっていつでも停車し得るよう極力減速して徐行するなどの注意義務がある。

⑤　東京高判昭和38年3月27日公刊物未登載

　　牽引車の運転者は，牽引車だけを過失なく操縦するだけでは足りず，被牽引車の動向を常に注視するとともに，その間に障害物その他を挟まないように注意しなければならない。被牽引車の運転者も，また通常の自動車運転者としての注意義務を有するほか，進行方向の転換，速力の加減，通行中の人馬などとのすれ違いや追越しなどについては，特に事前に牽引される自動車の運転者と危険な場合に備え，あらかじめ運転上いかなる事態にも対処し得るように詳細な打合せをしておき，運転中も常に密接な連絡を保ち，牽引車の車体上に看視者を置いて，被牽引車との連絡や通行人馬の看視並びにこれらの者に対し注意を与えるとか，牽引車の運転者を補佐し，牽引を適正に行わせなければならない責任を有する。

第17 故障車運転時の注意義務

1 道路交通法上の義務

(1) 整備不良車両の運転の禁止

　車両等の使用者その他車両等の装置の整備について責任を有する者又は運転者は，その装置が道路運送車両法第3章（道路運送車両の保安基準）若しくはこれに基づく規定又は軌道法14条若しくはこれに基づく命令の規定の定めるところに適合しないため交通の危険を生じさせ，又は他人に迷惑を及ぼすおそれがある車両等（整備不良車両）を運転させ，又は運転してはならない（法62条）。

　交通の危険を生じさせるものとしては，ハンドル，ブレーキ，方向指示器，前照灯の故障はその代表である。

(2) その他

　その他は，第2章各論　第1発車前の車体検査等の義務の項（131頁）参照。

2 過失運転致死傷罪における注意義務

(1) 制動が効かない等制御ができないような故障が車両にある場合

　車両を運転した場合，制動が効かない等制御ができないような故障が車両にある場合には，その車両を運転すること自体が事故に直結する危険なことなので，運転避止義務がある。そのような故障を認識していなくとも，認識する可能性があれば，運転避止義務違反が認められる。

　運転の途中に，初めて気付き得る故障の場合で，その後，運転を中止することが可能な場合には，運転を中止しなかったことが注意義務違反となる。

つまり，中止する義務があることになる。もっとも，運転中止以外で，事故を何らかの方法によって避けることができる場合には，当該事故を防ぐべき運転行為をとることが注意義務の内容になる。すなわち，フットブレーキが効かないことが分かった場合には，サイドブレーキをかけて速度を減じるとともに，ハンドル操作を行うことによって，衝突を避ける等である。

(2) 故障があったとしても運転を制御できる程度のものである場合

　故障があったとしても運転を制御できる程度のものである場合には，運転避止義務や運転中止義務は，生じないと考えてよいが，その場合は，当該故障により事故が生じないように，注意して運転する必要がある。例えば，前照灯が点灯しない場合には，夜間，歩行者を発見できる地点で発見して急制動をかけた場合に，停止して衝突を避け得るような速度で進行する義務がある，というのが一例である。

(3) ブレーキが効きにくい故障の場合

　ブレーキが効きにくいという故障の場合は，程度問題ではあるが，運転避止義務や運転中止義務までは生じないこともあり得るところ，その場合は，速度を適切に調節した上で，ブレーキの効きが悪いために相手に衝突することのないような速度で，進行すべきである。

(4) 故障の認識と過失

　なお，以上のことは，運転者が，車両の故障を認識し得た場合のことである。車両に，運転者の知り得ない欠陥があった場合には，車両の運転者に過失責任を負わせることはできない。

　その例として，最近，社会的に問題となった三菱自動車欠陥トラクタによる横浜母子3人死傷事件がある（最決平成24年2月8日刑集66巻4号200頁）。同事件は，進行中の同社製の大型トラクタのフロントホイールハブ（いわゆるDハブ）が輪切り状に破損し，左前輪がタイヤホイール，ブレーキドラムごと脱落し，歩道上にいた母子3人に衝突し，母親を死亡させ，2名の児童に傷害を負わせたという事故であり，Dハブに構造的な強度不

足の欠陥があったにもかかわらず，三菱自動車の品質保証部長とそのグループ長が，リコール等の改善指導を行わず，Dハブ装置車両の運行を放置した過失があるとして業務上過失致死傷罪で起訴されたものである。

最高裁は，被告人両名に対して，強度不足に起因するDハブの輪切り破損事故の更なる発生を防止すべき注意義務があったとして業務上過失致死傷罪の責任を認めた。反面，運転者の業務上過失致死傷罪の責任が問われることはなかった。このように，車両自体の構造的な欠陥がある場合もないわけではないため，故障の有無に関しては，慎重な捜査を遂げる必要がある。

なお，車両の構造的欠陥を原因とする人身事故において，運転者がその構造的な欠陥を認識していたり，認識することが可能であった場合には，責任が認められることはいうまでもない。もっとも，この場合，車両を製造した者にも，過失が認められるか否かは，一概にはいえないであろう。製造者が，故障を公表し，リコールを求めていたような場合には，運転者の運転の事情等のいかんによっては，製造者の責任が否定されることもあり得よう。

3　実務例

① 大型貨物自動車を運転し，時速約40キロメートルで進行中，自車のフットブレーキはブレーキペダルを2回踏まなければ効かない状態であったから，直ちに最徐行に移り，一層前方左右を注視して障害物の早期発見に努め，危険の発生を未然に防止すべき自動車運転上の注意義務があるのにこれを怠り，助手席のKと雑談をしながら前方注視不十分のまま漫然同一速度で進行した過失により，前方交差点の手前で信号に従って停車中のY（当時28歳）運転の大型貨物自動車を約18メートル先に発見し，ブレーキペダルを2回踏んで停止しようとしたが間に合わず，同車後部に自車前部を衝突させて同車を前方に押し出し，その前方に停止していたM（当時37歳）運転の普通乗用自動車に衝突させた。

② 普通貨物自動車を運転し，時速約25キロメートルで進行中，同町5丁

目7番地先の住宅街に差し掛かったが，自車の制動装置の機能が不良でブレーキペダルを1回踏んだだけでは急停車の措置が完全にできないことをあらかじめ知っていたのであるから，速度を調節し進路前方の注視に努め，横断歩行者の有無及び動静を確認して進行するなど危険の発生を未然に防止すべき自動車運転上の注意義務があるのにこれを怠り，進路前方約25メートルの地点を左から右に横断した数名の歩行者を認めながら右歩行者らが横断し終われば他に歩行者はないものと軽信し，同歩行者の後ろ姿に見とれて進路左前方の安全を確認しないまま同一速度で進行した過失により，折から右横断歩行者に続いて左方から右方に横断していたY（当時17歳）を左前方約9.8メートルに発見し，あわてて急制動の措置を執ったが，前記のごとく制動装置の機能が不良であったため停止できず，自車左前部で同女を跳ね飛ばした。

③　車庫に入れてあった普通貨物自動車を運転しようとしたが，同車は前日よりフットブレーキが故障し，制動が不能であることを知っていたのであるから，運転は差し控えるべきであり，やむを得ず運転するときはサイドブレーキにより即時停止できるよう変速ギアを最低位置にして徐行するほか，停止に当たっては路面の状況，停止予定位置との距離を考慮し，あらかじめアクセルペダルから足を離してエンジンの回転を低減させ，これにより前進制御の措置を執り，路面の障害物に車輪を接触させたときなどの衝撃でアクセルペダルの踏み込みによりエンジンの回転を増加させないようにするとともに，早期にサイドブレーキを操作するなどして慎重に運転すべき自動車運転上の注意義務があるのにこれを怠り，前記フットブレーキの修理を依頼しようとしてあえて同所から前記自動車の運転を開始した過失により，同日午前8時55分頃，同所から約1,900メートル東方にある○○番地先交差点に差し掛かり，一旦停止したのち同交差点を右折して○○町方面に向かい同交差点南約20メートルの道路左側歩道寄りに停止しようとして時速約10キロメートルで発進した際，変速ギアを最低位置に入れたもののアクセルペダルから足を離さず，かつ，サイドブレーキを操作することなく右折進行し，サイドブレーキの操作時機を失して予定地点に停止できず，自車左前輪を歩道縁石に接触させ，その衝撃によりアク

第17　故障車運転時の注意義務　**571**

セルペダルを踏み込んで自車を加速させ，同所歩道に乗り上げ，折から同歩道上を歩行していたT（当時16歳）に自車前部を衝突させた。

④　自車の制動装置が故障し，その機能が不良であったから，その運転を差し控えるべき自動車運転上の注意義務があるのにこれを怠り，フットブレーキの故障している大型貨物自動車をあえて運転し，時速約40キロメートルで進行した過失により，進路前方の横断歩道手前に停止したバスに続いて停止しようとしたが，フットブレーキ故障のため停止し得ず，右バスとの追突を避けるため急遽左に転把して自車を左斜めに暴走させ，前方の横断歩道上からさらにその前方の歩道上に乗り上げ，折から右歩道上に佇立していたI（当時4歳）に衝突させた。

⑤　普通貨物自動車を運転し，時速約40キロメートルで進行中，降雨で路面が濡れていて滑走しやすい状況にあり，かつ自車の右後輪ドラムが摩耗してブレーキが片効きだったのであるから，適宜減速するはもちろん，ハンドルを厳格に保持して進行すべき自動車運転上の注意義務があるのにこれを怠り，漫然前記速度のまま進行した過失により，歩行者を認めて急制動した際車尾を右転回せしめて自車を半回転させ，道路左側に激突させた。

⑥　大型貨物自動車（クレーン車）を運転し，○○先の交差点で信号待ちのため停止後，発進するに当たり，これに先立つ○○頃，○○所在の○○営業所敷地内において，同車のエンジンを始動させた際，一時的にウォーニングランプが点灯するとともに警告ブザーが鳴り，さらに○○頃，同所から同車の運転を開始した後間もないことから再びウォーニングランプが点灯し，警告ブザーが鳴り続けるとともに，フットブレーキの効きが悪くなっていると感じ，同ブレーキが故障して制動不能に陥ることを認識し得たのであるから，直ちに運転を中止すべき自動車運転上の注意義務があるのにこれを怠り，漫然と同車を発進させて運転を継続した過失により，○○頃，○○先の信号機により交通整理の行われている交差点手前約106.7メートル地点の下り勾配100分の5メートルの道路をY方面方同交差点方面に向かい時速約50キロメートルで進行中，同交差点の対面信号機が黄色の灯火信号を表示しているのを認めて制動措置を講じた際，ブレーキオイル漏れによるフットブレーキの故障により減速できず，サイドブレーキを引

いても十分減速できずに走行の自由を失い時速約30キロメートルないし40キロメートルで同交差点に進入し，折から，信号待ちのため対向車線で停止中のＩ（当時56歳）運転の普通貨物自動車自動車右前角部に自車右前部を衝突させた上，その衝撃により前記Ｉ運転車両を後退させ，同車両後部をその後方で停止していたＭ（当時58歳）運転の普通貨物自動車前部に衝突させた。

⑦　大型貨物自動車を運転し，○○頃，○○付近道路において，フットブレーキの異常から赤色信号に従って停止することができず，信号待ちで停止していた普通貨物自動車に追突する交通事故を起こしたのであるから，同車両の運転は厳に差し控えるべき自動車運転上の注意義務があるのにこれを怠り，配達先までは短距離であり，十分注意すれば大丈夫であろうと軽信し，あえて故障によってフットブレーキの効かない同車両の運転を開始した過失により，○○頃，○○先の交差点の赤色信号を認めてこれに従って停止しようとした際，ブレーキが十分効かず停止することができず，左転把して同道路脇のガードパイプに接触させて停止を試みるも停止することができず，自車を前方に逸走させて信号待ちで停止していたＳ（当時55歳）運転の普通乗用自動車後部に自車前部を衝突させた。

4　捜査上の留意事項

　事故現場の実況見分を綿密に行う必要がある。そして，事故状況を解明する。事故状況に関しては，被疑者の事故時の対応を聴取し，それと，客観的な事故状況が整合するか否かを検討する。整合しない場合は，被疑者が虚偽の説明を行っている可能性もあるので，その点を徹底的に追及，解明した上で，併せて，車両に故障がないかどうかを，事故車両の見分，場合によっては分解等も行って解明する。故障車運転事故の場合，衝突現場，衝突で漏れた油の量，はずれたピン，異常なスリップ痕などの証拠収集，被疑者運転車両のブレーキテストなどが事件解決の鍵となる場合が少なくない。

　最近の自動車には，EDR（イベント・ドライブ・レコーダー）及び故障診断装置を備えているものが増えている（平成20年10月1日以降は，車両総重量3.5ト

ン以下の自動車には，車載式故障診断装置の装着が義務付けられた）ので，これによって，事故状況及び事故時車両に故障をうかがわせるデータが記録されていないかどうかを検証することも，故障の有無を発見する際に有効である。

　故障が発見できたとしても，その故障がどの程度のものであるかを明らかにしなければ，注意義務を特定することはできない。というのは，故障の内容や程度によって運転者に対して課せられる注意義務が変わってくるからである。事故車両が走行可能であれば，実際に走行して，故障の有無やその内容及び程度を明らかにすることができるが，走行不可能であれば，困難な問題となろう。もっとも，形状等を検証することで，正常な部品等と機能を比較したり，専門家の意見を求める等によって明らかにしてゆくほかないであろう。

　また，仮に，客観的に故障が認められたとしても，運転者において，故障の事実及び故障の内容，程度，故障により事故が発生することについての予見可能性がなければ，過失責任を問うことはできないので，その予見可能性の立証が必要であるところ，ブレーキの故障のように，運転前あるいは事故前のブレーキの効き具合で故障が分かる場合もあるが，故障いかんによっては，運転者自身に故障のサインかどうか分からないこともあるので，立証が難しい場合もある。この点は，運転者の経験やメカニックに対する知識・力量によっても変わってくるので，事故を起こした運転者（被疑者）の経験，メカニックに対する知識・力量に対する捜査も必要になってくる。

　現実には，不可抗力の弁解が出ることが多い。その弁解を鵜呑みにしてはならないが，前記三菱自動車欠陥トラクタによる横浜母子3人死傷事件のように車両自身に欠陥があった場合もある（運転者の責任は問われていない）し，修理不十分や整備点検や車検での検査不十分に起因して，故障を認識していなかった場合もあるので，慎重な捜査を要する。事故が車両の不具合や故障によって生じた可能性がある場合には，運転前の車検の検査状況，修理状況の裏付け捜査は不可欠である。事故発生直後の修理業者の修理伝票1枚の存在が事案の真相を究明するため大きく役立った例もある。運転者にとっては予見可能性のないブレーキ故障である旨の修理工の供述があったような場合には，被疑者が過失を認めているからといって，右修理工の供述を過小評価するようなことがあってはならない。

以上を前提にして，留意すべき捜査は，
① 事故状況の解明，その上で，運転操作に原因があったのか，車両の故障に原因があったのか（双方である可能性もあるので留意のこと）の解明，車検や修理状況の裏付けも行う
② 運転開始前から制動装置や操向装置（ハンドル）に故障があった場合は，その箇所，程度，それを知った時期，故障の部位（程度についてはその目的だけの実況見分調書の作成）運転中の速度，衝突地点までの運転距離，被害者発見地点，そのときの相互の距離，執った措置，被害者の動静
③ 運転中発見した故障であるときは，その箇所，程度，原因，それを知った時期，知った理由，運転開始前の始業点検時に発見できなかった理由，故障を知ってから運転を継続した理由，故障発見地点から事故現場までの距離，運転時間，その間に執った措置，被害者発見地点，そのときの相互の距離，被害者側の過失の有無
④ 事故の原因となった故障が事前の点検によって発見又は予見できなかったものかどうか，故障が車両運転者にとって予見可能であったかどうか，運転中故障に気付いた場合に，事故を防ぐための対応（急停車等）をとることが可能だったかどうかの解明，裏付け
⑤ 故障の箇所により，どのような運転，操作が可能か，実際にどのように運転，操作を行ったのか，その理由，それが事故の原因となっているか否か
などである。

5 判 例

(1) 積極判例
　① 大判大正12年5月24日刑集2巻448頁
　　　進行中ハンドルなど操向装置に故障の生じたことを推知したときは，直ちに急停車して故障の有無を点検する義務がある。
　② 大判昭和8年6月2日刑集12巻642頁
　　　進行中フットブレーキに故障の生じたことを発見したときは，サイドブレーキによって停車し，運転を中止して故障の箇所，程度を点検する

注意義務がある。

③　名古屋高金沢支判昭和27年2月4日判特30号70頁

　　進行中前車輪のスプリングが折損し，予期しない方向に進行する場合には，運転者は常に進路について注意を払い，ハンドルの操作が意のようにならないときは，急停車するなど事故の発生を未然に防止すべき注意義務がある。

④　東京高判昭和28年2月4日東高時報3巻2号51頁

　　右前照灯が故障して点灯しないため，多少とも前方照明が不十分な本件自動車を運転して，右現場付近を通過するに当たっては，相当に減速して前方の道路状況を十分に確かめて進行し，万一自動車が道路を踏み外しそうな危険に際した場合には，直ちに停車して乗客の安全を保持すべき業務上の注意義務がある。

⑤　福岡高判昭和30年12月28日高刑特2巻追録1355頁

　　積荷を満載した普通貨物自動車を運転し，山沿いの下り勾配道路を時速約8キロメートルの速度で進行中，速度をほとんど人の歩行速度（時速約10キロメートル以下）にまで低下徐行して右折しなければ欄干に車体の衝突するおそれのある運転操縦の困難な橋に差し掛かる手前約42メートルの地点で，突然荷台後部の下部辺りに金属性の異常音を聞いてエンジンから後部車輪に動力を伝導する装置の故障を直感し，かつ，自動車の走行速度もエンジンの回転速度を上回って約25キロメートルの速度となった場合においては，直ちに急停車するか，あるいは少なくとも右折する直前に一応停車して故障の箇所を点検整備し，速度の低下が可能であることを確認した上初めて進行し，もって橋を通過するための右折に際し生ずることあるべき一切の災害を未然に防止すべき業務上の注意義務がある。

⑥　札幌地室蘭支判昭和33年5月29日一審刑集1巻5号819頁

　　ブレーキの故障している貨物自動車を運転して，交通頻繁な狭隘な道路を進行する場合には，運転者は警音器を吹鳴して警告を与えるとともに，直ちに停車し得るよう減速徐行すべきである。

⑦　宇都宮地判昭和34年3月25日下刑1巻3号733頁

ブレーキを2度踏まなければ制動しない故障した貨物自動車に貨物を積んで進行する場合には，危急の際ブレーキを1回しか踏むことができないときにも，急停車し得るよう徐行し，かつ進路の前方及び左右を注視して，事故の発生を未然に防止しなければならない。

⑧ 　東京高判昭和37年10月19日高刑15巻8号599頁

フットブレーキが故障し，制動の機能を有しなくなった自動車を運転して交差点を右転回しようとする場合に，進路の前方を横断歩行中の数人を認めたときは，これと衝突することのないように，サイドブレーキだけで直ちに停止し得るように徐行するなど，事故の発生を防止する措置を執らなければならない。

⑨ 　東京高判昭和44年12月9日高検速報1778号

ブレーキ関係に整備上の欠陥ある車両の運転につき，会社側で徹底的検査及至予備車使用の要求を拒み，整備不良車を敢えて使用させたという特段の事情が存しない限り，始業前の車両の整備点検は運転手の責任であり，その申出を待って整備係員が整備する建前であるから同車両の制動装置の不良等をある程度自覚しながら始業前の点検をしないでこれを運転し因って事故を発生させた運転手はその過失責任を免れることはできない。

⑩ 　前橋地判昭和50年1月31日刑月7巻1号60頁

約1か月前から中古車展示場に置かれ，十分な整備もされなかった普通乗用自動車の右後輪だけをスペアータイヤに交換して運転中，先行車を追い越すために加速した際，同タイヤがパンクして自車を滑走させ，対向してきた原動機付自転車を衝突して，死亡させた事故につき，仮にパンクが本件自動車の滑走以前に生じていたとするならば，その後の自動車の運転は被告人の意思に無関係であり，これが原因で生じた事故につき被告人の責任を求めるには，被告人においてこのパンクを予見することができた特別の事由が存在しなければならない。一般に現在市販されている自動車は，現在の激しい交通情勢において，ある程度の高速で急ハンドルを切らなければならない突発的現象にも対処できる構造と機能を持っているはずであり，判示事実のような道路及び交通状況の下に，

判示のような運転をしたとしても，（運転者がいわゆる無謀運転の誇りを免れ得ないことは別として）タイヤがパンクすることまでは予測できないものというべきである。しかしながら，本件において，被告人は，本件自動車がいわゆる下取りされたもので，約1か月前から中古車展示場に置かれていたもので，いわゆる車の整備はされておらず，仕業点検の際に，右後輪の空気圧が少なかったので，スペアータイヤと交換しているのでありこの時点で左後輪も若干空気圧が少なかったことも当然予想できたはずであるから，あたかも競争中の車がなすようにいわゆるサードギアにして追い越し，急に左にハンドルを切り，さらに右カーブを回ろうとするような左後輪に強い圧力のかかる運転をすればパンクもあり得るかもしれないことを予見可能であったというべきである。そして本件自動車の左後輪がパンクすれば，対向車との衝突が起こり得ることは当然予見し得るところである。そうすると被告人は本件自動車を用いて判示のような状況の下における追越しは回避すべき注意義務が存在した。

⑪ **東京高判昭和51年5月27日高検速報2165号**

大型貨物自動車を運転し，高速道路を走行中，ブレーキの効きが悪かったので一旦停車してブレーキオイル等の点検をした後，再び走行した際，制動装置の故障のためブレーキが効かなくなり，料金所で停車中の前車に衝突した事故につき，本件においてブレーキが効かなかった原因は，左後輪のブレーキ調整の不良，すなわち，アジャスターの移動量が過大であり，そのためにブレーキドラムとブレーキライニングとの間にほとんど隙間のない状態であったため，ブレーキドラムとの引きずりを生じ，換言すれば，常に軽くブレーキのかかったままの状態であったために，たまたま高速道路を走行中短時間に制動部が高熱となり，ブレーキオイルの漏れが急速に増加し，そのため生じたブレーキオイルの不足か，若しくは高熱のためにベーパーロックという現象を起こしたことによるものと推認されること，一方，被告人車の整備状況を見ると，本件事故前の同年5月3日被告人の勤務先である〇〇株式会社の指定工場である自動車工場に依頼してブレーキライニングの張替えを行い，同じく約2週間前の同年6月26日に同所でブレーキ調整を行い，さらに同じく3日

前の同年7月7日には，同社営業所でブレーキテストを行い格別の異常がないことを確認した上で，ブレーキオイルが古くなっていたため新しいオイルと交換していること，そして，本件事故当日，被告人は中央高速道を進行中ブレーキの効きが悪いことに気付いたので，本件事故現場より約9.4キロメートル手前のD坂サービスエリアを過ぎた辺りで道路左側端に停車した上，ブレーキオイルが減っていないことを確認し，被告人車の回りを外部から一応点検してみたが，格別の異常も認められなかったので，気を付けて運転すれば大丈夫だと考えてさらに運転を継続したものであること，当時被告人は特に過大な積載をするとか，速度を出し過ぎるとか，あるいは過度にブレーキペダルを踏むとかの危険な運転方法は採っていなかったこと，以上の事実を認めることができる。以上認定の事実関係によってみれば，被告人は，D坂サービスエリアを過ぎた辺りで被告人車の制動装置が故障し，その機能が不良になったことに気付いてい道路左側端に停車した際，ブレーキオイルの漏れの有無を点検してこれに異常が認められなかったとしても，制動装置の機能不良，すなわち故障は十分認識しており，特に本件のように相当な重量を有する大型車両を高速道路で運転する場合，制動装置の故障がいかに危険なものであるかは周知のことであるから，自動車運転者としては右故障を修理した後でなければ運転を継続してはならない業務上の注意義務があるのにこれを怠り，このままでも気を付けて進行すれば大丈夫であろうと軽信して漫然運転を継続した過失があるというべきである。

⑫　東京高判昭和52年1月24日刑月9巻1・2号1頁

　　大型貨物自動車を運転し，T高速道路上り車線第一車両通行帯を時速約80キロメートルで進行中，左後輪取付用の8本のハブボルトが折損したため，左後車輪のうち外側車輪が車体から離脱したのに気付かず，これを第三車線上に置き去りにしたため，その後同車線上を後続してきた車両がこれに乗り上げ，安定を失って中央分離帯を越えて対向車線に暴走突入して2台の対向車両に順次衝突して死傷させた事故につき，被告人は，左後部外側車輪が車体から離脱する少なくとも約440メートルないし450メートル手前で，突然自車の後部懸架装置付近でガタガタと

いう異常音がしているのを耳にし，車体の横揺れが始まるとともにハンドルが左にとられ，自車の走行機能に障害の生じたことに気付いたこと，被告人は右のとおり異常を感じた直後，自車の右後方第二車両通行帯を進行してくる同僚が，2回にわたり前照灯の光を上下に操作して合図をしてくるのに気付いたが，大した障害ではあるまいと考え，そのまま運転を継続したため，左後輪のうち外側車輪が車体から離脱するに至ったこと等の事実が認められ，およそ自動車運転者は整備不良車両の運転をしてはならないことはいうまでもないが，特に高速自動車道路において自動車を運転する場合には，歩行者，信号機に対する注意義務が軽減される反面，自車の走行機能の障害の有無については，通常の場合に比して，特に注意力を集中し，細心の配慮の下に運転しなければならないことを合わせ考えると，被告人が自車の走行機能に障害の生じたことに気付いた場合には，それが車輪取付用のハブボルトの折損による脱輪という稀有の事態の発生によるものであることまで事前確認することはできなかったとしても，直ちに運転を中止して停車し，走行機能の障害の原因について車両を点検し，事故の発生を未然に防止すべき業務上の注意義務がある。

(2) 消極判例

① 広島高判昭和41年12月22日判時475号60頁

　乗客を乗せてバスを運転中，タイヤに巻いてあったチェーンが切れ，それにたたきつけられてオイルブレーキのパイプが損傷してブレーキが効かなくなって道路端に転落した事故につき，㋐出発前の点検に際し右後車輪に巻き付けてあった鎖が磨滅して切断寸前の状態であったのに気付かなかったという過失については，同鎖が磨滅して切断寸前の状態にあったことを認める証拠はなく，むしろ，磨耗だけでなく材質の不良あるいは路面の不良又は路面と速度の関係等に影響されて起こり得るもので，原因は一様でなく，そのいずれの原因によったのかも分からないとして，否定し，㋑鎖が切断してその先端が車体をたたき始めたため，その異常音に気付いた乗客から注意を受けたにかかわらず直ちに停車して

右異常音の原因を調査しなかった過失については，乗客の忠告等にもより被告人が異常音に気付いたのは事故発生地点から約50メートル手前付近で，しかもこれに次いで直ちにフットブレーキを踏んだ際には既に右側後車輪の切断した鎖の先端がブレーキのパイプに巻き付いてこれを折損しフットブレーキの機能を失っていたことと同地点付近の勾配とのためにもはやバスを停車させることができない状態にあったことが認められる（仮に異常音に気付いた時機が右の認定より以前であったとしても，切断した鎖の先端がパイプを折損しフットブレーキの機能を失う可能性のあることを予見することは不可能と認められる）として，同過失も否定し，㋒その後カーブに差し掛かりオイルブレーキを踏んだ際，その機能が失われているのに気付いたので，路面と高低差の低い田んぼなどに乗り入れ，できるだけ衝撃が少なくなるような方法で停車すべきであったのに，片手でサイドブレーキを片手でハンドルを操作するといった中途半端な措置を執った過失については，右措置はその際の状況に照らし，自動車運転者として最も妥当なもので，田んぼなどに乗り入れることは地形上かえって危険を伴うものであったとして，同過失も否定。

② 東京地判昭和46年3月18日判時629号101頁，判タ263号280頁

普通乗用自動車を運転し，時速約20キロメートルで進行中，進路前方の横断歩道を横断中の歩行者を認めて停止しようとした際，ブレーキの故障により制動できず，同歩行者と衝突した事故につき，〇〇自動車販売株式会社サービス部技術課長作成のブレーキ事故検討書によれば，本件自動車のフットブレーキのマスターシリンダーのチェックバルブラバーが破損して2つに割れ，移動してマスターシリンダーとブレーキパイプの接続部がブレーキパイプとパイプコネクターの接続部かのいずれかに詰まり，このため油圧が各ホイールシリンダーに全く送られない状態となり，ブレーキペダルの踏込みも不可能になったものと認定できる。そこで被告人の過失の有無について検討すると，訴因によれば，被告人は右のようなフットブレーキの故障を当日朝の仕業点検によって発見すべきであったということになるが，本件のようなフットブレーキの故障

は稀有の現象というべきであり，またマスターシリンダーを分解する等の方法によらなければチェックバルブラバーが老化して破損寸前の状態にあることを発見することは不可能であるから，通常の運転者に対し，仕業点検時に右のような故障を発見すべきことを要求することはできない。また，その他フットブレーキの制動機能の異常を予見し得るのような特段の事情のあったことを認めるに足りる証拠はないから，右の点について，被告人が自動車運転者としての業務上の注意義務に違反したものとすることはできない。次に，前記ブレーキ事故検討書によれば，本件自動車のサイドブレーキは，そのレバーの引き代が調整の良好のものより長く，ストッパーに当たるまで前部に引かなければならないが，一杯に引けば制動能力があり，時速20キロメートルの場合，6メートルから6.2メートルで停止することが認められる。そして本件では，被告人がフットブレーキの異常を発見した地点から衝突地点まで約19メートルあったから，サイドブレーキを早期に確実に操作することにより事故の発生を防止することは，理論上不可能でなかったことになる。しかしながら，本件のようにそれまで異常がなく作動していたフットブレーキが突如として効かなくなり，一方サイドブレーキの制動効果だけでは前車との衝突が避けられないという状況におかれた運転者に対し，ハンドルの操作によって危険を回避しようとする努力するかたわら，サイドブレーキを早期にかつ確実に操作して事故の発生を防止すべきであったと要求することはいささか酷にすぎるものというべきである。まして，本件では異常を発見してから衝突までの時間は計算上3秒半に満たないわけであり，この僅かの間に，冷静着実にサイドブレーキを操作して衝突地点に達する前に本件自動車を停止させるべきであったということを通常の運転者に期待することはできないものといわなければならない。

③ 東京地判昭和47年6月24日判時675号107頁，判タ282号314頁

　　ブレーキ故障車を引き取りに行き，途中でブレーキが効かなくなったために歩行者に傷害を負わせた事故につき，被告人は，ブレーキライニングが摩耗しているかもしれないとの認識がありながら本件自動車を運

転したものであることが明らかである。そこで，被告人が同車の車輪中に前記のようにブレーキライニングが摩耗してほとんどない状態のものがあることまで認識し，あるいは認識することができたか否か，さらに右状態のためブレーキペダルの踏み方いかんによってはホイールシリンダーからピストンが飛び出すことになることまで予見することができたか否かが問題になるが，ライニングが摩耗して全くない場合でも制動力が全く損なわれるわけではなく，法定の車両検査でもブレーキの効き具合のテストのみが行われ分解検査までしないので，ライニングが全くない状態の車輪が存することが全く考えられないわけではないが，ライニングが摩耗してほとんどないというような例は極少数の部類に属すること，被告人が運転開始前のテストでは踏み代が通常よりも少ないと感じた事実は，ライニングが摩耗しているならば踏み代は深くなるはずであるので，ライニングがまだかなり残存している事態を予測させるものであるところ，このような現象が見られたのは米国産車が，女性使用者向きに僅かのブレーキの踏込みでも制動効果が出るように作られているためであるが，このような事情を被告人を含め通常の認識するところとは認められないこと，本件車輪の状態（右後輪のライニングが全面的に摩耗しており，前側は全面的に脱落してなく，後側は一部に僅かを残すのみ）であれば，当然金属の擦れ合う音がすると考えられるが，被告人のテストの際には何ら異常音を聞いていないこと，一週間前に被告人が運転した際にもブレーキに何の異常も感じなかったことを考え合わせれば，被告人が，車輪中に上記状態のものがあることを認識していたとも，平均的な自動車運転者としてこれを認識できたといえない。いわんやホイールシリンダーからピストンが飛び出して外れる事態については，右車輪の状態についての認識の可能性がないばかりでなく，自動車の安全工学上これを防止する構造が設計上必ずしも考えられていないこと，あるいはそこまでの必要性が考えられていない程度の稀有のものであることに照らし，平均的自動車運転者にこれを予見することが可能であったとは到底いえない。被告人が自動車整備を業とする二級整備士であるが，本件のような異常なライニングの摩耗状態及びピストンの飛び出しについて

はそれが稀有な事例に属するため整備士の当然知らなければならないこととか，教授内容，試験内容とされておらず，業界紙等にも取り上げられていない実情にあり，ピストンが外れるということはブレーキの具合が悪いとか故障と告げられていても，整備経験の長い有識者でも一般には容易に考え及ばないことで，二級整備士であってもその平均的能力からみて，ライニングの異常な摩耗とピストン飛出の事態まで予見し得るとは認められない。また，抽象的にブレーキの故障という認識があったとしても，前記の原因で自動車が急に制動力を失って人を死傷するに至ることの予見可能性は全くなかったので，運転を差し控える措置まで要求することはできない。

④ **大阪高判昭和49年7月25日判タ316号273頁**

普通貨物用自動車を運転し，時速約50キロメートルで進行中，信号待ち先行車を認めてブレーキをかけたが，フットブレーキの一時的な故障で制動できず，先行車に追突した事故につき，本件交通事故は，被告人が普通貨物自動車を運転して時速約40キロメートルの速度で先行するV運転の普通乗用自動車に追従して，同車の動静に注視しながら進行していたところ，同車が道路上交差点の手前で対面信号の表示に従って停車しているのを約50メートル手前の地点で認め，フットブレーキを軽く踏んで減速制動の措置を執ったものの，ブレーキの効果が出ないので，さらに数回ブレーキを踏み込んだが，それまで異常のなかったブレーキが突然一時的に故障している状態に陥っており，被告人が右ブレーキの故障に気付いたときには，右V車に約2,30メートルの距離に迫っていたので，右方に転把して同車との衝突を回避しようとしたがおよばず，同車の後部に被告人車の左前部を追突するに至ったもので，右ブレーキの故障は被告人にとっては全く予見不可能なものであったというべきである[124]。

---

124) 自動車のフットブレーキが突然一時的に制動機能を失うことは稀有の現象ではあるが，あり得ないことではなく，被告人車の場合，ブレーキオイルにごみが混在し，マスターシリンダー内に右のごみがひっかかってそのため，一時的に油圧がホイールシリンダーに送られるのを障害させられたのが原因ではないかと考えられること，そして右のひっかかっていたごみが，自然にとれると再びブレーキの機能が回復されるものであること，右のようなブレーキの故障を運転開始前の仕業点検によって発見することは不可能であるとの認定が前提となっている。

第18 緊急自動車・消防用車両の運転時の注意義務

1 緊急自動車

(1) 消防用自動車・救急用自動車

　緊急自動車とは，消防用自動車，救急用自動車，その他政令で定める自動車で，当該緊急用務のため，政令で定めるところにより，運転中のものをいう（法39条1項）。

　政令で定めるものは，次に掲げる自動車で，公安委員会が指定したものである（令13条）。

　消防用自動車には，消防のために必要な特別の構造又は装置を有するもの（令13条1項1号）とそれ以外のもの（同項1号の3）がある。前者としては，ポンプ車，はしご車，水槽車，化学車，放水塔車等がある。1号の3のそれ以外のものとは，消防のために必要な特別の構造又は装置を有していない自動車のことである。

　救急用自動車は，様々なものがあり得るが，国，都道府県，市町村，成田国際空港株式会社，新関西国際空港株式会社又は医療機関が傷病者の緊急搬送のために使用する救急用自動車のうち，傷病者の緊急搬送のために必要な特別の構造又は装置を有するもののみが緊急自動車とされている（同項1号の2）。

(2) 消防用自動車・救急用自動車以外

　消防用自動車及び救急用自動車以外のものとしては，次のものがある。
　① 都道府県等が傷病者の応急手当のため出動に使用する大型自動二輪車又は普通自動二輪車（同項1号の4）
　② 医療機関が，傷病者が医療機関に緊急搬送されるまでの間における応急治療を行う医師を運搬するために使用する自動車（同項1号の5）

③　医療機関が傷病者に必要な緊急の往診を行う医師をその居宅に搬送するために使用する自動車（同項1号の6）
④　犯罪の捜査，交通の取締りなどに使用する警察用自動車（同項1号の7）
⑤　部内の秩序維持又は自衛隊の行動，部隊の運用のため使用する自衛隊用自動車（同項2号）
⑥　犯罪の捜査のため使用する検察用自動車（同項3号）
⑦　刑務所その他の矯正施設において使用する警備用自動車（同項4号）
⑧　入国者収容所などにおいて使用する警備用自動車（同項5号）
⑨　電気事業，ガス事業その他の公益事業で，危険防止のための応急作業に使用する自動車（同項6号）
⑩　水防機関が水防のために使用する自動車（同項7号）
⑪　保存血液の応急運搬のために使用する自動車（同項8号）
⑫　臓器の移植に関する法律により死体から摘出された臓器，臓器を摘出しようとする医師又はその摘出に必要な機材の応急運搬のため使用する自動車（同項8号の2）
⑬　道路管理者が，道路上の危険を防止するための応急措置又は応急作業に使用する自動車（同項9号）
⑭　総合通信局又は沖縄総合通信事務所が，不法に開設された無線局の探査のための出動に使用する自動車（同項10号）
⑮　交通事故調査分析センターが，事故例調査のために出動する自動車（同項11号）
⑯　国，都道府県，市町村，日本原子力研究開発機構，原子力事業者が，原子力災害の発生又は拡大の防止を図るための応急の対策として実施する放射線量の測定，傷病者の搬送等のために使用する自動車（同項12号）

　上記のほか，緊急自動車である警察用自動車に誘導されている自動車又は緊急自動車である自衛隊用自動車に誘導されている自衛隊用自動車は，緊急自動車とみなされる（法39条1項，令13条2項）。

2　道路交通法上の義務

(1) 緊急自動車を運転する際の要件

　　消防用自動車，救急用自動車又は公安委員会の指定する緊急自動車は，緊急用務のため運転するときは，サイレンを鳴らし，赤色の警光灯をつけなければならない。ただし，専ら交通の取締りに従事する緊急自動車が，最高速度違反の車両などを取り締まる場合で，特に必要があると認めるときは，サイレンを鳴らさなくてもよい（令14条）。

　　消防用自動車以外の消防の用に供する車両を，消防用務のために運転するときは，サイレン又は鐘を鳴らし，そのうえ，夜間，及び夜間以外の時間でも視界不良の場所（令19条のトンネルの中，濃霧がかかっている場所等）を通行するときは，赤色の灯火をつけなければならない（令14条の4）。しかし，これに該当する自動車は消防用自動車ではなく緊急自動車ではないので，後記の義務の解除は受けない。

　　緊急自動車は，その任務の緊急性に伴って運転するものであり，その緊急の公益性から，一般車両と異なり迅速な進行を確保する必要があるため，道路交通法上の義務を軽減するとともに，他の一般車両に比して優先権が認められている。

(2) 緊急自動車の通行方法など

　ア　緊急自動車は，一般の車両が道路の右側部分にはみ出して通行することができる場合はもちろん，その他，追越しその他やむを得ない必要があるときは，道路の右側部分にその全部，又は一部をはみ出して通行することができる（法39条1項）。

　イ　緊急自動車は，法令の規定により停止しなければならない場合でも，停止しないで，通行することができる。もっともこの場合，他の交通に注意して徐行しなければならない（同条2項）。

　　　法令により停止しなければならない場合は，
　　　① 信号機や手信号などの表示に従う場合（法6条，7条）
　　　② 歩道直前の停止（法17条2項）

③　踏切直前の停止（法33条1項）
　　④　横断歩道直前の停止（法38条1項，2項）
　　⑤　指定場所における一時停止（法43条）
などであるが，緊急自動車はこのような場合でも停止する必要はないのである。もっとも，踏切通過の場合は，停止義務と安全確認義務の2つがあるところ，停止義務は免除されるが，安全確認義務は免除されていないから，安全を確認しないで通過すれば，道路交通法33条1項違反になるので，留意する必要がある。また，その他の場合でも安全確認義務まで免除されているのではないのは，当然のことである。

(3) **緊急自動車の優先**
　ア　交差点又はその付近で，緊急自動車が接近してきたときは，路面電車は交差点を避けて一時停止し，車両（緊急自動車を除く）は交差点を避け，かつ道路の左側（一方通行となっている道路で，その左側に寄ることが緊急自動車の進行を妨げることとなる場合は，道路の右側）に寄って一時停止しなければならない（法40条1項）。
　イ　交差点及びその付近以外の場所で，緊急自動庫が接近したときは，車両は道路の左側に寄って，緊急自動車に進路を譲らなければならない（同法40条2項）。

(4) **緊急自動車等の特例**
　ア　緊急自動車については，車両などの通行禁止（法8条1項），安全地帯又は道路標識等により車両の運行の用に供しない部分であることが表示されているその他の道路の部分の進入禁止（法17条6項），左側寄り通行（法18条），車両通行帯通行（法20条1項，2項），路線バス等の優先通行帯（法20条の2），道路外に出る場合の方法（法25条1項，2項），道路標識等による横断・転回・後退の禁止（法25条の2第2項），道路標識による進路変更禁止（法26条の2第3項），二重追越しの禁止（法29条），追越し禁止場所（法30条），左折又は右折の方法（法34条1項，2項，4項），指定通行区分の通行（法35条1項），横断歩道直前の徐行

法38条1項前段）並びに横断歩道及びその手前の部分における追抜き禁止規定（法38条3項）は適用しない（法41条1項）。

　イ　最高速度の遵守の規定に違反する車両などを取り締まる場合の緊急自動車は、最高速度の遵守の規定（法22条）は適用しない（法41条2項）。

　ウ　交通の取締りに専従する白バイ及びパトロールカーには、左側寄り通行（法18条1項），車両通行帯通行（法20条1項，2項），路線バス等優先通行帯（法20条の2），道路標識等による横断，転回，後退の禁止（法25条の2第2項）の規定は適用しない（法41条3項）。

　交通の取締りに専従する警察の白バイやパトロールカーに関しては，道路交通法施行規則6条で，「都道府県警察において使用する自動車のうち，その車体の全部を白色に塗った大型自動二輪車若しくは普通自動二輪車，又はその車体の全部若しくは上半分を白色に塗った普通自動車とする」と定められている。

(5) 消防用車両の優先

　ア　交差点又はその付近で，消防用車両（消防用自動車以外の消防の用に供する車両で，消防用務のため，政令で定めるところにより運転中のものをいう）が接近してきたときは，車両などは，交差点を避けて一時停止しなければならない（法41条の2第1項）[125]。

　イ　交差点又はその付近以外の場所で消防用車両が接近してきたときは，車両（緊急自動車及び消防用車両を除く）は，その消防用車両の通行を妨げてはならない（同条2項）。

　ウ　消防用車両は，一般の車両が道路の右側部分にはみ出して通行することができる場合はもちろん，その他，追越しをするためその他やむを得ない必要があるときは，左側部分の通行規定にかかわらず，道路の右側部分にその全部又は一部をはみ出して通行することができる（法39条1項，41条の2第3項）。

　エ　消防用車両は，一般の車両が法令の規定により停止しなければならな

---

[125] 消防用車両というのは，およそ消防の用に供する車両のうち，自動車以外の車両を指すものと解され，手押しポンプ車等が該当するとされている（野下・道交法389頁）。

い場合においても，停止することを要しない。この場合においては，他の交通に注意して徐行しなければならない（法39条2項，41条の2第3項）。

オ　消防用車両は，上記のほか緊急自動車などの特例とほぼ同様の特例が認められている（法41条の2第4項）。

3　過失運転致死傷罪における注意義務

(1)　緊急自動車に対する道路交通法上の義務の免除と過失運転致死傷罪における注意義務との関係

　　緊急自動車及び消防用車両は，その任務に基づく公益性と緊急性のゆえに，交通の方法に関して前記のとおり特則が認められているところ，道路交通法上の義務が免除されているからといって，直ちに，過失運転致死傷罪における注意義務までが免除されるわけではない。道路交通法上の義務が直ちに過失運転致死傷罪における注意義務になるわけではないことからも明らかであろう。

　　したがって，緊急自動車等についても，一般の車両運転者の注意義務と異なるところはない。

　　緊急自動車は，前記のとおり，その用務の緊急性から道路交通法上の義務が免じられる。例えば，停止信号に従う必要はないが，これは他の一般車両の交通と対立する。

　　そのために，道路交通法は危険を防止するため，緊急車両には，サイレンを鳴らすとともに赤色の警光灯をつける義務を課して他の車両等に知らせることとし（令14条ないし14条の4），かつその場合，他の交通に注意して徐行する義務を課し（法39条2項），他方，一般車両に対しては，避譲義務を課して（法40条），対立しないように調整しているのであるが，それでも危険を伴うため緊急自動車による事故も少なくないのが実情である。

(2) 信頼の原則との関係等

　なお，信頼の原則に関しては，これを政策的な法原則と考えて，緊急自動車運転者に対しては，信頼の原則を広く認めるという考えもあり得ようが，何度も論じているように信頼の原則は予見可能性の有無の問題にすぎないので，緊急自動車だからといって広く認めることにはならない。緊急自動車に緊急性と公益性が認められるとしても，過失運転致死傷罪で守ろうとしている法益は，人の生命・身体であるところ，緊急性と公益性のために，これをないがしろにすることはできないというべきであって，予見可能性が認められる以上，責任は免れないというべきである。しかし，他の交通関与者の避譲が予想できる場合に，予見可能性が否定されるのは当然である。

　また，緊急自動車の場合は，その用務の重大性や緊急性のいかんによっては注意義務の有無及び程度に影響を与えることがあり得る。また，緊急避難（刑法37条）として違法性が阻却されるケースもないわけではないと思われる。情状面において，酌量の余地が認められることが多いであろうことはもちろんである。また，被害者に落ち度があることも少なくない。

4 実務例

① 法令に定められた最高速度（80キロメートル毎時）を遵守すべきはもちろん，前方及び左右を注視し，進路の安全を確認して進行すべき自動車運転上の注意義務があるのにこれを怠り，同乗者Yの示す事故現場に通ずる道路地図を見ることに気を取られ，前方注視不十分のまま時速約95キロメートルで進行した過失により，進路前方にブレーキ故障のため停止していたK運転の大型貨物自動車を前方約35メートルにようやく認め，急停車の措置を執ったが間に合わず，同車後部に自車前部を追突させた。

② 進路前方約70メートルを被疑者運転の緊急用自動車の進行に気付かないで，杖をついて右から左に横断歩行しているY（当時79歳）を認めたのであるから，直ちに速度を調節し，同女の横断又は避譲を待ち，進路の安全を確認して進行すべき自動車運転上の注意義務があるのにこれを怠り，

自車が接近するまでには同女が避譲するものと軽信し，時速約60キロメートルで進行した過失により，被疑者運転車両のサイレンの音に驚き，路上に立ち止まった同女を約20メートルに認め急停車の措置を執ったが間に合わず，自車左前部を同女に衝突させた。

③ 交通整理の行われている交差点に差し掛かってこれを直進するに当たり，対面する信号機の信号が赤色（止まれ）を示していたのであるから，他の交通に注意して徐行すべき自動車運転上の注意義務があるのにかかわらずこれを怠り，自車の発する緊急用サイレンの音によって全ての他車が避譲するものと軽信し，時速を50キロメートルに減じただけで，左方道路に対する安全確認不十分のまま進行した過失により，折から右サイレンの音に気が付かないで信号に従って左方道路から交差点に進入したA運転の大型貨物自動車を左前方約12.5メートルにようやく認め急制動の措置を執ったが間に合わず，同車右前部に自車左前部を衝突させた。

④ 交通整理の行われていない見通しのきかない交差点に差し掛かってこれを右折するに当たり，同交差点の直前に一時停止の道路標識が設置されていたのであるから，徐行して他の交通に注意し，進路の安全を確認して進行すべき自動車運転上の注意義務があるのにかかわらずこれを怠り，先を急ぐ余り進路の安全確認不十分のまま時速約50キロメートルで交差点手前から道路右側部分に出て同交差点に進入した過失により，被疑者運転車両に気付かないで，右方道路から進行してきた普通乗用自動車を右前方4.2メートルにようやく認め急制動の措置を執ったが間に合わず，同車左前部に自車右前部を衝突させた。

⑤ 法令に定められた最高速度を遵守するはもちろん，同所は左にカーブした下り坂であったから特に速度を減じ，ハンドル，ブレーキを的確に操作し，進路の安全を確認して進行すべき自動車運転上の注意義務があるのにこれを怠り，先を急ぐ余り時速約90キロメートルで進行した過失により，前記カーブで急制動の措置を執るとともに左に急転把してハンドルを取られ，自車を右前方に暴走させて道路右側の崖下に転落させた。

⑥ 当時降雨のため路面が濡れて車輪が滑走しやすい状況であったから，速度を調節し不用意な急制動の措置を避け，滑走による危険を未然に防止す

べき自動車運転上の注意義務があるのにこれを怠り，緊急用サイレンによって他車が避譲してくれたことに気を許し，漫然時速約60キロメートルで進行した過失により，折から進路前方約50メートルの地点を左から右に小走りに横断した児童を認め，不用意に急制動の措置を執るとともに，右に転把して自車を右前方に滑走させて歩道上に乗り上げた。

5 捜査上の留意事項

　緊急自動車等の場合，事故の態様に特殊性が認められるわけではないので，捜査の在り方は他の車両の事故と変わるわけではない。
　しかしながら，緊急自動車の場合は，その公益性と緊急性によって，道路交通法上，他の車両に対し優先権が認められ，かつ，種々の義務が免除される関係にあるのであり，そのことが，過失運転致死傷罪における注意義務の存否と程度に影響を与えることがあるので，その用務の具体的な内容を明らかにし，その用務の重大性と緊急性が，当該事故を防ぐための予見義務や回避義務にどのような影響を与えるかを判断することになると思われる。したがって，用務の具体的な内容及びその重大性と緊急性の解明は必須の捜査事項である。
　もちろん，緊急車両として認められるための要件を満たしているかは，当然のことながら，必須の捜査事項である。

6 判　例

(1) 積極判例
　① 大判昭和7年2月22日大審院裁判例6・5頁
　　　消防自動車の運転に従事する者は，その進路にある車両や歩行者が，消防自動車の進行を知っていると思われるときは，これらの者が消防自動車の進路を妨げることがないと信頼して進行することは当然のことであるが，消防自動車にこのような行動が許されるために，その運転手に前方注視の義務並びに事故防止の義務を免除したものではないから，いやしくも消防自動車の運転手として自動車を運転する以上，常に前方を

注視し，その進路において衝突その他の事故を起こす危険を未然に察知して，これが防止に努めるべきは当然の注意義務に属する。

② 横須賀簡判昭和33年2月19日一審刑集1巻2号278頁

消防自動車は，火災の通報に接し急速に現場に赴くため一般の車両より優先通行権が認められ，最高速度も時速80キロメートルまで認められ，一時停止の表示のある交差点では徐行義務があるが，その他の道路においては正常な運転をなし得る状態にある限りあらかじめ危険発生に備えての徐行義務のないことは明白であり，本件事故発生の現場たる交差点は停止の表示のない交差点であることも，また当裁判所の検証の結果明らかなところであるが，そのため消防車の運転者に前方及びその左右注視義務がないということができないことはこれまた当然の事理である。すなわち，火災現場に急行中の消防車の運転者たる被告人といえども他の一般自動車のそれに比し前方注視ないし事故防止の義務を免除ないし軽減するものではなく，常に進路前方及びその左右を注視し，障害物を早期に発見しこれを避け，公衆に危害を加えないような方法で操縦すべき義務があるのであって，一般通行人との衝突の危険を発生すべきおそれのある特別の事情があらかじめ看取された場合には，その危険発生の結果を防止し得るよう消防車の速力を低減し，又は一旦その進行を停止し，危険の発生を未然に防止すべき業務上の注意義務があることは明白である。

③ 札幌高判昭和32年10月15日高刑10巻8号673頁

消防タンク車のごとく急速力を維持して進行することを可とする自動車に対して，一般の車馬通行人がこれに道を避譲する義務が課せられ，その速力も時速80キロメートルまでは出し得ることを許容されているゆえんのものは，かかる業務の社会的使命並びに効用を重視したことによるものではあるが，さればといってこれがため，その運転の業務に当たる者に対し，他の一般自動車のそれに比して前方注視ないし事故防止の義務を免除ないし軽減するものではなく，かえって，かかる業務に従事する者にこそその業務行為に伴う危険に対処し得るだけの能力を持って当該行為ができるだけ安全になされることが，法秩序の立場から当然

に要請されるものであり，したがって，結果発生を決定的ならしめる段階を切り離して考察すれば注意能力を欠くとして過失責任を問い得ないようにみられる場合でも，その以前の段階において既に注意義務に違反する行為が存する場合には，なお，義務の懈怠による過失があると解すべきである。

④ 東京高判昭和34年1月24日東高時報10巻1号41頁

消防自動車が定員の2倍以上の人員を乗せ，55キロメートルの高速度をもって進行中，前方に通行人，車馬などを目撃した場合には，その通行人，車馬などは必ずしも消防自動車の進行を妨げないように完全に避譲するとは限らないのであって，時には消防自動車自らこれを避譲するためハンドルを転回して進路を変えるなどの措置をなければならない場合があり得るのであるから，該消防自動車の運転者たるものは，定員超過乗車と自動車の重心の安定に意を用い，高速度進行中の急転回によりその安定性を失うことのないように，適宜減速の措置を執って進行し，相手方との接触，衝突，自車の転覆などの事故発生を未然に防止すべき業務上の注意義務を負うものといわなければならない。

(2) 消極判例

① 名古屋高判昭和30年12月21日高刑特3巻4号102頁

消防自動車が火災現場に赴くときは，車両及び歩行者はこれに道路を譲らなければならず，道路交通法では消防自動車が接近したときは，車両などは道路左側にできるだけ寄り，消防自動車が通過するまで停止し，また交差点における優先を規定し，車両及び歩行者に避譲義務を課していることが明らかである。そして消防法などの規定により緊急自動車は車体を朱色に塗り，赤色灯及びサイレンを備え，緊急出動の際は赤色灯をつけ，サイレンを鳴らしてその接近を警告するについて，これらの規定を考慮に加えてしかるべきものと思料する。ただ，現実に事故発生の危険が生じている場合には，いかに消防自動車であるとしても，前記の各規定によっては，注意義務を軽減さるべきものでないことは検察官所論のとおりであるが，右各規定の存在は，前記注意義務の認定に影響が

ないとはいわれない。論者あるいは被害者が，いつ道路中央方向に進行してくるかもしれないから，左様な場合に対処する注意義務ありというかもしれないが，被告人が普通自動車を運転操縦していた場合には，そのような注意義務のあることは認定されるであろうけれども，本件の消防自動車を運転操縦している場合には，通行の車馬及び歩行者に前記のような避譲義務が課せられているので，被告人としては，車馬等が右避譲義務を履行してくれるものと信ずるのは条理上しかるべきところであるから，被害者がいつ道路中央方向に進行してくるかもしれないことに対処する注意義務を被告人に課することはできないと解するのを相当とする。

② 札幌地室蘭支判昭和36年2月27日下刑3巻1・2号158頁

本件において事故現場の状況は既に述べたとおり，傾斜度1度ないし2度（極めて一部に3.5度の箇所もある）の坂路であるが，いわゆる直線道路であって，車道と人道は堰石により截然と区別され，車道は人道よりも15センチメートル低く，車道の幅員は12.2メートルで中央に白色の太い線が引かれてある。このような道路において左側を通行する場合，自動車の運転手としては，前方の注視等により事故防止の義務あることもちろんであるが，自車の進行方向に対し衝突の危険ある近距離において，不意に高速度で進入する場合にも，事故防止のため万全の策を講ずべき法律上の注意義務の存することは，普通の自動車運転手の場合においてもこれを認めることはできない。けだし過失犯は，刑罰処分に伴う反社会的な行為であって，道義的に非難に値する行為でなければならないからである。殊に本件被告人の運転する無線車は，公共の緊急な用務に供せられる自動車であって，このような車の運転に対しては尚更である。緊急自動車の運転手に対して右のような高度の注意義務を課したのでは，それの持つ社会的使命はほとんど達成することができないことになる。かえって法律は緊急車に接近した車馬は，停止又は避譲すべき義務を課している（旧道交法10条，16条）。しかるに対進車は，被告人運転の車が緊急自動車であることを十分認識しながら，あえて前述のような措置に出たものであることは当裁判所の第2回検証調書その他により

極めて明白である。被告人は，対進車の右不法な措置に対し，これより避譲するためハンドルを左に切りブレーキを軽く踏んだところ（急停車をすれば場所的にむしろ危険であった），右側後車輪が右前方に滑り出したので，その後正常な運転に戻すべく努力したのであるが，それが達せられず上記のような経過で本件事故を起こすに至ったものであって，以上によれば被告人には注意義務懈怠の事実がない。

(3) その他（緊急自動車と衝突した他の車両運転者の過失が問題となった事例）
① 東京高判昭和38年4月25日東高時報14巻4号75頁，判タ146号69頁
　　自動車運転者が交差点の手前で消防自動車のサイレンを聞いた場合には，進路前方の信号が青であったにしても，信号に制約されずに通行し得る消防自動車が近くにあることが明らかで，これがいつ交差点に進入してこないとも限らないから，この点を考慮し，交差点に進入するに際しては，交差点の左右を十分に注視して安全を確かめるべき業務上の注意義務がある。
② 東京高判昭和44年4月24日東高時報20巻4号71頁，判時527号86頁，判タ240号300頁
　　コンクリートミキサー車を運転して青信号で交差点に進入した以上，特に異常を認められる点のない限り，左右道路を注視しなければならない業務上の注意義務はなく，またミキサーを回転させている騒音等のため他からの音が聞き取りにくいことを知っていても，いつ生じるかもしれない緊急自動車のサイレンを聞き取れるよう運転席の窓を開けておく業務上の注意義務もない。

第 19　飲酒・酒気帯び・酒酔い運転者の注意義務

1　道路交通法上の義務

(1)　酒気帯び運転等の禁止

何人も，酒気を帯びて車両等を運転してはならない（法 65 条 1 項）。しかし，その全てが処罰されるわけではない。そのうち，

① 酒気帯び運転

酒気を帯びて車両等（軽車両を除く）を運転した者が，運転時身体に血液 1 ミリリットルにつき 0.3 ミリグラム又は呼気 1 リットルにつき 0.15 ミリグラム以上のアルコールを身体に保有していた場合（法 117 条の 2 の 2 第 3 号，令 44 条の 3）

② 酒酔い運転

酒気を帯びて車両等を運転した者が，運転時アルコールの影響によって酒に酔った状態（正常な運転ができないおそれがある状態）にあった場合（法 117 条の 2 第 1 号）

だけが処罰されるのである。

なお，平成 19 年法律第 90 号による道路交通法改正（平成 19 年 9 月 19 日施行）により，酒気帯び運転の基準（それまでは，血液 1 ミリリットルにつき 0.5 ミリグラム，呼気 1 リットルにつき 0.25 ミリグラムであった）が厳しくなり，酒気帯び運転及び酒酔い運転の法定刑も重くなった（酒気帯び運転が 1 年以下の懲役又は 30 万円以下の罰金→3 年以下の懲役又は 50 万円以下の罰金。酒酔い運転が 3 年以下の懲役又は 50 万円以下の罰金→5 年以下の懲役又は 100 万円以下の罰金）。

本来，酒酔い運転の罪は故意犯であるので，行為者において，運転時アルコールの影響によって酒に酔った状態すなわち，正常な運転ができないおそれがある状態であることを認識している必要があることになるが，そ

の具体的な認識としては，判例によって，「飲酒によりアルコールを自己の身体に保有しながら車両等の運転をすることの認識があれば足り，そのアルコールの影響により『正常な運転ができないおそれのある状態』に達しているかどうかは，客観的に判断されるべき事柄であり，行為者においてそのことまで認識している必要はない」（最判昭和46年12月23日刑集25巻9号1100頁），「アルコールの影響による酩酊についての自覚がある限り，必ずしも本人において正常な運転ができないおそれがある状態にあることを認識することを要せず，その酩酊の度合いが，一般的に車両を運転するに必要な注意力および判断力などを失わせるおそれがあると客観的に観測秤量される程度に達していると認めれば足りる」（仙台高判昭和45年8月15日高刑23巻3号540頁）とされ，認識の程度が緩和されている。

(2) 車両提供罪

何人も，酒気を帯びている者で，酒気を帯びて車両等を運転することとなるおそれがあるものに対し，車両等を提供してはならない（法65条2項）。

(3) 酒類提供罪

何人も，酒気を帯びて車両等を運転することとなるおそれがある者に対し，酒類を提供し，又は飲酒を勧めてはならない（同条3項）。

(4) 同乗罪

何人も，車両（トロリーバス及び旅客自動車運送事業の用に供する自動車で業務に従事中のものを除く）の運転者が酒気を帯びていることを知りながら，運転者に対し，車両を運転して自己を運送することを要求し，又は依頼して，その酒気帯び運転する車両に同乗してはならない（同条4項）。

(2)(3)(4)は，上記道路交通法の改正の際，新たに設けられた罪である。

2 過失運転致死傷罪における注意義務

(1) 過失運転致死傷罪と危険運転致死傷罪の関係

ア 飲酒酩酊して，交通事故を起こし人を死傷させた場合には，過失運転致死傷罪又は危険運転致死傷罪が成立することになる。そして，危険運転致死傷罪が成立する場合には，過失運転致死傷罪は成立しない（法条競合における特別関係）。したがって，危険運転致死傷罪がいかなる場合に成立するか，的確に認識しておく必要がある。

① アルコールの影響により正常な運転が困難な状態で自動車を走行させ，よって，人を死傷させた場合，危険運転致死傷罪として，過失運転致死傷罪よりも重く処罰される（自動車の運転により人を死傷させる行為等の処罰に関する法律（以下「自動車運転死傷処罰法」という）2条1号）。また，

② アルコールの影響により，その走行中に正常な運転に支障が生じるおそれがある状態で，自動車を運転し，よって，そのアルコールの影響により正常な運転が困難な状態に陥り，人を死傷させた場合も，危険運転致死傷罪として，過失運転致死傷罪よりも重く処罰される（同法3条1号）。

②の自動車運転死傷処罰法3条の危険運転致死傷罪（以下，便宜上「3条危険運転致死傷罪」という）は，平成25年の刑法改正及び自動車運転死傷処罰法の制定によって新たに設けられた危険運転致死傷罪である[126]。

イ 同罪が設けられたのは，1つには，従来の①の危険運転致死傷罪（以下，「2条危険運転致死傷罪」という）が成立するには，運転者において，自己がアルコールの影響により正常な運転が困難な状態であることを認識していることが必要であった[127]ところ，この認識を立証することが困難なために，当時の自動車運転過失致死傷罪で処罰するほかない事例が少なくなかったからである。すなわち，認識という行為者の内面を立証するための最大の証拠は本人の供述であるが，仮睡状態に陥って運転

---

126) 橋爪隆「危険運転致死傷罪をめぐる諸問題」（特集　交通事故をめぐる法的論点と法整備）ひろば67巻10号28頁（2014）は，3条の危険運転致死傷罪を「準危険運転致死傷罪」と呼んでいる。

を誤り事故を起こした場合，酩酊による健忘の弁解，あるいは突然仮睡状態に陥って事故を惹起した旨の否認等によりこれを獲得することが困難という実情があったのである。もちろん，これが否認であることが明白で，運転が困難な状態を認識していないことがあり得ないというのであれば話は簡単である。アルコールの影響で仮睡状態に陥って事故を起こした場合は，全て認識ありとして危険運転で処罰し得ることになるからである。

　しかしながら，運転開始当初には酒の酔いが回っておらず，正常な運転ができたところ，その後酔いが回って仮睡状態に陥り，その時点では，正常な運転が困難な状態にあることの認識を欠く場合も存し得ると考えられることから，上記弁解及び否認を一概に排斥することができず，現実の事件には，そのような場合が多々存したのである（もちろん，本人の供述がなくとも，運転開始時の酩酊の程度その他の客観的状況から認識が認められた事例も多数存在する。例えば，新潟地判平成15年1月31日裁判所ウェブサイト）[128]。

127) 3条危険運転致死傷罪における「正常な運転に支障が生じるおそれがある状態」は，酒酔い運転の「正常な運転ができないおそれがある状態」と似た表現ではあるが，異なる概念である。「正常な運転ができないおそれ」とは，「酩酊の度合いが車両を運転するのに必要な注意力や判断力を失わせるおそれがあると一般に評価される程度に達していることをいい，現実に運転行為において具体的な危険が発生することまでも必要とするものではない」とされている（東京高判昭和50年1月16日東高時報26巻1号2頁）ところ，3条危険運転致死傷罪のそれは，酒酔い運転の罪のそれとは異なり，本罪における運転行為が暴行に準ずるものとしてその危険性に着目して定められたものであるので，同じに解すべき理由もない。また，酒酔い運転のそれが現在の状態を示すものでしかないのに対し，本罪の「正常な運転に支障が生じるおそれがある状態」は，前記のような現在の状態だけでなく，現在はその状態ではなくとも将来そのような危険性のある状態になる具体的なおそれがある場合も含む（本文⑦④（602頁）参照）ので，同じものではあり得ない。

128) 同判決は，前日午前10時頃から当日午前2時頃まで700ミリリットルのウイスキーの9割ほどを飲み，就寝後午前6時30分頃起床し，午前8時30分頃，本件普通乗用自動車の運転を開始し，同8時35分頃，信号待ちの普通貨物自動車自動車に追突させた事故で，事故後の呼気検査で呼気1リットルにつき0.65ミリグラムのアルコールが検出され，歩行能力でふらつき，直立能力でも7秒でふらつき，被告人の顔面から約50センチメートル離れた地点で酒臭が強く，顔面が赤く，目も涙目等の状態で，本件事故の直前には対向車線上に自車を進出させて対向車と接触事故を起こすなどの状況にあった被告人に対し，「被告人が，犯行前日から当日にかけての深夜に飲んだウイスキーによるアルコールの影響により，本件犯行当日，正常な運転が困難な客観的な状態にあったことが認められるが，被告人は，B方で起床した後，家事等はほぼ遺漏なくこなしてはいるものの，前記信用性の高い被告人の捜査段階の供述によれば，被告人は，前記のとおり多量のウイスキーを飲んで就寝し，起床して約2時間後に車でB方を出発する際には，そのウイスキーが身体に残存しており，そのために身体が疲れていてだるいと感じ，自分の気持ちをしっかりしないと事故を起こすかもし

もっとも，正常な運転が困難であることの認識が必要といっても，「運転」が困難であることの認識ではなく，「正常な運転」が困難なことについての認識であるから，運転中意識がもうろうとした状況になっていたり，まぶたが重かったりして，前方注視がしにくくなっていること，距離感覚がおかしくなっていること，反応が遅れがちであったり，ハンドルさばきが思うようにできなくなっていること等の状況の認識でも足りると解される[129]のであるが，そもそもそのような認識は，酩酊度が高くなればなるほど逆にできなくなってしまい（記憶にも残らず）危険運転致死傷罪に問えなくなるという酩酊の持つ構造的な問題が存在していた（津田博之「危険運転致死傷罪における主観的要件」交通法科学研究会編『危険運転致死傷罪の総合的研究：重罰化立法の検証』131頁（日本評論社，2005））のである。そこで，今回の改正により3条危険運転致死傷罪を設けて，その不都合を緩和しようとしたわけである。

　もちろん，立証上の必要からだけでなく，アルコールの影響によりその走行中に正常な運転に支障が生じるおそれがある状態で運転すること自体（正常な運転が困難に陥って），人の死傷を招来する事故を惹起する

れないなどと思っていたこと，それにもかかわらず，特に躊躇することなく車の運転を開始したこと，第1の接触事故を起こした際には，自車のどこかが擦るか，ぶつかるような衝撃を感じたものの，ぶつかった対象やぶつかった箇所等について判然としない状態で走行し続けていること，本件事故を惹起した際には，前方に赤信号が見えてブレーキをかけた直後に何かに衝突したとの記憶があり，その後，目の前の車両がなかったことからさらに発進して運転し続けたことなどが認められ，これらの諸事実によれば，被告人は，犯行前日から当日にかけての深夜にウイスキーを飲んでアルコールを摂取し，それがなお自己の身体に残存していることをも認識し，かつ，自己が正常な運転することが困難であることを基礎づける事実を認識していたと認められるから，被告人には，アルコールが自己の身体に作用したために正常な運転が困難になった状態に陥ったことの認識があったと認めるのが相当である」として客観的な事実関係から認識を認めたものである。

129) 2条危険運転致死傷罪における「正常な運転が困難な状態」とは，「酒の酔いのために道路及び交通の状況に応じた運転操作を行うことが困難な心身の状態」をいうが，具体的には，酒の酔いのために，前方注視が困難となったり，ハンドルやブレーキ等の操作の時期や加減について，これを意図したとおりに行うことが困難な状態に現に陥っていることが必要とされる（千葉地判平成18年2月14日判タ1214号315頁，野々上尚ほか『危険運転致死傷罪の犯罪事実記載例』28頁（近代警察社，2002）参照）ところ，前方注視が十分にできない状況に陥っているときは，それが一時的な状態でなく継続的にその状態である以上，前方注視が完全に困難な状態に至っていなくとも，運転行為自体の危険性は否定できないと考えられるので，既に「正常な運転は困難な状態」に至っていると考える。なお，「アルコールの影響により前方を注視してそこにある危険を的確に把握して対処することができない状態も，これに当たる」とする最決平成23年10月31日刑集65巻7号1138頁参照。

危険性の高い行為であり，そのことを認識して運転し，その結果，正常な運転が困難になって人を死傷させた場合には，行為の危険性の観点及び責任の観点の両面から実質的にも重く処罰すべき理由が認められ，単に過失犯である過失運転致死傷罪よりも重い3条危険運転致死傷罪を設ける実質的な必要性があったためであることはいうまでもない。

ウ　この3条危険運転致死傷罪における「正常な運転に支障が生じるおそれがある状態」とは，㋐「正常な運転が困難な状態」までには至っていないものの，自動車を運転するのに必要な注意力，判断能力又は操作能力が，そうではないときの状態と比べて相当程度減退して危険性のある状態のほか，㋑現にそのような危険性のある状況にはないが，そのような状態になり得る具体的なおそれがある状態の両者を含む。客観的に，道路交通法上の酒気帯び運転の罪に該当する程度のアルコールを身体に保有している状態であれば，通常は，これに該当するとされる。

　　もっとも，主観的要件（認識）としては，道路交通法の酒気帯び運転の罪のようにアルコールを身体に保有している状態にあることの認識だけでは足りないとされている。つまり，上記㋐又は㋑の状態であることを認識している必要があるわけである。

　　具体的にどのような場合が，「正常な運転に支障が生じるおそれがある状態」すなわち上記㋐又は㋑の状態に当たるのかは，具体的事案ごとに判断されることになり，次第に判例が積み重なってゆくことになろう。

　　なお，前述したように，客観的に酒気帯び運転に該当する程度のアルコールを保有している状態であれば，通常は「正常な運転に支障が生じるおそれがある状態」に当たるが，それ以下であれば3条の危険運転致死傷罪が成立しないことにはならない。すなわち，酒気帯び運転に該当する程度のアルコールを保有していなくとも，3条の危険運転致死傷罪が成立することもあり得る。というのは，本罪は，酒気帯び運転のように，客観的に一定程度のアルコールを身体の保有して自動車を運転する行為を処罰するものと異なり，運転の危険性・悪質性を有する行為を処罰しようとするものであるから，アルコールの影響を受けやすい者については，酒気帯び運転の罪に該当しない程度のアルコール量であったと

しても，自動車を運転するのに必要な注意力などが相当程度減退している状態にある場合には，危険性において異なるところはないからである。したがって，この場合も「正常な運転に支障を及ぼすおそれのある状態」に該当し，その認識があれば，本危険運転致死傷罪が成立する。つまり，「正常な運転に支障を及ぼすおそれのある状態」に当たるかどうかについて，身体のアルコール保有量という客観的な事実は大きな判断要素ではあることに違いはないが，それだけで判断されるのではなく，「正常な運転に支障が生じるおそれのある状態」という運転行為の客観的実質的な行為の危険性・悪質性という観点で判断されることになるのである。

エ　走行中に「正常な運転に支障が生じるおそれのある状態」であること，つまり，走行中に正常な運転に支障が生じる具体的なおそれ（可能性）があることについての認識を要し，かつ，それで足りる。したがって，その場合道路交通法の酒気帯び運転の罪に当たる一定程度のアルコールを身体に保有していることを認識している場合には，仮に運転者が自分がアルコールの影響を受けにくいと考えていたとしても，本罪の認識が認められる。

具体的に走行中のいつの時点でその状態になるかまでを認識している必要はない。もちろん，その後，正常な運転が困難な状態に陥ったことまでの認識は必要ない。したがって，危険運転行為の危険性及び責任が２条危険運転致死傷罪よりも低いことから，刑は軽くなっている[130]。

なお，現に正常な運転に支障が生じている場合には（それが，正常な運転が困難な状態と認められる限り（認められることが多いと思われる）），（その認識があることを前提として）２条の危険運転致死傷罪が成立する。

３条危険運転致死傷罪は，２条のそれよりも刑が軽いので，実際の捜査に当たっては，正常な運転が困難な状態に陥ったことについての認識の立証について手抜きすることなく，まずは，２条危険運転致死傷罪の責任を問えるように捜査努力する必要がある。

---

[130]　２条危険運転致死傷罪は，致傷の場合は１月以上15年以下の懲役，致死の場合は，１年以上20年以下の懲役である。３条危険運転致死傷罪は，致傷の場合は，１月以上12年以下の懲役，致死の場合は，１月以上15年以下の懲役である。

さて，以上に述べた危険運転致死傷罪が成立しない場合に始めて，過失運転致死傷罪の成立が問題となる。もちろん，危険運転致死傷罪に比して過失運転致死傷罪は法定刑が軽い（1月以上7年以下の懲役又は禁錮）ので，安易に過失運転致死傷罪で立件，起訴することで満足してはならない。

(2) 過失運転致死傷罪

ア　運転避止義務

　運転開始前に，アルコールの酩酊により正常な運転が困難である場合には，そもそも運転を開始してはならない義務がある。それが認識（予見）可能な場合も同様である。そして，その状態で運転して事故を惹起して人を死傷させた場合には，運転避止義務違反による過失運転致死傷罪が成立する。

　もっとも，その状態であることを認識しながら運転していた場合には，危険運転致死傷罪（この場合は2条の危険運転致死傷罪）が成立し，特別関係によって同罪の成立が優先されるので，運転避止義務違反による過失運転致死傷罪が成立することは，原則として，ないと考えられる。

　もっとも，正常な運転が困難であることの認識がなかった場合には（2条の危険運転致死傷罪は）成立しないが，正常な運転に支障が生じるおそれのある状態であることを認識している限り，（正常な運転が困難な状態に陥って事故を発生させたことを前提として）3条の危険運転致死傷罪が成立するので，その場合はやはり，同罪の成立が優先する。そして，現実には，その点の認識を欠くことはないと考えられるので，運転距離が極めて短い等の特別の事情のない限り，運転避止義務違反による過失運転致死傷罪が成立することはないと考えられる。

イ　運転中止義務

　運転開始時には，正常な運転が困難になっていなかったとしても，運転中に同状態に陥った場合には，その時点で運転を中止すべき義務がある。

　もっとも，正常な運転が困難な状態に陥っていることを認識していた

場合には，危険運転致死傷罪が成立するし，同状態を認識していなかったとしても，正常な運転に支障が生じるおそれのあることを認識していた場合には，3条の危険運転致死傷罪が成立するので，いずれの危険運転致死傷罪も成立せず運転注視義務違反による過失運転致死傷罪が成立する場合（厳密には過失運転致死傷罪も成立することは前に同じ）は，ほとんどないと考えられる。

ウ　その他の注意義務

飲酒運転であるからといって，常に酩酊が過失につながっているとは限らない。酒気を帯びていても，正常な運転が可能な場合もあり得る。3条の危険運転運転致死傷罪における「アルコールの影響により，走行中に正常な運転に支障が生じるおそれがある状態で」運転していたとしても，正常な運転が困難になることなくその運転中に事故を起こした場合には，過失が認められることを前提に過失運転致死傷罪が成立することになる。

したがって，酩酊の状況いかんにより，道路交通法の酒気帯び運転の罪又は酒酔い運転の罪と，過失運転致死傷罪が成立することになる。この場合の過失運転致死傷罪は，一般の過失運転致死傷罪そのもので，過失の有無いかんで責任の有無が決せられる。

3　実務例

①　前方左右を注視し，進路の安全を確認しながら進行すべき自動車運転上の注意義務があるのにこれを怠り，運転開始前に飲んだ酒の酔いの影響のため前方注視を欠いたまま前記速度で進行した過失により，道路右側に設けられている路側帯に対向して停止中の○○運転の普通乗用自動車に気付かず，自車前部右側を同車前部右側に衝突させ，よって，○○に加療約△週間を要する××の傷害を負わせた。

②　40キロメートルで進行中，同方向に進行中の○○運転の普通乗用自動車の約9メートル後方に接近した際，同車が左にハンドルを切りつつ停止の態勢に入ったのを認めたのであるから，同車の動静を注視し，その安全

を確認しながら進行すべき自動車運転上の注意義務があるのにこれを怠り，酒の酔いの影響と右方道路からの歩行者に気をとられ，同車の動静注視不十分のまま前記速度で左転把して進行した過失により，同車が進路前方に停止したのを至近距離に初めて発見し，急制動の措置を講じるいとまもなく同車に自車を衝突させ，よって，○○に加療約2か月間を要する頭部挫傷の障害を負わせた。

③　信号機により交通整理の行われている交差点を，○○方面から○○方面に向かい時速約50キロメートルで直進するに当たり，同交差点の対面信号機の信号表示に留意し，同信号表示に従って進行すべき自動車運転上の注意義務があるのに，酒の酔いのために注意が散漫となってこれを怠り，対面信号機の信号表示が赤色を表示していたのに気付かず，漫然前記速度で進行した過失。

④　進行するに当たり，同所は最高速度が40キロメートル毎時と指定された緩く右方に湾曲する下り勾配の道路であり，当時，雨により路面が濡れ車輪が滑走しやすい状態であったのであるから，前記制限速度を遵守するはもとより，道路状況に応じてハンドル，ブレーキを的確に操作し，進路を適正に保持して進行すべき自動車運転上の注意義務があるのにこれを怠り，漫然時速約80キロメートルで進行した上，運転開始前に飲んだビール等の酔いの影響により，的確なハンドル操作ができず，自車を道路左側に逸走させ，縁石との衝突を避けるため不用意に右急転把するなどした過失により，自車を対向車線上に滑走させた。

⑤　自車の前方を同一方向に進行する○○運転の普通乗用自動車に追従して時速約30キロメートルで進行するに当たり，同車の動静を注視し，その安全を確認しながら進行すべき自動車運転上の注意義務があるのにこれを怠り，飲酒の影響で注意力散漫となり，同車の動静を注視せず，その安全を十分確認しないまま漫然前記速度で進行した過失により，同車が信号待ちのため前者に引き続いて停止したのを至近距離に認め，急制動の措置を講じた。

第19　飲酒・酒気帯び・酒酔い運転者の注意義務　*607*

4　捜査上の留意事項

(1)　アルコール摂取の裏付け及び事故時の体内保有アルコール度数の算出

　まず何よりも，アルコール摂取の裏付けを行う必要がある。アルコールの摂取は，通常呼気検査と血液検査の方法で行う。しかしながら，この検査を行わなくとも，事故前の飲酒量及び飲酒状況等の資料によって立証できるので，簡単にあきらめない（最決昭和41年9月20日裁判集刑160号773頁，東京高判昭和53年12月13日東高時報29巻12号210頁，最決昭和55年3月4日刑集34巻3号89頁，東京高判昭和58年6月1日判時1106号161頁等）。

　特に，飲酒運転の場合は，ひき逃げを伴うことが多く，その後検挙された場合でも，飲酒運転の事実を否認することも少なくない。あるいは，事後飲酒して事故時のアルコールの体内保有度数の判定ができないように画策することも少なくない。この場合でも，簡単にあきらめず，粘り強く，飲酒の事実及び飲酒量の裏付け捜査を行うべきである。

　なお，自動車運転死傷処罰法4条で，過失運転致死傷アルコール等影響発覚免脱罪が設けられ，過失運転致死傷罪とは別に重く罰せられることになった（12年以下の懲役）。

　酒の酔いの程度は，被疑者の供述だけでなく，飲酒の裏付けとともに目撃供述その他被疑者の酩酊状況を認識している飲酒先従業員等の供述や一緒に飲んだ同僚等の供述によって認定することも可能であるので，これらの裏付けを行う必要がある。

　事故直後にアルコール検知ができなかったとしても，飲酒量等から事故時の体内保有アルコール度数を算定しておくことも無駄ではない。酒気帯び運転や酒酔い運転を起訴する場合でなくとも，酩酊状況を判断する資料になるのは明らかであるので，いわゆるウィドマーク式計算方法[131]を用いて，体重，飲酒量及び飲酒後の経過時間から算出する。

　事故後一定の時間における体内保有アルコール度数が呼気検査等によって明らかになっている場合には，ウィドマーク計算式を使って逆算すればよい。すなわち，飲酒量から体内保有アルコール度数を計算する場合は，

減少率を使って計算するのであるが，検査時から遡る場合は，計算式の「減少率」を，「増加率」として時間に応じて計算してゆけば算定できる（大阪地判平成19年2月23日公刊物未登載参照）。もっとも，これは，事故後検査時までの間に，新たに飲酒していないことが前提であるのはいうまでもない。

飲酒量の裏付けは，酩酊状況同様，被疑者から聞き出す以外にも一緒に飲んだ者の供述や店の従業員等の供述等から特定する。店で飲んだ場合には，伝票による特定も行う必要がある。自宅で飲んだ場合には，飲酒したアルコールの容器等を特定して残量等から裏付けることもあるが，これらは，不明確であることが少なくない。

(2) 酩酊状態の認定の在り方

酒酔いの程度は，上記体内保有アルコール度数に加えて，酒酔い鑑識カードにおける歩行能力・直立能力の検査の結果も参考資料となる。しかしながら，この結果は，運転自体の状況を明らかにするものではなく，あくまでも検査時の状況を示すものであり，それも検挙された際の事故の衝撃やけがによる影響や心理的動揺による影響も受けることがある（大阪高判昭和47年12月25日高検速報昭和48年12号）ので，鑑識カードの記載のみで判断してはならない。運転状況そのもの（蛇行運転の有無等）や事故状況等を含め総合的に判断すべきである。

近年は，街頭の防犯カメラ，コンビニエンスストア等の店頭の防犯カメラ，ドライブレコーダー等の映像証拠によって，運転者本人や加害車両の酩酊，走行上のふらつき等の状況を立証することが可能となってきているので，これらの捜査は必須の捜査事項である。

---

131) 上野式計算方法もある。いずれも，基本的な原理は同じ（アルコールは水に極めてよく溶ける性質を有するため，骨以外の身体にアルコールが保有されていること，したがって，この体内保有アルコール度数は，体重によって変わること，また体内から一定の割合でアルコールが体外に排出されてゆくという事実を前提として，飲酒量と体重，飲酒後の経過時間から，減少率を使って特定の時間におけるアルコール度数を計算によって求めようとするもの）である。しかしながら，上野式は，欠損率として式に取り入れられている 0.7～0.8 という数字の根拠が明確でないことから，信用できないとされ，警察庁では，ウィドマーク式による計算を行うべきものとしている。

5 判例

(1) 積極判例

① 名古屋高金沢支判昭和31年9月4日高刑特3巻19号905頁

相当に酩酊して前方注視義務を完全に履行することができない状態にあり、かつ、その事実を知りながらあえて自動車を運転することは、業務上必要な注意義務を怠ったものである。

② 東京地判昭和32年5月30日判時115号3頁

本件の場合、被告人は自ら求めて相当多量に飲酒し、心神喪失の状態に陥って犯行に及んだもので、危険発生予防の義務を著しく欠くもので、その過失は刑法211条の重過失に当たるものといわざるを得ない。

③ 名古屋高判昭和33年4月28日高刑11巻3号129頁

何人も飲酒酩酊すれば意識障害を起こして、理性的判断の減少又は喪失を来し、自制のある行動をとることができにくくなることは経験的に理解できるところである。それゆえに、自動車運転者たる者は、特にその業務の性質に照らし、自己がどの程度飲酒すれば酩酊に陥り、正常運転に支障を来すかは当然知っておるはずであり、また知ることができるのであるから、自動車を運転する場合は酩酊に陥らない程度に飲酒の量を抑制すべき注意義務（第1次的義務）があり、また飲酒して自動車運転を開始してからでも、酩酊に陥るまでの間に、いまだ理性的判断のできる段階では、直ちに運転を中止して酔いをさまし、正常な運転ができるのを待って運転を再開すべき注意義務（第2次的義務）のあることも条理上当然のことといわなければならない。

④ 最決昭和43年2月27日ジュリ402号71頁

本件のように酒酔い運転の行為当時、飲酒酩酊により心神耗弱の状態にあったとしても、飲酒の際、酒酔い運転の意思が認められる場合には、刑法39条2項を適用して刑の減軽をなすべきではない。

⑤ 名古屋高判昭和43年3月26日ジュリ415号判例カード6頁

自動車運転手としては、既に相当飲酒し、かつ、自らかなり酩酊していることの認識がある以上当然許されない酒酔い運転はまず差し控え

べきであるとともに，一度運転を開始した後でも，開始時にはさほど酩酊状態にならなくとも，運転継続につれて酩酊度が急速に深まってゆくことは経験則の教えるところである。特に職業運転手で，しかも飲酒に慣れている被告人としては，当然このことの認識があるはずであるから，いわゆる原因において自由な行為の理論により，刑法 39 条 2 項を適用する余地はない。

⑥　大阪高判昭和 43 年 11 月 30 日判時 562 号 83 頁

　酒酔い運転の犯意としては，⑦自己の身体に政令で定める程度以上にアルコールを保有する状態にあること，①右アルコールの影響により正常な運転ができないおそれがある状態にあることの 2 つを認識する必要はなく，自らの飲酒により相当量の酒気を身体に保有する状態において車両を運転するという認識があればよい。

⑦　東京高判昭和 44 年 6 月 30 日高検速報 1739 号，高松高判昭和 44 年 11 月 27 日高刑 22 巻 6 号 901 頁

　運転時心神耗弱状態にあったとしても，飲酒の際，酒酔い運転の意思が認められる場合は心神耗弱の規定を適用すべきではない。

⑨　東京高判昭和 44 年 10 月 6 日高検速報 1759 号

　被告人が自動二輪車運転開始のとき泥酔していて，既に運転抑止の注意義務を遵守する能力を有しない場合には，運転抑止義務を懈怠した点に過失があるということはできず，かつ，事故発生当時酒酔い運転の故意を問うことはできないが，飲酒すれば酒酔い運転をするおそれがあることを認識して飲酒を抑止する注意義務あるのにこれを怠った点にその責任を認めるべきである。

⑩　東京高判昭和 45 年 5 月 1 日高検速報 1803 号

　飲酒後 30 分ないし一時間経過後においては，飲酒検知器による呼気テストに際し，うがいをさせるか否かは検知の結果に実質的な影響を及ぼさないと認めるべきである。

⑪　最判昭和 46 年 12 月 23 日刑集 25 巻 9 号 1100 頁，判時 655 号 3 頁（前掲 598 頁）

　酒酔い運転の罪が成立するために必要な故意の内容としては，行為者

において，飲酒によりアルコールを自己の身体に保有しながら車両の運転をすることの認識があれば足りるものと解すべきであって，アルコールの影響により「正常な運転ができないおそれがある状態」に達しているかどうかは，客観的に判断されるべき事柄であり，行為者においてそこまで認識していることは必要でないものといわなければならない。

(2) 消極判例
① 京都地判昭和43年1月24日判時515号88頁
　いまだ精神上の異常を来していない当時において，さらに飲酒したのち酔った状態で再び自動車を運転するということの認識を有していたと認めることができない。したがって，本件犯行はいわゆる原因において自由な行為の理論を適用すべき場合に属さないと解すべきである。
② 高松高判昭和44年11月27日高刑22巻6号901頁，判時595号100頁
　酒酔い運転を処罰する道路交通法117条の2の規定が飲酒酩酊により心神耗弱ないし喪失の状態に陥った者を特に処罰するために設けられたとは解せられない。飲酒者の飲酒開始の時点において既に後刻自ら自動車を運転することを決意し，又は予見しているような場合は，たとえその者が後刻心神耗弱ないし喪失に陥って自動車を運転してもいわゆる原因において自由な行為の理論によって完全な責任を問うことは可能であり，それによって行為と責任の同時存在の原則が課されることにはならないが，心神耗弱ないし喪失の状態に陥ったのち，初めて自動車運転の決意をした場合には刑法39条の適用を排除することはできない。

第20 過労・病気・薬物の影響下にある運転者の注意義務

1 道路交通法上の義務

(1) 過労運転等の禁止

　何人も，過労，病気，薬物の影響その他の理由により正常な運転ができないおそれがある状態で自動車を運転してはならない（法66条）。

　「過労，病気，薬物の影響その他の理由」とは過労，病気，薬物の影響は，例示である。およそ理由のいかんを問わず，正常な運転ができないおそれのある状態での運転を禁止するものである。

　「過労」とは，精神的又は身体的に正常な運転ができない程度に疲労していることをいう。

　「病気」には，内科性疾患だけでなく，精神疾患，眼科疾患も含まれる。

　「薬物の影響」とは，医療品，医療機器等の品質，有効性及び安全性の確保等に関する法律（改正薬事法の新名称（平成26年11月25日施行））に規定する医薬品に限らず，摂取することにより，正常な運転ができないおそれがある状態を生じさせる物質一般をいう。

(2) 過労運転等の禁止違反に対する罰則

　上記違反に対する罰則は，2段構えで行われることになっている。

　ア　単に，道路交通法66条に違反した場合には，3年以下の懲役又は50万円以下の罰金に処せられる（法117条の2の第7号）。

　イ　道路交通法66条に違反した者で，麻薬，大麻，あへん，覚醒剤又は毒物及び劇物取締法3条の3の規定に基づく政令で定める物の影響により正常な運転ができないおそれがある状態で車両等を運転した者は，5年以下の懲役又は100万円以下の罰金に処せられる（法117条の2第3

号)。

　「毒物及び劇物取締法3条の3の規定に基づく政令で定める物」とは，「トルエン並びに酢酸エチル，トルエン又はメタノールを含有するシンナー（塗料の粘度を減少させるために使用される有機溶剤をいう），接着剤，塗料及び閉そく用又はシーリング用の充てん料」である（令32条の2）。

2　過失運転致死傷罪における注意義務

　過労運転の場合も，基本的には，酒酔い運転の場合と同じで，運転避止義務と運転中止義務が基本になる。

　また，過失運転致死傷罪で過労運転を論じる場合には，薬物の影響により正常な運転が困難な状態で自動車を走行させて人を死傷させた場合の危険運転致死傷罪が存在し，さらに，自動車運転死傷処罰法制定に伴い，新たに，薬物の影響による事故に関して，同法3条1号による危険運転致死傷罪が設けられた上，一定の病気に関しては，同法3条2号の危険運転致死傷罪が新設されたので，それらとの関係も考える必要があるところ，その問題状況は，基本的には前述した酒酔いと危険運転致死傷罪の関係と同様である。

3　危険運転致死傷罪

(1)　過労運転に関する危険運転致死傷罪の種類

　過労運転に関する危険運転致死傷罪として，次の3つがある。

①　薬物の影響により正常な運転が困難な状態で自動車を走行させ，よって，人を死傷させた場合，危険運転致死傷罪として，過失運転致死傷罪よりも重く処罰される（自動車運転死傷処罰法2条1号）。

また，

②　薬物の影響により，その走行中に正常な運転に支障が生じるおそれがある状態で，自動車を運転し，よって，そのアルコールの影響により正常な運転が困難な状態に陥り，人を死傷させた場合も，危険運転致死傷罪として，過失運転致死傷罪よりも重く処罰される（同法3条1項）。

③ 自動車の運転に支障を及ぼすおそれがある病気として政令で定めるものの影響により，その走行中に正常な運転に支障を生じるおそれがある状態で，自動車を運転し，よって，その病気の影響により正常な運転が困難な状態に陥り，人を死傷させた場合，②と同様，過失運転致死傷罪よりも重く処罰される（同条2項）。

なお，③に関しては，政令で定める病気としては，次のものが定められている。

Ⅰ 自動車の安全な運転に必要な認知，予測，判断又は操作のいずれかに係る能力を欠くこととなるおそれがある症状を呈する統合失調症（同法施行令3条1号）

Ⅱ 意識障害又は運動障害をもたらす発作が再発するおそれがあるてんかん（発作が睡眠中に限り再発するものを除く）（同条2号）

Ⅲ 再発性の失神（脳全体の虚血により一過性の意識障害をもたらす病気であって，発作が再発するおそれがあるものをいう）（同条3号）

Ⅳ 自動車の安全な運転に必要な認知，予測，判断又は操作のいずれかに係る能力を欠くこととなるおそれがある症状を呈する低血糖症（同条4号）

Ⅴ 自動車の安全な運転に必要な認知，予測，判断又は操作のいずれかに係る能力を欠くこととなるおそれがある症状を呈するそう鬱病（そう病及び鬱病を含む）（同条5号）

Ⅵ 重度の眠気の症状を呈する睡眠障害（同条6号）

6号の「重度の眠気の症状を呈する睡眠障害」の「重度」は，「睡眠障害」にかかるのではなく，「眠気」にかかるもので，「重度の眠気」の症状を呈する睡眠障害を意味する。したがって，重度・軽度を問わず睡眠時無呼吸症候群[132]に罹患している場合には，これに該当する。

---

[132] 睡眠時無呼吸症候群（Sleep Apnea Syndrome，略して「SAS」）は，肥満や扁桃腺肥大等の要因により，睡眠中に舌が喉の奥に沈下することにより気道が塞がるため，睡眠中にいびきをかき，呼吸が止まったり，止まりかけたりする状態が断続的に繰り返される疾患であり，そのため，睡眠が浅くなるとともに脳への酸素供給が十分でなくなるため，日中強い眠気を感じたり，集中力が落ちたり，記憶力が落ちたり，非常に強い眠気が起こってきたりする病気である。同疾病も軽度から重度のものまである。

Ⅳ以外は，道路交通法において，運転免許の欠格事由とされている病気と同様である（令33条の2の3第1項ないし第3項）。

(2) 薬物による過労運転と危険運転致死傷罪

　薬物類型の危険運転致死傷罪に関しても，アルコール類型の場合と同様，2条の危険運転致死傷罪（自動車運転死傷処罰法2条1号）に該当しない場合であっても，「薬物の影響により，正常な運転に支障が生じるおそれがある状態で，自動車を運転し，薬物の影響により正常な運転が困難な状態に陥り，人を死傷させたとき」は，新たな自動車運転死傷処罰法3条1項の危険運転致死傷罪として，単に過失運転致死傷罪よりも重く処罰されることになった。

　基本的な要件は，アルコール類型の場合と同様である。なお，薬物は，道路交通法117条の2第3号のように，「麻薬，大麻，あへん，覚せい剤又は毒物及び劇物取締法3条の3の規定に基づく政令で定める物」に限られていない。

　また，過失運転致死傷罪との関係も，基本的にはアルコール類型の場合と同様である。

(3) 3条2項の危険運転致死傷罪と過失運転致死傷罪

　「正常な運転に支障が生じるおそれあのある状態」とは，基本的にはアルコールの影響による危険運転致死傷罪のそれと同じであり，運転当初に限らず，将来の走行中のある時点で，当該病気の症状によって，㋐意識障害や運動障害を起こして，自動車を運転するのに必要な注意力や判断能力，あるいは操作能力が相当程度に減退して危険性のある状態，及び，㋑そのような危険性のある状態になり得る具体的なおそれがある状態をいう。

　「走行中に」というのは，運転開始から終了までの間の，その走行中にそのような状態になり得る具体的なおそれがあることを必要とするということである。

　「影響により」とあるが，専ら病気の影響によることを必要とするものではなく，病気が他の要因と競合してその状態になった場合も含まれる。

本罪も故意犯であるので,「(政令で定める) 病気の影響により,その走行中に正常な運転に支障が生じるおそれあのある状態」に陥ることについての認識が必要であるが,病気に関して,どの程度の認識が必要かについては,客観的に政令で定める病気に罹患している以上,具体的に病名まで認識している必要はなく,自動車の運転に支障を及ぼすような何らかの病気のために,「正常な運転に支障が生じるおそれがある状態」にあることを認識していれば足りる。

本危険運転致死傷罪と過失運転致死傷罪の関係も基本的にはアルコール類型の場合と同様である。

ア 睡眠時無呼吸症候群について

睡眠時無呼吸症候群に罹患しているにもかかわらず,医師の診断を受けていないため,自分が睡眠時無呼吸症候群に罹患している旨の認識を欠いている者が少なくない[133]。

ところで,平成17年2月9日大阪地方裁判所判決 (判時1896号157頁,裁判所ウェブサイト) は,睡眠時無呼吸症候群に罹患していた被告人が,自車を対向車線に進出させて対向車と衝突して対向車両運転者等に傷害を負わせた事故について,自己が睡眠時無呼吸症候群に罹患していることについての認識のなかった被告人において,予兆なく急激に睡眠状態に陥っていた可能性を否定できないとして無罪にした。本裁判においては,医師で睡眠時無呼吸症候群の専門家が被告人を鑑定して,同病気に罹患している旨の診断がなされたものであるところ,同鑑定人において,運転中突発的に入眠した症例を経験したことがない旨証言したにもかか

---

133) 人口の2～3パーセント存在するという推計もある。
なお,睡眠時無呼吸症候群には,呼吸中枢に障害があって呼吸運動ができなくなる中枢型と,呼吸運動はしていても喉が塞がっている等のために無呼吸,低呼吸になる閉塞型,及び両者の混合型が存在するが,ほとんどが閉塞型であるので,これを念頭において説明する。
閉塞型のほとんど (95パーセント以上) は肥満といびきを特徴とする閉塞型であり,閉塞型の発症原因のほとんどは,舌や咽頭軟部組織 (軟口蓋や扁桃など),顎顔面形態などの異常による上気道 (咽頭腔) の解剖学的な狭小化に基づき,肥満閉塞型患者では主に気道周囲に脂肪が蓄積するなどの軟部組織の異常から上気道の狭小化 (下顎の後退,小顎症がある場合には,仰臥時になると上気道が狭小化し閉塞が起こりやすい) が認められ,非肥満閉塞型患者は軟部組織の異常の他に頭蓋・顔面骨の骨格異常が認められるとのことである (村田朗「臨床医のために 睡眠時無呼吸症候群の診断と治療－寝ている間に病気が作られる」日本医科大学医学会雑誌3巻2号96頁以下 (2007))。

わらず，判決は，被告人の当時の行動等から，「普段から中高度の睡眠時無呼吸症候群により異常に眠気が強いという身体的素地を有していたことに加え，当日は上記のような悪条件が重なったため通常以上に眠気を来たしやすい状態になって，自動車運転中，予兆なく急激に睡眠状態に陥り，本件異常走行を引き起こしてしまった可能性を否定することができない」としたのである。

　睡眠時無呼吸症候群は，本人は自覚していなかったとしても無呼吸等のために，呼吸障害（低酸素血症，高炭酸ガス血症，呼吸性アシドーシス[134]）等がもたらされ，昼間における著しい眠気等の症状を起こすものであり，その機序は睡眠不足の場合と同じであり，通常の居眠り運転と同様，運転中に眠気は生じているものと考えられる。それにもかかわらず，睡眠時無呼吸症候群に罹患していた被告人に対して，判決が，予兆なく急激に睡眠状態に陥った可能性がある旨認定したことは，その後の同種事例において，少なからず影響を与えたものと考えられる。すなわち，睡眠時無呼吸症候群に罹患している患者に予兆はなかったとの否認を誘発した[135]だけでなく，通常の睡眠不足による居眠り運転においても予兆の否認を誘発させることになったのではないかと思われるからである。そして，事故後，被疑者が事故時の衝撃で記憶を失ってしまっている事件で居眠りが想定される事件においては，警察官・検察官も常に，睡眠時無呼吸症候群に罹患している可能性，及び予兆なき入眠の可能性を懸念しなければならないことになったのである。もちろん，同判決の影響だけでなく，被疑者においても，睡眠時無呼吸症候群に罹患しているとの認識がない場合で睡眠時間を十分にとっていると思っていたような場合には，眠気を感じたとしてもその原因が睡眠不足によるものとの認識に至らないため，通常の寝不足の場合と異なって眠気の危険性を自

---

134) 肺におけるガス交換が低下して体内に二酸化炭素が滞留し血液が酸性に傾く現象。

135) 前掲の大阪地判以降，予兆なき急激な入眠の主張がなされた事案は，奈良地判平成17年9月21日（有罪）（公刊物未登載），大津地判平成19年1月26日（有罪）（裁判所ウェブサイト），名古屋地豊橋支判平成20年11月5日（無罪），名古屋高判平成21年7月27日（有罪）（高検速報737号上記名古屋地豊橋支判の控訴審で原判決を破棄），千葉地判平成25年7月27日（無罪）（公刊物未登載）などがある。

覚していない可能性（眠気と感じずだるさと感じたり，入眠してしまうまでの眠気と感じない可能性）もあり得よう。そのため，眠気を感じたとの認識に乏しく，否認する意思はないにもかかわらず眠気は感じていなかった旨供述することもあろうと思われる。

　しかしながら，睡眠時無呼吸症候群が次第に社会に認知されてきた今日，また，そもそも運転中眠気を感じないことは通常考え難いという本病気の実態からすれば，裏付け捜査（客観的な運転状況の裏付けや専門医師の意見の聴取等）及び粘り強い的確な取調べ，立証を行えば，睡眠時無呼吸症候群の予兆のない入眠の弁解は，恐れる必要はないと考える。

　もっとも，既に睡眠時無呼吸症候群に罹患していることを認識していて，その影響によって走行中に正常な運転に支障が生じるおそれがある状態[136]で（その認識を有し）自動車を運転しており，その影響によって正常な運転が困難な状態に陥って人を死傷させた場合には，自動車運転死傷処罰法3条2項の危険運転致死傷罪が成立するので，問題の一部は立法的に解決された。それだけでなく，従来の自動車運転過失致死傷罪（過失運転致死傷罪）よりも重く処罰されることになり，処罰も強化された。

　睡眠時無呼吸症群に罹患していても，これに罹患していることの認識がなかった場合（どの程度の認識が必要かは問題もあろうが）には，同条の適用はない。その場合は，過失運転致死傷罪が成立することになる。この場合，入眠する前に眠気を感じた時点を特定し，その時点での運転中止義務違反を過失として捉えることになる。なお，眠気を感じた時点といっても，眠気がさほど強くなく，ガムを噛む必要のある程度の疲労感や倦怠感を抱いた時点でも運転中止義務を課すことに問題はないと考える。その時点で，その後運転を継続していた場合に，入眠してしまうことについての予見可能性は肯定されると考えるからである。

---

[136]　睡眠時無呼吸症候群に罹患していても，適切な治療・投薬によって発作（入眠）をコントロールできる場合は，「正常な運転に支障が生じるおそれ」を欠く（橋爪・前掲30頁）。

4 実務例

① 過労のため眠気を催し，前方注視が不十分な状態に陥ったので，直ちに運転を中止し，眠気の解消を待って運転を開始すべき自動車運転上の注意義務があるのにこれを怠り，漫然運転を継続した過失により，自車を左方に斜走させ，折から同方向の車道上で作業していたO（当時29歳）に全く気付かず，同人に自車左前部を衝突転倒させた。

② 前夜来睡眠をとらずに運転を継続して疲労したため眠気を覚え，前方注視が困難な状態になったのであるから，直ちに運転を中止すべき自動車運転上の注意義務があるのにこれを怠り，漫然前記速度のまま運転を継続した過失により，前方道路左側に駐車中の普通貨物自動車に全く気付かず，同車後部に自車前部を追突させた。

③ 過労と睡眠不足のため眠気を覚え，前方注視が不可能な状態となっていたので，直ちに運転を中止して休息すべき自動車運転上の注意義務があるのにこれを怠り，前記速度で運転を継続した過失により，進路前方交差点手前で赤色信号に従い停止していたN（当時20歳）運転の普通乗用自動車に自車前部を追突させた。

④ 長距離運転の疲労と睡眠不足のため眠気を催し，前方注視が困難な状態になったのであるから，直ちに運転を中止すべき自動車運転上の注意義務があるのにこれを怠り，漫然前記状態のまま運転を継続した過失により，折から前方道路左側を同方向に進行していたS（当時18歳）運転の足踏式二輪自転車をその直前で初めて発見し，急停車の措置を執るいとまもなく自車左前部を激突させて同女を跳ね飛ばした。

⑤ 夜間の長距離運転による過労などにより注意力が散漫となり，的確なハンドル操作などができない状態になったので，直ちに運転を中止すべき自動車運転上の注意義務があるのにこれを怠り，漫然前記状態のまま運転を継続した過失により，自車を右方に斜進させて道路右端の駒止めに激突させた。

⑥ 過労と前夜飲んだ睡眠薬の影響により眠気を覚え，前方注視が困難な状態になったので，直ちに運転を中止すべき自動車運転上の注意義務がある

のにこれを怠り，漫然前記状態のまま前記速度で運転を継続した過失により，自車が道路右側に進出し，折から反対方向から進行してきたＡ（当時37歳）運転の普通乗用自動車に気付かず，同車両の右前部に自車右前部を衝突させた。

⑦　当時同所は暗く，かつ運転開始前の飲酒及び連日の過労の影響により前方注視が困難な状態になっていたのであるから，直ちに運転を中止するか，又は速度を減じ一層進路の安全を確認しつつ進行すべき自動車運転上の注意義務があるのにこれを怠り，前記状態のまま進行した過失により，前記道路が左方に急角度に曲がっていることを至近距離に迫って初めて発見し，左へ急転把したが及ばず，自車を道路右側に進出させて折から対向方向から進行してきたＳ（当時53歳）の運転する普通乗用自動車に衝突させた。

⑧　かねてから突然意識を消失してもうろう状態に陥るてんかん発作の持病を持っていて，いつその発作が起きるかも分からないことを知っており，かつ，自動車の運転を差し控えるよう医師より注意を受けていたのであるから，自動車の運転は厳にこれを避けなければならない自動車運転上の注意義務があるのにこれを怠り，前記状態のまま前記自動車の運転を継続した過失により，○○○○先道路において，てんかん発作を起こしてもうろう状態に陥り，自車を右斜め前方に暴走させて同番地所在のＨ（当時45歳）方店舗に突入した。

⑨　普通乗用自動車を運転し，○○付近道路を北方から南方に向けて時速約40ないし45キロメートルで進行中，眠気を催したが，かねてから睡眠時無呼吸症候群の持病があり，眠気を催した後仮睡状態に陥ったことがあったのであるから，直ちに運転を注視すべき自動車運転上の注意義務があるのにこれを怠り，直ちに運転を中止せず，漫然前記状態のまま運転を継続した過失により，同日○時○分頃，○○先道路を北方から南方に向かい前記速度で進行中，仮睡状態に陥り，○○先の信号機により交通整理の行われている交差点の対面信号が赤色信号を表示していたのに気付かないまま進行し，折から左方道路から信号に従って同交差点に進入してきたＮ（当時56歳）運転の普通乗用自動車に気付かず同車左側部に自車前部を衝突させた。

⑩　普通乗用自動車を運転し，○○先道路から発進するに当たり，かねてから睡眠時無呼吸症候群の持病があり，しばしば急激な眠気を催し，意識を喪失する発作に襲われていたのであるから，自動車の運転は厳に差し控えるべき自動車運転上の注意義務があるのにこれを怠り，自動車運転中は発作は起きないものと軽信し，漫然と前記自動車の運転を開始した過失により，同日○時○分頃，○○先道路を○方面から○方面に向かい時速約40キロメートルで進行し，折から信号待ちのため停止中のM（当時46歳）運転の普通乗用自動車を前方約78.8メートルの地点に認めて減速を開始した時点で，前記睡眠時無呼吸症候群の発作により意識を喪失し，自車をそのまま進行させて自車前部を前記M運転車両後部に追突させ，よって，同人に全治約2週間を要する頸椎捻挫の傷害を負わせた。

5　捜査上の留意事項

(1)　過労・病気・薬物の影響の有無及びその程度等の特定

　　被疑者がいつから過労，病気，薬物の影響下にあったのか，その時期と原因，居眠りの場合は，いつごろから眠気，あるいは疲労感を催したか，その原因は何か，事故発生時までの疲労状態，勤務時間など就労関係も調べてこれを明らかにする。

　　薬物の影響下にある可能性が考えられる場合は，採尿や採血を行い，薬物の使用の有無は客観的に裏付ける必要がある。この場合，覚醒剤等の禁止薬物だけでなく，睡眠薬その他正常な運転に影響する薬物の含有の有無を鑑定依頼しておく必要がある。

　　てんかん患者の場合は，発作を防ぐために，医師から抗てんかん薬を処方されているところ，てんかん発作が起きて事故に至った場合には，医師の処方どおり服用していなかった可能性があるので，採血を行って血中濃度を計測する必要がある。これを的確に行い，従前の通院時における検査による血中濃度との対比，及び残っていた薬の量等により，被疑者が指示どおりの服薬を行っていなかったことを立証して有罪を得た事例もある（横浜地判平成21年3月18日公刊物未登載）。

疾病類型の場合は，治療を行っていた場合には，カルテを取り寄せて主治医から病状，程度，治療状況，医師の服薬，運転行為やその他生活状況等に対する指導状況等を聴取しておく必要がある。そして，被疑者が服薬を含めその指導に従っていたかどうかも明らかにする必要がある。事故時まで治療を行っていなかった場合には，被疑者の疾病の有無，どのような疾病に罹患していたのか，当該疾病の症状等を，場合によっては鑑定の形で診断させる等して，疾病の具体的状況を明らかにし，それと，事故との関係を解明する必要がある。

(2) 特に，睡眠時無呼吸症候群について

前記のとおり，居眠り運転で事故を起こし，予兆なき突発的な入眠の弁解を行う被疑者が増えている。睡眠時無呼吸症候群に罹患していない被疑者も同様の弁解を行う場合もある。

被疑者が睡眠時無呼吸症候群に罹患している場合は，前記3条危険運転致死傷罪に該当する可能性があるので，被疑者が同疾病に罹患しているかどうかを明らかにする必要がある。既に治療していた場合には，カルテを取り寄せて主治医から，病状，程度，治療状況，運転行為等に対する指導状況等を聴取する必要がある。なお，その際，それまでの治療経過等から，被疑者が予兆なく突発的に入眠することがあり得るのか（それが治療によってコントロールができているのか）についても，意見とその根拠を聴取して証拠化（供述調書化）する必要がある。また，これに加えて，事故時における同疾病の程度等も明らかにすべきである。

被疑者が睡眠時無呼吸症候群の治療を受けていなかった場合には，改めて，捜査としてその罹患の有無を確定する必要がある。鑑定留置したケースもあり，被疑者の協力を得て，医師の診察を受けさせて罹患の有無やその病状等を確定することもある。

睡眠潜時無呼吸症候群の罹患の有無は，終夜睡眠ポリグラフィ（PSG）検査によって判断される。これは，一泊入院した上，夜間睡眠中の脳波，目の周りの眼輪筋や化学の頤筋の筋電図，口や鼻の空気の流れ，胸郭や腹壁の呼吸運動，心電図，血圧，動脈血酸素飽和度などを連続的に記録し，

AHI（1時間に無呼吸低呼吸が起こる回数）が5未満が正常，5以上15未満は軽症，15以上30未満は中程度，30以上は重症とされる（村田・前掲）[137]。

　同疾病の重症度と，日中の眠気の強さは，必ずしも相関していないため，PSGとは別に客観的な眠気を測る検査を行う必要があり，これに関しては，睡眠潜時反復検査（MSLT）を行うことで明らかにし得る。なお，眠気の強さとは別に，覚醒を維持できる能力を客観的に明らかにする検査（MWT）もある。これらの検査を行うことによって，客観的に睡眠時無呼吸症候群への罹患の有無と眠気及び覚醒維持能力が明らかになり，これと被告人の運転時その他における眠気の有無等についての供述，日頃の生活状況，客観的な運転状況等を総合して，事故前における眠気の有無，その程度等を判断することになる。

　睡眠時無呼吸症候群に罹患している場合には，その病態から，事前に眠気を感じているはずであり，事故のときだけ，予兆なく突発的に入眠するということは考え難いので，粘り強い取調べを行うことが必要である。

　この点は，本人が否認していたとしても，主治医や専門医師の供述調書を得て立証することが可能であり，この医師の供述を得ることは，むしろ不可欠である。

　なお，睡眠時無呼吸症候群への罹患の有無，その程度等にばかりとらわれて，それ以外の稼働状況や生活状況（稼働状況や睡眠時間）等の基本的な事実の解明を行うことを忘れてはならない。眠気の有無や程度にはこれらの影響も当然あり得るからである。

　事故時の衝撃により，被疑者が事故時及びその前の記憶を欠いていることがあり得る。もちろん，否認であることもあるが，あり得ないことではない。その場合，事故前に眠気を覚えた事実があったとしても記憶として残らないので，その時点の眠気を根拠として運転中止義務を課すことはできない。もっとも，過労運転の場合にしても睡眠時無呼吸症候群にしても，事故の態様にもよるが，他の過失が考えられず，それ以外の原因が考えら

---

[137]　パルスオキシメーターや簡易診断装置を使用した簡易検査があるが，睡眠の状態を判定できず，体位も測定しないため正確なAHI（本文参照）やODI（低酸素指数）を測定できないので，信頼性に欠けるとされている（赤柴恒人「睡眠時無呼吸症候群の病態」看護技術51巻3号187頁以下（2005））。

れない場合（例えば，過労はないが，重度の睡眠時無呼吸症候群に罹患していることが判明し，入眠以外に考えられない対向車線への進出，制動のない追突，交通頻繁時における赤信号無視の交差点進入，路肩への転落等の態様の場合。睡眠時無呼吸症候群に罹患しておらず，過労運転であることが明らかな場合も同様）は，時間や場所の特定は不明確にはなる（本人の記憶や道路状況等から可能な限り特定する必要はある）が，眠気を感じているはず（もちろん，上述のとおり，その点の立証は必要である）であるので，その時点における運転中止義務違反を根拠にして，責任を問うことは不可能ではないと考える（ただし，他の過失が考えられず，他の原因も考えられないことについての可能な限りの立証も必要なことはいうまでもない）。

6 判 例

① 東京高判昭和28年12月23日判特39号234頁

運転中，過労，眠気，病気，薬物の影響その他の理由によって正常な運転ができないおそれがある状態になったときは，一旦運転を中止して下車休息し，心身の回復を待って運転を再開すべき自動車運転上の注意義務がある。

② 大阪高判昭和32年6月28日高刑特4巻13号317頁

被告人は，前夜2時頃まで仕事をし，朝6時頃客に起こされたので，睡眠不足のため眠気を催し，眠くてたまらず，前方を注視することができなくなったことを覚知しながら，居眠り状態のまま運転を続けたため，前方を足踏式二輪自転車で同一方向に進行していた被害者に追突し，初めて目が覚めたのである。睡眠状態に陥ったのちの動作は刑法上の行為といえないことは所論のとおりであるが，眠気のため正常な運転ができないおそれがあることを認識しながら，自動車の運転を継続することは，いわゆる原因において自由な行為として，その結果に対する責任を負わなければならない。

③ 東京地判昭和33年1月17日一審刑集1巻1号19頁

前夜から友人らと飲み歩き一睡もしなかったために眠気を催し，もはや安全な運転を期し得ない状態になった場合，自動車運転者としては直ちに

運転を中止して適当な休養をとり，眠気の消失するのを待って運転を再開し，事故の発生を未然に防止すべき業務上の注意義務がある。

④　大阪高判昭和 42 年 9 月 26 日判時 508 号 78 頁

「てんかん」様のけいれん発作を伴う病気を自覚していた者は，自動車の運転を差し控えるべき注意義務がある。

⑤　広島高判昭和 43 年 2 月 27 日判時 516 号 84 頁

薬物の影響その他の理由により正常な運転ができないおそれがある状態の中には，酒気帯びに至らない程度の酒に酔った状態は含まれない。

⑥　大阪地判平成 17 年 2 月 9 日判時 1896 号 157 頁（前掲 616 頁）。

⑦　奈良地判平成 17 年 9 月 21 日公刊物未登載（前掲 617 頁注 135））

普通乗用自動車を運転し，時速約 40 ないし 50 キロメートルで進行中，睡眠時無呼吸症候群に罹患している被告人が，眠気を覚え，前方注視が困難な状態に陥ったのにもかかわらず運転を中止せず，漫然運転を継続し仮眠状態に陥って，自車を左斜め前方の道路左側部分へ暴走させ，道路外側線内を進行していた自転車に衝突させて死亡させた事故につき，有罪とされた事例。

⑧　大津地判平成 19 年 1 月 26 日裁判所ウェブサイト（前掲 617 頁注 135））

大型貨物自動車を運転し，中央自動車道西宮線（東名高速）を走行中，進路前方で，先に別の車両の脇見運転による追突事故が発生し，走行車線で横転している被追突車及びこの事故を認識してその車両の後方や追越し車線を減速して走行している複数の車両が存在する中，同追突事故現場の手前で追越し車線を減速中の車両に右サイドミラーを衝突させたのを最初に，次々に横転している車両の後方や追越し車線を走行している車両に衝突させた上，前記横転車両にも衝突させて，横転車両の同乗者 5 名等を死傷させた事故につき，被告人が捜査段階から一貫して「バーン」という衝撃で初めて衝突事故を起こしたことに気付いた旨供述していること，逆にいえば衝突するまで全く異常に気付かず，自車が高速度でその現場に迫っていることについて何ら危機感を覚えず，急制動等の回避措置も一切講じていないこと，被告人車両の最初の衝突事故が運転席側のサイドミラーを

車高の高い大型貨物自動車に衝突させるという単に前方不注視では考えられない衝突態様であることから，被告人は睡眠状態に陥っていたと認められるとした上，捜査段階において被告人が「ボーッとした感覚で運転していた」旨の一貫した供述を行っていたこと，本件事故の 6 日前から継続して運転し長距離運転業務に従事し，この間業務の合間などに 1 回当たり数時間程度仮眠をとることはあったものの時間も不規則でまとまった睡眠はとれず，疲労を感じていたこと，事故前日には強い眠気を感じパーキングエリアで予定を大幅に超えた約 5 時間の仮眠をとった上で運転を開始し，その後も約 1 時間半しか保たずまたも強い眠気を感じ再度パーキングエリアで約 2 時間の仮眠をとった上で運転を開始したが，それでも約 10 分後には眠気を覚えたことなどから，被告人は過度の疲労により正常な運転ができないおそれがある状態であったことは明らかであり，そのような状態で眠気を感じた以上，直ちに十分な幅員のある路側帯で車両を駐停車させて運転を中止すべき義務があったとして過失を認めた。なお，被告人は事件後重度の睡眠時無呼吸症候群と診断されたことから事故時にも同疾病に罹患していたと推認できるものの，被告人は事故前に眠気を感じていたのであるから，何ら予兆なく睡眠状態に陥ったとする弁護人の主張は前提を欠いているとして排斥した事例。

⑨　名古屋高判平成 21 年 7 月 27 日高検速報 737 号（前掲 617 頁注 135））

　　大型貨物自動車を運転し，信号機により交通整理の行われている交差点を，対面信号機が赤色の信号を表示しているにもかかわらず，時速約 50 キロメートルで同交差点に進入し，交差点出口の横断歩道を青色信号に従って横断中の自転車と衝突して自転車運転者を死亡させた事故につき，殊更赤無視の危険運転致死の公訴事実に対し，被告人が，「本件交差点手前の停止線手前の約 102.5 メートルの地点で対面信号が黄色から赤色に変化したのを認めたが，次に認めたのが同停止線の直前であった。自分は睡眠時無呼吸症候群であることから，僅かの間眠っていたのかもしれない」旨主張したところ，これを容れて，被告人が赤信号を認めた直後に睡眠時無呼吸症候群の影響により眠気を感じないまま眠りに落ち，交差点直前に

至って覚醒した可能性があるとして無罪とした原判決を，被告人が捜査段階で赤信号を無視して交差点に進入した事実を認めており，これまで前記のような弁解は行っていなかったこと，原審公判では前記主張の傍ら事故前の状況を連続した場面として記憶しており眠気を催したり意識が飛んだという記憶はないとも供述していること，捜査段階において，デジタルタコグラフデータを基に，事故に至るまでの経緯を間断なく説明していること，本件事故の約１週間前に行った睡眠時無呼吸症候群スクリーニング検査を受けていたにもかかわらず，捜査段階においては，一切同症候群の影響により睡眠状態に陥った可能性を供述していなかったのに，起訴後同検査の結果睡眠時無呼吸症候群に罹患していることを知ってから唐突に前記主張を始めたことなどから，被告人の前記主張は信用できないとして排斥し，破棄自判した事例。

⑩ 千葉地判平成25年7月27日公刊物未登載（前掲617頁注135））

被告人が信号交差点において，対面信号機の赤色表示を看過して同交差点に進入し，交差道路右側から青色信号に従って同交差点に進入してきた車両と衝突した事故につき，交通工学鑑定人の鑑定（衝突時の被告人車両の速度は時速約38.2キロメートルから40キロメートル，衝突直前に左に転把している）との鑑定を排斥して，後続車両の運転者の供述（一旦対面信号機の赤色信号に従って停止した後ゆっくりとした速度で交差点に進入し右から来た車両と衝突した）の信用性を肯定して，同態様の事故と認定した上，被告人が以前から重度の睡眠時無呼吸症候群に罹患していたことから，予兆なく急激に睡眠状態に陥って，アクセルを踏み込まずに車をクリープ発進させた可能性がないとは言い切れないとして，無罪とされた事例[138]。

---

138) 本判決は，科学的な交通工学による鑑定を，「車を質点，すなわち，大きさ等の他の属性を度外視して単に質量をもった点と見立て，衝突事故における車の運動を平面的な重心移動として単純化し，不明な点は推測又は仮定して，車の速度を解析するものといえる。しかし，実際の車は，長さ，幅，高さといった大きさ，固有の形状，固さ，均質でない実質を有し，回転する二輪で地面に接する物体である。また，衝突地点から停止地点までの運動は単純でなく，移動の軌跡は曲線で，1個ないし4個の回転するタイヤによる移動のほか，横滑り，横転擦過による移動も含まれる上，回転運動，上下・左右・前後の複雑な重心移動も加わる。……したがって，鑑定の精度には自ずから限度がある」などとして排斥し，後続車両運転者の供述の信用性を認めたのであるが，車両を質点として速度鑑定を行う鑑定人の鑑定手法は科学的に確立された鑑定方法であるにもかかわらず，同鑑定結果を科学的な根拠を示すことなく上記感覚的な理由で排斥したのは驚くべき無知で極めて不当というべき

⑪　**東京高判平成27年1月20日公刊物未登載**

　　重症の睡眠時無呼吸症候群に罹患していた被告人が貨物自動車を運転中に眠気を感じつつ運転を継続し，仮睡状態に陥って進路前方に，渋滞のため停止中の大型貨物自動車に続いて停止しようとして減速して意思に近い状態であった前車に自車を衝突させ，前車を前方に押し出して自車と前車とで強圧して，前車の運転者等4名を死亡させるなどした事故につき，C医師の供述及び鑑定書によれば，睡眠潜時反復測定検査の結果，被告人は一般健常人に比べて本来的には高度の眠気が存在すること，他方で，覚醒維持検査の結果，眠気をこらえて覚醒を維持する機能は保たれており，眠っていはいけない状況の下では眠気を抑制することができることができていたことが認められる。C医師及びD医師は，睡眠時無呼吸症候群の主症状の一つである日中の眠気は，一般的な睡眠不足による眠気と質的な違いがなく，被告人にその可能性はないことなどについて一致した供述をしているが，両医師の供述は十分に信用できる。そうすると，被告人は，本件事故前に，高まった眠気を全く感じることなく仮睡状態に陥ったということはないと認めるのが相当である。これに加え，C医師は，被告人は，本件事故現場の手前で眠気が高まったが，被告人の覚醒維持能力が高いことからすると，相当の時間，眠気を感じ始めてからこらえることができたと考えられる旨述べているが，この供述も各検査結果に照らして合理的で信用できることから，被告人が眠気を感じてから眠りに陥るまでには，相当の時間があったと認められる。……被告人は，遅くとも○ジャンクション分流部付近にいて高度の眠気を感じたのであるから，その時点で，そのまま運転を継続すれば仮睡状態に陥って前方注視が困難となることが予見可能であった。そして，○ジャンクション分流部付近を通過後仮睡後退に陥るまでには，一般道に降りることができる△出口が存在することや，本件事故現場に至るまで道路左端に緊急の駐停車が可能な幅員のある路肩又は路側帯があることから，直ちに運転を中止することが可能であった。以上によ

であるが，それ以上に，被告人は，自分が重度の睡眠時無呼吸症候群に罹患していることを認識していたのであるから，仮に，事故状況が後続車両運転者の供述どおりであったとすれば，運転避止義務違反が認められるので，過失は認められる事案であった。

れば，被告人は，眠気を感じ，そのまま運転を継続すれば仮睡状態で交通事故を起こすことについて予見可能性及び結果回避可能性があったにもかかわらず，運転を中止することなく漫然と運転を継続した結果，仮睡状態に陥り，本件事故を起こしたと認められ，運転中止義務違反の過失が認められる。

⑫　福岡地判平成27年8月17日公刊物未登載

　糖尿病と不整脈の持病のある被告人が，めまいやふらつきなどの副作用のある治療薬を服用していて，その影響により，運転中意識もうろう状態に陥って，歩道上の歩行者に自車を衝突させて加療約3か月を要する骨盤骨折等の傷害を負わせた事故につき，被告人は，本件事故直前の状況について，胸がかあっと熱くなりそれが頭に昇り抜けていき，そのままハンドルにしがみついたまま気を失うという状態に陥った旨述べている。被告人の上記供述内容は，後にドライブレコーダーで確認したという衝突時の被告人車両の動きとも整合し，内容も自然なものである。すなわち，被告人運転車両は徐々に速度を落としながらまっすぐふらつくことなく走行し，被害者と衝突するという異常な走行をしている。被告人の過去の運転に特に問題があったような事情は認められず，事故直前までの運転状況にも特に異常はなかった。そうすると，上記のような異常な走行は，被告人の供述するとおり，何らかの身体的異変によって意識を失った結果と見るのが自然である。また，その供述態度からも，自己の刑事責任を軽減するためにことさら虚偽の供述をしているような様子は見受けられない。なお，被告人の主治医は，本件の被告人の症状について，被告人は不整脈を改善するための薬を服用しており，薬の副作用としてふらつきなどが生じることがあり，その際に脳血流が下がるため本来自律神経が血圧を調整する働きをするが，被告人は糖尿病を患っており末梢神経がダメージを負っているため，自律神経の機能が正常に働かず，急激に血圧が低下して一過性の失神が生じた可能性がある旨診断しており，医学的な知見との間にも特に矛盾はない。……被告人は，事故直後の1回目の実況見分の際に，B警察官から事故の原因について聞かれ，自分がどの時点で気分が悪くなったのか説明ができなかったが，同警察官から強い口調で「そういうことはないだ

ろう，順を追って説明するように。」などと繰り返し言われて，説明をしても無駄というあきらめの気持ちがあったこと，事故を起こしたのは自分であり被害者がけがをしていて悪いという気持ちがあったので，その後の取調べでは異議を言わないようにした旨述べている。被告人が当初は一瞬目の前が真っ暗になって分からないなどと説明していたことや，警察官が繰り返し問い質した際に，被告人との間で口論になったことなどはB警察官も同旨の供述をしている。被告人の述べるような供述経過がおよそ不合理であるとはいえず，捜査段階と異なる供述をしていることから直ちに公判供述の信用性に疑問が生じるとはいえない。このように，本件事故前に胸がかあっと熱くなりそれが頭に昇り抜けていき，そのままハンドルにしがみついたまま気を失うという状態に陥った旨の被告人の公判廷の供述は基本的に信用することができる。……このように被告人は，運転中止義務を履行することができない状態であったとの合理的な疑いを払拭することはできず，かかる観点からも被告人に運転中止義務違反の過失を認めることはできない。

⑬　**福岡地判平成28年2月26日公刊物未登載**

　　突発性過眠症等にり患していた被告人が自動車運転中に同症等のため強い眠気に襲われて意識消失状態に陥り，歩道上にいた被害者に自車を衝突させて死亡させた事故につき，関係各証拠によれば，本件事故の状況等について以下の事実が認められる。……片側1車線の見通しのよい直線道路を進行し，同日午後5時45分ころ，事故現場から約60メートル手前で，道路を蛇行しながら走行し，道路左側の縁石に車を擦りつけるなどした後，道路左側の歩道に乗り上げ，歩道上にいた被害者に衝突し，民家の壁にぶつかって停止するという本件事故を起こした。被告人は自宅から約0.2キロメートル先の新幹線の高架下の路上あたりまで運転した記憶があるが，事故現場に向かう途中までの経路と事故の際の状況については記憶がない。このような本件事故の態様や被告人の供述状況に照らすと，本件事故は，被告人が意識消失状態に陥って起こしたものと推認することができる。……被告人は，本件事故後に，精密検査を受け，突発性過眠症と診断された。突発性過眠症は，日中の過度の眠気の発作を主症状とする持続性あるいは

反復性の睡眠障害の一種であり，日中の活動中に自己の意思に関係なく一緒にして深い眠りに入ってしまう睡眠発作の症状がある。突発性過眠症の場合，眠気を感じた後，入眠するまでの時間が普通の人より短いので，そのような眠気を感じてから運転を中止するのは困難である。また，突発性過眠症に関する自覚症状はほとんどないことから，診断される前に自分自身が重度の睡眠障害があることを認識することは困難である。このように，被告人が突発性過眠症と診断されたのは本件事故後である。そして，突発性過眠症の睡眠発作を起こした場合でも，寝ていたという自覚がないことがあり，自覚症状が乏しいことからすれば，診断前に突発性過眠症のような何らかの睡眠障害を起こす病気にり患していると認識することは友情困難であることが認められる。被告人にいても，少なくとも突発性過眠症の病識がなかったことは明らかである。もっとも，被告人に突発性過眠症という具体的な病名の病識がなくても，①本件事故当時の被告人に睡眠障害に関する具体的な症状があり，そのことを被告人が自覚していたことにより，そのような状態で自動車を運転すれば運転中に意識消失状態等に陥り，安全な運転が不可能となることについての予見可能性を認める余地がある。また，②本件運転開始時において疲労などの体調の不調や睡眠不足の影響で強い眠気や疲労を感じており，そのような状態で運転を開始すれば運転中に寝入ってしまうなどして意識を消失する状態等に陥り，安全な運転が不可能となることについての予見可能性を認める余地もある。……（②の予見可能性についての検討）……被告人は，約2週間前から睡眠不足等の体調の不調を自覚していたが，他方で，本件運転開始前に特に眠気を覚えていたとか，強い疲労を感じていたなどといった自覚症状があったとまでは認められない。すなわち，被告人は，本件事故当日に立ちくらみを起こした際には，ろれつが回らないような対応で目がしっかり開いていないような状態であったことは認められるが，その後2，30分休むことで普通に対応できるようになり，自動車を運転し，特に事故を起こすことなく帰宅している。受信時に医師からも特に異常を指摘されなかったばかりか，医師は病気ではない印象を持っている。一緒にいた母親も特に異常を感じていない。被告人が本件事故当日の昼休みにうとうとしている様子を目撃

されたり，3日前には休憩時間中に寝過ごしたりしている事実が認められるが，これらは昼食後という一般的に眠気を催すことが多い時間帯での出来事であり，午後5時35分ころという本件運転開始時の時間帯においても同様の状態にあったことは直ちに認めることはできない。被告人は，午後や夕方に座って作業中にうとうとすることがあった旨の供述もしているが，仕事がなく，暇な時間帯に眠くなることがあったというもので，夕方になると仕事の内容にかかわらず眠くなるという意味ではないのであるから，本件運転開始時に特に眠気を覚えるなどの体調の不調を自覚していたことの根拠としては不十分である。そうすると，被告人が本件運転開始時に疲労などの体調の不調や睡眠不足の影響で強い眠気に襲われており，そのような状態で運転を開始すれば，運転中に寝入ってしまうなどして意識を消失し，安全な運転が不可能になるということを予見できるような状況にあったとは認められない。なお，突発性過眠症の患者が睡眠不足の状態になれば普通の人以上に睡眠不足の影響が出やすいことからすれば，被告人は本件事故の約2週間前から慢性的に睡眠不足の状態にあったことと併せて，本件緒被告人の意識消失の一因となっている可能性は否定できない。しかし，被告人には突発性過眠症の認識がないのであるから，慢性的に睡眠不足の状態であることを認識していたからといって，本件運転開始時において，職場までの約5分間の運転中に睡眠不足のために強い眠気に襲われて意識消失状態に陥り，安全な運転が不可能となることを予見することは困難である。(①の予見可能性の検討)……上記の被告人の本件事故前の各商状と被告人の認識していた事情を総合して検討すると，確かに被告人の体調は，本件事故の約2週間以降に急速に悪化していたものと認められる。しかし，その間の被告人が自覚していた何らかの意識障害を特にうかがわせる具体的な事実は，結局前記の2階の立ちくらみの事実とトイレの個室内での出来事にとどまっている。しかもこれらの事実は事後的に見れば，本件事故との関連性を想起させるものであるが，本件運転開始の時点で，約2週間の間に起ったこれらの出来事を関連付けて，何らかの睡眠障害に罹患しており，自動車を運転すれば同じように意識消失状態等に陥ることを予見することは困難である。しかも，被告人は運転を開始する直前

に医師の診断と検査を受け，特段の異常を指摘されることはなかった。また，被告人は，これまで何度か立ちくらみを経験したことがあったが，自動車を運転中に何らかの意識障害が生じて交通事故を起こしたようなことはなく，本件交通事故直前には勤務先から自転車を運転し，事故を起こすことなく帰宅しているのであるから，なおさら上記の点を予見するのは困難であったといわざるを得ない。このように本件事故前の被告人の症状と被告人が認識していた事情を個別ないし総合的に検討してみても，運転を開始すれば意識消失状態等に陥り安全な運転が不可能となることを予見することができたと認めることはできない。

⑭　自動車運転死傷行為処罰法3条の罪を認めた事例
　　札幌地判平成27年7月15日公刊物未登載

　　睡眠導入剤ハルシオンを服用後，貨物自動車の運転を開始し，自車を対向車線に進出させて同車線上で土砂を撤去していた作業員数人を跳ね飛ばすなどして死傷させた事故につき，被告人は，本件事故前日の9月10日午後8時頃ないし午後9時頃までの間に，知人から借りた本件自動車内において，かねて掛かり付けの医師から処方されていたハルシオン0.25ｍｇ錠（トリアゾラム錠）10条をビールとともに服用した……。ハルシオンを服用した翌日の9月11日朝方，被告人は本件自動車内で目覚めたが，その後本件自動車の運転を開始し，同日午前9時42分頃には，A地点所在のガソリンスタンドを訪れ，同店店員に対し，本件自動車のタイヤのパンク修理を依頼した。その際，被告人は同店店員の提案を容れてタイヤ交換を依頼し，タイヤ交換後には，古いタイヤの処分を依頼し，これらの費用を現金で支払ったが，この店員は，この時の被告人について，話し方にろれつが回らないところがあり，話す速度もゆっくりであり，少し考えてから話すというように感じ，また，身体がふらついたりはしていなかったものの，動作がゆっくりで目がとろんとしていたとの感想を述べている。もっとも，ガソリンスタンドから出てゆく被告人運転の本件自動車がふらついたりすることはなかった。その後，被告人は，本件自動車の運転を続け，同日午前10時20分頃，○地点先路上において，警ら中の警察官に座席ベルトを装着しないで運転しているところを現認され，本件自動車を道

路の左側端に寄せて停止させられた。警察官に対する対応は，運転免許証の提示にも応じ，警ら用自動車への乗車についてもふらつくことなく応じるというものであり，自己の氏名の読み方，職業，連絡先等についての警察官に対する説明に誤りはなかったし，座席ベルト不装着の理由についても，車内の缶コーヒーを探すため座席ベルトを外していたと弁解した。その警察官は，この時の被告人について，若干覇気がなく疲れている様子であったものの，質問にしっかり受け答えできる状況であり，特異な言動等は見受けられなかったと説明している。さらに，被告人は，本件自動車の運転を続け，同日午前10時50分頃，△地点付近の道路に差し掛かったが，道路が片側交互通行に規制されていたため，交通整理員の指示に従って本件自動車を一旦停止させた。しばらくして，交通整理員が被告人に対して進むよう合図を促したが，被告人は，首を下に向けてうつむいた状態のままで直ちには発進せず，その約1分後に本件自動車を発進させた。被告人は，マニュアル車である本件自動車のエンジンをかけて発進させ，その後約66メートル余は右にカーブしている道路状況に応じて走行したが，その付近で運転にふらつきがみられ，一度対向車線に近づいたものの，進行している車線中央部に戻るなどしながら更に74メートル余走行し，◎地点に差し掛かったところで対向車線に進出し，本件事故を発生させた。……A医師の公判証言を含む関係証拠によれば，ハルシオンを服用した場合，その薬効により，異常に眠い，普段よりもふらふらする，ぼうっとしているという感覚になることから，服用した者は，ハルシオンが自己の身体に作用していることを認識でき，その薬効が身体に作用している状態であっても，緊張したり，外部からの刺激があれば意識が覚醒されるため，例えば，自動車の運転をすることが可能であるし，このような運転という行為は身体を動かしたり，状況に応じた様々な判断を伴うものであって，運転できる程度に覚醒しているのであれば，保持した記憶を思い出す（追想する）ことも可能であるとされる。被告人の本件自動車の運転状況は前記のとおりであり，被告人は，一旦停止した地点から交通整理員に促されて本件自動車を発進させ，長い距離ではないものの，しばらくは問題なく走行していたが，停止地点から66メートル余先のカーブの出口付近まで

来るとふらつき始め，◎地点付近に差し掛かったところで対向車線に進出し，被害者らを跳ね飛ばした。このような状況に照らせば，被告人は，自己の置かれた状況に対応した行動をそれなりにとっているのであるから，自己の身体の状況を認識できないような状態にはなかったと認めることができるのであって，遅くとも交通整理員に促されて発進してまのない時点において，被告人は，その走行中に正常な運転に支障が生じるおそれがある状態であることを認識していたと認めるのが相当である。また，前記のとおり，ハルシオンによって生じる可能性のある健忘は前向性健忘であり，ハルシオンを服用してもソノハルシオンを服用したこと自体の記憶は保持されるが，被告人は，うつ病を患ったことで，掛かり付けの医師からハルシオンの処方を受けて服用しており，ハルシオンを服用すれば，眠気が生じたり，頭がぼうっとしたり，全身の脱力を覚えたりするなど，身体機能への影響を身をもって経験していただけでなく，本件事故の1時間余り前に立よったガソリンスタンドでは，店員と対応しながらも，ろれつが回らなかったりするなど，自己の身体の様子を感じていたといえるのであるから，交通整理員に促されて発進して間もない時点，すなわち，正常な運転に支障が生じるおそれがある状態であることを認識していたといえる時点では，このような経験も踏まえて，正常な運転に支障が生じるおそれがある状態が前日に服用したハルシオンの影響によるものであることについても認識していたと認めるのが相当である。

⑮ 自動車運転死傷行為処罰法3条の罪を認めた事例
東京高判平成28年6月8日 D1-Law.com 判例体系

運転中に危険ドラッグを使用し，薬物の影響により前方注視及び運転操作が困難な状態に陥り，自車を歩行者等7名に次々と衝突させ，うち1名を死亡させ，6名に傷害を負わせた事故につき，原判決は，午後7時54分頃に発進進行した時点での被告人の認識を問題としているのではなく，それ以前の，午後7時53分頃に「総統」を吸引してから，午後7時54分頃に発進進行するまでの被告人の認識を問題としているのであり，所論は原判決の趣旨を正解しておらず，失当である。確かに，原判決が，被告人が自動車を再発進させた行為を，自動車の運転により人を死傷させる行為

等の処罰に関する法律3条1項の実行行為ととらえているのかどうかはやや不分明であるが，被告人が発進進行する時点で意識を失っていた場合はもちろん，意識を失っていなかったとしても，その時点においては，薬物の影響により正常な運転が困難な状態に陥っていた疑いがあり，被告人が自動車を発進進行させた行為は，実行行為後の単なる因果の経過と考えるのが相当である（現に，検察官の冒頭陳述でも，被告人は，横断歩道の手前で自車を一旦停止し，その頃，危険ドラッグの影響により，前方注視及び運転操作が困難な状態に陥ったとされている。）。そして，証拠によれば，原判決も正当に指摘する通り，被告人は，本件以前から，「総帥」等の危険ドラッグが人の脳や身体作用に異常をもたらすことがあり，これを使用して自動車を運転した場合には正常な運転に支障を生じさせるおそれがあることを認識していたのに，本件で自動車を運転中に自ら危険ドラッグである「総統」の吸引を開始し，その吸引の影響により頭がぼおっとする等の体調の異変を感じたのであるから，被告人が，「薬物の影響によりその走行中に正常な運転に支障が生じるおそれがある状態」にあることを認識していたことは明らかである。被告人も，「総統」を詰めたタバコの使用後，すぐにいつもと違う異常な体調異変を感じたので，あわててその火を消したとしており，運転中に体調異変を感じていたこと自体は否定していない。また，証拠によれば，「総統」を吸引しても，意識障害等が起きることはなく，それまでに，目が回ったり，頭がガーンとしたりするなどの症状が現れ，それを自覚する時間が必ずあることが認められるから，被告人が，「薬物の影響によりその走行中に正常な運転に支障が生じるおそれがある状態」にあることを現に認識し，運転を中止することも可能であったというべきである。

判例索引

〈大審院〉

大判大正 3 年 3 月 11 日刑録 20 輯 278 頁 ·· 39
大判大正 3 年 4 月 24 日刑録 20 輯 619 頁 ·· 18
大判大正 7 年 4 月 10 日刑録 24 輯 317 頁 ·· 18
大判大正 8 年 2 月 15 日刑録 25 輯 157 頁 ··· 3
大判大正 12 年 5 月 24 日刑集 2 巻 448 頁 ··· 574
大判大正 14 年 2 月 25 日刑集 4 巻 125 頁 ·· 18
大判大正 14 年 10 月 21 日刑集 4 巻 616 頁 ··· 3
大判昭和 2 年 1 月 31 日刑集 6 巻 18 頁 ·· 151
大判昭和 6 年 4 月 8 日新聞 3318 号 15 頁 ·· 122
大判昭和 7 年 2 月 22 日大審院裁判例 6・4 頁 ·· 592
大判昭和 8 年 6 月 2 日刑集 12 巻 642 頁 ··· 123, 574
大判昭和 8 年 10 月 7 日刑集 12 巻 1975 頁 ·· 151
大判昭和 9 年 7 月 12 日刑集 13 巻 1025 頁 ·· 89
大判昭和 10 年 2 月 14 日刑集 14 巻 96 頁 ··· 151
大判昭和 11 年 5 月 12 日刑集 15 巻 617 頁 ·· 18, 19
大判昭和 14 年 5 月 23 日刑集 18 巻 283 頁 ·· 14
大判昭和 14 年 11 月 27 日刑集 18 巻 544 頁 ·· 18, 19, 135

〈最高裁判所〉

最決昭和 30 年 2 月 3 日刑集 9 巻 2 号 194 頁 ··· 565
最決昭和 32 年 6 月 8 日裁判集刑 119 号 419 頁 ··· 140
最決昭和 33 年 5 月 28 日刑集 12 巻 8 号 1718 頁 ·· 36
最決昭和 33 年 7 月 9 日刑集 12 巻 11 号 2424 頁 ·· 526
最決昭和 33 年 9 月 8 日刑集 12 巻 13 号 2837 頁 ·· 542
最決昭和 34 年 2 月 6 日刑集 13 巻 1 号 66 頁 ·· 89, 264
最判昭和 37 年 4 月 12 日刑集 16 巻 4 号 387 頁 ·· 516
最決昭和 37 年 6 月 14 日刑集 16 巻 7 号 1245 頁 ·· 116
最決昭和 37 年 9 月 11 日裁判集刑 144 号 275 頁 ·· 505
最決昭和 37 年 12 月 28 日刑集 16 巻 12 号 1752 頁 ·· 18
最決昭和 38 年 1 月 24 日刑集 17 巻 1 号 1 頁 ··· 541, 565
最決昭和 39 年 1 月 28 日裁判集刑 150 号 291 頁 ·· 526
最判昭和 41 年 6 月 14 日刑集 20 巻 5 号 449 頁 ·· 38, 40
最判昭和 41 年 9 月 20 日裁判集刑 160 号 773 頁 ·· 607
最決昭和 41 年 12 月 20 日刑集 20 巻 10 号 1212 頁 ······················ 39, 40, 44, 62, 84, 239
最決昭和 42 年 3 月 16 日判時 480 号 67 頁 ·· 388
最決昭和 42 年 5 月 25 日刑集 21 巻 4 号 584 頁 ··· 3
最判昭和 42 年 10 月 13 日刑集 21 巻 8 号 1097 頁 ···················· 21, 41, 53, 63, 317, 327
最決昭和 43 年 2 月 27 日ジュリ 402 号 71 頁 ·· 609
最決昭和 43 年 3 月 16 日刑集 22 巻 3 号 81 頁 ·· 331, 345
最判昭和 43 年 6 月 13 日裁判集刑 160 号 601 頁 ·· 346
最判昭和 43 年 7 月 16 日刑集 22 巻 7 号 813 頁 ·· 70
最判昭和 43 年 7 月 16 日裁判集刑 168 号 535 頁 ·· 42, 64, 259

最判昭和 43 年 9 月 24 日判時 539 号 40 頁 ……………………………………… 212, 380
最判昭和 43 年 11 月 15 日刑集 24 巻 12 号 1615 頁……………………………………70
最判昭和 43 年 12 月 17 日刑集 22 巻 13 号 1525 頁………………………… 43, 64, 87, 271
最決昭和 43 年 12 月 24 日刑集 22 巻 13 号 1647 頁 ………………………………… 249
最決昭和 43 年 12 月 24 日判例時報 544 号 89 頁 …………………………………… 328
最判昭和 43 年 12 月 24 日裁判集刑 169 号 905 頁 …………………… 44, 64, 92, 239
最判昭和 44 年 4 月 25 日裁判集刑 171 号 675 頁………………………… 206, 369, 390
最判昭和 44 年 5 月 2 日判時 554 号 94 頁………………………………………… 206, 369
最決昭和 44 年 5 月 22 日刑集 23 巻 6 号 918 頁 …………………………………… 252
最判昭和 44 年 12 月 18 日判時 584 号 75 頁………………………………………… 391
最判昭和 45 年 3 月 31 日刑集 24 巻 3 号 92 頁 ………………… 44, 64, 144, 283, 290
最決昭和 45 年 7 月 28 日裁判集刑 177 号 413 頁 ………………………… 58, 71, 85
最決昭和 45 年 9 月 24 日刑集 24 巻 10 号 1380 頁 ……………………… 45, 53, 65, 317
最決昭和 45 年 9 月 29 日裁判集刑 177 号 1185 頁 ………………………………… 240
最決昭和 45 年 11 月 10 日刑集 24 巻 12 号 1603 頁…………………………………… 254
最決昭和 45 年 11 月 17 日刑集 24 巻 12 号 1622 頁 ……………………… 46, 66, 254, 259
最決昭和 45 年 12 月 22 日裁判集刑 178 号 1109 頁 …………………… 48, 66, 260
最決昭和 46 年 5 月 13 日刑集 25 巻 3 号 556 頁 …………………………………… 422
最決昭和 46 年 6 月 23 日刑集 25 巻 4 号 603 頁 …………………………………… 250
最決昭和 46 年 6 月 25 日刑集 25 巻 4 号 655 頁 …………………… 30, 49, 67, 283, 290
最決昭和 46 年 7 月 2 日刑集 25 巻 5 号 682 頁……………………………………… 449
最判昭和 46 年 10 月 14 日刑集 25 巻 7 号 817 頁 ……………………… 50, 68, 250
最判昭和 46 年 12 月 23 日刑集 25 巻 9 号 1100 頁 ………………………… 598, 610
最判昭和 47 年 1 月 21 日刑集 26 巻 1 号 36 頁 …………………………………… 254
最判昭和 47 年 4 月 7 日裁判集刑 184 号 15 頁 ……………………… 51, 68, 308
最判昭和 47 年 5 月 4 日刑集 26 巻 4 号 255 頁 ……………………………… 214, 229
最判昭和 47 年 11 月 16 日刑集 26 巻 9 号 538 頁……………………… 52, 68, 317, 327
最判昭和 48 年 3 月 22 日刑集 27 巻 2 号 240 頁 ……………………………… 53, 69
最判昭和 48 年 5 月 22 日刑集 27 巻 5 号 1077 頁 …………………… 54, 69, 91, 271
最判昭和 48 年 9 月 27 日裁判集刑 190 号 391 頁 …………………… 55, 70, 271
最判昭和 48 年 12 月 25 日裁判集刑 190 号 1021 頁……………… 57, 71, 271, 278
最決昭和 49 年 4 月 6 日刑集 28 巻 3 号 52 頁 ………………………… 59, 72, 284
最決昭和 50 年 9 月 11 日刑集 29 巻 8 号 576 頁 ……………………………… 254, 267
最決昭和 52 年 2 月 7 日裁判集刑 203 号 71 頁 ……………………………… 257, 267
最決昭和 52 年 12 月 7 日刑集 31 巻 7 号 1041 頁 …………………… 61, 74, 308, 441
最判昭和 54 年 7 月 24 日判時 952 号 54 頁 ……………………………………… 439
最決昭和 55 年 3 月 4 日刑集 34 巻 3 号 89 頁 ……………………………………… 607
最判昭和 56 年 2 月 19 日裁判集刑 221 号 91 頁 …………………………………… 472
最決昭和 60 年 4 月 30 日刑集 39 巻 3 号 186 頁 ……………………………… 211, 378
最決昭和 63 年 4 月 28 日刑集 42 巻 4 号 793 頁 ……………………… 71, 257, 277
最決平成元年 12 月 15 日刑集 43 巻 13 号 879 頁……………………………………33
最決平成 5 年 10 月 12 日刑集 47 巻 8 号 49 頁 ……………………………………… 493
最決平成 12 年 12 月 20 日刑集 54 巻 9 号 1095 頁 ………………………………… 479
最決平成 15 年 1 月 24 日裁判集刑 283 号 241 頁 …………………… 91; 150, 398
最決平成 16 年 7 月 12 日刑集 58 巻 5 号 360 頁 ……………… 17, 61, 75, 84, 223
最決平成 18 年 3 月 14 日刑集 60 巻 3 号 363 頁 …………………………………… 221
最決平成 20 年 9 月 8 日公刊物未登載 ……………………………………………… 176
最決平成 23 年 10 月 31 日刑集 65 巻 7 号 1138 頁 ………………………………… 601
最決平成 24 年 2 月 8 日刑集 66 巻 4 号 200 頁……………………………… 125, 568

〈高等裁判所〉

名古屋高金沢支判昭和 26 年 11 月 7 日高刑 4 巻追録 3 頁 …………………………………… 138
名古屋高金沢支判昭和 27 年 2 月 4 日判特 30 号 70 頁 …………………………………… 123, 575
東京高判昭和 27 年 6 月 13 日刑集 5 巻 6 号 959 頁 ………………………………………… 449
東京高判昭和 28 年 2 月 4 日東高時報 3 巻 2 号 51 頁 …………………………………… 248, 575
東京高判昭和 28 年 12 月 17 日判時 22 号 30 頁 …………………………………………… 557
東京高判昭和 28 年 12 月 23 日判特 39 号 234 頁 ………………………………………… 624
東京高判昭和 29 年 1 月 29 日判特 40 号 8 頁 ……………………………………………… 523
東京高判昭和 29 年 4 月 12 日判特 40 号 65 頁 …………………………………………… 523
東京高判昭和 29 年 4 月 14 日東高時報 5 巻 3 号 111 頁 ………………………………… 528
福岡高判昭和 29 年 10 月 12 日高刑特 1 巻 8 号 361 頁 ………………………………… 555
広島高判昭和 29 年 11 月 16 日高刑 7 巻 12 号 1719 頁 ………………………………… 555
福岡高判昭和 29 年 11 月 19 日高刑特 1 巻 11 号 484 頁 ……………………………… 140
福岡高判昭和 30 年 2 月 14 日高刑特 2 巻 6 号 127 頁 …………………………………… 138
福岡高判昭和 30 年 3 月 2 日高刑特 2 巻 6 号 145 頁 ………………………… 207, 373, 538
福岡高判昭和 30 年 6 月 14 日高刑特 2 巻 13 号 651 頁 ………………………………… 138
仙台高判昭和 30 年 6 月 21 日高刑特 2 巻 12 号 619 頁 ………………………………… 557
東京高判昭和 30 年 7 月 2 日高刑特 2 巻 13 号 685 頁 …………………………………… 565
高松高判昭和 30 年 7 月 18 日高刑特 2 巻 16・17 号 807 頁 …………………………… 400
高松高判昭和 30 年 9 月 12 日高刑特 2 巻 22 号 1145 頁 ……………………………… 263
東京高判昭和 30 年 10 月 17 日高刑特 2 巻 20 号 1049 頁 …………………………… 540
大阪高判昭和 30 年 11 月 16 日高刑 8 巻 9 号 1131 頁 ………………………………… 518
高松高判昭和 30 年 11 月 21 日高刑特 2 巻追録 1299 頁 ……………………………… 133, 138
広島高判昭和 30 年 11 月 30 日高検速報昭和 30 年 4・31 号 ………………………… 152
名古屋高判昭和 30 年 12 月 21 日高刑特 3 巻 4 号 102 頁 ……………………………… 594
福岡高判昭和 30 年 12 月 28 日高刑特 2 巻追録 1355 頁 …………………………… 123, 575
東京高判昭和 31 年 1 月 17 日東高時報 7 巻 1 号 13 頁 ………………………………… 152
東京高判昭和 31 年 2 月 21 日高刑特 3 巻 7 号 292 頁 ………………………………… 141
名古屋高金沢支判昭和 31 年 9 月 4 日高刑特 3 巻 19 号 905 頁 ……………………… 609
福岡高判昭和 31 年 12 月 18 日高検速報 654 号 ………………………………………… 201
高松高判昭和 31 年 12 月 27 日高刑特 3 巻 24 号 1268 頁 ……………………………… 491
広島高松江支判昭和 32 年 1 月 14 日高検速報 32 年 1 号 ……………………………… 138
広島高判昭和 32 年 1 月 16 日高刑特 4 巻 1〜3 号 1 頁 ……………………………… 205, 368
東京高判昭和 32 年 1 月 31 日高刑特 4 巻 1 号 22 頁 …………………………………… 454
東京高判昭和 32 年 3 月 26 日高刑特 4 巻 7 号 162 頁 ……………………………………… 19
福岡高判昭和 32 年 3 月 28 日高刑特 4 巻 8 号 191 頁 …………………………………… 540
広島高松江支判昭和 32 年 4 月 1 日高刑 10 巻 3 号 217 頁 ………………………… 491, 555
福岡高判昭和 32 年 5 月 10 日高刑特 4 巻 10 号 248 頁 ……………………………… 266
大阪高判昭和 32 年 6 月 28 日高刑特 4 巻 13 号 317 頁 ……………………………… 624
東京高判昭和 32 年 6 月 29 日東高時報 8 巻 6 号 177 頁 ……………………………… 505
東京高判昭和 32 年 7 月 25 日高刑特 4 巻 16 号 395 頁 ……………………………… 386
仙台高判昭和 32 年 9 月 10 日高刑特 4 巻 20 号 515 頁 ……………………………… 263
札幌高判昭和 32 年 10 月 15 日高刑 10 巻 8 号 673 頁 ………………………………… 593
名古屋高判昭和 32 年 10 月 30 日高刑特 4 巻 21 号 560 頁 …………………………… 518
東京高判昭和 32 年 11 月 19 日東高時報 8 巻 12 号 402 頁 …………………………… 386
東京高判昭和 33 年 1 月 18 日高刑 11 巻 1 号 6 頁 ………………………………… 152, 538
高松高判昭和 33 年 1 月 27 日高刑特 5 巻 1 号 24 頁 ………………………………… 368
東京高判昭和 33 年 3 月 5 日高刑特 5 巻 3 号 81 頁 ………………………………… 201, 362
広島高松江支判昭和 33 年 3 月 10 日高刑特 5 巻 3 号 90 頁 ………………………… 201, 363

東京高判昭和 33 年 4 月 22 日高刑 11 巻 3 号 120 頁 ………………………………… 166
名古屋高判昭和 33 年 4 月 28 日高刑 11 巻 3 号 129 頁 ……………………………… 609
名古屋高金沢支判昭和 33 年 5 月 15 日高刑 11 巻 7 号 369 頁 ………………… 201, 363, 556
名古屋高金沢支判昭和 33 年 5 月 15 日高刑特 5 巻 6 号 225 頁 …………………… 541
高松高判昭和 33 年 6 月 10 日高刑特 5 巻 7 号 276 頁 ……………………………… 493
大阪高判昭和 33 年 9 月 5 日高検速報昭和 33 年 5 号 ……………………………… 302
東京高判昭和 33 年 9 月 25 日高刑 11 巻 8 号 476 頁 …………………………… 89, 264
札幌高函館支判昭和 33 年 12 月 2 日高刑 11 巻 10 号 588 頁 …………………… 518, 526
東京高判昭和 33 年 12 月 23 日東高時報 9 巻 13 号 327 頁 ……………………… 202, 363
東京高判昭和 34 年 1 月 24 日東高時報 10 巻 1 号 41 頁 …………………………… 594
名古屋高金沢支判昭和 34 年 1 月 29 日下刑 1 巻 1 号 11 頁 …………………… 202, 364
東京高判昭和 34 年 2 月 2 日東高時報 10 巻 2 号 87 頁 …………………………… 526
東京高判昭和 34 年 2 月 17 日刑集 12 巻 2 号 49 頁 ………………………………… 529
大阪高判昭和 34 年 3 月 3 日高検速報昭和 34 年 2 号 ……………………………… 34
名古屋高判昭和 34 年 3 月 16 日高刑 2 巻 4 号 270 頁 ……………………………… 198
東京高判昭和 34 年 3 月 18 日東高時報 10 巻 3 号 192 頁 ………………………… 386
東京高判昭和 34 年 4 月 8 日下刑 1 巻 4 号 886 頁 ………………………………… 194
仙台高判昭和 34 年 6 月 30 日高検速報昭和 34 年 11 号 ………………………… 202, 364
東京高判昭和 34 年 7 月 2 日東高時報 10 巻 7 号 303 頁 ………………………… 387
東京高判昭和 34 年 12 月 26 日高検速報 823 号 …………………………………… 248
東京高判昭和 35 年 2 月 18 日東高時報 11 巻 2 号 40 頁 ………………………… 538
広島高判昭和 35 年 5 月 21 日高検速報昭和 35 年 11 号 ………………………… 505
仙台高判昭和 35 年 6 月 2 日高検速報昭和 35 年 9 号 …………………………… 491
東京高判昭和 35 年 8 月 10 日東高特報 11 巻 8 号 210 頁 ………………………… 457
高松高判昭和 35 年 8 月 24 日高検速報 177 号 ……………………………………… 538
東京高判昭和 35 年 9 月 19 日東高時報 11 巻 9 号 244 頁 ………………………… 388
東京高判昭和 35 年 9 月 30 日高刑 13 巻 7 号 549 頁 ……………………………… 264
東京高判昭和 35 年 12 月 14 日東高時報 11 巻 12 号 351 頁 ……………………… 387
東京高判昭和 36 年 9 月 29 日下刑 3 巻 9・10 号 833 頁 …………………………… 426
東京高判昭和 36 年 11 月 9 日東高時報 12 巻 11 号 214 頁 ……………………… 457
仙台高秋田支判昭和 36 年 11 月 15 日高検速報昭和 36 年 22 号 ………………… 400
東京高判昭和 36 年 12 月 5 日下刑 3 巻 11・12 号 1003 頁 ………………………… 542
大阪高判昭和 36 年 12 月 15 日下刑 3 巻 11・12 号 1029 頁 ……………………… 528
名古屋高判昭和 37 年 2 月 12 日高刑 15 巻 2 号 122 頁 …………………………… 403
東京高判昭和 37 年 2 月 24 日高検速報 981 号 ……………………………………… 344
名古屋高金沢支判昭和 37 年 5 月 8 日下刑 4 巻 5・6 号 353 頁 …………… 134, 139
東京高判昭和 37 年 6 月 20 日東高時報 13 巻 6 号 175 号 ………………………… 153
札幌高判昭和 37 年 9 月 6 日高検速報 48 号 ………………………………………… 166
大阪高判昭和 37 年 9 月 13 日判タ 192 号 201 頁 …………………………………… 192
東京高判昭和 37 年 10 月 19 日高刑 15 巻 8 号 599 頁 …………………………… 576
東京高判昭和 38 年 3 月 27 日公刊物未登載 ………………………………………… 566
大阪高判昭和 38 年 4 月 8 日判タ 192 号 193 頁 …………………………………… 389
大阪高判昭和 38 年 4 月 10 日判タ 192 号 215 頁 ……………………………… 45, 304
東京高判昭和 38 年 4 月 24 日高刑 16 巻 2 号 202 頁 ……………………………… 214
東京高判昭和 38 年 4 月 25 日東高時報 14 巻 4 号 75 頁 ………………………… 596
高松高判昭和 38 年 6 月 19 日高検速報 237 号 …………………………………… 203, 364
東京高判昭和 38 年 7 月 17 日東高時報 14 巻 7 号 128 頁 ……………………… 45, 457
東京高判昭和 38 年 7 月 17 日東高時報 14 巻 7 号 133 頁 ………………………… 541
東京高判昭和 38 年 11 月 20 日高検速報 1117 号 …………………………………… 224
東京高判昭和 38 年 12 月 2 日東高時報 14 巻 12 号 230 頁 ……………………… 539

名古屋高判昭和 38 年 12 月 23 日高刑 16 巻 9 号 831 頁	239
大阪高判昭和 39 年 2 月 21 日判タ 192 号 194 頁	403
東京高判昭和 39 年 2 月 26 日高検速報 1151 号	523
東京高判昭和 39 年 3 月 18 日東高時報 15 巻 3 号 40 頁	34
東京高判昭和 39 年 4 月 14 日高検速報 1172 号	539
東京高判昭和 39 年 5 月 28 日東高時報 15 巻 5 号 102 頁	506
大阪高判昭和 39 年 9 月 14 日高検速報昭和 39 年 8 号	344
大阪高判昭和 39 年 9 月 17 日高検速報昭和 39 年 9 号	506
札幌高判昭和 39 年 9 月 29 日高検速報昭和 39 年 54 号 2	323
東京高判昭和 39 年 10 月 28 日高検速報 1263 号	302
福岡高判昭和 39 年 10 月 28 日下刑 6 巻 9・10 号 996 頁	304
高松高判昭和 39 年 11 月 26 日高検速報 261 号	506
大阪高判昭和 39 年 11 月 30 日高検速報昭和 40 年 2 号	203, 364
東京高判昭和 39 年 11 月 30 日下刑 6 巻 11・12 号 1208 頁	415
東京高判昭和 39 年 11 月 30 日東高時報 15 巻 11 号 236 頁	304
東京高判昭和 39 年 12 月 22 日高検速報 1295 号	506
東京高判昭和 40 年 1 月 18 日公刊物未登載	207, 374
東京高判昭和 40 年 1 月 18 日高検速報 1314 号	203
東京高判昭和 40 年 2 月 23 日下刑 7 巻 2 号 125 頁	492, 556
東京高判昭和 40 年 3 月 23 日高検速報 1338 号	207, 374
高松高判昭和 40 年 5 月 11 日下刑 7 巻 5 号 798 頁	250
東京高判昭和 40 年 7 月 26 日高検速報 1381 号	492
大阪高判昭和 40 年 7 月 31 日下刑 7 巻 7 号 1355 頁	539
名古屋高判金沢支判昭和 40 年 8 月 7 日下刑 7 巻 8 号 1551 頁	325
東京高判昭和 40 年 10 月 27 日高刑 18 巻 6 号 698 頁	139, 507
東京高判昭和 40 年 11 月 15 日高検速報 1437 号	557
東京高判昭和 40 年 11 月 16 日高検速報 1427 号	527
東京高判昭和 40 年 11 月 29 日高検速報 431 号	208, 375
福岡高判昭和 41 年 2 月 2 日高刊 19 巻 1 号 20 頁	253
大阪高判昭和 41 年 3 月 3 日高検速報昭和 41 年 11 号	250
仙台高判昭和 41 年 4 月 15 日高検速報昭和 41 年 6 号	542
大阪高判昭和 41 年 5 月 16 日判タ 196 号 184 頁	519, 523
東京高判昭和 41 年 5 月 23 日東高時報 17 巻 5 号 76 頁	208, 356, 374
仙台高判昭和 41 年 7 月 28 日高検速報昭和 41 年 14 号	153
東京高判昭和 41 年 8 月 9 日下刑 8 巻 8 号 1108 頁	254
札幌高判昭和 41 年 9 月 10 日高刑 19 巻 5 号 592 頁	118, 126
大阪高判昭和 41 年 9 月 12 日判タ 198 号 189 頁	454
仙台高秋田支判昭和 41 年 9 月 22 日高検速報昭和 41 年 22 号	507
東京高判昭和 41 年 10 月 19 日東高時報 17 巻 10 号 216 頁	416
東京高判昭和 41 年 12 月 5 日高検速報 1552 号	401
広島高判昭和 41 年 12 月 12 日高検速報 107 号	204, 365
名古屋高判昭和 41 年 12 月 20 日判時 474 号 58 頁	268
広島高判昭和 41 年 12 月 22 日判時 475 号 60 頁	579
東京高判昭和 42 年 2 月 10 日東高時報 18 巻 2 号 26 頁	24, 410, 416
東京高判昭和 42 年 2 月 14 日下刑 9 巻 2 号 94 頁	507
高松高判昭和 42 年 2 月 27 日高検速報 303 号	541
名古屋高判昭和 42 年 3 月 29 日判タ 220 号 101 頁	314
東京高判昭和 42 年 4 月 3 日東高時報 18 巻 4 号 1209 頁	154
東京高判昭和 42 年 4 月 13 日高刑 20 巻 3 号 267 頁	258, 264
福岡高判昭和 42 年 5 月 17 日判時 490 号 77 頁	331

東京高判昭和42年5月26日下刑9巻5号609頁………………………………………… 425
福岡高判昭和42年6月28日高検速報1011号 ……………………………………… 142
高松高判昭和42年8月3日高検速報315号 ………………………………………… 154
大阪高判昭和42年8月19日下刑9巻8号1049頁 ………………………………… 389
大阪高判昭和42年8月29日下刑9巻8号1056頁 ………………………………… 388
大阪高判昭和42年9月19日判時525号95頁 ……………………………………… 543
東京高判昭和42年9月21日高刑20巻4号553頁 ………………………………… 195
大阪高判昭和42年9月26日判時508号78頁 ……………………………………… 625
大阪高判昭和42年10月7日高刑20巻5号628頁 …………………………… 154, 426
東京高判昭和42年10月12日高刑20巻5号634頁 ………………………………… 405
東京高判昭和42年11月14日判タ218号273頁 …………………………………… 268
東京高判昭和42年11月20日東高時報19巻11号222頁 ………………………… 344
大阪高判昭和42年12月7日下刑9巻12号1497頁 ………………………………… 90
高松高判昭和42年12月22日下刑9巻12号1517頁 …………………… 204, 208, 365, 375
東京高判昭和43年1月25日高刑21巻1号12頁……………………………………… 507
東京高判昭和43年2月12日高刑21巻2号111頁 …………………………………… 513
広島高判昭和43年2月27日判時516号84頁 ……………………………………… 625
東京高判昭和43年2月28日東高時報19巻2号30頁 ……………………………… 19
名古屋高判昭和43年3月26日ジュリ415号判例カード6頁……………………… 609
東京高判昭和43年4月3日東高時報19巻4号57頁 ……………………………… 425
東京高判昭和43年4月12日東高時報19巻4号72頁 ……………………………… 401
大阪高判昭和43年4月26日高検速報昭和43年25号………………………… 209, 376
福岡高判昭和43年5月31日高検速報1038号 …………………………………… 258, 264
広島高判昭和43年7月19日下刑10巻7号715頁 …………………………… 212, 379
大阪高判昭和43年7月24日判時552号83頁 ………………………………… 492, 494
東京高判昭和43年8月28日東高時報19巻8号158頁 …………………………… 323
広島高判昭和43年10月25日判タ229号315頁 …………………………… 224, 325
大阪高判昭和43年10月28日高検速報昭和44年2号……………………………… 90
仙台高判昭和43年11月28日下刑10巻11号1059頁……………………………… 492
東京高判昭和43年11月30日判時562号83頁 …………………………………… 610
東京高判昭和44年1月17日東高時報20巻1号3頁 ……………………………… 324
広島高判昭和44年2月13日高検速報昭和44年1号 ……………………………… 186
大阪高判昭和44年3月14日刑月1巻3号202頁…………………………………… 239
東京高判昭和44年3月25日高検速報1711号 …………………………………… 141
東京高判昭和44年4月24日東高時報20巻4号71頁……………………………… 596
東京高判昭和44年4月28日高検速報1722号 …………………………………… 205
東京高判昭和44年5月13日高検速報1730号 …………………………………… 258
福岡高判昭和44年5月21日高検速報1054号 …………………………………… 258
名古屋高判昭和44年6月24日高検速報465号 …………………………… 212, 380
福岡高判昭和44年6月25日高検速報1059号 …………………………………… 455
東京高判昭和44年6月30日高検速報1739号 …………………………………… 610
仙台高秋田支判昭和44年7月15日ジュリ446号判例カード143頁……………… 507
札幌高判昭和44年7月31日ジュリ446号判例カード148頁……………………… 302
札幌高判昭和44年7月31日ジュリ446号1 ……………………………………… 302
仙台高判昭和44年8月4日高検速報昭和44年13号 ……………………………… 365
福岡高判昭和44年8月14日高刑22巻4号560頁………………………………… 154
大阪高判昭和44年8月22日刑月1巻8号803頁…………………………………… 254
東京高判昭和44年9月17日高検速報1751号 …………………………………… 259
仙台高判昭和44年9月18日高検速報昭和44年16号……………………………… 34
東京高判昭和44年10月6日高検速報1759号 …………………………………… 610

大阪高判昭和 44 年 10 月 9 日判タ 242 号 319 頁………………………………… 366, 376
東京高判昭和 44 年 10 月 20 日高刑 22 巻 5 号 771 頁……………………………………… 19
大阪高判昭和 44 年 10 月 24 日判タ 242 号 320 頁……………………………………… 143
高松高判昭和 44 年 11 月 27 日高刑 22 巻 6 号 901 頁…………………………… 610, 611
高松高判昭和 44 年 11 月 27 日高検速報 340 号………………………………………… 35
東京高判昭和 44 年 12 月 9 日高検速報 1778 号………………………………… 123, 576
仙台高秋田支判昭和 44 年 12 月 16 日高検速報昭和 45 年 1 号………………………… 154
東京高判昭和 44 年 12 月 17 日高刑 22 巻 6 号 951 頁……………………… 391, 401, 427
大阪高判昭和 44 年 12 月 23 日判タ 252 号 299 頁……………………………………… 457
福岡高判昭和 44 年 12 月 24 日高検速報 1070 号……………………………………… 542
福岡高判昭和 45 年 1 月 26 日判時 623 号 113 頁……………………………………… 254
大阪高判昭和 45 年 2 月 26 日判時 608 号 173 頁………………………………… 186, 495
東京高判昭和 45 年 3 月 5 日東高時報 21 巻 3 号 99 頁…………………………… 212, 380
福岡高判昭和 45 年 3 月 12 日判時 599 号 100 頁……………………………………… 508
広島高判昭和 45 年 3 月 19 日判タ 255 号 303 頁……………………………………… 250
東京高判昭和 45 年 5 月 1 日高検速報 1803 号………………………………………… 610
東京高判昭和 45 年 5 月 6 日高刑 23 巻 2 号 374 頁……………………………… 21, 90
仙台高判昭和 45 年 5 月 11 日刑月 2 巻 5 号 440 頁……………………………… 427, 540
福岡高判昭和 45 年 5 月 11 日刑月 2 巻 5 号 435 頁…………………………………… 303
東京高判昭和 45 年 5 月 25 日判タ 255 号 290 頁………………………………………… 21
大阪高判昭和 45 年 6 月 16 日刑月 2 巻 6 号 643 頁……………………………………… 25
東京高判昭和 45 年 6 月 30 日高検速報 1812 号………………………………………… 325
東京高判昭和 45 年 7 月 14 日東高時報 21 巻 7 号 252 頁……………………………… 455
東京高判昭和 45 年 7 月 29 日東高時報 21 巻 7 号 274 頁……………………………… 513
東京高判昭和 45 年 8 月 5 日東高時報 21 巻 8 号 285 頁………………………………… 332
仙台高判昭和 45 年 8 月 15 日高刑 23 巻 3 号 540 頁…………………………………… 598
札幌高判昭和 45 年 8 月 20 日高刑 23 巻 3 号 547 頁…………………………………… 420
東京高判昭和 45 年 11 月 26 日東高時報 21 巻 11 号 408 頁……………… 24, 410, 417
東京高判昭和 45 年 12 月 23 日東高時報 21 巻 12 号 431 頁…………………………… 427
東京高判昭和 46 年 2 月 8 日高刑 24 巻 1 号 84 頁………………………………… 144, 288
東京高判昭和 46 年 5 月 31 日高刑 24 巻 2 号 387 頁……………… 297, 409, 410, 417, 431
仙台高秋田支判昭和 46 年 6 月 1 日高検速報昭和 46 年 13 号………………… 209, 376
仙台高判昭和 46 年 6 月 8 日刑月 3 巻 6 号 778 頁……………………………………… 332
大阪高判昭和 46 年 9 月 3 日高刑 24 巻 3 号 516 頁…………………………………… 265
名古屋高判昭和 46 年 9 月 14 日高検速報 505 号………………………………… 282, 438
東京高判昭和 46 年 11 月 12 日東高時報 22 巻 11 号 310 頁…………………………… 157
仙台高判昭和 46 年 12 月 6 日高検速報昭和 46 年 27 号……………………………… 195
東京高判昭和 46 年 12 月 20 日東高時報 22 巻 12 号 343 頁…………………………… 288
東京高判昭和 46 年 12 月 22 日刑月 3 巻 12 号 1604 頁………………………………… 252
名古屋高金沢支判昭和 47 年 1 月 27 日刑月 4 巻 1 号 30 頁…………………………… 509
高松高判昭和 47 年 2 月 10 日高検速報 363 号………………………………………… 314
広島高判昭和 47 年 3 月 28 日判タ 276 号 278 頁……………………………………… 401
東京高判昭和 47 年 5 月 1 日東高時報 23 巻 5 号 83 頁………………………………… 404
東京高判昭和 47 年 5 月 12 日高検速報昭和 47 年 29 号………………………… 186, 543
福岡高判昭和 47 年 6 月 19 日高検速報 1146 号………………………………………… 268
大阪高判昭和 47 年 7 月 26 日高刑 25 巻 3 号 352 頁…………………………………… 199
大阪高判昭和 47 年 9 月 28 日高検速報昭和 48 年 4 号………………………………… 317
福岡高判昭和 47 年 11 月 13 日判タ 288 号 299 頁……………………………………… 357
福岡高宮崎支判昭和 47 年 12 月 12 日高検速報 1156 号……………………………… 292
大阪高判昭和 47 年 12 月 25 日高検速報昭和 48 年 12 号……………………………… 608

札幌高判昭和47年12月26日高検速報85号3…………………………………………… 277
大阪高判昭和48年4月26日高検速報昭和48年19号………………………………… 275
東京高判昭和48年7月10日東高時報24巻7号109頁 ………………………… 166, 275
広島高岡山支判昭和48年7月31日判タ300号375頁…………………………………… 509
札幌高判昭和48年8月16日高検速報91号1……………………………………………… 511
広島高岡山支判昭和48年12月4日刑月5巻12号1629頁……………………………… 292
大阪高判昭和49年7月25日判タ316号273頁…………………………………… 129, 583
大阪高判昭和49年11月18日高検速報昭和49年9号…………………………………… 166
札幌高判昭和49年12月5日刑月6巻12号1201頁……………………………………… 326
東京高判昭和50年1月16日東高時報26巻1号2頁……………………………………… 600
名古屋高判昭和50年1月20日高検速報549号…………………………………………… 391
札幌高判昭和50年2月13日判タ325号304頁…………………………………… 406, 417
高松高判昭和50年3月3日刑月7巻3号137頁…………………………………………… 318
東京高判昭和50年4月2日刑月7巻4号473頁…………………………………… 144, 289
大阪高判昭和50年6月20日高検速報昭和50年17号…………………………………… 196
東京高判昭和50年8月4日東高時報26巻8号131頁……………………………………… 268
大阪高判昭和50年11月13日刑月7巻11・12号884頁………………………………… 293
福岡高判昭和51年2月24日判タ349号275頁…………………………………………… 318
東京高判昭和51年2月26日東高時報27巻2号26頁……………………………………… 513
札幌高判昭和51年3月18日高刑29巻1号78頁……………………………………… 13, 25
広島高判昭和51年3月22日刑月8巻3号79頁…………………………………………… 366
高松高判昭和51年3月30日高検速報400号……………………………………………… 197
東京高判昭和51年4月8日東高時報27巻4号50頁………………………………………… 418
大阪高判昭和51年5月25日刑月8巻4・5号253頁……………………… 25, 181, 183, 187
東京高判昭和51年5月27日高検速報2165号…………………………………… 125, 577
東京高判昭和51年7月13日高検速報2175号…………………………………………… 527
名古屋高金沢支判昭和51年8月12日刑月8巻6～8号362頁………………………… 392
札幌高判昭和51年8月17日刑月8巻6～7号366頁……………………………………… 315
仙台高秋田支判昭和51年9月28日高検速報昭和51年4号……………………… 257, 267
高松高判昭和51年10月5日刑月8巻9・10号403頁…………………………………… 269
東京高判昭和51年11月15日刑月8巻11～12号459頁………………………… 144, 289
東京高判昭和52年1月24日刑月9巻1・2号1頁………………………………………… 578
名古屋高判昭和52年2月16日刑月9巻1・2号37頁…………………………………… 392
札幌高判昭和52年3月13日刑月9巻3・4号158頁……………………………………… 309
札幌高判昭和52年3月17日刑月9巻3・4号158頁……………………………………… 441
福岡高判昭和52年4月26日刑月9巻3・4号172頁……………………………… 144, 290
福岡高判昭和52年9月14日刑月9・10巻10号614頁…………………………………… 407
広島高判昭和52年9月19日高検速報52年12号………………………………………… 332
東京高判昭和53年4月12日刑月10巻4・5号728頁…………………………………… 139
大阪高判昭和53年5月25日刑月10巻4・5号869頁…………………………… 309, 441
福岡高判昭和53年6月15日高検速報1242号…………………………………………… 524
東京高判昭和53年7月10日刑月10巻6～8号1054頁………………………………… 294
東京高判昭和53年9月21日刑月10巻9・10号1191頁………………………………… 25
東京高判昭和53年11月11日高検速報2320号………………………………………… 166
東京高判昭和53年12月13日東高時報29巻12号210頁……………………………… 607
東京高判昭和54年4月11日高検速報2344号…………………………………………… 402
仙台高判昭和54年7月17日刑月11巻7・8号763頁…………………………………… 319
東京高判昭和54年8月14日刑月11巻7・8号780頁…………………………… 141, 425
東京高判昭和54年11月15日東高時報30巻11号166頁……………………… 135, 140, 511
大阪高判昭和54年11月22日判タ416号177頁………………………………………… 418

東京高判昭和 54 年 12 月 26 日判タ 420 号 129 頁	392
福岡高宮崎支判昭和 55 年 4 月 15 日高検速報 1267 号	410, 418
東京高判昭和 55 年 5 月 28 日刑月 12 巻 4・5 号 387 頁	528
東京高判昭和 55 年 5 月 28 日刑月 12 巻 4・5 号 395 頁	269
東京高判昭和 55 年 6 月 12 日刑月 12 巻 6 号 419 頁	210, 377
福岡高判昭和 55 年 6 月 12 日高検速報 1273 号	34, 35
東京高判昭和 55 年 6 月 19 日刑月 12 巻 6 号 428 頁	236
東京高判昭和 55 年 9 月 2 日刑月 12 巻 9 号 823 頁	200
福岡高判昭和 55 年 9 月 30 日刑月 12 巻 9 号 1082 頁	367
東京高判昭和 56 年 5 月 13 日判時 1013 号 7 頁	144, 291
大阪高判昭和 56 年 5 月 29 日刑月 13 巻 4・5 号 390 頁	458
東京高判昭和 56 年 6 月 10 日判時 1936 号 136 頁	436
大阪高判昭和 56 年 8 月 27 日刑月 13 巻 8・9 号 503 頁	455
東京高判昭和 57 年 8 月 10 日刑月 14 巻 7・8 号 603 頁	34, 35
東京高判昭和 57 年 8 月 25 日刑月 14 巻 7・8 号 619 頁	294, 430, 432, 433, 437
福岡高判昭和 57 年 9 月 6 日高刑 35 巻 2 号 85 頁	25
札幌高判昭和 58 年 3 月 22 日判タ 500 号 220 頁	367
東京高判昭和 58 年 6 月 1 日判時 1106 号 161 頁	607
東京高判昭和 59 年 7 月 19 日高検速報 2733 号	543
大阪高判昭和 59 年 9 月 28 日判時 1145 号 145 頁	295
大阪高判昭和 60 年 4 月 10 日高刑 38 巻 1 号 90 頁	98, 150, 155, 164
福岡高那覇支判昭和 61 年 2 月 6 日判時 1184 号 158 頁	21, 449, 458
東京高判昭和 61 年 2 月 24 日刑月 18 巻 1・2 号 50 頁	278
名古屋高判昭和 61 年 4 月 8 日刑月 18 巻 4 号 227 頁	82
広島高岡山支判昭和 62 年 6 月 10 日判時 1278 号 158 頁	545
東京高判昭和 62 年 7 月 29 日高検速報 2886 号	257, 267
大阪高判昭和 63 年 7 月 7 日判タ 690 号 242 頁	407
名古屋高判平成元年 2 月 27 日判時 1313 号 167 頁	333, 346
東京高判平成 2 年 4 月 24 日判時 1350 号 156 頁	25
大阪高判平成 3 年 3 月 22 日判タ 824 号 83 頁	25
仙台高判平成 5 年 2 月 1 日高検速報 2 号	309, 441
東京高判平成 5 年 4 月 22 日東高時報 44 巻 1~12 号 26 頁	225, 419
福岡高判平成 7 年 3 月 15 日高検速報平成 7 年 1390 号	238
東京高判平成 9 年 1 月 23 日東高時報 48 巻 1~12 号 1 頁	544
東京高判平成 11 年 12 月 27 日高刑 58 巻 5 号 466 頁	17, 223
福岡高判平成 13 年 6 月 26 日判タ 1118 号 276 頁	226, 238
東京高判平成 16 年 11 月 11 日高検速報 3224 号	456
東京高判平成 16 年 12 月 15 日東高時報 55 巻 1~12 号 113 頁	221
名古屋高判平成 17 年 1 月 11 日高検速報 711 号	419
高松高判平成 18 年 10 月 24 日高検速報平成 18 年 447 号	76, 216, 221
東京高判平成 19 年 7 月 19 日公刊物未登載	176
広島高岡山支判平成 20 年 2 月 27 日高検速報平成 20 年 2 号	216, 221
東京高判平成 20 年 9 月 17 日東高時報 59 巻 1~12 号 79 頁	101
名古屋高判平成 21 年 7 月 27 日高検速報 737 号	617, 626
東京高判平成 22 年 5 月 25 日公刊物未登載	430, 432, 437
東京高判平成 22 年 9 月 28 日判タ 1352 号 252 頁	184
東京高判平成 22 年 12 月 10 日 2010WLJPCA12106004	184
東京高判平成 23 年 9 月 13 日公刊物未登載	239
札幌高判平成 23 年 11 月 10 日公刊物未登載	137
東京高判平成 25 年 3 月 14 日公刊物未登載	146, 147, 158

東京高判平成27年1月20日公刊物未登載……………………………………………628
大阪高判平成27年5月19日D1-Law.com判例体系28234241 ………………329
東京高判平成28年6月8日D1-Law.com判例体系 ………………………………635

〈地方裁判所〉

東京地判昭和32年5月30日判時115号3頁……………………………………609
東京地判昭和33年1月17日一審刑集1巻1号19頁 ……………………………624
岐阜地大垣支判昭和33年1月31日一審刑集1巻1号147頁……………………185
宮崎地延岡支判昭和33年2月20日一審刑集1巻2号284頁……………………540
札幌地室蘭支判昭和33年5月29日一審刑集1巻5号819頁…………………140, 575
長崎地大村支判昭和33年12月27日一審刑集1巻12号2236頁…………………248
神戸地判昭和34年1月26日下刑1巻1号129頁……………………………152, 556
福島地平支判昭和34年2月18日下刑1巻2号415頁………………………545, 556
宇都宮地判昭和34年3月25日下刑1巻3号733頁…………………………………575
名古屋地判昭和34年4月6日下刑1巻4号874頁……………………………………346
長崎地判昭和34年4月7日下刑1巻4号962頁 …………………………………152
福島地郡山支判昭和34年7月29日下刑1巻7号1711頁……………………205, 368
山口地判昭和35年2月11日下刑2巻2号180頁……………………………………454
仙台地登米支判昭和35年6月17日下刑2巻5・6号900頁………………141, 512
名古屋地判昭和35年11月7日下刑2巻11号1301頁 …………………………400
長野地諏訪支判昭和36年1月20日下刑3巻1・2合併号78頁……………………528
札幌地室蘭支判昭和36年2月27日下刑3巻1・2号158頁………………………595
大津地判昭和36年3月30日下刑3号282頁…………………………………………543
東京地判昭和37年1月12日判時287号34頁 ……………………………………123
横浜地判昭和37年4月4日判時333号40頁…………………………………………526
東京地判昭和38年5月9日判タ192号189頁………………………………………192
京都地判昭和38年5月28日下刑5巻9・10号890頁……………………………389
大阪地判昭和39年1月17日下刑6巻1・2号26頁………………………………506
東京地判昭和39年6月15日判タ164号195号………………………………………153
神戸地判昭和40年8月24日下刑7巻8号1706頁 ………………………………142
大阪地判昭和41年2月4日判タ192号195頁……………………………………155, 404
福岡地直方支判昭和41年7月22日下刑8巻7号1091頁…………………………512
新潟地長岡支判昭和41年8月8日下刑8巻8号1130頁……………………………507
金沢地判昭和41年12月16日判時485号73頁………………………………………205
神戸地判昭和42年1月17日下刑9巻1号42頁……………………………………420
京都地判昭和42年3月8日判タ220号131頁 ……………………………………426
山形地酒田支判昭和42年4月28日下刑9巻4号513頁……………………………389
大津地判昭和42年5月8日下刑9巻5号635頁……………………………………379
新潟地新発田支判昭和42年5月31日下刑9巻5号733頁…………………………142
福島地判昭和42年6月7日下刑9巻6号841頁……………………………………512
大阪地判昭和42年11月21日判タ221号270頁…………………………………204, 365
山口地下関支判昭和43年1月12日下刑10巻1号89頁……………………………426
京都地判昭和43年1月24日判時515号88頁 ……………………………………611
新潟地高田支判昭和43年3月30日判タ225号255頁………………………………390
広島地判昭和43年5月31日判タ222号246頁………………………………………346
新潟地糸魚川支判昭和43年7月18日判タ232号232頁……………………………21
大阪地判昭和43年12月2日判タ237号327頁………………………………………258
高知地安芸支判昭和43年12月17日下刑10巻12号1231頁………………………513
東京地判昭和44年3月11日刑月1巻3号247頁………………………………143, 427

岐阜地判昭和 44 年 9 月 29 日刑月 1 巻 9 号 961 頁 ……………………………………… 427
福岡地小倉支判昭和 45 年 1 月 16 日刑月 2 巻 1 号 57 頁 ………………………… 239
横浜地判昭和 45 年 5 月 21 日公刊物未登載 …………………………………………… 185
東京地判昭和 45 年 8 月 31 日判タ 254 号 197 頁 ……………………………………… 251
東京地判昭和 45 年 9 月 4 日判タ 255 号 306 頁 ……………………………………… 21
大阪地判昭和 45 年 12 月 16 日刑月 2 巻 12 号 1331 頁 ……………………………… 495
岡山地判昭和 46 年 2 月 1 日判時 643 号 101 頁 ……………………………………… 156
東京地判昭和 46 年 2 月 18 日判タ 263 号 361 頁 ……………………………………… 198
福岡地小倉支判昭和 46 年 2 月 25 日判タ 263 号 289 頁 …………………………… 326
東京地判昭和 46 年 3 月 18 日判時 629 号 101 頁 ……………………………… 128, 580
奈良地葛城支判昭和 46 年 8 月 10 日刑月 3 巻 8 号 1104 頁 …………………… 193, 380
大分地中津支判昭和 46 年 10 月 13 日刑月 3 巻 10 号 1400 頁 …………………… 353
大阪地判昭和 46 年 12 月 7 日判タ 272 号 328 頁 ……………………………………… 353
大阪地判昭和 46 年 12 月 9 日判タ 272 号 331 頁 ……………………………… 139, 508
大阪地判昭和 47 年 2 月 9 日刑月 4 巻 2 号 365 頁 …………………………… 449, 458
岡山地判昭和 47 年 2 月 24 日判タ 278 号 298 頁 ……………………………………… 143
東京地判昭和 47 年 3 月 18 日判タ 275 号 308 頁 ……………………………………… 157
富山地高岡支判昭和 47 年 5 月 2 日判タ 283 号 267 頁 ……………………………… 307
東京地判昭和 47 年 6 月 24 日判時 675 号 107 頁 ……………………………………… 581
東京地判昭和 47 年 7 月 18 日判タ 282 号 317 頁 ……………………………………… 157
東京地判昭和 47 年 8 月 22 日判時 682 号 103 頁 ……………………………………… 398
東京地判昭和 47 年 11 月 11 日判タ 288 号 307 頁 …………………………………… 324
前橋地判昭和 50 年 1 月 31 日刑月 7 巻 1 号 60 頁 …………………………… 124, 576
大津地判昭和 50 年 4 月 21 日判時 789 号 113 頁 ……………………………… 251, 417
大阪地判昭和 54 年 4 月 12 日刑月 11 巻 4 号 313 頁 ………………………………… 525
東京地判昭和 54 年 12 月 3 日刑月 11 巻 12 号 1593 頁 ……………………………… 290
東京地判昭和 58 年 6 月 1 日判時 1095 号 27 頁 ……………………………………… 25
大阪地判昭和 60 年 4 月 17 日刑月 17 巻 3・4 号 314 頁 …………………………… 25
横浜地判昭和 61 年 9 月 9 日判時 1216 号 150 頁 ……………………………… 267, 279
名古屋地判平成 3 年 1 月 18 日判時 1376 号 142 頁 …………………………… 158, 445
横浜地横須賀支判平成 11 年 3 月 30 日 LEX/DB〔文献番号〕28055357 ………… 223
東京地判平成 12 年 5 月 23 日判時 1714 号 44 頁 ……………………………………… 419
函館地判平成 14 年 9 月 17 日判時 1818 号 176 頁 …………………………………… 185
新潟地判平成 15 年 1 月 31 日裁判所ウェブサイト …………………………………… 600
東京地判平成 15 年 11 月 13 日判時 1863 号 159 頁 ………………………………… 327
大阪地判平成 17 年 2 月 9 日判時 1896 号 157 頁 ……………………………… 616, 625
福岡地判平成 17 年 7 月 28 日公刊物未登載 ……………………………… 472, 489, 490
奈良地判平成 17 年 9 月 21 日公刊物未登載 …………………………………… 617, 625
千葉地判平成 18 年 2 月 14 日判タ 1214 号 315 頁 …………………………………… 601
横浜地判平成 18 年 7 月 13 日公刊物未登載 …………………………………………… 176
大津地判平成 19 年 1 月 26 日裁判所ウェブサイト ………………………… 617, 625
大阪地判平成 19 年 2 月 23 日公刊物未登載 …………………………………………… 608
横浜地判平成 20 年 3 月 10 日公刊物未登載 ………………………… 101, 137, 143
千葉地松戸支判平成 20 年 10 月 20 日公刊物未登載 ………………………………… 472
名古屋地豊橋支判平成 20 年 11 月 5 日 LEX/DB〔文献番号〕25450269 ………… 617
横浜地判平成 21 年 3 月 18 日公刊物未登載 …………………………………………… 621
東京地判平成 22 年 11 月 1 日公刊物未登載 …………………………………… 31, 91
釧路地判平成 23 年 3 月 24 日公刊物未登載 …………………………………………… 137
さいたま地熊谷支判平成 24 年 6 月 19 日公刊物未登載 …………………………… 437
さいたま地熊谷支判平成 24 年 8 月 28 日公刊物未登載 …………………………… 146

東京地判平成25年5月29日公刊物未登載 …………………………………………… 32
千葉地判平成25年7月27日公刊物未登載 ………………………………… 112, 617, 627
神戸地判平成27年6月10日裁判所ウェブサイト ……………………………………… 328
札幌地判平成27年7月15日公刊物未登載 …………………………………………… 633
福岡地判平成27年8月17日公刊物未登載 …………………………………………… 629
福岡地判平成28年2月26日公刊物未登載 …………………………………………… 630
京都地判平成28年5月25日2016WLJPCA05256008 ………………………………… 184

〈簡易裁判所〉

高知簡判昭和31年5月9日下刑9巻7号822頁 ……………………………………… 491
横須賀簡判昭和33年2月19日一審刑集1巻2号278頁 …………………………… 593
国東簡判昭和33年4月11日一審刑集1巻4号535頁 ……………………………… 197
三次簡判昭和33年5月26日一審刑集1巻5号811頁 ……………………………… 457
行橋簡判昭和33年6月21日一審刑集1巻6号938頁 ………………………… 205, 368
川越簡判昭和33年7月17日一審刑集1巻7号1063頁 …………………………… 344
半田簡判昭和33年7月26日一審刑集1巻7号1101頁 …………………………… 402
松本簡判昭和34年1月10日下刑1巻1号28頁 …………………………………… 557
静岡簡判昭和34年2月9日下刑1巻2号357頁 …………………………………… 454
松阪簡判昭和34年3月23日下刑1巻3号702頁 …………………………………… 402
小松簡判昭和34年4月18日下刑1巻4号1039頁 ………………………………… 493
広島簡判昭和34年5月8日下刑1巻5号1198頁 …………………………………… 494
吉井簡判昭和34年6月11日下刑1巻6号1411頁 ………………………………… 389
鳥取簡判昭和34年7月21日下刑1巻7号1694頁 ………………………………… 494
高知簡判昭和34年10月9日下刑1巻10号2158頁 ………………………………… 387
熊本簡判昭和35年1月22日下刑2巻1号96頁 …………………………………… 143
石岡簡判昭和35年12月26日下刑2巻11・12号1556頁 ………………………… 565
大野簡判昭和36年11月30日下刑3巻11・12号1119頁 ………………………… 142
田川簡判昭和36年11月30日下刑3巻11・12号126頁 ………………………… 165
三次簡判昭和36年12月16日下刑3巻11・12号1203頁 ………………………… 505
久慈簡判昭和37年2月28日下刑4巻1・2号178頁 ……………………………… 494
津島簡判昭和37年7月5日下刑3巻7・8号685頁 ……………………………… 403
米子簡判昭和38年9月2日下刑5巻9・10号851頁 ……………………………… 142
宇都宮簡判昭和39年3月31日下刑6巻3・4号365頁 ………………………… 211, 378
小倉簡判昭和40年7月1日下刑7巻7号1379頁 …………………………………… 324
秋田簡判昭和41年11月1日判タ199号206頁 ……………………………………… 304
長野簡判昭和42年4月11日判タ220号133頁 ……………………………………… 426
西条簡判昭和42年4月28日判タ220号108頁 ………………………………… 211, 378
長野簡判昭和42年6月3日下刑9巻6号828頁 …………………………………… 325
士別簡判昭和42年7月18日判タ220号127頁 ……………………………………… 441
中之条簡判昭和42年8月9日判タ220号123頁 …………………………………… 512
新宮簡判昭和42年10月14日判タ220号132頁 …………………………………… 426
いわき簡判昭和43年1月12日下刑10巻1号93頁 …………………………… 192, 379
桐生簡判昭和43年2月8日判タ220号125頁 ……………………………………… 513
いわき簡判昭和43年4月26日下刑10巻4号404頁 …………………………… 206, 368
白河簡判昭和43年6月1日下刑10巻6号631頁 ……………………………… 212, 379
京都簡判昭和45年1月26日刑月2巻1号65頁 ……………………………………… 495
高知簡判昭和45年6月8日判タ257号233頁 ………………………………… 240, 251
大阪簡判昭和47年6月3日判タ291号308頁 ……………………………………… 421
福岡簡判昭和63年4月26日判時1279号160頁 …………………………………… 338

著者紹介

富松　茂大（とみまつ　しげひろ）

昭和31年11月23日	大分県国東市に生まれる。
昭和50年3月	大分県立国東高等学校卒業
昭和56年3月	東京大学法学部卒業
昭和59年4月	東京地検検事
平成7年4月	大分地検三席検事
平成9年4月	法務総合研究所研修一部教官
平成16年4月	広島地検刑事部長
平成18年4月	東京地検刑事部副部長
平成19年4月	横浜地検交通部長
平成21年4月	札幌高検総務部長
平成23年5月	東京高検公判部検事
平成24年4月	さいたま地検熊谷支部長
平成25年4月	千葉地検松戸支部長
平成27年4月	静岡地検浜松支部長
平成28年7月	名古屋高検金沢支部長
平成30年1月	最高検検事
平成30年3月	退官
平成30年4月	弁護士

著書紹介

新　自動車事故供述調書記載要領〔実況見分調書現場見取図付〕
　　（立花書房，2010）

自動車事故の供述調書作成の実務―取調べの基本と応用―
　　（立花書房，2016）

★本書の無断複製（コピー）は、著作権法上での例外を除き、禁じられています。また、代行業者等に依頼してスキャンやデジタルデータ化を行うことは、たとえ個人や家庭内の利用を目的とする場合であっても、著作権法違反となります。

自動車事故の過失認定

平成27年3月1日　第1刷発行
令和5年5月1日　第6刷発行

著　者　富松　茂大
発行者　橘　　茂雄
発行所　立花書房
東京都千代田区神田小川町3-28-2
電話　　03-3291-1561（代表）
FAX　　03-3233-2871
https://tachibanashobo.co.jp

©2015 Shigehiro Tomimatsu　　（印刷・製本）　Wisdom
乱丁・落丁の際は本社でお取り替えいたします。